# 播音主持
## 语音发声语言表达基础

BOYIN ZHUCHI
YUYIN FASHENG YUYAN BIAODA JICHU

王韦皓　主编
罗共和　黄元文　主审

语文出版社
·北京·

图书在版编目（CIP）数据

播音主持：语音发声语言表达基础 / 王韦皓主编
. — 北京：语文出版社，2017.4（2022.7重印）
ISBN 978-7-5187-0512-2

Ⅰ. ①播… Ⅱ. ①王… Ⅲ. ①播音员—发声法②主持人—发声法 Ⅳ. ①G222.2

中国版本图书馆CIP数据核字（2017）第039770号

责任编辑 康 宁
装帧设计 王艺学 梁 明
出 版 语文出版社
地 址 北京市东城区朝阳门内南小街51号 100010
电子信箱 ywcbsywp@163.com
排 版 北京杰瑞腾达科技发展有限公司
印刷装订 北京市科星印刷有限责任公司
发 行 语文出版社 新华书店经销
规 格 787mm×1092mm
开 本 1/16
印 张 34
字 数 630千字
版 次 2017年4月第1版
印 次 2022年7月第8次印刷
印 数 13,501-16,500
定 价 68.00元

010-65253954（咨询） 010-65251033（购书） 010-65250075（印装质量）

# 目　录

# 第一章　呼吸要调控

我国古代声乐理论中很早就提出了“气动则声发”的说法。呼出的气流是人体发声的动力，声音的强弱、高低、长短以及共鸣状况等，与呼出气流的速度、流量、压力大小都有直接关系。气流的变化关系到声音的响亮程度、声音的清晰程度、音色的优美圆润程度、嗓音的持久性及情绪的饱满充沛与否。换句话说，只有在气息得到控制的基础上，才能谈及声音的控制。因此，呼吸的调控是学习发声的基础环节。

## 第一节　为什么要进行呼吸调控

在实际播音与表达的过程中，气息的作用不仅是发声的动力，还是一种极其重要的表达手段。气息是“情动于内”与“声发于外”的过渡环节，是情与声之间必经的桥梁。只有在“气随情动”的情况下，声才能随着情产生变化。从这个意义上讲，气息控制是由情及声，由内及外的贯穿性技巧。要想使声音能自如地表情达意，就必须要学会气息的调节控制和综合运用。

### 一、什么是呼吸调控

所谓呼吸调控，是指播音员主持人等有声语言艺术表达者，为了服务于播讲目的，准确表现不同稿件、不同话题的思想内涵，并使之呈现艺术化色彩和个性化特征，对呼吸过程进行科学自主的调节。它有别于日常生活的无意识呼吸，充满了主动性。呼吸调控有助于语义的准确传递，声情的确切到位。

## 二、呼吸调控的目的和重要性

呼吸的有效调控是播音员主持人的基本业务素质，具有如下重要作用。

### （一）声带富于弹性的来源

没有气息，声带就不能颤动发声。呼出的气流一旦间断，声带就会分开，后续气流通过声带边缘摩擦就会发出杂音。而气息运用不当或呼气量不够，往往会使声音嘶哑、无力，失去圆润色彩。气息过浅，则声音单薄发白；气息过深，则声音浑浊暗涩。想要让圆润悦耳的声音更持久且富于变化，就需要加强对气息的控制力。

### （二）语句连贯自然的基础

在有声语言表达中，内容清楚完整、语句连贯流畅是起码的要求。如果不注意有意识地进行呼吸调控，气竭声止，往往会导致停连失当、表述偏误，所谓的“穿串儿抱团儿”也就无从谈起。只有呼吸调控得当，找准“气口”，才能使言语表达更加自然、流畅。

### （三）吐字清晰有力的动力

播音主持用声要求字正腔圆，字正腔圆必须建立在气息充分支撑发音的基础上。首先，“字正”必须发音部位准确，其次发音方法必须运用得当。发音方法是指运用气息的方法，即怎样控制气流的强弱、断续的变化。例如发塞音 p、t、k 时，口腔内必须蓄满较强的气流，不然就会与 b、d、g 混同，其他如擦音和塞擦音，也都有对气流的特殊要求。元音也需要讲究气息的作用，如普通话复合元音分前响音和后响音，当我们发后响复合元音 iɑ、uɑ 时，需要前弱后强的气流，否则字音就不正确、不自然。在有声语言表达中，除了掌握好字音准确、清晰外，还要注意声调、重音、轻音等韵律特征的正确运用。它们与气流强弱、缓急也有十分密切的关系。所以说，要做到字正腔圆，声腔各个部位（唇、齿、舌、腭）的活动与气息的正确运用必须结合起来，只有这样，才能获得“大珠小珠落玉盘”的艺术效果。

### （四）感情色彩变化的依托

生活中，人们在激动的时候，会呼吸急促而进气位置较浅，可以看到胸部起伏明显；痛苦的时候，会感到呼吸沉重，进气位置较深，节奏也慢；愉快的时候，会感到气息很舒畅而平稳；愤怒的时候，呼吸量大，会明显地感到气息的粗而重；精神集中或考虑问题的时候，会感到气息舒缓，有时甚至还会屏住呼吸。这种种感情反映在呼吸上的变化，人们自己不仅会感觉到，他人也可以感知到。播音员主持人在有声语言的创作表达过程中，必须联系作品的思想内容，处理好喜、怒、哀、乐、愁、苦、恨等不同感情色彩变化中的气息状态，才能保证思想感情的传递效果。

## 三、播音员主持人呼吸调控的要求

### （一）整体要求

1. 深：发声用气的动力保障

没有气流对声带进行冲击，引发声带振动，就不会有声音产生。在播音发声的艺术创作过程中，常常会遇到长句，需要出现高音、低音、强音等变化。如果没有足够的气息对言语进行支撑，就难以有效保证语句的连贯性，也更难达到“高而不喊”“低而不浊”“强而不僵”的境界。因此，吸气时保证足够的进气深度，就是为了保证在呼气发声时有足够的气息冲击声带，从而使播音员主持人的声音富于变化，与内容与情感的变化相适应。

2. 匀：声音稳顺的现实要求

由于播音创作工作的实际需要，播音员主持人要时时根据内容和要求调整气流的呼出量，无论句首还是句尾，需强则强，需弱则弱。呼气时需要保持较为稳定的压力，音高不飘，音低不泄，语声和谐，表意准确。

3. 通：科学用声的听感表征

晚唐段安节在《乐府杂录》中曾提到，“善歌者”声音若想“致遏云响谷之妙”，则“必先调其气，氤氲自脐间出”。可见，若想声音“通润悦耳”，就必须调控好呼吸。我们通过实践发现：气浮则声虚、气浅则声单，而“压、挤、捏、噎、憋”等不健康的声音形式，都直接与气流调控的不正确有着密切的关系。所以，要想做到在有声语言创作过程中的“不僵不挤，声音贯通”，就必须提升对气息的调控能力。

4. 活：音色丰富的整体感知

过去戏曲界的行话说：“气乃声之本。”确实如此，呼出气流的大小、快慢，直接影响声音色彩的形成。“气满声能高，气粗声方重，气沉声欲缓，气徐声始柔”，就是最好的例证。通过控制气流，能使我们的声音呈现出喜、怒、哀、乐等多种样态。加强呼吸的调控能力，能使声音产生丰富的变化，随时根据需要，灵活调整。

5. 持久：语义顺达的基础构成

首先，失去了气流对声带的冲击，声带就不再振动，制声过程也就停止，语声停止也意味着表意中断。语流的行进与停滞必须依照语义，这就需要播音员主持人的气息支撑“行当所行，止当所止”，服务于播讲内容与主旨。

其次，播音员主持人受节目的影响，语声创作时间有长有短，特别是遇到需要长时间进行有声语言创作时，就更需要对气息具有持久控制力，否则就难以保证在创作过程中音声始终如一，从而降低了传播质量，甚至由于呼吸调控持久力下降，导致用声失当、损伤声带，影响创作者的艺术表达寿命。

6. 稳劲：声音朗润的有力支撑

陈彦衡在《说谭》中就谈到了气息对于声音的影响：“夫气者音之帅也。气粗则音浮，气弱则音薄，气浊则音滞，气散则音竭。”想要让声音坚实有力，朗润自然，就需要保证足够的气息支撑，让气流持续冲击声带，保证气息压力，使声带充分振动，方能实现。

7. 自如：情感表达的内外呼应

在有声语言的创作过程中，由于节目形式、节目主旨、节目内容的不同，使得播音员主持人需要用不同的声音样态来诠释播讲内容。这就需要播音员主持人的声音富于弹性，色彩丰富。而声音色彩的变化无不与气息的变化密切相关。播音员主持人需要学会根据内容下意识地控制气息，使得各种情绪变化过渡自然，具有“一气呵成”的整体性。这就要求播音员主持人有较强的呼吸调控能力，能收放自如，停而不断，连而不乱，抑扬得当。

**（二）特殊要求**

1. 演播室主持

无论是电视节目还是广播节目（包括网络直播节目），由于演播室的环境相对封闭，主持人并不需要面对太多的直接受众。更多的时候，主持人的唯一交流对象就是摄像机或话筒。在这种情况下，主持人追求的是“我在对你说”那种一对一的交流感和亲切感，这就要求主持人声音起伏不大但表情达意准确，层次分明。此时的气息消耗量并不大，主持人需要根据节目形态和节目内容调整自己的用声行气，讲究的是细腻自然，富于变化。轻声弱控制，就显得尤为重要。

2. 舞台主持

舞台的主持环境有别于演播室。主持人登上舞台，交流对象由“一个人”变成了“一群人”，由“我在对你说”变成了“我在对你们所有人说”。同时，主持人的主持空间也从一个狭小空间进入到一个广阔空间，而且主持人还需要起到营造现场氛围、引领现场气氛的作用。这一系列的变化就要求主持人在舞台上使用更响亮、起伏更明显、更有煽动力的声音。而音高的提高、音强的增强、声音的厚实等变化无疑都需要大气息量的吐纳与控制。只有加强了气息的支撑力与控制力，才能在舞台上“高而不喊”“亮而不尖”，避免大呼小叫、声嘶力竭，保证艺术性和观赏性。

# 第二节 怎样认识呼吸调控

## 一、呼吸器官及整体配合

### （一）肺

肺是由含有许多弹性纤维的上皮组织组成的呼吸器官，其间都是中空的肺泡，外观类似于海绵，具有良好的弹性和伸缩性。肺的上端为气管，与口鼻相通。气管在入肺时分成两根大的分支，再分成若干小支，最后分出许多微气管支，如树状分布，遍布肺体，通联肺泡。

肺体虽然本身具备可变性，但其自身没有力量改变容积与压力，肺容积是随着胸腔容积的改变而改变的。肺在胸腔中，其表面附着在胸廓内部，当胸廓扩张时，肺体也随之扩张，气流被吸入；当胸廓回缩时，肺也随之回缩，气流被呼出。胸腔容积的改变取决于胸腔壁上肌肉的伸缩变化。因此，呼吸控制中对肺体容积的控制，实际上控制的是附着于胸腔壁上的肌肉。所以，进行适度的有氧运动，能够有效地激活呼吸肌肉群，提升其运行效率，从而提升肺活量，为我们的播音发声提供足够的气息动力。

### （二）胸腔

胸腔是一个上窄下宽的腔体，呈圆筒式结构。胸腔的外面是胸廓，下面是膈肌。胸廓像一个笼子，后面中间是脊柱，前面中间立着较短的胸骨。从脊柱两侧伸出十二对弓状的肋骨，弯至胸前，上面的十对肋骨通过软骨与胸骨相连，下面的两对肋骨不与胸骨相连，叫浮肋。肋间由肌肉相连，叫肋间肌。在吸气时，肋骨向上向外扩张，增大胸腔的前后径和左右径。在呼气时，肋骨回到原位，胸腔缩小。肺体的容积变化和胸腔的空间变化有着不可分割的联系。所以，适度进行力量训练，可以提升我们的肌肉力，达到提升呼吸控制力的效果。

### （三）膈肌

膈肌位于肺的下面，是一层很有弹性的肌肉膜，它的边缘和肋骨相连，把胸腔和腹腔隔开。吸气时，膈肌收缩，膈穹顶下降，胸腔容积上下扩大。这时膈肌压迫腹腔内的器官，使之向下、向外侧移动，于是我们能看到腹壁明显地向外凸出。呼气时，膈肌逐渐松弛，膈穹顶上升恢复常态，胸腔容积缩小，腹腔内的器官不再受到膈肌挤压，逐步恢复原位，腹壁也随之收回。依据生理学，膈肌每下降 1 厘米，胸腔容积增大 250~300 毫升，膈肌的高低位置最大相差可达 3~4 厘米。也就是说，在可控的情况下，胸腔容积最多可增加 750~1200 毫升。可见膈肌的运动对于呼吸量的增加是多么重要。膈肌与腹肌同时收缩，能增加腹压，协助咳嗽、喷嚏、呕吐、排便、分娩等。我们可以通过对腹部肌肉进行锻炼以及弹发音的训练，提升控制力。

## 二、呼吸原理悄然作用

### （一）气压差原理

吸气时，随着吸气肌肉群的牵引运动，带动胸廓的扩张，横膈膜下移，使得与胸廓紧密相连的肺体的体积产生横向与纵向的立体扩大。因为肺体内部的气体压力小于外界大气压，于是气流通过口鼻进入肺体，完成吸气动作。

呼气时，随着呼气肌肉群的运动，胸廓与横膈膜均回缩至原来位置，产生一个对内挤压的力量，肺体的体积变小，肺体内气体分子密度增加，压力大于外界大气压力，于是气流从口鼻外泄，完成呼气动作。

人类呼吸的原理类似于注射器吸水和注射的原理。没有大气压力，就无法完成呼吸动作。

### （二）呼吸肌肉群相互制衡原理

好比人在走钢丝时，会平伸双臂，或摆动左右臂，调整力矩来获得身体平衡一样。想要在播音发声过程中让气息更好地服务于我们的播讲目的，那我们就需要加强对气息的控制力。

我们的吸气肌肉群主要包括膈肌、肋间外肌、上后锯肌、横突肋骨肌及胸大肌等。这些肌肉的运动，可以使胸腔体积增大，肺体容积增加，横膈下移，吸入气体。我们的呼气肌肉群主要包括肋间内肌、下后锯肌、腹横肌以及腹直肌、腹内和腹外斜肌等。这些肌肉的协同运动，可将胸廓下拉，使得胸腔空间变小，肺体容积减少，气体被挤压至体外。

徐恒老师在《播音发声学》当中就明确指出：“生理学表明，运用互相对抗、互相制约的力量，才能对集体的某部分进行调节、控制。在呼吸控制中，它们就是吸气肌肉群与呼气肌肉群的对抗，外部表现为两肋与小腹的对抗力量。”这就要求吸气肌肉群除在吸气时起作用外，在呼气时一样需要工作，与呼气肌肉群进行力量对抗，来控制呼出气流的疾徐强弱。这就好比一只充满气的气球，如果不进行控制，在撒手的瞬间，气流会迅速泄散；如果在打开气口的同时，控制好气口，并用手牵引住气球壁，不让其迅速回弹，就能让气流缓缓流出。我们只需要在呼气的时候适当调节吸气肌肉群的收张力，就可以控制气流的流速和压力。

## 三、呼吸方式的优选适应

### （一）胸式呼吸法

胸式呼吸，又称“锁骨式呼吸”。呼吸过程中突出表现为双肩上抬、锁骨上移，这是一种主要依靠肋间肌呼吸运动实现呼吸的方式。

吸气时，横膈膜下降的幅度很小，对扩大胸腔几乎不起作用，故腹部无显著波动。这种呼吸方式只能动员起一部分比较软弱的胸腔肌肉，靠肋间肌等胸部肌肉提起胸骨来扩大胸腔的容积。由于没有横膈膜的全力支持，肺腔也就不能得到充分地扩张，进气量很小，保证不了最大限度地将气流容入肺泡。呼气时，也只是将肌肉放松恢复到原状，吸气肌肉群在牵制呼气肌肉群上的功效几乎为零。

胸式呼吸常见于女性，由于在发音时肩部持续紧张，导致胸腔的疲倦，使胸部产生“被捆绑”的闷实感，继而导致颈部的紧张，加重喉头的负担。用这种呼吸法发出的声音缺乏有力的动力支持，呈现出来的声音往往窄、扁、飘、薄、虚、紧，持久力差，在播音发声过程中是需要摒弃的。

需要说明的是，生活中一般没有单纯的胸式呼吸。只有当膈肌的收缩发生障碍时，才可能出现单纯的胸式呼吸。我们这里谈到的“胸式呼吸”，更多描述的是一种进气较浅、进气量偏少，具有明显胸式呼吸特征的一种呼吸倾向。

### （二）腹式呼吸法

腹式呼吸，又称“深呼吸”。呼吸过程中突出表现为双肩未见明显上抬，腹部外凸，胸腔未有明显变化，是一种主要依赖膈肌的收缩与放松实现呼吸的方式。

吸气时，胸廓不见有明显的活动，依赖于膈肌的收缩与放松，膈肌上下移动时腹壁随之瘪突起伏，进出气量不大。呼吸过程中，由于横膈肌的下落，迫使腹部内脏向前向下移动来扩大胸腔的上下径，导致腹部明显凸出。由于腹腔上部直接连着胸腔，因而当腹腔扩大时，胸腔下部也连带扩张，这完全是一种下意识的动作。用腹式呼吸法呼吸时，由于胸肌没有积极地参与推动胸廓，所以没有胸部呼吸肌肉群的支持与配合，仅仅依赖横膈肌的独立运作，因此呼吸过程中进气量受到限制，调控受到制约，呼吸效度不高。

当人体放松时，大多数人都会无意识地使用腹式呼吸方式。与胸式呼吸相比，腹式呼吸的进气位置更深，进气量更大，但由于没有胸部呼吸肌肉群的积极运动，使得腹式呼吸换气速度偏慢，不能灵活调用，故而导致其发出的声音闷、暗、沉、浑、含、散，调节困难。在播音发声的创作过程中，这种呼吸方式也是不可取的。

### （三）胸腹联合式呼吸法

胸腹联合式呼吸法，又称“胸膈呼吸法”。呼吸过程中双肩、胸廓、腹部难见明显变化，仅于后腰两翼有少许外扩，是一种结合了胸式呼吸法和腹式呼吸法的联合呼吸方式。

吸气时，胸腔借助吸气肌肉群的力量使肋骨提高、扩展，撑大了胸腔的前后径和左右径，横膈肌的收缩和下降又增大了胸容积的上下径，这就使得胸廓得以全方位地立体扩展，使肺的容积也随之全面扩张。

胸腹联合式呼吸法进一步加强了胸、膈、腹三者之间的联系，三点成一面，提升了呼吸的稳健度。与胸式呼吸和腹式呼吸相比，胸腹联合式呼吸法的进气位置更深、进气量也更大，在使用过程中也更容易调控，能适时变化，比较灵活。同时，胸腹联合式呼吸法为发音发声语言表达提供了更加充沛的动力支持，也容易形成坚实、明亮的音色，时间也更为持久。因此，是一种最为理想的呼吸方法。

# 第三节　如何进行呼吸调控

## 一、吸气要领

### （一）两肋扩开

吸气时，伴随着气流的进入，胸廓明显有“被撑开”的感觉。而人体的第十一肋和第十二肋，即“浮肋”，由于未与其他胸骨一起构成胸廓，末端悬浮，加之肺体本身为倒漏斗状，肺体下部相较于上部膨胀会更加明显，所以在保证肩胸部放松的状态下进气时，浮肋“被撑开”的感觉也会更加明显，此时腰腹会逐步产生紧绷感。一般的感觉是左右打开的幅度明显于前后，后腰大于腹部。

### （二）横膈膜下降

横膈膜是不随意肌，所以我们无法体会到横膈肌直接用力的感受，我们只能用其他方式间接感知。吸气时，随着吸气肌肉群的收缩和横膈膜的下降，胸腔容积得到立体扩张（前后、左右、上下全面扩张），向下的力作用于横膈膜，横膈膜下降，挤压五脏六腑。此时腹部会向外隆起，腰腹会有充胀感，腰带渐紧。

### （三）气沉丹田

道教称人体有三丹田。《黄庭外景经·上部经》中就谈道："呼吸庐间入丹田。"务成子注："呼吸元气会丹田中。丹田中者，脐下三寸阴阳户……"这里的"丹田"指的是下丹田，在肚脐以下两指到三指的位置。我们在播音发声中说的气沉丹田，并不是指气流真的涌进了这个部位，而是寻找一种类似于"进气至此"的感觉。

在胸腹联合式呼吸法的使用过程中，随着气流的进入，横膈膜的下移，腹腔中的内脏器官会因受到挤压而向外隆起，为了避免呼吸控制动作的僵化，我们需要让腹部肌肉（腹直肌、腹斜肌等）保持一定的紧张度，即"腹壁站定"，避免腹部过分外凸而演变成腹式呼吸。此时内脏器官受到来自膈肌和腹壁的双重压力，就会向后腰和小腹移动，于是后腰被撑开，而小腹此时会有充胀感，有入厕小解的冲动，这种感觉就是"气沉丹田"。

## 二、呼气要领

### （一）持久

呼气时，吸气肌肉群不能松弛下来，而是继续保持积极的运动状态，小腹保持收缩状以维持两肋的扩张。同时，呼气肌肉群作回弹式的全面收缩。当收缩力超过扩张力时，两肋才慢慢回缩，膈肌才缓缓上升，气流则慢慢流出，小腹也随之放松。两力的持续对抗，使得呼气均匀、缓慢、持久。由此可见，对吸气肌肉群的控制是呼吸训练中独具意义的环节。

### （二）稳劲

在使用胸腹联合式呼吸法控制过程中，呼气动作是在吸气肌肉群与呼气肌肉群相对抗的情况下完成的。只要适当调节吸气肌肉群的收张力，就可以控制气流的速度和压力。在播讲的过程中，我们就要根据表达的需要，不断调整我们的吸气肌肉群及呼气肌肉群，保证稳定的气息压力，使气与声有效结合，表情达意准确。

### （三）自如

气息的变化究其实质就是呼、吸两组肌肉群表现的力量差。差值越大越容易发高音和强音，反之则发出低音和弱音。前者是强控制，后者是弱控制。进行这样的控制从而产生相应的气息变化，是源于表情达意的需要。所以，我们需要在保证呼气持久、稳劲的基础上，时时根据内容来灵活调整气息，使其能够服务于表达。

## 三、整体感受

吸气时，随着气流从口鼻进入，经过咽腔、喉腔，通过气管、支气管抵达肺泡，肺泡扩张，肺体扩大，产生横向与纵向的两个力。横向的作用于两肋，于是两肋向外扩张；纵向的作用于横膈膜，于是横膈膜下移挤压脏器，此时小腹有充胀感，腰带渐紧。于是腹直肌、腹斜肌用力，使腹壁站定，避免腹部过分外凸，此时丹田紧张，有“气沉至此”的感觉。

呼气时，保持小腹的收缩感，以牵制膈肌与两肋，使其不能快速回弹。随着气流的缓缓呼出，小腹渐渐放松，但最后仍不失去收住的感觉，而膈肌与两肋在这种控制下逐渐恢复自然状态。在气流呼出过程中要保持气流的均匀，呼得省，呼得慢。

## 四、换气要求

换气是满足生理需要所必须进行的规律性运动，同时也是表达过程中区别语意、传达感情的重要手段，起到的作用类似于有声语言的标点符号。所以，在符合生理需要的前提下，合理地换气，使其起到推动表达过程中起承转合的作用，是有声语言创作者必须掌握的呼吸调控技巧。

### （一）句首换气

句首换气，就是指在一个句子正式开始之前进行换气。需要注意的是，在一般正常的言语表达过程中，句子与句子之间的衔接往往比较紧密，换气时间较短，容易造成首句的尾音尚未结束就慌忙换气，使表达呈现出“赶、紧”的紧张状态。句首换气，实际强调的是在每一句末尾音节发完时稍作保持，静待次句开始时再换气，从容不迫。播音表达中讲的“快而不乱”即与此相关。

### （二）随换随用

换气的目的是为了表达的需要，所以，在换气的同时，发声器官需要为接下来的表达做好准备，二者同步进行，不可松懈，以避免表达过程中的“瞬时断层”。切忌“为换气而换气”的僵化表现。

### （三）换气到位

我们进行呼吸调控的目的，就是希望大家能够使用科学有效的呼吸方式来保证言语表达过程中传情达意的效度。所以，在呼吸调控的过程需要结合具体文段和稿件来进行训练。在连续的言语表达过程中，根据情况视实补气、换气到位，是保证语义顺达的必要条件。初学者由于积习难改或对换气技巧掌握得不够熟练，往往会导致不正确换气或进气太浅、换气不到位的情况，影响传播效果。所以，此时应减缓语速，调整换气节奏，放平心态，从容不迫，保证进气的深度，从而为后续的言语表达提供充分的动力支持。

### （四）换气无声

播音主持行业的言语特点决定了从业者需要具备无声换气的能力，避免由于换气时产生的噪音影响声音的清晰度，破坏庄重大方的语声效果，干扰受众听觉，影响表达效果。

### （五）补气自如

在言语表达过程中，除因语义及生理需要的正常换气之外。还有一种因句子过长导致的必须在句子中间进行换气的情况，我们称之为“补气”。补气过程不能割裂语义，须无声进行、不留痕迹，即所谓“音断、气断、语意连”，给人一气呵成之感。自如补气需要建立在呼吸调控基本功扎实、对语义理解到位的基础上，辅助以大量练习才能灵活运用。

## 五、补气技巧

呼吸调控与及时补气密切相关。只有气息不断运行，才能进行呼吸调节。补气分为换气、偷气、抢气、就气等几种情况。在呼吸调控过程中，我们强调换气到位，要求不脱离呼吸的调控状态，但进入气息调节阶段，单纯强调“补气到位”，易造成气息状态僵化，所以我们要根据表达的需要灵活补气。

### （一）偷气

偷气是指短时无声吸气。偷气是在句中或句尾顿挫、连接的空隙进气，速度很快，进气较浅且进气量很少，不留痕迹。

### （二）抢气

抢气是指在句中或句子间急促地进气，不顾及是否有声音出现。有时候为表现某种紧急情况或者强烈的情绪，特意让吸气带声。

### （三）就气

就气是指虽有停顿，并不进气，而是调动肺内余气进行补充，顿挫后一气呵成，丹田处坚持强控制，不觉气息不足。就气通常是为了保证语气的连贯，常在表达赞美、激动等感情时使用。

句中补气有一个选择气口的问题。句中找气口，主要应该考虑语义的连贯清楚，语气的贴切生动，一句话中补气次数多少不作限制。气口多少，跟语速有一定关系。语速快，气口就可少一些；语速慢，气口就可以多一些。

无论是哪种补气的方式，都不能影响到语义的表达。以情调气是呼吸调控的最终目标，也是气息运用的较高境界。情之所至，气之所依。补气并不是简单机械的气息补充，而是要和心理状态的转换相一致。无论哪种换气方式都要与心理状态紧密相连。在气息调节的锻炼中，也应该注意从调动情感入手，以情带气，气随情变。

# 第四节 怎样进行呼吸调控练习

## 一、慢呼慢吸练习

要想改变原有不科学的呼吸方式，需要有意识强调生理机能的调控，所以初期的训练只能先采用慢呼慢吸的方法。通过训练认识到科学呼吸的具体部位与有关肌肉群的运动状态，达到正确的进气目的。

### （一）坐姿练习

坐于硬面凳子的前半端，双眼平视前方，收颌、挺胸、立腰。放松身心，状态积极，根据情境，进行吸气、呼气训练。

情境设计：想象鲜花满地、芬芳宜人，但你不能去摘，只能用视觉和嗅觉来欣赏。此时，口鼻同时打开，保持积极、兴奋的状态，用心深吸一口清香的空气，体会扑鼻而来的芬芳。与此同时，肩松、肋开、腰胀、腹紧、气沉，气流呈横向走势，在瞬间保持后慢慢吐出，从心底发出一声“啊”，再体会腰腹肌肉随即放松的感觉。

情境设计：想象面前摆了许多你喜欢的食物，此时你非常想吃……（结合呼吸要领体会此时的用气位置）

情境设计：设想有位好朋友正在给你讲一件让你很感兴趣的事，听着听着你流露出“原来是这样”的神情……（结合呼吸要领体会此时的用气位置）

情境设计：设想有位好朋友在跟你讲一件让你非常不愉快的事，你听着听着表现出“真是的”这样的神情……（结合呼吸要领体会此时的用气位置）

通过以上几个情境设计，若正确的吸气方法仍没有找到，可以采用搬重物的方法来进行体会与训练。先弯下腰（可假设可真做）搬一个必须用大力气才能搬动的物体（在教室就抓住凳子或桌子腿），用心体会用力的部位（在腰部），然后再采用坐姿用气，找到搬重物用力时吸气的部位（结合呼吸要领体会此时的用气位置）。

### （二）站姿练习

双肩自然放松，双肩自然下垂，两眼平视前方，收颌、挺胸、直腰，两脚之间保持一定距离（男士双脚距离与肩同宽；女士双脚呈“V”字形，后脚跟稍稍分开）。放松身心，状态积极，根据情景，结合吸气、呼气要领进行训练。

情境设计：想象平行于嘴部前方有一张很多天没有清洁的桌子，上面有一层薄薄的灰尘，你想清理，但没有合适的工具，只能用嘴吹。而桌子旁边的物品又不能因清理桌面而弄脏，此时口鼻同时打开，双唇力度集中在唇的中央，深吸一口气，松肩、开肋、胀腰、紧腹、沉气，轻、匀、稳地慢慢吹去桌面上的灰尘。注意控制气息不能忽有忽无，想象桌上的灰尘吹得干干净净。用心体会呼气（吹灰）时保持吸气感觉下肌肉的紧张状态（结合呼吸要领体会此时的用气位置）。

情境设计：假设误吃了一口自己非常不喜欢吃的食物，或者喝了一碗中药，口腔打开发 ɑ 的气声，努力想把嘴里的苦味全吐出来……（结合呼吸要领体会此时的用气位置）

情境设计：模仿一自然现象，发 si 或 xu 的气声。经过情境设计后，在发此音时应保持相对较长的时间，虽然发声时声带没有颤动，不是乐音，但是从听觉上能分辨出 si 音和 xu 音的音强、音量、音长是否均匀，以判断呼气是否具有稳劲、持久的能力（结合呼吸要领体会用气位置）。

si —— si —— si —— si —— si —— si ——

xu —— xu —— xu —— xu —— xu —— xu ——

情境设计：心情很愉快地走在美丽、安静的绿茵道上，双手各提一暖水壶或者其他重物，这样可以牵制肩膀不得上提，来体会气息向下的横向运动的感觉。找到正确的气息后再丢开水壶或重物训练（结合呼吸要领体会用气位置）。

**（三）提示**

1. 训练初期先采用手扶腰的办法（左手扶腰右侧，右手扶腰左侧。避免双手交叉导致双肩紧张，气息上提）体会气流的流动方向，是纵向还是横向，感觉吸气时气息运动是否能把手撑开。整个吸气过程就像缓缓打开的一本书向两边展开，气息在腰腹的感觉是腰的两侧大于前后，后腰又大于前腹。另外，两个人可以互相扶腰进行体会。

2. 对照镜子观察在吸气时两肩是否上提，上胸是否起伏。如果有起伏，说明气息还没有下沉，应尽快调整。

3. 体会采用坐姿用气时与座位形成的作用力与反作用力。

4. 要注意防止假吸气现象，即腰腹鼓起来了，但气并没有吸进去。

5. 开始找不到呼气肌肉群的控制力度，可先吸好气后不要呼气，以此体会腰腹的控制感。

## 二、快吸慢呼练习

人在不说话时呼和吸的用时差不多是相等的，但一开口说话，呼的时间就比吸的时间长了，加之播音发声是艺术语言的训练，为了语义的连贯、完整，换气的时间就更要缩短，应迅速完成才行。所以，快吸慢呼的发声训练是气息控制的终极目标，也是适应表达的最基本要求。通过训练做到声高不劈、气不竭，声低不压、气不泄。

### （一）无声练习

情境设计：设想有一位好久没见面的亲人或好友突然出现在你面前，让你十分惊讶……（结合呼吸要领体会此时的吸气速度及位置）

情境设计：突然接到一封盼望已久的信，兴奋与激动溢于言表，快速打开信件，随着阅信，气息慢慢吐出……（体会一刹那迅速进气的感觉）

情境设计：在听别人讲一件事时，急于插话，但欲言又止……（体会此时气息的快吸感觉）

### （二）发音练习

情境设计：发 ɑ 音，选择自己语言表达的最佳声区进行训练。发声前平视前方某一物体，设想它（他）就是你的交流对象，并且是很好的朋友、同学或老师等。要把发 ɑ 音的过程设想成是和他们交流的语言，既积极主动又平和委婉。气息饱满均匀、结实有力，声音洪亮、音色甜美。如果声音发颤、发抖，就证明气息支撑不够，应做反复训练。

ɑ 音训练应伴随专业学习的始终。因为 ɑ 是汉语普通话里开口度最大的一个元音，乐音成分最丰富，发好它是学习播音发声的关键，所以应结合 ɑ 音，反复训练提高气息的控制能力。

情境设计：用六个单元音进行不同组合（开始先发一个单元音换一次气，以后可连续发六个单元音换一次气）、不同语境、不同声调、不同声音层次的训练，体会不同情景、不同声区、不同气息的变化与控制。

ɑ——∨o——∨e——∨i——∨u——∨ü——

ɑ——o——e——i——u——ü——

情境设计：设想面前放着最喜欢的七件物品，百看不厌，爱不释手，数来数去不忍离去……在数的过程中，每发完一位数字后都回味一下，以欣赏物品的色、形、质等来体会气息控制（1 秒钟）腰腹的感觉，之后再发下一个数，到 7 后换一口气再倒数到 1，并根据气息长短控制 2 个数之间的时长。过快，起不到控制气息的作用；过慢，又发不完音，因此要适时把握。

1，2，3，4，5，6，7∨7，6，5，4，3，2，1……

1，2，3，4，5，6，7，7，6，5，4，3，2，1……

情境设计：设想走到一个农家小院儿，定眼一望，院子中央有一个凉棚，噢！原来是个葫芦架子，上面挂满了大小不一的葫芦儿。试试，一口气能数多少个。

一口气数不了二十四个葫芦四十八块瓢。一个葫芦两块瓢，两个葫芦四块瓢，三个葫芦六块瓢，四个葫芦八块瓢，五个葫芦十块瓢，六个葫芦十二块瓢，七个葫芦十四块瓢，八个葫芦十六块瓢，九个葫芦十八块瓢，十个葫芦二十块瓢，十一个葫芦二十二块瓢，十二个葫芦二十四块瓢，十三个葫芦二十六块瓢，十四个葫芦二十八块瓢，十五个葫芦三十块瓢，十六个葫芦三十二块瓢，十七个葫芦三十四块瓢，十八个葫芦三十六块瓢，十九个葫芦三十八块瓢，二十个葫芦四十块瓢，二十一个葫芦四十二块瓢，二十二个葫芦四十四块瓢，二十三个葫芦四十六块瓢，二十四个葫芦四十八块瓢。

**（三）提示**

1. 要注意在户外练习不要迎风进行，最好对着墙，或者某一点进行。

2. 设想要通过发 ɑ 音把前方的某一点打穿，一次调动气息的控制力，练习声音的穿透力。

3. 注意吸好气后，发声的前三四秒不要用气，腰腹要稍做控制后再慢慢收回。

4. “数葫芦”没有换气口儿，开始只能读到十七八个，随着练习量的增加逐渐提高葫芦儿数。不要求快忽略了吐字，要注意合口呼的归音，即双唇力度、数词调值的把握。

5. 在训练时，要注意和语音结合起来，注意轻声、儿化音的运用，不要把可爱的“葫芦”读成难听的“呼噜”了。

6. 初学者一般在开始吸气时还比较容易掌握，但当准备呼气时就容易受旧习惯的影响，瞬间气息上提，所以一定要注意吸好气后，腰腹稍微做控制后，呼气肌肉群再慢慢回缩，要加强控制的意识，要以在没有座位的反作用力对抗下的站姿训练，注意气息的下沉意识。重复以上训练，最终呼气时间最好达到 30 秒。

## 三、换气练习

在两个大的意群之间的正常换气要做到无声、迅速，为达到区别语意、语气的目的，相对有较明显的“气口儿”。补气一般是在一个句子没结束，但气息又不够的情况下采取的换气方法。为了不割裂语义、不露“声色”，从听觉上感受到语义的前后连贯、一气呵成，在补气前后，音节与音节之间要有机衔接。要找长句子中能划分语节的地方，处于并列关系的某一个顿号或逗号处，或处于偏正关系的一个语节处进行补气（或偷气）训练。通过训练提高两肋肌和腹肌的弹发能力，把握句与句之间和长句中间换气时的音断、气断而意不断的控制能力。

**（一）一般换气练习**

情境设计：想象自己拿一竹竿儿去收枣儿。阳光灿烂，空气清新，枣儿垂挂在树上，在绿叶的映衬下丰润饱满、色泽鲜美、清脆可口、垂涎欲滴……

出东门，过大桥，大桥底下一树枣。
拿着竿子去打枣，青的多，红的少。
一个枣，两个枣，三个枣，四个枣，
五个枣，六个枣，七个枣，八个枣，
九个枣，十个枣；十个枣，九个枣，
八个枣，七个枣，六个枣，五个枣，
四个枣，三个枣，两个枣，一个枣。
（这是一个绕口令儿，一气儿说完才算好。）

情境设计：设想自己在乡下，四周风景宜人，池塘里有静立的荷花，荷叶上有飞舞的蜻蜓，水面上有跳动的青蛙……

一只蛤蟆一张嘴，两只眼睛四条腿，扑通扑通跳下水。两只蛤蟆两张嘴，四只眼睛八条腿，扑通扑通跳下水。三只蛤蟆三张嘴，六只眼睛十二条腿，扑通扑通跳下水。四只蛤蟆四张嘴，八只眼睛十六条腿，扑通扑通跳下水。五只蛤蟆五张嘴，十只眼睛二十条腿，扑通扑通跳下水。六只蛤蟆六张嘴，十二只眼睛二十四条腿，扑通扑通跳下水。七只蛤蟆七张嘴，十四只眼睛二十八条腿，扑通扑通跳下水。八只蛤蟆八张嘴，十六只眼睛三十二条腿，扑通扑通跳下水。九只蛤蟆九张嘴，十八只眼睛三十六条腿，扑通扑通跳下水。

情境设计：北京时间 2016 年 7 月 18 日，参加里约奥运会的中国体育代表团在北京正式成立。中国代表团一共 711 人，其中运动员 416 人，是中国体育代表团境外参赛史上规模最大的一届。这里节选了一部分参赛人员名单，尝试读出阳光、自信、大方、向上的感觉。

赛艇队名单，女运动员：张敏、江燕、段静莉、朱韦伟、潘飞鸿、黄文仪、苗甜、吕扬、张馨月、王宇微、张灵、王杰；男运动员：余成刚、王铁鑫、金威、赵景滨、孙满、王纯鑫、曾涛。

游泳队名单，女运动员：傅园慧、陆滢、唐奕、陈洁、陈欣怡、史婧琳、叶诗文、王施佳、辛鑫、董洁、沈铎、曹玥、周羿霖、孙美晨、周敏、刘湘、朱梦惠、张馨予、张雨霏、张雨涵、汪雪儿、艾衍含、柳雅欣、侯雅雯、于静瑶、唐雨婷；男运动员：祖立军、何健彬、孙杨、汪顺、徐嘉余、张麒斌、毛飞廉、林永庆、宁泽涛、李响、商科元、余贺新、李朱濠、李广源、邱子傲、闫子贝、吴宇航、胡逸轩、刘兆尘。

射击队名单，女运动员：张靖婧、郭文珺、陈颖、魏宁、易思玲、杜丽、陈芳、魏萌、张彬彬、张梦雪；男运动员：朱启南、胡斌渊、李越宏、王智伟、蒲琪峰、庞伟、杨浩然、潘强、张富升、赵声波、曹逸飞、惠子程。

篮球队名单，男运动员：易建联、周鹏、郭艾伦、王哲林、翟晓川、睢冉、李慕豪、丁彦雨航、李根、赵继伟、周琦、邹雨宸；女运动员：陈晓佳、李珊珊、露雯、高颂、陈楠、黄红玭、孙梦然、邵婷、孙梦昕、赵志芳、吴迪、黄思静。

田径队名单，女运动员：张文秀、刘婷婷、巩立姣、王峥、李玲蔚、吕秀芝、韦永丽、王春雨、李玲、切阳什姐、吕会会、袁琦琦、林慧君、任梦茜、吴水娇、岳超、刘诗颖、高阳、李小红、孔令微、卞卡、苏欣悦、陈扬、冯彬、梁小静、葛曼棋、张新艳、华绍青、刘虹、杨家玉；男运动员：蔡泽林、张国伟、谢文骏、董斌、苏炳添、张培萌、王镇、陈定、董国建、王宇、曹硕、谢震业、薛长锐、莫有雪、王振东、王嘉男、黄常洲、杨洋、高兴龙、多布杰、汤星强、黄博凯、姚捷、徐晓龙、韩玉成、于伟、朱仁学、唐功臣、王凯华、张航。

情境设计：设想自己是一名体育老师，正在给同学们讲解足球的基本知识，并介绍足球的踢法，有滋有味儿。孩子们都听得入迷，迫不及待想去试试。

踢球，可以分为定位球、滚动球和空中球。踢球可以用脚尖、脚背、脚内侧，也可以用脚跟、脚底、脚外侧。除了用脚踢，还可以用头顶，可以跳起来顶，也可以不跳起来顶。顶球可以用头前、头后、头左、头右和头中。顶球不仅要把球顶出去，而且要能控制球的方向，要它到哪里，它就在哪里。此外，还要练停球，停球有完全停球和不完全停球。停球可以用脚尖、脚背、脚内侧，也可以用脚跟、脚底、脚外侧。头部停球可以用头前、头后、头左、头右和头中。这些基本功练好了，就要练战术。战术有个人战术，有集体战术。个人战术有选择位置，运球、过人、射门、抢球和假动作。假动作又可以用脚跟、脚底、脚外侧。头部假动作又可以用头前、头后、头左、头右和头中，足球这玩意儿，深奥着呢，一辈子也学不完啊。

### （二）补气练习

情境设计：采用较长的新闻句子进行气息的补气控制训练。本节以气息控制为目的，结合吐字归音进行训练。不要急于寻求新闻语言的表达状态，防止囫囵吞枣。

1. 渝湘高速公路是国家包（头）茂（名）高速公路的一段，由巴南界起，经南川、武隆、彭水、黔江、酉阳，至秀山洪安出境，全长413公里。其中主城到武隆段此前已相继通车。此次通车的是武隆至黔江的118公里，沿线设有黄草、彭水西、彭水东、保家、黔江西、黔江南6座互通。从主城至黔江西，年票车收费为150元。

2. 中央气象台5日上午10点钟发布暴雨预报：受热带低压和冷空气的共同影响，预计，今天中午到明天中午，广东中南部、广西大部、海南西部和北部、湖南中西部、湖北东部、河南南部和东部、安徽北部、江苏北部等地将有大到暴雨，其中广东西南部、湖南南部、广西南部和东部、安徽北部和江苏北部等地局部地区有大暴雨。

3. 中央科学评价中心发布了一系列世界大学排行榜：位居本次《世界大学科研竞争力排行榜》前十二名的大学分别是：哈佛大学（美国）、得克萨斯大学（美国）、华盛顿大学（美国）、斯坦福大学（美国）、约翰·霍普金斯大学（美国）、加州大学伯克利分校（美国）、加州大学洛杉矶分校（美国）、东京大学（日本）、密歇根大学（美国）、麻省理工学院（美国）、多伦多大学（加拿大）、威斯康星大学（美国）。

4. 中共中央政治局常委、中央书记处书记，中央党校校长习近平出席中央党校开学典礼并讲话。他指出，书籍是人类知识的载体，是人类智慧的结晶，是人类进步的阶梯。各级领导干部要深刻认识现代领导活动与读书学习的密切关系，深刻认识领导干部的读书学习水平在很大程度上决定着工作水平和领导水平，真正把读书学习当成一种生活态度、一种工作责任、一种精神追求，自觉做到爱读书、读好书、善读书，积极推动学习型政党、学习型社会建设。

情境设计：结合“八荣八耻”的内容，针对《思想道德修养》课上的举例，联系社会现象，调动情绪进行气息控制训练。

以热爱祖国为荣，以危害祖国为耻；以服务人民为荣，以背离人民为耻；
以崇尚科学为荣，以愚昧无知为耻；以辛勤劳动为荣，以好逸恶劳为耻；
以团结互助为荣，以损人利己为耻；以诚实守信为荣，以见利忘义为耻；
以遵纪守法为荣，以违法乱纪为耻；以艰苦奋斗为荣，以骄奢淫逸为耻。

情境设计：结合中央电视台播放的一则“国际漫游”广告，想象相应的情景，练习气息控制。

奶奶，我是小强，我已经到巴黎了。奶奶，您身体还好吧？电话费很贵，我不多说了，奶奶再见！

情境设计：结合我国曲折的申奥经历，联想张艺谋执导的申奥宣传片，熟记奥运会比赛项目，训练气息。

田径、赛艇、羽毛球、垒球、篮球、足球、拳击、皮划艇、自行车、击剑、体操、举重、手球、曲棍球、柔道、摔跤、水上项目、现代五项、棒球、马术、跆拳道、网球、乒乓球、射击、射箭、铁人三项、帆船、帆板、排球。

**（三）提示**

通过句中不同声调的练习，体会气息的控制力度对调值、语流变化所起的作用。

1. 不要把香甜的“枣儿”读成冰冷冷硬邦邦的“凿子”。开始练习换气口，先放在正数前和倒数后，随着练习次数的增多，只在“一个枣”的前面换一口气即可。

2. 注意“扑通”一次的唇部控制，不要漏气、喷话筒。

3. 一般经过初步训练后，吸第一口气都比较容易把握，但要注意句与句之间的换气，状态要从容，防止提肩。

4. 句与句之间不换气时，要注意连接流畅，气口之间无论有几个标点符号，都当作一个句子对待，不能断开，体会气息的控制力度。

5. 运用播报人名的方式进行换气控制训练，体会读一个人名换一次气的腰腹控制感，注意人名之间的间隔，双音节人名与三音节人名及多音节人名的节奏把握，人名与族名、性别的区别。人名一般都读“中中重”格式，有些人容易把人名读成“中轻重”格式，要注意纠正。

6. 新闻长句子练习，气息控制要注意气流“被动进入”的感觉，在“意不断”的前提下，腰腹快速进行“一松一紧”的刹那间“补气”运动。例如以上几个例子，并列关系的短句较多，一口气读不下来，就需要在中间补一下气。

7.“八荣八耻”的内容最好在“一荣一耻”后换一次气。

8. 要求做到灵活运用气息，必须结合前面语音训练内容和第十章训练材料里的长句进行。训练初期可以一句一换气，熟练后要求两句一换气或根据语义换气。句与句之间不换气时要注意连接流畅，四句以内的绕口令要求中速，达到一口气背诵。

## 四、胸腹联合式呼吸综合练习

练习提示：在用气发声的过程中，我们需要重视胸腹联合式呼吸的要领把握，感知呼吸过程中各呼吸器官的动觉变化，明确并强化气沉丹田时二力对抗的具体感受。注意分辨体认各种不同的用气方式带来的视觉及听觉回馈差异。逐步熟练换气、补气的技巧，从而提升呼吸调控能力，辅助发声。

### 祝大家

**佚　名**

祝大家：东成西就、南通北达、左右逢源、上下皆宜、财源广进、生活幸福、家庭美满、身体健康、万事如意！祝大家：身体好、心情好、家庭好、事业好、前程好、运气好、生活好、人生旅途样样都好！一愿人长健，花长好，月长圆；二愿亲无间，惜有缘，情更深；三愿福如海，人如松，水长流；四愿财气壮，身体壮，乐安康；五愿福临门，事事顺，交好运！祝大家：一飞冲天、二龙腾跃、三阳开泰、四季平安、五福临门、六六大顺、七星高照、八方来财、九转功成、十全十美！

## 夸住宅（节选）

**佚　名**

就在东城干面胡同。路北喽，广梁的大门，上有门灯，下有懒凳，有回事房、管事处，进了大门有二门，二门四扇屏风，绿油漆洒金星，四个红斗方，写的是“斋庄中正”，背面是“严肃整齐”。进二门方砖墁地，海墁的院子，夏景天儿高搭凉棚三丈六,四个红堵头是“吉星高照”。院子里有对花盆儿，石榴树，茶叶末色的养鱼缸，三叉九顶的夹竹桃。北房五间为上，前出廊后出厦，东西厢房，东西配房，东西耳房。倒座儿五间为待客厅，明支夜阖的窗户，可扇儿的大玻璃，夏景天虾米须的帘子，冬景天儿子口的风门儿。进屋您一看，泄露天机，别有洞天。迎面摆丈八条案，上摆尊窑瓶，郎窑罐，碧玺酒陶，珊瑚的盆景，风磨铜金钟儿，翡翠的玉磬。当中摆二尺多高广座钟，案前摆着一张紫檀的八仙桌，镶石心，挂螺钿，一对花梨太师椅。桌上放文房四宝，端砚，湖笔，宣纸，徽墨，通鉴，天文地理，颜、柳、欧、赵名人字帖。墙上挂着许多名人字画，有唐伯虎的美人儿，米元章的山水，刘石庵的扇面儿，铁宝的对子，郑板桥的竹子，郎世宁的洋狗，道光皇帝钦赐镇宅宝剑，袁大总统亲赐的寿字儿。屋子里头的座钟，挂钟，自鸣钟，子儿表，对儿表，寒暑表……嗬，你家这表可多呀。

## 杂说四・马说

**唐・韩愈**

世有伯乐，然后有千里马。千里马常有，而伯乐不常有。故虽有名马，祇辱于奴隶人之手，骈死于槽枥之间，不以千里称也。

马之千里者，一食或尽粟一石，食马者不知其能千里而食也。是马也，虽有千里之能，食不饱，力不足，才美不外见。且欲与常马等不可得，安求其能千里也?

策之不以其道，食之不能尽其材，鸣之而不能通其意。执策而临之曰:“天下无马。”呜呼！其真无马邪？其真不知马也！

## 陋室铭

**唐・刘禹锡**

山不在高，有仙则名；水不在深，有龙则灵。斯是陋室，唯吾德馨。

苔痕上阶绿，草色入帘青。谈笑有鸿儒，往来无白丁。可以调素琴，阅金经。无丝竹之乱耳，无案牍之劳形。南阳诸葛庐，西蜀子云亭。孔子云：何陋之有？

## 水调歌头·甲午

**梁启超**

拍碎双玉斗，慷慨一何多。满腔都是血泪，无处着悲歌。三百年来王气，满目山河依旧，人事竟如何？百户尚牛酒，四塞已干戈。

千金剑，万言策，两蹉跎。醉中呵壁自语，醒后一滂沱。不恨年华去也，只恐少年心事，强半为销磨。愿替众生病，稽首礼维摩。

## 新年来了

**余秀华**

新年来了，我揉了揉眼睛，年坐在了我面前，我们击掌一笑。

山山水水都归位于风，归位于风打开的色彩。这些日子无端溢出了喜悦，春天到来之际，我要一些古朴的风俗把自己柔软，红灯笼挂在门楣上，总会有人踩着一年的漂泊回家。

年啊，一只手，于某一夜把十指合拢。爹娘坐在手掌心，把 365 个牵挂揉进一域红红的炉火。我会走满一个村庄，给如我一样朴素的乡亲拜年。双手合十，给山一个问候，给水一个祝福。花儿躲在某一个房间里，在我不注意的时候，递出最初的羞涩的芬芳。

## 杂谈三则

**佚　名**

一、尊重别人是一种美德，一种修养，一种品格，是对人不卑不亢的平等相待，是对他人人格与价值的充分肯定。任何人都不可能尽善尽美，我们没有理由以高山仰止的目光去审视别人，也没有资格用不屑一顾的神情去嘲笑他人。假如别人某些方面不如自己，我们不要用傲慢和不敬的话去伤害别人的自尊；假如自己某些方面不如别人，我们也不必以自卑或嫉妒去代替应有的尊重。

二、因为柔软是一种力，当我们面对季节的更迭，圆与缺的交替，得与失的并存，才不得已惊恐和无奈。人们从来不亵渎岁月，也不亵渎人生中每一个日子。改造自己，也在改造世界，以求尘世的和谐，心灵的圆润。所有的革命，所有的建设，所有建设中的改革，生态都能得以改善，心灵得以滋养，无不源于柔软的力，这谁都不得怀疑。

三、很多时候，很多事情，我们以为所有的事理人情都在自己这一方，自己家人这一方，我们必须讨个说法，行个公道，甚至认为自己的所有言行是在申明大义，替天行道。批评、谩骂、憎恨、诅咒、诋毁、责罚……其实，那些我们认为的最为明显畅快的“惩处”，更多的是在处置自己，于对方而言却在进行着最大限度地“宽恕”，这一切都和“拯救”无关。

## 风　　铃

**林清玄**

我有一个风铃，是朋友从欧洲带回来送我的。风铃由五条钢管组成，外形没有什么特殊，特殊的是，垂直挂在风铃下的木片，薄而宽阔，大约有两个手掌宽。

由于那用来感知风的木片巨大，因此风铃对风非常的敏感，即使是极细微的风，它也会叮叮当当地响起来。

风铃的声音很美，很悠长，我听起来一点也不像铃声，而是音乐。风铃，是风的音乐，使我们在夏日听着感觉清凉，冬天听了感到温暖。

风是没有形象、没有色彩、没有声音的，但风铃使风有了形象，有了色彩，也有了声音。对于风，风铃是觉知、观察与感动。

每次，我听着风铃，感知风的存在，这时就会觉得我们的生命如风一样地流过，几乎是难以掌握的，因此我们需要心里的风铃，来觉知生命的流动，观察生活的内容，感动于生命与生命的偶然相会。

有了风铃，风虽然吹过了，还留下美妙的声音。有了心的风铃，生命即使走过了，也会留下动人的痕迹。

## 此刻的心情（代序）

**席慕蓉**

从十四岁开始正式学画，这么多年了，遇到有自己特别喜欢的作品，还是会留起来，舍不得卖掉。从台北到布鲁塞尔、从慕尼黑再回到石门，一捆一捆的画布跟着我搬来搬去，怎样也舍不得丢掉，因为心里知道，那样的作品在往后的日子里是再也画不出来的了。

因为，正如同人类的成长一样，一个阶段有一个阶段的面貌，过了这个阶段，再要往回走就是强求了。

所以，在今夜，虽然窗外依旧是潮湿而芬芳的院落，灯下依然有几张唱片、几张稿纸，可是，面对着《无怨的青春》的初稿，我深深地觉得，世间有些事物是不会再回来的了。就好像一颗离我越来越远的星辰，眼看它逐渐变小、变暗、变冷，终于在一个我绝对无法触及的距离里消失，而我站在黑暗的夜里，对一切都无能为力。

心里是有一点悲伤和怅惘的，但是也同样含着感谢，感谢的是：藉着它曾经发过的光和热，让我写出了一些自己也很喜欢的诗句，使我在每次回顾的时候，仍然可以信它、爱它和怀想它。

所以在《七里香》和《无怨的青春》里，我参差地放进了我十几到三十几岁的作品，一方面是因为这些作品有着相仿的面貌，一方面也是为了我自己的一种纪念，纪念一段远去的岁月，纪念那一个只曾在我心中存在过的小小世界。如果只把这些诗当成是一种记录，那么，诗里当然有我，可是，如果大家肯把这些诗当成是一件艺术品的话，那么，诗里就不应该是只有我而已了。

在现实生活里，我是一个幸运的女子，因为有深爱着我的人的支持，我才能如此恣意地成长，想画就画，想写就写，做着对一个妇人来说是极为奢侈的事。我要承认，在今生，我已经得到了我所一直盼望着的那种绝对的爱情，上苍一切的安排原来都有深意，我愿意沿着既定的轨迹走下去，知恩并且感激。

我会好好地去生活，好好地把握住每一个时刻，对所有的一切都不再强求。

当然，诗仍然是要写下去，只是，在明天，我会写些什么，或者我将要怎样写，就完全不是此刻的我可以预知的了。

生命的迷人之处，亲爱的朋友啊！不也就都在这些地方了吗？

# 第二章　口腔要打开

所谓打开口腔，是指通过提起颧肌、打开牙关、挺起软腭、松开下巴四个方面的综合协调，整体打开口腔，创造一种“前紧后松，上提下松”的积极发音发声状态。

## 第一节　为什么要打开口腔

### 一、打开口腔的目的

通过有意识地训练提、打、挺、松四个动作，实现口腔的均衡打开，营造“腔圆壁坚”的良好发音发声状态，同时增强对口腔状态的把控能力，形成一种习惯，并使其贯穿于整个发音发声过程。

### 二、打开口腔的作用

#### （一）积极状态

口腔的打开可以协助各咬字器官找到积极的发音前准备状态，能够缩短各咬字器官运动的反应时间，提高发音效能。

#### （二）清晰字音

在实际的发音过程中，口腔当中的各个咬字器官的活动是要协调一致的。口腔开度的适当扩大有利于扩大舌体的位移过程，使字音更加清晰、饱满。

### （三）美化声音

放松打开牙关、积极抬升软腭、主动上移颧肌、持续放松下巴，在口腔中创造出一种良好的发音环境，使字音得到较为充分的泛音共鸣，达到美化声音的效果。

## 第二节 如何打开口腔

### 一、提颧肌

颧肌是人的面部表情肌肉，是辐射状肌的一种。起止点基本是人的颧骨到上唇外侧及嘴角部位。从人体解剖学对“颧肌”一词的解释中可知，提颧肌时面部会显出喜、怒、哀、乐等表情变化，它让面部表情处于一种积极主动的状态，辅助情绪的传递，并配合其他器官的运动使口腔打开，发音清晰润朗。

1. 方法：下巴微收，颧肌微提，鼻翼微张，鼻孔也会有稍微扩张的感觉。上唇微展，贴住上齿，上齿微露。

2. 益处：通过提颧肌的训练，可以增强唇齿的力度，扩大口腔前部空间，使上口盖前端具备展宽感。可以改善声母、韵母的发音状态，使声音具有积极、集中、明亮的特点。

3. 注意：在播音过程中，不单是呈现微笑状，而是应以颧肌为主，保持口面部肌肉的适度紧张。

### 二、打牙关

牙关是指人的下颌骨与头盖骨的连接点。当我们把嘴张大时，能够在双耳耳垂后摸到两个凹陷，这个位置就是播音发声中所提到的“牙关”。

1. 方法：打牙关时适当增加下颌开度，打开后槽牙，使槽牙上提，类似于半打呵欠。闭口时上门齿下扣，好似咬苹果。

2. 益处：打牙关可以扩大口腔中后部的容积，有利于舌体运动，形成较好的口腔共鸣，同时也可以增加吐字的清晰度。

3. 注意：下颌周围肌肉不可绷紧，否则会造成口腔肌肉过于紧绷，影响发音。

## 三、挺软腭

软腭位于硬腭后部，微卷舌尖可轻轻碰触硬腭后部的柔软区域，即为软腭。

1. 方法：采取打哈欠的方法来获得挺软腭的感觉，软腭适度抬起，并保持适度紧张的状态。

2. 益处：发声时挺起软腭可以扩展后口腔开度，有效控制鼻音色彩，增加口腔共鸣，改善字音清晰度。

3. 注意：控制软腭提升的程度，不是抬得越高越好，否则会使声音听起来太靠后。

## 四、松下巴

下巴的自如控制会影响到牙关的开合以及舌体的运动。

1. 方法：在完成了提颧肌、打牙关、挺软腭三个动作的基础上，主动放松下颌骨，使前口微张，下巴自然内收，来体会松下巴的感觉。可以通过用手轻轻叩击下巴使上下牙相碰，来检验放松效度。

2. 益处：松下巴可以扩大口腔容积，放松喉头，使嗓音更加松弛、持久。

3. 注意：要区分松下巴和掉下巴，掉下巴的程度更深一些，会影响发音时面部、特别是口部的美观。另外注意，发音发声过程中要避免下巴使力的不良习惯。

# 第三节 怎样进行打开口腔的练习

## 一、提颧肌练习

### （一）插话

想象和他人对话，忽然想插一句“哎，我觉得应该是……”此时，面部表情肌会呈现适度紧张的状态，有利于找到颧肌提起的感觉。

### （二）含筷子

将一根筷子含在上下齿中间，使嘴角上扬，找到含筷子的一瞬间，嘴角上扬、颧肌上提的感觉，并反复练习。

## 二、打牙关练习

### （一）无实物表演

假设在吃苹果，重复张开嘴去咬苹果的动作，体会打开牙关，扩大上下颌开度。

### （二）a 音节练习

在所有音节中，带有 a 的音节开口度最大，可多练习“阿毛”“阿黄”等含有 a 的词语，并采取夸张声音或喊话的方式辅助练习。

## 三、挺软腭练习

### （一）半打哈欠

哈欠打到一半即停止，重复此动作。

### （二）夸张吸气

张口往里倒吸气，体会随着气体吸入量最大时，软腭被迫提升的感觉。

## 四、松下巴练习

### （一）抬头看天

站姿或坐姿，挺胸收腹，缓慢抬头看自己头上的天，此时嘴自然张开，体会松下巴的感觉，闭合嘴巴，重复动作。

### （二）敲打下巴

选取一个延长音，如 a 音，发音过程中，用手背叩击下巴，使延长音颤动起来，节奏均匀，力度适中，体会松下巴的自然感和流畅性。

## 五、综合练习

练习注意：在感受发音发声的练习过程中，注意由于口腔开合程度不同所带来的听感和视觉上的变化。提、打、挺、松四个动作可先分开练习，再组合练习，切忌不要一提俱提，一松俱松。“提颧肌”和“挺软腭”是向上的动作，“打牙关”和“松下巴”是向下的动作，要学会把握它们之间的平衡关系，通过正误对比，强化感受。

### （一）词汇练习

| | | | | | |
|---|---|---|---|---|---|
| a | 发达 | 打靶 | 喇叭 | 砝码 | 大咖 |
| ia | 假牙 | 掐架 | 下家 | 恰恰 | 加价 |
| ua | 挂花 | 画画 | 呱呱 | 夸夸 | 欻欻 |
| ai | 白菜 | 爱戴 | 彩排 | 买卖 | 来财 |

| | | | | | |
|---|---|---|---|---|---|
| an | 展览 | 汗衫 | 谈判 | 灿烂 | 勘探 |
| ian | 电线 | 鲜艳 | 变迁 | 简练 | 显现 |
| uan | 转换 | 酸软 | 乱窜 | 换算 | 暖暖 |
| ang | 厂房 | 沧桑 | 张榜 | 帮忙 | 行当 |
| iang | 想象 | 两样 | 将相 | 湘江 | 踉跄 |
| uang | 状况 | 双簧 | 矿床 | 汪汪 | 幢幢 |

## （二）成语练习

豁达大度　出口成章　愧不敢当　逍遥法外　阳关大道　喜气洋洋
扬长而去　庞然大物　娇生惯养　人丁兴旺　高瞻远瞩　矫枉过正
书声琅琅　早出晚归　造谣惑众　乔装打扮　慷慨激昂　掀风鼓浪
好大喜功　文武两全　相安无事　张冠李戴　稀奇古怪　眼明心亮
夸夸其谈　浩浩荡荡　江河日下　鸟语花香　响彻云霄　欲盖弥彰
广开言路　光明磊落　浪子回头　牢不可破　两袖清风　昂首天外
刀山火海　道貌岸然　放虎归山　防患未然　相亲相爱　抓耳挠腮
雷厉风行　冷嘲热讽　老马识途　狼狈不堪　博学多才　泛滥成灾
燎原烈火　赏罚无章　老生常谈　老当益壮　来日方长　来龙去脉

## （三）绕口令练习

a　瓜棚挂瓜，瓜挂瓜棚。风刮瓜，瓜碰棚。风刮棚，棚碰瓜。

ia　嘉嘉夹花架送贾佳，贾佳送嘉嘉折纸鸭。贾佳嘉嘉感情佳，养虾、赶鸭笑哈哈。

ua　小华华，爱画画，花园里，去画花。花儿画上画，画上画满花。远远看华华，只见画和花。人在花中画花画，也像画上画的花。

ai　大柴和小柴，帮助爷爷晒白菜。大柴晒的是大白菜，小柴晒的是小白菜。大柴晒了四十四斤四两大白菜，小柴晒了三十三斤三两小白菜。大柴和小柴，一共晒了七十七斤七两大大小小的白菜。

an　小凡带了一袋盐，小潘带了一袋棉，小山带了一袋面，小凡用盐换了小潘的棉，小潘用盐换了小山的面，小山用面换了小凡的棉。

ian　扁扁娃背个扁口背篓，上扁扁山拔扁豆，拔了一扁背篓扁豆，扁扁娃背不起一扁背篓扁豆，背了半扁背篓扁豆。

uan　河里有只船，船上挂白帆，风吹帆张船向前，无风帆落停下船。

ang　辛厂长，申厂长，同乡不同行。辛厂长声声讲生产，申厂长常常闹思想。辛厂长一心只想革新厂，申厂长满口只讲加薪饷。

iang　杨家养了一只羊，蒋家修了一道墙。杨家的羊撞倒了蒋家的墙，蒋家的墙压死了杨家的羊。杨家要蒋家赔杨家的羊，蒋家要杨家赔蒋家的墙。

uang　光光帮爸爸扛缸，刚刚帮妈妈扛筐。光光放下缸，帮刚刚和妈妈抬走筐。刚刚放下筐，帮光光和爸爸抬走缸。爸爸和光光夸刚刚，妈妈和刚刚夸光光。

### （四）古诗词练习

#### 不第后赋菊

**黄　巢**

待到秋来九月八，我花开后百花杀。
冲天香阵透长安，满城尽带黄金甲。

#### 出　塞

**王昌龄**

秦时明月汉时关，万里长征人未还。
但使龙城飞将在，不教胡马度阴山。

#### 海　棠

**苏　轼**

东风袅袅泛崇光，香雾空蒙月转廊。
只恐夜深花睡去，故烧高烛照红妆。

#### 望天门山

**李　白**

天门中断楚江开，碧水东流至此回。
两岸青山相对出，孤帆一片日边来。

## 山 行

**杜 牧**

远上寒山石径斜，白云深处有人家。
停车坐爱枫林晚，霜叶红于二月花。

## 石灰吟

**于 谦**

千锤万凿出深山，烈火焚烧若等闲。
粉身碎骨浑不怕，要留清白在人间。

## 浪淘沙

**刘禹锡**

九曲黄河万里沙，浪淘风簸自天涯。
如今直上银河去，同到牵牛织女家。

## 从军行

**王昌龄**

青海长云暗雪山，孤城遥望玉门关。
黄沙百战穿金甲，不破楼兰终不还。

## 望江南·江南蝶

**欧阳修**

江南蝶，斜日一双双。身似何郎全傅粉，
心如韩寿爱偷香。天赋与轻狂。
微雨后，薄翅腻烟光。才伴游蜂来小院，
又随飞絮过东墙。长是为花忙。

## 天净沙·秋思

**马致远**

枯藤老树昏鸦，小桥流水人家，古道西风瘦马。
夕阳西下，断肠人在天涯。

### （五）歌词练习

## 大海啊，故乡

**王立平**

小时候妈妈对我讲，大海就是我故乡，
海边出生，海里成长。
大海啊大海，是我生活的地方，
海风吹，海浪涌，随我漂流四方。
大海啊大海，就像妈妈一样，
走遍天涯海角，总在我的身旁。
小时候妈妈对我讲，大海就是我故乡，
海边出生，海里成长。
大海啊大海，是我生活的地方，
海风吹，海浪涌，随我漂流四方。
大海啊大海，就像妈妈一样，
走遍天涯海角，总在我的身旁。
大海啊大海，就像妈妈一样，
走遍天涯海角，总在我的身旁。
大海啊故乡，大海啊故乡，
我的故乡，我的故乡。

## 青藏高原

**张千一**

是谁带来远古的呼唤，是谁留下千年的祈盼，
难道说还有无言的歌，还是那久久不能忘怀的眷恋。
哦，我看见一座座山一座座山川，一座座山川相连，
呀啦索，那可是青藏高原。
是谁日夜遥望着蓝天，是谁渴望永久的梦幻。
难道说还有赞美的歌，还是那仿佛不能改变的庄严。
哦，我看见一座座山一座座山川，一座座山川相连，
呀啦索，那就是青藏高原。
呀啦索，那就是青藏高原。

### （六）散文片段练习

1. 流年如梦，青春短暂的容颜在时光的磨蚀下慢慢消耗殆尽。如果春天来了，我还能变成孩子在喧闹的广场无限奔跑，放飞心中的羽翼，肆无忌惮地跟随风筝的方向，幻想将来还可以变成鸿雁自由地翱翔。

明知道时光不会为我停留，又何苦盼望。城市的梦如何也带不回心头。那个田野四季如歌，绿草丛林的自然风光的故乡已经有些失色，被城市的影子弥漫遮掩，乌云笼罩，被城里来的世俗的人类践踏。

岁月舞醉少年梦，流年一去不复返。无尽的年华，有限的年龄。让我如何挥笔清算这一道难解的谜题。梦回千年，朝朝代代，江山代有才人出，何愁旧梦不覆灭。

2. 走在那条熟悉的道路上，我们依然想着那个困扰的问题。记得，曾经，我喜欢在雨里听歌。可是原来听歌会很安静，除了雨声就是歌声，一个人也不一定会那么寂寞。有时候自己也不知道走的路通向何处，漫无目的地游走，信手折枝，一片繁华落尽，尽是一番心头，半醒半醉。

那个幻想的世界从此消失，石阶上的青苔再也没有人清扫，这就意味着没有人陪我们一起淋雨，也没有人一起在平凡的世界流浪。可以独自背着夜晚的沉重行走，可以独自直视对面的强光，不再畏惧，可是又是为什么我依然害怕着些什么。或许每一个人，无论你有多大，都会有这么或那么一件令人感到害怕的事情，从来不敢触及，因为这就是底线。

3. 人生大多不可能一帆风顺。当你走上坡路的时候，一定要低头，这样就会走得稳健，否则你头上的麻烦会很多——鲜花会飞吻你，荆棘会割破你，脚下的土地会麻痹你；当你走下坡路的时候，一定要昂头，这样才不会摔跤。无论走上坡路还是走下坡路，都是我们早晚必须经历的道路。我们无论处于哪个阶段，我们需要的是一份平静一份安然。

有人把人划分成三六九等。他们划分的标准，有的是依据金钱的数字，有的是依据权力的大小，有的是依据学识的厚薄，有的是依据家庭的背景，有的是依据所处的位置高低……这样的划分，划出了人类历史的无尽可悲！其实，生命没有高低贵贱之分，任何生命都是平等的。平等不是作秀，它是生活中最具体最生动的体现！生命的平等如明月般皎洁，使我们看到了人性的光辉，直抵我们内心的柔软。

4. 温情的东南风向北吹着，这风绵润而有力，空气便显得湿漉漉的，它很清爽，并没有沾湿我的衣服。右侧的荒野里有几棵粗壮的柳树，在霞光的怀抱里格外引人注目，它没有因年久时长而显出老气沧桑，反而充满着朝气、充满了正能量，青春不减，苍翠欲滴。它的根遍布四面八隅、错乱交横，每条根上都覆盖着一层墨绿色的苔藓，而且很密，三三两两的蚂蚁在懒散地爬动着，有种在高空俯视大地上的斑斑点点一般，只不过他们是动的、我是静的而已。

5. 也许，昙花是知道她的宿命的。当她降生于这个世界时，苍茫的天，在那草长莺飞处，她便发现自己是多么渺小，虽是万类霜天竞自由，但她的心情却异常沉重，难道自己就终将湮没于这杂草丛生处吗？她高傲地瞥了这四周一眼，心里不禁萌生了一丝恐惧感，她有些无奈，垂下了自己的头，她看见自己脚旁一株不知名的花儿开得是那么艳丽！她便没先前那么颓丧了，她坚信自己也终将能绽放出绚丽的光彩，这最初的梦想便支撑着她坚强地活着。风雨来过时，她挺直腰杆，为的是坚定自己昂扬的斗志，当云开雨霁后，七彩虹挂在了天边，她便含着微笑，默默地享受，惬意地遐想。

### （七）新闻稿练习

1. 新华社北京 7 月 15 日电：国家主席习近平 15 日就法国尼斯恐怖袭击事件向法国总统奥朗德致慰问电。对这一骇人听闻的野蛮行径表示强烈谴责，向不幸遇难者表示深切的哀悼，向伤者和遇难者家属表示诚挚的慰问。

习近平指出，恐怖主义是世界各国人民面临的共同威胁。中方坚决反对一切形式的恐怖主义，坚定支持法国政府维护国家安全，愿同法方深化反恐合作，共同维护中法两国和世界安全和平。

2. 近日，中国海军 054A 型护卫舰湘潭舰参加德国“基尔周”活动。德国“基尔周”活动起始于 1882 年，现已成为集帆船赛会、消夏文化节和国际军舰聚会于一身的综合性国际航海盛会。本届“基尔周”活动于 6 月 17 日正式拉开帷幕，至 26 日结束，中国、美国、英国、荷兰等 12 个国家的 50 余艘海军舰船参加了此次活动。

3. 中央气象台 6 月 10 日 18 时继续发布强对流天气蓝色预警。预计 6 月 10 日 20 时至 11 日 20 时，河北东部、吉林中部、辽宁中部等地局部将有 8~9 级雷暴大风或冰雹天气，主要时段为今天前半夜和明天午后。吉林、辽宁、河北东部、云南西部、贵州、湖南东南部、江西中南部、广西西北部和南部、广东中南部、福建南部等地将有短时强降水天气。

4. 新华社北京4月19日电：中共中央总书记、国家主席、中央军委主席、中央网络安全和信息化领导小组组长习近平19日上午在京主持召开网络安全和信息化工作座谈会并发表重要讲话，强调按照创新、协调、绿色、开放、共享的发展理念推动我国经济社会发展，是当前和今后一个时期我国发展的总要求和大趋势。我国网信事业发展要适应这个大趋势，在践行新发展理念上先行一步，推进网络强国建设，推动我国网信事业发展，让互联网更好造福国家和人民。

5. 新华社北京7月14日电：在7月15日“世界青年技能日”到来之际，中共中央政治局常委、国务院总理李克强作出重要批示。批示指出：青年是国家的宝贵财富，是推动经济社会发展的中坚力量。青年兴则民族兴，青年强则国家竞争力强。青年应成为实施创新驱动发展战略、推动大众创业万众创新的主力军。举办“世界青年技能日”活动，就是要营造尊重劳动、崇尚技能的社会氛围，引导广大青年大力弘扬工匠精神，走上技能成长成才之路。各地区、各部门要多措并举，创造良好环境，培养造就数量充足、结构合理、素质优良、技艺精湛的青年技能人才队伍，促进就业结构优化，推动中国制造实现转型升级、中国经济发展跃上中高端。

# 第三章　唇舌要用力

唇舌用力，是指为保障吐字发音清晰、准确、圆润、集中、持久和有力，对口腔中的主动发音器官进行调节控制，尤其是唇舌力度的积极有效调控。在实践中我们会感受到：发音过程中，我们能够灵活控制的咬字器官只有唇、舌、腭这三个部分。在实际的发音过程中，也正是在这三个咬字器官在口腔中的积极变化、相互配合下，完成成音过程。

## 第一节　为什么要唇舌用力

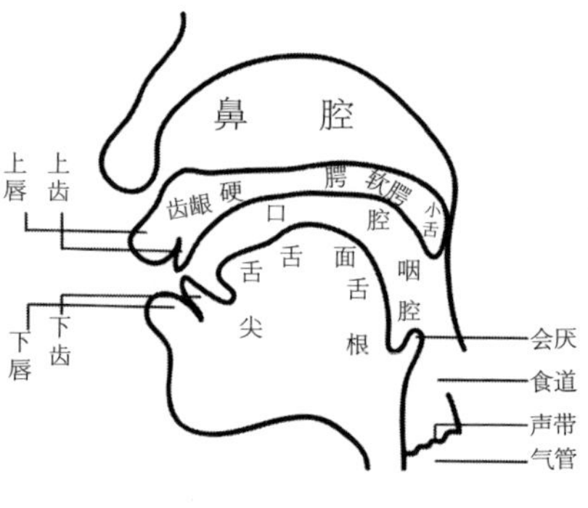


从发声学的角度看，呼吸调控的最终目的是为了发声。气流通过喉部，振动声带从而产生声音。声音抵达口腔后，受到唇、舌、腭（软腭）等主动发音器官的节制后产生变化，最终形成字音。从视觉上，人们看到的是唇形的圆展与口腔的开合变化，类似于咀嚼的动作，故而把这个成音的过程形象地称为“咬字”。而将参与字音形成的各个部位称为“咬字器官”。所以，加强对咬字器官的控制训练，提升肌肉力量、增强肌肉爆发力、提高肌体灵活度，对于字音的准确乃至发声的通透都将起到极为重要的辅助作用。

# 第二节 如何认识唇舌用力

## 一、唇部控制的重要性

### （一）唇部控制的目的

唇部作为声音的主要出口，对于发音质量的影响是非常明显的。唇部的松懒外翻不仅会使播音员主持人的上镜画面不美观，失去庄重大方之感，更会影响到字音的准确性和声音的集中、明晰。汉语音节的特点对唇的控制力提出了很高的要求。例如汉语音节韵母中“开、齐、合、撮”的分类就是根据韵母起始元音发音唇形的不同进行区分的。若在发音时唇部的收缩控制力不够，会使得声音松散无力；过分的外翻突出，又会使正常的音色中增加 u 音，让声音变得含混闷暗。

中国传统戏曲说唱艺术中的很多精髓，被播音发声界认可并沿用。明代的魏良辅曾说：“曲有三绝，字清为一绝。”想要将字音明朗地送出口外，就必须加强对唇部的控制。

### （二）唇部控制的作用

1. 区别意义

唇形的圆展之分起到语音辨义的重要作用。例如单元音韵母 i 和 ü 在口腔内同属于“前、高”的位置，发音时都要用到舌面，舌体造型和口腔开合程度都基本相同，就是依靠唇形的圆展来区别二者。再如后半高圆唇元音 o 和后半高不圆唇元音 e 之间的区分。

2. 准确字音

汉语音节中的很多发音都是和唇形的控制密切相关的。例如声母中的双唇阻 b、p、m 就依靠双唇的收拢紧闭对气流进行阻碍，然后爆破成声；唇齿阻 f 依靠上齿与下唇的配合摩擦成声；韵母“四呼”中的合口呼（以 u 开头）及撮口呼（以 ü 开头）就需要靠双唇的收束拢圆来发音；韵母中 ɑo、iɑo、ou、iou、uo 的归韵，最终也是依靠双唇拢圆的动作来完成。唇形的控制在普通话语音学习过程中的重要性可见一斑。

3. 美化声音

在发声上，想要使声音更加集中，办法之一就是需要唇部力量的集中，避免声音能量的散化影响声音传递的效度。双唇作为声音从口腔发出的最后一道闸口，是吐字归音的重要器官。通过加强对唇部的控制，可以帮助收束声音，使声音响亮结实。

**（三）调控要求**

唇齿贴合，圆展得当，不外翻、不歪斜。力量向唇中三分之一和唇内缘三分之一处集中。

## 二、舌体控制的重要性

**（一）舌体控制的目的**

舌体是在口腔内部运动最为灵活的一个咬字器官，它对字音的形成起到了关键性作用，几乎所有字音的形成都依靠于舌体的运动变化。通过舌体的收束、展宽以及在口腔中前后高低的位置变化，改变着共鸣腔的造型与容积，同时在不同的位置对气流形成阻碍，从而形成字音。舌体的肌肉力量以及对舌体控制的灵活程度，直接影响到字音的准确性和清晰度。

通过研究发现，汉语普通话的语音形成主要集中在舌体的中部和前部。我们通过相关训练来增加舌体的灵活性和弹动力，同时增强舌体前部和中部的收缩、上挺以及展宽能力，保证字音的准确、语言的连贯流畅。通过寻找力量往舌体中纵线方向移动的感觉，保证声音的响亮集中。

**（二）舌体控制的作用**

1. 准确字音

舌体的运动状态会直接影响字音的准确程度。在辅音的发音过程中，就是依靠舌的有关部分与口腔上部构成准确发音的成阻部位，如舌尖后阻 zh、ch、sh、r 就需要舌体与硬腭最前端配合成音。如果舌体控制不好，舌位过分前移或后移都会直接影响音准。通过分析我们发现：声母按发音部位可分为七类，而其中的五类都与舌体有关。

元音的发音也是依靠舌位找到恰当的前后高低位置。而在音节中，我们想要字音准确必须让舌体找到符合规律的活动状态。39 个韵母的发音都需要依靠舌体的运动变化来完成。舌体控制对字音准确的影响由此可见。

2. 清晰字音

舌体的力量越大、弹动能力越强，发音就会越清晰。反之，如果舌体绵软无力，声音就会比较模糊。如舌尖中阻 d、t、n、l 就需要舌体收紧并与上齿龈配合成音，如果舌体的收束力度及发音时爆发力不够，就会直接影响到发音质量。

舌体的控制力高，善用巧力，就能在保证字音准确的同时清晰声音。否则就易出现闷、暗、混的音色，杂音也会比较重。如舌尖前阻 z、c、s 就是舌尖与上齿背（或下齿龈）配合成音，如果在发音时不注意控制舌尖取收势，在发音的时候就很容易出现尖细的杂音。

元音发音时，舌体的高点将口腔分为前后两个腔体，舌体高点位置越鲜明，则元音音色就越清晰。

3. 圆润声音

舌位的运动幅度越大、运动过程越鲜明，字音的圆润饱满程度就越高。这一点在复韵母和鼻韵母的发音过程中尤为明显。

4. 影响状态

舌体是无骨肌肉组织，在口腔中占有较大的空间。而舌体本身又与下巴相连，所以它的运动控制状态对于整个口腔状态都会有影响。舌体的过分回收往往会引起喉部肌肉的紧张，造成声音捏挤、闷暗。舌根部分的回收与上抬也会使口腔后部空间变小，从而压缩口咽部声腔，影响声音的正常发出。同时，舌体在自然放松状态时绵软无力，会吸收大量声波，影响声音的响亮程度。反之，将舌体收束坚韧，则吸音效果就会适当减弱，声音也会响亮得多。

**（三）调控要求**

收展得当，调控自如。在发音过程中舌体取收势，力量往舌体的中纵线集中，接触成点不成面。

## 第三节 怎样调控唇舌用力

控制唇舌最重要的就是在意识上有所提高。很多人认为只要肌肉有力量就能做到唇舌的控制，其实不然，肌肉力量只是一方面，如何更好地使用和引导才是训练的真正目的。因此，在唇舌训练中我们应该做到规范化和多样化并存。

### 一、唇部控制的基本训练方法

**（一）噘咧**

先将双唇紧闭不留缝隙，尽量朝中央收束拢圆而不过分外凸，然后唇角用力向两边咧开伸展绷紧，反复进行。

**（二）绕唇**

先将双唇紧闭不留缝隙，尽量朝中央收束拢圆而不过分外凸，然后保持此状态下让唇部交替做顺时针或逆时针的转圈运动。

### （三）撮口喷

双唇紧闭收束，力量集中于唇中三分之一处，不可满唇用力。唇角稍向两边拉伸，但不得抿唇、裹唇，可找嘬咧唇时嘬唇的感觉。于唇后蓄气，然后突然发力冲破双唇阻碍，发出［p］的声音。

### （四）吹唇

双唇放松，吸一口气，将气缓缓呼出，保持匀速状态，使双唇在气息的作用下不断抖动。这样既训练了唇部又训练了气息。

### （五）咂唇

双唇中部用力，上下紧闭，然后突然爆破打开，发出“啪啪啪”的声音，近似女士涂完唇彩后均匀唇彩的动作。

### （六）聚唇

将唇部肌肉尽力合拢于一点，整体唇部肌肉紧张，数秒后放松。不断重复此动作。

## 二、舌体控制的基本训练方法

### （一）伸舌

口腔自然张开，舌体悬空，尽量不与唇齿接触并探出口外，舌体向中纵线方向收紧并奋力外探，舌尖努力上钩找舔鼻尖的感觉。保持一段时间，然后放松。反复进行此动作。

### （二）顶舌

舌体收紧，用舌尖奋力顶住左脸颊，保持一段时间后，在保证舌尖力度的同时让舌尖顶住脸颊上下移动，然后用同样的方法顶右脸颊。左右交替，反复进行练习。注意在此过程中双唇保持紧闭状态，不得留缝。

### （三）绕舌

双唇紧闭，将舌尖置于齿前唇后，舌体收紧并奋力外顶。按顺时针或逆时针方向画圈，交替进行练习。

### （四）弹舌

舌尖收紧上钩，奋力顶住上齿龈，保持力度，然后突然弹开，得到一个类似于“de”的闷暗响声。反复训练，在保证力度的同时可适当加快速度。

### （五）刮舌

舌尖抵下齿龈，舌面用力展宽，边缘上翘和上槽牙接触，舌体沿中纵线方向轻微下凹。随着口腔的逐步打开，舌面逐步外隆上顶，使得上门齿沿中纵线方向逐步刮过舌尖、舌叶、舌面。如此反复训练。

### （六）舌根打响

舌根用力回收上抬，与软硬腭交界处成阻。找发“gɑ”（嘎）时的感觉发出［k］、［k’］的声音，反复进行。

## 三、“触类旁通”的训练方法

### （一）声音模仿

除了一些基本的唇舌控制训练之外，在生活中处处可以找到适合训练的内容。比如:（1）模拟鞭炮声（例如：二踢脚）;（2）吐瓜子皮、葡萄皮;（3）夸张地发出“呸”;（4）打乒乓球;（5）打竹板;（6）发出“啧啧啧”的声音;（7）摩托车发动的声音。

### （二）民歌演唱

民歌演唱是一种特别的训练方式，它能够结合气息加强唇舌的力度训练。在很多民歌中有类似“啦啦啦啦啦啦啦”“来来来来来来”“呦吼呦吼呦吼呦吼呦吼”等抒情的衬词。另外，民歌讲究归韵，对于唇舌也有很好的实践锻炼效果。可试唱《小白杨》《乌苏里船歌》《母亲》等。

### （三）Beatbox 训练

Beatbox 起源于美国，是二十世纪八十年代出现的 hip-hop 元素在二十一世纪初兴盛起来并形成的音乐文化。可以通俗地理解为节奏口技，但有别于中国传统口技。

它主要是用嘴唇、牙齿、舌头、口腔和喉咙的声音来模仿鼓声、节奏以及乐曲的一种新型艺术。其中包括唱歌，用声带发声模仿打碟，模仿喇叭、琴弦和其他一些乐器。如今的 beatbox 与 hip-hop 文化息息相关，成为其重要的元素之一。正是由于其形式和风格受年轻人喜爱，现在很多国家的年轻人都在玩 beatbox。因此，我们也多了一种训练的好方式。

### （四）唇舌节奏感训练

唇舌节奏感训练，主要是指利用唇、舌的灵动性对音乐旋律和节奏感进行捕捉的一种专项训练。对于唇舌的控制力以及训练者自身的节奏感和气息配合均有一定要求，难度适中且不枯燥乏味。基础训练进行一个阶段后，可以进入这种有一定目标的提升训练阶段。这种训练应该以音乐和旋律的难易度为标准有层次地展开。对于初学者来说，首先可以增强训练热情和兴趣。

# 第四节 传统戏曲、曲艺对唇舌训练的帮助

曲艺是中华民族各种说唱艺术的统称，它是民间口头文学和歌唱艺术经过长期发展演变而形成的一种独特的艺术形式。曲艺发展的历史源远流长，早在古代，我国民间的说故事、讲笑话，宫廷中俳优（专为供奉宫廷演出的民间艺术能手）的弹唱歌舞、滑稽表演，都含有曲艺的艺术因素。

中国戏曲主要由民间歌舞、说唱和滑稽戏三种不同的艺术形式综合而成。它起源于原始歌舞，是一种历史悠久的综合性舞台艺术样式。经过汉、唐直到宋代才形成比较完整的戏曲艺术形式，它是由文学、音乐、舞蹈、美术、武术、杂技以及表演艺术综合而成，特点是将众多艺术形式以一种标准聚合在一起，在共同具有的性质中体现各自的个性。

艺术是相通的，当下我们所学习的播音与主持艺术自然可以从以上艺术门类中借鉴和学习到很多好的训练方法，取众家之所长，会使自我提升更快。

## 一、曲艺对于唇舌训练的帮助

### （一）相声贯口

“贯口”又称“趟子”，是相声、评书表演术语，属于“说”功的一种。演员将篇幅较长的一段说词一气说出，要求流畅清晰、节奏明快。演员需要事先背诵相应文段，以达到渲染情节、展示技巧、产生笑料等作用。

### （二）快板

“快板”这一名称出现较晚，早年叫作“数来宝”，也叫“顺口溜”“流口辙”“练子嘴”，是从宋代贫民演唱的“莲花落”演变发展而成的。

### （三）传统吆喝

“吆喝”本指大声地喊叫，此处我们所说的吆喝更多是指叫卖声。沿街串巷的五行八作的贩夫走卒，将贩卖的货物用曲艺清唱或口技形式吆喝出来，抑扬顿挫、生动风趣，不愧为韵味十足的民间艺术家。

### （四）小曲小调

将传统戏曲、曲艺中的唱段进行节选，变成很多朗朗上口又适合年轻人学唱的小曲子。在学唱过程中，不但学习了传统艺术，更为重要的是体验到了基本功的重要性。例如《大西厢》《五花马》《送情郎》《探清水河》等。

## 二、戏曲念白对于唇舌训练的帮助

念白，是我国戏曲中一种特有的艺术表现手法。它以一种介于读和唱之间的音调，将语言戏剧化、音乐化，在戏曲中常与唱腔部分互相衔接、陪衬、对比，形成戏曲中最能表达人物内心独白与思想的一种手法。念白属于艺术手段和表现方法，它并非孤立存在，而是以行当为基础，配合表情、身段等，同时并举，为传达人物的思想感情，塑造人物的性格特征服务。

# 第五节 怎样进行唇舌用力的练习

## 一、词汇练习

训练提示：在发音感受的练习过程中，注意由于咬字器官咬字力度的不同，唇形圆展及口腔开合程度的不同所带来的听感上的变化，明晰咬字器官的咬字动作及咬字力度与听觉感受之间的联系。加强唇舌控制意识，注意唇舌用力的调控感受，明确唇形、舌体的基本控制要求。通过正误对比，强化记忆。

### （一）唇部控制练习

| | | | | | |
|---|---|---|---|---|---|
| b | 标兵 | 奔波 | 辨别 | 包办 | 颁布 |
| p | 拼盘 | 乒乓 | 爬坡 | 琵琶 | 偏旁 |
| m | 弥漫 | 美妙 | 明媚 | 茂密 | 命脉 |
| f | 非凡 | 丰富 | 芬芳 | 方法 | 分发 |
| u | 突出 | 束缚 | 图书 | 互助 | 匍匐 |
| uei | 翠微 | 水位 | 归队 | 追随 | 威风 |
| uen | 春笋 | 混沌 | 温顺 | 昆仑 | 稳定 |
| ua | 挂花 | 耍滑 | 挂画 | 花袜 | 欻欻 |
| uai | 摔坏 | 外快 | 怀揣 | 踹拽 | 外化 |
| uan | 贯穿 | 软缎 | 婉转 | 乱窜 | 换算 |
| uang | 状况 | 双簧 | 狂妄 | 黄光 | 装潢 |
| ong | 葱茏 | 隆重 | 共同 | 红铜 | 弄懂 |
| ao | 报告 | 抛锚 | 跑道 | 号召 | 祷告 |

| | | | | | |
|---|---|---|---|---|---|
| iao | 苗条 | 巧妙 | 逍遥 | 小鸟 | 药效 |
| ou | 收购 | 抖擞 | 欧洲 | 喉头 | 筹谋 |
| iou | 绣球 | 牛油 | 悠久 | 舅舅 | 妞妞 |
| o | 馍馍 | 磨破 | 默默 | 婆婆 | 伯伯 |
| uo | 啰唆 | 错落 | 懦弱 | 骆驼 | 哆嗦 |
| i | 笔记 | 地理 | 机器 | 激励 | 奇迹 |
| ü | 区域 | 豫剧 | 序曲 | 旅居 | 雨具 |
| ün | 军训 | 均匀 | 熏晕 | 菌群 | 芸芸 |
| üe | 雀跃 | 约略 | 缺血 | 决绝 | 绝学 |
| üan | 源泉 | 圆圈 | 全权 | 渊源 | 轩辕 |
| iong | 汹涌 | 熊熊 | 炯炯 | 雄蛩 | 庸庸 |

## （二）舌体控制练习

| | | | | | |
|---|---|---|---|---|---|
| d | 单调 | 等待 | 到达 | 当代 | 跌倒 |
| t | 贪图 | 跳台 | 团体 | 梯田 | 探听 |
| n | 泥泞 | 能耐 | 恼怒 | 南宁 | 牛奶 |
| l | 流利 | 罗列 | 嘹亮 | 冷落 | 玲珑 |
| z | 宗族 | 总则 | 藏族 | 自尊 | 走卒 |
| c | 粗糙 | 措辞 | 层次 | 仓促 | 猜测 |
| s | 松散 | 色素 | 搜索 | 琐碎 | 四散 |
| zh | 主张 | 庄重 | 蜘蛛 | 战争 | 转折 |
| ch | 长城 | 超产 | 传唱 | 车床 | 穿插 |
| sh | 双手 | 闪烁 | 山水 | 舒适 | 神圣 |
| r | 柔韧 | 容忍 | 柔软 | 仍然 | 扰攘 |
| j | 境界 | 加紧 | 简介 | 交集 | 季节 |
| q | 亲切 | 恰巧 | 情趣 | 欠缺 | 轻巧 |
| x | 虚心 | 细心 | 相信 | 新鲜 | 喜讯 |
| g | 高贵 | 光顾 | 改革 | 灌溉 | 公共 |
| k | 开垦 | 宽阔 | 刻苦 | 可靠 | 空旷 |
| h | 欢呼 | 缓和 | 荷花 | 航海 | 浑厚 |
| -i（后） | 芝士 | 支持 | 纸质 | 吃食 | 日志 |
| -i（前） | 四次 | 私自 | 自此 | 孜孜 | 丝丝 |

| | | | | | |
|---|---|---|---|---|---|
| ing | 宁静 | 倾听 | 精英 | 明星 | 情形 |
| er | 儿子 | 耳朵 | 二胡 | 而且 | 普洱 |
| ei | 配备 | 肥美 | 蓓蕾 | 黑莓 | 非得 |
| en | 深沉 | 认真 | 根本 | 愤恨 | 粉尘 |
| e | 客车 | 合格 | 特色 | 色泽 | 可乐 |
| eng | 风筝 | 猛增 | 更生 | 逞能 | 声称 |

## 二、绕口令练习

训练提示：发音过程中重点感受唇舌力量如何集中，加强控制意识，提升控制持续的时间，注重唇舌用力与呼吸调控的配合。朗读速度适中，体会口腔和咬字器官结合的快速变化，提升双唇和舌体的基本控制能力。

### （一）唇部控制练习

b　扁担长，板凳宽，扁担没有板凳宽，板凳没有扁担长。扁担绑在板凳上，板凳不让扁担绑在板凳上。

p　张婆婆，李婆婆，张婆婆从坡上过，李婆婆从坡下过。

m　磨坊磨墨，墨碎磨坊一磨墨；梅香添煤，煤爆梅香两眉灰。

f　粉红墙上画凤凰，红凤凰，粉凤凰，粉红凤凰，花凤凰。

u　胡苏夫和吴夫苏，胡庄有个胡苏夫，吴庄有个吴夫苏。胡庄的胡苏夫爱读诗书，吴庄的吴夫苏爱读古书。胡苏夫的书屋里摆满了诗书，吴夫苏的书屋里放满了古书。

ua　花娃娃穿花袜去画画，穿上花袜不打滑。花娃娃画画被人夸，墙挂小画笑哈哈。

uai　请看大门外，长着一棵槐，诗人站在此，仰头抒情怀。

uan　苏州玄妙观，东西两判官，东判官姓潘，西判官姓管。管判官要管潘判官，潘判官要管管判官，闹得谁也不服管。

uang　那边划来一艘船，这边漂去一张床，船床河中互相撞，不知船撞床，还是床撞船。

uei　唯唯喜欢种玫瑰，天天浇水又施肥，付出辛劳和汗水，换得玫瑰红又美。

uen　磙下压棍棍撑磙，棍上压磙磙碾棍，磙压棍滚，棍滚磙滚。

uo　霍霍拿锣敲敲打打卖香馍，洛洛买馍叫叫嚷嚷真快活。老婆婆路过落座吃菠萝，其乐融融过生活。

ong　桐木桶，桶有洞，补洞用桐不用铜。用铜补洞补不住，用桐补桶桶无洞。

ao　爸爸抱宝宝，包袱找毛袍。毛袍保管好，宝宝先洗澡。

iao　一把好雕刀，雕出好洞箫。好箫出好调，箫靠好刀雕。

ou　桥西走来一条狗，桥东跑来一只猴。走到桥心两碰头，狗望望猴，猴瞧瞧狗。狗跺跺脚向桥西跑，猴挠挠耳向桥东走。谁也不过桥，不知是狗怕猴，还是猴怕狗。

iou　春雨贵如油，农民伯伯齐盼求。可惜天公不作美，党员群众俱担忧。大家决心挖水渠，清水哗哗田里流，一年到头不用愁。

o　张伯伯，李伯伯，饽饽铺里买饽饽。张伯伯买了个饽饽大，李伯伯买了个大饽饽，拿回家里给婆婆。婆婆又去比饽饽，也不知张伯伯买的饽饽大，还是李伯伯买的大饽饽。

i　小吉卖皮衣，售价七十七。小季买皮衣，讲价五十一。小吉和小季，为此起争议。

ü　今天天上下大雨，小玉出门走得急，出门忘记带雨具，多亏小宇跑得快，及时送来了雨具，小玉免成落汤鸡。

üe　南面来了个瘸子，腰里别着个橛子，北边来了个矬子，肩上挑着担茄子。别橛子的瘸子要用橛子换挑茄子的矬子的茄子，挑茄子的矬子不给别橛子的瘸子茄子。别橛子的瘸子抽出腰里的橛子打了挑茄子的矬子一橛子，挑茄子的矬子拿起茄子打了别橛子的瘸子一茄子。

üan　山前有个阎圆眼，山后有个阎眼圆，二人山前来比眼，不知是阎圆眼的眼圆，还是阎眼圆的眼圆。

ün　蓝天上是片片白云，草原上银色的羊群。近处看，这是羊群，那是白云；远处看，分不清哪是白云，哪是羊群。

iong　小涌勇敢学游泳，克服困难重重，不怕千难万险，勇于挑战是英雄。

### （二）舌体控制练习

d　你会炖炖冻豆腐，你来炖我的炖冻豆腐；你不会炖炖冻豆腐，别胡炖乱炖炖坏了我的炖冻豆腐。

t　老唐端蛋汤，踏凳登宝塔，只因凳太滑，汤撒汤烫塔。

n　楠拧牛，牛昂头。牛顶楠楠，头对头。楠楠被顶翻跟头，怒拦水牛敲牛头。

l　刘莉留刘梨赏琉璃，刘梨刘莉英语交流很流利。李丽看见刘莉刘梨赏琉璃，拉着黎丽也来英语交流赏琉璃。

z　早招租，晚招租，总找周邹郑曾朱。

c　小曹小晁是同窗，他们共采一个矿。工作同在一工厂，改革路子一起闯。共同为厂制政策，齐心协力来贯彻。大胆改革攻难关，餐风饮露不畏难。初出茅庐主力军，同为四化献青春。

s　字纸里裹着细银丝，细银丝上趴着四千四百四十四个似死似不死的小死虱子皮。

zh　知道就是知道，不知道就是不知道。不要知道说不知道，也不要不知道说知道。老老实实，实事求是，一定做到不折不扣的真知道。

ch　锄长草，草长长，长草丛中出长草，锄尽长草做草料。

sh　山羊上山，山碰山羊角。水牛下水，水淹水牛鼻。

r　明日复明日，明日何其多。日复一日等明日，不如把握今日免蹉跎。

j　尖塔尖，尖杆尖，杆尖尖似塔尖尖，塔尖尖似杆尖尖。有人说杆尖比塔尖尖，有人说塔尖比杆尖尖。不知到底是杆尖比塔尖尖，还是塔尖比杆尖尖。

q　七加一，再减一，加完减完等于几？七加一，再减一，加完减完还是七。

x　小习积极洗机器，小茜故意戏小习。小茜小习溪间戏，欢乐劳动笑嘻嘻。

g　大哥有大锅，二哥有小锅，大哥要换二哥的小锅，二哥不换大哥的大锅。

k　看客看快船，快船河中穿，河宽比船宽，看官船头站。

h　小郭画了朵红花，小葛画了朵黄花，小郭想拿他的红花换小葛的黄花，小葛把他的黄花换了小郭的红花。

er　二儿子的二爸在喀布尔，喀布尔的二爸想二儿。喀布尔飞机晚了点儿，无奈转道尼泊尔。二爸在机场等二儿，无聊看书自己玩儿。

ei　贝贝背水杯，水杯贝贝背。水杯贝贝背，贝贝背水杯。

en　小陈去卖针，小沈去卖盆。俩人挑着担，一起出了门。小陈喊卖针，小沈喊卖盆。也不知是谁卖针，也不知是谁卖盆。

e　北坡伯伯乐呵呵，家里养着大白鹅，门口种着大白果，树上住着小八哥。八哥在白果树上吃白果，白鹅气得直叫：我饿！我饿！我真饿！乐得伯伯乐呵呵。

eng　丝瓜藤，绕丝绳，丝绳绕上丝瓜藤。藤长绳长绳藤绕，绳长藤伸绳绕藤。

-i（前）　紫瓷盘里有银丝，细银丝上有斑疵。看了一次又一次，查得仔细再仔细。原来是四千四百四十四个似死似不死的小死虱子皮。

-i（后）　知崇礼即卑，致使悔方至。知耻不为迟，求知终不止。

ing　蜻蜓青，青浮萍，青萍上面停蜻蜓。蜻蜓青萍分不清，别把蜻蜓当青萍，别把青萍当蜻蜓。

## 三、古诗词练习

训练提示：结合诗词中韵脚的变化，感受发音发声过程中唇舌及咬字器官在不同力度配合下所带来的字音及表达意蕴的变化。仔细体会伴随抑扬顿挫的语调变化，对于唇舌用力调控的感受区别。

### 泊秦淮

**杜　牧**

烟笼寒水月笼沙，夜泊秦淮近酒家。

商女不知亡国恨，隔江犹唱后庭花。

## 从 军 行

**王昌龄**

青海长云暗雪山，孤城遥望玉门关。
黄沙百战穿金甲，不破楼兰终不还！

## 金陵酒肆留别

**李　白**

风吹柳花满店香，吴姬压酒劝客尝。
金陵子弟来相送，欲行不行各尽觞。
请君试问东流水，别意与之谁短长？

## 使至塞上

**王　维**

单车欲问边，属国过居延。征蓬出汉塞，归雁入胡天。
大漠孤烟直，长河落日圆。萧关逢候骑，都护在燕然。

## 望　　岳

**杜　甫**

岱宗夫如何？齐鲁青未了。造化钟神秀，阴阳割昏晓。
荡胸生层云，决眦入归鸟。会当凌绝顶，一览众山小。

## 从 军 行

**杨　炯**

烽火照西京，心中自不平。牙璋辞凤阙，铁骑绕龙城。
雪暗凋旗画，风多杂鼓声。宁为百夫长，胜作一书生。

## 江 城 子

**苏　轼**

老夫聊发少年狂。左牵黄，右擎苍。锦帽貂裘，千骑卷平冈。
为报倾城随太守，亲射虎，看孙郎。
酒酣胸胆尚开张。鬓微霜，又何妨！持节云中，何日遣冯唐？
会挽雕弓如满月，西北望，射天狼。

## 酹江月·驿中言别友人

邓 剡

水天空阔，恨东风不惜世间英物。蜀鸟吴花残照里，忍见荒城颓壁。
铜雀春情，金人秋泪，此恨凭谁雪！堂堂剑气，斗牛空认奇杰。
那信江海余生，南行万里，属扁舟齐发。正为鸥盟留醉眼，细看涛生云灭。
睨柱吞嬴，回旗走懿，千古冲冠发。伴人无寐，秦淮应是孤月。

## 临 江 仙

晏几道

梦后楼台高锁，酒醒帘幕低垂。
去年春恨却来时。落花人独立，微雨燕双飞。
记得小蘋初见，两重心字罗衣。
琵琶弦上说相思。当时明月在，曾照彩云归。

## 破 阵 子

辛弃疾

醉里挑灯看剑，梦回吹角连营。
八百里分麾下炙，五十弦翻塞外声，沙场秋点兵。
马作的卢飞快，弓如霹雳弦惊。
了却君王天下事，赢得生前身后名，可怜白发生！

# 四、贯口练习

训练提示：须注意语气的缓急顿挫，语调的婉转悠扬。要说得快而不乱，慢而不断，还需注意掌握好“气口”，找准换气位置，使听者觉得情绪连贯不断线，有如唱歌。需在有呼吸记号的地方换气，否则，就会出现不连贯不自然的情况。对唇舌用力及综合控制的技巧提出了更高的要求。

### （一）满汉全席（报菜名）

1. 四干四鲜四蜜饯，四冷荤三个甜碗儿四点心。四干就是黑瓜子、白瓜子、核桃蘸子、糖杏仁儿。四鲜就是北山苹果、深州蜜桃、广东荔枝、桂林马蹄。四蜜饯就是青梅、橘饼、圆肉、瓜条。四冷荤就是全羊肝儿、熘蟹腿、白斩鸡、炸排骨。仨甜碗儿就是莲子粥、杏仁儿茶、糖蒸八宝饭。四点心就是芙蓉糕、喇嘛糕、油炸丸子、炸元宵。

2. 蒸羊羔、蒸熊掌、蒸鹿尾儿、烧花鸭、烧雏鸡、烧子鹅、炉猪、炉鸭、酱鸡、腊肉、松花小肚儿、晾肉、香肠儿、什锦苏盘儿、熏鸡白肚儿、清蒸八宝猪、江米酿鸭子、罐儿野鸡、罐儿鹌鹑、卤什件儿、卤鹅、山鸡、兔脯、菜蟒、银鱼、清蒸哈什蚂、烩腰丝、烩鸭腰、烩鸭条、清拌鸭丝儿、黄心管儿、焖白鳝、焖黄鳝、豆豉鲶鱼、锅烧鲤鱼、锅烧鲶鱼、清蒸甲鱼、抓炒鲤鱼、抓炒对虾、软炸里脊、软炸鸡。

3. 红丸子、白丸子、溜丸子、炸丸子、南煎丸子、苜蓿丸子、三鲜丸子、四喜丸子、鲜虾丸子、鱼脯丸子、饹炸丸子、豆腐丸子、汆丸子。一品肉、樱桃肉、马牙肉、红焖肉、黄焖肉、坛子肉、烀肉、扣肉、松肉、罐儿肉、烧肉、烤肉、大肉、白肉、酱豆腐肉。红肘子、白肘子、水晶肘子、蜜蜡肘子、酱豆腐肘子、扒肘子。炖羊肉、烧羊肉、烤羊肉、煨羊肉、涮羊肉、五香羊肉、爆羊肉。

### （二）大保镖

1. 什么刀、枪、剑、戟、斧、钺、钩、叉、镗、棍、槊、棒、鞭、锏、锤、抓、拐子、流星，什么带钩儿的、带刃儿的、带尖儿的、带翅儿的、带峨眉针儿的、带锁链儿的，十八般兵刃我是样样精通。

2. 那都是三山五岳的英雄，四面八方的豪杰，真叫高的高，矮的矮，胖的胖，瘦的瘦，丑的丑，俊的俊。真叫穿红的红似血，穿黑的黑似铁，穿白的白似雪，穿黄的黄似蟹。那真是脖子挺胸大脑袋瓜儿，腿肚子大脚丫儿，一个个咳嗽全带二踢脚味儿的：砰——叭！

3. 七尺为枪，齐眉为棍子。大枪是一丈零八寸。正所谓，一寸长一寸强，一寸小一寸巧。大枪为百兵刃之主，大刀为百兵刃之骨，花枪为百兵刃之髓，单刀为百兵刃之胆，宝刀为百兵刃之师。护手钩占四个字：挎、架、遮、拦。

### （三）地理图

1. 去天津城隍庙啊？在丰台下车，奔长辛店、良乡县、窦店、琉璃河，奔涿州。你奔松林店、高碑店、定兴、徐水、保定府、石家庄、太原府，过黄河到陕西，过甘肃、新疆，有八百里瀚海，自带干粮自带水。不带干粮不带水？渴也把你渴死，饿也把你饿死。过了瀚海有个火焰山，过了火焰山你上飞机，一直往西北，走四十七个星期，下飞机您就瞧见了，那儿有一个小庙儿，匾上写着仨字儿：城隍庙。

2. 到越南河内、老挝万象、泰国曼谷、缅甸仰光、孟加拉、印度、加尔各答、孟买、新德里。过巴基斯坦、阿富汗、伊朗、伊拉克、叙利亚、黎巴嫩、土耳其、安卡拉。过黑海、到莫斯科、爱沙尼亚、拉脱维亚、立陶宛、波罗的海到芬兰。瑞典斯德哥尔摩、挪威、丹麦、德国柏林、波兰华沙、捷克斯洛伐克、匈牙利布达佩斯、罗马尼亚、保加利亚、索菲亚、希腊、阿尔巴尼亚、南斯拉夫、意大利、瑞士、法国巴黎、马赛、地中海、直布罗陀、葡萄牙、西班牙、马德里。过英吉利海峡到伦敦、英格兰、苏格兰、爱尔兰、冰岛，过了大西洋到美洲。

### （四）八扇屏（22 番全本节选）

#### 小孩子

甲：我说说，你听听。想当初，大宋朝文彦博，幼儿倒有灌穴浮球之智。司马温公，倒有破瓮救儿之谋。汉孔融，四岁就懂让梨逊之礼。十三郎五岁朝天，唐刘晏七岁举翰林，汉黄香九岁温席奉亲，秦甘罗十二岁有宰相之才。吴周瑜十三岁拜为水军都督，统带千军万马，执掌六郡八十一州之兵权，使苦肉，献连环，借东风，烧战船，使曹操望风鼠窜，险些丧命江南。虽有卧龙、凤雏之相帮，那周瑜也算小孩子中之魁首。这些小孩子你比得了哪个？

#### 忠厚人

后汉三国有一位忠厚人，此人姓鲁，名肃，字子敬。只皆因刘备当阳大败，夏口屯兵。鲁肃同孔明过江东，舌战群儒，对周瑜念《铜雀台赋》，言说曹操下江东所为二乔，以乐晚景，气坏周公瑾。那周瑜才与曹操势不两立，阚泽下书，怒打黄盖。庞统献连环之计，周瑜用火攻，只皆因欠东风，周郎身染重病，南屏山借东风。周瑜密差丁奉、徐盛去杀孔明。赵子龙箭射篷绳，孔明才得活命。火烧战船，曹兵大败，荆襄九郡，俱为刘备占领。到后来屡讨荆州，刘备总是不还，竟自难为鲁子敬。那金圣叹老先生批《三国》说：“鲁子敬是一位忠厚人也。”

### 渔　人

三皇治世，五帝为君，传到纣朝，出了一位渔人。此人姓姜，名尚，字子牙，道号飞熊。时不至，太公无时卖过面、算过卦。在渭水河边钓鱼，愿者上钩。文王夜得一梦，梦见飞熊入帐，郊外打猎，必得贤臣。那一日文王郊外打猎，偶遇武吉拦路，将文王引至渭水河边，见一道长白发白须，真有仙风道骨之样。文王拉辇，太子拉套，拉了八百单八步。到后来，扶保周朝八百零八年。斩将封神姜太公在此，诸神退位，斩将封神姜太公称为渔人。

## 五、快板练习

训练提示：演唱快板要口齿清楚、声音洪亮。做到音、字、韵、气四项基本功“四位一体”的加强。体会不断变化的节奏与口腔中咬字器官尤其是唇舌调控的结合。

### 黑大嫂

说有位大嫂特别的黑，她生了个孩子赛烟煤。有一次黑大嫂她抱着孩子去玩耍，没留神儿孩子进了煤堆，这一进煤堆坏了事儿了，分不出哪儿是孩子哪儿是煤了。旁边有个老头出了个好主意，他抬手就把那拐杖挥，哎大嫂哇，你拿棍捅啊，那软的是孩子硬的是煤。

### 油灯碗

竹板打，点对点儿，您听我唱段儿小快板儿。我家墙上有个窟窿眼儿，里边儿放着个油灯碗儿，我奶奶灯底下纳鞋底儿，手指头扎了多少眼儿。我妈在灯下做鞋帮儿，愣拿后跟儿当前脸儿。我在灯底下常看书，到现在落了个近视眼儿。自从那公社安上水电站，电灯泡安在我们上门槛儿，这屋里照得亮堂堂，晚上干活不费眼儿。我爸爸越谈越高兴，说咱们家的油灯碗儿，是准备留传二百载儿。咱得纪念这个油灯碗儿，我给编段小快板儿，这个节目就这么点儿。

### 新武松打虎

哎，竹板儿这么一打呀，别的咱不说，说一说武松打虎，武二哥！话说那么一天，武松抄家伙，直奔景阳冈，他心里乐呵呵。要说打虎，还是武二哥，打了虎，出了名，天下传说。可没走几里路，他心里暗琢磨：这山上的老虎它到底多大个儿？是公还是母儿？是高还是矬？是一个，是两个，还是一大窝儿？一个还好办，我跟它能比画，要是上来七八个，我可打不过。[过门儿]转身刚要走，心里又琢磨：县太爷为打虎摆了好几桌儿，又吃饭，又喝酒，还给我唱歌儿。戴红花儿，骑大马，送我上山坡儿。就这样回去，我可怎么说？我说我感冒，我说我咳嗽？我说我有假条儿我歇两天儿再说？县太爷听这话准说我念嘬，众百姓听说了，我这面子往哪儿搁？[过门儿]我还得把山上，我还得去拼搏，打死虎，出了名，我可了不得！最起码的，跟相声大腕儿平起又平坐：什么叫常宝华，哪个是田立禾，马三立见了我提前得溜活。

## 玲珑塔（节选）

高高山上有一位老僧，身穿衲头几千层。

您要问老僧年高迈，曾记得那黄河九澄清。

那黄河，五百年才清一澄，一共是四千五百冬。

老僧他倒有八个徒弟，徒弟八个都有法名。

大徒弟他名叫青头愣，二徒弟名叫愣头青。

三徒弟名叫僧三点儿，四徒弟名叫点儿三僧。

五徒弟名叫蹦葫芦巴儿，六徒弟名叫巴儿葫芦蹦。

七徒弟名叫风随化，八徒弟他名叫化随风。

老师傅教给他们八宗艺，八仙过海，各显其能：

青头愣会打磬，愣头青会撞钟。僧三点儿会吹管，点儿三僧会捧笙。

蹦葫芦巴儿会打鼓，巴儿葫芦蹦会念经。风随化会扫地，化随风会点灯。

老师傅要让他们换一换，要想换成那是万不能。

愣头青打不了那青头愣的磬，青头愣撞不了那愣头青的钟。

点儿三僧吹不了那僧三点儿的管儿，僧三点儿捧不了那点儿三僧的笙。

蹦葫芦巴儿他念不了那巴儿葫芦蹦的经，这巴儿葫芦蹦也打不了那蹦葫芦巴儿的鼓。

化随风扫不了那风随化的地，风随化点不着那化随风的灯。

老师傅一见有了气，要打那徒弟整八名。眼看着八个徒弟要挨打，从门外进来了五位云游僧。共凑僧人十三位，一道后院数玲珑。

后院倒有座玲珑塔，玲珑宝塔，一十三层。一去数单层，回来数双层，谁要是数罢玲珑塔，谁就算是个大师兄。谁要是数不上来玲珑塔，就让他罚跪到天明。

## 六、传统吆喝

训练提示：体会唇舌用力与气息强弱变化的关联。气得足，句与句之间断气时间不能长，否则就显得零散。口齿要清白，韵味要浓，不能拽着舌头使劲。

1. 蜜来哎冰糖葫芦来哟——葫芦儿

2. 磨剪子嘞——戗菜刀

3. 换面人儿嘞——

4. 卖药糖哎，谁还买我的药糖哎，桔子、香蕉、山药、人丹，买的买，捎的捎，卖药糖的又来了，吃了嘛的味儿呀，有了嘛的味儿呀。冒凉气儿呀，吐酸水儿呀，打饱嗝，吃了我的药糖都管事儿，小子儿不卖，大子儿一块。

5. 小小的纸啊四四方方，东汉蔡伦造纸张，南京用它包绸缎，北京用它来包文章。此纸落在我的手，张张包的本是十三香。夏天热，冬天凉，冬夏离不了这十三香。亲朋好友来聚会，挽挽袖子就下了厨房，煎炒烹炸味道美，鸡鸭鱼肉是喷喷儿的香，八洞的神仙来拜访，才知道用了我的十三香。

## 七、小曲小调

训练提示：传统的唱腔对于唇舌用力与咬字器官的自如配合要求极高，有“学唱之人，勿论巧拙，只看有口无口”的说法。尤其是唇舌的适度调控与字音的准确真切在训练中要多加重视。另外还需体会呼吸调控技巧，与之整体协调。

大西厢（节选）

一轮明月照西厢，二八佳人莺莺红娘，三请张生来赴宴，四顾无人跳西墙，五鼓夫人知道了信，六花棒拷打莺莺审问我小红娘，七情问出不彩之事，八月十五莺莺降香。九（久）有恩爱实难舍吧您那。十里亭哭坏了莺莺就叹坏了小红娘啊。

姐儿在房中绣香袋，绣出了西厢各色人儿来，这一边绣的是崔小姐啊，那一边绣的本是张秀才。

张秀才你好呆，为何不跳这粉皮墙儿来。墙又高来楼又大啊，姐儿把那大门儿大敞开唉。

你是谁家的俏郎才，标布的袜子蝴蝶儿蒙的鞋。前门不见姐儿打水，后门不见姐儿抱柴。

## 探清水河（节选）

桃叶那尖上尖，柳叶儿遮满了天，在其位的这个明啊公，细听我来言呐：

此事哎出在了京西蓝靛厂啊，蓝靛厂火器营有一个宋老三。

提起了宋老三，两口子卖大烟，一辈子无有儿。生了一个女儿婵娟呐，小妞哎年长一十六啊，起了个乳名儿：荷花万字叫大莲。

姑娘叫大莲，俊俏好容颜，此花无人采，琵琶断弦无人弹。奴好比貂蝉思吕布，又好比阎婆惜坐楼想张三。

## 送情郎（节选）

一不叫你忧来呀啊，二不叫你愁啊，三不叫你穿错了小妹妹的花兜兜啊。小妹妹的兜兜本是一个金锁链哪，情郎哥的兜兜是八了宝的镀金钩啊。

小妹妹送我的郎啊，（呦呦）送到了大门东啊。偏赶上那个老天爷下雨又刮风啊，刮风不如下点小雨儿好哇啊，下小雨儿留我的郎多待上几分钟啊。

小妹妹送我的郎啊，（呦呦）送到了大门南啊。一伸手我就掏出来两块大银圆啊，这银圆留给我的郎买上一张火车票啊，这银圆给我的郎买上一根中华烟啊。

小妹妹送我的郎啊，（呦呦）送到了大门西啊。一抬头我就瞧见了有一个卖梨的呀，我有心给我的郎买上梨两个呀，又想起身子虚吃不了这凉东西。

小妹妹送我的郎啊，（呦呦）送到了大门北啊。一出门我就看见了王八驮石碑啊，要问这王八犯了为什么罪啊，只因为它说相声桌子挡住了腿。

## 八、念白唱词

训练提示：所谓“千斤念白四两唱”，念白对于唇舌用力和咬字器官积极自如配合的要求非常高。在练习时不但要注重唇舌用力的基础控制，还要注重与整体音韵美、节奏美和气势美的关联。更重要的，是要把唇舌调控的技巧与情感和人物的内在统一性协调配合。

### 报花灯

尊万岁请上听，细听我灯官报花灯 。

一团和气灯，和合二仙灯。三阳开泰灯，四季平安灯。

五子夺魁灯，六国封相灯。七才子路灯，八仙过海灯。

九子十成灯，十面埋伏灯。

这些个灯，那些个灯 ，灯官我一时报不清。

往后瞧，又一层。吕布戏貂蝉，大闹凤仪亭。

看过了一篇又一篇，昭君打马和北番，路过那雁门关。

不好了，不妙了，天雷劈死那张继保。

### 卖　　水

［南梆子］行行走，走行行，信步儿来在凤凰亭。这一年四季十二月，听我表表十月花名：

正月里无有花儿采，唯有这迎春花儿开。我有心采上一朵头上戴，猛想起水仙花开似雪白。

二月里，龙抬头，三姐梳妆上彩楼。王孙公子千千万，打中了平贵是红绣球。

三月里，是清明，人面桃花相映红。人面不知何处去，桃花依旧笑春风。

四月里，麦梢黄，刺儿梅开花长存路旁。木香开花在凉亭上，蔷薇开花朵朵香。

［垛板］五月五正端阳，石榴花开红满堂，小姐苦把郎君盼。相公你，相公你快快到兰房。

六月里，是伏天，主仆池边赏白莲。身处泥中质洁净，亭亭玉立在水间。

［流水］七月里，七月七，牛郎织女会佳期。喜鹊搭桥银河上，朝阳展翅比高低。

八月里，是中秋，桂花飘香阵悠悠。嫦娥不愿在寒宫守，下凡人间把幸福求。

九月里，九重阳，小姐登高假山上。枝黄叶落西风紧，五色傲菊抗严霜。

十月里，是寒天，孟姜女送衣到长城边。千里寻夫泪满面，冬青花开叶儿鲜。

十一腊月没有花采，唯有这松柏实可摘。陈杏元和番边关外，雪里冻出蜡梅花儿开。

清早起来什么镜子照？梳一个油头什么花香？脸上擦的是什么花粉？口点的胭脂是什么花红？

［数板］清早起来菱花镜子照，梳一个油头桂花香，脸上擦的桃花粉，口点的胭脂杏花红。

［流水］什么花姐？什么花郎？什么花的帐子？什么花的床？什么花的枕头床上放？什么花的褥子铺满床？

［数板］红花姐，绿花郎，干枝梅的帐子，象牙花的床，鸳鸯花的枕头床上放，木樨花的褥子铺满床！

## 沙家浜·智斗（选段）

阿庆嫂:（白）您二位请坐。（阿庆嫂转身下场）

刁德一:（白）胡司令，这么熟识是什么人哪？

胡传魁:（白）你问的是她？［西皮二六］想当初老子的队伍才开张，拢共才有十几个人、七八条枪。［西皮流水］遇皇军追得我晕头转向，多亏了阿庆嫂，她叫我水缸里面把身藏。她那里提壶续水，面不改色，无事一样，骗走了东洋兵，我才躲过了大难一场。似这样救命之恩终身不忘，俺胡某讲义气，终当报偿。

阿庆嫂:（白）胡司令，这么点小事，您别净挂在嘴边上。那我也是急中生智，事过之后，您猜怎么着，我呀，还真有点后怕呀！……参谋长，您吃茶！哟，香烟忘了，我去拿烟去。（进屋）

刁德一:（白）（看着阿庆嫂背影）司令！［西皮流水］我虽然读书在

东洋，沙家浜毕竟是故乡。这春来茶馆我毫无印象，也不曾见过这位老板娘。

胡传魁:（接唱）上海滩，炮声响，她夫妻来在沙家浜。无亲无友无依傍，开一座茶馆度时光。你留学多年在东洋，你怎会认识这位老板娘！

刁德一:（白）哎！这个女人真不简单哪！

胡传魁:（白）怎么，你对她还有什么怀疑吗？

刁德一:（白）不不不！司令的恩人嘛！

胡传魁:（白）你这个人哪！

刁德一:（白）嘿嘿嘿……

（阿庆嫂取香烟、火柴，提铜壶从屋内走出。）

阿庆嫂:（白）参谋长，烟不好，请抽一支呀！胡司令，抽一支！

刁德一:（望着阿庆嫂背影，唱）[反西皮摇板]这个女人不寻常！

阿庆嫂:（接唱）刁德一有什么鬼心肠？

胡传魁:（唱）[西皮摇板]这小刁一点面子也不讲！

阿庆嫂:（接唱）这草包倒是一堵挡风的墙。

刁德一:（略一想，打开烟盒请阿庆嫂抽烟）抽烟！（阿庆嫂摇手拒绝）

胡传魁:（白）人家不会，你干什么！

刁德一:（接唱）[西皮流水]她态度不卑又不亢。

阿庆嫂:（唱）[西皮流水]他神情不阴又不阳。

胡传魁:（唱）[西皮摇板]刁德一搞的什么鬼花样？

阿庆嫂:（唱）[西皮流水]他们到底是姓蒋还是姓汪？

刁德一:（唱）[西皮摇板]我待要旁敲侧击将她访。

阿庆嫂:（接唱）我必须察言观色把他防。

（阿庆嫂欲进屋，刁德一从她的身后叫住。）

刁德一：阿庆嫂！（唱）[西皮流水]适才听得司令讲，阿庆嫂真是不寻常。我佩服你沉着机灵有胆量，竟敢在鬼子面前要花枪。若无有抗日救国的好思想，焉能够舍己救人不慌张！

阿庆嫂:（接唱）参谋长休要谬夸奖，舍己救人不敢当……开茶馆，盼兴旺，江湖义气第一桩。司令常来又常往，我有心背靠大树好乘凉。也是司令洪福广，方能遇难又成祥。

刁德一:（接唱）新四军久在沙家浜，这棵大树有阴凉，你与他们常来往，想必是安排照应更周详！

阿庆嫂:（接唱）垒起七星灶，铜壶煮三江。摆开八仙桌，招待十六方。来的都是客，全凭嘴一张。相逢开口笑，过后不思量。人一走，茶就凉……有什么周详不周详！

# 第四章　语音要规范

语言是民族的重要特征之一，一般来说，每个民族都有自己的民族语言。人们借助语言在人际和代际间保存、传递本民族的文明成果，并通过语言，将文明成果在世界范围内进行传播。而语言最为外化的形式，就是带有强烈民族和地域色彩的语音表现，它是语言符号系统的物质载体。它有世界通行的记录分析方式，更有特色鲜明的规约变化习惯。

## 第一节　怎样认识语言

### 一、语言的性质

综合来看，语言是以人的大脑机制、生理机能为基础，人们以此认识世界且积淀为一定的文化形态。语言具有思维、交际等功能，是承载民族文化、浸润民族情感、认同民族身份的一套符号系统。

语言的性质可从不同的角度进行审视：

语言
- 本质特征：一种特殊的社会文化现象
- 功能特征：思维、交际、认知等工具
- 结构特征：语音语义结合的符号系统

## 二、语言系统三要素

语音、词汇和语法是语言系统的三要素。

### （一）语音

语音是语言的物质外壳。任何语言都是物质形式和意义内容的统一体。人类的自然语言都是有声语言，语音就是语言意义的载体。内容只有借助语音的承载才能获得物质的外在表现形式。

### （二）词汇

词是语言中可以自由运用的基本单位，是语音和语义的结合体。词汇是一个语言系统中所有词和语的集合，是承载语句内容的基本材料。学习和掌握一种语言，就要掌握足够的词汇量。

### （三）语法

语法是语言单位的结构规则和运用规律。任何一种语言都有自己的语法系统。语言的学习和运用、交流和理解都要建立在正确的语法规则之上。

# 第二节 怎样认识汉语普通话

## 一、汉语的地位

据联合国教科文组织统计（《联合国 2008 年国际语言年暨第九届国际母语日论文集》），目前世界上已查明的语言有七千多种，占全世界 97% 的人口所说的语言仅占世界语言种类的 4%，只有不到四分之一的语言在学校和互联网上使用。其中，汉语是世界上使用人数最多的语言，英语是世界上使用最广泛的语言。

根据不同语言的语音系统、基本词汇和语法相同或相似的程度，可以确定各种语言间的“亲属”关系。汉语属于汉藏语系，境内的藏语、壮语、傣语、侗语、黎语、彝语、苗语、瑶语等语言是汉语的亲属语言。

汉语是世界上最悠久、最发达的语言之一，在世界上具有非常深远的影响。汉语在东方文化史上处于极其重要的地位，对东亚、东南亚邻邦的语言和文化产生过巨大的影响。汉语和汉字曾随着古代中国高度发达的科学文化一起传播到日本、朝鲜、越南等国家。直到现在，汉语词汇在这些国家的语言里还占有十分重要的地位，甚至构成了这些国家的语言基本词汇中非常重要的一部分。

新中国成立以后，尤其是改革开放以来，随着中国国力的不断增强，中国国际地位日益提高，汉语在世界上的地位和影响力也日渐提高。1973 年，联合国大会把汉语列为联合国的六种法定工作语言之一（其他五种分别是英语、法语、俄语、西班牙语和阿拉伯语）。

有调查显示，自 1994 年以来加入英语的新词汇中，“中文借用词”数量独占鳌头，以 5%~20% 的比例超过其他任何语言。由于中国经济增长的影响，中文对国际英语的冲击比英语国家还大。进入 21 世纪以来，中国在世界范围内的影响力持续不断扩大，随着与世界各国的政治、经济、文化交流不断深入，汉语的国际影响也越来越大，受到世界各国的广泛重视，要求学习汉语的人也越来越多，在国际范围内形成了学习汉语的热潮，并且迅速升温。目前，国外学习汉语人数超过一亿人，四百多所孔子学院在一百二十多个国家和地区安家落户。“汉语热”已成为全球语言交际系统中的一种普遍现象，这些都彰显了汉语这个古老语言及其承载的博大文化永世不竭的青春活力。

## 二、汉语的方言

古往今来，除了使用范围过小，使用人口很少之外，各种语言都有方言的地域差异。中国人口众多，地域辽阔，历史悠久，虽然经历过无数次的征战、分合、流徙、移垦，但未曾真正分裂。在这个漫长的历史过程中不同民族相互融合，民族之间还形成了一种统一的书面共同语。但是汉语口语中却存在着多种差别巨大的方言。所谓“十里异音，一地多语”的现象，随处可见。

汉语方言具体应分为哪几大区，学术界的意见和分歧一直较大。二十世纪八十年代，中国社会科学院和澳大利亚人文科学院联合进行了科研调查，最后绘制出版了《中国语言地图集》，将汉语方言进行了细致的划分。

### （一）汉语十大方言分区

如下图所见，汉语方言共分为十大区，包括：北方方言区、晋语区、吴语区、徽语区、赣语区、湘语区、闽语区、粤语区、平话区、客家话区。

1. 北方方言区：也称为官话区，以北京话为代表。北方方言是民族共同语——普通话的基础方言。北方方言分布在我国长江以北，包括云南、贵州、四川三省及重庆市的广大地区。北方方言内部一致性强，各地方言可以通行。

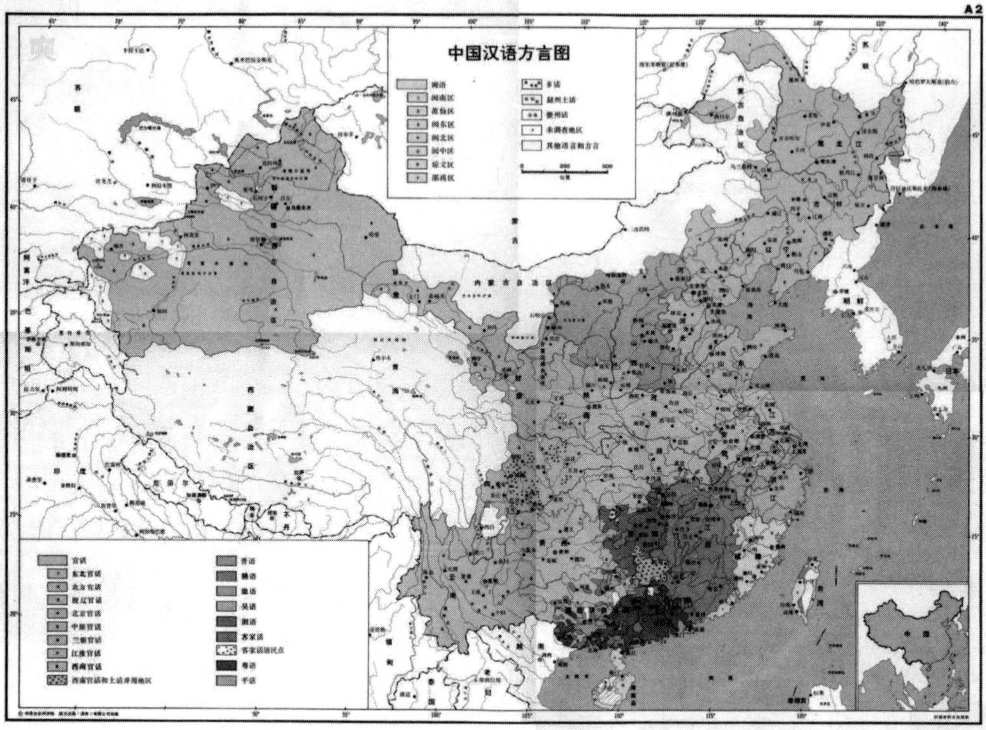


汉语十大方言分布图

2. 晋语区：晋语分布在我国山西省境内（不含运城和临汾，运城话和临汾话属于中原官话系统）及相邻的内蒙古、河北、河南、陕西的部分地区。晋语区虽然地处我国北方，但还保留着带喉塞音韵尾的入声，比北京话的语言特点古老很多，与周边的北方方言也有明显区别，《中国语言地图集》将其从官话方言区中独立出来，与北方话、吴语、粤语等方言并列。

3. 吴语区：吴语分布在江苏省东南，上海市，以及浙江省及相邻的江西、福建、安徽的小部分地区。老的吴语区以苏州话为代表，后来以上海话为代表方言。

4. 徽语区：即徽州话，徽州话是古代吴越语的一个分支，是《中国语言地图集》中新划分出的一种汉语方言。它分布于新安江流域的旧徽州府全境、旧严州府大部、江西北部的旧饶州府部分地区。旧时，徽州话以歙县县城话为代表音，现在由于行政中心的变迁，屯溪话成为徽州话代表音。徽州话保留了很多的古音因素，和北方官话差别较大。

5. 赣语区：赣语分布在江西省中部和北部，湖南省东部和西南部，湖北省东南部，以及安徽省南部、福建省西北部的部分地区。赣语以南昌话为代表。

6. 湘语区：湘语分布在湖南省中部湘江、资水、沅江流域，以及湘江上游广西的东北角等地区。湘语以长沙话为代表。

7. 闽语区：闽语分布在福建、台湾、海南三省的大部分地域，以及广东省东部潮汕地区和雷州半岛一带。另外，海外华侨也有许多人使用闽语，尤其是东南亚华侨更为集中。闽方言内部一致性较差，分歧严重，一般分为闽南、闽东、闽北、闽中、莆仙五个次方言。闽南话以厦门话为代表，闽东话以福州话为代表。

8. 粤语区：粤语分布在广东、广西的珠江三角洲一带，以及广东中部、西南部、北部部分地区，广西的桂东南，香港、澳门特别行政区。粤语是海外华人社区的主要交际语言之一，以广州话为代表。

9. 平话区：主要分布在广西壮族自治区南、北各地和湖南省与广西毗连的道县、宁远、蓝山和通道侗族自治县等十多个县的集镇和部分农村。此外，在云南省文山壮族苗族自治州的富宁县等地，也有一部分人使用平话。广西平话大体可以分为桂南平话和桂北平话。

10. 客家话区：客家话分布在广东、广西、福建、江西、四川、湖南、台湾、海南等地，比较集中的是广东省东部、中部，福建省西部和江西省南部。客家话内部一致性较强，以广东梅县话为代表。

以上十大方言中，以北方方言分布最广，其分布地区大约占全国面积的70%。使用的人口也最多，占汉语人口的73%左右，其余九大方言的使用人数总和大约只占汉语的27%。

**汉语十大方言使用人数表**

| 方言区 | 北方方言 | 晋语 | 吴语 | 赣语 | 湘语 | 闽语 | 粤语 | 客家话 | 平话 | 徽语 |
|---|---|---|---|---|---|---|---|---|---|---|
| 人口（万人） | 66,224 | 4,570 | 6,975 | 3,127 | 3,085 | 5,507 | 4,021 | 3,500 | 200 | 312 |
| 名次 | 1 | 4 | 2 | 7 | 8 | 3 | 5 | 6 | 10 | 9 |

### （二）北方方言区的八种官话

北方方言区又可以划为八个官话区，分别是：

1. 东北官话：分布在黑龙江、吉林、辽宁三省以及内蒙古东北边缘地区（沈阳、长春、哈尔滨、延吉、佳木斯等）。

2. 北京官话：分布在北京市及郊县和周边的河北、内蒙古、辽宁的部分地区（北京、密云、承德、赤峰等）。

3. 冀鲁官话：分布在天津市，河北南部，山东西部等地区（天津、保定、济南、沧州等）。

4. 胶辽官话：分布在胶东半岛和辽东半岛部分地区（青岛、烟台、大连等）。

5. 中原官话：分布在河南、陕西、安徽、江苏、山东、河北、山西、甘肃、宁夏、青海、新疆等地区（郑州、济宁、徐州、西安、铜川、宝鸡、汉中、天水、吐鲁番等）。

6. 兰银官话：分布在甘肃、宁夏部分地区（兰州、银川、张掖等）。

7. 西南官话：分布在云南、贵州、四川、重庆及湖北、湖南、广西、陕西、甘肃的部分地区（昆明、贵阳、成都、恩施、宜昌、荆州、武汉、常德、桂林等）。

8. 江淮官话：主要分布在湖北、安徽、江苏三省长江以北沿江地域和江苏、江西的长江南岸部分地区（黄冈、孝感、合肥、扬州、南京、镇江、九江等）。

**官话大区各区使用人数表**

| 方言区 | 东北 | 北京 | 冀鲁 | 胶辽 | 中原 | 兰银 | 西南 | 江淮 |
|---|---|---|---|---|---|---|---|---|
| 人口（万人） | 8,200 | 1,802 | 8,363 | 2,883 | 16,941 | 1,175 | 20,000 | 6,275 |
| 名次 | 4 | 7 | 3 | 6 | 2 | 8 | 1 | 5 |

## 三、民族共同语

### （一）方言与民族共同语的关系

民族共同语是一个民族全体成员通用的语言。方言是民族语言的地方分支、地域变体，是局部地区人们使用的语言。在有方言分歧的社会里，人们往往会选择一种方言作为“通用语”或“共同语”，用作不同方言区之间共同交际的工具。方言在共同语形成前，可以是共同语形成的基础；在共同语形成后，仍可以在很长时间与共同语并存。民族共同语在形成和发展过程中，不排斥其他方言，它还会吸收其他方言中的有用成分来丰富完善自己。

民族共同语是在一种方言的基础上形成的，作为形成民族共同语基础的方言就叫作基础方言。民族共同语的形成与经济、政治、文化等因素关系密切。哪一种方言能成为民族共同语的基础方言，取决于这种方言在社会中所处的地位以及这个方言区的政治、经济、文化和人口条件等。

### （二）现代汉民族共同语——普通话的确立

1902 年，学者吴汝纶去日本考察，日本人曾向他建议中国应该推行国语教育来统一语言。在谈话中就曾提到“普通话”这一名称。1904 年，近代女革命家秋瑾留学日本时，曾与留日学生组织了一个“演说联系会”，拟定了一份简章，在这份简章中就出现了“普通话”的名称。

近代的“普通话”一词，是朱文熊首次提出的。1906 年，研究切音字的学者朱文熊在《江苏新字母》一书中，把汉语分为“国文”（文言文）、“普通话”和“俗语”（方言），他不仅提出了“普通话”的名称，而且明确地给“普通话”下了定义：“各省通行之话。”二十世纪三十年代瞿秋白在《鬼门关以外的战争》一文中提出：“文学革命的任务，决不止于创造出一些新式的诗歌小说和戏剧，它应当替中国建立现代的普通话的文腔。”“现代普通话的新中国文，应当是习惯上中国各地方共同使用的，现代‘人话’的，多音节的，有结尾的……”后来还与茅盾就普通话的实际所指展开争论。

就这样，经“五四”以来的白话文运动、大众语运动和国语运动，北京语音的优势地位得到确立并巩固下来。那么，现代的“普通话”标准是怎样确定的呢？

新中国成立后，1955 年举行了“全国文字改革会议”，爱国民主人士张奚若在大会主题报告中说：“为了突出我们是一个多民族的大家庭，为了突出我们各民族语言文字的平等，所以经过深入研究，我们决定不采取国语这个叫法。如果叫国语的话，担心会被误解为把汉语凌驾于国内其他民族之上。”大会主题报告中还申明，汉民族共同语早已存在，“这种事实上已经逐渐形成的汉民族共同语是什么呢？这就是以北方话为基础方言，以北京语音为标准音的普通话。”“为简便起见，这种民族共同语也可以就叫普通话”。

在这次会议上，与会者就普通话的方言基础产生了激烈争论，最后，大会决定采用投票办法，从覆盖汉语区的 15 种主要方言中，选出一个作为普通话的基础方言。当时的投票结果是：北京官话（以北京官话为基础方言，以北京语音为标准音）以 52 票位居榜首；西南官话（以西南官话为基础方言，以成都语音为标准音）获 51 票，以一票之差名落孙山；第三名是吴语（以吴语为基础方言，以苏州或上海语音为标准音），获 46 票；粤语（以粤语为基础方言，以广州语音为标准音）获 25 票，名列第四。

1955 年 10 月 26 日，《人民日报》发表题为《为促进汉字改革、推广普通话、实现汉语规范化而努力》的社论，文中提道：“汉民族共同语，就是以北方话为基础方言、以北京语音为标准音的普通话。”1956 年 2 月 6 日，国务院发布的《关于推广普通话的指示》中，对普通话的含义作了增补和完善，为普通话下了一个科学的定义：普通话是以北京语音为标准音，以北方话为基础方言，以典范的现代白话文著作为语法规范的现代汉民族共同语。这个定义从语音、词汇、语法（语言三要素）三个方面明确规定了普通话的标准，使得普通话的定义更为严谨、周密。至此，现代意义上的“普通话”才正式形成，并以明确的标准在全国范围内开始推广。

普通话是现代汉民族共同语的通俗叫法，是现代汉民族用来交际的通用语言。在台湾地区普通话又被称为“国语”，在新加坡和马来西亚则被称为“华语”，在中国大陆地区则被称为“普通话”。时下，随着“汉语热”在国际范围内的兴起，越来越多的国家接受并使用“普通话”这个概念。普通话中“普通”二字的含义是“普遍”和“共通”。

## 四、普通话定义的三层含义

### （一）语音标准

普通话语音规范的标准是“以北京语音为标准音”。这里说的北京语音主要是北京语音的音位系统，即音节的声、韵、调系统和声韵调的搭配关系。例如，不分尖团，没有入声，有四呼，区分 n/l，前后鼻音 -n、-ng，有四个声调等。

选择北京语音为标准，主要有三方面的原因。第一，北京是我国的首都，自元朝建都以来，数百年来北京一直是政治、经济、文化中心；第二，因为使用的人数多，在全国流布范围广、影响大；第三，北京语音系统结构简明，规律严整，音节悦耳动听。

普通话以北京语音为标准音，并不是说北京话里任何一个语音成分都是标准音，都是普通话成分。在北京语音里，由于各种原因也存在着一些分歧，如土话、异读等。作为语音规范标准的北京语音要排除一些特殊的土音成分。再如有些字在北京人口里读音并不一致，如：波浪（bōlàng，pōlàng），跳跃（tiàoyuè，tiàoyào），教室（jiàoshì，jiàoshǐ），亚洲（yàzhōu，yǎzhōu）。对于这类异读词，普通话审音委员会曾加以审订，规定为前一种念法。

在北京语音里，轻声和儿化特别多，普通话没必要把它们全部吸收进来，应该吸收哪些，也要进行调查和研究，作出抉择。

### （二）词汇基础

普通话“以北方话为基础方言”，就是指普通话的词汇基础、取词范围。

北方方言是我国最大的方言，使用人数最多，词汇最丰富。这一点其他任何方言无法与之相比。

将北方方言确定为现代汉语的基础方言，主要有如下原因：首先，北方广大地区历来是我国政治、经济、文化较为发达的地区。历代都城多分布在黄河流域和中原地区，例如陕西、河南、河北等地。北方地区的语言随“政府行为”的力量得以扩大和传播。其次，历代文献和文学作品几乎都是使用北方方言词汇写成的。例如：孔孟之学、儒家经典甚至诸子百家。北方话与“官方语言”在词汇系统上形成水乳交融的关系。再次，北方方言使用的地域最广：黄河流域及其以北的广大地区；长江流域的重庆、南京；还有云南、贵州、广西等地，都使用北方方言。

普通话词汇以北方方言为基础，但并非北方话中所有的词都可以进入普通话，北方方言中某些过于土俗的词语，地方色彩太浓，只在狭小的地区使用，在普通话里有同义的词语可以代替，它们不应吸收到普通话中，应加以舍弃。如：山西、陕西一带的“地板”（地）、“婆姨”（老婆）；四川的“抄手”（馄饨）、“锅盔”（烧饼）；北京话中的“老爷儿”（太阳）、“丫子”（脚）等。同一事物，在北方方言中各地区说法不一致的，应当采取比较通行的词作标准。如“玉米、棒子、苞米、珍珠米、老玉米”应选用通用的“玉米”。“土豆、洋芋、马铃薯、山药蛋”应选用“土豆”或“马铃薯”。

为了丰富词汇，普通话也要从古代汉语、方言、外来语中吸收一些所需要的词。如：垃圾、诞辰、克隆。如何正确吸收，排除分歧，也是词汇规范化所要注意的。

**普通话和部分方言词汇差异对比**

| 普通话 | 北京 | 济南 | 西安 | 成都 | 昆明 | 武汉 | 扬州 |
|---|---|---|---|---|---|---|---|
| 晚上 | 夜里 | 夜里 | 黑咧 | 晚黑 | 晚晨 | 夜里 | 夜头 |
| 老头儿 | 老头儿 | 老头儿 | 老汉 | 老汉儿 | 老官 | 老爹 | 老头子 |
| 小孩儿 | 小孩儿 | 小孩 | 小娃 | 细娃儿 | 小娃子 | 小伢 | 小霞子 |
| 额头 | 脑门子 | 也拉盖 | 额颅 | 额颅 | 脑门 | 额壳 | 头脑子 |
| 红薯 | 白薯 | 地瓜 | 红芋 | 红苕 | 红薯 | 苕 | 山芋 |

### （三）语法规范

语法是语言的三要素之一。普通话的语法规范主要是“以典范的现代白话文著作作为语法规范”。正确理解这句话的意思，要从三个方面入手。

1. 白话文

白话就是口头说的语言。古代白话是指古代在口语基础上创造的文学作品，例如唐代的传奇、宋代的市井文学、清代的笔记小说等。白话文就是用白话写成的文章和文学作品。

2. 著作

著作就是文章和文学作品。著作多是经过字斟句酌、反复修改的作品。其作者一般都具有较好的语言功底和表达能力。

3. 典范

典范的含义指经典和规范。“现代白话文著作”数不胜数，可以作为语法规范的作品应是经典性的著作。即使是“名人名作”，如果不是经典或规范的，也不在此列，这就排除了“以人划线”和简单化的倾向。例如，即使像鲁迅、郭沫若这样的语言大师，他们的作品也并不一定都是典范的。

另一方面，典范的著作必然经得住推敲，脍炙人口，广为流传。凡是经过多人反复推敲，社会权威机构发布的文章文件，都具有语法规范的价值。例如：政府公文、教材、报刊重要文章、影视传媒中的严肃作品等。

某些欧化的说法，或进入当代作品的某些方言都是不规范的，所以不能吸收到普通话中。语法上、逻辑上有毛病的某些流行说法也要从普通话中摒除，或予以改正，使之合乎规范。

当然方言语法、外来语语法中有用的东西可以适当吸收。如吴语中的“穿穿看”“唱唱看”的“看”具有特殊的表达功能，已经收到普通话中了；再如，“过去是，现在是，将来仍然是我们的学习榜样”等外来语格式也已被吸收过来，使我们的普通话表达更为精密、准确，更富于表现力。

**普通话和部分方言语法差异对比表**

| 普通话 | 方言 | |
|---|---|---|
| 规范说法 | 方言片区 | 方言片区的对应说法 |
| 这个比那个好些。 | 河北青龙 | 这个比那个得。 |
| 他就坐着不帮忙。 | 河南洛阳 | 他坐坐儿坐着，连一点也不帮。 |
| 这块肉炒着吃还是炖着吃? | 四川方言 | 这块肉炒起吃还是炖起吃? |
| 他把我吓了一跳。 | 苏州方言 | 俚拿倪吓仔一跳。 |
| 大家一说，他脸都红了。 | 湖南双峰 | 大家一讲，他面得红解哩。 |
| 给我一本书。 | 江西南昌 | 拿一本书到我。 |
| 买了这么多东西。 | 客家方言 | 买得多东西倒。 |
| 今天比昨天暖和。 | 粤 方 言 | 今日暖过琴日。 |
| 你有没有念书? | 福建厦门 | 汝有读册阿无? |
| 我跟你都是中国人。 | 福建福州 | 我共汝齐齐中国人。 |

# 第三节 怎样认识语音

## 一、语音的含义

语言的所指是意义，能指是声音。我们说的语音这个概念就是指语言的能指。再说的通俗点，语音就是语言的物质外壳（物质材料、物质形式），是人的发音器官发出来的代表一定意义的声音。

声音和意义的关系好比纸的正面和反面，是密不可分的。没有声音的意义如点头和摇头，不是我们所说的语言。所谓“体态语言”中的“语言”，含义是引申了的。没有意义的声音，如打喷嚏，当然也不是语言。

能够用声音表达意义，进行信息交流的不仅仅是人类，有些动物也能以声音传达信息，如蟋蟀、海豚、猿猴以及一些鸟类。但是人类的语言与动物的“语言”有本质的差别。

我们需要注意：首先，语音是一种声音，如同自然界的其他声音一样，具有物理性质。其次，语音不是一般的声音，有别于钟声、风声、机器声等，它是人的发音器官发出的声音，因此还具有生理性质。最后，语音不仅是人的发音器官发出的声音，还应是有一定意义的声音，这个“一定意义”是使用该语言的全体社会成员约定俗成的，因此语音还具有社会性质。语音的社会属性是使语音从根本上与一般声音区别开来的本质属性。

## 二、语音的性质

### （一）语音的物理性质

声音产生的过程是，物体由于受到某种外力的作用发生振动，并引起周围空气或其他媒介物质的振动，产生了振动波——声波，声波作用于耳鼓膜，使之产生同样的振动，刺激听觉神经，人就感觉到了声音。语音也是这样产生、传递和接收的。物理声学认为声波具有音高、音强、音长、音色四种要素，语音是声音的一种，当然也不例外，同样是这四种要素的统一体。

1. 音高

音高是指声音的高低，它决定于发音体振动的快慢。快慢体现在物体振动的频率上。物体每秒钟振动的次数叫频率（国际单位制中，频率的单位是赫兹 Hertz，简称赫，符号为 Hz）。声学把频率作为测定物体振动快慢与声音高低的标准，说声音的频率高就是说发音体在单位时间里振动次数多，振动得快，发出的声音高，而频率低也就表示声音低。

人耳能够听到的频率范围是从 20Hz 到 20 000Hz，频率高于 20 000Hz 的声音叫作超声波，低于 20Hz 的声音叫作次声波。超声波能量大、沿直线传播，多用于探病（B 超）、清洁，蝙蝠和海豚可以感知；次声波不易衰减，传播远、穿透力强，多用于预测灾害、军事侦察，大象语言就属于次声波。

振动会发出声音，为什么我们听不到蝴蝶翅膀振动发出的声音，却能听到讨厌的蚊子的声音？因为蝴蝶的翅膀一秒钟振动不超过 10 次，蚊子的翅膀一秒钟振动 500 次～600 次。

频率的高低是由物体自身的质量、松紧度、长短等因素决定的。大而沉、粗而厚、长而松的物体振动慢，音低；小而轻、细而薄、短而紧的物体振动快，音高。语音的高低则与声带的长短、厚薄、松紧有关。通常，儿童和一般妇女的声带比成年男子的声带短而薄，所以声音高；而声音低沉的人，声带相对长而厚，如成年男子，女中、低音歌手和老人等。同一个人发出的声音有高低变化，则是靠控制声带的松紧来调节的。音高是汉语形成声调的基础。

2. 音强

音强是指声音的强弱，它决定于发音体振动幅度的大小，而振动幅度的大小又取决于发音时用力的大小。用力大，振幅大，声音就强；用力小，振幅小，声音就弱。音强是汉语形成轻声的基础。

3. 音长

音长是指声音的长短，它决定于发音体振动时间的长短。振动时间持续久，声音就长；振动时间持续短，声音就短。音长是形成英语中长音、短音的基础，如 eat（吃）就读作［i:t］，it（它）就读作［it］，前者为长音，后者为短音。

4. 音色

音色是指声音的特色，也可以说是声音的本质，所以又叫音质，也叫音品。世界上的声音很少是只有一种单纯频率的纯音（这种纯音可以用音叉制造出来），绝大多数声音都是由许多个频率和振幅不同的音波组成的复合音。复合音的各成分波之间频率和振幅相互影响，形成了特定的波形，产生出特定的音质。

从波形上看，音质可分为两类——噪音与乐音

噪音是由许多无规则的音波合成的，它们的音高和强度随时在变化，相互之间没有一定的关系，合成的波形杂乱而无规律。这种声音听起来刺耳、嘈杂，如刹车声、电锯锯木声、马路上汽车鸣笛的喧闹声等。语音中也有不少噪音成分，如辅声中的塞音、擦音、塞擦音等。例如观察辅音［s］声波中的一小段，表现为波形紊乱、无规律。乐音则由若干规则的纯音组成，形成的复合音波有周期性，很有规

律，这样的声音听起来和谐、悦耳、饱满，歌声、乐声和语音中的元音，都是这样的声音。

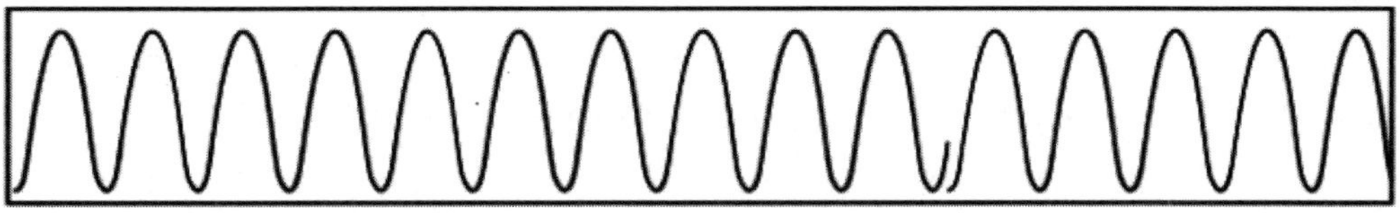

乐音的波形图像

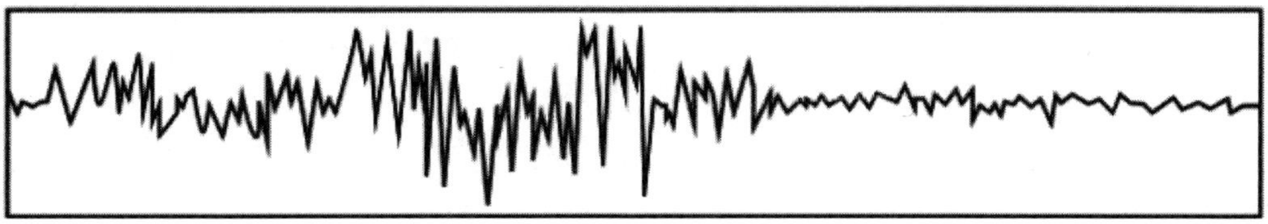

噪音的波形图像

从音波的产生上看，造成不同音质的发音条件有三种：

（1）发音体不同

发音体质料的不同会带来音色的不同。如钢琴的音色不同于口琴，是因为前者的发音体是钢丝弦，而后者的发音体为小簧片。不同的人发同一个音音色有别，那是因为两人的声带等发音体不同。

（2）发音方法不同

同样的发音体，若发音方法不同，也会产生不同的音色。如小提琴，用手指弹奏的音色同用弓弦拉奏的音色就有区别。普通话辅音声母中 b 和 p、d 和 t、g 和 k、j 和 q 等的不同，均是因发音方法略有差异所致，b、d、g、j 发音时不送气，而 p、t、k、q 发音时送气。

（3）共鸣器形状不同

同样的发音体和发音方法，若共鸣器形状不同，也会造成音色的不同。如小提琴、二胡同是弦乐器，同是用弓演奏，但由于共鸣器形状不同，两者的音色不同，我们一听就能分辨出哪个是小提琴声，哪个是二胡声。

共鸣器有自己的振动频率，它会同与自身频率相同或相近的音波产生共振，把它加强，其他频率的音波就会被抑制或消耗。不同形状的共鸣器频率不一样，即使是对同一束复合音波，产生的共振结果也不一样。对于语音来说，口鼻腔就是共鸣器，一个人不断改变口形就会发出不同的音。普通话舌面元音 ɑ、o、e、ê、i、u、ü 的音色不同，主要是因发音时口腔这个共鸣器形状的变化造成的，同发音方法没有关系。

共鸣器形状具有区分语音音质的作用。倘若男女老少四人来发一个 ɑ 音，他们声带的长短、厚薄及韧性等各有差异，产生的音波肯定是不同形式的，但我们除了听出是四个人的声音外，总还是听到了同一个韵母的音质。这是为什么呢？原因还在共鸣器的形状。不同的人发同一个音时，口鼻腔形状虽然不会绝对相同，但其形状的基本特点是一致的，比如发 ɑ 时都要把舌面压低，口腔开大，舌根后部的咽腔相对窄小，整个形状特点像个大口细身的瓶子。现在就是四束复合波与同一个形状的共鸣器发生共振了，每人被共振加强的音波在绝对频率上虽不见得一样，但共振频率分布的位置却有共性，这使我们听出了同样的元音。在元音的识别中，音质并不决定于声波的振动形式，而决定于共鸣器形状对共振频率的选择。

在语音传递过程中，准确的发音动作非常重要，共鸣器形状正是靠发音动作来调节的。

**（二）语音的生理性质**

了解人类发音器官的基本构造和发音机理，可以为普通话声母、韵母的学习和练习，以及科学发声的认知打好扎实的基础。人类的发音器官根据位置和功能可以分为以下三个部分：

1. 声门下系统——动力系统

声门下系统主要由肺和气管构成。这是一个动力系统，肺上面有许多肺泡，肺泡的张合产生发音所需的气流，这些气流通过气管送到声门系统。

肺泡是由单层上皮细胞构成的半球状囊泡。肺中的支气管经多次反复分支形成无数细支气管，它们的末端膨大成囊，囊的四周有很多突出的小囊泡，即为肺泡。肺泡的大小形状不一，平均直径 0.2 毫米。成人约有 3 亿~4 亿个肺泡，总面积近 100 平方米，比人皮肤的表面积还要大好几倍。

2. 声门系统——声源系统

声门系统主要由喉头和声带构成。这是一个调控兼声源系统。调控，是指由气管输送上来的气流在这里得到调节控制，从而形成成音所需的脉动气流；声源，是借助从肺部上来的气流对声带的冲击，使声带振动发出“喉原音”。

3. 声门上系统——成音系统

声门上系统主要由三腔：咽腔、口腔、鼻腔构成。其中咽腔犹如二居室的客厅，从声门上来的气流在这里分流，一部分将去大房间：口腔。一部分将去小房间：鼻腔。这是一个深加工的成音系统，人类语音（包括汉语语音）中所需的各种音色均在这里加工形成，“声音”得以转化为“语音”。其中“舌头”的贡献最大，由它深加工而形成的音，无论在哪种语言中均是最多的，所以我们平时说某人有辩才，善于辞令，就称为“三寸舌”，言语争辩也叫“舌战”。

**（三）语音的社会性质**

语音的社会性质是语言的本质属性。主要表现为以下两个方面：

语音的产生虽有赖于人的生理器官，但声音同意义怎样结合，完全取决于该语言全体使用者的认同。语言中的原生词，其语音形式同意义之间没有必然的联系，用什么声音形式表示什么意义，是由全体社会成员在长期使用中逐步确定下来的。语言中的派生、衍生词，是由旧词衍生出的新词，新词的语音形式与旧词有历史渊源关系，可以追溯。但最后追溯到原生词，语音形式和意义仍是社会约定的。语音和意义之间这种约定俗成的关系说明了语音的建立是一种最广泛的社会行为。

语音的社会性还特别表现在不同语言具有不同的语音系统上。不同语言（包括方言）的基本语音单位、单位之间的搭配规则等，都有很大差别。比如，语音四要素在不同语言中被运用的情况很不一样。英语在利用音质差别的同时，还利用音长的差异来区别意义，有着成系列的长短音，如［iː］/［i］，［uː］/［u］等；汉语则运用音高变化形成的声调来区别意义。不同音系都有自己的特征，普通话中，辅音［ŋ］（ng）只作韵尾，从不出现在音节开头，而在上海、福州、汉口等方言中，都有个声母［ŋ］。又如现代汉语的清塞音和清塞擦音可分为送气和不送气两组，因为送气和不送气有区别意义的作用：b 和 p 有别，d 同 t 不同；而英语清辅音的“送气”和“不送气”却无区别意义的作用。彝语里有清化鼻音 hm、hn 和浊鼻音 nb、nd、mg、nz、nr、nj 两类辅音，汉语里没有。汉语里有 ɑn、en、ɑo、ɑng、eng、ong、uo 等复合元音，彝语里却没有。印欧语言都有几个辅音连在一起的音节，汉语普通话却没有。总之，每个音系的全貌是什么样，是该语言使用者全体成员经过长期使用后，自然而然共同择定的，这些都是语音社会性质的表现。

## 第四节　怎样认识语音单位

### 一、音素

音素是从音色角度划分出来的最小的语音单位。音素的不同取决于音色的不同，b 和 p，i 和 ü 的音色不同，所以分别是两个音素。如果把发音动作放得很慢来读“mā”（妈）这个音节，就能从音节始末听出两个不同的音 m–a，这就是两个音素，一个音素就关联着一个独立的有特色的发音动作。

## 二、元音和辅音

元音，指气流通过声门振动声带后，在口腔里不受阻碍，只受调节而形成的响亮的音，如普通话的 a、o、e、ê、i、u、ü 等。元音又叫母音。

辅音，发音时声带或振动或不振动，气流通过咽头和口腔时一定受到某个部位阻碍的音，如普通话的 b、p、m、f 等。辅音又叫子音。

元音和辅音的主要区别有以下几点：

### （一）气流受阻与否

发元音时，气流在咽头、口腔畅行无阻，基本不受任何阻碍；发辅音时，气流在咽头或口腔受到明显阻碍，只有冲破这种阻碍才能发出音来。这是二者最主要的本质区别。

### （二）气流强弱与否

发元音时，气流振动声带发音，已有所消耗，所以气流较弱；发辅音时，必须冲破阻碍，所以气流较强。

### （三）发音器官紧张度均衡与否

发元音时，发音器官各部分保持均衡紧张；发辅音时，只有形成阻碍的那一部分器官紧张，如发 ba 中的 b 的时候，只有上、下唇特别紧张。

元音和辅音是就音素的性质来区分的，声母和韵母主要是根据音素在音节中的位置来区分的。一般来说，一个音节可以分成前后两部分：前一部分是声母（起音部分），后一部分是韵母（收音部分）。声调指音节中具有区别意义作用的音高变化，即音节的实际读法，它贯穿音节始终。

## 三、音节

音节是语音中最自然的结构单位，是人听觉所能感知到的最小的语音片段。

人在说话时，发音器官的肌肉总是一松一紧地运动，松紧交替一次，人们的听觉上就形成一个语音段落，这就是音节。因此，人们凭听觉就能自然而然地从语段中分辨出音节来。说话时，人们也总是按音节来发音，肌肉紧张一次，就发出一个音节。一般来说，一个汉字就是一个音节，例如：学、生、花、花儿。

从说汉语的人对语音的自然感觉上来说，音节是最小的单位。事实上，音节是由比它更小的语音单位组成的，音节是有结构的。要想找到更小的语音单位，弄清音节的结构规律，就要对音节进行科学的分析。如何分析音节，国外的语音学同我国的音韵学各自形成了不同的方法。

我国传统音韵学的办法，是对汉语的一个音节作层层二分：先把声调从音节中分开，再把音节分成声母、韵母两部分，继而分韵母为韵头、韵身，韵身再分作韵腹、韵尾。

- 音节（字）
  - 声母
  - 韵母
    - 韵头
    - 韵身
      - 韵腹
      - 韵尾

这种方法注重结构分析，显示组合关系，并说明了每个成分在音节中的作用，适合汉语音节的特点，但它的缺陷是不能很直接地反映出音节各成分的具体音值。国外语音学的分析方法恰好在这里显出长处。他们注重细致的音色区分，总是根据音质的差别，一下子把音节分成若干个最小单位，在此基础上，再去描写音节结构。这两种方法相互结合，会使我们对汉语音节的认识更加科学、准确。

## 四、普通话语音的特点

每一种语言的语音都有自己的特点，汉语普通话是以北京语音为标准音，它的特点是：简单、清楚、表达力强。主要表现在：

1. 北京语音音系比较简单，音节结构形式较少。2. 音节中元音占优势，清声母多，听起来感觉清脆、响亮。3. 声调系统比较简单，但变化鲜明。四个声调的调值高音成分多，低音成分少，语音清亮、高扬，具有高低抑扬的音乐色彩。4. 音节之间区分明显，语音具有节奏感。5. 语汇双音节化，词的轻重格式的区分以及轻声、儿化的使用，使语言表达更加准确、丰富。

## 五、记音符号

学习语音、研究语音需有一套科学的标音方法，研究汉语语音、方言与普通话比较，少数民族语言描写记录，有时用汉语拼音方案不能全部行得通，故需用国际音标。

### （一）汉字注音（给汉字注音的传统方法）

1. 直音法：用一个同音汉字给另一个汉字注音，如“苟，音狗”“芮同锐”“芨，读若急”。

2. 反切法：用两个汉字给一个汉字注音，取前字的声母，后字的韵母、声调（反切上字取其声，反切下字取其韵及声调）。如“同，徒红切（反）”“孝，呼教切”。

优劣比较：

直音法：比不注音要好，但使用这种方法，首先要认识相当数量的汉字。认起来比较困难，且有的字没有同音字，用近音字不准，有的字有同音字，却比不认识的字还陌生，如“一，音揖”。而且，汉字的音是发展变化的，不同方言区还有读音的区别，用汉字给汉字注音起不到统一语音的作用。

反切法：反切法比直音法好一点，反切法说明汉语音节可分为声、韵两部分，且有声调，可谓汉语拼音的萌芽。反切法也比较麻烦，另外时代、地域不同，汉字的音也不同，后来人们就另行研究别的方法。

**（二）注音字母**

注音字母（符号，声母 24 个，韵母 16 个），是汉字笔画式的符号。（创制于“五四运动”前夕，1930 年改为注音符号）

这套字母 1911 年制定，1918 年北洋政府教育部公布。它对给汉字注音和推广“国语”起过很好的作用（新中国成立之初小学教学及“扫盲”运动都用这种办法）。注音字母比上述两种汉字注音法易用、准确，但这套字母不全是音素化的字母，有的是两个音素甚至是一个音节，标音不太科学。

**（三）拼音字母**

1. 汉语拼音方案

《汉语拼音方案》是给汉字记音的一套注音符号，也是推广普通话的有力工具。1958 年 2 月 11 日，由第一届全国人民代表大会第五次会议批准作为正式方案推行。这是以拼音字母和拼写方式为内容的一套中华人民共和国法定的拼音方案，同时，它也是世界各民族学习汉语的工具和拼写中国专用名词及词语的国际标准。邢福义先生认为，《汉语拼音方案》是用拉丁字母拼写现代汉语普通话语音的方案；黄伯荣先生认为，《汉语拼音方案》是按照普通话语音系统制定的一套汉语拼音字母及拼写规则。

（1）优越性（特点）

①从字母形式上是拉丁化（国际化），使之具有国际性，便于国际交流。

②从语音系统上是标准化，按北京语音为标准音，具有语音规范性，利于语音统一。

③从音节拼写上看，音素化，具有科学性，能以较少字母方便灵活地拼读、拼写普通话的全部音节。

④这一方案经全国人大批准，具有深厚的历史和群众基础，有决定性和群众性，便于推行。

（2）用途

①给汉字注音（作为注音工具）

②作为推广普通话的工具

③民族、国际交流的工具

（3）方案内容（具体内容参见《汉语拼音方案》）

①字母表：规定了 26 个字母及每个字母的名称。

②声母表：提供了普通话 21 个声母的读音和例子。

③韵母表：提供了普通话 36 个韵母的写法、例子及一些用法。

④声调符号：提供了普通话四个调类的名称、所用符号及标调方法。

⑤隔音符号：提供了隔音符号的形式及其方法。

2. 国际音标

研究语言，要用符号表示，标记语音的符号叫音标，国际上最通行的一种记音符号是国际音标。国际音标是国际语音学会制定的一套记音符号，用来记录各民族语言的语音。（原来主要用来标注欧洲语音，后推广到全世界。最初发表于 1888 年，现在使用的是 1979 年修订的）

特点：

（1）国际音标的符号主要来自于拉丁字母。拉丁字母易于书写，形体简明。

（2）国际音标一音一符、一符一音，还有附加符号，标音精细。

（3）国际音标标音灵活，可宽可严，又可显示音位变体，这样既有利于正音，又有利于正字。

（4）国际音标数目多，适应性强，应用范围广，世界各民族语言都可用它来标音。我们在研究少数民族语言或方言时采用它。

附录一：

# 汉语拼音方案

（1957 年 11 月 1 日国务院全体会议第 60 次会议通过）
（1958 年 2 月 11 日第一届全国人民代表大会第五次会议批准）

## 一、字母表

| 字母<br>名称 | Aa<br>ㄚ | Bb<br>ㄅㄝ | Cc<br>ㄘㄝ | Dd<br>ㄉㄝ | Ee<br>ㄜ | Ff<br>ㄝㄈ | Gg<br>ㄍㄝ |
|---|---|---|---|---|---|---|---|
| | Hh<br>ㄏㄚ | Ii<br>ㄧ | Jj<br>ㄐㄧㄝ | Kk<br>ㄎㄝ | Ll<br>ㄝㄌ | Mm<br>ㄝㄇ | Nn<br>ㄋㄝ |
| | Oo<br>ㄛ | Pp<br>ㄆㄝ | Qq<br>ㄑㄧㄡ | Rr<br>ㄚㄦ | Ss<br>ㄝㄙ | Tt<br>ㄊㄝ | |
| | Uu<br>ㄨ | Vv<br>万ㄝ | Ww<br>ㄨㄚ | Xx<br>ㄒㄧ | Yy<br>ㄧㄚ | Zz<br>ㄗㄝ | |

V 只用来拼写外来语、少数民族语言和方言。
字母的手写体依照拉丁字母的一般书写习惯。

## 二、声母表

| b<br>ㄅ玻 | p<br>ㄆ坡 | m<br>ㄇ摸 | f<br>ㄈ佛 | d<br>ㄉ得 | t<br>ㄊ特 | n<br>ㄋ讷 | l<br>ㄌ勒 |
|---|---|---|---|---|---|---|---|
| g<br>ㄍ哥 | k<br>ㄎ科 | h<br>ㄏ喝 | | j<br>ㄐ基 | q<br>ㄑ欺 | x<br>ㄒ希 | |
| zh<br>ㄓ知 | ch<br>ㄔ蚩 | shi<br>ㄕ诗 | r<br>ㄖ日 | z<br>ㄗ资 | c<br>ㄘ雌 | s<br>ㄙ思 | |

在给汉字注音的时候，为了使拼式简短，zh ch sh 可以省作 ẑ ĉ ŝ。

# 三、韵母表

| | i<br>ㄧ 衣 | u<br>ㄨ 乌 | ü<br>ㄩ 迂 |
|---|---|---|---|
| a<br>ㄚ 啊 | ia<br>ㄧㄚ 呀 | ua<br>ㄨㄚ 蛙 | |
| o<br>ㄛ 喔 | | uo<br>ㄨㄛ 窝 | |
| e<br>ㄜ 鹅 | ie<br>ㄧㄝ 耶 | | üe<br>ㄩㄝ 约 |
| ai<br>ㄞ 哀 | | uai<br>ㄨㄞ 歪 | |
| ei<br>ㄟ 欸 | | uei<br>ㄨㄟ 威 | |
| ao<br>ㄠ 熬 | iao<br>ㄧㄠ 腰 | | |
| ou<br>ㄡ 欧 | iou<br>ㄧㄡ 忧 | | |
| an<br>ㄢ 安 | ian<br>ㄧㄢ 烟 | uan<br>ㄨㄢ 弯 | üan<br>ㄩㄢ 冤 |
| en<br>ㄣ 恩 | in<br>ㄧㄣ 因 | uen<br>ㄨㄣ 温 | ün<br>ㄩㄣ 晕 |
| ang<br>ㄤ 昂 | iang<br>ㄧㄤ 央 | uang<br>ㄨㄤ 汪 | |
| eng<br>ㄥ 亨的韵母 | ing<br>ㄧㄥ 英 | ueng<br>ㄨㄥ 翁 | |
| ong<br>（ㄨㄥ） 轰的韵母 | iong<br>ㄩㄥ 雍 | | |

（1）“知、蚩、诗、日、资、雌、思”等七个音节的韵母用 i，即：知、蚩、诗、日、资、雌、思等字拼作 zhi，chi，shi，ri，zi，ci，si。

（2）韵母儿写成 er，用作韵尾的时候写成 r。例如：“儿童”拼作 ertong，“花儿”拼作 huar。

（3）韵母ㄝ单用的时候写成 ê。

（4）i 行的韵母，前面没有声母的时候，写成 yi（衣），ya（呀），ye（耶），yao（腰），you（忧），yan（烟），yin（因），yang（央），ying（英），yong（雍）。

u 行的韵母，前面没有声母的时候，写成 wu（乌），wa（蛙），wo（窝），wai（歪），wei（威），wan（弯），wen（温），wang（汪），weng（翁）。

ü 行的韵母，前面没有声母的时候，写成 yu（迂），yue（约），yuan（冤），yun（晕）；ü 上两点省略。

ü 行的韵母跟声母 j，q，x 拼的时候，写成 ju（居），qu（区），xu（虚），ü 上两点也省略；但是跟声母 n，l 拼的时候，仍然写成 nü(女），lü（吕）。

（5）iou，uei，uen 前面加声母的时候，写成 iu，ui，un，例如 niu（牛），gui（归），lun（论）。

（6）在给汉字注音的时候，为了使拼式简短，ng 可以省作 ŋ。

## 四、声调符号

| 阴平 | 阳平 | 上声 | 去声 |
|---|---|---|---|
| ˉ | ˊ | ˇ | ˋ |

声调符号标在音节的主要母音上。轻声不标。例如：

| 妈 mā | 麻 má | 马 mǎ | 骂 mà | 吗 ma |
|---|---|---|---|---|
| （阴平） | （阳平） | （上声） | （去声） | （轻声） |

## 五、隔音符号

a，o，e 开头的音节连接在其他音节后面的时候，如果音节的界限发生混淆，用隔音符号（’）隔开。例如：pi’ao（皮袄）。

附录二：

# 国际音标

## 一、元音部分

| 类别 / 舌位 / 唇形 / 口腔 | | | 舌尖元音 | | | | | 舌面元音 | | | | | | |
|---|---|---|---|---|---|---|---|---|---|---|---|---|---|---|
| | | | 前 | | 央 | 后 | | 前 | | 央 | | | 后 | |
| 舌位 | | | 不圆 | 圆 | 自然 | 不圆 | 圆 | 不圆 | 圆 | 不圆 | 自然 | 圆 | 不圆 | 圆 |
| 元音 | 高 | 最高 闭 | ɿ | ʮ | | | | i | y | ɨ | | ʉ | ɯ | u |
| | | 次高 | | | | ʅ | ʯ | I | Y | | | | | ʊ |
| | 中 | 高中 半闭 | | | | | | e | ø | ɘ | | ɵ | ɤ | o |
| | | 正中 | | | | ɚ | | E | | | ə | | | |
| | | 低中 半开 | | | | | | ɛ | œ | ɜ | | ɞ | ʌ | ɔ |
| | 低 | 次低 | | | | | | æ | | | ɐ | | | |
| | | 最低 开 | | | | | | a | ɶ | | A | | ɑ | ɒ |

## 二、辅音部分

| | 发音方法 \ 发音部位 | | | 双唇（上唇下唇） | 唇齿（上齿下唇） | 齿间 | 舌尖前（舌尖齿背） | 舌尖中（舌尖上齿龈） | 舌尖后（舌尖硬腭前） | 舌叶 | 舌面前（舌面前硬腭前） | 舌面中（舌面中硬腭） | 舌面后（舌面后软腭） | 小舌 | 喉壁 | 喉 |
|---|---|---|---|---|---|---|---|---|---|---|---|---|---|---|---|---|
| 辅音 | 塞音 | 清 | 不送气 | p | | | | t | ʈ | | ȶ | c | k | q | | ʔ |
| | | | 送气 | p‘ | | | | t‘ | ʈ‘ | | ȶ‘ | c‘ | k‘ | q‘ | | ʔ‘ |
| | | 浊 | 不送气 | b | | | | d | ɖ | | ȡ | ɟ | g | ɢ | | |
| | | | 送气 | b‘ | | | | d‘ | ɖ‘ | | ȡ‘ | ɟ‘ | g‘ | ɢ‘ | | |
| | 塞擦音 | 清 | 不送气 | | pf | tθ | ts | | tʂ | ʧ | tɕ | | | | | |
| | | | 送气 | | pf‘ | tθ‘ | ts‘ | | tʂ‘ | ʧ‘ | tɕ‘ | | | | | |
| | | 浊 | 不送气 | | bv | dð | ʣ | | dʐ | ʤ | ʥ | | | | | |
| | | | 送气 | | bv‘ | dð‘ | ʣ‘ | | dʐ‘ | ʤ‘ | ʥ‘ | | | | | |
| | 鼻音 | 浊 | | m | ɱ | | | n | ɳ | | ȵ | ɲ | ŋ | ɴ | | |
| | 滚音 | 浊 | | | | | | r | | | | | | ʀ | | |
| | 闪音 | 浊 | | | | | | ɾ | ɽ | | | | | ʀ | | |
| | 边音 | 浊 | | | | | | l | ɭ | | | ʎ | | | | |
| | 边擦音 | 清 | | | | | | ɬ | | | | | | | | |
| | | 浊 | | | | | | ɮ | | | | | | | | |
| | 擦音 | 清 | | ɸ | f | θ | s | | ʂ | ʃ | ɕ | ç | x | χ | ħ | h |
| | | 浊 | | β | v | ð | z | | ʐ | ʒ | ʑ | j | ɣ | ʁ | ʕ | ɦ |
| | 无擦通音及半元音 | 浊 | | w ɥ | ʋ | | | ɹ | ɻ | | | j(ɥ) | ɥ(w) | | | |

## 三、汉语拼音与国际音标对照表

**声调：**一声阴平（55）、二声阳平（35）、三声上声（214）、四声去声（51）

**声母：**

| 拼音字母 | 国际音标 | 拼音字母 | 国际音标 | 拼音字母 | 国际音标 |
|---|---|---|---|---|---|
| b | [p] | g | [k] | s | [s] |
| p | [p‘] | k | [k‘] | zh | [tʂ] |
| m | [m] | h | [x] | ch | [tʂ‘] |
| f | [f] | j | [tɕ] | sh | [ʂ] |
| d | [t] | q | [tɕ‘] | r | [ʐ] |
| t | [t‘] | x | [ɕ] | y | [j] |
| n | [n] | z | [ts] | w | [w] |
| l | [l] | c | [ts‘] | (v) | ([v]) |

注：在普通话语音系统中，v音不能充当声母，故加“(　)”以示区别。

**单韵母：**（以下韵母为单用或只跟在辅音后）

| 拼音字母 | 国际音标 | 拼音字母 | 国际音标 | 拼音字母 | 国际音标 |
|---|---|---|---|---|---|
| ɑ | [A] | i | [i] | －i（前） | [ɿ] |
| o | [o] | u | [u] | －i（后） | [ʅ] |
| e | [ɤ] | ü | [y] | | |
| ê | [ɛ] | er | [ɚ] | | |

**复韵母和鼻韵母：**

| 拼音字母 | 国际音标 | 拼音字母 | 国际音标 | 拼音字母 | 国际音标 |
|---|---|---|---|---|---|
| ai | [ai] | ei | [ei] | in | [in] |
| uai | [uai] | uei | [uei] | ing | [iŋ] |
| an | [an] | en | [ən] | ong | [uŋ] |
| uan | [uan] | uen | [uən] | ün | [yn] |
| ia | [iA] | ou | [əu] | iong | [yŋ] |
| ua | [uA] | iou | [iəu] | | |
| ian | [iæn] | eng | [əŋ] | –ng | [ŋ] |
| üan | [yæn] | ueng | [uəŋ] | | |
| ao | [au] | ie | [iɛ] | | |
| iao | [iau] | üe | [yɛ] | | |
| ang | [aŋ] | uo | [uo] | | |
| iang | [iaŋ] | | | | |
| uang | [uaŋ] | | | | |

注：在普通话语音系统中，ng 音不能单独充当鼻韵母，只作为鼻辅音韵尾，故在其前加标“–”以示区别。

# 第五章　字音要标准

受具体语言语义和结构制约的最小自然发音单位是音节。而这个凭听感可以判断的最小语音单位，恰好与汉字所携带的语音信息对等，形成了“一字一音节”的现象，所以有了“字音”一说，也是一般情况下人们认知分析、发音练习的起点。字音分析既有传统的规范，也有现代的分解，字音发音既有标准度的衡量，也有稳定性的要求，这是一个人语音发声语言表达能力的基础。

## 第一节　声母要清晰

### 一、什么是声母

声母：一个汉语音节起头的辅音。根据汉语音韵学的传统分析方法，把一个汉语音节分成声、韵两大部分，同时还要加上一个贯穿整个音节的声调。“声”是一个汉语音节开头的部分，是带出字音响亮部分的起始的发音（起音部分、发声部分），用来表示“声”的字母叫作“声母”。

从现代语音学的角度来看，代表汉语音节起音部分的“声母”与辅音关系密切，都具有辅音性质，所以一般由通用辅音音素来充当声母。

### 二、为什么要进行声母学习

声母一般由辅音充当，即首辅音，所以一般谈到声母往往就是指辅音声母。辅音声母的主要特点是发音时气流在口腔中要受到不同程度的阻碍，因此可以说，辅音声母发音的过程也就是气流受到阻碍和克服阻碍的过程。

声母由辅音充当，而辅音的特点是发音时程短（除擦音外）、音势弱，很容易受到干扰，也很容易产生“吃字”现象，从而影响语音的清晰性和辨识度。因此播音员主持人等艺术语言表达者必须认真练习声母——辅音音素的发音，努力做到“咬得准、发得清”，使整个音节完整、清晰。

## 三、怎样认识声母

### （一）声母的构成内容

1. 辅音声母

汉语普通话语音共有 21 个辅音声母，分别是：

b p m f　　d t n l
g k h　　j q x
zh ch sh　　r z c s

2. 零声母

在汉语音节中，有的音节开头没有辅音声母，我们把它的声母部分看作零，习惯上将其称作“零声母”，如：挨 ɑi、义 yi、屋 wu、遇 yu 等。

有的汉语音节开头没有辅音音素，直接以元音开始。但在实际的发音过程中，想发出纯粹的元音，是不可能的，也是不自然的。因为零声母音节看上去没有辅音开头，没有声母，但在发音时仔细辨认，便可发现其开头部分，往往带有一点轻微的摩擦成分，并非是纯粹的元音音色。它们比元音紧一些，是发元音的“前奏”，清擦音，再紧一些就是“浊擦音”了。语音学中将其统称为“半元音”，归入辅音一类。摩擦的明显与否往往因人而异，但这种摩擦没有区别词义的作用。

所以，在实际发音过程中，没有一出口就是元音的现象，于是，我们可以把这种元音前带有辅音的现象看作是元音开头的语言发音的默认规则，由此产生了零声母概念。这种虚位占有，语音学中用“Ø”表示。

《汉语拼音方案》对零声母音节的拼写都有规定，凡是 i、u、ü 和 i、u、ü 开头的音节书写时要用 y 或 w，它们起到隔音符号的作用，如：移 yí、五 wǔ、玉 yù。其他韵母独立成音节如与前一个音节连写时要用隔音符号分隔，如：西安（xī’ān），皮袄（pí’ǎo），超额（chāo’é），海鸥（hǎi’ōu）。

因此，普通话的声母总数是 22，其中有 21 个辅音声母和 1 类“零声母”。

### （二）声母发音条件

辅音音素的发音条件包括发音部位、发音方法两方面，这也就决定了不同辅音声母的条件。

1. 发音部位

发辅音声母时，口腔对呼出气流构成阻碍的部位（在哪儿成阻）。

2. 发音方法

发辅音声母时，呼出气流破除发音部位构成阻碍的方法（怎样除阻）。

### （三）声母的分类

1. 按照发音部位

普通话 21 个辅音声母按照气流受到阻碍的部位不同，可以分为七类：

（1）双唇音：上下唇接触成阻。如：b、p、m。

（2）唇齿音：上齿与下唇内缘轻轻靠近成阻。如：f。

（3）舌尖前音：俗称“平舌音”，舌尖前伸与上齿背接触成阻（有不少人是舌尖向下接触下齿背，隆舌后高点与上齿龈成阻发音）。如：z、c、s。

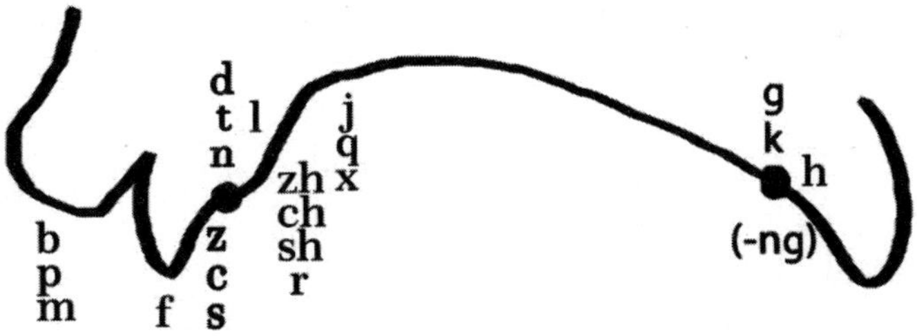


普通话辅音声母发音部位示意图

（4）舌尖中音：舌尖上抬与上齿龈接触成阻。如：d、t、n、l。

（5）舌尖后音：俗称“翘舌音”，舌体微微后收，舌尖上翘与上齿龈和硬腭交接处接触成阻。如：zh、ch、sh、r。

（6）舌面音：也叫“舌面前音”，舌面前部与硬腭前部接触成阻（有不少人是舌尖向下，前伸抵靠下齿龈，隆舌后高点与硬腭前部成阻发音）。如：j、q、x。

（7）舌根音：也叫“舌面后音”，舌根后收隆高与软腭、硬腭交接处接触成阻。如：g、k、h。

| 部位 | 成阻部位 | 发音过程 | 代表声母 | 注意事项 |
|---|---|---|---|---|
| 双唇音 | 上下唇 | 下唇向上运动，双唇闭拢成阻 | b、p、m | 内唇的力度<br>外唇的形状 |
| 唇齿音 | 上齿与下唇内缘 | 上唇稍抬，微露上齿，下唇向上轻轻靠近 | f | 节制气流<br>齿不咬唇 |
| 舌尖前音 | 舌尖顶峰与上齿背或上齿龈 | 舌尖平伸接触或接近上齿背成阻；抑或舌尖抵靠下齿背，隆高顶点与上齿龈接触或接近成阻 | z、c、s | 两齿不能过紧<br>避免齿间音 |
| 舌尖中音 | 舌尖和上齿龈 | 舌尖向前上方抬起，与上齿龈成阻 | d、t、n、l | 气流的走向<br>软腭的上升和下降 |
| 舌尖后音 | 舌尖与硬腭前端 | 舌体稍向后缩，舌尖向上方翘起，与硬腭前部接触或接近成阻 | zh、ch、sh、r | 舌不能卷，也不能过平，要微微翘起成阻不要偏移 |
| 舌面音 | 舌面前部顶峰和硬腭前端 | 舌尖向下，前伸抵住下齿龈，舌面前部隆高与硬腭前部接触或接近成阻 | j、q、x | 两齿不能过紧，舌尖不能放在两齿中间，避免美化色彩和尖音，不能过前过后，舌尖不翘起 |
| 舌根音 | 舌根与软腭和硬腭的交接处 | 舌体后缩，舌根隆起，与硬腭和软腭的交接处接触或接近成阻 | g、k、h | 不能太靠后，亦不能太靠前<br>舌根成阻高点要用力 |

2. 按照发音方法

（1）按成阻和除阻方式的不同，分为五类：

①塞音：阻碍气流的部位完全堵死后彻底冲开，迸裂而出，爆发成音，故称为“塞音”或“闭塞音”，也叫“爆破音”（爆发音、破裂音）。如：b、p、d、t、g、k。

②擦音：阻碍气流的部位分离留有窄隙，透气摩擦成音，故称为“擦音”或“摩擦音”。如：f、h、x、sh、r、s。

③塞擦音：阻碍气流的部位先堵死，再分离后透气摩擦成音，先“塞”后“擦”，相结合，故称为“塞擦音”。其中闭塞部分和摩擦部分结合得很紧，一般将其看作一个发音过程。如：j、q、z、c、zh、ch。

④鼻音：口腔闭合软腭下降，气流在口腔受阻，从鼻腔透出成音，故称为“鼻音”。如：m、n。

⑤边音：软腭抬升，鼻腔关闭，舌尖与上齿龈成阻，气流从舌面两侧或一边透出成音，故称为“边音”。如：l。

（2）按声带颤动与否，分为两类：

①清音：发音时不颤动声带，声音不响亮，带有噪音成分的音。

普通话里的清音有：b、p、f、d、t、g、k、h、j、q、x、zh、ch、sh、z、c、s。

②浊音：发音时声带颤动，声音较响亮的音。

普通话里的浊音有 5 个：m、n、l、r、ng。其中只有 m、n、l、r 这 4 个作声母用，ng 只当韵尾用。

（3）按照出气量大小对比，分为两类：

①送气音：发音时气流较强，较显著。如果拿一张薄纸放在唇前发 b、p 二音进行比较，则发 p 时气流对纸的冲击明显比 b 强（但播音员发送气音时，气息就要有所控制，不要用强气流冲击话筒造成噪音）。普通话送气音有 6 个：p、t、k、q、ch、c。

②不送气音：发音时气流较弱，相对送气音较缓和。普通话不送气音有 6 个：b、d、g、j、zh、z。

| 方法 | 成阻 | 持阻 | 除阻 | 代表声母 |
|---|---|---|---|---|
| 塞音 | 发音部位两点紧闭 | 保持阻碍，呼出气流蓄在成阻部位之后，引而待发 | 成阻部位突然打开，气流爆破成声，所以又叫爆破音 | b、p、d、t、g、k |
| 擦音 | 发音部位两点接近，但不接触，中间留有狭窄的缝隙 | 呼出气流在两点间的缝隙摩擦成声 | 除阻结束，摩擦声结束 | f、h、x、s、sh、r |
| 塞擦音 | 塞音与擦音的结合，成阻至持阻的前段，状态与塞音相同 | 持阻的后段变为擦音的成阻，发音部位两点间留有缝隙，气流摩擦成声 | 除阻时摩擦声已结束 | j、q、z、c、zh、ch |
| 鼻音 | 发音部位两点紧闭，关闭口腔通路 | 声带颤动，软腭下垂，鼻腔通路打开，呼出气流经口腔转入鼻腔，产生双重共鸣，气流由鼻腔透出 | 口腔通路打开，发音结束 | n、m |

续表

| 边音 | 舌尖抬起，与上齿龈后部接触，舌体两侧收缩，舌尖两边留有缝隙 | 声带颤动，气流在舌两边通过后，由口腔透出 | 发音部位两点分开，发音结束 | l |
|---|---|---|---|---|
| **清浊区分** | 声带不颤动的为清辅音声母：b、p、f、d、t、g、k、h、j、q、x、zh、ch、sh、z、c、s<br>声带颤动的为浊辅音声母：m、n、l、r | | | |
| **送气与否** | 送气与否取决于出气量大小和强弱的不同，只在塞音和塞擦音中进行区分<br>送气音有：p、t、k、q、c、ch<br>不送气音有：b、d、g、j、z、zh<br>它们互补分布，有区别词义的作用：肚子饱了、兔子跑了 | | | |

### （四）声母发音训练注意事项

1. 发音过程及要求

辅音声母发音过程包含三个阶段：构成阻碍，保持阻碍，解除阻碍。我们简称为：成阻、持阻、除阻。

（1）成阻阶段：发辅音过程的开始阶段。发音当中开始形成阻碍作用，发音器官从静止或其他状态转到发辅音时的阻碍状态。成阻要求：准（准确）。

（2）持阻阶段：发辅音过程的中间阶段。就是发音当中阻碍作用的一种持续，即发音器官从开始发音的成阻阶段到最后除阻阶段的中间过程。持阻要求：强（有力）。

（3）除阻阶段：指发辅音过程的最后阶段。发音当中，阻碍消除了，发音器官从发辅音时的阻碍状态转到开始的静止状态或其他状态。除阻要求：快（迅速）。

2. 发音技巧

发音技巧包括四点：吸气态、收敛势、点水触、中空感。

3. 发音常见错误和缺陷

（1）常见错误

声母成阻部位偏离，除阻方法失当。例如：唇齿音与舌根音相混（f—h）；舌尖前音与舌尖后音相混（z、c、s—zh、ch、sh）；舌尖前音或舌尖后音内部相混（z—c，zh—ch）；舌面音尖音相混（信心(x)，箭(j)头）；舌面音与舌尖前音或舌根音相混（记(j)下(x)—(zīhɑ)；鞋(x)子—孩(h)子）；舌尖后音与舌面音相混（知(zh)道—积(j)到）；鼻音与边音相混（n—l）；送气音与不送气音相混（b、d、g、j、zh、z—p、t、k、q、ch、c）；舌尖后浊擦音 r 的误读（热(r—z)闹、人(r—Ø)）；零声母前加鼻辅音（n、ng）声母等。

（2）常见缺陷

声母成阻部位偏移，除阻方法失准。如，舌尖前音齿间化；舌面前音舌尖化；舌尖后音平舌化；舌尖后音偏移化；鼻音边化；边音鼻化；u、uo 的零声母音节齿唇浊擦音化；齐齿呼韵母前面的声母 d、t 腭化（如：颠、天）；舌尖前音和舌面音杂音化；舌尖后音过于后卷，大舌头化；唇舌用力松懒带来的发音含混化等。

（3）既非错误又非缺陷

零声母带软腭通音或舌面后通音；零声母带轻微的喉塞音；合口呼零声母（除 u、uo 的零声母外）带齿唇通音［ʋ］；把非重读音节（主要指轻声音节）如不送气的清塞音、塞擦音，读作浊塞音、浊塞擦音（如：爸爸、好的）；把轻声音节如送气的清塞音、清塞擦音，读作不送气的清塞音、清塞擦音（如：糊涂、馄饨）等语音现象，既不看作错误也不看作缺陷来判定。

**（五）本音和呼读音**

由于声母在音节中所处位置和发音性质带来的特殊性。声母发音短促，易导致不够清晰，大多为清音不响亮，所以声母教学从小学开始一般采取的都是“呼读”方式，即在辅音音素除阻结束时紧接一个响亮的元音音素，一并发出，便于听辨，便于教学交流，这个音就是声母的“呼读音”。所加元音，是在声母除阻后，口形、舌位、开度等方面向自然状态回归时最适宜拼合的元音。

声母的“本音”也叫“纯粹音”，是辅音声母本身不与任何元音拼合，不受干扰的最为纯粹的发音。在声母训练学习的后段可带入“本音”练习与“呼读音”等字词对比练习，使训练者更加注意声母发音部位的标准到位，感受声母发音方法的准确、清楚，实践声母发音过程的有力、快速，以及发音控制的精准稳定。

**（六）声母发音要领表**

能在普通话音节中充当声母的辅音音素是 21 个，其中不含充当辅音韵尾的“ng”，故将其标写在括号内：“( –ng )”，并加标“–”以示区别。

**声母发音部位发音方法简表 1**

| 发音方法 / 发音部位 | 塞音 | | 塞擦音 | | 擦音 | | 鼻音 | 边音 |
|---|---|---|---|---|---|---|---|---|
| | 不送气 | 送气 | 不送气 | 送气 | | | | |
| 双唇音 | b | p | | | | | m | |
| 唇齿音 | | | | | f | | | |
| 舌尖前音 | | | z | c | s | | | |

续表

| 舌尖中音 | d | t | | | | | n | l |
|---|---|---|---|---|---|---|---|---|
| 舌尖后音 | | | zh | ch | sh | r | | |
| 舌面音 | | | j | q | x | | | |
| 舌根音 | g | k | | | h | | （-ng） | |
| | 清音 | | | | | 浊音 | | |

声母发音部位发音方法简表 2

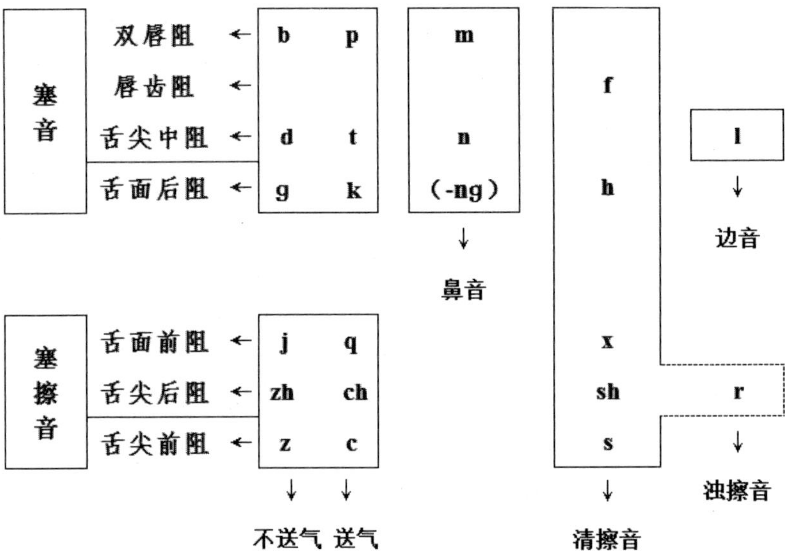


## （七）声母的命名

辅音声母命名规则：姓［发音部位］+ 名［发音方法］

发音部位 + 送气与否 + 清浊区分 + 塞擦分别

| 排序 | 声母示例 | | 声母学术命名 | 词语示例 |
|---|---|---|---|---|
| | 汉语拼音 | 国际音标 | | |
| 1 | ø | | 零声母 | 阿雅舞月 āyǎwǔyuè |
| 2 | b | ［p］ | 双唇、不送气、清、塞音 | 辨别 biànbié |
| 3 | p | ［p‘］ | 双唇、送气、清、塞音 | 品评 pǐnpíng |

续表

| 4 | m | [m] | 双唇、浊、鼻音 | 美妙 měimiào |
|---|---|---|---|---|
| 5 | f | [f] | 唇齿、清、擦音 | 非凡 fēifán |
| 6 | d | [t] | 舌尖中、不送气、清、塞音 | 到达 dàodá |
| 7 | t | [tʻ] | 舌尖中、送气、清、塞音 | 探讨 tàntǎo |
| 8 | n | [n] | 舌尖中、浊、鼻音 | 泥泞 nínìng |
| 9 | l | [l] | 舌尖中、浊、边音 | 玲珑 línglóng |
| 10 | g | [k] | 舌根、不送气、清、塞音 | 广告 guǎnggào |
| 11 | k | [kʻ] | 舌根、送气、清、塞音 | 宽阔 kuānkuò |
| 12 | h | [x] | 舌根、清、擦音 | 辉煌 huīhuáng |
| 13 | j | [tɕ] | 舌面、不送气、清、塞擦音 | 加剧 jiājù |
| 14 | q | [tɕʻ] | 舌面、送气、清、塞擦音 | 亲切 qīnqiè |
| 15 | x | [ɕ] | 舌面、清、擦音 | 现象 xiànxiàng |
| 16 | zh | [tʂ] | 舌尖后、不送气、清、塞擦音 | 周转 zhōuzhuǎn |
| 17 | ch | [tʂʻ] | 舌尖后、送气、清、塞擦音 | 驰骋 chíchěng |
| 18 | sh | [ʂ] | 舌尖后、清、擦音 | 神圣 shénshèng |
| 19 | r | [ʐ] | 舌尖后、浊、擦音 | 柔软 róuruǎn |
| 20 | z | [ts] | 舌尖前、不送气、清、塞擦音 | 自尊 zìzūn |
| 21 | c | [tsʻ] | 舌尖前、送气、清、塞擦音 | 猜测 cāicè |
| 22 | s | [s] | 舌尖前、清、擦音 | 思索 sīsuǒ |

## 四、怎样进行声母练习

练习提示：在发音感受和练习过程中，注重区分不同发音部位和方法带来语音的听觉回馈差异。同时，重视区分不同发音视觉回馈的差别，稳定正确明晰、标准规范的语音和视觉印象，不断增强听辨意识，提升听评水平，强化发音能力。

### （一）感受本音呼读音对比练习

b、　p、　m、　f、　d、　t、　n、　l

bo、　po、　mo、　fo、　de、　te、　ne、　le

z、 c、 s、 zh、 ch、 sh、 r
zi、 ci、 si、 zhi、 chi、 shi、 ri
j、 q、 x、 g、 k、 h
ji、 qi、 xi、 ge、 ke、 he

## （二）感受成阻部位练习

| | |
|---|---|
| bo、po、mo | ba、pa、ma |
| fo | fa |
| de、te、ne、le | da、ta、na、la |
| zi、ci、si | za、ca、sa |
| zhi、chi、shi、ri | zha、cha、sha、re |
| ji、qi、xi | jia、qia、xia |
| ge、ke、he | ga、ka、ha |

## （三）感受除阻方法练习

b—p—d—t—g—k
j—q—zh—ch—z—c
f—h—x—sh—s—r
m—n
l

## （四）感受送气对比练习

b—p d—t g—k
j—q zh—ch z—c
b—d—g—j—zh—z
p—t—k—q—ch—c

## （五）塞音对比字词练习

1. 双唇塞音对比字词练习

b：芭 播 掰 杯 包 班 奔 帮 崩 逼 憋 标 编 宾 兵 逋
P：趴 坡 拍 胚 抛 潘 喷 乓 砰 坯 瞥 飘 偏 拼 乒 扑

b：标兵 本部 白布 辨别 褒贬 蚌埠 背包 摆谱 播报 卑鄙
P：拼盘 品牌 批评 匹配 评判 澎湃 偏旁 攀爬 瓢泼 乒乓

b 和 p 对比练习

被俘——佩服 饱了——跑了 步子——铺子 鼻子——皮子
毕竟——僻静 捕食——朴实 罢休——怕羞 白炽——排斥
白头——排头 半途——叛徒 背脊——配给 备件——配件
黑白——黑牌 成败——程派 火爆——火炮 分贝——分配
不比——布匹 文笔——文痞 七遍——欺骗 被套——配套

b 和 p 混合练习

白皮 般配 半票 爆破 包赔 背叛 奔跑 逼迫 编排 变频
鞭炮 扁平 表盘 饼坯 并排 补品 不怕 布匹 保镖 比拼
拍板 排比 牌匾 派别 盘剥 判别 叛变 旁白 磅礴 漂泊
跑步 炮兵 赔本 配备 喷薄 蓬勃 碰壁 批驳 皮包 疲惫

2. 舌尖中塞音对比字词练习

d：搭 德 呆 得 刀 兜 单 当 登 东 低 刁 跌 颠 丁 嘟 堆 端 敦
t：他 特 胎 忒 涛 偷 贪 汤 腾 通 梯 挑 贴 天 厅 突 推 湍 吞

d：等待 单调 淡定 顶端 打赌 电动 到底 地道 单独 担当
t：探讨 厅堂 团体 通透 逃脱 忐忑 饕餮 图腾 梯田 唐突

d 和 t 对比练习

大兵——踏冰 颠覆——天赋 调动——跳动 河道——河套
怠慢——太慢 担心——贪心 瓶胆——平坦 淡忘——探望
氮肥——碳肥 旦夕——叹息 刀枪——掏枪 底细——体系
敌视——提示 敌意——提议 抵制——体制 地带——替代
吊车——跳车 顶撞——挺壮 鼎立——挺立 东风——通风

d 和 t 混合练习

调头 倒贴 地图 独特 电台 当天 地铁 冬天 打通 电梯

点头 代替 低碳 单挑 倒塌 答题 得体 殿堂 灯塔 歹徒
推动 态度 土地 通道 甜点 特点 团队 头顶 同等 托底
退档 泰斗 坦荡 天敌 推断 停顿 铁钉 逃遁 铜鼎 挑逗

3. 舌根塞音对比字词练习

g：嘎 哥 该 给 高 勾 甘 跟 刚 羹 宫 姑 瓜 锅 乖 归 关 滚 光
k：咖 科 开 尅 考 抠 刊 肯 康 坑 空 哭 夸 阔 快 亏 宽 坤 筐

g：巩固 归根 尴尬 观光 公告 规格 公共 改革 高贵 挂钩
k：可靠 苛刻 慷慨 口渴 旷课 开垦 亏空 刻苦 扣款 困苦

g 和 k 对比练习
天公——天空 个人——客人 骨干——苦干 关心——宽心
调光——条筐 挂上——跨上 感伤——砍伤 钢锭——康定
各自——刻字 公有——空有 攻歼——空间 攻占——空战
鼓励——苦力 代管——贷款 烛光——竹筐 龟甲——盔甲
表格——表壳 歌谱——科普 个体——客体 更生——吭声

g 和 k 混合练习
高亢 挂科 公开 广阔 港口 过客 高空 孤苦 公款 国库
顾客 干渴 高考 改口 赶考 攻克 刮开 概括 感慨 贵客
开工 客观 考古 矿工 口感 宽广 看管 恐高 亏光 裤管
苦瓜 控股 跨国 控告 苦工 开关 考纲 空格 口供 胯骨

## （六）塞擦音对比字词练习

1. 舌面塞擦音对比字词练习

j：机 家 交 街 揪 歼 今 江 京 窘 居 决 捐 军
q：七 掐 敲 切 秋 千 亲 枪 清 穷 区 缺 圈 群

j：近景 经济 进军 解决 剪辑 讲解 纠结 拒绝 积极 境界
q：全球 亲情 确切 气球 强权 轻巧 崎岖 亲戚 乔迁 驱遣

j 和 q 对比练习

激励——凄厉 手脚——手巧 阶段——切断 精华——清华
迹象——气象 基础——凄楚 积压——欺压 集市——歧视
棘手——棋手 集权——齐全 集中——其中 季节——气节
技工——气功 监制——牵制 角度——巧渡 界河——切合
金属——亲属 旌旗——轻骑 井架——请假 纠纷——秋分

j 和 q 混合练习

机器 剧情 金钱 假期 敬请 坚强 技巧 就寝 崛起 郊区
健全 酒曲 精巧 诀窍 惊奇 俊俏 锦旗 奖券 九泉 菌群
欠佳 取景 前进 奇迹 请假 全局 情境 起居 劝解 旗舰
切忌 清洁 迁就 曲解 劝诫 囚禁 敲击 迄今 强健 勤俭

2. 舌尖后塞擦音对比字词练习

zh：渣 遮 只 斋 招 周 沾 针 张 争 中 猪 抓 桌 拽 追 专 谆 装
ch：叉 车 吃 拆 超 抽 掺 琛 昌 撑 充 出 欻 戳 揣 吹 穿 春 窗

zh：真正 征兆 正直 郑重 战争 症状 蜘蛛 住宅 转账 种植
ch：抽成 传承 踟蹰 惆怅 车程 充斥 城池 朝臣 撑船 撤除

zh 和 ch 对比练习

扎针——插针 忠实——充实 农庄——脓疮 仗义——倡议
斋戒——拆借 宅门——柴门 展出——产出 张狂——猖狂
朝露——抄录 真怪——嗔怪 征尘——称臣 阵势——趁势
支柱——吃住 织锦——吃紧 知情——痴情 只有——持有
治水——赤水 至诚——赤诚 置身——赤身 乡镇——相称

zh 和 ch 混合练习

主持 争吵 正常 蛀虫 忠诚 侦察 战场 摘抄 住持 追查
展出 支持 职称 章程 战船 专长 征程 找茬 主厨 直尺
成长 处置 城镇 超重 车站 纯正 吃斋 插针 查证 诚挚
查找 禅杖 厂址 充值 撤职 穿着 重置 常驻 惩治 出诊

3. 舌尖前塞擦音对比字词练习

z：咂 则 资 灾 贼 遭 邹 簪 怎 脏 增 宗 租 昨 嘴 钻 尊

c：擦 测 辞 猜 瓻 糙 凑 餐 岑 仓 层 聪 粗 搓 催 蹿 村

z：自造 粽子 总则 祖宗 曾祖 贼赃 自在 自足 造作 罪责

c：参差 苍翠 草丛 猜测 层次 催促 粗糙 仓促 措辞 残存

z 和 c 对比练习

子弟——此地 大字——大刺 座位——错位 实在——拾菜

子时——此时 清早——青草 自序——次序 在场——菜场

亲自——钦赐 村口——尊口 遵守——皴手 再版——菜板

质子——至此 造字——造次 醉柳——翠柳 焦作——交错

承载——盛菜 水藻——水草 插座——差错 总是——从事

z 和 c 混合练习

总裁 字词 自从 杂草 造词 紫菜 自惭 早餐 造材 走错

暂存 赞词 宗祠 祖祠 作词 座舱 钻采 遵从 做菜 座次

擦澡 草字 辞藻 词作 菜籽 操作 操纵 嘈杂 掺杂 藏踪

错字 搓澡 侧足 错杂 脆枣 仓租 测字 存在 村组 错综

## （七）擦音对比字词练习

1. 唇齿、舌根擦音对比字词练习

f：发 佛 非 否 翻 分 方 风 府

h：哈 喝 嗨 黑 豪 猴 憨 很 夯 哼 乎 花 活 怀 灰 欢 婚 慌 轰

f：仿佛 方法 吩咐 丰富 反复 夫妇 非法 发放 防范 风范

h：荷花 很好 欢呼 航海 浩瀚 行会 海涵 含混 和缓 画画

f 和 h 对比练习

开方——开荒 干饭——干旱 开发——开花 黑发——黑话

公费——工会 汾酒——很久 反话——喊话 符合——糊盒

绯红——黑红 粉肠——很长 幅度——弧度 肩负——监护
繁复——函复 繁育——韩愈 反省——喊醒 防化——行话
防空——航空 扉页——黑夜 飞溅——黑键 飞天——黑天

f 和 h 混合练习

发黑 发昏 番号 繁华 反悔 返回 返航 饭盒 防护 凤凰
防洪 妨害 防火 飞蝗 绯红 废话 分红 愤恨 风寒 烽火
海防 豪放 合法 何妨 伙房 和服 鹤发 横幅 洪峰 回复
后方 护法 化肥 花费 划分 画舫 焕发 荒废 黄蜂 婚房

## 2. 舌尖前舌尖后擦音对比字词练习

s：撒 色 丝 塞 骚 搜 三 森 桑 僧 苏 缩 虽 酸 孙 松
sh：沙 奢 诗 筛 谁 烧 收 山 身 商 生 叔 刷 说 摔 水 栓 吮 双

s：思索 搜索 诉讼 色素 三岁 洒扫 琐碎 瑟缩 撕碎 缫丝
sh：少数 事实 受伤 收拾 射手 师生 时尚 舒适 书生 盛世

s 和 sh 对比练习

三色——山色 私人——诗人 桑树——商数 司长——师长
食宿——识数 桑叶——商业 僧人——生人 近似——近视
搜集——收集 死记——史记 散光——闪光 丧生——上升
随礼——水里 撒网——纱网 四尺——市尺 森林——身临
思索——失所 丝绵——失眠 四季——世纪 三哥——山歌

s 和 sh 混合练习

飒爽 丧事 扫射 私塾 死尸 死伤 松鼠 搜身 宿舍 俗事
唆使 诉说 素食 琐事 速胜 算数 损失 岁数 撒手 随时
上诉 时速 上司 哨所 深思 申诉 神色 神速 失色 生死
绳索 石笋 世俗 誓死 收缩 疏散 疏松 输送 殊死 栓塞

## 3. 舌面擦音字词练习

x：西 瞎 些 萧 修 鲜 新 乡 兴 虚 薛 宣 熏 兄

x：学校 相信 学习 想象 细心 休息 显现 形象 唏嘘 消息

x 的混合练习

宣布 斜坡 虚名 刑法 行动 熏陶 西南 响亮 西瓜 想哭
喜欢 陷阱 嫌弃 小篆 薪酬 现实 虚弱 西藏 相册 限速
包厢 剖析 模型 分享 兑现 特写 女婿 领衔 感性 口型
寒暄 机械 缺陷 转型 辍学 率先 日薪 自选 次序 散心

4. 舌尖后浊擦音字词练习

r：惹 日 饶 柔 然 人 嚷 扔 如 挼 若 蕊 软 润 茸
r：让人 融入 人肉 柔软 仍然 容忍 软弱 饶人 如若 忍辱

r 的混合练习

绒布 任凭 饶命 染坊 蠕动 绒毯 热闹 热烈 若干 认可
润滑 任教 日期 人选 日志 日出 入座 如此 润色 软腭
包容 譬如 敏锐 富饶 电容 通融 懦弱 卤肉 瓜瓤 宽容
恍然 浸染 屈辱 信任 招惹 耻辱 自然 残忍 虽然 讹人

## （八）鼻、边音对比字词练习

1. 舌尖中浊鼻边音对比字词练习

n：拿 呢 乃 馁 孬 男 嫩 囊 能 昵 捏 鸟 妞 拈 您 娘 宁 奴 挪 暖 浓 女 虐
l：拉 咯 了 来 雷 捞 喽 兰 朗 棱 哩 俩 咧 撩 溜 连 林 梁 灵 撸 啰 鸾 抡 龙 驴 略

n：男女 能耐 恼怒 牛奶 泥泞 难能 奶娘 奶牛 农奴 拿捏
l：流利 罗列 理论 劳力 留恋 流连 绿柳 沦落 牢笼 凌乱

n 和 l 对比练习

女客——旅客 难住——拦住 恼怒——老路 留念——留恋
大娘——大梁 水牛——水流 烂泥——烂梨 三年——三联
脑子——老子 男女——褴褛 泥巴——篱笆 泥浆——漓江
逆行——厉行 年节——廉洁 年谱——脸谱 牛黄——硫磺

无奈——无赖 千年——牵连 猪年——株连 晚年——挽联

n 和 l 混合练习

哪里 纳凉 奶酪 脑力 内乱 嫩绿 能量 能力 尼龙 你俩

逆流 年历 年龄 凝练 农林 努力 奴隶 女郎 暖流 男篮

来年 烂泥 老农 老牛 老娘 累年 冷暖 理念 林农 连年

轮碾 列宁 羚牛 留念 流脑 落难 恋念 辽宁 岭南 凌虐

2. 双唇浊鼻音字词练习

m：妈 摸 么 霾 没 猫 眸 蛮 闷 忙 蒙 咪 咩 喵 谬 眠 民 明 亩

m：密码 秘密 冒昧 迷茫 买卖 麻木 盲目 面貌 磨灭 埋没

m：

膜拜 名片 麻烦 门第 摩托 猫腻 明亮 玫瑰 门口 迷糊

模具 牟取 模型 明智 名称 美食 默认 母子 名次 目送

避免 泡沫 驸马 灯谜 题目 农民 浪漫 规模 开明 号码

节目 全面 虚名 证明 谄媚 沙漠 饶命 字幕 采买 宿命

## （九）其他音对比字词练习

### 1. sh 和 r 对比字词练习

单字对比

蛇——热 师——日 稍——饶 收——揉 山——然 申——仁 商——嚷

声——扔 熟——儒 硕——弱 水——蕊 涮——阮 顺——润

词语对比

射程——热诚 世纪——日记 神志——人质 熟食——如实

署名——乳名 美事——每日 漱口——入口 视差——日差

肥瘦——肥肉 闪失——染湿 硕士——弱势 树木——入目

涉水——热水 舍弃——惹气 上尉——让位 慎重——任重

双刃 商人 潸然 上任 深入 胜任 生日 湿润 诗人
砂仁 禅让 时日 神人 身染 参茸 升入 杀人 率然
燃烧 饶舌 饶恕 惹事 人参 忍受 妊娠 日食 容身
柔顺 肉食 儒生 若是 认输 榕树 仍是 入睡 日晒

2. 平翘舌对比字词练习

（1）zh 和 z 对比字词练习

单字对比
渣——咂 遮——啧 只——资 斋——灾 招——遭
周——邹 沾——簪 诊——怎 张——脏 争——增
中——宗 猪——租 桌——嘬 坠——最 专——钻 谆——尊

词语对比
智利——自立 大致——大字 中和——综合 摘花——栽花
战时——暂时 嘱咐——祖父 支援——资源 照旧——造就
主旨——阻止 征收——增收 转台——钻台 制剂——字迹
致富——自负 秩序——自序 制止——字纸 治学——自学
铡草——杂草 找到——早稻 芝士——姿势 珠玉——足浴

杂志 栽种 在职 增长 资助 宗旨 自重 自传 载重 总账
总之 组织 阻止 罪状 遵照 坐镇 作战 作者 做主 赞助
中子 追踪 准则 赈灾 正宗 知足 职责 沼泽 装载 渣滓
治罪 指责 种族 猪鬃 制作 著作 主宰 铸造 转赠 壮族

（2）ch 和 c 对比字词练习

单字对比
叉——擦 撤——测 尺——此 拆——猜 超——糙 臭——凑
掺——参 陈——岑 昌——仓 成——层 充——聪 出——粗
戳——搓 吹——催 穿——窜 春——村

词语对比

初步——粗布 臭钱——凑钱 推迟——推辞 春装——村庄

出息——粗细 木柴——木材 重来——从来 出操——粗糙

撤身——侧身 鱼翅——鱼刺 照抄——早操 蝉联——残联

成精——曾经 处室——促使 议程——一层 充斥——冲刺

新春——新村 长生——苍生 禅杖——残障 幢幢——苍苍

财产 采茶 残喘 操场 操持 草创 磁场 促成 残春 彩绸

彩车 餐车 辞呈 粗茶 仓储 蚕虫 催产 存查 存车 擦车

差错 长辞 场次 车次 陈醋 成材 冲刺 出操 除草 储藏

穿刺 纯粹 船舱 尺寸 揣测 蠢材 春蚕 初次 炒菜 唱词

3. 零声母对比字词练习

（1）开口呼零声母 + 各呼零声母

恩爱 偶尔 阿姨 安逸 熬夜 恶意 扼要 而已 欧阳 安稳

安慰 额外 讹误 耳闻 哀怨 按语 阿谀 厄运 恩怨 喔喔

（2）齐齿呼零声母 + 各呼零声母

牙龈 哑语 压抑 营业 业务 沿岸 阴暗 银耳 幼儿 因而

友爱 婴儿 诱饵 演义 艳阳 洋溢 扬言 谣言 耀眼 野营

医药 意义 阴影 友谊 眼窝 厌恶 延误 药物 夜晚 仰望

遗忘 疑问 贻误 以外 以为 义务 译文 异物 因为 引文

鹦鹉 游园 游玩 演员 谚语 养育 应用 忧郁 依依 泱泱

（3）合口呼零声母 + 各呼零声母

玩偶 晚安 万恶 巍峨 问安 外延 外因 蜿蜒 喂养 丸药

万一 汪洋 威严 伟业 文言 文艺 乌鸦 呜咽 无疑 武艺

午夜 外围 外文 外屋 玩味 万物 忘我 威望 威武 文物

无畏 外语 委员 谓语 无援 蛙泳 妄为 委婉 慰问 娃娃

（4）撮口呼零声母 + 各呼零声母

余额 鱼饵 悦耳 庸医 拥有 用意 鱼鹰 渔业 语言 语音

雨衣 寓言 寓意 预约 鸳鸯 园艺 原野 原因 原样 怨言
月牙 乐音 云游 运营 愿望 欲望 渔网 冤枉 原文 援外
云雾 韵味 永远 踊跃 用语 愉悦 御用 运用 孕育 愿意

## （十）声母字词综合练习

1. 朗读以下单音节字词并录音听评（重点听辨音节声母部分）

搭 票 赌 吃 门 贰 伐 鬓 逮 呵
名 怪 笨 讯 老 溶 涮 司 率 揣
话 留 镖 字 搞 泉 郑 秦 场 耨
囧 催 虐 某 黑 艇 笙 诈 藏 相
捐 次 鳃 困 如 柄 浊 妄 珏 石
偏 女 掀 酒 闭 归 痣 习 落 拽
贼 惹 宽 铁 尚 啃 翔 励 蹲 劣
婶 僵 黄 丢 润 掐 涩 钻 俩 苔
楠 贫 光 绕 瓮 惨 俏 菌 否 那
天 浒 兄 跨 总 颇 索 创 抹 番

2. 朗读以下双音节词语并录音听评（重点听辨音节声母部分）

小觑 专家 纽襻 血渍 地下 同胞 播主 顺便
状况 群居 购进 不止 战略 平民 叫嚣 美满
世俗 沉默 钝化 刺猴 房型 群书 浪费 奶水
课程 刨根 节日 青蛙 封建 夸奖 猎犬 承诺
熊舍 重叠 插条 存在 店家 软骨 隧道 穷人
爹娘 亲临 损坏 曾经 起来 坐姿 离散 装饰

## （十一）声母诗词综合练习

### 早　梅

〔明〕兰茂

东 风 破 早 梅，向 暖 一 枝 开；
d f p z m x n Ø zh k
ong eng o ao ei iang uan i -i后 ai

冰 雪 无 人 见，春 从 天 上 来。
b x Ø r j ch c t sh l
ing üe u en ian un ong ian ang ai

### 声母诗

**王 力**

子夜久难明，喜报东方晓。此日笙歌颂太平，众口齐欢唱。

### 采桑歌

**周有光**

春日起每早，采桑惊啼鸟。风过扑鼻香，花开落，知多少。

## （十二）声母绕口令综合练习

1. 塞音声母对比绕口令练习

**b p**

### 爸爸抱宝宝

爸爸抱宝宝，跑到布铺买布做长袍。宝宝穿了长袍不会跑，跑了八步就拉破了布长袍。布长袍破了还要用布补，再跑到布铺买布补长袍。

**d t**

### 短单刀

断头台倒吊短单刀，盗徒登台偷单刀。台塌盗徒都跌倒，对对短刀叮当掉。

**g k**

### 哥挎瓜筐

哥挎瓜筐过宽沟，过沟筐漏瓜滚沟。隔沟够瓜瓜筐扣，瓜滚筐空哥怪沟。

2. 塞擦音声母对比绕口令练习

**j q**

田建贤回家

田建贤前天从前线回到家乡田家店，只见家乡变化万千，繁荣景象呈现在眼前。连绵不断的青山，一望无际的棉田，新房连成一片，高压电线通向天边。

**zh ch**

朱家一川竹

朱家一川竹，竹枝处处出。晨风吹竹疏，竹笋初长出。
朱叔处处找，找出笋来锄。锄出笋一车，逐个称来煮。

**z c**

早　　起

曹赞早晨早早起，早起匆匆做早餐。未及坐定享自在，怎奈尊客频次催。

3. 擦音声母对比绕口令练习

**f h**

买 混 纺

冯凤房芳上街逛，浣花溪旁买混纺。红混纺，粉混纺，黄混纺，灰混纺，红粉粉黄花混纺，冯凤房芳眼犯花。

**s sh**

三山四水

三山撑四水，四水绕三山。三山四水春常在，四水三山四时春。

**x r**

## 新针纫新线

新针纫新线，新线纫新针。针心纫线，线纫针心，新针新线热人心。

4. 鼻边音声母对比绕口令练习

**n l**

## 倒吊鸟

梁上两对倒吊鸟，泥里两对鸟倒吊。可怜梁上两对倒吊鸟，惦记泥里两对鸟倒吊。可怜泥里两对鸟倒吊，也惦记梁上两对倒吊鸟。

**m**

## 描　　庙

东描西描，左描右描，慢思慢想描的庙。前描后描，这描那描，闷声闷气描得妙。

**难点音声母偏旁类推辨音字表——f、h 部分**

| | f | h |
|---|---|---|
| a | ①发②伐阀筏罚乏③法④发 | ①哈 |
| ai | | ①咳嗨②还③海④害 |
| an | ①帆翻番②烦繁樊凡矾③反返④饭贩泛范犯 | ①憨酣②寒含函涵③喊罕④汗旱捍焊憾 |
| ang | ①方芳②防妨房肪③仿访纺④放 | ②行航 |
| ao | | ②豪毫壕③好④耗号好浩 |
| e | | ①呵喝②核禾和合河何盒荷④贺鹤赫褐 |
| ei | ①非菲啡扉飞②肥③斐翡诽匪④沸费废痱肺 | ①嘿黑 |
| en | ①分芬吩纷②坟焚③粉④分份忿粪奋愤 | ②痕③狠很④恨 |
| eng | ①丰封风枫疯峰烽锋蜂②缝③讽④缝奉凤 | ②横衡④横 |
| ong | | ①哄（~动）烘轰②红虹鸿洪宏<br>③哄（~骗）④哄（起~） |
| ou | ③否 | ②喉③吼④厚候后 |
| u | ①夫肤麸敷孵②芙扶符弗拂佛伏茯袱孚俘浮幅福辐蝠服抚③斧釜府俯腑腐甫辅④父付附傅缚复腹馥覆副富赋负妇咐 | ①呼忽惚②胡湖葫糊蝴弧狐壶<br>③虎唬④户沪护扈 |
| ua | | ①花哗②划滑华哗铧④化华话画划 |
| uan | | ①欢②还环寰③缓④患幻涣换唤焕痪 |
| uang | | ①荒慌②皇凰惶徨蝗黄璜簧③谎晃恍幌<br>④晃（~动） |
| uai | | ②槐徊怀淮④坏 |
| ui | | ①灰恢诙挥辉徽②回茴蛔③毁悔<br>④会绘烩诲晦惠蕙汇贿讳慧荟 |
| un | | ①昏阍婚荤②浑混馄魂④混 |
| uo | | ①豁②活③火伙④获祸或惑货霍 |

（备注：表中的数字代表声调：①阴平，②阳平，③上声，④去声）

难点音声母偏旁类推辨音字表——n、l、r 部分

| | n | l | r |
|---|---|---|---|
| a | ①那②拿③哪④那纳呐捺钠 | ①拉啦垃邋③喇<br>④辣剌瘌蜡腊落 | |
| ai | ③乃奶④奈耐 | ②来④赖癞 | |
| an | ②难男南楠④难 | ②兰栏篮蓝婪阑谰<br>③懒览揽榄缆④烂滥 | ②然燃③染 |
| ang | ②囊 | ①啷②狼郎廊榔螂琅<br>③朗④浪 | ③嚷④让 |
| ao | ②挠蛲铙③脑恼④闹 | ①捞②劳痨牢③老姥<br>④涝烙酪 | ②饶③扰④绕 |
| e | 呢 | ①勒④乐了 | ③惹④热 |
| ei | ③馁④内那 | ①勒②雷擂镭③累（~进）垒儡蕾④累类泪肋 | |
| en | ④嫩 | | ②人仁③忍④认任纫 |
| eng | ②能 | ②棱③冷④愣 | ①扔②仍 |
| i | ②尼泥呢霓③你拟<br>④腻匿溺逆 | ②离篱璃厘狸黎犁梨蜊③礼里理鲤李④粒例立力历沥荔丽 | ④日 |
| ia | | ③俩 | |
| ian | ①蔫拈黏②年粘鲇③撵捻碾<br>④念 | ②怜连莲联帘廉镰③脸④炼链练恋敛殓 | |
| iang | ②娘④酿 | ②良凉粱粮量③两④亮晾谅辆量 | |
| iao | ③鸟袅④尿 | ①撩②辽疗僚潦燎嘹聊寥③了<br>④料廖了 | |
| ie | ①捏④聂蹑镊镍孽啮 | ③咧④列烈裂劣猎冽洌 | |
| in | ②您 | ②邻鳞麟林淋琳临磷③凛④吝蔺赁 | |
| ing | ②宁拧柠咛凝③拧<br>④宁泞佞拧 | ②零灵龄伶蛉铃玲羚聆凌陵菱<br>③岭领④令另 | |

续表

| iu | ①妞②牛③扭忸纽拗 | ①溜②刘流琉硫留榴瘤③柳绺④六镏陆 | |
|---|---|---|---|
| ong | ②农浓脓④弄 | ②龙咙聋笼隆窿③垄拢陇④弄（～堂） | ②容溶熔绒戎融 |
| ou | | ①搂②楼喽耧③搂篓④陋漏露 | ②柔揉蹂④肉 |
| u | ②奴③努④怒 | ②卢庐炉芦轳颅③卤虏鲁橹④碌陆路赂鹭露（～水）录鹿辘绿（～林） | ②如蠕儒③乳辱④入褥 |
| uan | ③暖 | ②滦孪③卵④乱 | ③软 |
| ui | | | ④锐瑞 |
| un | | ①抡②仑伦沦轮④论 | ④闰润 |
| uo | ②挪④懦诺糯 | ①罗（～嗦）捋②罗萝逻箩锣螺骡③裸④落洛络骆 | ④若偌弱 |
| ü | ③女 | ②驴③吕侣铝旅屡履缕④虑滤律率（效～）氯绿 | |
| üe | ④虐 | ④略掠 | |

**难点音声母偏旁类推辨音字表——zh、z 部分**

| | zh | z |
|---|---|---|
| a | ①扎（驻～）渣②闸铡扎（挣～）札（信～）③眨④乍诈炸榨蚱栅 | ①扎（包～）匝②杂砸 |
| e | ①遮②折哲辙③者④蔗浙这 | ②泽择责则 |
| u | ①朱珠株蛛诸猪②竹烛逐③主煮嘱④住驻注柱蛀贮祝铸筑著箸 | ①租②族足卒③组阻祖 |
| -i | ①之芝支枝肢知蜘汁只织脂②直值植殖侄执职③止址趾旨指纸只④至致窒志治质帜挚掷秩置滞制智稚痔 | ①兹滋孳姿咨资孜龇缁辎③子仔籽梓滓紫④字自恣渍 |
| ai | ①摘斋②宅③窄④寨债 | ①灾哉栽③宰载④再在载（～重） |
| ei | | ②贼 |
| ao | ①昭招朝②着③找爪沼④召照赵兆罩 | ①遭糟②凿③早枣澡④造皂灶躁燥 |
| ou | ①州洲舟周粥②轴③帚肘④宙昼咒骤皱 | ①邹③走④奏揍 |
| ua | ①抓 | |
| uo | ①桌捉拙②卓着酌灼浊镯啄琢 | ①作（～坊）②昨③左④坐座作柞祚做 |
| ui | ①追锥④缀赘坠 | ③嘴④最罪醉 |
| an | ①沾毡粘③盏展斩④占战站栈绽蘸 | ①簪②咱③攒④赞暂 |
| en | ①贞侦帧祯桢真③诊疹枕缜④振震阵镇 | ③怎 |
| ang | ①张章彰樟③长涨掌④丈仗杖帐涨障瘴 | ①赃脏（肮～）④葬藏脏 |
| eng | ①正（～月）征争挣睁筝③整拯④正证政症郑 | ①曾憎增缯④赠 |
| ong | ①中钟盅忠衷终③肿种（～子）④中（打～）仲种（～植）重众 | ①宗综棕踪鬃③总④纵粽 |
| uan | ①专砖③转④传转（～动）撰篆赚 | ①钻③纂④钻（～石） |
| un | ③准 | ①尊遵 |
| uang | ①庄桩装妆④壮状撞 | |

**难点音声母偏旁类推辨音字表——ch、c 部分**

| | ch | c |
|---|---|---|
| a | ①叉杈插差（～别）②茶搽查察③衩<br>④岔诧差（～劲） | ①擦嚓 |
| e | ①车③扯④彻撤掣 | ④册策厕侧测恻 |
| u | ①出初②除厨橱锄躇刍雏③楚础杵储处（～分）<br>④畜触矗处 | ①粗④卒（仓～）猝促醋簇 |
| -i | ①吃痴嗤②池弛迟持匙③尺齿耻侈豉④斥炽翅赤叱 | ①疵差（参～）②雌辞词祠瓷慈磁③此④次伺刺赐 |
| ai | ①差拆钗②柴豺 | ①猜②才财材裁③采彩踩④菜蔡 |
| ao | ①抄钞超②朝潮嘲巢③吵炒 | ①操糙②曹漕嘈槽③草 |
| ou | ①抽②仇畴筹踌绸稠酬愁③瞅丑④臭 | ④凑 |
| uo | ①踔戳④绰（～号）惙啜辍 | ①搓蹉撮④措错挫锉 |
| uai | ③揣④踹 | |
| ui | ①吹炊②垂捶锤槌 | ①崔催摧④萃悴淬瘁翠粹脆 |
| an | ①搀掺②禅蝉谗馋潺缠蟾③产铲阐④忏颤 | ①餐参②蚕残惭③惨④灿 |
| en | ①琛嗔②辰宸晨沉忱陈臣④趁衬称（相～） | ①参（～差）②岑 |
| ang | ①昌猖娼伥②常嫦尝偿场肠长③厂场敞氅<br>④倡唱畅怅 | ①仓苍沧舱②藏 |
| eng | ①称撑②成诚城盛（～水）呈程承乘澄橙惩<br>③逞骋④秤 | ②曾层④蹭 |
| ong | ①充冲舂②重虫崇③宠 | ①匆葱囱聪②从丛淙 |
| uan | ①川穿②船传椽③喘④串钏 | ①蹿④窜篡 |
| un | ①春椿②唇纯淳醇③蠢 | ①村②存③忖④寸 |
| uang | ①窗疮创（～伤）②床③闯④（创～）造 | |

**难点音声母偏旁类推辨音字表——sh、s 部分**

| | sh | s |
|---|---|---|
| a | ①沙纱砂痧杀杉③傻④煞厦（大～） | ①撒③洒撒（～种）④卅萨飒 |
| e | ①奢赊②舌蛇③舍④社舍射麝设摄涉赦 | ④色瑟啬涩塞 |
| u | ①书梳疏蔬殊叔淑输抒纾舒枢②孰塾赎③暑署薯曙鼠数属黍④树竖术述束漱恕数 | ①苏酥②俗④素塑诉肃粟宿速 |
| -i | ①尸师狮失施诗湿虱②十什拾石时识实食蚀③史使驶始屎矢④世势誓逝市示事是视室适饰士仕氏恃式试拭轼弑 | ①司私思斯丝鸶③死④四肆似寺 |
| ai | ①筛④晒 | ①腮鳃塞④塞（要～）赛 |
| ao | ①捎稍艄烧②勺芍杓韶③少④少哨绍邵 | ①臊骚搔③扫嫂④扫臊（害～） |
| ou | ①收②熟③手首守④受授寿售兽瘦 | ①溲馊嗖搜飕艘③叟擞④嗽 |
| ua | ①刷③耍 | |
| uo | ①说④硕烁朔 | ①缩娑蓑梭唆③所锁琐索 |
| uai | ①衰③甩④帅率蟀 | |
| ui | ②谁③水④税睡 | ①虽尿②绥隋随③髓④岁碎穗遂隧燧 |
| an | ①山舢衫删姗珊栅跚③闪陕④扇善缮膳擅赡 | ①三叁③伞散（～文）④散 |
| en | ①申伸呻身深参（人～）②神③沈审婶④慎肾甚渗 | ①森 |
| ang | ①商墒伤③垧晌赏上（～声）④上尚 | ①桑丧（～事）③嗓④丧 |
| eng | ①生牲笙甥升声②绳③省④圣胜盛剩 | ①僧 |
| ong | | ①松③悚④送宋颂诵 |
| uan | ①拴栓④涮 | ①酸④算蒜 |
| un | ④顺 | ①孙③笋损 |
| uang | ①双霜③爽 | |

# 第二节 韵母要响亮

## 一、什么是韵母

韵母，指一个汉语音节中声母之后的元音或以核心元音为主的音素组合。按照汉语音韵学传统分析方法，韵母是一个汉语音节声母（起音部分）后面的部分，即音节的收音部分。韵母有 39 个，由元音或以核心元音为主的音素组合（包括与准元音“-n、-ng”的组合）充当。元音的主要特点是发音时气流在口腔中不受阻碍，声带振动，都是乐音。

从现代语音学的角度来看，代表汉语音节收音部分的“韵母”与元音关系密切，可以由一个元音音素充当，也可以由两个或三个元音音素组合充当，还可以是元音（或元音音素组合）加被“元音化”了的辅音韵尾（-n、-ng，有准元音、次元音之说）来构成，可以说其主体是元音性质的。

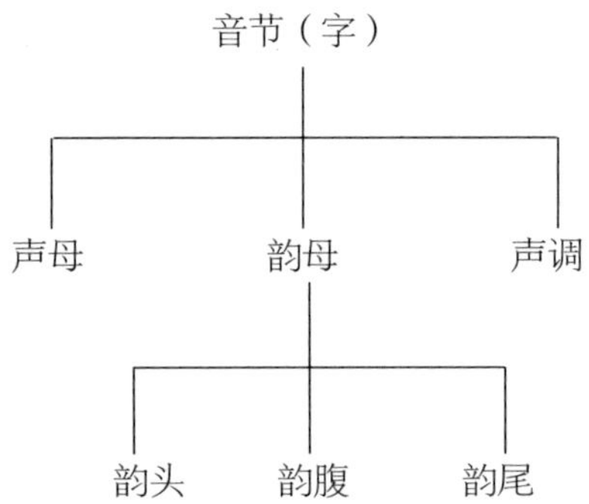


韵母的结构可分为韵头、韵腹、韵尾三部分。韵头由 i、u、ü 充当，发音轻短，只表示韵母发音的起点，一发音就滑向韵腹，也叫“介音”（介于声母和韵腹之间，故得名），如韵母 iao，其中的 i 叫韵头，a 叫韵腹，o 叫韵尾。韵腹是韵母中的主要成分，发音时开口度较大，发音持续时间长且响亮。

但并非每个韵母都是韵头、韵腹、韵尾三部分齐备的。有的只有韵头和韵腹，如韵母 ia、uo、üe，其中的 i、u、ü 是韵头，a、o、e 是韵腹；有的只有韵腹和韵尾，如韵母 ai、ei、ün、ing，其中的 a、e、ü、i 是韵腹，韵腹后面的部分为韵尾；而单韵母只有韵腹，没有韵头和韵尾。但无论如何，韵腹都是音节中不可缺少的重要成员，由 a、o、e、ê、i、u、ü 等主要元音充当。

在普通话韵母中，韵头（介音）只有 i、u、ü 3 个；韵尾只有 4 个，其中有元音韵尾 i、u（包括 ao、iao 中的 o）2 个和辅音韵尾 n、ng 2 个。

因为韵母主要由元音充当，而元音的发音特点是音势强、声音亮、时程可延长，不容易受到干扰。因此播音员主持人等艺术语言表达者必须认真练习韵母——元音音素及其组合的发音，努力做到“打得开、发得亮”，使整个音节饱满、响亮。

## 二、怎样认识韵母

### （一）韵母的构成和分类

1. 按结构分

<table>
<tr><td rowspan="3">单元音韵母</td><td colspan="3">舌面元音</td><td>ɑ、o、e、ê、i、u、ü</td></tr>
<tr><td colspan="2" rowspan="2">特殊元音</td><td>舌尖元音</td><td>-i［ɿ］前、-i［ʅ］后</td></tr>
<tr><td>卷舌元音</td><td>er</td></tr>
<tr><td rowspan="5">复合音韵母</td><td rowspan="3">复合元音</td><td rowspan="2">二合</td><td>前响<br>（韵腹 + 韵尾）</td><td>ɑi、ei、ɑo、ou</td></tr>
<tr><td>后响<br>（韵头 + 韵腹）</td><td>iɑ、ie、uɑ、uo、üe</td></tr>
<tr><td>三合</td><td>中响<br>（韵头 + 韵腹 + 韵尾）</td><td>uɑi、uei、iɑo、iou</td></tr>
<tr><td colspan="2" rowspan="2">复合鼻尾音</td><td>带鼻尾音 -n</td><td>ɑn、iɑn、uɑn、üɑn、en、uen、in、ün</td></tr>
<tr><td>带鼻尾音 -ng</td><td>ɑng、iɑng、uɑng、eng、ueng、ong、ing、iong</td></tr>
</table>

2. 按传统音韵学分

传统音韵学把韵母按开头元音的唇形特点，即介音（韵母中主要元音前的元音）口形，分为“四呼”，即开口呼、齐齿呼、合口呼、撮口呼。

开口呼（a）

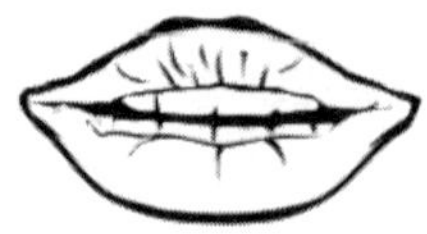

齐齿呼（i）

合口呼（u）

撮口呼（ü）

| 名称 | 定义 | 内容 |
| --- | --- | --- |
| 开口呼 | 韵母开头音素不是 i、u、ü | a、o、e、ê、er、-i（前）、-i（后）<br>ai、ei、ao、ou、an、en、ang、eng |
| 齐齿呼 | 韵母开头音素为 i | i、ia、ie、iao、iou、ian、iang、in、ing |
| 合口呼 | 韵母开头音素为 u | u、ua、uo、uai、uei、uan、uen、uang、ueng、ong |
| 撮口呼 | 韵母开头音素为 ü | ü、üe、üan、ün、iong |

注：ong［uŋ］放在合口呼，iong［yŋ］放在撮口呼，是按照它们的实际发音排列的。

《汉语拼音方案》没有采用“ung、üng”的写法，是为了使拼音字形清晰醒目，避免手写体 u 和 n 相混等情况。

3. 韵母一般分类综合表

<table>
<tr><th>唇形<br>结构</th><th>开口呼</th><th>齐齿呼</th><th>合口呼</th><th>撮口呼</th><th>口形<br>韵尾</th></tr>
<tr><td rowspan="6">单韵母</td><td>-i</td><td>i</td><td>u</td><td>ü</td><td rowspan="6">无韵尾</td></tr>
<tr><td>ɑ</td><td>iɑ</td><td>uɑ</td><td></td></tr>
<tr><td>o</td><td></td><td>uo</td><td></td></tr>
<tr><td>e</td><td></td><td></td><td></td></tr>
<tr><td>ê</td><td>ie</td><td></td><td>üe</td></tr>
<tr><td>er</td><td></td><td></td><td></td></tr>
<tr><td rowspan="4">复韵母</td><td>ɑi</td><td></td><td>uɑi</td><td></td><td rowspan="4">元音韵尾</td></tr>
<tr><td>ei</td><td></td><td>uei</td><td></td></tr>
<tr><td>ɑo</td><td>iɑo</td><td></td><td></td></tr>
<tr><td>ou</td><td>iou</td><td></td><td></td></tr>
<tr><td rowspan="5">鼻韵母</td><td>ɑn</td><td>iɑn</td><td>uɑn</td><td>üɑn</td><td rowspan="5">辅音韵尾</td></tr>
<tr><td>en</td><td>in</td><td>uen</td><td>ün</td></tr>
<tr><td>ɑng</td><td>iɑng</td><td>uɑng</td><td></td></tr>
<tr><td>eng</td><td>ing</td><td>ueng</td><td></td></tr>
<tr><td></td><td></td><td>ong</td><td>iong</td></tr>
</table>

## （二）元音的分类

元音在汉语音节中起着非常重要的作用，它是汉语音节“韵母”中不可缺少的重要组成部分。

为了说明不同音色的元音之间的差别，需要根据一定的标准对元音加以分类。但是无论用什么标准，都不可能在各类元音间划分出一条清晰的界限。这正像无法在光谱的不同颜色之间划分出明显的界限一样。元音的分类可粗可细，这要根据不同的目的和不同民族语言、方言的使用情况来看。

语音的生理、物理、听觉三方面都可以作为元音分类的标准。听觉带有很强的主观印象，感知到的只是粗细、长短、强弱、钝响的区分，很难据此对元音科学细致地分类。从声学特性入手分类当然精确，但过于细致并不利于描述和调查记音。

所以，语音学中一般采用生理分类法，也就是根据舌头的位置和嘴唇的形状对元音进行分类和描述，这种分类法不但简单可靠，而且还可以和发音动作联系在一起。

元音和辅音的区别性特征在于气流是否受阻，而不同元音之间的区别则由舌头和嘴唇的活动决定。造成不同音色的条件之一就是共鸣腔形状和大小的不同，口腔是语音的重要共鸣腔，所以，一般元音的区别正是由于不同的口腔形状所决定的。改变口腔形状有三种办法：一、嘴张得或大或小；二、嘴唇撮起或平展；三、舌头或高或低的前伸和后缩。因此，给元音分类，最简便的方法就是以舌头的位置和嘴唇的形状作为标准。

1. 舌位概念

发元音时舌面隆起的最高点，即最接近上腭的一点，也叫作“近腭点”。

2. 发音条件（元音分类标准）

（1）舌位的高低——高元音、低元音、央元音；舌位高低关联口腔的开闭，舌位越高口腔开度越小，舌位越低口腔开度越大。

（2）舌位的前后——前元音、后元音、央元音。

（3）唇形的圆展——圆唇元音（嘴唇拢圆）、不圆唇元音（嘴唇向两边展开或呈自然状态）。

以上三个因素决定着元音的音色，任何一个元音都可以从这三个方面来描写，也是元音分类的三项标准。例如发 i 时，舌头隆起得相当高，也很靠前，同时嘴唇是平展的。所以 i 就是一个舌位高而前的不圆唇元音。三个特点相加就是 i 这个元音的音色特点。

当然，软腭的升降也能影响元音的音色，出现鼻化元音和元音鼻化现象，在这里不再细究。

3. 舌面元音舌位图

确定元音音色的三项标准中，嘴唇的活动只有圆展之分，而且可以直观看到，比较容易描写。而舌头的活动非常灵活，从外部又无法直接看到，要说明它在口腔中的位置就比较困难。

丹尼尔·琼斯（Daniel Jones ，1881 年—1967 年），英国杰出的语音学家，伦敦大学教授，国际语音学会主席，爱尔兰皇家科学院名誉院士。他最早以自己为模特，绘制了舌面元音舌位图。将舌面元音的发音条件描写用示意图的形式表现，这种示意方式是世界通用的。

（1）国际音标标注舌面元音舌位图（英文版）

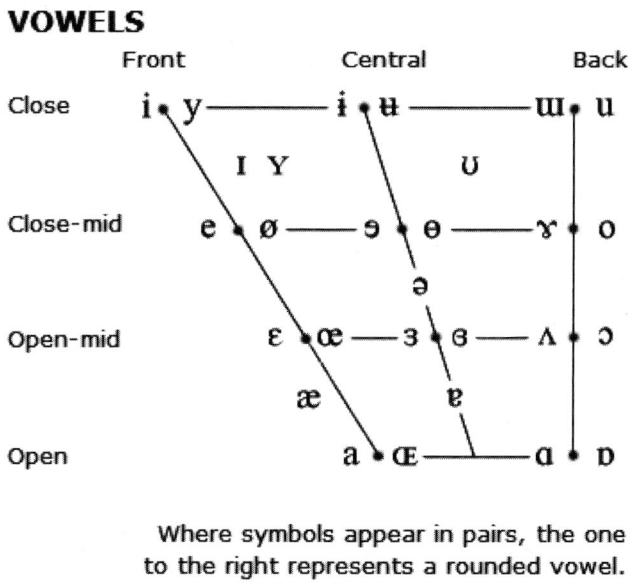


（2）汉语拼音标注舌面元音舌位图

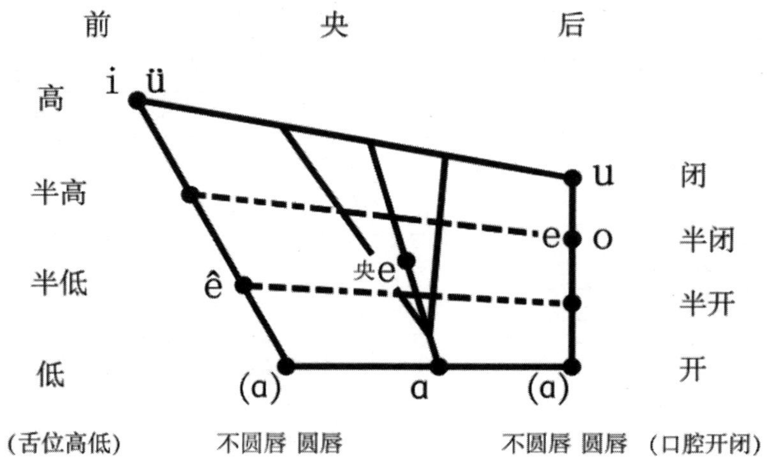


（3）元音命名及其在普通话中的运用情况

元音命名原则：舌位前后 + 舌位高低 + 唇形圆展

舌面元音命名：

| 排序 | 元音示例 | | 元音学术命名 | 运用情况 |
|---|---|---|---|---|
| | 汉语拼音 | 国际音标 | | |
| 1 | ɑ（前ɑ） | [a] | 舌面、前、低、不圆唇元音 | 不独立运用，在ɑi、ɑn中用 |
| 2 | ɑ（央ɑ） | [ʌ] | 舌面、央、低、不圆唇元音 | 独立运用，也在iɑ、uɑ中用 |
| 3 | ɑ（后ɑ） | [ɑ] | 舌面、后、低、不圆唇元音 | 不独立运用，在ɑo、ɑng中用 |
| 4 | o（圆e） | [o] | 舌面、后、半高、圆唇元音 | 独立运用，或只拼合b、p、m、f |
| 5 | e（后e） | [ɤ] | 舌面、后、半高、不圆唇元音 | 独立运用，也与声母相拼 |
| 6 | e（央e） | [ə] | 舌面、央、中、不圆唇元音 | 不独立运用，在儿化中用，或调整舌位后在部分复韵母、鼻韵母中用 |
| 7 | ê | [ɛ] | 舌面、前、半低、不圆唇元音 | 偶尔独立运用，一般在ie、üe中用 |
| 8 | i | [i] | 舌面、前、高、不圆唇元音 | 独立运用，也与声母相拼 |
| 9 | u | [u] | 舌面、后、高、圆唇元音 | 独立运用，也与声母相拼 |
| 10 | ü（圆i） | [y] | 舌面、前、高、圆唇元音 | 独立运用，也与声母相拼 |

特殊元音命名：

| 排序 | 元音示例 | | 元音学术命名 | 运用情况 |
|---|---|---|---|---|
| | 汉语拼音 | 国际音标 | | |
| 1 | er | [ɚ] | 卷舌、央、中、不圆唇元音 | 独立运用，或附着韵母 |
| 2 | -i（前） | [ɿ] | 舌尖、前、高、不圆唇元音 | 不独立运用，与舌尖前声母相拼 |
| 3 | -i（后） | [ʅ] | 舌尖、后、高、不圆唇元音 | 不独立运用，与舌尖后声母相拼 |

### （三）韵母的核心元音分类

通过对普通话韵母构成的审视，对韵母中“韵核”的核心元音分布运用情况的分析整合，我们提出全新的以 ɑ、e、i、u 四个元音为基础的韵母“核心元音分类”方式。以 ɑ 音为核心统摄 14 个韵母，以 e 音为核心统摄 15 个韵母，以 i 音为核心统摄 8 个韵母，以 u 音为核心统摄 2 个韵母，39 个韵母在新的审视标准下重新确定归属。这种分类不再以韵母结构组成特征、发音形态特点为分类标准，而是以实际发音的原型条件及其变体分布，发音的主体音色及其音值比重，发音的核心统驭及其发散关联为分类标准，注重分类与实际发音的同质和近似聚合关系，体现实际发音训练的难度分化，梯度区别。具体如下：

1. 核心元音分类情况

| ɑ 音核心（14 个） | | e 音核心（15 个） | | i 音核心（8 个） | | u 音核心（2 个） | |
|---|---|---|---|---|---|---|---|
| 汉语拼音 | 国际音标 | 汉语拼音 | 国际音标 | 汉语拼音 | 国际音标 | 汉语拼音 | 国际音标 |
| ɑ | [ A ] | e | [ ɤ ] | i | [ i ] | u | [ u ] |
| iɑ | [ iA ] | er | [ ɚ ] | in | [ in ] | ong | [ uŋ ] |
| uɑ | [ uA ] | ê | [ ɛ ] | ing | [ iŋ ] | | |
| ɑi | [ ai ] | ie | [ iɛ ] | ü | [ y ] | | |
| uɑi | [ uai ] | üe | [ yɛ ] | ün | [ yn ] | | |
| ɑn | [ an ] | ei | [ ei ] | iong | [ yŋ ] | | |
| uɑn | [ uan ] | uei | [ uei ] | –i（前） | [ ɿ ] | | |
| iɑn | [ iæn ] | en | [ ən ] | –i（后） | [ ʅ ] | | |
| üɑn | [ yæn ] | uen | [ uən ] | | | | |
| ɑo | [ ɑu ] | ou | [ əu ] | | | | |
| iɑo | [ iɑu ] | iou | [ iəu ] | | | | |
| ɑng | [ ɑŋ ] | eng | [ əŋ ] | | | | |
| iɑng | [ iɑŋ ] | ueng | [ uəŋ ] | | | | |
| uɑng | [ uɑŋ ] | o | [ o ] | | | | |
| | | uo | [ uo ] | | | | |
| 占韵母总数 36% | | 占韵母总数 38% | | 占韵母总数 21% | | 占韵母总数 5% | |

2. 核心元音分类理据

| 原型 | 变体 | 出现条件 | 韵母示例（14 个） |
|---|---|---|---|
| ɑ | 前低 ɑ [ a ] | 在 i 和 n 之前充当韵腹 | ɑi、uɑi、ɑn、uɑn |
| | 前次低 ɑ [ æ ] | 在 i、ü 和 n 之间充当韵腹 | iɑn、üɑn |
| | 央低 ɑ [ ʌ ] | 独立运用或后面无韵尾 | ɑ（bɑ、zhɑ）、iɑ、uɑ |
| | 后低 ɑ [ ɑ ] | 在 u 和 ng 之前充当韵腹 | ɑo、iɑo、ɑng、iɑng、uɑng |

| 原型 | 变体 | 出现条件 | 韵母示例（15 个） |
|---|---|---|---|
| e | 前半低 e (ê [ ɛ ] ) | i、ü 后面或偶尔独立运用 | ie、üe、ê |
| | 央中 e[ ə ] | 舌位偏前靠上充当韵腹 | ei、uei、en、uen |
| | | 舌位居中独立运用 | er |
| | | 舌位偏后靠上充当韵腹 | ou、iou、eng、ueng |
| | 后半高 e [ ɤ ] | 独立使用或充当韵腹 | e（e、de、ne、ge、zhe、ze） |
| | 圆 e （o[ o ]） | 独立使用的后 e 圆唇<br>充当韵腹或偶尔独立运用 | o、uo（o、bo、po、mo、fo、zuo） |

| 原型 | 变体 | 出现条件 | 韵母示例（8 个） |
|---|---|---|---|
| i | 舌尖前 -i[ ɿ ] | 在 z、c、s 后面 | -i 前（zi、ci、si） |
| | 舌尖后 -i[ ʅ ] | 在 zh、ch、sh 后面 | -i 后（zhi、chi、shi、ri） |
| | 前次高 i[ I ] | 在 ɑ 和 e 后充当韵尾 | -i（ɑi、ei、uɑi、uei） |
| | 前高 i[ i ] | 独立运用或充当韵头、韵腹 | i、in、ing（i、pi、lin、jing） |
| | 圆 i（ü [ y ] ） | 独立运用的 i 音圆唇<br>独立运用或充当韵头、韵腹 | ü、ün、iong |

| 原型 | 变体 | 出现条件 | 韵母示例（2 个） |
|---|---|---|---|
| u | 后高 u[ u ] | 独立运用或充当韵头、韵腹 | u（u、bu、zu；uɑ、uɑn、ueng） |
| | 后次高 u[ ʊ ] | 充当韵尾 | -u（ou、iou、ɑo、iɑo） |
| | 后松 u[ ʊ ] | 松 u 独立充当韵腹 | ong（o → u） |

### （四）韵母发音训练注意事项

1. 单元音韵母（单韵母 10 个）

（1）单韵母的构成

| 内容种类 | 单元音韵母 |
| --- | --- |
| 舌面元音（7 个） | ɑ、o、e、ê、i、u、ü |
| 舌尖元音（2 个） | -i（前）、-i（后） |
| 卷舌元音（1 个） | er |

（2）发音原则

宽音窄发，窄音宽发；前音后发，后音前发；圆唇展发，展唇圆发。

（3）发音特点

发音条件始终不变，以确保其音色不变（发单元音时，舌位、唇形、口腔开度自始至终状态如一，以确保音色纯正）。

（4）单韵母的发音

① ɑ：舌面央低不圆唇元音

口腔打开，舌位央低，舌自然平放，舌尖轻触下齿背，舌面中部偏后微微隆起，双唇自然展开。发音时，声带颤动，打开后声腔，软腭上升抬起，关闭鼻腔通路。

字：八　嘎　喀　哈　搭　撒

词：打靶　哪怕　打杂　腊八　发达　麻辣

② o：舌面后半高圆唇元音

口腔半闭，舌位后半高，舌后缩，舌面后部隆起，舌面两边微卷，舌面中部稍凹。发音时，声带颤动，上下唇自然拢圆，软腭上抬，关闭鼻腔通路。

字：播　坡　摸　佛　抹　魄

词：剥落　破锣　摸索　佛陀　薄弱　菠萝

③ e：舌面后半高不圆唇元音

口腔半闭，舌位后半高，舌后缩，舌面后部隆起，舌面两边微卷，舌面中部稍凹。发音时，声带颤动，嘴角向两边展开，软腭上抬，关闭鼻腔通路。

字：歌　车　喝　得　讷　乐

词：割舍　瑟瑟　舍得　车辙　热河　可乐

④ i：舌面前高不圆唇元音

口腔开度小，舌位前高，双唇呈扁平型，嘴角向两边展开，舌尖轻触下齿背，舌面前部隆起。发音时，声带颤动，软腭上抬，关闭鼻腔通路。

字：眯　期　妮　西　批　滴

词：激励　披靡　臂力　霹雳　立即　集体

⑤ u：舌面后高圆唇元音

口腔开度小，舌位后高，双唇收缩拢圆，稍向前凸，中间留一小孔，上唇人中处贴合上齿稍用力向下，舌后缩，舌面后部高度隆起。发音时，声带颤动，软腭上抬，关闭鼻腔通路。

字：猪　突　夫　苏　孤　扑

词：不古　腐竹　督促　露珠　粗鲁　父母

⑥ ü：舌面前高圆唇元音

口腔开度小，舌位前高，双唇拢圆，略向前凸，中部留一扁圆小孔。下唇中部收缩稍向上提，舌尖抵下齿背，舌面前部隆起。发音时，声带颤动，软腭上抬，关闭鼻腔通路。

字：淤　居　区　虚　驴　女

词：区域　栩栩　屡屡　屈居　吕剧　须臾

⑦ ê：舌面前半低不圆唇元音

口腔半开，舌位前半低，舌尖轻触下齿背（不能离远后收），舌面前部隆起，嘴角向两边展开。发音时，声带颤动，软腭上抬，关闭鼻腔通路。

发音提示：普通话里此音单独使用的机会很少，只有做叹词时用到，用汉字写出来就是“欸、诶”。

⑧ er：卷舌央中不圆唇元音

口腔自然打开，舌位不前不后，不高不低，舌前部上抬，舌尖向后卷，卷向硬腭但不接触。发音时，声带颤动，软腭上抬，关闭鼻腔通路。（注意：主要元音是从央 e 起，不要从后 e 起，r 只代表卷舌动作）

字：而　　尔　　贰　　儿　　迩　　洱

词：而且　饵料　二期　耳光　儿化　贰拾

⑨ -i 前：舌尖前高不圆唇元音

-i 前只与 z、c、s 结合。口微开，嘴角向两边展开，舌尖接触下齿背，与上齿背齿龈保持适当距离。发音时，声带颤动，软腭上抬，关闭鼻腔通路。

字：资　　疵　　丝　　紫　　词　　寺

词：子嗣　私自　刺死　自私　次子　字词

⑩ -i 后：舌尖后高不圆唇元音

-i 后只与 zh、ch、sh、r 结合。口微开，嘴角向两边展开，舌尖前部抬起，和硬腭前部保持适当距离。发音时，声带颤动，软腭上抬，关闭鼻腔通路。

字：之　　吃　　师　　日　　止　　时

词：日食　指使　失职　知识　实质　咫尺

发音提示：单元音发音时，舌位、唇形、开度等发音条件是不能变化的，否则发音不准确，不能称其为单元音。但单元音中的 e、ü、er 不能算是纯粹的单元音，因为它们不是严格的静态元音，发音时仔细分辨或用语图分析后，会发现它们具有复合元音特点，只是动程极短。考虑到韵母结构系统和发音练习感受，我们仍将它们视为单元音，属于“非典型性”单元音。实际发音训练，不做过细分辨。

2. 复合元音韵母（复韵母 13 个）

复元音韵母由两个或三个元音音素加合构成，但绝非简单地拼加，是一串元音音素的复合，音素间相互影响而发生变化。复合后的声音是一种全新的声音，每个音衔接紧密，最终形成一个整体。

在普通话里，这两个或三个元音音素的加合已经形成固定的音组，有固定的数目。在发音者口中和听辨者耳里感觉就近似于一个单元音，几乎可以把它们当作一个语音单位。

（1）复韵母构成

| 种类 \ 内容 | | 复合元音韵母 |
|---|---|---|
| 二合复韵母 | 前响（4 个） | ai、ei、ao、ou |
| | 后响（5 个） | ia、ie、ua、uo、üe |
| 三合复韵母 | 中响（4 个） | uai、uei、iao、iou |

（2）舌位动程

在复韵母的发音过程中，舌位的前后、高低和唇形的圆展都要由一个元音到另一个元音发生连续的移动变化。这种舌位移动变化的过程叫作“舌位动程”。

（3）发音特点

①各元音发音连贯。普通话复韵母的发音不是跳跃的，而是从一个元音到另一个元音连续偏移变化、逐渐过渡的，中间有许多过渡音。其间，没有任何一个元音可以单独明确地表现自己。例如发 ai 时，先发前低不圆唇的 a，然后舌位逐渐升高、上移，口腔逐渐关闭，最后发出近似 i 的音。

②各元音响度不等。普通话复韵母发音过程中，总有一段元音成分口腔开度最大，声音响度最高，发音持续时间最长，我们称其为“韵腹”，根据韵腹在韵母中所处位置不同，分出了前响复韵母、后响复韵母、中响复韵母（一定是三合复韵母）。

③各元音假性复合。复韵母发音时，只有一个元音发音突出清晰，但两个或三个元音在一个音节里滑动凝合，发音时共有一个渐升或渐降的紧张。

（4）发音状态

| 种类 \ 状态 | 紧张度 | 声音 | 开口度 | 舌位 | 清晰度 | 气息 |
|---|---|---|---|---|---|---|
| **前响复韵母**<br>**ai、ei、ao、ou**<br>**（渐降二合）** | 大→小 | 大→小 | 开→闭 | 低→高 | 强→弱 | 强→弱 |
| **后响复韵母**<br>**ia、ie、ua、uo、üe**<br>**（渐升二合）** | 小→大 | 小→大 | 闭→开 | 高→低 | 弱→强 | 弱→强 |
| **中响复韵母**<br>**uai、uei、iao、iou**<br>**（升降三合）** | 小→大→小 | 小→大→小 | 闭→开→闭 | 高→低→高 | 弱→强→弱 | 弱→强→弱 |

（5）韵头、韵腹、韵尾发音比较

| 种类 \ 特点 | 发音特点比较 |
|---|---|
| **韵头** | 只代表韵母声音开始的起点，“轻”且“短”，快速接后。 |
| **韵腹** | 是韵母音色的主要承担者，“声音响亮”“开口度大”“持续时间长”。 |
| **韵尾** | 只代表韵母声音结束的趋向，“弱”且“收”，含混不清。 |

（6）复韵母的发音

普通话前响复合元音韵母共有 4 个：ɑi、ei、ɑo、ou。发音的共同点是元音舌位都是由低向高滑动，开头的元音音素响亮、清晰，收尾的元音音素轻短、模糊，因此收尾的字母只表示舌位移动的方向。

**① ɑi**

前元音音素的复合动程宽。起点元音比舌面央低不圆唇的 ɑ 舌位靠前，由舌面前低不圆唇起，可以简称它为“前 ɑ”。发音时，舌尖抵住下齿背，使舌面前部稍隆起与硬腭相对。从“前 ɑ”开始，舌位向 i 的方向滑动升高，在靠近而又未达到处停。与 ei 形成宽窄对比。

国际音标严式记音记作［a̝ɪ̞］，主要元音［a］下标“˔”符号，以示发音“偏高”；收尾元音［ɪ］下标“˕”符号，以示发音“偏低”。从发音练习角度，我们不作过细分辨。

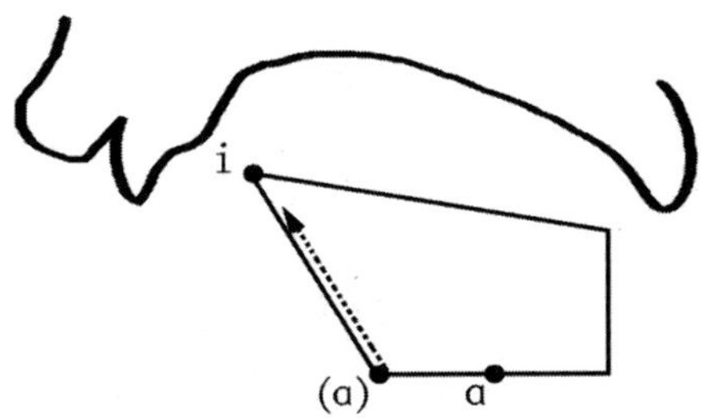


ɑi

**前响复韵母 ɑi 舌位动程图**

字：呆　胎　猜　塞　拍　拆

词：买卖　摆开　还在　开采　爱戴　再来

**② ei**

动程较窄。起点元音接近前半高不圆唇元音，实际发音舌位要靠后靠下，更接近央元音 e［ə］。发音过程中，舌尖靠近下齿背，使舌面前部（略后）隆起对着硬腭中部。舌位从前半高开始升高，向 i 的方向往前高滑动，在靠近而又未达到处停。起音舌位、口腔开度不到位，发音易有缺陷，与 ɑi 形成窄宽对比。

国际音标严式记音记作［e̞ɪ］，主要元音［e］下标“˕”，以示发音“偏低”，指示韵腹是从舌面前半高不圆唇音［e］偏低舌位起。从发音练习角度，我们更倾向于将韵腹主要元音理解为从央 e［ə］调整来的音。

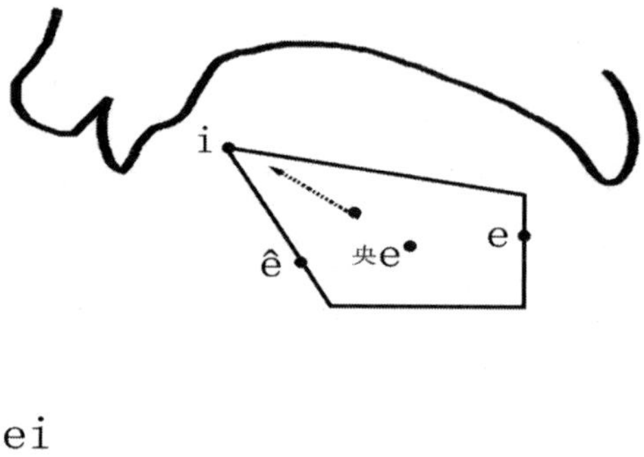


**前响复韵母 ei 舌位动程图**

字：胚　非　杯　黑　给　贼

词：黑妹　蓓蕾　飞贼　配备　违背　霉味

③ ɑo

后元音音素的复合动程较宽。起点元音比舌面央低不圆唇的 ɑ 舌位靠后，由舌面后低不圆唇起，可以简称它为“后 ɑ”。发音时，舌头后缩，使舌面后部隆起。从“后 ɑ”开始，舌位向 u（拼写作 o，实际发音接近 u）的方向滑动升高，在靠近而又未达到处停。收尾的 -u（-o）音舌位状态接近单元音 u，但舌位略低，国际音标严式记音记作［ɑu］。与 ou 形成宽窄对比。

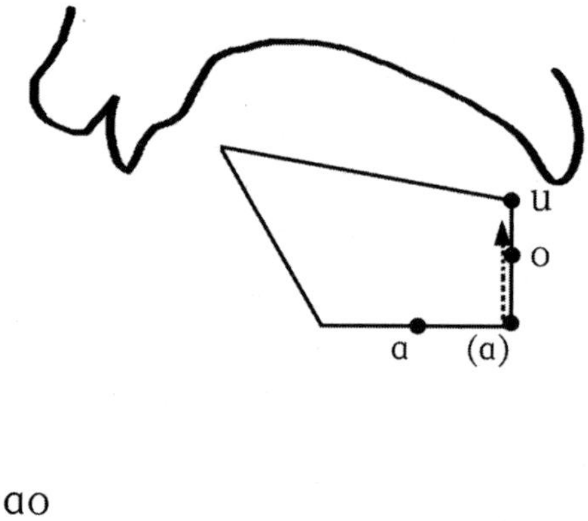


**前响复韵母 ɑo 舌位动程图**

字：骚　操　抛　包　抄　刀

词：讨好　早稻　爆炒　懊恼　吵闹　抛锚

④ ou

复韵母中动程最窄。起点元音比舌面后半高的 o 的舌位略高、略前，接近靠后靠上调整了的央元音 e［ə］，唇形略圆。发音时，从靠后靠上略带圆唇的 e［ə］开始，舌位向 u 的方向滑动，在靠近而又未达到处停。收尾音的 -u 比单元音 u 的舌位略低。起音舌位、口腔开度不到位，发音易有缺陷。与 ɑo 形成窄宽对比。

国际音标严式记音记作［ə̹ʊ］，主要元音［ə］下标“˛”符号，以示发音“更圆”。从发音练习角度，我们不作过细分辨。

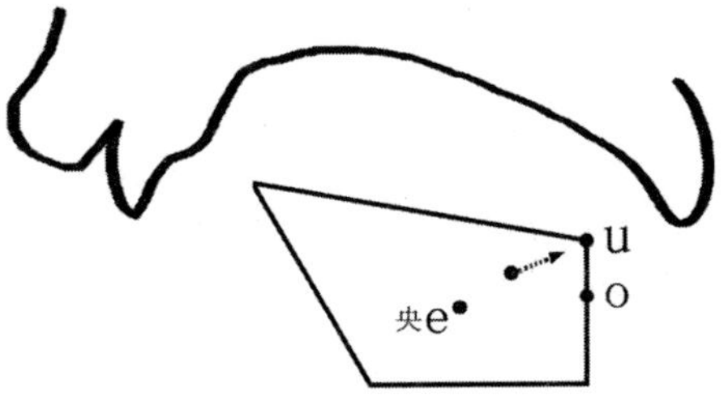


ou

**前响复韵母 ou 舌位动程图**

字：收　抽　邹　搜　兜　剖

词：口授　兜售　丑陋　扣肉　抖擞　猴头

普通话后响复合元音韵母有 5 个：iɑ、ie、uɑ、uo、üe。它们发音的共同点是舌位由高向低滑动，收尾的元音音素响亮清晰，在韵母中处在韵腹地位，因此舌位移动的终点是确定的。而开头的元音音素都是高元音 i、u、ü，由于它处于韵母的韵头位置，发音不太响亮，比较短促。这些韵头在音节里特别是零声母音节里，常伴有轻微摩擦。

⑤ iɑ

起点元音是舌面前高不圆唇元音 i，由它开始，舌位滑向舌面央低不圆唇元音 ɑ（“央 ɑ”）止。i 的发音轻而短，ɑ 的发音响而长。止点元音 ɑ 位置确定。

国际音标严式记音记作 [ iᴀ ]。实际发音时，央 ɑ [ ᴀ ] 受韵头 i 音影响，会略微偏前一点，从发音练习角度，可以不作过细分辨。

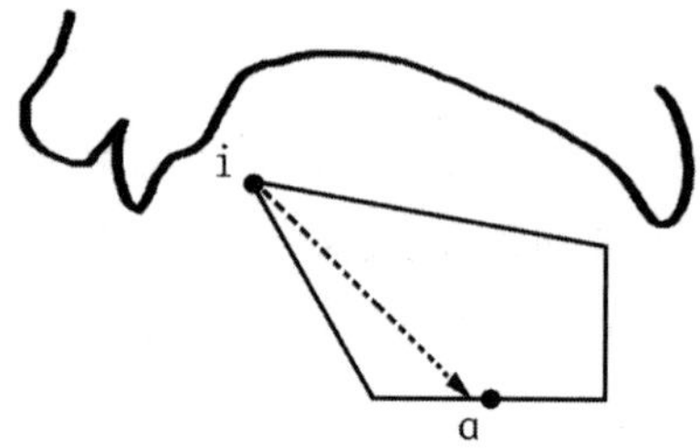


iɑ

**后响复韵母 iɑ 舌位动程图**

字：掐　家　瞎　呀　夹　嗲

词：加压　恰恰　假牙　下家　加价　下压

⑥ **ie**

起点元音是舌面前高不圆唇元音 i，由它开始，舌位滑向舌面前中或半低不圆唇元音 ê 止。i 的发音轻而短，ê 的发音响而长。止点元音 ê 位置相对确定。止音舌位、口腔开度不到位，发音易有缺陷。

国际音标记音有宽式和严式两种，宽式记为 [ iɛ ]，严式记为 [ iᴇ̞ ]，主要元音 [ ᴇ ] 下标 “˕” 符号，以示发音 “偏低”。[ ᴇ ] 是舌面前中元音，发音舌位再偏低后，与舌面前半低元音 [ ɛ ] 非常接近，从发音练习角度，我们更倾向于宽式记音的发音。

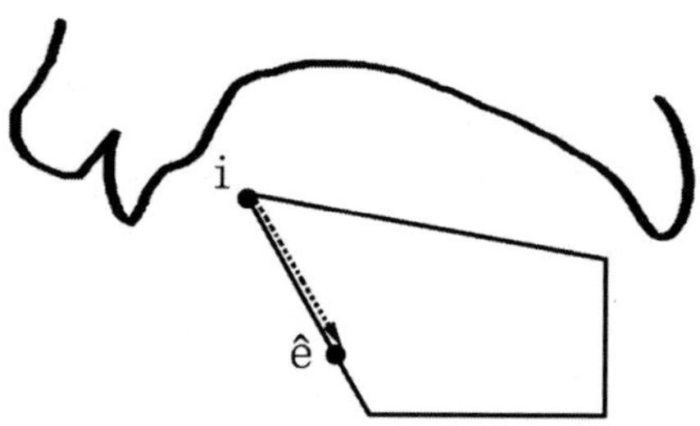


ie

**后响复韵母 ie 舌位动程图**

字：些　跌　捏　憋　接　瞥

词：贴切　结业　乜斜　铁鞋　结界　斜切

⑦ **uɑ**

起点元音是舌面后高圆唇元音 u，由它开始，舌位滑向舌面央低不圆唇元音 ɑ（“央 ɑ”）止。u 的发音轻而短，ɑ 的发音响而长。止点元音 ɑ 位置确定。

国际音标严式记音记作［uᴀ］。实际发音时，央 ɑ［ᴀ］受韵头 u 音影响，会略微偏后一点，从发音练习角度，可以不作过细分辨。

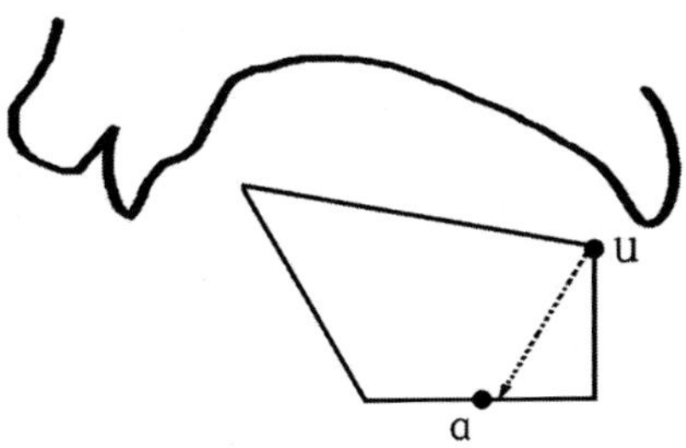


uɑ

**后响复韵母 uɑ 舌位动程图**

字：花　挖　瓜　夸　抓　刷

词：挂花　画画　耍滑　花袜　画卦　哇哇

⑧ **uo**

由圆唇后元音复合而成。起点元音是舌面后高圆唇元音 u，由它开始，舌位向下滑到舌面后半高元音 o 止（实际舌位要比 o 偏低且靠前，唇形也比 o 要稍稍展开些）。u 的发音轻而短，o 的发音响而长。发音过程中，唇形要保持圆唇，开头最圆，结尾圆唇度略减。舌位动程较窄，止音舌位、口腔开度、圆唇度不到位，发音易有缺陷。

国际音标严式记音记作［uo̜］，主要元音［o］下标“̜”符号，以示发音“略展”。

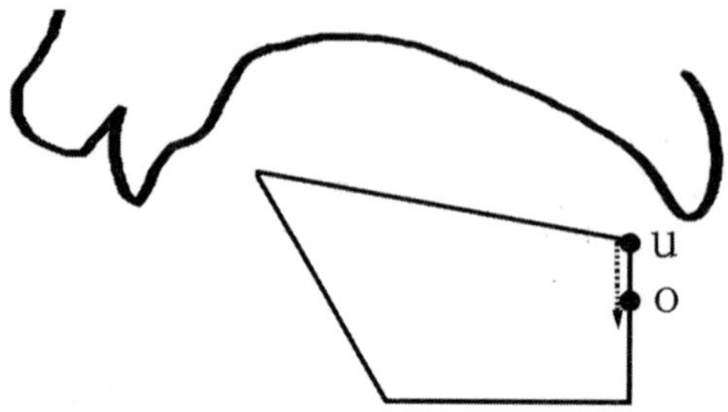


uo

**后响复韵母 uo 舌位动程图**

字：锅　多　脱　说　窝　桌

词：火锅　硕果　龌龊　堕落　蹉跎　啰唆

⑨ **üe**

起点元音是舌面前高圆唇元音 ü，由它开始，舌位滑向舌面前中或半低不圆唇元音 ê 止。ü 的发音轻而短，ê 的发音响而长。止点元音 ê 位置相对确定。起音圆唇度及止音舌位、口腔开度不到位，发音易有缺陷。

国际音标记音有宽式和严式两种，宽式记为［ yɛ ］，严式记为［ yᴇ̞ ］，主要元音［ ᴇ ］下标“˕”符号，以示发音“偏低”。［ ᴇ ］是舌面前中元音，发音舌位再偏低后，与舌面前半低元音［ ɛ ］非常接近，从发音练习角度，我们更倾向于宽式记音的发音。

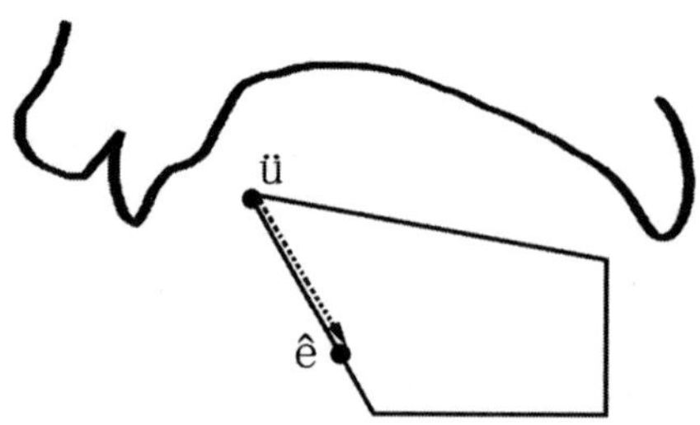


üe

**后响复韵母 üe 舌位动程图**

字：薛　撅　缺　略　虐　雪

词：约略　绝学　雪月　雀跃　跃跃　月缺

普通话里的三合中响复合元音韵母共 4 个：iao、iou、uai、uei。这些韵母发音的共同点是舌位由高向低滑动，再从低向高滑动。开头的元音音素不响亮且较短促，在音节里特别是在零声母音节里常伴有轻微的摩擦。中间的元音音素响亮清晰，收尾的元音音素轻短模糊。

⑩ **iao**

即在韵母 ao 的基础上增加 i 舌位开始的发音动程。发音过程中，舌位先降后升，由前到后，曲折幅度大，但曲折角度不大，动程不受影响，是普通话复韵母中舌位动程最大的复合韵母之一。唇形从中间的元音 a 开始由不圆唇变为圆唇，与 iou 形成宽窄对比。

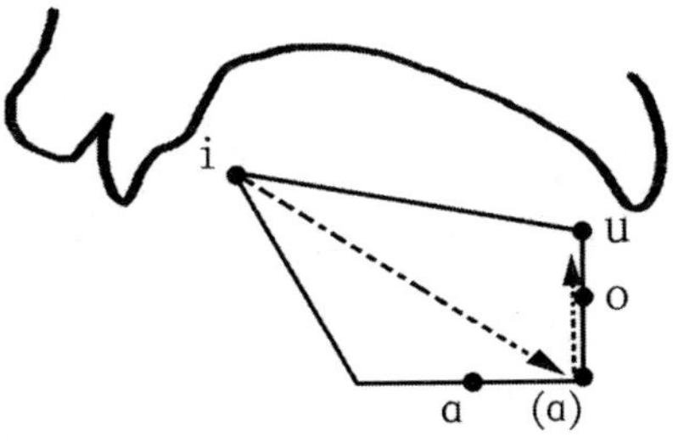


iao

**中响复韵母 iao 舌位动程图**

字：瞄　敲　交　消　飘　撩

词：逍遥　脚镣　疗效　窈窕　巧妙　教条

⑪ **iou**

即在 ou 韵母的基础上增加 i 舌位开始的发音动程。发音过程中，舌位先降后升，由前到后，曲折幅度不大，曲折角度大，动程容易受到影响。唇形从中间的 o（央 e 偏上略后）开始由不圆唇变为圆唇，与 iao 形成窄宽对比。

国际音标严式记音记作［iə̟ʊ］，主要元音［ə］下标比复韵母 ou 还多出个“+”符号，以示发音还要“偏前”。从发音练习角度，我们不做过细分辨。

复合元音 iou 在阴平（第一声）和阳平（第二声）的音节里，中间的元音（韵腹）弱化，甚至接近消失，原来曲折的舌位动程扯平，主要表现为前后的滑动，如“优、由、究、求”的实际发音。这是汉语拼音省写为“iu”的依据。这种音变是随着声调自然变化的，在语音训练中不必过于强调。

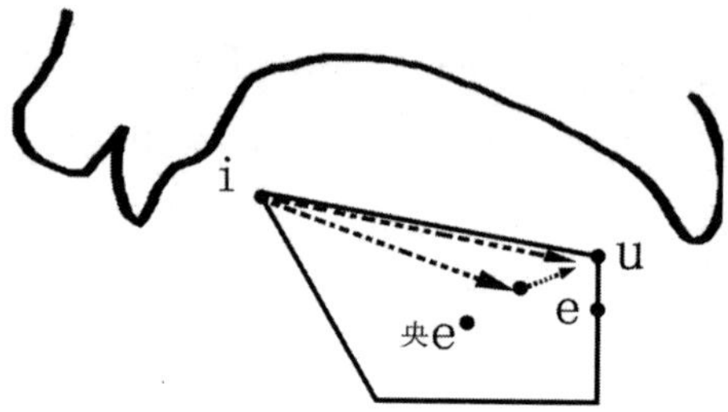


iou

**中响复韵母 iou 舌位动程图**

字：丢　优　妞　秋　修　究

词：优秀　旧友　琉球　牛油　有救　秋游

⑫ **uai**

即在 ai 韵母的基础上增加 u 舌位开始的发音动程，是普通话复韵母中舌位动程最大的复合韵母之一。舌位动程先降后升，由后到前，曲折幅度大，但曲折角度不大，动程不受影响。唇形从中间的元音 ɑ 开始由圆唇变为展唇。与 uei 形成宽窄对比。

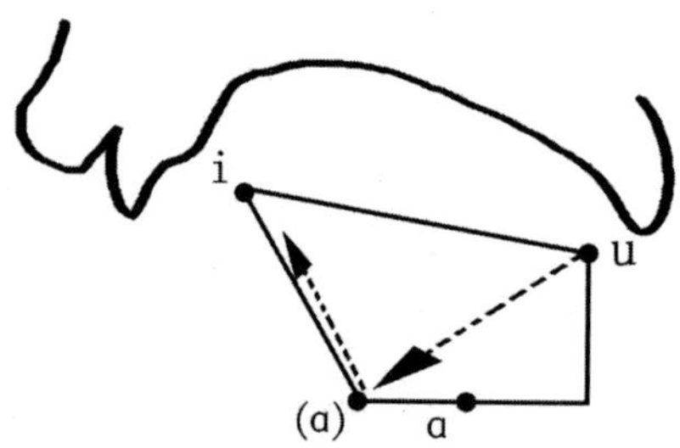


uɑi

**中响复韵母 uɑi 舌位动程图**

字：摔　揣　乖　衰　快　拽

词：乖乖　外快　摔坏　拽坏　怀揣　外踝

⑬ **uei**

即在 ei 韵母的基础上增加 u 舌位开始的发音动程。舌位动程先降后升，由后到前，曲折幅度不大，但曲折角度大，动程容易受到影响。唇形从中间的元音 e（央 e 偏上略前）开始由圆唇变为展唇。与 uɑi 形成窄宽对比。

国际音标严式记音记作［ue̞ɪ］，从发音练习角度，我们更倾向于将韵腹主要元音理解为从央 e［ə］调整来的音。

在音节中，韵母 uei 受声母和声调的影响，中间的元音弱化。大致有四种情况：

一、在阴平（第一声）或阳平（第二声）的零声母音节里，韵母 uei 中间的元音音素弱化接近消失。例如："微""围"韵母弱化的实际发音。

二、在声母为舌尖音 z、c、s、d、t、zh、ch、sh 的阴平（第一声）和阳平（第二声）的音节里，韵母 uei 中间的元音音素弱化接近消失。例如："催""推""垂"韵母弱化的实际发音。

三、在舌尖音声母的上声（第三声）或去声（第四声）的音节里，韵母 uei 中间的元音音素只是弱化，但不会消失。例如："嘴""腿""最""退"韵母弱化的实际发音。

四、在舌面后音（舌根）声母 g、k、h 的阴平（第一声）或阳平（第二声）音节里，韵母 uei 中间的元音 e 也只是弱化而不消失。例如："归""葵""回"韵母弱化的实际发音。

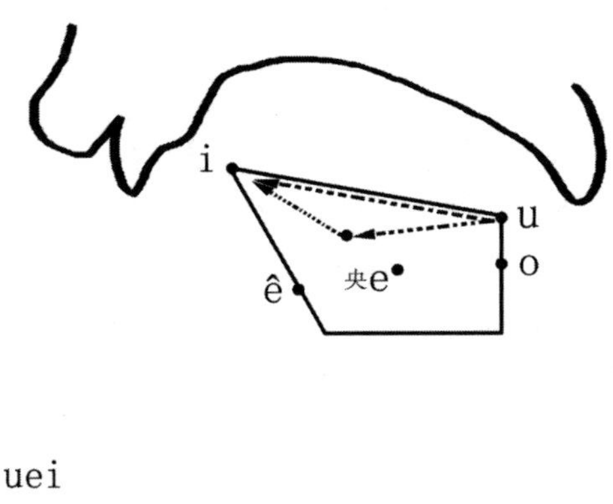


**中响复韵母 uei 舌位动程图**

字：推　追　吹　亏　崔　灰

词：水位　追回　回嘴　垂危　摧毁　归队

3. 复合鼻尾音韵母（鼻韵母 16 个）

鼻韵母由一个或两个元音音素与鼻辅音韵尾 -n 或 -ng 加合构成。和复韵母一样，它们也并非简单地拼加，而是一串音素的复合。同时，由元音音素的发音过渡变化到辅音音素的发音，且将二者结合，复合为一种全新的声音，元音与辅音的衔接较为紧密，最终形成一个整体。在普通话里这种加合形式已经形成固定的音组，有固定的数目。在发音者口中和听辨者耳里感觉是一个混沌的整体，几乎可以把它们当作一个语音单位。

鼻韵母发音，由元音舌位向辅音部位移动时，元音音素发音的后半段由于受到鼻辅音的影响，会出现一段较短的半鼻化的元音音色，这是一个过渡阶段，元音和辅音拼合必然会有这么一段过渡，但不要停留太长时间，还需马上发到归音位置。

元音接续鼻音的过程，是由舌面前部或舌根后抬完成的，不是用下颌的主动运动去帮助。

（1）鼻韵母构成

| 名称 / 种类 | 鼻韵母（复合鼻尾音韵母） |
|---|---|
| 带鼻辅音韵尾 -n 韵母（前鼻韵 8 个） | an、ian、uan、en、uen、in、ün、üan |
| 带鼻辅音韵尾 -ng 韵母（后鼻韵 8 个） | ang、iang、uang、eng、ueng、ong、ing、iong |

（2）发音特点

①在鼻韵母的发音过程中，元音和鼻尾音之间并不是简单的相加，也有连续变化的发音动程，且结合得很紧密。

②元音向鼻尾音过渡的后半部分，会出现较短的半鼻化现象。

③鼻辅音韵尾 -n 或 -ng 不是一般的辅音，它在发音时声带颤动、成阻但不破阻，是次元音。由于是辅音韵尾，并非真正的辅音，发音时肌肉放松，气流相对较弱，声音渐弱。

（3）发音区别

普通话韵母有两个辅音韵尾 -n、-ng，都是鼻音。

韵尾 -n 的发音同声母 n 基本相同，只是 -n 的部位比 n 靠后且接触面积较大，一般是舌面前部向硬腭前部接触，教学上仍把它看成是舌尖中鼻音。细究起来，n 作声母，后加元音，有相对明显的拼合感，n 成阻、持阻、除阻三阶段连贯、有力、快速；n 作韵尾，前加元音，拼合的感觉不太明显，二者结合很紧密，n 只成阻，且肌肉相对松弛，发音渐弱而终。

由 -n、-ng 构成的两组韵母的区分在普通话韵母的学习和训练中占有非常重要的地位。前、后鼻尾音韵母的区分主要有：

①韵腹元音舌位的前后不同是两者区分的主要标志，练习时要仔细体会。例如：ɑn 与 ɑng 的区分主要表现在 ɑn 中的元音是前低元音，而 ɑng 中的元音是后低元音。

② -n、-ng 是韵尾，只有与韵腹构成一个整体时才参与前、后鼻韵母对比区分。为了确切体会鼻尾音的发音和听感性质，练习时必须要求尽量发音完整。它们在快速语言进程的自然语流中属从属地位，常常脱落，表现为元音的鼻化。

③ -n、-ng 都是唯闭音。-n 组在主要元音发完后，舌尖抵靠在上齿龈上；-ng 组在主要元音发完后，舌根抵靠在软腭前，但发音结束，口腔都会闭合。

④从口形和口腔状态方面看，-n 组发音结束后，口形较合，上下齿接近；-ng 组发音结束后，口形较开，上下齿分离。

⑤ -n、-ng 两组它们之间的对比关系是：ɑn—ɑng、en—eng、in—ing、iɑn—iɑng、uɑn—uɑng、uen—ueng（ong）（传统语音学认为 ong、ueng 是一个韵母，注音字母不加区别都记做“ㄨㄥ”。汉语拼音方案按照实际发音设计为两个韵母）、ün—iong。基本上是一对一的对比关系，不是一对多或多对一的关系。

（4）鼻韵母的发音

① ɑn

起点元音是舌面前低不圆唇元音 ɑ，舌尖抵住下齿背，舌位降到最低，软腭上升，关闭鼻腔通路。从“前 ɑ”开始，舌面升高，舌面前部抵住硬腭前部，当两者将要接触时，软腭下降，打开鼻腔通路，紧接着舌面前部与硬腭前部闭合，使在口腔受到阻碍的气流，从鼻腔里透出。口形先开后合，口腔由开到闭，舌位移动较大，发音动程较宽。与 ɑng 形成前后对比，与 en 形成宽窄对比。

国际音标严式记音记作［a̝n］，主要元音［a］下标“˔”符号，以示发音“偏高”。从发音练习角度，我们不作过细分辨。

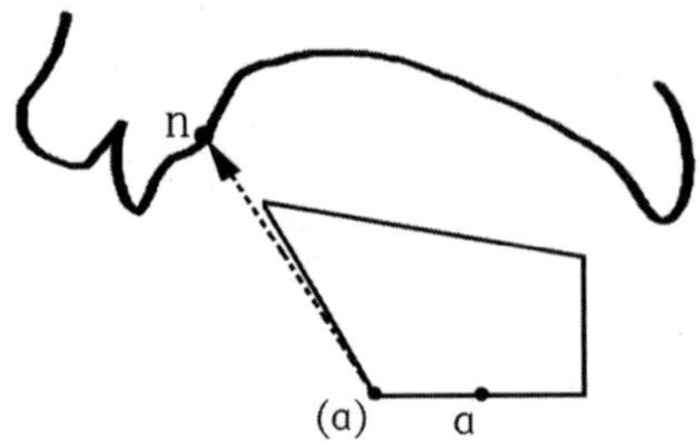


ɑn

**前鼻韵 ɑn 发音动程图**

字：翻　甘　删　占　三　单
词：汗衫　肝胆　暗淡　斑斓　参赞　勘探

② **iɑn**

简单来看是在 ɑn 韵母的基础上增加 i 舌位开始的发音动程，但实际发音有所区别。发音时，从舌面前高不圆唇元音 i 开始，舌位向舌面前低不圆唇元音 ɑ（“前 ɑ”）的方向滑降。舌位只降到舌面前半低不圆唇的 ê 音（实际也可以是舌面前次低不圆唇元音［æ］）的位置就开始折返升高，直到舌面前部抵住硬腭前部形成鼻音 n。口形先合后开再合，口腔由闭到开再到闭，舌位移动稍大有折返，发音动程稍宽。与 iɑng 形成前后对比。

国际音标记音有宽式［ian］，严式［iɛn］、［iæn］三种，从发音练习角度，我们更倾向于最后［iæn］的发音。

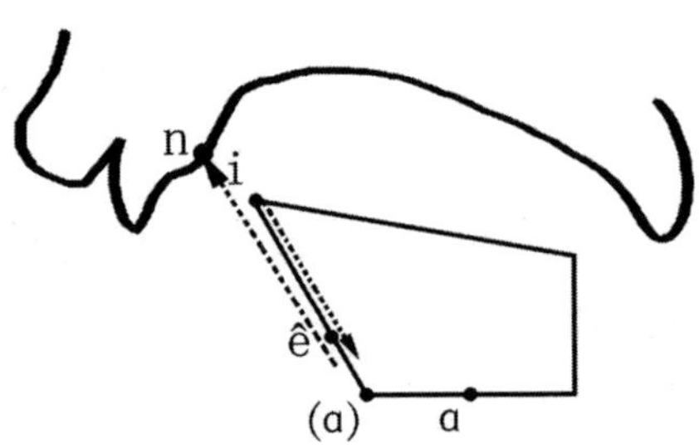


iɑn

**前鼻韵 iɑn 发音动程图**

字：仙　天　千　尖　编　偏

词：惦念　天堑　片面　绵延　癫痫　变迁

③ **uan**

即在 an 韵母的基础上增加 u 舌位开始的发音动程。发音时，由舌面后高圆唇元音 u 开始，口形迅速由合口变开口状，舌位向前迅速滑降到舌面前低不圆唇元音 a（“前 a”），然后舌位升高，接续鼻音 n。口形先合后开再合，口腔由闭到开再到闭，舌位移动较大，发音动程较宽。与 uang 形成前后对比，与 uen 形成宽窄对比。

国际音标严式记音记作［uạn］，主要元音［a］下标“˔”符号，以示发音偏高，从发音练习角度，我们不作过细分辨。

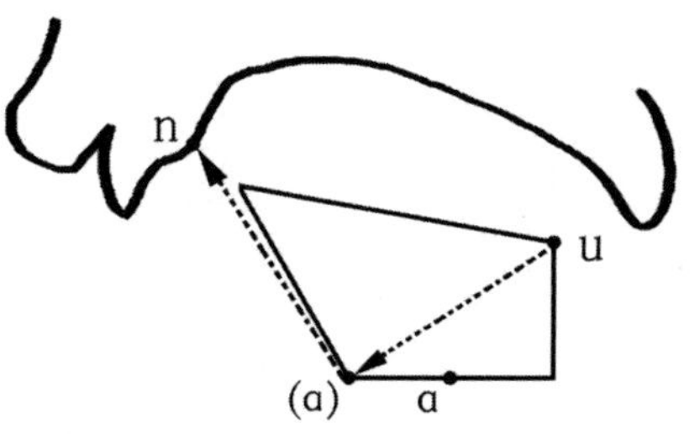


uan

**前鼻韵 uan 发音动程图**

字：宽　川　欢　钻　关　闩

词：转弯　乱窜　婉转　酸软　贯穿　换算

④ **üan**

简单来看是在 an 韵母的基础上增加 ü 舌位开始的发音动程，但实际发音有所区别。发音时，由舌面前高圆唇元音 ü 开始，向舌面前低不圆唇元音 a 的方向滑降。舌位只降到舌面前半低不圆唇的 ê 音靠后偏下的位置（也可理解为只降到舌面央低不圆唇的 a（“央 a”）音靠前偏上位置）就开始折返升高，直到舌面前部抵住硬腭前部形成鼻音 n。口形先圆且合后开再合，口腔由闭到开再到闭，舌位移动稍大有折返，发音动程较宽。

国际音标严式记音记作［yᵘæn］，是指 ü［y］音后有短暂 u 音过渡音的嵌入，从发音练习角度，一般不作过细分辨。但实际发音时，有宽发和窄发的区别，宽发时过渡音比较明显。

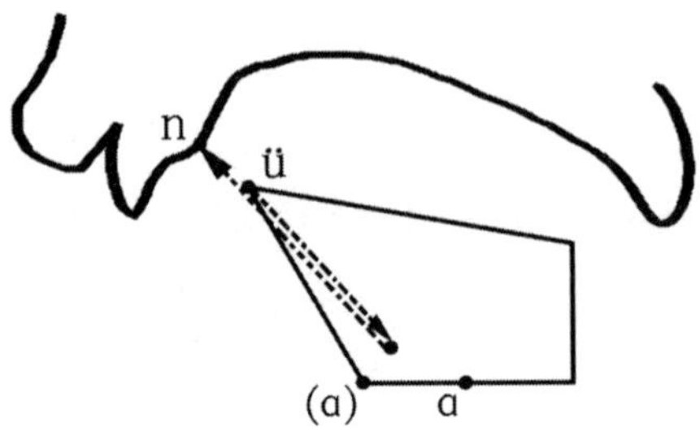


üɑn

**前鼻韵 üɑn 发音动程图**

字：宣　涓　圈　轩　劝　卷

词：轩辕　渊源　圆圈　全权　涓涓　全院

⑤ **en**

起点元音是舌面央中不圆唇元音 e［ə］（“央 e”），舌位居中（不高不低不前不后），舌尖靠近下齿背，舌面隆起部位受韵尾 -n 影响略靠前。从央元音 e 开始，舌面升高，舌面前部抵住硬腭前部，当两者将要接触时，软腭下降，打开鼻腔通路，紧接着舌面前部与硬腭前部闭合，使在口腔受到阻碍的气流从鼻腔里透出。口形由开到闭，舌位移动较小，发音动程较窄。与 eng 形成前后对比。

国际音标严式记音记作［ə̝n̟］，主要元音［ə］下标“˔”符号，以示发音“偏高”；收尾辅音［n］下标“˖”符号，以示发音“偏前”，从发音练习角度，我们不作过细分辨。

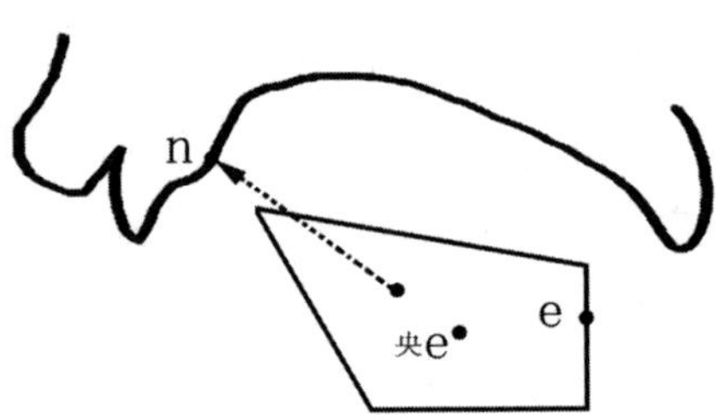


en

**前鼻韵 en 发音动程图**

字：根　　琛　　针　　奔　　分　　森

词：分身　深沉　沉闷　岑参　认真　根本

⑥ **uen**

即在 en 韵母的基础上增加 u 舌位开始的发音动程。发音时，由舌面后高圆唇元音 u 开始，向舌面央中不圆唇元音央 e［ə］滑降，然后舌位升高，接续鼻音 n。唇形由圆唇在向中间折点元音靠近的过程中逐渐变为展唇。口形先合后开再合，口腔由闭到开再到闭，舌位移动较大，发音动程较宽，幅度不大角度较大，动程容易缺省。鼻韵母 uen 受声母和声调的影响，中间的元音（韵腹）产生弱化，拼音简写为 un。它的音变条件与 uei 相同。与 ueng（ong）形成前后对比。

国际音标严式记音记作［uə̣n］，主要元音［ə］下标“˔”符号，以示发音“偏高”，从发音练习角度，我们不作过细分辨。

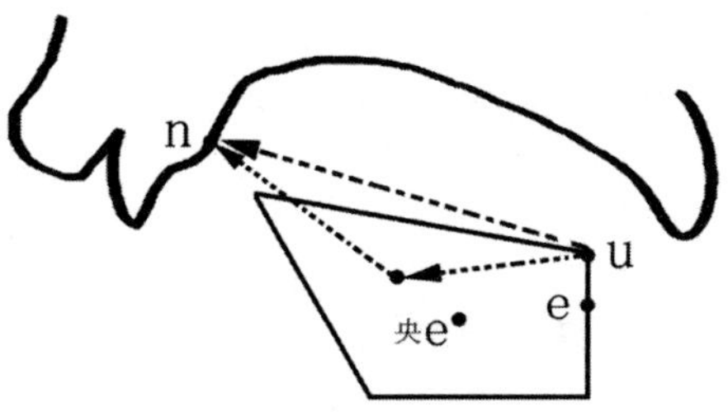


uen

**前鼻韵 uen 发音动程图**

字：孙　　春　　吞　　村　　坤　　尊

词：春笋　论文　滚滚　困顿　混沌　伦敦

⑦ **in**

起点元音是舌面前高不圆唇元音 i，舌尖抵住下齿背，软腭上升，关闭鼻腔通路。从舌位最高的前元音 i 开始，舌面升高，舌面前部抵住硬腭前部，当两者将要接触时，软腭下降，打开鼻腔通路，紧接着舌面前部与硬腭前部闭合，使在口腔受到阻碍的气流从鼻腔透出。开口度没有明显变化，舌位移动很小，发音动程很短。与 ing 形成前后对比。

国际音标严式记音记作［i$^{ə}$n］，主要是指发上声和去声时，i 音后有较明显的短暂央 e［ə］过渡音的嵌入。实际发音时，阴平、阳平建议窄发，注意不要有较明显过渡音的嵌入。

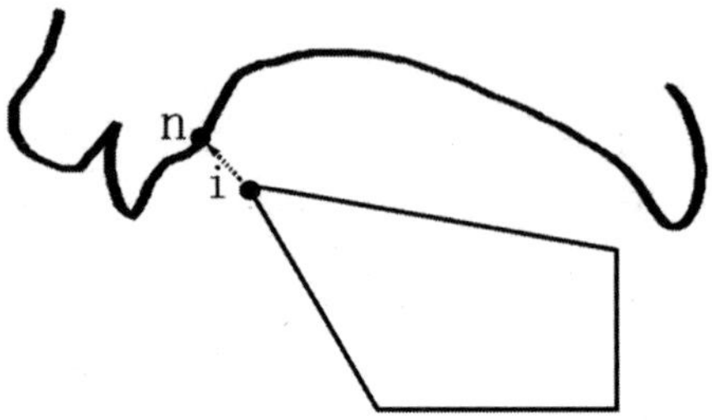


in

**前鼻韵 in 发音动程图**

字：新　今　亲　宾　拎　闽

词：亲近　林荫　信心　殷勤　金银　亲信

⑧ **ün**

与 in 的区别在于起音舌位是舌面前高圆唇元音 ü。与 iong 形成前后对比。

国际音标严式记音记作［y$^{ə}$n］，主要是指发上声和去声时，ü［y］音后有较明显的短暂央 e［ə］过渡音的嵌入。实际发音时，阴平、阳平建议窄发，注意不要有较明显过渡音的嵌入。

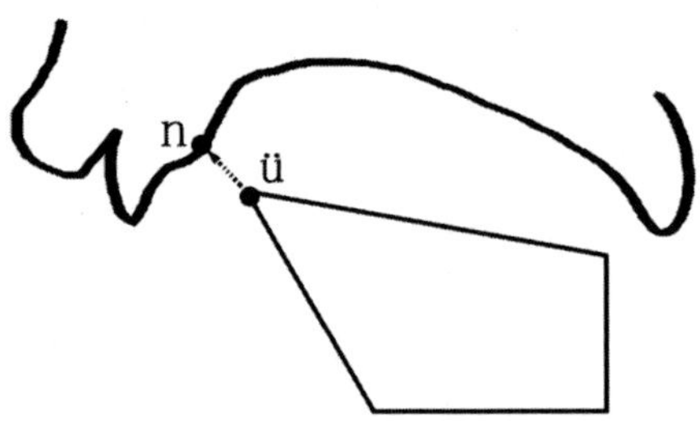


ün

**前鼻韵 ün 发音动程图**

字：勋　逡　均　俊　裙　寻
词：均匀　逡巡　芸芸　军训　菌群　醺醺

⑨ **ang**

起点元音是舌面后低不圆唇元音 ɑ（“后 ɑ”），口大开，舌尖离开下齿背，舌头后缩。从“后 ɑ”开始，舌面后部抬起，当贴近软腭时，软腭下降，打开鼻腔通路，紧接着舌根与软腭接触，封闭了口腔通路，气流从鼻腔里透出。口形先开后合，口腔由开到闭，舌位移动较大，发音动程较宽。国际音标严式记音记作［ɑŋ］。

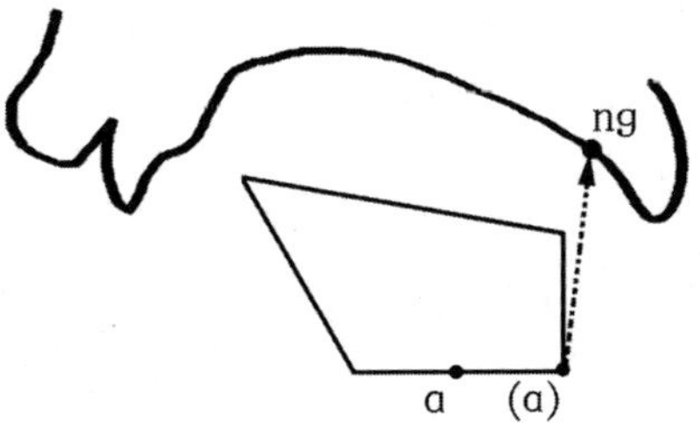


ɑng

**后鼻韵 ɑng 发音动程图**

字：方　当　昌　伤　刚　桑
词：厂商　螳螂　上方　肮脏　上当　港商

⑩ **iang**

即在 ɑng 韵母的基础上增加 i 舌位开始的发音动程。发音时，由舌面前高不圆唇元音 i 开始，舌位向后滑降到舌面后低不圆唇元音 ɑ（“后 ɑ”），然后舌位升高，接续鼻音 ng。口形先合再开最后合，口腔由闭到开再到闭，舌位移动幅度较大，发音动程较宽。

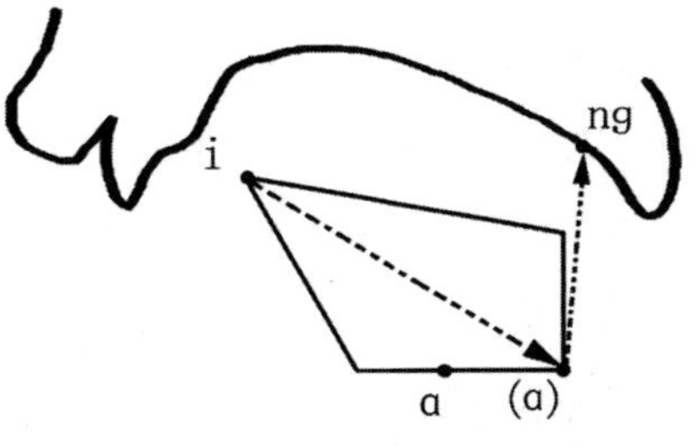


iɑng

**后鼻韵 iɑng 发音动程图**

字：江　香　枪　庠　跄　痒

词：湘江 响亮 粮饷 强将 像样 泱泱

⑪ uang

即在 ang 韵母的基础上增加 u 舌位开始的发音动程。发音时，由舌面后高圆唇元音 u 开始，舌位向下滑降到舌面后低不圆唇元音 ɑ（“后 ɑ”），然后舌位升高，接续鼻音 ng。唇形从圆唇在向折点元音的滑动过程中逐渐变为展唇。口形先合再开最后合，口腔由闭到开再到闭，舌位移动在口腔后部有折返，发音动程较宽。

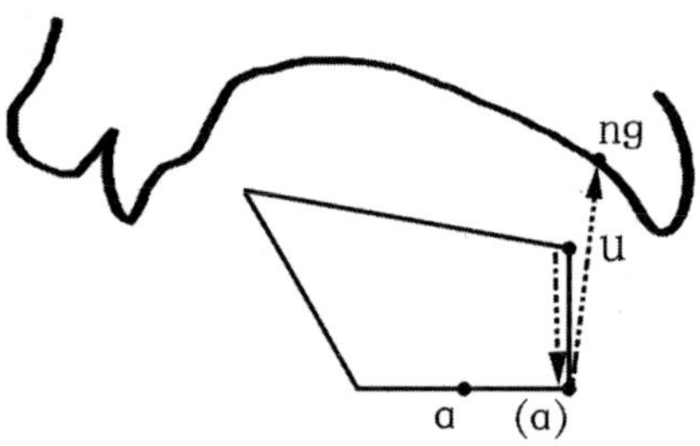


uang

**后鼻韵 uang 发音动程图**

字：庄　窗　双　筐　光　荒

词：双簧 网状 装潢 窗框 矿床 幢幢

⑫ eng

起点元音比舌面央中不圆唇元音 e［ə］（“央 e”）靠后偏上（或理解为舌面后半高不圆唇元音 e（“后 e”）偏前），口半闭，展唇，舌尖离开下齿背，舌体后缩，舌面后部隆起，隆起部位受韵尾 -ng 影响略靠后，比发舌面央中不圆唇 e［ə］（“央 e”）的舌位略高，软腭上升，关闭鼻腔通路。发 e 之后，软腭下降，打开鼻腔通路，紧接着舌面后部与软腭闭合，使在口腔受到阻碍的气流从鼻腔里透出。口形由不开不合到合，口腔由不开不闭到闭，舌位移动较小，发音动程较窄。

国际音标严式记音记作［ə̱ŋ］（也有记作［ʌŋ］的），主要元音是从比央 e 靠后偏上的舌位起音，所以［ə］音下标“-”符号，以示“偏后”。

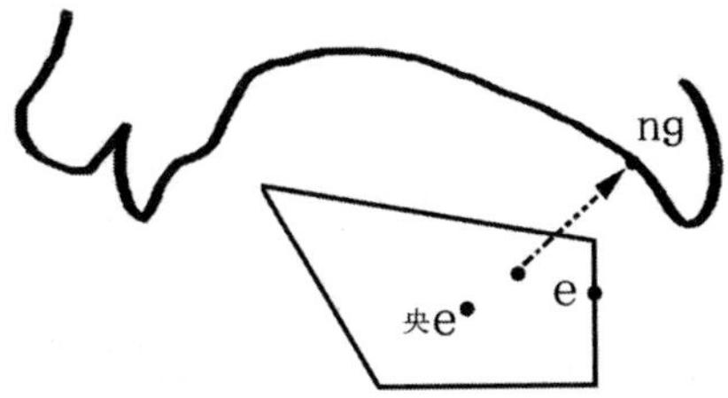


eng

**后鼻韵 eng 发音动程图**

字：争　风　坑　烹　扔　生

词：生成 蒸腾 丰盛 省城 逞能 更正

⑬ **ueng**

即在 eng 韵母的基础上增加 u 舌位开始的发音动程。发音时，由舌面后高圆唇元音 u 开始，舌位滑降到舌面央中不圆唇元音 e［ə］（“央 e”，稍稍靠后略高）的位置，然后舌位升高，接续鼻音 ng。唇形从圆唇在向中部折点元音滑动过程中渐变为展唇。口形由合到居中再到合，口腔由闭到居中再到闭，舌位移动有折返，发音动程较窄。在普通话里，韵母 ueng 只有一种零声母的音节形式 weng。

国际音标严式记音记作［uə̠ŋ］（也有记作［uʌŋ］的），主要元音是从比央 e 靠后偏上的舌位起音，所以［ə］音下标“-”符号，以示“偏后”。

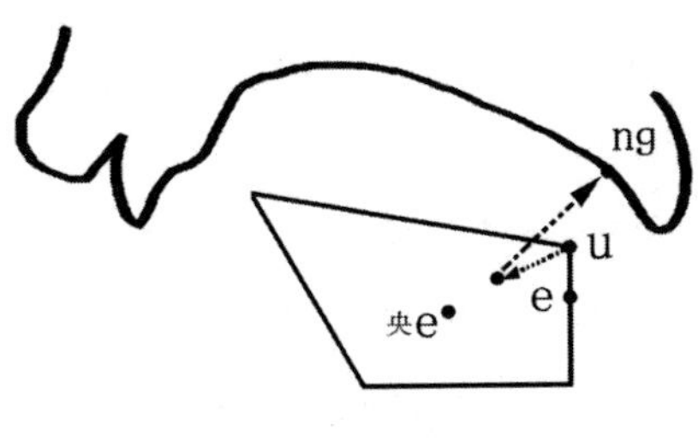


ueng

**后鼻韵 ueng 发音动程图**

字：翁　蓊　瓮　嗡

词：老翁　蓊郁　水瓮　嗡嗡

⑭ **ong**

起点元音是比舌面后高圆唇元音 u 舌位略低且口形稍松的舌面后次高元音“松 u”起，舌尖离开下齿背，舌头后缩，舌面后部隆起，软腭上升，关闭鼻腔通路。从“松 u”开始，舌面后部贴向软腭。当两者将要接触时，软腭下降，打开鼻腔通路，紧接着舌面后部抵住软腭，封闭了口腔通路，气流从鼻腔透出。唇形始终圆拢，口腔保持中通向内收缩，舌位移动较小，发音动程较窄。传统汉语语音学把 ong 归入合口呼。

国际音标严式记音记作［ʊŋ］。

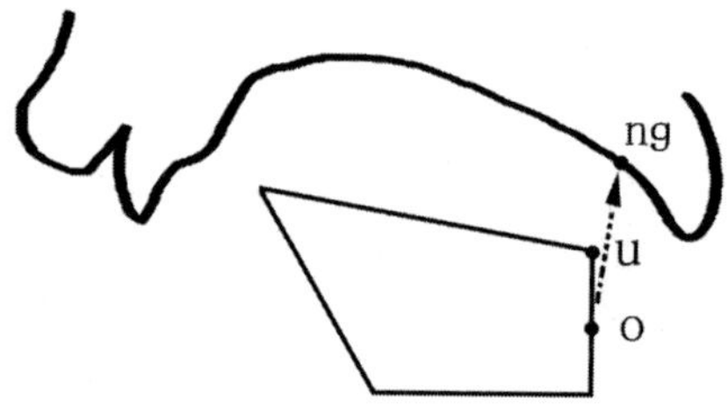


ong

**后鼻韵 ong 发音动程图**

字：松　通　中　轰　宗　匆

词：总统　充公　恐龙　公众　从容　红松

⑮ **ing**

起点元音是舌面前高不圆唇元音 i，舌尖接触下齿背，舌面前部隆起。从开始后舌尖离开下齿背，逐步使舌面后部隆起，贴向软腭，当两者将要接触时，软腭下降，打开鼻腔通路，紧接着舌面后部抵住软腭，封闭口腔通路，气流从鼻腔透出。唇形口形没有明显变化，口腔通路较小，主要是舌尖和舌根动作的变化，发音动程稍窄。

国际音标严式记音记作［iəŋ］（也有记作［iʌŋ］的），主要是指发上声和去声时，在 i 音后有短暂央 e［ə］过渡音的嵌入。实际发音时，阴平、阳平建议窄发，注意不要有较明显的［ə］过渡音的嵌入。

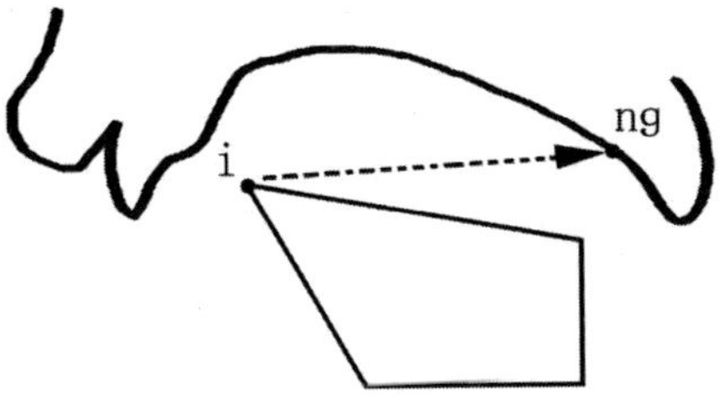


ing

**后鼻韵 ing 发音动程图**

字：丁　听　经　星　青　宁

词：冰凌　英明　平静　倾听　叮咛　命令

**⑯ iong**

即在韵母 ong 的基础上增加 i 舌位开始的发音动程。发音时，由舌面前高不圆唇元音 i 开始，舌位向后略向下滑动到舌面后次高圆唇元音“松 u”的位置，然后舌位升高，接续鼻音 ng。由于受后面圆唇元音的影响，开始的舌面前高不圆唇元音 i 也带上了圆唇动作，有的地方描写为［yu］甚至［y］，也可理解为发音是从舌面前高圆唇元音 ü 起，滑动接续鼻音 ng。故传统汉语音韵学把 iong 归入撮口呼。

国际音标严式记音记作［y̜ʊŋ］，［y］音下标“ ̜ ”符号，以示发音“略展”；也有记作［i̹ʊŋ］的，［i］音下标“ ̹ ”符号，以示发音“更圆”。从发音练习角度，一般不作过细分辨。

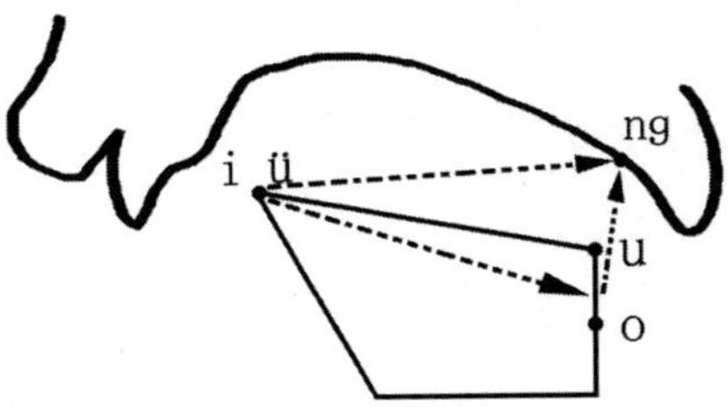


iong

**后鼻韵 iong 发音动程图**

字：琼　凶　炯　窘　穷　勇

词：汹涌　雍容　中庸　公用　怂恿　动用

4. 韵母发音常见错误和缺陷

（1）常见错误

单韵母发音过程中发音条件有变化甚至出现发音动程；复韵母发音过程中把二合复韵母发成单韵母（尤其是前响复韵母，如：ɑi—［ɛ/æ］、ei—［ɪ/e］、ɑo—［ɔ］、ou—［ʊ］）；把三合复韵母发为二合复韵母；宽窄复韵母相混（如：ɑi—ei、uɑi—uei、ɑo—ou、iɑo—iou）；前后鼻韵母相混（如：ɑn—ɑng、en—eng、in—ing）；宽窄鼻韵母相混（如：ɑn—en、ɑng—eng、iɑn—in、üɑn—ün）；圆唇和展唇音相混（如：ü—i、o—e）；韵母发音主要元音被更换；韵母发音丢失或添加韵头；卷舌韵母无卷舌色彩；鼻韵母没有鼻辅音（包括半鼻化音）收尾，变成开尾韵；鼻韵母只读作鼻化元音；与唇音声母相拼的舌面前高不圆唇元音读作舌尖前元音等。

（2）常见缺陷

单韵母发音过程中开口度不够，圆唇音圆唇度不够；复韵母或鼻韵母发音过程中开口度或发音动程不够；复韵母或鼻韵母发音过程中归音不到位；复韵母或鼻韵母发音过程中介音发音过短或过长，圆唇介音圆唇度不够，元音韵尾过于强调或突出，主要元音发音舌位移位（如不同 ɑ 音或 e 音舌位相混）；鼻韵母 in、ing 中 i 和鼻韵尾之间（特别是在读阴平、阳平时）明显嵌入央元音 e；韵母 iou、uei、uen 在声调是上声、去声时，或 uei、uen 同舌面后（舌根）声母相拼时，韵腹弱化或消失；单韵母（高元音）i、u、ü 带有明显摩擦，实际已经成为或接近半元音；卷舌韵母虽有卷舌色彩，但相当不自然；舌尖前韵母 -i 有明显摩擦或拢唇动作等。

（3）既非错误又非缺陷

鼻韵母韵腹（主要元音）没能鼻化，韵尾 -n、-ng 以半鼻化音收尾；鼻韵母发音尤其发上声和去声时，有极短过渡元音嵌入现象（如：in、ing、ün、üɑn）；轻声音节或一部分明显读作轻音音节中，二合的前响复合元音变为单元音（如：起来）；轻声音节或一部分明显读作轻音音节中，三合的复合元音变为二合的复合元音的语音现象，不作为韵母错误或缺陷的判定（如：凉快）。

5. 普通话声韵配合情况对照

| 声母类别 \ 声韵配合情况 \ 韵母类别 | | 开口呼 | 齐齿呼 | 合口呼 | 撮口呼 |
|---|---|---|---|---|---|
| 双唇音 | b p m | 有 | 有 | 有（只限 u） | 无 |
| 唇齿音 | f | 有 | 无 | 有（只限 u） | 无 |
| 舌尖前音 | z c s | 有 | 无 | 有 | 无 |
| 舌尖中音 | d t | 有 | 有 | 有 | 无 |
| | n l | 有 | 有 | 有 | 有 |
| 舌尖后音 | zh ch sh r | 有 | 无 | 有 | 无 |
| 舌面音 | j q x | 无 | 有 | 无 | 有 |
| 舌根音 | g k h | 有 | 无 | 有 | 无 |
| 零声母 | Ø | 有 | 有 | 有 | 有 |

6. 十三辙与十八韵

（1）押韵和合辙

押韵（又称“压韵”）是中国诗歌、戏曲、曲艺唱词的一个特点，也是汉语音乐性特征在文学艺术创作过程中的具体体现。

押韵，是指在一首诗词中，把韵母相同或相近（韵身相同或相近：主要元音和韵尾相同或相近）的字，在句子中的相同位置上有规律地重复出现。由于汉语中一般都放在句子的最后一个字上，故又称为“韵脚”。

合辙与押韵的意思相近，“辙”的本义是车轮在运行中碾压出的轨迹，用“顺辙行车”打比方，“辙”就是“韵”的通俗称谓，这里“合辙”就是“押韵”。

将同韵的字归并在一起，就形成一个一个的韵，宋代的《广韵》分为 206 韵，明清以来的白话说唱文学则用“十三辙”。十三辙是依据近、现代北京语音音系归纳建立起来的，与元代的《中原音韵》一脉相承，都属于北音曲韵。它不仅是明清以来广泛流行的北方说唱文学用以押韵的韵部，而且基本上能反映普通话的语音情况。

现代人使用的十八韵则是根据黎锦熙等编著的《中华新韵》，现在作诗押韵一般根据现代语音，按十三辙或十八韵押韵，而作旧体诗则要根据古代的韵书来押韵。

老舍先生曾煞费苦心地将“十三辙”编成“十三个字的一句话”，即：

俏（遥条）佳（发花）人（人辰）扭（油求）捏（乜斜）出（姑苏）房（江阳）来（怀来），东（中东）西（一七）南（言前）北（灰堆）坐（梭波）。

也有其他人编写过类似的短句，例如“风催暑去荷花谢，秋爽云高雁自来”；“月落花浮水面香，楼台倒影印池塘”。又如“相逢待友一壶茶，笑谈昨夜尽醉”。这些都是“十三辙”的记忆口诀，用这些代表字组成的口诀连贯练习，也可以感觉到不同韵部韵母发音的特点。

另外，北方戏曲中儿化韵母也可合辙押韵，其韵辙可分为两类，一般称为两道“小辙儿”：

①小言前儿：包括 a、ua、ia、ai、uai、an、uan、üan、ian（也就是发花、怀来、言前三道大辙）的儿化音。

②小人辰儿：包括 o、e、i、u、ü、ie、üe、ei、uei（ui）、en、in、uen（un）、ün、uo、er 等韵母的儿化音。

如果从人的语音发声响度大小和音色明暗的不同考虑，那么有辙口的字在听感上有着明显的差异和特点。结合前面讲过的“舌面元音舌位图”“普通话韵母表”和后面列出的“十三辙和十八韵对照表”，可以感知到人的语音的发声响度与口腔的开度、有无鼻腔共鸣以及舌位的高、低、前、后不同而形成的不同共鸣作用相关。所以我们在平时实践练习中，如能将这一因素考虑在内，将语音与播讲的内容、人物性格、思想感情结合起来，会有助于发挥作品的表现力和感染力，达到较好的表达效果。

（2）十三辙和十八韵对照表

| 十三辙 | 十八韵 | 合辙的韵母 | 合辙部分 | 收音部分 | 例字 |
|---|---|---|---|---|---|
| 1. 发花 | 1. 麻 | a | a | | 巴、拔、把、霸 |
| | | ia | | | 家、夹、甲、驾 |
| | | ua | | | 蛙、娃、瓦、袜 |
| 2. 梭波（坡梭） | 2. 波 | o | o<br>e | | 坡、婆、笸、破 |
| | | uo | | | 郭、国、果、过 |
| | 3. 歌 | e | | | 歌、革、葛、各 |

续表

| | | | | | |
|---|---|---|---|---|---|
| 3. 乜斜 | 4. 皆 | ê | ê | | 欸 |
| | | ie | | | 阶、节、姐、借 |
| | | üe | | | 靴、学、雪、血 |
| 4. 姑苏 | 10. 模 | u | u | | 夫、扶、府、付 |
| 5. 一七（衣期） | 7. 齐 | i | i<br>ü<br>er | | 逼、鼻、笔、币 |
| | 11. 鱼 | ü | | | 居、局、举、具 |
| | 5. 支 | -i（前）[ɿ] | | | 疵、词、此、刺 |
| | | -i（后）[ʅ] | | | 诗、十、史、事 |
| | 6. 儿 | er | | | 儿、耳、二 |
| 6. 怀来 | 9. 开 | ai | ai | i | 哀、挨、矮、爱 |
| | | uai | | | 搋、膗、揣、踹 |
| 7. 灰堆 | 8. 微 | ei | ei | | 飞、肥、匪、费 |
| | | uei（ui） | | | 威、围、尾、未 |
| 8. 遥条 | 13. 豪 | ao | ao | u（o） | 滔、桃、讨、套 |
| | | iao | | | 消、淆、晓、笑 |
| 9. 油求 | 12. 侯 | ou | ou | u | 抽、绸、丑、臭 |
| | | iou（iu） | | | 优、游、友、幼 |
| 10. 言前 | 14. 寒 | an | an | n | 滩、谈、坦、探 |
| | | ian | | | 千、前、浅、欠 |
| | | uan | | | 欢、环、缓、换 |
| | | üan | | | 冤、元、远、院 |
| 11. 人辰 | 15. 痕 | en | (e)n | | 分、焚、粉、奋 |
| | | in | | | 拼、贫、品、聘 |
| | | uen(un) | | | 村、存、忖、寸 |
| | | ün | | | 晕、云、允、运 |
| 12. 江阳 | 16. 唐 | ang | ang | ng | 方、房、访、放 |
| | | iang | | | 枪、强、抢、呛 |
| | | uang | | | 荒、黄、谎、晃 |
| 13. 中东 | 17. 庚 | eng | ing<br>eng<br>ong | | 风、逢、讽、奉 |
| | | ing | | | 星、形、醒、性 |
| | | ueng | | | 翁、蓊、瓮 |
| | 18. 东 | ong | | | 通、同、统、痛 |
| | | iong | | | 庸、颙、永、用 |

## 三、怎样进行韵母练习

练习提示：在发音感受和练习过程中，注重区分不同发音动作和状态带来的语音的听觉回馈差异。同时，重视区分不同发音视觉回馈的差别，稳定正确明晰、开合连动、响亮朗润的语音和视觉印象。不断增强听辨意识，提升听评水平，强化发音能力。

### （一）感受舌位变化练习

a-i-u 三元音发音舌位对比图

| a： | 央 a — 前 a | 央 a — 后 a |
|---|---|---|
| | 前 a — 央 a | 后 a — 央 a |
| | 前 a — 后 a | 后 a — 前 a |
| | 前 a — 央 a — 后 a | 后 a — 央 a — 前 a |

a：

央 a　ba pa ma da ta na la za ca sa zha cha sha

前 a　bai pai mai dai tai nai lai zai cai sai zhai chai shai

后 a　bao pao mao dao tao nao lao zao cao sao zhao chao shao

i：　bi pi mi di ti ni li ji qi xi yi

u：　bu pu mu du tu nu lu zu cu su

a–i–u：ba bi bu　pa pi pu

da di du　ta ti tu

na ni nu　la li lu

e：　后 e — 央 e　　央 e — 后 e

后 e — 央 e — 后 e　　央 e — 后 e — 央 e

ge — e — er　　ke — e — er　　he — e — er

zhe — e — er　　che — e — er　　she — e — er

ze — e — er　　ce — e — er　　se — e — er

de — e — er　　te — e — er　　le — e — er

### （二）感受唇形变化练习

i–ü：　ji — ju　qi — qu　xi — xu　ni — nü　li — lü　yi — yu

o–e：　bo　po　mo　fo　de　te　ne　le

ua–ao：　gua — gao　　kua — kao　　hua — hao

zhua — zhao　　chua —chao　　shua —shao

uo-ou：　guo — gou　　kuo — kou　　huo — hou

zuo — zou　　cuo — cou　　suo —sou

### （三）感受归音唯闭练习

1. 鼻韵尾及鼻韵母发音练习

-n — -ng　　-ng — -n

-n — -ng — -n　　-ng — -n — -ng

an　ian　uan　en　uen　in　ün　üan

ang　iang　uang　eng　ueng　ong　ing　iong

2. 鼻韵尾及鼻韵母 + a 除阻发音练习

-na — -nga　　-nga — -na

-na — -nga — -na　　-nga — -na — -nga

ana　iana　uana　ena　uena　ina　üna　üana

anga　ianga　uanga　enga　uenga　onga　inga　ionga

3. 后音引衬发音练习

ànnà　　yāndài　　wāndāo　　ēndé　　wēnnuǎn

yīntiān　　yúnduān　　yuántóu　　yuánliú　　fēnliú

bānggōng jiānghuà shuānggui téngkōng wēnghóng
dòngkū xīngkōng yònggōng qióngkùn xiónghún

## （四）感受宽窄对比练习

ai — ei　　ao — ou
uai — uei　　iao — iou
ia — ie　　ua — uo
an — en　　ang — eng
ian — in　　iang — ing
uan — uen　　uang — ueng（ong）
üan — ün

## （五）感受开口 a 音为核心的基础练习

| 原型 | 变体 | 出现条件 | 韵母示例（14 个） |
|---|---|---|---|
| a | 前低 a［a］ | 在 i 和 n 之前充当韵腹 | ai、uai、an、uan |
|  | 前次低 a［æ］ | 在 i、ü 和 n 之间充当韵腹 | ian、üan |
|  | 央低 a［A］ | 独立运用或后面无韵尾 | a（ba、zha）、ia、ua |
|  | 后低 a［ɑ］ | 在 u 和 ng 之前充当韵腹 | ao、iao、ang、iang、uang |

## （六）感受开口 e 音为核心的提升练习

| 原型 | 变体 | 出现条件 | 韵母示例（15 个） |
|---|---|---|---|
| e | 前半低 e（ê［ε］） | i、ü 后面或偶尔独立运用 | ie、üe、ê |

续表

| | | | |
|---|---|---|---|
| e | 央中 e[ə] | 舌位偏前靠上充当韵腹 | ei、uei、en、uen |
| | | 舌位居中独立运用 | er |
| | | 舌位偏后靠上充当韵腹 | ou、iou、eng、ueng |
| | 后半高 e [ɤ] | 独立使用或充当韵腹 | e（e、de、ne、ge、zhe、ze） |
| | 圆 e（o[o]） | 独立使用的后 e 圆唇充当韵腹或偶尔独立运用 | o、uo（o、bo、po、mo、fo、zuo） |

## （七）感受闭口高元音为核心的扩展练习

| 原型 | 变体 | 出现条件 | 韵母示例（10 个） |
|---|---|---|---|
| i | 舌尖前 -i[ɿ] | 在 z、c、s 后面 | -i（前）(zi、ci、si) |
| | 舌尖后 -i[ʅ] | 在 zh、ch、sh 后面 | -i（后）(zhi、chi、shi、ri) |
| | 前次高 i[I] | 在 ɑ 和 e 后充当韵尾 | -i（ɑi、ei、uɑi、uei） |
| | 前高 i[i] | 独立运用或充当韵头、韵腹 | i、in、ing（i、pi、lin、jing） |
| | 圆 i(ü[y]) | 独立运用的 i 音圆唇独立运用或充当韵头、韵腹 | ü、ün、iong |
| u | 后高 u[u] | 独立运用或充当韵头、韵腹 | u（u、bu 、zu; uɑ、uɑn、ueng） |
| | 后次高 u[ʊ] | 充当韵尾 | -u（ou、iou、ɑo、iɑo） |
| | 后松 u[ʊ] | 松 u 独立充当韵腹 | ong（o→u） |

## （八）以开口 a 音为核心的基础字词练习

**央 a — a**

阿 巴 趴 妈 发 达 沓 拿 拉 尕 卡 哈 炸 差 煞 匝 擦 撒

吧嗒 爸爸 妈妈 打靶 发达 砝码 嘎巴 蛤蟆 咔嚓 喇叭

腊八 马扎 打杂 沙茶 哪怕 眨巴 邋遢 麻辣 沙发 大咖

**央 a — ia**

鸭 嗲 俩 加 掐 瞎 甲 恰 霞 嫁 洽 吓 牙 雅 亚

加压 压价 假牙 恰恰 下压 加价 下嫁 下牙 家家 下家

下架 家鸭 夏家 压下 崖下 掐架 下辖 亚冠 下载 狭窄

**央 a — ua**

蛙 瓜 夸 花 抓 欻 刷 娃 瓦 袜 滑 垮 耍 刮 画

刷花 挖垮 呱呱 挂画 画画 画刷 耍滑 唰唰 花袜 刮花

挂花 抓花 夸夸 划花 瓜分 抓紧 夸奖 夸大 刷牙 外挂

**前 a — ai**

哀 白 拍 买 呆 胎 奶 来 该 开 孩 摘 拆 筛 栽 猜 塞

摆拍 百态 奶奶 拆台 掰开 彩带 白菜 拍卖 买卖 海带

采摘 灾害 采买 爱戴 再来 开斋 拆开 还在 择菜 债台

**前 a — uai**

歪 乖 快 怀 拽 揣 摔 崴 外 拐 块 怪 蟀 踹 甩

外快 外拐 外踝 摔坏 拽坏 怀揣 踹拽 乖乖 快快 摔倒

歪斜 乖巧 快乐 揣测 衰败 怪才 快递 淮河 拽开 坏蛋

**前 a — an**

安 般 潘 瞒 翻 单 摊 难 兰 甘 刊 含 沾 搀 删 然 簪 餐 三

安然 案犯 暗淡 暗滩 暗含 办案 拌饭 斑斓 班禅 攀谈

盘缠 蹒跚 慢板 漫谈 翻盘 反弹 犯难 泛滥 淡蓝 潸然

**前 a — uan**

弯 端 湍 暖 峦 关 宽 欢 转 川 栓 软 钻 蹿 酸

婉转 万川 万贯 完款 完卵 玩转 转弯 断腕 短短 换算

短管 软缎 宽缓 乱传 乱窜 贯穿 专款 还完 酸软 专断

**变体 a［æ］— ian**

烟 边 篇 绵 颠 天 年 连 间 千 先 撵 敛 笺 弦

电线 简便 渐变 癫痫 偏见 年限 鲜艳 现眼 闲言 演练

牵连 减免 见面 边线 千年 边沿 面点 腼腆 棉田 缅甸

**变体 a［æ］— üan**

渊 娟 圈 轩 元 卷 权 悬 远 眷 犬 炫 愿 劝 缘

圆圈 源泉 全员 全院 全权 渊源 泉源 涓涓 全选 轩辕

玄元 卷圆 远远 源源 渲染 捐献 愿望 远望 宣传 选择

**后 a — ao**

熬 包 抛 猫 刀 涛 孬 捞 高 尻 蒿 招 抄 烧 饶 遭 操 搔

抛锚 报告 高潮 高超 逃跑 高考 早操 号召 懊恼 照抄

祷告 报到 宝岛 宝刀 操劳 牢靠 套牢 跑道 冒号 骚扰

**后 a — iao**

邀 标 飘 喵 貂 挑 鸟 撩 交 悄 宵 摇 表 瞟 聊

巧妙 苗条 窈窕 逍遥 小鸟 教条 脚镣 娇小 叫嚣 娇笑

吊桥 疗效 萧条 小票 缥缈 秒表 飘摇 渺小 袅袅 药效

**后 a — ang**

昂 帮 滂 芒 方 当 汤 囊 啷 刚 康 夯 张 昌 商 嚷 脏 仓 桑

帮忙 肮脏 沧桑 党章 长方 厂房 烫伤 当场 榜上 彷徨

茫茫 放浪 螳螂 苍茫 商场 放榜 仓房 方糖 掌上 常常

**后 a — iang**

央 娘 量 姜 枪 香 杨 酿 两 讲 强 翔 亮 奖 抢

想象 两样 襄阳 向阳 像样 泱泱 亮相 香江 两项 两厢

湘江 降将 强项 枪响 踉跄 粮饷 奖项 酱香 抢粮 洋相

**后 a — uang**

汪 光 筐 慌 装 窗 霜 亡 广 狂 黄 撞 床 爽 框

状况 双簧 狂妄 往往 网状 双亡 矿床 黄光 装潢 窗框

惶惶 狂欢 皇冠 壮观 装束 闯关 霜状 汪洋 光芒 广场

## （九）以开口 e 音为核心的提升字词练习

**后 e — e**

额 德 特 讷 勒 哥 磕 喝 遮 车 奢 惹 泽 策 涩

特赦 特色 折合 客车 色泽 割舍 合格 苛刻 隔阂 瑟瑟

咋舌 菏泽 折射 歌德 鸽舍 各科 车辙 隔热 可乐 苛责

**后 e 圆唇 — o**

喔 播 泼 摸 佛 哦 博 婆 馍 跛 叵 驳 破 抹 墨

泼墨 磨破 婆婆 饽饽 伯伯 默默 陌陌 馍馍 脉脉 磨墨

破膜 菠萝 剥落 萝卜 破获 薄弱 搏斗 叵测 伯仲 拨动

**后 e 圆唇 — o — uo**

窝 多 托 挪 啰 郭 阔 豁 桌 戳 说 若 嘬 搓 梭

龌龊 哆嗦 脱落 过错 阔绰 做作 蹉跎 霍霍 绰绰 蝈蝈

硕果 堕落 躲过 陀螺 懦弱 骆驼 国货 说错 着落 过活

**央 e — er**

而 尔 二 儿 耳 贰 迩 饵

儿童 儿戏 而且 耳目 耳语 而后 二胡 而已 而言 耳机

而又 二月 二十 耳钉 耳朵 尔等 儿歌 耳光 耳环 耳鸣

### 央 e 偏前靠上 — ei

欸 背 胚 眉 飞 得 忒 馁 勒 给 尅 黑 贼 内 雷

贝类 北美 蓓蕾 肥美 黑妹 配备 培肥 非得 赔给 美黑

背煤 飞贼 黑霉 北非 狒狒 违背 累累 妹妹 黑贝 匪类

### 央 e 偏前靠上 — uei

威 堆 推 归 亏 灰 追 吹 谁 蕊 嘴 催 虽 韦 卫

吹灰 垂危 摧毁 归队 回嘴 坠毁 会徽 荟萃 醉鬼 魁伟

嘴碎 退回 水位 罪魁 追回 愧对 尾随 畏罪 汇兑 未遂

### 央 e 偏前靠上 — en

恩 奔 喷 闷 分 扽 嫩 跟 肯 痕 真 嗔 申 仁 怎 岑 森

本分 本人 岑参 沉闷 分身 分神 愤恨 根本 门诊 认真

妊娠 身份 深沉 粉尘 深圳 振奋 愤懑 人参 门神 焚身

### 央 e 偏前靠上 — uen

温 蹲 吞 抡 滚 坤 昏 谆 春 吮 润 尊 皴 孙 闻

昆仑 混沌 馄饨 伦敦 春瘟 困顿 温润 温顺 春笋 论文

温存 滚轮 滚滚 春困 稳准 谆谆 润唇 珲春 尊敬 准备

### 央 e 偏后靠上 — ou

欧 剖 哞 否 兜 偷 耨 喽 沟 扣 候 周 抽 收 柔 邹 凑 搜

佝偻 漏斗 扣肉 绸缪 够受 露头 叩首 丑陋 后肘 收购

口授 凑手 口头 守候 兜售 后轴 喉头 豆蔻 抖擞 走狗

### 央 e 偏后靠上 — iou

优 谬 丢 妞 溜 究 秋 修 游 牛 酒 球 朽 酉 佑

就有 酒友 久留 琉球 流油 悠悠 旧友 犹有 九流 旧有

刘秀 牛油 求救 绣球 优秀 悠久 有救 修旧 溜溜 舅舅

### 央 e 偏后靠上 — eng

鞥 绷 烹 蒙 风 登 腾 能 棱 庚 坑 哼 争 称 生 增 层 僧

乘胜 鹏程 逞能 征程 丰盛 萌生 风声 风筝 更正 冷风
升腾 声称 生成 省城 蒸腾 增生 灯绳 承蒙 乘风 奉承

**央 e 偏后靠上 — ueng**

翁 蓊 瓮 嗡
嗡嗡 蓊郁 瓮城 老翁 渔翁 水瓮 瓮中捉鳖 请君入瓮

**前 ê — ie**

噎 憋 瞥 乜 爹 贴 捏 咧 接 切 歇 爷 聂 烈 邪
结业 姐姐 乜斜 贴切 谢谢 爷爷 揭帖 节烈 铁鞋 铁屑
爹爹 猎猎 结界 借鞋 接界 斜街 蹀躞 趔趄 烈烈 结节

**前 ê — üe**

约 虐 掠 撅 缺 靴 粤 疟 略 珏 瘸 穴 岳 诀 榷
雀跃 雪月 约略 绝学 月缺 跃跃 略略 决绝 缺略 血型
悦耳 约定 约束 跃进 决策 决裂 乐章 绝密 绝对 决定

## （十）以闭口高元音为核心的扩展字词练习

**i — i**

衣 逼 批 眯 堤 踢 泥 沥 激 期 西 疑 鼻 皮 弥
彼此 笔记 比例 裨益 刺鼻 磁极 死寂 离奇 地理 机器
起义 秘密 细腻 激励 日期 吸气 洗礼 奇迹 契机 体力

**i — in**

音 彬 拼 民 您 拎 斤 亲 新 寅 紧 寝 信 沁 劲
殷勤 濒临 音频 拼音 引进 音信 林荫 临近 禁品 金银
紧邻 近邻 近亲 尽心 亲民 亲临 亲近 亲信 新品 辛勤

**i — ing**

应 兵 乒 铭 盯 汀 凝 灵 精 清 星 赢 请 擤 劲
英明 明镜 叮咛 聆听 荧屏 影厅 英灵 应景 硬性 兵营

酩酊 冰凌 冰晶 病情 秉性 评定 平顶 明星 听清 警醒

**ü（i 圆唇）— ü**

迂 女 驴 居 区 须 余 岫 缕 局 渠 徐 禹 聚 趣

渔女 语句 豫剧 渔具 语序 屡屡 旅居 滤去 局域 絮语

龃龉 聚居 区域 屈居 曲剧 区区 序曲 须臾 缕缕 女婿

**ü（i 圆唇）— ün**

晕 军 逡 熏 云 俊 群 寻 允 君 旬 裙 韵 郡 汛

均匀 菌群 军训 芸芸 逡巡 匀匀 运动 熏陶 晕眩 晕车

匀速 韵味 韵尾 君临 逊位 寻找 训练 允许 运营 殉情

**ü（i 圆唇）— iong**

雍 窘 邛 凶 泳 炯 穹 熊 用 炅 琼 芎 迥 茕 雄

汹涌 熊熊 炯炯 茕茕 汹汹 琼浆 穷困 兄长 雄壮 庸医

用意 迥然 踊跃 永久 永远 雄伟 佣人 佣金 涌进 勇进

**u — u**

屋 补 扑 母 敷 督 突 奴 撸 姑 哭 呼 朱 初 书 儒 租 粗 酥

补录 突出 图书 出路 读书 糊涂 出租 孤独 古都 故都

补助 粗鲁 扶助 辅助 腐竹 匍匐 目录 赌徒 屠戮 哭诉

**u — ong**

冬 通 农 龙 弓 空 哄 中 充 荣 总 葱 松 懂 冗

动工 隆冬 洪钟 共同 共通 隆重 葱茏 冬虫 动容 咚咚

童工 工种 同种 通融 浓重 脓肿 笼统 龙宫 工农 公众

## （十一）韵母部分综合对比词语练习

### 1. 部分单韵母、复韵母对比词语练习

**i — ü**

积聚 汲取 亟须 齐聚 崎岖 期许 唏嘘 利率 逆序 抑郁

基于 棋局 鲫鱼 器具 起居 喜剧 机遇 提举 例句 比率

ü — i

狙击 居奇 据悉 屈肌 曲奇 续期 虚拟 履历 虚礼 雨衣
拘役 驱离 律己 举义 距离 取义 曲臂 驱力 举例 蓄力

o — e

波折 磨合 模特 叵测 摹刻 墨盒 破格 博得 破折 薄荷
颇得 墨客 破壳 磨课 博客 伯乐 破车 剥壳 泊车 破了

e — o

恶魔 核拨 刻薄 隔膜 磕破 折磨 割破 车模 胳膊
色波 扯破 侧波 河伯 车膜 射波 摄魄 热播 嘚啵

ie — üe

解决 节约 孑孓 协约 谢绝 借阅 灭绝 撇却 喋血 谐谑
戒绝 裂绝 夜月 劫掠 解穴 鞋靴 切削 铁血 竭蹶

üe — ie

越野 确切 血液 缺页 决裂 月夜 学业 缺血 学界 爵爷
雪鞋 略写 雪野 学姐 月结 雪夜 诀别 绝灭 略跌

uo — o

戳破 做馍 落寞 磋磨 夺魄 落泊 落魄 国破 唾沫
活佛 落墨 多磨 拖驳 坐佛 所迫 索寞 琢磨 萝卜

o — uo

菠萝 佛国 剥夺 拨错 摸索 破落 破获 婆娑 摩挲 佛陀
剥落 博硕 薄弱 莫说 默坐 佛座 剥啄 哱罗 馎饦 簸箩

uo — e

脱壳 过河 所得 错愕 做客 弱者 多个 获得 货色 坐车

撮合 缩合 过客 果核 国歌 果壳 国色 国格 夺得

**e — uo**

厕所 各国 瑟缩 侧卧 合伙 客座 热络 车祸 勒索 热锅
蛇果 俄国 核果 乐果 涉过 德国 惹火 涩果 惹祸 泽国

2. 宽窄复韵母对比词语练习

**ia — ie**

虾蟹 嫁接 下届 掐灭 下列 假借 下切 假鞋 下跌 加贴
恰切 瞎写 蛱蝶 下泄 佳节 家协 家姐 下界 夏桀 夹携

**ie — ia**

卸下 鳖甲 跌价 切下 结痂 接洽 叠加 撇下 铁甲 鞋架
写下 别家 泻下 茄夹 节假 卸甲 接驾 结荚 截下

**ai — ei**

白费 百倍 带累 败类 栽培 采煤 暧昧 海内 排雷
代培 败北 带给 塞北 踩雷 踩背 海贝 白给 派给

**ei — ai**

悲哀 黑白 擂台 内海 胚胎 内债 背带 佩戴 杯盖 飞来
黑海 眉黛 飞白 北海 佩带 威海 雷台 危害 配载 萎败

**ua — uo**

花朵 话说 华佗 跨国 刷锅 挖过 瓜果 抓获 华硕
挂火 抓错 化作 刮锅 划过 滑脱 话多 挂果 耍阔

**uo — ua**

多寡 国画 说话 火花 拖垮 弱化 倭瓜 拖挂 拓画 落花
活寡 说卦 活话 托话 多话 火化 锅刷 活化 搓花 错抓

**uai — uei**

怪罪 快慰 快嘴 衰退 衰微 外汇 外围

怪味 坏水 淮水 衰萎 衰颓 快退 快睡

**uei — uai**

对外 鬼怪 追怀 毁坏 最坏 嘴快 腿快 垂槐 诡怪

水怪 最帅 吹坏 回踹 腿歪 推拽 腿崴 微快

**ao — ou**

保守 报仇 操守 稿酬 矛头 遭受 招收 澳洲 包头 道口

到手 招手 倒头 报酬 抱头 盗寇 韶州 道州 好斗 扫帚

**ou — ao**

酬劳 口号 柔道 手套 头脑 口罩 抽考 偷到 构造 周道

筹到 口哨 周到 收好 偷盗 豆捞 楼道 蒌蒿 沟壕 首保

**iao — iou**

交流 漂流 药酒 效尤 角球 票友 娇羞 要求 料酒 调休

校友 药油 交友 荞酒 幺舅 郊游 调酒 聊友 飘球 小酒

**iou — iao**

柳条 求教 邮票 幼苗 遛鸟 就要 牛角 袖标 有效 油条

幼小 幼教 幼鸟 丢掉 扭腰 游标 右脚 六角 酒肴 囚鸟

3. 宽窄鼻韵母对比词语练习

**an — en**

暗门 安分 安仁 安稳 男人 干粉 残忍 战神 缠身 满分

半盆 难忍 南门 含恨 寒门 满门 蓝本 看门 满文 俺们

**en — an**

本班 笨蛋 针毡 分班 震颤 奋战 芬兰 分散 很惨 晨安

很慢 分担 震撼 分半 喷染 啃完 闷暗 神坛 问安 人丹

ang — eng

章程 长征 长城 商城 上声 抗争 康盛 唐僧 抗衡 盲症

抗生 张灯 掌政 掌声 钢镚 长生 放灯 昌盛 上乘 航程

eng — ang

证章 成长 增长 捧场 登场 声张 增胖 猛涨 膨胀 碰伤

整张 称赏 生长 省长 成章 呈上 承当 胜仗 蜂房 碰上

ian — in

烟瘾 棉芯 面筋 闲心 现金 便民 偏心 电信 甜心 天津

偏信 连襟 练琴 面临 变频 面巾 岩心 先秦 联姻 点心

in — ian

阴险 仅限 金典 新编 鬓边 新鲜 今年 金钱 民间 岷县

觐见 信件 心弦 引言 心眼 禁烟 品鉴 进贤 琴弦 民谚

iang — ing

酱饼 江陵 良性 响铃 强行 讲评 凉亭 强硬 响应

靓影 强劲 凉性 僵硬 香型 相应 枪柄 江宁 阳性

ing — iang

精良 领奖 清亮 靖江 明亮 冰凉 冥想 定量 形象 听讲

萍乡 兵将 名将 凝香 定向 性向 冰箱 名扬 精酿 景象

uan — uen

传闻 短文 撰文 乱棍 婉顺 暖润 转存 转瞬 晚婚 转轮

完婚 乱问 篆文 顽钝 暖春 乱炖 酸困 还魂 短棍

uen — uan

温婉 文段 温暖 汶川 紊乱 轮换 寸断 混乱

春晚 文官 昏乱 魂断 吞酸 论断 春暖 昏官 醇酸

**uang — ueng ( ong )**

矿洞 旷工 双控 黄铜 惶恐 皇宫 广东 晃动 光荣 黄龙
狂攻 光控 晃动 双弓 霜冻 黄蓉 黄忠 双孔 狂龙 窗洞

**ueng ( ong )— uang**

红光 冻疮 空旷 送往 龙王 通往 铜矿 冲床 总装 东窗
虹光 空床 冲撞 控光 红矿 童装 铜网 同窗 冲往

**üan — ün**

眩晕 劝君 院训 援军 全军 圆晕 猿群 元勋 全晕
全运 元君 眩晕 卷云 卷群 泉韵 倦晕 悬云

**ün — üan**

晕眩 训犬 军眷 军权 群选 寻缘 军犬 云卷
晕圈 军援 群员 君权 群院 运拳 愠怨 群怨

4. 前后鼻韵母对比词语练习

**an — ang**

担当 班长 繁忙 站岗 南方 反抗 安康 返航 擅长 盼望
坦荡 板荡 蛋汤 单糖 堪当 站长 展商 山上 叛党 绽放

**ang — an**

伤感 商贩 傍晚 上班 账单 方案 钢板 商谈 长安 畅谈
伤寒 帮办 档函 档案 常伴 长叹 商战 网坛 商办 抗旱

**ian — iang**

演讲 现象 健将 变相 勉强 联想 咸阳 坚强 鲜亮 牵强
艳阳 厌氧 绵阳 变样 边疆 绵羊 贤良 显扬 限量 念想

**iang — ian**

镶嵌 想念 香烟 量变 养颜 相片 相见 亮点 香甜 强辩
向前 抢钱 亮眼 详见 乡间 香艳 抢先 抢险 享年 抢眼

**uan — uang**

观光 宽广 乱闯 晚霜 换装 端庄 管状 软床 万状 关窗
宽网 钻窗 观望 罐装 暖光 短装 换床 晚装 环状 官网

**uang — uan**

光环 慌乱 狂欢 双关 壮观 网管 装船 王冠 闯关 床栓
矿船 黄砖 皇冠 潢川 狂灌 装罐 光暖 黄冠 狂乱 撞船

**en — eng**

真诚 本能 深层 奔腾 真正 神圣 文风 纷争 门缝 人称
人生 认证 人证 深耕 忍疼 分层 跟风 尘封 怎能 很萌

**eng — en**

登门 诚恳 生根 成分 承认 成人 城镇 风疹 风尘 缝纫
胜任 正门 证人 生辰 能人 政审 横亘 憎恨 冷门 坑人

**in — ing**

心情 金陵 禁令 民警 品行 聘请 进行 新兴 新型 尽兴
心灵 拼命 钦敬 民兵 新颖 隐形 阴影 引擎 民情 品茗

**ing — in**

听信 灵敏 清音 挺进 平民 凭信 迎新 领巾 清新 惊心
轻信 病因 定亲 明信 行进 清贫 并进 倾心 冰品 评聘

**uen — ueng（ong）**

存钱——从前 炖肉——冻肉 吞并——通病 轮子——笼子
唇膏——崇高 春风——冲锋 余温——渔翁 温温——嗡嗡
稳重 滚动 顺从 昆虫 滚筒 混同 尊重 纯种

蚊虫　轮空　尊崇　春种

ueng（ong）— uen

农村　中文　重孙　公文　通顺　红润
冬笋　仲春　通婚　冬春　重温　从文

ün — iong

运费——用费　晕车——用车　勋章——胸章　寻找——熊爪
音讯——英雄　人群——人穷　循循——汹汹
运用　军用　群雄　云涌　骏雄　均用　训熊

iong — ün

拥军　凶运　熊群　穷运　凶讯　雄峻

## （十二）韵母部分字词综合练习

1. 朗读下列单音节字词并录音听评（重点听辨音节韵母部分）

贴　吻　抓　略　女　怀　涮　司　还　相
砣　君　岸　存　坡　炕　枕　虐　俩　石
避　夸　停　贵　摸　饼　痣　秦　采　叶
凡　掐　孔　丢　惹　卧　婶　妄　广　沓
恋　笙　矿　除　张　籽　啃　习　漂　那
锌　润　墙　次　涌　餐　绕　将　恶　嘿
面　播　订　牌　兄　物　索　六　否　冲
群　窗　掉　跟　熔　拒　孙　尽　眯　褪
美　院　吃　贰　险　赴　隋　沤　揣　拗
翁　选　造　海　灌　啪　荫　曾　轴　扎

2. 朗读下列双音节词语并录音听评（重点听辨音节韵母部分）

配合　发扬　模型　花蕊　喧闹　车站　主角　森林
拼音　缫丝　两边　依顺　平方　谢谢　称赞　人口
峡谷　志气　乔装　蠢笨　瓜分　短促　刻苦　词尾
耐用　拐弯　沸腾　谎言　从而　试卷　具体　亲爱

手软 熊猫 从何 年久 脆弱 葬送 落后 需求
调整 书架 标尺 快乐 苍穹 忘却 恩情 均匀

### （十三）韵母诗词综合练习

## 捕　　鱼

周有光

人远江空夜，浪滑一舟轻。儿咏诶唷调，橹和嗳啊声。
网罩波心月，竿穿水面云。鱼虾留瓮内，快活四时春。

| 人 | 远 | 江 | 空 | 夜， | 浪 | 滑 | 一 | 舟 | 轻。 |
|---|---|---|---|---|---|---|---|---|---|
| **en** | **üan** | **iang** | **ong** | **ie** | **ang** | **ua** | **i** | **ou** | **ing** |
| r | Ø | j | k | Ø | l | h | Ø | zh | q |

| 儿 | 咏 | 诶 | 唷 | 调， | 橹 | 和 | 嗳 | 啊 | 声。 |
|---|---|---|---|---|---|---|---|---|---|
| **er** | **iong** | **ê** | **io** | **iao** | **u** | **e** | **ai** | **a** | **eng** |
| Ø | Ø | Ø | Ø | d | l | h | Ø | Ø | sh |

| 网 | 罩 | 波 | 心 | 月， | 竿 | 穿 | 水 | 面 | 云。 |
|---|---|---|---|---|---|---|---|---|---|
| **uang** | **ao** | **o** | **in** | **üe** | **an** | **uan** | **uei** | **ian** | **ün** |
| Ø | zh | b | x | Ø | g | ch | sh | m | Ø |

| 鱼 | 虾 | 留 | 瓮 | 内， | 快 | 活 | 四 | 时 | 春。 |
|---|---|---|---|---|---|---|---|---|---|
| **ü** | **ia** | **iou** | **ueng** | **ei** | **uai** | **uo** | **-i**（前） | **-i**（后） | **uen** |
| Ø | x | l | Ø | n | k | h | s | sh | ch |

### （十四）利用“普通话声韵配合表”进行韵母练习

详见“汉语普通话声韵配合表”。

### （十五）韵母部分绕口令综合练习

1. 以开口 a 音为核心的基础绕口令练习

#### a　胖娃娃

一个胖娃娃捉了三个大花活蛤蟆，三个胖娃娃捉了一个大花活蛤蟆。捉了一个大花活蛤蟆的三个胖娃娃，真不如捉了三个大花活蛤蟆的一个胖娃娃。

#### ai　买白菜

买白菜，搭海带，不买海带就别买大白菜。买卖改，不搭卖，不买海带也能买到大白菜。

#### ua　王婆卖瓜

王婆卖瓜又卖花，一边卖来一边夸。又夸花，又夸瓜。夸瓜大，夸花好。瓜大，花好，笑哈哈。

#### ia、ua、ai　花鸭和彩霞

水中映着彩霞，水面游着花鸭。霞是五彩霞，鸭是麻花鸭。麻花鸭游进五彩霞，五彩霞网住麻花鸭。乐坏了鸭，拍碎了霞，分不清是鸭还是霞。

#### uai、ai、ia　槐树槐

槐树槐，槐树槐，槐树底下搭戏台。人家的孩子乖乖坐，我家的孩子快快来。说着说着开演了，揣揣手，甩甩袖，歪着脑袋俩俩秀。

#### an、uan　大帆船

大帆船，小帆船，竖起桅杆撑起船。风吹帆，帆引船，帆船顺风转海湾。

#### an、ian　出前门

出前门，往正南，有个面铺面冲南。面铺外，挂着一个蓝布棉门帘。给它摘了那个蓝布棉门帘，面铺还是面冲南。给它挂上那个蓝布棉门帘，面铺还是面冲南。

### üan 圆圈圆

圆圈圆，圈圆圈，萱萱娟娟画圆圈。萱萱画圆圈连圈，娟娟画圈圆套圆。萱萱娟娟比圆圈，看看谁的圆圈圆。

### ao、iao 俩老道

高高山上有座庙，庙里住着俩老道，一个年纪老，一个年纪少。庙前长着许多草，有时候老老道煎药，小老道采药。有时候小老道煎药，老老道采药。

### iao、an 慢表

表慢，慢表，慢表慢半秒。慢半秒，拨半秒，拨过半秒多半秒。多半秒，拨半秒，拨过半秒少半秒。拨来拨去是慢表，慢表表慢慢半秒。

### ang、iang 大和尚和小和尚

大和尚和小和尚，两人常常相夸奖。大和尚讲小和尚强，小和尚讲大和尚强。小和尚煎姜汤让大和尚尝，大和尚奖檀香让小和尚放。

### iang 杨家和蒋家

杨家养了一只羊，蒋家修了一垛墙。杨家的羊撞倒了蒋家的墙，蒋家的墙压倒了杨家的羊。杨家要蒋家赔杨家的羊，蒋家要杨家赔蒋家的墙。

2. 以开口 e 音为核心的提升绕口令练习

### e 团结者和

安定团结者和也，和者团结，团结者和，单手为分联手为和。改革的中国首先得和，中央和省市和地方和地区和，工农和城乡和学校和厂矿和，家庭和邻里和兄弟和姐妹和，你和我和他也和，海峡两岸要和，汉满蒙回藏五十六个民族要和上加和，实现伟大复兴的祖国需要和必须和只能和不能不和。

### e、o 颗颗豆子

颗颗豆子进石磨，磨成豆腐送哥哥。
哥哥说我的力单薄，可单薄身魄心肠热。

### ei、uei 风吹灰

风吹灰堆灰乱飞，灰飞花上花堆灰。
风吹花灰灰飞去，灰随风吹吹灰飞。

### en 陈森打靶

陈森打靶真是笨，深林射击还很嫩。
本是半路出家人，认认真真是本分。

### uen 同心者顺

同心同德者顺哉，顺者同心，同心者顺，腾飞的中华百业待顺，政治要理顺经济要理顺，思想要理顺文化要理顺，方方面面都要理顺。工业顺农业顺国防顺科技顺，交通顺道路顺建设顺改革顺，十三亿两千万人民心和气顺！

### ou、iou 老六放牛

柳林镇有个六号楼，里面住了个刘老六。有一天，来了牛老六，牵着六只猴；来了侯老六，拉了六头牛；来了仇老六，担了六篓油；来了尤老六，背了四匹绸。牛老六、侯老六、仇老六、尤老六，住上刘老六住的六号楼。半夜里，牛抵猴，猴斗牛，撞倒了仇老六的油，油坏了尤老六的绸。仇老六拉起牛老六要赔油，尤老六拉着侯老六要赔绸，牛老六怨侯老六的牛，侯老六怨牛老六的猴。

### eng 放风筝

刮着大风放风筝，风吹风筝挣断绳。风筝断绳风筝疯，断绳风筝随风蹦。风不停，筝不停，风停风筝落地横。

### ie 姐姐切茄子

姐姐借刀切茄子，去把儿去叶儿斜切丝。切好茄子烧茄子，炒茄子、蒸茄子，还有一碗焖茄子。

### üe 真绝

真绝，真绝，真叫绝，皓月当空下大雪，麻雀游泳不飞跃，鹊巢鸠占雀喜悦。

3. 以闭口高元音为核心的扩展绕口令练习

### i 人心齐泰山移

人心齐泰山移，男女老少齐出力，要与老天比高低。挖了干渠十几里，饱浇了万亩良田地。

### ü 女小吕

这天天下雨，体育运动委员会穿绿雨衣的女小吕，去找计划生育委员会不穿绿雨衣的女老李。体育运动委员会穿绿雨衣的女小吕，没找着计划生育委员会不穿绿雨衣的女老李。计划生育委员会不穿绿雨衣的女老李，也没见着体育运动委员会穿绿雨衣的女小吕。

### i、ü 一年没下几场雨

一年没下几场雨，生活生产水急需。岂等老天来送雨，建库修渠赶上去。男女老少齐努力，一湾清水引进渠。支渠可以接干渠，毛渠可以接斗渠。清水哗哗到田里，管你下雨不下雨。

### -i（后） 知道就是知道

知道就是知道，不知道就是不知道。不要知道说不知道，也不要不知道装知道。老老实实，实事求是，一定要做到不折不扣的真知道。

### -i（前）、-i（后） 四和十

四是四，十是十，十四是十四，四十是四十。谁要说不准四十、十四、四十四，谁就来自己亲自试一试。

### in 你勤我也勤

你也勤来我也勤，兄弟同心利断金。平民不贫因打拼，心心相印一家亲。

### ing 望月空满天星

望月空，满天星，光闪闪，亮晶晶，好像那，小银灯。仔细看，看分明，大大小小，密密麻麻，闪闪烁烁，数也数不清。

### u 胡苏夫

胡庄有个胡苏夫，吴庄有个吴夫苏。胡庄的胡苏夫爱读诗书，吴庄的吴夫苏爱读古书。胡苏夫的书屋摆满了诗书，吴夫苏的书屋放满了古书。

### ong 不是彩虹不是弓

我家住在莲花峰，屋顶常年落彩虹。彩虹跨度三十里，越看越像一把弓。轰隆隆，轰隆隆，这不是彩虹不是弓，而是那渡槽架长空。

an 和 ang 辨音字表

| | an | ang |
|---|---|---|
| ø | ①安桉氨鞍庵鹌谙③俺铵④岸按案胺暗黯 | ①肮②昂④盎 |
| b | ①扳颁班斑般搬③阪坂板版钣舨④办半伴拌绊扮瓣 | ①邦帮梆浜③绑榜膀④蚌棒傍谤磅镑 |
| p | ①番潘攀②爿胖盘磐蟠蹒④判叛畔拚盼襻 | ①乓滂膀②庞旁膀磅螃③耪④胖 |
| m | ②埋蛮谩蔓馒鳗瞒③满螨④曼谩蔓幔慢漫 | ②邙芒忙盲氓茫硭③莽蟒 |
| f | ①帆番蕃幡藩翻②凡矾钒烦蕃樊繁③反返④犯范饭贩泛梵 | ①方坊芳②防坊妨肪房鲂③仿访纺舫④放 |
| d | ①丹担单郸殚眈耽③胆疸掸④石旦但担诞淡惮弹蛋氮澹 | ①当铛裆③挡党谠④当挡档凼砀荡宕 |
| t | ①坍贪摊滩瘫②坛昙谈郯痰弹覃谭潭檀③忐坦钽袒毯④叹炭碳探 | ①汤铴镗②唐塘搪溏瑭糖堂樘膛螳棠③倘惝淌躺傥④烫趟 |
| n | ①囡②男南喃楠难③腩蝻④难 | ①囊囔②囊馕③攮 |
| l | ②兰拦栏岚婪谰阑澜斓蓝褴篮③览揽缆榄懒④烂滥 | ①啷②郎廊榔螂狼琅锒③朗④浪 |
| g | ①干杆肝竿甘泔柑尴③杆秆赶擀敢橄感④干赣 | ①冈刚纲钢扛肛缸罡③岗港④杠钢戆 |
| k | ①刊看堪③坎砍侃槛④看阚瞰 | ①康慷糠②扛④亢伉抗炕钪 |
| h | ①鼾酣憨②邗汗邯含晗函涵韩寒③罕喊④汉汗旱捍悍焊颔翰瀚撼憾 | ①夯②行吭杭航④巷 |
| zh | ①占沾毡粘旃詹谵瞻③斩崭盏展搌辗④占战站栈绽湛颤蘸 | ①张章彰獐漳樟蟑③长涨掌④丈仗杖账帐涨障瘴 |
| ch | ①掺搀②单婵禅蝉谗馋孱潺缠廛澶蟾③产铲谄阐④忏颤 | ①昌菖猖娼鲳②长苌肠尝偿徜常嫦③厂场昶惝敞④怅畅倡唱 |
| sh | ①山舢芟杉钐衫删姗珊栅跚苫扇煽膻③闪陕④讪汕疝苫钐单掸禅扇骟善缮膳擅赡蟮 | ①伤殇商墒③上垧晌垧赏④上尚绱 |
| r | ②蚺然燃③冉苒染 | ①嚷②瓤③壤攘嚷④让 |
| z | ①糌簪②咱③攒④暂錾赞瓒 | ①赃脏臧③驵④脏奘葬藏 |
| c | ①参骖餐②残蚕惭③惨④灿孱璨 | ①仓苍沧舱②藏 |
| s | ①三叁③伞散馓糁④散 | ①丧桑③搡嗓④丧 |

en 和 eng 辨音字表

| | en | eng |
|---|---|---|
| ø | ①恩④摁 | ①鞥 |
| b | ①奔③本④笨 | ①崩②甭③绷④迸蹦泵 |
| p | ①喷②盆④喷 | ①烹②朋棚硼鹏彭澎膨③捧④碰 |
| m | ①闷②门们④闷 | ①蒙②盟萌蒙檬朦③猛蜢锰④梦孟 |
| f | ①分芬纷吩②坟焚汾③粉④奋份粪忿愤 | ①风枫疯蜂峰丰封②逢缝冯<br>③讽④奉凤缝 |
| d | ④扽 | ①登灯③等④邓凳瞪 |
| t | | ②疼腾誊滕藤 |
| n | ④嫩 | ②能 |
| l | | ②棱③冷④愣 |
| g | ①根跟②哏③艮 | ①耕庚羹更③耿梗④更 |
| k | ③肯啃垦恳④裉 | ①坑 |
| h | ②痕③很狠④恨 | ①亨哼②横衡恒④横 |
| zh | ①真贞针侦珍胗斟③诊疹枕④振震镇阵 | ①争筝睁征正挣蒸③整拯<br>④正政证症郑挣 |
| ch | ①嗔抻②晨辰沉忱陈臣尘橙③碜④衬趁称 | ①称撑②成城诚承呈程惩澄乘盛③逞骋<br>④秤 |
| sh | ①申伸呻绅身深②神③沈审婶④甚慎肾渗 | ①生牲笙甥升声②绳③省④圣胜盛剩 |
| r | ②人仁壬③忍④任认刃纫韧 | ①扔②仍 |
| z | ③怎 | ①曾增憎④赠锃 |
| c | ①参②岑 | ②曾层④蹭 |
| s | ①森 | ①僧 |

in、ing 辨音字表

| | in | ing |
|---|---|---|
| ø | ①因姻殷音阴②银龈垠吟寅淫③引蚓隐瘾饮尹④印荫 | ①英应鹰婴樱缨鹦②营莹萤盈迎赢③影④映硬应 |
| b | ①宾滨缤彬④殡鬓 | ①兵冰③丙柄秉饼禀④病并 |
| p | ①拼②贫频③品④聘 | ①乒②平苹萍屏瓶凭 |
| m | ②民③敏皿闽悯泯 | ②名茗铭明鸣冥④命 |
| d | | ①丁叮钉仃町③顶鼎④定锭订 |
| t | | ①听厅汀②亭停廷庭蜓③挺艇 |
| n | ②您 | ②宁狞柠凝③拧④宁佞 |
| l | ②林琳淋磷邻鳞麟③凛禀檩④吝赁蔺 | ②灵伶蛉玲零铃龄菱陵凌绫③岭领④另令 |
| j | ①今斤巾金津襟筋③紧锦仅谨馑④尽劲缙觐烬近晋禁浸 | ①京惊鲸茎经菁精睛晶荆兢粳③景颈井警④敬镜竟净静境竞径劲 |
| q | ①亲侵钦②勤琴芹秦禽擒③寝④沁 | ①氢轻倾青清蜻卿②情晴擎③顷请④庆亲 |
| x | ①新薪辛锌欣心馨④信衅 | |

# 第三节 声调要抑扬

## 一、为什么要学习声调

声调又叫字调，是汉语音节固有的声音的高低和升降，即可以起到区别意义的音高变化。

声调是字音抑扬的核心和关键，在汉语中有着非常重要的别义作用，同时也是十分重要的构词手段。通过学习和训练，稳定普通话四声对声带松紧度等条件的控制、调节，形成标准自然的高低升降、曲折长短的声调变化形态，对于进一步规范语音，规避方言性字调影响，充分体现汉语旋律型有声调语言的音乐性、节律美都有很重要的作用。

汉语普通话中的声调虽然只有四种调型，但却是最难掌握的一种语音变化模式，也是方言中最难根除的部分。从普通话三级六等的语音标准可以看出，声调是衡量高一级普通话水平的首要标准，声调不准确，会导致方言语调明显，影响普通话的标准程度。因此，播音员主持人等艺术语言表达者必须认真练习声调——调型、调值及其变化组合的发音，努力做到“辨得明，发得响”，使整个音节抑扬起伏分明，铿锵有力响亮。练习时应掌握科学的训练方法，克服发音上的错误和缺陷，使自己的普通话不仅“字正”“腔圆”而且“调准”。

## 二、怎样认识声调

### （一）调值

调值是声调的实值，即声调的实际发音，指声音高低、升降、曲直、长短的具体变化形式。

### （二）调类

调类指声调的种类、分类，把调值相同的音节（汉字）归纳到一起所建立的类别。普通话里有四种基本的调类，即阴平、阳平、上声、去声，简称为“阴、阳、上、去”四声。

### （三）调值和调类的关系

1. 调值决定调类。

一个语言（或方言）系统中，有几种区别意义的调值类型，就有几个调类。

2. 调值是声调的“实”，调类是声调的“名”。

3. 同一种语言或方言中，两者成简单的对应关系。即调类相同，调值必然相同；反过来，调值相同的，调类也必然相同。

4. 不同语言或方言中，二者关系错综复杂，调类相同的，调值不一定相同；调值相同的，而调类又不一定相同。这其中的原因复杂，调类的命名主要是参考古调类来定的，而调值却是对现行语言或方言中读法的实际描写。

### （四）调型

调型指音节的音高随时间而产生的变化形式，即声调音高变化的类型。主要包括平调型、降调型、升调型、曲折调型等。根据调值的不同变化，还可有更为细致的划分，例如普通话的阴平调（55）可称为高平调型，杭州话的阴平调（33）可称为中平调型，梅县话的阳平调（11）可称为低平调型。

汉语普通话的阴平调又叫高平调（高而平），阳平调是中升调（中升高），上声调是降升调（半低音先降到低音再升到半高音），去声调是全降调（高降低）。

**（五）五度标记法**

“平声平道莫低昂，上声高呼猛烈强，去声分明哀远道，入声短促急收藏。”这是古人对汉语四声的描写，虽然在一定程度上指出了四声的差异，但却无法让人具体辨析四声的高低升降与曲折变化的情况。

赵元任先生通过对汉语语音，特别是汉语声调进行深入的研究后，创造了五度制标调法，是目前描写和记录声调调值最简便有效的方法。五度制标调法是把声调的音高，即“调域”分为五度，用一条竖线四等分，确立五个坐标点，自下而上用数字 1、2、3、4、5 标记。各点名称依次为低、半低、中、半高、高五个等次。然后用画线条的办法从左至右把各个声调的具体音高变化画出来，然后通过线条高低升降或曲折变化来显示各个声调的具体调值。在某一个语言或方言里，音高的变化是相对的，即所谓相对音高，也就是不管音高的绝对频率值是多少，一般都归并到相对的五度值之中。采用五度标调法记录声调，一般只记发音起点和终点的音高。

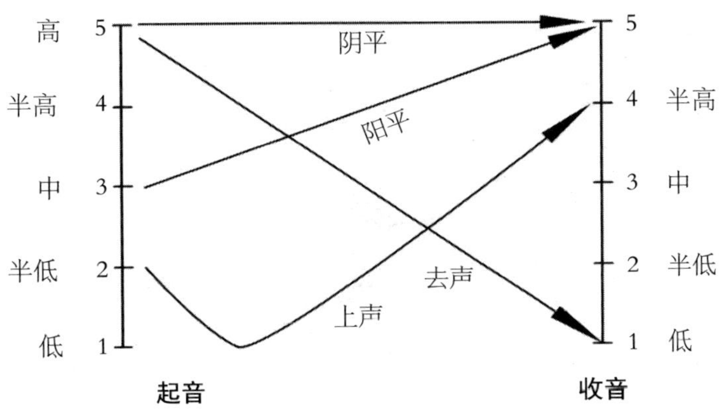

## 三、怎样认识普通话的四声

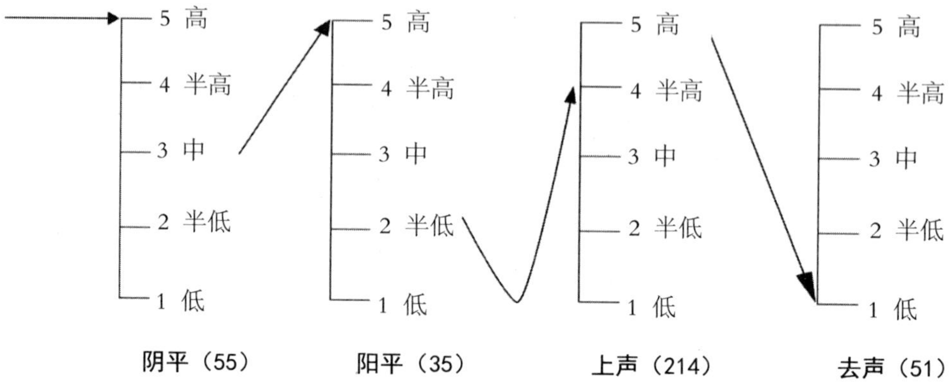


普通话四声五度标记图

### （一）发音比较

普通话的四声指阴平、阳平、上声、去声四个声调调类，简称为“阴、阳、上、去”四声，具体分析如下表：

| 调类 | 调值 | 调型 | 调号 | 例字 |
|---|---|---|---|---|
| 阴平（第一声） | 55 | 高平 | ˉ | 妈 |
| 阳平（第二声） | 35 | 中升（高升） | ˊ | 麻 |
| 上声（第三声） | 214 | 降升（曲折） | ˇ | 马 |
| 去声（第四声） | 51 | 全降（高降） | ˋ | 骂 |

### （二）发音特点

我们可以根据汉语普通话声调调型变化的形态特点，将声调的发音特点总结为一句话：一平（高）、二升（扬）、三曲（低）、四降（抑）。

### （三）发音缺陷

1. 阴平念不高

阴平有为其他三个声调定高低的作用，如果阴平调值掌握不好，会影响其他声调的发音。有些人阴平读得过低或过高，造成去声降不下来，阳平高不上去的毛病。练习阴平调时，可先用单韵母读出高、中、低三种不同的平调，体会发高音时声带拉紧，发低音时声带放松的不同感觉。这种练习不但可以比较出阴平的高平调值，而且可以训练控制声带松紧的技能，为掌握好复杂的升、曲、降三种声调打下基础。

2. 阳平上不去

多数人读不好这个调值是高音升不上去，主要原因是起点太高，声带已相当紧了，无法再紧，音高也就不能再升。纠正的方法是设法把声带放松，然后再拉紧。可以先读一个去声，把声带放松，紧接着读一个升调，这样可以读出接近阳平的调值。多读去声和阳平相连的词语，有助于练好阳平。

3. 上声难转变

在朗读和谈话中，上声单念时基本调值出现的机会很少，经常出现的是变化之后的调值。但是基本调值是变化的基础，掌握了基本调值才能掌握它的变化，所以首先应读准上声的本调。读上声时主要的问题是起点高，降不下来，给人的感觉是拐弯不够大，也有的人虽有拐弯，但前面下降的部分太短，后面上升的部分太长。练习上声时，首先应设法把声带放松，使声调的起点降低，并尽量把低音部分拖长。可以先读一个去声，以帮助放松声带和增加前半段的长度，气流不中断，紧接着念个短促的升调，就能读出较正确的上声了。

4. 去声下不来

多数人读去声时不感到困难，少数人降不下去。可用阴平带去声的方法来练习，即先发一个阴平，使声带拉紧，再在阴平的高度上尽量把声带放松，就能读出全降调的去声了。多读阴平和去声相连的词语，有助于读好去声。

**（四）发音要领**

1. 阴平：声音高而平，由高音到高音，5 度到 5 度，没有明显变化，气息支撑稳定，声带绷紧、拖住。

2. 阳平：声音由中音到高音，3 度到 5 度，直接上升不拐弯，气息渐弱，声带由不松不紧到绷紧。

3. 上声：声音由半低起调，先降到最低，再升到半高，214 度曲折，降不压喉，升不拐弯，气息由弱到强再到弱，声带由较松到最松，再到绷紧。四声中音长最长。

4. 去声：声音由高音到低音，5 度到 1 度，迅速直下不拖沓，气流由弱到强，声带由绷紧到放松。四声中音长最短。

**（五）发音原则**

声调发音时需要注意以下原则：音高要有限度，高而不喊；音低要有力度，低而不散；要声轻，轻而不浮；要音沉，沉而不浊；音量加大时，气足而不浊；音量减小时，气竭而不衰。

### （六）声调随气息变化示意图

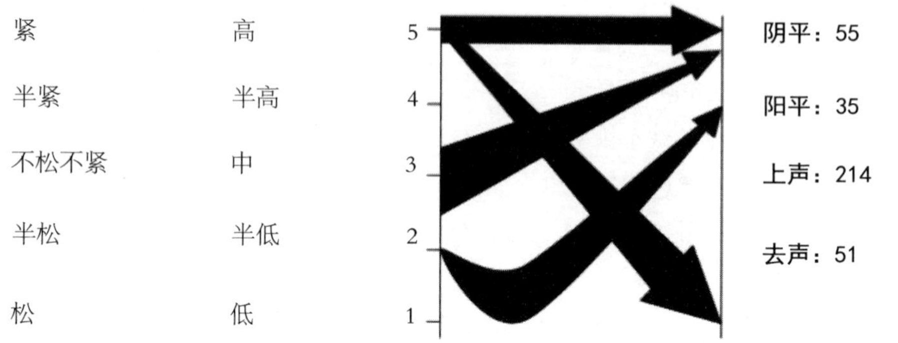


### （七）发音变通

有学者把四声的读法归纳为一首口诀：

阴平：起音高平莫低昂，气势平均不紧张；阳平：从中起音向上扬，用气弱起逐渐强；上声：上声先降转上挑，降时气稳扬时强；去声：高起直送向下降，强起到弱要通畅。

从中我们可以看出，关于四声与气息强弱关系的描述，与我们的要求有所不同。这里没有绝对的对错之分，在不同条件和情境下，各有用处。另外，声调运用，表现复杂。单音节的孤立状态时，调值是相对稳定的表现。在连续发音的语音环境下，由于相邻音节彼此之间相互影响，声调会发生较大变化，调值的稳定性也会因此受到影响。这里涉及“变调”现象，主要问题我们会在“语流要自然”章节中讲解。

### （八）声调发音时常见错误

1. 调类错误

调类错误是指把普通话四个调类的字归类弄错了，把甲类字读成乙类字。如把阴平字“拙”读为阳平，把阳平字“雌”读为阴平，把上声字“癖”读为去声，把去声字“质”读为上声等。造成调类错误的因素有：

（1）声旁相同，形声字读音不同

由于古今语音的演变，大约有四分之三的形声字，声旁和整个字的读音不完全相同了，所以形声字的表音作用受到很大的限制。一部分声母韵母与声旁相同，而声调不同的形声字往往容易读错。如脂（阴平）、即（阳平）、捻（上声）、昵（四声）。

（2）语境不同

在多音字中，有一类是字形相同，读音声母、韵母也相同，只有声调不同。这时唯一的声调差异往往被忽视，或是混读，或是念成另一个使用频率较高的音。

混读的原因之一是没有弄清多音字在语法意义上的区别。如“晃”读上声时的意思是：照耀，很快地闪过；读去声时的意思是：晃荡、晃悠、晃动。“载”读上声时的意思是：记在书报上。如“登载、转载、千载难逢”；读去声时的意思是：又，且；用工具装等。如“载歌载舞、载体、载运”。

另一种情况是由于多音字的使用不平衡，容易将使用频率较低或组词能力较弱的发音读成使用频率较高或组词能力较强的发音。如拘泥（jūnì 不能念成 jūní）、参与（cānyù 不能念成 cānyǔ）。

（3）方言不同，调类、收字不同

现代汉语各方言的调类都是由古代汉语“平、上、去、入”四声演变而来的。北京语音及大部分北方方言只有“阴平、阳平、上声、去声”四个调类，各南方方言的调类都多于普通话，有的甚至有十个调类，调类本身就有分歧。此外，即使调类相同，所收的字也不一定相同，所以声调的分歧很大，其中影响最大的是入声。普通话没有入声调，已被归并到四声中，“600 个左右常用的古入声字，在普通话中读去声的约占 40%，读阳平的约占 31%，读阴平的约占 21%，读上声的约占 7%～8%”。一些北方方言虽然也没有入声，但入声字的归类和普通话的归类并不一致，而南方方言一般都保留了入声，与普通话的差别更大（具体参见“古入声字汉语拼音检字表”）。

①普通话读阴平的入声字

七、剥、逼、憋、戳、搭、滴、跌、咄、塌、剔、踢、突、托、脱、湿、失

②普通话读阳平的入声字

十、拔、驳、迭、乏、伏、幅、福、辐、囫、汲、即、嫉、荚、颊、倔、什

③普通话读上声的入声字

百、柏、笃、骨、北、甲、眨、窄、辱、法、撇、匹、索、乞、乙、尺、笔

④普通话读去声的入声字

必、毕、碧、粕、魄、莫、灭、复、腹、覆、较、踏、匿、溺、虐、辣、力

古入声字汉语拼音检字表

| 现代汉语调类 | 汉语拼音声母 | 古入声字 |
|---|---|---|
| 阴平 | b | 八捌钵拔剥逼鳖憋擘（～开） |
| | p | 泼劈撇瞥扑仆拍霹泊（湖～） |
| | m | 摸抹（～桌子） |
| | f | 发（～生） |
| | d | 答（～理）搭褡滴跌督掇剟裰咄 |
| | t | 塌踏（～实）剔踢帖贴怗秃托脱突 |
| | n | 捏 |
| | l | 拉勒（～住） |
| | g | 搁（～下）疙胳割鸽刮聒郭 |
| | k | 磕搕榼哭窟 |
| | h | 喝（～水）忽惚唿豁劐黑 |
| | j | 激迹击墼积绩缉屐夹（～杂）揭结（～实）接嘬撅锔掬鞠 |
| | q | 七柒漆戚沏掐切曲（～线）屈缺曲 |
| | x | 吸翕歙悉蟋析息熄惜昔夕汐锡晰淅晰膝瞎歇楔蠍戌薛削 |
| | zh | 只汁织扎（～营）桌卓倬捉琢拙摘粥 |
| | ch | 吃插出戳拆（～开） |
| | sh | 虱湿失杀刷说叔淑菽 |
| | c | 擦撮（轻～） |
| | s | 撒（～手）缩塞（～住） |
| | Ø | 一壹揖押鸭噎掖屋挖曰约压 |
| 阳平 | b | 拔跋钹魃白舶帛伯泊（停～）箔勃渤脖鹁博薄（厚～）礴搏膊驳别蹩醭 |
| | p | 璞僕仆（～人）濮 |
| | m | 膜没（～有） |
| | f | 乏伐筏阀垡罚佛弗拂佛绋茀伏茯袱服（～从）菔韨绂福幅蝠辐 |

续表

| | | |
|---|---|---|
| 阳平 | d | 答（问～）瘩沓达靼妲鞑怛得德笛迪狄荻敌嫡镝觌翟涤籴的（～确）碟蝶喋堞牒迭叠独读犊牍渎毒夺铎踱度（忖～） |
| | g | 格阁路革隔膈国帼虢骨（～头） |
| | k | 咳壳 |
| | h | 合盒曷运转阖劾核阂貉涸翮斛觳滑猾活 |
| | j | 及级汲岌笈亟极殛吉急即瘠疾嫉蒺集籍藉（狼～）辑楫戢棘夹（～袄）荚郏颊洁絜结（～局）拮诘劼颉劫桀傑杰羯碣竭竭偈节栉捷婕睫截局跼菊橘决抉诀玦倔（～强）掘崛桷厥蕨蹶（一～不振）獗橛谲觉爵嚼绝矍攫镬 |
| | x | 席媳习袭檄侠狭峡狎辖黠协勰胁颉撷穴学 |
| | zh | 直值植殖稙执姪职扎（挣～）札铡闸宅折辙摺哲辄谪蛰詟竹竺烛躅逐轴妯酌浊镯琢啄濯擢茁斫踯 |
| | ch | 察 |
| | sh | 十什拾石食蚀实识舌折（弄～）孰熟秫赎勺 |
| | z | 杂砸则择泽责啧帻箦贼足卒族镞昨 |
| | s | 俗 |
| | Ø | 额 |
| 上声 | b | 笔卜百佰柏北 |
| | p | 癖撇匹朴（～素）蹼 |
| | m | 抹（～药） |
| | f | 法 |
| | d | 笃 |
| | t | 塔獭铁贴柬（～庹） |
| | g | 骨（～骼）鹘谷毂嫜鹄汩葛（姓～） |
| | k | 渴 |
| | j | 戟给脊（屋～）甲岬胛蹶 |
| | q | 乞曲（歌～） |

续表

| | | |
|---|---|---|
| 上声 | x | 雪血宿 |
| | zh | 嘱瞩眨窄 |
| | ch | 尺 |
| | sh | 蜀属 |
| | r | 辱 |
| | s | 撒（～种）靸索 |
| | Ø | 恶（～心）乙 |
| 去声 | b | 必毖辟薜（～荔）壁璧毕跸哔筚弼碧滗弊（～扭）不薄（～荷） |
| | p | 迫粕珀魄僻瀑曝辟 |
| | m | 末抹（～墙）沫茉秣莫寞漠默墨麦没（～落）脉殁陌泌秘蜜密谧觅幂汩灭蔑篾木沐霂幕目苜牧睦穆 |
| | f | 发（鬓～）复復腹覆蝮服（一～药）缚 |
| | d | 度踱的（目～） |
| | t | 踏（～步）搨榻遢蹋挞特惕倜拓萚 |
| | n | 纳衲讷呐匿昵溺逆涅陧聂蹑颞镊臬孽蘖啮诺搦虐疟 |
| | l | 辣瘌蜡腊镴肋仂勒（～令）乐（快～）力立粒笠栗溧历枥沥疬雳栎砾郦列冽烈裂猎躐鬣劣鹿漉麓辘菉绿录禄碌录逯戮陆六洛雒络落酪烙骆珞律率略掠 |
| | g | 各 |
| | k | 克剋客恪嗑榼酷喾阔括扩廓 |
| | h | 赫郝喝（～采）鹤褐笏或惑获蠖镬霍藿壑 |
| | j | 鲫稷剧倔（～脾气）寂 |
| | q | 迄汔泣恰洽怯契惬箧切（～记）窃妾却确搉榷壳悫阙阕鹊雀 |
| | x | 隙吓（～人）绁泄燮亵屑恤衄畜（～牧）蓄勖旭续血 |
| | zh | 窒桎铚蛭郅秩紩陟炙质锧浙祝 |
| | ch | 斥赤彻撤澈畜（～生）搐触怵黜绌矗绰辍龊 |
| | sh | 式拭轼室释适饰煞歃霎设慑摄涉述术沭束妁朔蒴槊烁铄硕蟀 |

续表

| | | |
|---|---|---|
| 去声 | r | 日热肉褥入若箬弱 |
| | z | 仄作柞酢凿 |
| | c | 侧测恻厕策册猝促蹴簇蹙踧 |
| | s | 飒萨瑟塞啬穑涩色肃鹔速觫簌宿粟谡夙 |
| | ø | 恶（善～）萼愕鄂鳄噩厄扼轭遏亦奕易邑浥轶役疫亿忆臆绎译驿益镒翼翊熠佾逸屹抑腋液掖叶页业邺谒烨兀杌勿物沃袜握幄玉钰域蜮浴欲峪毓育郁昱煜月刖悦阅钺樾乐（音～）药耀跃粤岳狱郁钥 |

2. 调值错误

调值错误严重影响一个人的语音面貌。调值错误有两类表现：

第一类：方言性质的错误。有两种情况，一种情况是调形与普通活相同，但调值高低不同。如普通话的阴平调值是 55 值，沈阳、成都、苏州、梅县、福州都是 44，比较接近，但是低了一点；长沙更低，是 33 值；太原最低、读 11 值。它们虽然调值高低不同，但调形是一致的，都是平调。另一种情况是调形和调值高低与普通话都不相同。如兰州、西安、南京的阴平读为中降调 31；绍兴、南宁读 41；上海、玉林读 54；济南差别更大，读成降升调 213，几乎与普通话的上声相同。这些方言阴平调的调形和调值高低与普通话都不一样。由此可见，调类相同，调值相差之大。

第二类：发音技巧性质的错误。发音技巧性质的错误指已了解普通话的调值，声调发音也不是方言调值，而是由于没有掌握发音技巧，导致调值不准。如有人将去声 51 发成 511，这不是方言调值，而是由于发音拖沓而导致的。

3. 相对音高错误

声调的性质主要表现为音高的变化，虽然普通话声调也有长短之分，但音长并不是普通话声调的本质，音高才是声调的本质。从物理性上来看，音高有相对音高和绝对音高两类，影响普通话声调的不是绝对音高，而是相对音高。因此，在语流中音节与音节之间存在相对高度。由于汉语的声调表现为相对音高的变化，如果单音节字词读错调值但调形相同的话，是很难发现的，但在语流中却很容易感觉到。如果只注意单音节声调的调形调值，而不注意音节间相对高度的比值，就会“跑调”。例如上声 214 的发音，最本质的特征不是调的曲折，而是调的低度要下得去，必须在自己的五度声区里降到最低后再上扬。

4. 变调错误

在单音节里，普通话四声的调值是55、35、214、51，但在语流中由于音节间互相影响，四声的调值会发生不同程度的变化，即出现变调。这部分在“语流要自然”一章会有详细论述。

### （九）现代汉语方言普通话声调对照

主要方言声调对照表

<table>
<tr><th rowspan="3">方言区</th><th rowspan="3">地名</th><th colspan="3">平声</th><th colspan="3">上声</th><th colspan="3">去声</th><th colspan="3">入声</th><th rowspan="3">声调数</th></tr>
<tr><th rowspan="2">清</th><th colspan="2">浊</th><th rowspan="2">清</th><th colspan="2">浊</th><th rowspan="2">清</th><th colspan="2">浊</th><th rowspan="2">清</th><th colspan="2">浊</th></tr>
<tr><th>次浊</th><th>全浊</th><th>次浊</th><th>全浊</th><th>次浊</th><th>全浊</th><th>次浊</th><th>全浊</th></tr>
<tr><td rowspan="6">北方</td><td>北京</td><td>阴平<br>55</td><td colspan="2">阳平<br>35</td><td colspan="2">上声<br>214</td><td colspan="4">去声<br>51</td><td>阴平<br>阳平<br>上声<br>去声</td><td>去声</td><td>阳平</td><td>4</td></tr>
<tr><td>青岛</td><td colspan="3">平声 24</td><td colspan="2">上声<br>213</td><td colspan="4">去声 42</td><td>上声<br>去声</td><td colspan="2">去声</td><td>3</td></tr>
<tr><td>济南</td><td>阴平<br>213</td><td colspan="2">阳平<br>42</td><td colspan="2">上声<br>55</td><td colspan="4">去声<br>21</td><td>阴平</td><td>去声</td><td>阳平</td><td>4</td></tr>
<tr><td>西安</td><td>阴平<br>31</td><td colspan="2">阳平<br>24</td><td colspan="2">上声<br>42</td><td colspan="4">去声<br>55</td><td colspan="2">阴平</td><td>阳平</td><td>4</td></tr>
<tr><td>兰州</td><td>阴平<br>31</td><td colspan="2">阳平<br>53</td><td colspan="2">上声<br>442</td><td colspan="6">去声<br>13</td><td>阳平</td><td>4</td></tr>
<tr><td>东干语</td><td colspan="3">平声<br>24</td><td colspan="2">上声<br>51</td><td colspan="4">去声<br>44</td><td colspan="3">平声</td><td>3</td></tr>
<tr><td rowspan="2">西南</td><td>成都</td><td>阴平<br>44</td><td colspan="2">阳平<br>31</td><td colspan="2">上声<br>52</td><td colspan="4">去声<br>13</td><td colspan="3">阳平</td><td>4</td></tr>
<tr><td>乐山</td><td>阴平<br>55</td><td colspan="2">阳平<br>21</td><td colspan="2">上声<br>52</td><td colspan="4">去声<br>213</td><td colspan="3">入声 3</td><td>5</td></tr>
<tr><td>江淮</td><td>南京</td><td>阴平<br>31</td><td colspan="2">阳平<br>13</td><td colspan="2">上声<br>212</td><td colspan="4">去声<br>44</td><td colspan="3">入声 5</td><td>5</td></tr>
<tr><td>晋</td><td>太原</td><td colspan="3">平声<br>11</td><td colspan="2">上声<br>53</td><td colspan="4">去声<br>45</td><td colspan="2">阴入 2</td><td>阳入<br>54</td><td>5</td></tr>
<tr><td rowspan="2">吴</td><td>苏州</td><td>阴平<br>44</td><td colspan="2">阳平<br>24</td><td colspan="2">阴上<br>52</td><td colspan="2">阴去<br>412</td><td colspan="2">阳去<br>31</td><td>阴入 5</td><td colspan="2">阳入 23</td><td>7</td></tr>
<tr><td>上海</td><td>阴平<br>53</td><td colspan="2">阳平<br>23</td><td colspan="2">阴上<br>44</td><td colspan="2">阴去<br>334</td><td colspan="2">阳去<br>113</td><td>阴入 5</td><td colspan="2">阳入 23</td><td>6</td></tr>
</table>

续表

<table>
<tr><td>湘</td><td>长沙</td><td>阴平<br>33</td><td>阳平<br>13</td><td>上声<br>41</td><td>阳去</td><td>阴去<br>55</td><td>阳去<br>21</td><td colspan="4">入声 24</td><td>6</td></tr>
<tr><td>赣</td><td>南昌</td><td>阴平<br>42</td><td>阳平<br>24</td><td>阴上<br>213</td><td colspan="2">阴去<br>45</td><td>阳去<br>21</td><td colspan="2">阴入 5</td><td colspan="2">阳入 21</td><td>7</td></tr>
<tr><td>客家</td><td>梅州</td><td>阴平<br>44</td><td>阳平<br>11</td><td>上声<br>31</td><td colspan="3">去声 52</td><td colspan="2">阴入 1</td><td colspan="2">阳入 5</td><td>6</td></tr>
<tr><td rowspan="4">闽</td><td>福州</td><td>阴平<br>44</td><td>阳平<br>52</td><td>上声<br>31</td><td>阳去</td><td>阴去<br>213</td><td>阳去<br>242</td><td colspan="2">阴入 23</td><td colspan="2">阳入 4</td><td>7</td></tr>
<tr><td>厦门、台北</td><td>阴平<br>55</td><td>阳平<br>24</td><td>上声<br>51</td><td>阳去</td><td>阴去<br>11</td><td>阳去<br>33</td><td colspan="2">阴入 32</td><td colspan="2">阳入 5</td><td>7</td></tr>
<tr><td>泉州</td><td>阴平<br>33</td><td>阳平<br>24</td><td>阴上<br>44</td><td>阳上<br>22</td><td>阴去<br>41</td><td>阳去<br>41</td><td colspan="2">阴入 5</td><td colspan="2">阳入 24</td><td>8</td></tr>
<tr><td>潮州</td><td>阴平<br>33</td><td>阳平<br>55</td><td>阴上<br>53</td><td>阳上<br>35</td><td>阴去<br>11</td><td>阳去<br>31</td><td colspan="2">阴入 2</td><td colspan="2">阳入 5</td><td>8</td></tr>
<tr><td>粤</td><td>广州</td><td>阴平<br>55 或<br>53</td><td>阳平<br>21</td><td>阴上<br>35</td><td>阳上<br>13</td><td>阴去<br>33</td><td>阳去<br>22</td><td>高阴<br>入 5</td><td>低阴入<br>（中入）<br>3</td><td colspan="2">阳入 2</td><td>9</td></tr>
<tr><td>平话</td><td>南宁</td><td>阴平<br>41</td><td>阳平<br>21</td><td>阴上<br>33</td><td>阳上<br>24</td><td>阴去<br>55</td><td>阳去<br>22</td><td>高阴<br>入 5</td><td>低阴入<br>（中入）<br>3</td><td>高阳<br>入 24</td><td>低阳<br>入 2</td><td>10</td></tr>
</table>

## 四、怎样进行普通话四声练习

练习提示：在发音感受和练习过程中，注重区分不同音高和调型变化带来的动觉、听觉回馈差异。同时，重视区分不同发音视觉状态回馈的差别，稳定正确清晰、抑扬起伏的语音印象，注意与方言声调的对比分析，不断增强听辨意识，提升听评水平，强化发音能力。

### （一）感受五度区间变化调整

1. 在自己的声域范围内分出合比例的 5 度音高

中声区的寻找 → 3 度

高音区的寻找 → 5 度

低音区的寻找 →1 度

3 度 →4 度 →5 度

3 度 →2 度 →1 度

2. 在自己的声域范围内相对稳定的 5 度音高变化

3 度 →4 度 →5 度 →3 度 →2 度 →1 度

5 度 →4 度 →3 度 →2 度 →1 度

1 度 →2 度 →3 度 →4 度 →5 度

1 度 →2 度 →3 度 →4 度 →5 度 →4 度 →3 度 →2 度 →1 度

**（二）感受 5 度变化和声带松紧调节的对应关系**

ā、á、ǎ、à　　　ī、í、ǐ、ì

ū、ú、ǔ、ù　　　ē、é、ě、è

ō、ó、ǒ、ò　　　ǖ、ǘ、ǚ、ǜ

**（三）感受 5 度变化和气息调节控制的对应关系**

巴、拔、把、爸　　发、乏、法、珐

搭、达、打、大　　他、沓、塔、踏

渣、闸、眨、榨　　叉、查、衩、刹

**（四）感受 5 度变化和调型调整变化的对应关系**

衣、移、乙、艺　　屋、无、五、物

迂、鱼、雨、遇　　鸭、牙、雅、亚、

科、咳、渴、课　　通、同、桶、痛

**（五）声调词语强化练习**

普通话声调练习，要找到规律，在四声准确的基础上，根据内容有感受地发出每个音节。反复大量练习单音节、双音节、四音节词以及诗词、小段子、绕口令等。

1. 同声韵字四声调发音练习

既练习声调，也练习声母、韵母的发音。注意四声要准确，出字要有力。咬住字头，拉开字腹，收住字尾。声音连贯，气息控制自如。

双唇音组

巴—拔—把—罢　掰—白—摆—拜　包—雹—保—报　崩—甭—绷—迸
逼—鼻—比—闭　憋—别—瘪—别　播—博—跛—簸　摸—魔—抹—墨
拍—排—迫—派　乓—旁—耪—胖　抛—袍—跑—炮　烹—鹏—捧—碰
批—皮—痞—僻　偏—骈—谝—骗　拼—贫—品—聘　坡—婆—叵—破
扑—仆—普—铺　妈—麻—马—骂　猫—毛—卯—帽　懵—萌—猛—梦

唇齿音组

发—罚—法—珐　翻—烦—返—饭　方—房—访—放　非—肥—匪—肺
分—坟—粉—份　风—冯—讽—奉　夫—浮—辅—富　帆—凡—返—梵

舌尖中音组

搭—达—打—大　刀—捯—岛—到　滴—敌—邸—第　督—独—堵—肚
多—夺—朵—堕　胎—抬—呔—态　贪—谈—坦—探　汤—堂—躺—烫
涛—逃—讨—套　踢—题—体—替　挑—条—窕—跳　听—停—挺—梃
通—同—统—痛　突—图—吐—兔　推—颓—腿—退　拖—驼—妥—拓
那—拿—哪—纳　囡—男—赧—难　孬—挠—脑—闹　啷—狼—朗—浪

舌根音组

歌—膈—葛—个　根—哏—艮—亘　锅—国—果—过　科—咳—可—克
框—狂—夼—况　亏—奎—傀—溃　嗨—孩—海—害　酣—含—喊—汉
蒿—豪—好—号　烘—红—哄—讧　齁—喉—吼—厚　忽—胡—虎—户
欢—还—缓—换　荒—黄—谎—晃　辉—回—毁—会　豁—活—火—或

舌面音组

激—即—挤—继　加—颊—假—嫁　交—嚼—脚—叫　接—节—姐—届
居—局—举—句　撅—绝—蹶—倔　期—骑—起—气　千—前—浅—倩
腔—强—抢—呛　敲—桥—巧—俏　切—茄—且—窃　亲—琴—寝—沁
先—弦—显—现　香—祥—想—向　消—淆—小—笑　歇—斜—写—谢
星—形—醒—幸　需—徐—许—序　宣—悬—选—炫　薛—学—雪—谑

舌尖后音组

渣—闸—眨—炸　摘—宅—窄—债　招—着—找—照　遮—辙—者—这
支—直—指—至　周—轴—肘—皱　朱—竹—煮—著　插—茶—衩—岔
搀—缠—铲—颤　昌—长—场—唱　撑—成—逞—秤　吃—迟—齿—赤
冲—虫—宠—铳　抽—愁—丑—臭　出—除—楚—触　穿—传—喘—钏
窗—床—闯—创　烧—勺—少—邵　奢—舌—舍—社　身—神—沈—甚

舌尖前音组

糌—咱—攒—赞　遭—凿—早—造　作—昨—左—做　猜—才—采—蔡
餐—残—惨—灿　疵—词—此—刺　村—存—忖—寸　搓—痤—脞—错

2. 两字词语声调连贯练习

这个练习要结合气息一块儿练，尤其是夸张的上声练习。对于体会“胸支”和气息运动很有帮助。要求阴平平稳，气势平均不紧张；阳平上扬，用气强起逐渐弱；上声曲折，降时气稳扬时强；去声高降，弱起到强气通畅。

阴—阴

悲观 花生 山东 诗经 批发 军官 危机 江山 灯光 交通
天津 精心 激光 端庄 春分 安家 飞机 播音 拥军 丰收

阴—阳

飞行 新闻 周围 宽容 车轮 星球 鲜明 周年 签名 昆明
出席 风云 金鱼 军团 经营 分歧 灯谜 观察 官员 中国

阴—上

班长 编审 争取 资本 公款 颁奖 供给 登载 冲洗 屋脊
辛苦 斑马 青岛 灯塔 歌曲 封锁 喷洒 观赏 倾吐 金属

阴—去

拍卖 诬告 糟粕 歼灭 呼啸 优越 摘要 尊敬 天籁 欢笑
甘肃 生态 经费 丰硕 松懈 牵挂 倾注 刚毅 飞跃 观众

阳—阴

财经 昙花 荣膺 来宾 国家 前锋 房间 轮班 围巾 节约
年轻 搏击 檀香 乾坤 时光 浮夸 寒冬 存根 农村 群居

阳—阳

丛林 凌晨 毗邻 城楼 重阳 余额 频繁 学习 临时 厨房
格言 翱翔 模型 题材 池塘 联合 存栏 萌芽 农田 繁荣

阳—上

难免 黄海 梅雨 合影 论语 廉耻 博览 承揽 遥远 游泳
拂晓 情感 平坦 迷惘 垂柳 嘲讽 城府 怜悯 男子 灵感

阳—去

寒假 年代 函授 垂钓 成立 渠道 宁夏 福建 名贵 屏幕
时令 流逝 陶醉 别墅 独奏 煤炭 结束 狂热 回忆 玩具

上—阴

婉约 已经 管押 体操 北京 处方 果汁 美观 审批 耳机
写生 陕西 崭新 武装 萎缩 感官 导师 解说 鼓吹 景观

上—阳

海拔 冷藏 典型 久别 偶然 法人 挽回 体裁 礼节 楚辞
凛然 反刍 永恒 指南 忖度 楷模 晚霞 饮食 缅怀 渴求

上—上

典雅 总理 抚养 剪彩 景点 把守 宝塔 蒙古 武打 理解
领土 雪耻 整理 引导 辅佐 岛屿 仿古 旅馆 审美 举止

上—去

股票 紧迫 火箭 讲座 岗位 毁灭 罕见 角落 轨道 软件
纽带 访问 秉性 海燕 底蕴 鸟瞰 斧正 悔悟 粉饰 考试

去—阴

卫生 日光 目标 贵宾 废墟 杜鹃 冠军 动机 构思 细胞

配方 特约 竞争 绣花 复兴 健康 社交 募捐 退休 梦乡

去—阳

热情 幸福 列席 著名 问答 汽油 矿石 动摇 月球 纵横

少年 毅然 盎然 素描 信条 汗颜 上乘 告别 布局 伴随

去—上

富有 喝彩 豆豉 唤醒 淡雅 货款 笑柄 对比 旱獭 户口

气馁 报纸 翅膀 背景 宪法 汉语 伴侣 落伍 寓所

去—去

辩证 刺绣 费劲 杜撰 恫吓 败诉 固定 议案 世界 试办

涉外 境况 购物 泡沫 断送 概率 变质 伴奏 败落 奥秘

3. 两字词语声调对比练习

在一组词语中，当其中一个音节声韵调完全相同时，感受另一个音节发音时气息随声韵调的变化。增强声调随气息变化的感受意识。

回家——回程——回访——回路　平均——平衡——平等——平列

边关——边防——边卡——边境　起身——起程——起跑——起步

山冈——山峦——山岭——山脉　演出——演员——演讲——演戏

敢说——敢为——敢想——敢干　礼单——礼服——礼品——礼物

下山——下台——下水——下地　开车——开门——开锁——开业

海疆——海峡——海港——海域　攻关——攻读——攻取——攻陷

地心——地层——地表——地幔　古书——古玩——古典——古迹

伤风——伤寒——伤感——伤害　阴天——阴沉——阴冷——阴暗

产生——产值——产品——产量　水车——水渠——水塔——水库

雨衣——雨鞋——雨伞——雨具　潮汐——潮流——潮水——潮汛

园丁——园林——园圃——园地　教师——教材——教导——教具

画家——画廊——画展——画院　前方——前程——前景——前线

共生——共同——共处——共事　法官——法庭——法网——法律
感激——感情——感慨——感动　观瞻——观察——观赏——观看
花灯——花茶——花朵——花卉　善心——善良——善举——善意
钟表——怀表——秒表——电表　宫灯——龙灯——彩灯——汽灯
书本——文本——版本——副本　切除——革除——铲除——废除
波动——浮动——响动——跳动　坚守——防守——死守——镇守
边防——国防——海防——换防　收购——邮购——采购——订购
雕塑——泥塑——彩塑——面塑　葱绿——油绿——草绿——碧绿
区域——流域——海域——地域　风灾——虫灾——水灾——旱灾
光谱——食谱——脸谱——乐谱　帮助——援助——辅助——赞助
军医——神医——法医——兽医　功绩——成绩——伟绩——政绩
宽阔——辽阔——广阔——壮阔　温习——实习——演习——练习
推举——抬举——选举——壮举　出售——零售——奖售——预售
相似——神似——好似——类似　空话——实话——好话——废话
夸耀——荣耀——显耀——炫耀　看护——防护——守护——救护
高炉——熔炉——火炉——壁炉　生人——熟人——友人——巨人
天体——墙体——导体——物体　医学——文学——法学——化学
衰弱——贫弱——软弱——脆弱　通史——国史——野史——秘史

4. 三字词语声调连贯练习

阴—阴—阴

深加工 开发区 中关村 东西方 中餐厅 收音机 青春期 公交车
通知书 中山装 包青天 双胞胎 歼击机 星期三 初中生 经销商

阴—阴—阳

高跟鞋 接班人 天安门 师生情 推销员 工薪族 西班牙 中消协
中秋节 公安局 单身族 擦边球 香椿芽 机帆船 拉家常 贴春联

阴—阴—上

参加者 空欢喜 危机感 交杯酒 工资卡 青稞酒 观沧海 珍珠港
积分榜 私生子 缺心眼 餐巾纸 飞机场 天花板 出师表

阴—阴—去

基督教 婚纱照 双休日 夫妻档 师兄弟 刀削面 新生代 搬迁户
攻坚战 微机室 中低档 公开信 科威特 中宣部 清真寺 空间站

阴—阳—阴

说明书 高才生 心连心 珊瑚礁 桑拿天 清洁工 新农村 威尼斯
织毛衣 更年期 基围虾 乌蒙山 蜂王浆 消防栓 中国通 三伏天

阴—阳—阳

天鹅湖 安全门 三门峡 中国结 冰淇淋 清明节 居民楼 酥油茶
关节炎 观察员 发言人 开门红 知情人 中情局 飞行员 单元房

阴—阳—上

升级版 风云榜 安全岛 机床厂 发明者 钢琴曲 天文馆 包乘组
充值卡 搜狐网 交强险 遮阳伞 八达岭 催眠曲 中南海 新闻纸

阴—阳—去

多元化 真没劲 新闻界 加油站 真人秀 安全带 发祥地 升学率
新华社 说明会 天然气 吸尘器 加时赛 双学历 三明治 单行线

阴—上—阴

三角洲 资本金 推土机 歌舞厅 花果山 吃海鲜 消火栓 伤脑筋
山海经 哈尔滨 装甲车 标准间 钟点工 开小差 阿里山 偏北风

阴—上—阳

发起人 观礼台 穿小鞋 千岛湖 山里红 西雅图 邀请函 参访团
商品粮 西子湖 新感觉 商品房 端午节 单眼皮 污染源 泼水节

阴—上—上

公检法 千里眼 泼冷水 喝喜酒 增长点 深水井 东北虎 七巧板
奢侈品 瓜子脸 交管所 一把手 秋老虎 杀手锏 鸡尾酒 冰米酒

阴—上—去

脱口秀 风景线 出苦力 松紧带 家属院 居委会 出厂价

吞吐量 邀请赛 丹顶鹤 出版社 黑土地 斑马线 官本位

阴—去—阴

一对一 针线包 高血压 开绿灯 工具书 七色光 三下乡 商务车

操作间 双面胶 搬运工 天目山 公益心 佳木斯 酸辣汤 风向标

阴—去—阳

吃住行 关键词 出境游 专利权 公务员 三巨头 经纪人 新纪元

音乐人 压岁钱 伊甸园 观众群 当事人 冬令营 高架桥 生态园

阴—去—上

剖腹产 失落感 观后感 优惠卡 宽带网 丢饭碗 金字塔 真善美

交易所 招待所 突破口 科技馆 东道主 新浪网 中纪委

阴—去—去

黑社会 充电器 多动症 身份证 科技大 失业率 听证会 生命力

接力赛 新干线 开幕式 高速路 收费站 播放器 方便面 音乐会

○轻○

消息树 魔术师 关系户 护士长 对不起 炊事班 白菜帮 架子鼓

小气鬼 窗户纸 豆腐干 冒失鬼 芥末油 麻烦事 庄稼汉 面子事

○○轻

过日子 凑份子 臭豆腐 小聪明 有路子 叫花子 出风头 使性子

穷乐和 窗户纸 死对头 犯迷糊 好兆头 做生意 女朋友 讲故事

5. 四字词语声调连贯练习

通过这个练习，可以锻炼灵活运用四声正音的技巧。读的时候，气息要控制好，放开声，一口气很通畅地发出来。

阴—阴—阴—阴

居安思危 公交公司 东方之珠 惺惺相惜 科班出身 搬迁新居
装修公司 肌肤之亲 休戚相关 忧心忡忡 攀登珠峰 中央机关

阴—阴—阴—阳

婚姻家庭 精英阶层 新鲜出炉 稀缺资源 高分低能 花边新闻
新春佳节 精心栽培 咄咄逼人 边吃边玩 秋收冬藏 山居秋暝

阴—阴—阴—上

加班加点 溜须拍马 偷鸡摸狗 加工窝点 花花公子 星星之火
开山之祖 东拉西扯 高温多雨 惊弓之鸟 摧枯拉朽 今非昔比

阴—阴—阴—去

虚张声势 清风扑面 新鲜资讯 施加压力 丰收之后 亲身经历
失之交臂 交通工具 中庸之道 春花秋月 昏天黑地 孤军深入

阴—阴—阳—阴

今冬明春 金屋藏娇 增收节支 资金流失 东方时空 生吞活剥
中心城区 周边国家 堆积如山 鹰击长空 东方明珠 师生员工

阴—阴—阳—阳

悲欢离合 清风徐徐 丰衣足食 先声夺人 波光粼粼 曲曲折折
生机勃勃 公私合营 蜂拥而来 三思而行 春分时节 中心环节

阴—阴—阳—上

凶多吉少 酥松柔软 高山滑雪 张灯结彩 心胸狭窄 莘莘学子
舟山群岛 开心辞典 村夫俗子 争分夺秒 归根结底 腰肌劳损

阴—阴—阳—去

天灾人祸 天高云淡 春风得意 金鸡独立 温馨提示 轻松愉快
青春时尚 居高临下 深思熟虑 风光无限 殚精竭虑 生机无限

阴—阴—上—阴

资金短缺 乌苏里江 优中选优 鲜花掌声 空中缆车 空中打击
招生简章 深居简出 微缩景观 招商引资 精心组织 姑息养奸

阴—阴—上—阳

接风洗尘 空中走廊 披荆斩棘 激光扫描 天山雪莲 资金往来
公关礼仪 孤家寡人 深山老林 飞沙走石 专家解读

阴—阴—上—上

熙熙攘攘 风吹雨打 生津止渴 巴山蜀水 欢欣鼓舞 彬彬有礼
烟熏火燎 杀鸡取卵 风生水起 高瞻远瞩 春江水暖 炊烟袅袅

阴—阴—上—去

珠光宝气 抛砖引玉 花天酒地 冰天雪地 中秋赏月 山珍海味
丰功伟绩 颠三倒四 山清水秀 风吹草动 休戚与共 公开响应

阴—阴—去—阴

呼之欲出 风姿绰约 东窗事发 公开曝光 听之任之 发挥欠佳
通关报关 呼声甚高 官方用车 交通运输 失声痛哭 身心健康

阴—阴—去—阳

危机四伏 披金戴银 歌功颂德 因噎废食 登峰造极 高风亮节
生机盎然 推波助澜 高屋建瓴 巅峰对决 开张大吉 先发制人

阴—阴—去—上

脱胎换骨 翻山越岭 欢声笑语 登高望远 呼风唤雨 八仙过海
秋高气爽 惊天逆转 烽烟再起 伤筋动骨 捉襟见肘 钩心斗角

阴—阴—去—去

开天辟地 鞠躬尽瘁 更新换代 低声下气 光阴似箭 光天化日
朝三暮四 欢呼雀跃 天高地厚 说三道四 标新立异 兴风作浪

阴—阳—阴—阴

经常出差 医疗开支 生存空间 心灵之窗 私人空间 推陈出新
金融危机 升值空间 心灵创伤 新年钟声 中直机关 超常发挥

阴—阳—阴—阳

经常失眠 精神家园 监察专员 消防安全 新闻宣传 家庭生活
超凡脱俗 春华秋实 森林公园 春兰秋菊 倾国倾城 欢迎光临

阴—阳—阴—上

心如刀绞 风言风语 风流潇洒 出行参考 安全出口 经营风险
科学发展 宣传推广 惊人之举 东南西北 新闻出版 飞蛾扑火

阴—阳—阴—去

天伦之乐 夕阳西下 阴阳交替 生存压力 因材施教 三阳开泰
发扬光大 花容失色 积极参与 高原光照 精神风貌 金蝉脱壳

阴—阳—阳—阴

江河湖泊 衣食无忧 吹毛求疵 新闻联播 八国联军 荆棘丛生
中华腾飞 科学研究 空穴来风 开国元勋 新华文摘 突然袭击

阴—阳—阳—阳

交流平台 真才实学 超群绝伦 精神赔偿 出国留学 积极协调
突如其来 坚持原则 飞黄腾达 中国足协 中华民族 功能齐全

阴—阳—阳—上

风流才子 心驰神往 高潮迭起 优良传统 非同凡响 生龙活虎
新闻媒体 青梅竹马 真情实感 光荣传统 生活成本 西湖龙井

阴—阳—阳—去

真情回报 雍容华贵 新闻人物 知足常乐 生活习惯 公民权利
生存能力 精诚合作 积极回报 飞扬跋扈 身怀绝技 非凡成就

阴—阳—上—阴

资源短缺 英雄史诗 心灵港湾 兼而有之 生活起居 殷勤体贴
推而广之 心怀鬼胎 居民小区 私人保镖 天然氧吧 新闻主播

阴—阳—上—阳

心服口服 交流感情 科学指南 资格审查 声名远扬 公民守则
生活水平 开除党籍 边防检查 多云转晴 思维敏捷 珍奇古玩

阴—阳—上—上

专题演讲 观察小组 非常反感 天涯海角 搜集整理 心急火燎
心慈手软 非同小可 张牙舞爪 天涯咫尺 一无所有 亲朋好友

阴—阳—上—去

瓜田李下 思前想后 精诚所至 山盟海誓 飞刍挽粟 山明水秀
中流砥柱 山重水复 资源满地 生财有道 鞍前马后 心明眼亮
兵强马壮 幡然悔悟 飞禽走兽 飞檐走壁 风调雨顺 声名显赫
高朋满座 花红柳绿 花团锦簇 经年累月 相濡以沫 千奇百怪
千锤百炼 光明磊落 经纶满腹 深谋远虑 千随百顺 安常处顺
诸如此类 心直口快 呼朋引伴 英明果断 消愁解闷 非常好记
心怀叵测 虚情假意 獐头鼠目 胸无点墨 斯文扫地 酸甜苦辣
哀鸿满路 山穷水尽 稀奇古怪 灯红酒绿 优柔寡断 积极响应
膏粱子弟 因循守旧 阴谋诡计 颠来倒去 遮人耳目 雕虫小技
金迷纸醉 鸡鸣狗盗 疮痍满目 妻离子散 英年早逝 音容宛在

阴—阳—去—阴

公平竞争 身残志坚 开诚布公 发达地区 天圆地方 惊鸿一瞥
川流不息 安全第一 非同一般 开门见山 生活变迁 相得益彰

阴—阳—去—阳

精疲力竭 珠联璧合 焦头烂额 供不应求 失而复得 积极配合
衣食住行 关门大吉 三从四德 心平气和 鸡毛蒜皮 鞭长莫及

阴—阳—去—上

风情万种 漂洋过海 丢人现眼 亲临现场 轻而易举 周而复始
春节序曲 开国大典 枪林弹雨 风流倜傥 庸人自扰 街头巷尾

阴—阳—去—去

催人泪下 枝繁叶茂 争强好胜 出谋划策 街谈巷议 粗茶淡饭
西行漫记 风平浪静 家徒四壁 偷梁换柱 雕梁画栋 哄堂大笑

阴—上—阴—阴

东倒西歪 休养生息 春暖花开 悲喜交加 生死攸关 天网恢恢
鸡犬升天 公款吃喝 虚拟空间 约法三章 微软公司 杯水车薪

阴—上—阴—阳

多种经营 相辅相成 精品工程 颠倒黑白 中饱私囊 天府之国
恭喜发财 精彩纷呈 天壤之别 灯火通明 轻舞飞扬 东躲西藏

阴—上—阴—上

心理疏导 亲手挑选 知己知彼 根本宗旨 非法吸储 心理关口
生死相许 钢铁生产 思想观点 非法生产 基本方法 清扫积雪

阴—上—阴—去

新老交替 因小失大 非法偷渡 生长发育 经典之作 标本兼治
春捂秋冻 军港之夜 生产基地 奔走相告 坚守一线 肝胆相照

阴—上—阳—阴

心有灵犀 灯火阑珊 脱口而出 山体滑坡 风雨同舟 脱颖而出
高枕无忧 根本原因 非法传销 颠倒乾坤 孤苦伶仃 烽火连天

阴—上—阳—阳

风卷残云 张口结舌 星火燎原 金榜题名 双喜临门 高手如云
沧海横流 发展蓝图 撒手人寰 冠冕堂皇 天理难容 风土人情

阴—上—阳—上

生产成本 千岛群岛 稍有好转 非此即彼 私有财产 优雅得体
卑鄙无耻 基本停止 出口产品 针灸疗法 风雨无阻 风起云涌

阴—上—阳—去

威武雄壮 基本国策 心理调适 先睹为快 出土文物 优雅时尚
风景名胜 姑且不论 滴水不漏 充满悬念 高等学校 窗口形象

阴—上—上—阴

经典老歌 沙场点兵 专场演出 推理小说 修改党章 生猛海鲜
深海捕捞 诸子百家 抓紧抢修 精彩演出 风险抵押 发表演说

阴—上—上—阳

安享晚年 搜索引擎 商品打折 公款旅游 出口总额 卑鄙小人
肢体语言 高考补习 焦点访谈 车水马龙 慷慨解囊 孤寡老人

阴—上—上—上

颁奖典礼 经典版本 交响组曲 高考体检 朝九晚五 深远影响
资产管理 家纺产品 单打选手 精美礼品 出尔反尔 屈指可数

阴—上—上—去

生死与共 桌椅板凳 敷衍了事 深有体会 分组讨论 经典语录
基本理念 生死考验 风水宝地 坚守岗位 深有感触 官场腐败

阴—上—去—阴

生产日期 褒贬不一 身体欠佳 充满信心 风口浪尖 天女散花
纲举目张 精彩瞬间 参考用书 虚假信息 分秒必争 滴酒不沾

阴—上—去—阳

花好月圆 精彩进球 光彩照人 金口玉言 冬暖夏凉 身手不凡
心想事成 风靡一时 充耳不闻 卑鄙下流 君子一言 身体力行

阴—上—去—上

非你莫属 音响效果 尊老敬老 应有尽有 生死未卜 风险代理
批准入伍 公款宴请 依法逮捕 多此一举 高考落榜 非法占有

阴—上—去—去

先斩后奏 轻举妄动 新手上路 精打细算 英勇善战 监守自盗
艰苦奋斗 虚拟世界 基本就绪 心理档案 非法占地 牵强附会

阴—去—阴—阴

肌肉拉伤 科技攻关 私密空间 天籁之音 消化吸收 七窍生烟
出色发挥 激烈交锋 花样翻新 私订终身 知遇之恩 春夏秋冬

阴—去—阴—阳

初次相识 音乐喷泉 初具规模 优化升级 亲切交谈 经济搭台
金碧辉煌 泾渭分明 周末出游 希望工程 消费需求 兴旺发达

阴—去—阴—上

收费标准 英俊潇洒 恭贺新禧 丰富多彩 失物招领 经历风雨
接续香火 批量生产 当众出丑 皆大欢喜 恢复生产 冰冻三九

阴—去—阴—去

亲密接触 中介机构 专用标志 发号施令 经验丰富 珍爱生命
工作压力 差距拉大 揭露真相 身外之物 刮目相看 高速公路

阴—去—阳—阴

花样滑冰 天不藏奸 逼上梁山 天上人间 恩重如山 宾至如归
鸦雀无声 天赐良机 八面来风 生命垂危 分道扬镳 相敬如宾

阴—去—阳—阳

金玉良缘 朝气蓬勃 宾客盈门 息事宁人 扑朔迷离 心血来潮
扑面而来 花样年华 酣畅淋漓 虽败犹荣 欢乐祥和 八面玲珑

阴—去—阳—上

收费合理 公正合理 挥汗如雨 先入为主 丰硕成果 推荐人选

身不由己 精卫填海 颠覆传统 膝下无子 高速行驶 说话得体

阴—去—阳—去

经贸合作 通货膨胀 优化结构 稍纵即逝 烟雾缭绕 单调乏味

周到服务 通力合作 出类拔萃 初见成效 关键一步 身败名裂

阴—去—上—阴

青睐有加 风味小吃 经济损失 高度紧张 深受启发 肌肉萎缩

高奏凯歌 端正党风 施政演说 深入浅出 花样百出 供应紧张

阴—去—上—阳

忠孝两全 轻重缓急 孤陋寡闻 跌宕起伏 机构改革 亲切可人

生态旅游 双向选择 加倍返还 歌唱祖国 安度晚年 希望小学

阴—去—上—上

专利产品 公共场所 春夜喜雨 遵纪守法 冬季取暖 天助我也

高干子女 多退少补 出色表演 声色犬马 消费场所 安分守己

阴—去—上—去

期末考试 失去理智 深入讨论 充分肯定 经验老到 参与讨论

根治腐败 资料显示 发放比例 公益广告 倾力打造 幽默搞笑

阴—去—去—阴

呆若木鸡 高校扩招 公共设施 危在旦夕 生命透支 花费甚多

心照不宣 搬弄是非 拉动内需 刚正不阿 天各一方 双料冠军

阴—去—去—阳

欢聚一堂 光怪陆离 哭笑不得 心路历程 精力过人 坚定不移

春意盎然 恢复正常 心地善良 先抑后扬 初战告捷 拍案叫绝

阴—去—去—上

超越自我 开业庆典 兴奋不已 优惠贷款 优势互补 开拓进取

公众视野 音乐素养 出事地点 相距甚远 今日视点 三位一体

阴—去—去—去

精力过剩 精锐部队 嬉笑怒骂 封闭训练 科技竞赛 军地共建

深切慰问 相对落后 说话算数 机械制造 仓库重地 生日派对

○轻○○

动物世界 技术含量 天气预报 智力竞赛 程度不同 打个电话

机会难得 纸上谈兵 功夫齐全 马上就到 本事不大 知识竞赛

○○○轻

人际关系 经济适用 劳动合同 风水先生 改善伙食 征求意见

考试状元 冰糖葫芦 黄毛丫头 生理反应 小道消息 继续教育

○轻○轻

骆驼祥子 不是东西 是个棒槌 怎么搞的 意思明白 血的教训

收拾东西 看不清楚 义务教育 什么东西 下半辈子 弄个明白

6. 五字词语声调连贯练习

新闻发言人 地下核试验 科学发展观 国家大剧院 黄河入海口

新闻工作者 电子对撞机 出入境人员 北京奥运会 执业许可证

实质性成果 吉尼斯纪录 广告代理商 导弹核潜艇 喜马拉雅山

防患于未然 人类基因组 国际空间站 东西南北中 报告团成员

手机充电器 记者招待会 离土不离乡 郑和下西洋 争夺发球权

家和万事兴 和平与发展 路遥知马力 海军陆战队 庐山真面目

西部大开发 进口发动机 封闭式训练 跨国界行动 战略核潜艇

普通白炽灯 外向型经济 军事分界线 人民大会堂 敦煌莫高窟

为人民服务 大学毕业生 十年磨一剑 居民身份证 产品说明书

南方强降雨 地质性灾害 内蒙古高原 长江入海口 生活必需品

7. 六字词语声调连贯练习

世界贸易组织 温室气体排放 固定资产投资 绿色采购清单
二氧化碳排放 境外投资公司 陆续投入运营 环境保护部门
经济发达地区 国产新型战机 麻省理工学院 市场经济地位
国际金融危机 环球大气污染 农村金融机构 中国军力报告
国际市场油价 全国政协委员 乞力马扎罗山 亚太经合组织
南水北调工程 战略经济对话 广播电视媒体 原子能核电站
阿帕奇直升机 石油价格上调 宏观经济政策 春节联欢晚会
东亚合作论坛 亚太开发银行 国家承认学历 首批试点城市
工业结构调整 国际红十字会 银行存款利息 联合国秘书长
中非合作论坛 女高音歌唱家 巾帼不让须眉 违法不良广告

8. 七字词语声调连贯练习

西部大开发战略 广西壮族自治区 大使级外交关系 第二次世界大战
政府采购话语权 农村剩余劳动力 艾滋病防治办法 经济欠发达地区
美尼尔氏综合征 朝鲜半岛无核化 国际原子能机构 艾滋病毒携带者
石油输出国组织 住房城乡建设部 公务员招聘考试 联合国粮农组织
世界自然基金会 非物质文化遗产 肯尼迪航天中心 西部欠发达地区
重要战略机遇期 计算机操作系统 污染物排放总量 中国社会科学院
农村劳动力转移 国际先驱论坛报 消费者物价指数 宁夏回族自治区
教育招生考试院 联合国维和行动 国际问题观察员 国际日期变更线
国家级重点工程 布宜诺斯艾利斯 少数民族自治区 人工智能新时代
大陆性季风气候 多米诺骨牌效应 例行新闻发布会 中国人民解放军

9. 八字词语声调连贯练习

社会主义和谐社会 国务院新闻办公室 经济年度人物评选 农村合作医疗制度
汽车炸弹爆炸事件 领导干部离任审计 城市廉租住房制度 居民消费价格指数
疾病预防控制中心 国际绿色和平组织 煤矿瓦斯爆炸事故 喜马拉雅科学考察
联合国军事观察员 国际人道主义危机 国家一级保护文物 农田水利基本建设
医疗卫生体制改革 职工平均工资水平 劳动和社会保障部 卫星信号接收天线
世界文化遗产名录 联合国教科文组织 诺贝尔奖金获得者 战略协作伙伴关系
中国国际航空公司 国际货币基金组织 中国邮政储蓄银行 北大西洋公约组织

科技自主创新能力 和平共处五项原则 全国人民代表大会 巴勒斯坦武装组织

10. 九字词语声调连贯练习

中共中央政治局常委 中国常驻联合国大使 十三五社会发展规划
社会消费品零售总额 第四代中央领导集体 振兴东北老工业基地
联合国武器核查小组 自杀式炸弹爆炸事件 联合国世界卫生组织
联合国货币基金组织 诺贝尔和平奖获得者 劳动和社会保障事业
国家民族事务委员会 中国互联网新闻中心 渔业合作谅解备忘录
医疗事故鉴定委员会 全面协调可持续发展 居民消费价格总水平

11. 十字词语声调连贯练习

国家防汛抗旱总指挥部 国家劳动和社会保障部 大学毕业生供需见面会
中非合作论坛北京峰会 国务院港澳事务办公室 中国疾病预防控制中心
农民工工资保障金制度 国家发展和改革委员会 国务院台湾事务办公室
亚热带海洋性季风气候 国家出入境检验检疫局 中国人民对外友好协会

**（六）声调句段练习**

咬住字头，出字有力，拉开字腹，收住字尾。字神（指声调）准确，用气均匀连贯，用声刚柔相济。注意声传情、情带声、情运气、气生情。

1. 阴平声练习

阴平声一开始是5度，然后维持不变，保持一条横线。如果是两个阴平声连在一起，念时把前一个稍降一点，后边的不变，保持5度。

望庐山瀑布

**李　白**

日照香炉生紫烟，遥看瀑布挂前川。
飞流直下三千尺，疑是银河落九天。

声 声 慢

**李清照**

寻寻觅觅，冷冷清清，凄凄惨惨戚戚。
乍暖还寒时候，最难将息。

三杯两盏淡酒，怎敌他、晚来风急！
雁过也，正伤心，却是旧时相识。
满地黄花堆积，憔悴损，如今有谁堪摘？
守着窗儿，独自怎生得黑！
梧桐更兼细雨，到黄昏、点点滴滴。
这次第，怎一个愁字了得！

2. 阳平声练习

阳平声开始在3度，滑动直线上移。如果两个阳平声相连，要注意前边一个不能弯曲。

### 登鹳雀楼

**王之涣**

白日依山尽，黄河入海流。
欲穷千里目，更上一层楼。

### 武陵春·春晚

**李清照**

风住尘香花已尽，日晚倦梳头。
物是人非事事休，欲语泪先流。
闻说双溪春尚好，也拟泛轻舟。
只恐双溪舴艋舟，载不动许多愁。

3. 上声练习

上声开始是2度，向下滑动到1度，接着从1度折转滑向4度。它是个降升调，念时注意：首先要降到底，然后折转直升到4度。如果两个上声相接，按上声变调处理。

### 春　晓

**孟浩然**

春眠不觉晓，处处闻啼鸟。
夜来风雨声，花落知多少。

### 蝶恋花·春景

**苏　轼**

花褪残红青杏小。燕子飞时，绿水人家绕。
枝上柳绵吹又少，天涯何处无芳草！
墙里秋千墙外道。墙外行人，墙里佳人笑。
笑渐不闻声渐悄，多情却被无情恼。

4. 去声练习

去声一开始 5 度，然后下滑降到最低 1 度。普通话里叫全降调。如果两个去声相连，前边一个去声可以不降到 1 度，但后边一个必须到 1 度。

### 寻隐者不遇

**贾　岛**

松下问童子，言师采药去。
只在此山中，云深不知处。

### 蝶 恋 花

**李　煜**

遥夜亭皋闲信步，才过清明，渐觉伤春暮。
数点雨声风约住，朦胧淡月云来去。
桃杏依依春暗度，谁在秋千，笑里轻轻语。
一片芳心千万绪，人间没个安排处。

## （七）声调诗词综合练习

### 周五声调曲　角调曲二首

**庾　信**

止戈见于绝辔之野，称伐闻于丹水之征。
信义俱存乃先忘食，五材并用谁能去兵。
虽圣人之大宝曰位，实天地之大德曰生。
泾渭同流清浊异能，琴瑟并御雅郑殊声。
扰扰烝人声教不一，茫茫禹迹车轨未并。

志在四海而尚恭俭，心包宇宙而无骄盈。
言而无文行之不远，义而无立勤则无成。
恻隐其心训以慈惠，流宥其过哀矜典刑。

匡赞之士或从渔钓，云雨之才乍叹幽谷。
寻芳者追深径之兰，识韵者探穷山之竹。
克明其德贡以三事，树之风声言于九牧。
协用五纪风若从事，农用八政甘作其谷。
殊风共轨见之周南，异亩同颖闻之康叔。
祁寒暑雨是无胥怨，天覆云油滋焉渗漉。
幸无谢上古之淳人，庶可以封之于比屋。

### （八）声调绕口令综合练习

#### 小柳和小妞

路东住着刘小柳，路南住着牛小妞。刘小柳拿着大皮球，牛小妞抱着大石榴。刘小柳把皮球送给牛小妞，牛小妞把石榴送给刘小柳。（阴平、阳平、上声）

#### 不怕不会

不怕不会，就怕不学。一回不会，再来一回。决不后悔，直到学会。（阳平、上声、去声）

#### 磨坊磨墨

磨坊磨墨，墨抹磨坊一磨墨。小猫摸煤，煤飞小猫一毛煤。（阴平、阳平、上声、去声）

#### 老史捞石

老师老是叫老史去捞石，老史老是没有去捞石。老史老是骗老师，老师老说老史不老实。（阴平、阳平、上声、去声）

## （九）声调字词综合练习

1. 朗读下列单音节字词并录音听评（重点听辨音节声调部分）

订 缓 跳 花 旁 谢 卵 庸 俊 纯
卡 腹 查 逛 旷 冬 扼 稀 押 腔
悲 较 捎 批 熏 晾 纵 捆 左 贸
怎 略 悬 若 能 闹 费 凭 旅 田
蓄 通 国 出 漏 识 摆 陌 姐 章
枉 衫 浮 笨 邹 雄 蕊 寺 尖 汾
祝 葱 测 依 矮 欲 苏 坎 掂 扭
癖 伪 脆 增 夏 致 琼 拔 翁 日
赶 筛 毒 乖 侮 袭 人 泼 确 秒
穴 脊 清 救 滚 粥 框 波 坏 辞

2. 朗读下列双音节词语并录音听评（重点听辨音节声调部分）

容忍 明天 雨伞 争论 荒谬 奖券 钻研 儿童
过程 病故 罢工 采访 胡闯 狠心 结束 狂妄
否定 产品 墨水 可怜 类推 亏损 宣战 磷酸
嫩绿 老头 制造 夹层 夸张 陨灭 风靡 排球
气氛 想念 徇私 永远 山坡 万一 衰退 确实
怒吼 同学 苏醒 几何 摆动 徒弟 干脆 锐角

## （十）利用“普通话声韵配合表”进行声调练习

详见附录“汉语普通话声韵配合表”。

# 第六章　吐字要规整

吐字归音是我国古典戏曲中对吐字法的概括。它根据汉字字音结构特点，提出对吐字过程中字音各环节的发音要求。具体内容既包括发音的基本要领，也包括发音的审美要求。它把一个音节的发音过程分成了三个阶段：出字、立字、归音。通过对每个阶段规范而有效的口腔控制，使吐字更加清晰饱满、响亮集中。

## 第一节　为什么讲求吐字归音

我们常听说的字正腔圆，原本是戏曲声乐术语，被借用到发声表达范畴时，它的内涵更为丰富，关乎语义的清晰明确、语音的纯正自然、声音的明亮集中和字音的准确圆润，这也是吐字归音能力的基本支撑和集中体现。讲求吐字归音也是一个播音主持人员、“出镜出声”记者、编辑人员，乃至所有语言表达工作者口腔控制自如发挥的最为关键的基本功。

只有声、韵、调齐备，才能出现一个完整的音节个体，一个独立运用的有意义的字音单位，而有别于日常普通运用。播音发声等有声语言艺术表达，不是简单随便完成一个音节地吐出，它是在气声贯通基础上，各咬字器官相互配合，各发音动作连贯结合，对口腔状态进行强化，对吐字质量进行把控后的产物。

# 第二节 怎样认识吐字归音

## 一、普通话音节结构分析（语音学角度）

| 组成<br>例字 | 声母 | 韵母 | | | | 声调 | |
|---|---|---|---|---|---|---|---|
| | 辅音 / 零声母 | 韵头<br>（介音） | 韵腹<br>（主要元音） | 韵尾 | | 调类 | 调值 |
| | | | | 元音 | 辅音 | | |
| 玉 | Ø | | ü | | | 去声 | 51 |
| 袄 | Ø | | ɑ | o（u） | | 上声 | 214 |
| 昂 | Ø | | ɑ | | ng | 阳平 | 35 |
| 丫 | Ø | i | ɑ | | | 阴平 | 55 |
| 诱 | Ø | i | o | u | | 去声 | 51 |
| 圆 | Ø | ü | ɑ | | n | 阳平 | 35 |
| 思 | s | | -i（前） | | | 阴平 | 55 |
| 窄 | zh | | ɑ | i | | 上声 | 214 |
| 绷 | b | | e | | ng | 阴平 | 55 |
| 学 | x | ü | ê | | | 阳平 | 35 |
| 税 | sh | u | e | i | | 去声 | 51 |
| 滚 | g | u | e | | n | 上声 | 214 |

从上表可以看出，普通话音节由声母、韵头、韵腹、韵尾、声调五个部分组成。其中，韵腹和声调是必不可少的，而声母、韵头和韵尾则不一定要出现。这五部分可以出现八种组合，如果韵尾再分为元音韵尾和辅音韵尾，则普通话音节共有十二种结构模式：

1. 韵腹
2. 韵腹 + 元音韵尾
3. 韵腹 + 辅音韵尾
4. 韵头 + 韵腹

5. 韵头 + 韵腹 + 元音韵尾
6. 韵头 + 韵腹 + 辅音韵尾
7. 声母 + 韵腹
8. 声母 + 韵腹 + 元音韵尾
9. 声母 + 韵腹 + 辅音韵尾
10. 声母 + 韵头 + 韵腹
11. 声母 + 韵头 + 韵腹 + 元音韵尾
12. 声母 + 韵头 + 韵腹 + 辅音韵尾

## 二、普通话字音结构分析（吐字归音角度）

| 组成 / 例字 | 字头 | | 字腹 | 字尾 |
|---|---|---|---|---|
| | | 韵母 | | |
| | 声母 / 零声母 | 韵头（字颈） | 韵腹（主要元音） | 韵尾（元音或辅音） |
| 四 | s | | –i（前） | |
| 川 | ch | u | ɑ | n |
| 电 | d | i | ɑ | n |
| 影 | Ø | | i | ng |
| 电 | d | i | ɑ | n |
| 视 | sh | | –i（后） | |
| 学 | x | ü | ê | |
| 院 | Ø | ü | ɑ | n |
| 人 | r | | e | n |
| 才 | c | | ɑ | i |
| 众 | zh | | o | ng |
| 多 | d | u | o | |

从上表可以看出，“吐字归音”将一个音节分成三个部分：字头、字腹、字尾。

字头——由声母和韵头两部分组成。其中韵头也叫字颈、介音。

字腹——即为韵腹，就是主要元音。

字尾——即为韵尾，就是尾音。

汉语字音结构中，只有韵腹（主要元音）是不能缺失的，即字腹不能缺失。零声母音节没有字头，开尾音节没有韵尾。

## 三、吐字归音的要求

总体上来说，播音员主持人的吐字应该做到发音准确规范，清晰自然，颗粒饱满，轻快连贯，如珠如流，字字入耳，句句入心。说者不费力，听者有美感。具体可以概括为：清晰、准确、圆润、集中、流畅、自然。

## 四、吐字归音的要领

吐字归音对字头、字腹、字尾三个部分的要求分别为：出字、立字、归音。

1. 出字——是指字头（声母、韵头）的发音过程，要求为“叼住弹出，有力准确，干净利落”。

具体做法：咬字要有力度，成阻部位准确，肌肉紧张，阻碍气流要有力。声母的唇形要合适，特别是合口呼和撮口呼，如果没有相应的唇形，就谈不上“叼住”。“叼”要有巧劲，不能过紧也不能过松。除阻阶段轻捷有力，像弹丸弹出，不能拖泥带水。

2. 立字——是指字腹（主要元音）的发音过程，要求为“拉开立起，圆润饱满，明朗响亮”。

具体做法：因为主要元音在音节中口腔开度最大，发音最饱满，像一颗圆形的珠子在口腔中站立起来。在牙关打开的前提下，随着上腭的提起“立”起来，以取得清晰的音色和较丰富的泛音。

3. 归音——是指字尾（尾音）的发音过程，要求为“弱收到位，趋向鲜明，轻短自如”。

具体做法：唇舌动作要“到家”，发音时不能出现听起来不完整的“半截字”，要注意音节的完整性。正确的过程是：力渐松、气渐弱、口渐闭、声渐止。

4.“枣核形”——是对吐字过程的形象化描述，指字头、字腹、字尾俱全的音节吐字的状态。字头叼住弹出，字腹拉开立起，字尾弱收到位，合起来形成一个两头小中间大的“枣核”。如下图所示：

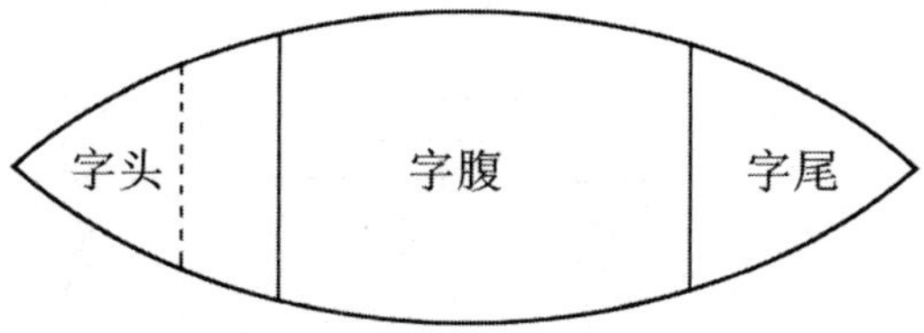


| 声母 | 韵头 | 韵腹 | 韵尾 |
|---|---|---|---|
| 声母 | 韵母 | | |

声音是看不见的，但“枣核形”的意念有助于我们在音节发音时把握各部分的口腔控制。需要提醒的是，根据内容的表达需要，“枣核”可以有或长，或大，或圆，或扁等的改变。

## 五、吐字归音的强化

### （一）后开前有力

1. 扩大中后口腔空间

打开牙关、提升软腭。在口腔具备一定开度的基础上，尤其需要强调中后口腔的开度。中后口腔空间加大，对吐字发音非常有利，不仅保证了气声通畅、腔圆壁坚的共鸣环境，减少灌入鼻腔的气流，避免过多的鼻音色彩，还为实现舌体的灵活控制创造良好条件。

2. 唇舌力量集中灵活

唇舌用力、中纵集中。在发音过程中，唇舌力量应尽量向自身中部收束集中，取收势，用巧劲。声母“成阻点”，接触面小而有力，韵母“舌高点”，鲜明而变化灵活，为字音清晰、减少杂音、声音外送、响亮集中打好基础。

### （二）字声挂前腭

1. 声音推送

对声音走向有意识把控。口腔是声音发出前的最后一个腔体，声束在口腔中的走向，或者说声音在口腔中发出的路线需要被有意识地引导外送。

声音应该沿着软腭、硬腭的中纵线推送到硬腭前端，这条中纵线就是声音推送和发出的路线。如下图所示：

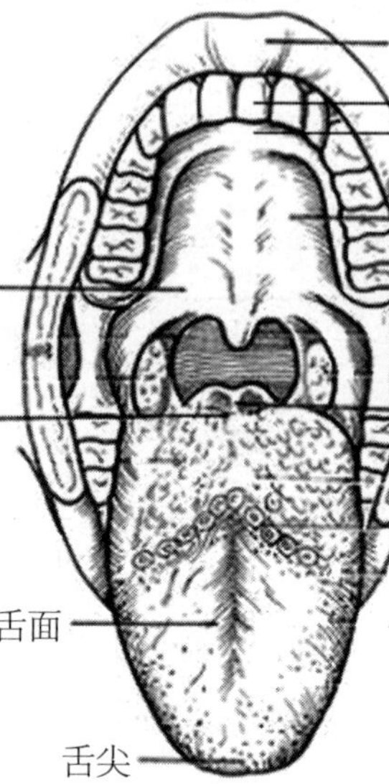


2. 字挂前腭

对字音吐出有意识调节。由喉发出的声束经咽腔沿软腭硬腭中纵线前行，向硬腭前部流动冲击，从而使字音有挂在硬腭穹窿前部的感觉，并由上唇以上的部位透出口腔，字如蹦珠。这样发出的声音集中、明朗、润泽，穿透力强而且省力。具体方法是：在口唇外30厘米左右的距离找一个目标，发音时，在意念上让声音集中打在目标上。整体感觉是字像一个圆形的珠子从口腔里射出，击中口腔外的目标，音要从软腭打到硬腭前端，然后送出口腔外。发音时要关闭鼻腔通路。

**（三）拢弹滑挂流**

吐字的综合感觉所归纳的五个方面：

拢——指发音有关部位着力点向口腔中纵部集中；

弹——指字音从口腔推送出去时灵活轻快弹发有力；

滑——指吐字过程中唇舌对音素的过渡要有滑动感；

挂——指字音出口前要“挂”在硬腭前部；

流——指字音在口腔内要有沿中纵线向前流动的感觉。

向前流动的音流，受口腔的节制形成言语声的链条。每一个字都是向前流动的，在流动中成“珠”，“挂”于硬腭前部，“弹”出口外，跃然灵动，汩汩不绝。

## 六、吐字归音的总结

为了便于大家理解记忆，下面将吐字归音的内容做一个详细的总结：

<table>
<tr><th rowspan="2">语音学分类</th><th rowspan="2">声母</th><th colspan="3">韵母</th><th rowspan="2">声调</th></tr>
<tr><th>韵头<br>（介音）</th><th>韵腹<br>（主要元音）</th><th>韵尾<br>（元音或辅音）</th></tr>
<tr><td>吐字归音</td><td colspan="2">字头</td><td>字腹</td><td>字尾</td><td>字神</td></tr>
<tr><td>处理方法</td><td colspan="2">出字</td><td>立字</td><td>归音</td><td>提神</td></tr>
<tr><td>处理要求</td><td colspan="2">叼住弹出<br>有力准确<br>干净利落</td><td>拉开立起<br>圆润饱满<br>明朗响亮</td><td>弱收到位<br>趋向鲜明<br>轻短自如</td><td>铿锵起伏<br>抑扬顿挫<br>气托声舒</td></tr>
<tr><td>吐字的<br>“枣核形”</td><td colspan="5">对完整音节吐字状态的形象化描述。字头、字腹、字尾合起来形成一个两头小、中间大的“枣核形”。“枣核形”的发音，涉及音节发音时各部分口腔的开合度，及其所占时值的长短。<br>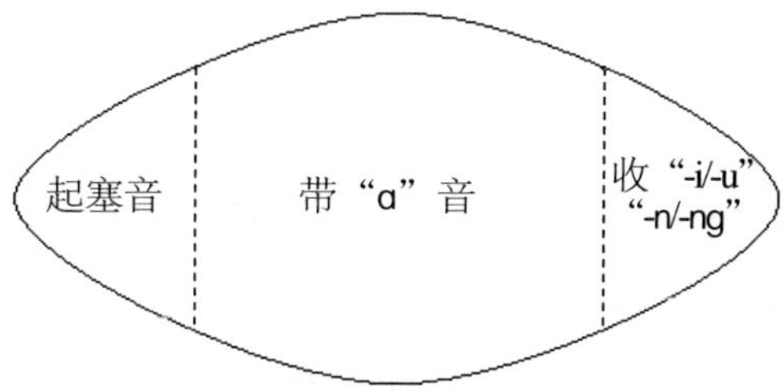<br></td></tr>
<tr><td>声音路线<br>字音着力</td><td colspan="5">声音沿着上腭的中纵线推送到硬腭前部，透过人中，打出去。</td></tr>
</table>

## 第三节 怎样进行吐字归音练习

练习提示：在练习过程中，着重感受吐字归音与口腔调控的联系。讲求发音吐字“字正腔圆”和“珠圆玉润”的感觉，体会声音发出的路线，字音推送的方向，字声挂于前腭的状态。同时，注重分辨吐字幅度、力度、速度在不同话语样式里的变化，体会静态吐字与动态吐字的不同。感受吐字随词句变化的轻重分别，随语势流动的跃动连贯，注意这个过程中听觉和视觉状态回馈的不同，最终把握吐字归音对音节每个环节的要求，稳定词句中口腔控制的诸多感觉。

## 一、感受吐字归音

1. 以下词语，请拖开节奏，夸张练习，体会中后口腔的开度。

妈——妈 发——达 发——放 天——堂 尴——尬 空——旷

慷——慨——激——昂　海——阔——天——空

康——庄——大——道　跋——山——涉——水

马——到——成——功　来——日——方——长

2. 请借助以下短句，向远方呼喊，体会声音发出的路线。

你——好——吗？

回——家——吃——饭——嘞！

再——见——喽！

你——在——哪儿？

3. 请单发或连续组合发出拟声词语，体会字挂前腭的状态。

吧嗒嗒　滴溜溜　咔嚓嚓　哐当当

呼啦啦　扑通通　哗啦啦　咯噔噔

咕隆隆　呼哧哧　轰隆隆　淅沥沥

当啷啷　滴答答　乒乓乓　噼啪啪

4. 用声韵相拼法呼读，体会下列音节吐字归音的状态。

b—a—ba　p—a—pa

b—ai—bai　p—ai—pai

d—iao—diao　t—iao—tiao

b—an—ban　p—an—pan

d—ian—dian　t—ian—tian

b—ang—bang　p—ang—pang

g—uang—guang　k—uang—kuang

5. 拉开字腹，体会前后音节彼此的影响。

①以“开音”带“闭音”，达到“闭音”稍开：

巴黎 拔河 当局 斑竹 把戏 板栗 安宁 按语 按理 傲气

奥秘 八股 宝贝 保密 仓库 草地 抄袭 汤渍 刀具 八旗

打击 刚毅 傻气 康熙 来去 劳力 马蹄 毛衣 暗器 奠仪

②以“闭音”带“开音”，达到“开音”稍闭：

巨大 苦熬 孤傲 提拔 毒打 激发 立方 库房 蓖麻 抵挡
出门 礼堂 图章 汽缸 洗涤 技法 机械 苴麻 沮丧 涤荡
臂膀 渔霸 骑墙 寄放 里拉 彼岸 滴答 碧桃 复杂 臆造

③以“前音”带“后音”，达到“后音”稍前：

预告 诗歌 体格 帝国 因果 阴沟 尸骨 背后 半途 难过
鼻孔 嗜好 刺客 理科 敌寇 倜傥 笔触 煎熬 司库 实况
余额 以往 失望 义务 悲歌 比武 提高 备考 碧空 帝王

④以“后音”带“前音”，达到“前音”稍后：

高低 告捷 梗死 宫女 共事 入门 横笛 帮办 刚毅 港币
木马 暴雨 毫厘 合理 可以 乌鱼 戈壁 革职 个别 更迭
共事 谷雨 过眼 穿刺 红利 厚意 蝴蝶 抗体 胞衣 刚愎

## 二、吐字归音综合练习

1. 单字练习

b— 白、班、编、包、帮、绷
P— 拍、盘、骈、袍、旁、鹏
m— 买、满、免、卯、蟒、猛
f— 发、饭、放、费、否、凤
d— 呆、单、颠、端、刀、当
t— 胎、贪、添、湍、涛、汤
n— 乃、南、年、暖、挠、囊
l— 来、兰、连、鸾、劳、狼
g— 该、干、关、高、刚、光
k— 开、刊、宽、尻、康、筐
h— 嗨、憨、欢、蒿、夯、慌
j— 家、尖、捐、交、姜、揪
q— 掐、千、圈、敲、腔、秋

x— 虾、鲜、宣、宵、箱、修
zh—摘、粘、砖、招、章、装
ch—拆、掺、穿、超、昌、窗
sh—筛、衫、闩、稍、商、霜
r— 然、软、饶、瓤、柔、荣
z— 栽、簪、钻、遭、臧、邹
c— 猜、餐、蹿、糙、舱、凑
s— 腮、叁、酸、骚、桑、搜

2. 词语练习

b— 宝贝、爸爸、版本、报表、表白、背包
P— 批评、评判、品牌、婆婆、匹配、乒乓
m— 面貌、美满、妈妈、密码、秘密、迷茫
f— 方法、发放、丰富、反复、付费、仿佛
d— 督导、达到、搭档、奠定、对调、到底
t— 通透、头疼、天堂、推特、淘汰、通天
n— 男女、南宁、牛奶、妞妞、那年、能耐
l— 理论、流量、力量、伦理、浏览、拉链
g— 改革、公管、更改、广告、规格、尴尬
k— 看看、开口、可靠、看开、刻苦、扣款
h— 很好、黄河、后悔、换货、豪华、幻化
j— 积极、即将、借鉴、解决、交接、紧急
q— 前期、亲情、齐全、恰切、缺钱、气球
x— 学习、谢谢、信息、学校、相信、详细
zh—住址、注重、纸质、郑州、真正、转账
ch—出场、出差、长春、拆除、长城、抽查
sh—稍稍、税收、手术、受伤、杀手、顺手
r— 柔润、仍然、融入、容忍、柔软、柔弱
z— 藏族、自尊、宗族、最早、栽脏、孜孜
c— 此次、残存、猜测、层次、曹操、匆匆
s— 搜索、洒扫、诉讼、琐碎、撕碎、飒飒

3. 四音节词语练习

来龙去脉 来日方长 老马识途 狼狈不堪 浪子回头 牢不可破
老当益壮 老生常谈 雷厉风行 冷嘲热讽 两袖清风 量力而行
燎原烈火 龙腾虎跃 包罗万象 超群绝伦 刀山火海 道貌岸然
调兵遣将 泛滥成灾 防患未然 放虎归山 光明磊落 广开言路

4. 绕口令练习

## 马大哈

马大妈的儿子叫马大哈，马大哈的妈妈叫马大妈。
马大妈让马大哈买麻花，马大哈给马大妈买西瓜。
马大妈叫马大哈割芝麻，马大哈给马大妈摘棉花。
马大妈告诉马大哈，以后不能再这样马大哈，
马大哈不改马大哈，马大妈就会嫌弃马大哈。

## 大麦和小麦

大妹和小妹，一起去收麦。
大妹割小麦，小妹割大麦。
大妹帮小妹挑大麦，小妹帮大妹捆小麦。
大妹小妹收完麦，高高兴兴去打麦。
大妹打小麦啪啪噼，小妹打大麦噼噼啪。

## 墙上一根钉

墙上一根钉，钉上挂条绳，绳下吊个瓶，瓶下放盏灯。
掉下墙上钉，脱掉钉上绳，滑落绳下瓶，打碎瓶下灯。
瓶打灯，灯打瓶，瓶说灯，灯怪绳，瓶说绳，绳怪钉，
叮叮当当，乒乒乓乓，咯咯噔噔，哐哐啷啷。

## 颠倒话

石榴树，结樱桃，杨柳树上长辣椒。
吹着鼓，打着号，抬着大车拉着桥。
木头沉水底，石头上边漂。

小鸡叼了个饿老鹰，老鼠捉了个大花猫。
说的都是颠倒话，你说可笑不可笑。

### 鱼和大雁

大雁过雁塔，雁塔留雁雁不留。
小鱼入渔网，渔网捕鱼鱼难逃。
看我非我，我看我我亦非我。
装谁像谁，谁装谁谁就像谁。

### 老鼠嗅着油豆香

油一缸，豆一筐，老鼠嗅着油豆香。
爬上缸，跳进筐，偷油偷豆两头忙。
又高兴，又慌张，脚一滑，身一晃，
“扑通”一声跌进缸。

5. 古诗文练习

### 关　　雎

关关雎鸠，在河之洲。窈窕淑女，君子好逑。
参差荇菜，左右流之。窈窕淑女，寤寐求之。
求之不得，寤寐思服。悠哉悠哉，辗转反侧。
参差荇菜，左右采之。窈窕淑女，琴瑟友之。
参差荇菜，左右芼之。窈窕淑女，钟鼓乐之。

### 诫 子 书

**诸葛亮**

夫君子之行，静以修身，俭以养德。非淡泊无以明志，非宁静无以致远。夫学须静也，才须学也，非学无以广才，非志无以成学。淫慢则不能励精，险躁则不能冶性。年与时驰，意与日去，遂成枯落，多不接世，悲守穷庐，将复何及！

## 春日行

**鲍　照**

献岁发，吾将行。春山茂，春日明。园中鸟，多嘉声。梅始发，柳始青。泛舟舻，齐棹惊。奏《采菱》，歌《鹿鸣》。风微起，波微生。弦亦发，酒亦倾。入莲池，折桂枝。芳袖动，芬叶披。两相思，两不知。

## 东　溪

**梅尧臣**

行到东溪看水时，坐临孤屿发船迟。野凫眠岸有闲意，老树着花无丑枝。
短短蒲茸齐似剪，平平沙石净于筛。情虽不厌住不得，薄暮归来车马疲。

## 西江月·夜行黄沙道中

**辛弃疾**

明月别枝惊鹊，清风半夜鸣蝉。稻花香里说丰年，听取蛙声一片。
七八个星天外，两三点雨山前。旧时茅店社林边，路转溪头忽见。

## 爱莲说

**周敦颐**

水陆草木之花，可爱者甚蕃。晋陶渊明独爱菊。自李唐来，世人盛爱牡丹。予独爱莲之出淤泥而不染，濯清涟而不妖。中通外直，不蔓不枝，香远益清，亭亭净植，可远观而不可亵玩焉。

予谓菊，花之隐逸者也；牡丹，花之富贵者也；莲，花之君子者也。噫！菊之爱，陶后鲜有闻；莲之爱，同予者何人；牡丹之爱，宜乎众矣。

6. 现代诗文练习

## 错　误

**郑愁予**

我打江南走过，
那等在季节里的容颜如莲花的开落。
东风不来，三月的柳絮不飞，
你的心如小小的寂寞的城。

恰若青石的街道向晚，
跫音不响，三月的春帷不揭。
你的心是小小的窗扉紧掩，
我达达的马蹄是美丽的错误，
我不是归人，是个过客……

## 云　游

徐志摩

那天你翩翩的在空际云游，
自在，轻盈，你本不想停留。
在天的那方或地的那角，
你的愉快是无拦阻的逍遥，
你更不经意在卑微的地面。
有一流涧水，虽则你的明艳，
在过路时点染了他的空灵，
使他惊醒，将你的倩影抱紧。
他抱紧的是绵密的忧愁，
因为美不能在风光中静止。
他要，你已飞渡万重的山头，
去更阔大的湖海投射影子！
他在为你消瘦，那一流涧水，
在无能的盼望，盼望你飞回！

## 我爱这土地

艾　青

假如我是一只鸟，
我也应该用嘶哑的喉咙歌唱：
这被暴风雨所打击着的土地，
这永远汹涌着我们的悲愤的河流，
这无止息地吹刮着的激怒的风，
和那来自林间的无比温柔的黎明……
——然后我死了，

连羽毛也腐烂在土地里面。
为什么我的眼里常含泪水?
因为我对这土地爱得深沉……

## 感　谢

**汪国真**

让我怎样感谢你?当我走向你的时候。
我原想收获一缕春风,你却给了我整个春天。
让我怎样感谢你?当我走向你的时候。
我原想捧起一簇浪花,你却给了我整个海洋。
让我怎样感谢你?当我走向你的时候。
我原想撷取一枚红叶,你却给了我整个枫林。
让我怎样感谢你?当我走向你的时候。
我原想亲吻一朵雪花,你却给了我银色的世界。

## 五月的青岛(节选)

**老　舍**

因为青岛的节气晚,所以樱花照例是在四月下旬才能盛开。樱花一开,青岛的风雾也挡不住草木的生长了。海棠,丁香,桃,梨,苹果,藤萝,杜鹃,都争着开放,墙角路边也都有了嫩绿的叶儿。五月的岛上,到处花香,一清早便听见卖花声。

公园里自然无须说了,小蝴蝶花与桂竹香们都在绿草地上用它们的娇艳的颜色结成十字,或绣成几团;那短短的绿树篱上也开着一层白花,似绿枝上挂了一层春雪。就是路上两旁的人家也少不得有些花草:围墙既矮,藤萝往往顺着墙把花穗儿悬在院外,散出一街的香气:那双樱,丁香,都能在墙外看到,双樱的明艳与丁香的素丽,真是足以使人眼明神爽。山上有了绿色,嫩绿,所以把松柏们比得发黑了一些。谷中不但填满了绿色,而且颇有些野花,有一种似紫荆而色儿略略发蓝的,折来很好插瓶。

青岛的人怎能忘下海呢,不过,说也奇怪,五月的海就仿佛特别的绿,特别的可爱,也许是因为人们心里痛快吧。看一眼路旁的绿叶,再看一眼海,真的,这才明白了什么叫作"春深似海"。绿,鲜绿,浅绿,深绿，黄绿，灰绿，各种的绿色，连接着，交错着，变化着，波动着，一直绿到天边，绿到山脚，绿到渔帆的外边去。风不凉，浪不高，船缓缓地走，燕低低的飞，街上的花香与海上的咸味混到一处，荡漾在空中，水在面前，而绿意无限，可不是，春深似海！欢喜，要狂歌，要跳入水中去，可是只能默默无言，心好像飞到天边上那将将能看到的小岛上去，一闭眼仿佛还看见一些桃花。人面桃花相映红，必定是在那小岛上。这时候，遇上风与雾便还须穿上棉衣，可是有一天忽然响晴，夹衣就正合适。但无论怎说吧，人们反正都放了心——不会大冷了，不会。妇女们最先知道这个，早早的就穿出利落的新装，而且决定不再脱下去。海岸上，微风吹动少女们的发与衣，何必再去到电影院中找那有画意的景儿呢！这里是初春浅夏的合响，风里带着春寒，而花草山水又似初夏，意在春而景如夏，姑娘们总先走一步，迎上前去，跟花们竞争一下，女性的伟大几乎不是颓废诗人所能明白的。

## 听雨（节选）

**季羡林**

从一大早就下起雨来。下雨，本来不是什么稀罕事儿，但这是春雨，俗话说："春雨贵似油。"而且又在罕见的大旱之中，其珍贵就可想而知了。

"润物细无声"，春雨本来是声音极小极小的，小到了"无"的程度。但是，我现在坐在隔成了一间小房子的阳台上，顶上有块大铁皮。楼上滴下来的檐溜就打在这铁皮上，打出声音来，于是就不"细无声"了。按常理说，我坐在那里，同一种死文字拼命，本来应该需要极静极静的环境，极静极静的心情，才能安下心来，进入角色，来解读这天书般的玩意儿。这种雨敲铁皮的声音应该是极为讨厌的，是必欲去之而后快的。

然而，事实却正相反。我静静地坐在那里，听到头顶上的雨滴声，此时有声胜无声，我心里感到无量的喜悦，仿佛饮了仙露，吸了醍醐，大有飘飘欲仙之概了。这声音时慢时急，时高时低，时响时沉，时断时续，有时如金声玉振，有时如黄钟大吕，有时如大珠小珠落玉盘，有时如红珊白瑚沉海里，有时如弹素琴，有时如舞霹雳，有时如百鸟争鸣，有时如兔落鹘起，我浮想联翩，不能自已，心花怒放，风生笔底。死文字仿佛活了起来，我也仿佛又溢满了青春活力。我平生很少有这样的精神境界，更难为外人道也。

在中国，听雨本来是雅人的事。我虽然自认还不是完全的俗人，但能否就算是雅人，却还很难说。我大概是介乎雅俗之间的一种动物吧。中国古代诗词中，关于听雨的作品是颇有一些的。顺便说上一句：外国诗词中似乎少见。我的朋友章用回忆表弟的诗中有："频梦春池添秀句，每闻夜雨忆联床。"是颇有一点诗意的。连《红楼梦》中的林妹妹都喜欢李义山的"留得残荷听雨声"之句。最有名的一首听雨的词当然是宋蒋捷的"虞美人"，词不长，我索性抄它一下：少年听雨歌楼上，红烛昏罗帐。壮年听雨客舟中，江阔云低，断雁叫西风。而今听雨僧庐下，鬓已星星也。悲欢离合总无情，一任阶前点滴到天明。

蒋捷听雨时的心情，是颇为复杂的。他是用听雨这一件事来概括自己的一生的，从少年、壮年一直到老年，达到了"悲欢离合总无情"的境界。但是，古今对老的概念，有相当大的悬殊。他是"鬓已星星也"，有一些白发，看来最老也不过五十岁左右。用今天的眼光看，他不过是介乎中老之间，用我自己比起来，我已经到了望九之年，鬓边早已不是"星星也"，顶上已是"童山濯濯"了。要讲达到"悲欢离合总无情"的境界，我比他有资格。我已经能够"纵浪大化中，不喜亦不惧"了。

## 孤独地走向未来

**贾平凹**

好多人在说自己孤独，说自己孤独的人其实并不孤独。孤独不是受到了冷落和遗弃，而是无知己，不被理解。真正的孤独者不言孤独，偶尔作些长啸，如我们看到的兽。

弱者都是群居着，所以有芸芸众生。弱者奋斗的目的是转化为强者，像蛹向蛾的转化，但一旦转化成功了，就失去了原本满足和享受欲望的要求。国王是这样，名人是这样，巨富们的挣钱成了一种职业，种猪们的配种更不是为了爱情。

我见过相当多的郁郁寡欢者，也见过一些把皮肤和毛发弄得怪异的人，似乎要做孤独，这不是孤独，是孤僻，他们想成为六月的麦子，却在仅长出一尺余高就出穗孕粒，结的只是蝇子头般大的实。

每个行当里都有着孤独人，在文学界我遇到了一位。他的声名流布全国，对他的诽谤也铺天盖地，他总是默默，宠辱不惊，过着日子和进行着写作，但我知道他是孤独的。

“先生，”我有一天走近了他，说，“你想想，当一碗肉大家都在眼睛盯着并努力去要吃到，你却首先将肉端跑了，能避免不被群起而攻之吗？”

他听了我的话，没有说是或者不是，也没有停下来握一下我的手，突然间泪流满脸。

“先生，先生……”我撵着他还要说。

“我并不孤独。”他说，匆匆地走掉了。

我以为我要成为他的知己，但我失败了，那他为什么要流泪呢，“我并不孤独”又是什么意思呢？

一年后这位作家又出版了新作，在书中的某一页上我读到了“圣贤庸行，大人小心”八个字，我终于明白了，尘世并不会轻易让一个人孤独的，群居需要一种平衡，嫉妒而引发的诽谤，扼杀，羞辱，打击和迫害，你若不再脱颖，你将平凡，你若继续走，走，终于使众生无法赶超了，众生就会向你欢呼和崇拜，尊你是神圣。神圣是真正的孤独。

走向孤独的人难以接受怜悯和同情。

## 世界民居奇葩（节选）

**张宇生**

在闽西南苍苍茫茫的崇山峻岭之中，点缀着数以千计的圆形土楼，充满神奇的山寨气息。这就是被誉为“世界民居奇葩”、世上独一无二的神话般的山区建筑模式的客家人民居。

他们的居住地大多在偏僻、边远的山区，为了防卫盗匪的骚扰和土著的排挤，便营造“抵御性”的营垒式住宅，并不断进步发展，在土中掺石灰，用糯米饭、鸡蛋清作黏合剂，以竹片、木条作筋骨，夯筑起墙厚一米、高十五米以上的土楼。它们大多为三至六层楼，一百至两百多间房如柑瓣状均匀布列各层，宏伟壮观。大部分土楼历经两三百甚至五六百年的地震撼动、风雨侵蚀以及炮火攻击而安然无恙，显示了传统技术文化的魅力。

客家先民们崇尚圆形，把圆形当（dàng）天体之神来崇拜。主人认为圆是吉祥、幸福和安宁的象征，这些都体现了土楼人家的民俗文化。圆墙的房屋均按八卦形布局排列，卦与卦之间设有防火墙，整齐划一，充分显示它突出的内向性、强烈的向心力、惊人的统一性。

客家人在治家、处事、待人、立身等方面无不体现儒家的思想及其文化特征。有一座土楼，先辈希望子孙和睦相处，以和为贵，便用正楷大字写成对联刻在大门上："承前祖德勤和俭，启后子孙读与耕"。强调了儒家立身的道德规范。楼内房间大小一模一样，他们不分贫富、贵贱，每户人家均等分到底层至高层各一间房，各层房屋的用途达到惊人的统一，底层是厨房兼饭堂，二层当贮仓，三层以上作卧室，两三百人聚居一楼，秩序井然，毫无混乱。土楼内所存在的儒家文化遗风，让人感到中华民族传统文化的蒂固根深。

7. 歌词台词解说词练习

## 长江之歌

**胡宏伟 作词**

你从雪山走来，春潮是你的风采。你向东海奔去，惊涛是你的气概。你用甘甜的乳汁，哺育各族儿女。你用健美的臂膀，挽起高山大海。我们赞美长江，你是无穷的源泉，我们依恋长江，你有母亲的情怀。

你从远古走来，巨浪荡涤着尘埃。你向未来奔去，涛声回荡在天外。你用纯洁的清流，灌溉花的国土。你用磅礴的力量，推动新的时代。我们赞美长江，你是无穷的源泉。我们依恋长江，你有母亲的情怀。

## 烟花易冷

**方文山 作词**

繁华声，遁入空门，折煞了世人。梦偏冷，辗转一生，情债又几本。如你默认，生死枯等，枯等一圈，又一圈的年轮。浮屠塔，断了几层，断了谁的魂。痛直奔，一盏残灯，倾塌的山门。容我再等，历史转身，等酒香醇，等你弹一曲古筝。雨纷纷，旧故里草木深。我听闻，你始终一个人。斑驳的城门，盘踞着老树根。石板上回荡的，是再等。雨纷纷，旧故里草木深。我听闻，你仍守着孤城。城郊牧笛声，落在那座野村。缘分落地生根，是我们。

听青春，迎来笑声，羡煞许多人。那史册，温柔不肯，下笔都太狠。

烟花易冷，人事易分，而你在问，我是否还认真。千年后，累世情深，还有谁在等。而青史，岂能不真，魏书洛阳城。如你在跟前世过门，跟着红尘，跟随我，浪迹一生。雨纷纷，旧故里草木深。我听闻，你始终一个人。斑驳的城门，盘踞着老树根。石板上回荡的，是再等。雨纷纷，旧故里草木深。我听闻，你仍守着孤城。

城郊牧笛声，落在那座野村。缘分落地生根，是我们。缘分落地生根，是我们。伽蓝寺听雨声，盼永恒。

## 电视剧《大宅门》（白景琦的台词）

我，白景琦，生于光绪六年，自幼顽劣，不服管教，闹私塾，打兄弟，毁老师，无恶不作。长大成人更肆无忌惮，与仇家女私订终身，杀德国兵，交日本朋友，终被慈母大人赶出家门。从此闯荡江湖，独创家业。一泡屎骗了两千银子，收了沿河二十八坊，独创“泷胶”“保生”“九宝”“七秀”三十二张秘方，济世救民，兴家旺族。为九红，我坐过督军的大牢；为槐花，坐过民国的监狱；为香秀，得罪过全家老少。越不叫我干什么，我偏要干什么！除了我妈，我没向谁低过头，没向谁弯过腰！

如今，日本鬼子打到了咱们家门口，逼死了三老太爷，我立誓，宁死不当亡国奴！我死以后，本族老少如有与日本鬼子通同一气者，人人可骂之！我死以后，如有与日本鬼子通同一气者，人人可诛之！我死以后……如有与日本鬼子通同一气者，照着我这口刀说话！

立遗嘱人，白景琦！

## 电视剧《康熙王朝》（康熙的台词）

当朝大学士，统共有五位，朕不得不罢免四位；六部尚书，朕不得不罢免三位。看看这七个人吧，哪个不是两鬓斑白，哪个不是朝廷的栋梁，哪个不是朕的儿女亲家，他们烂了，朕心要碎了！祖宗把江山交到朕的手里，却搞成了这个样子，朕是痛心疾首，朕有罪于国家，愧对祖宗，愧对天地，朕恨不得自己罢免了自己！还有你们，虽然个个冠冕堂皇站在朝上，你们，就那么干净吗？朕知道，你们当中有些人，比这七个人更腐败！朕劝你们一句，都把自己的心肺肠子翻出来，晒一晒，洗一洗，拾掇拾掇！

朕刚即位的时候以为朝廷最大的敌人是鳌拜，灭了鳌拜，又以为最大的敌人是吴三桂，朕平了吴三桂，台湾又成了大清的心头之患，啊，朕收了台湾，葛尔丹，又成了大清的心头之患。朕现在是越来越清楚了，大清的心头之患不在外边，而是在朝廷，就是在这乾清宫！就在朕的骨肉皇子和大臣们当中，咱们这儿烂一点，大清国就烂一片，你们要是全烂了，大清各地就会揭竿而起，让咱们死无葬身之地呀！想想吧，崇祯皇帝朱由检，吊死在煤山上才几年哪？忘了！那棵老歪脖子树还站在皇宫后边，天天地盯着你们呢！朕已经三天三夜没有合眼了，总想着和大伙说些什么，可是话，总得有个头啊。想来想去，只有四个字“正大光明”！这四个字，说说容易啊，身体力行又何其难？这四个字，是朕从心里刨出来的，从血海里挖出来的。记着，从今日起，此殿改为正大光明殿！好好看看，你们都抬起头来，好好看看，想想自己，给朕看半个时辰。

## 纪录片《圆明园》(解说词)

畅春园建成以后，康熙一年中绝大多数的时间都住在这儿，离宫也代替紫禁城成为帝国真正的权力中心。史料记载，康熙的书房摆满了各种各样当时最先进的天文和数学仪器。他在天文和数学方面达到的水平令人难以置信。这是一个独一无二的皇帝，他能够利用仪器，准确地进行远距离测量，康熙甚至亲自给儿子们讲解几何学原理，康熙对科学的态度在中国古代帝王中绝无仅有！或许康熙已经感觉到了科学的力量，但离宫中的皇帝永远不会想到科学对帝国的未来真正意味着什么。

畅春园建成后，紫禁城就冷清多了。除了祭祀祖先和举行庆典，每年只是在冬天，北京最冷的一段日子，皇帝才会搬到这儿，住上一个多月。

十八世纪初期，近代科学在欧洲已成潮流，而在大清，痴迷于观测天象者，唯有衰老的皇帝一人。帝国的中流砥柱，成千上万的官员们相信郎世宁带来的天文望远镜只是给皇帝又增加了一件玩具而已。帝国的基础仍然是延续了几千年的农业文明。

## 纪录片《舌尖上的中国》(解说词)

千百年来，食物就这样随着人们的脚步，不停迁徙，不断流变。无论脚步走多远，在人的脑海中，只有故乡的味道熟悉而顽固，它就像一个味觉定位系统，一头锁定了千里之外的异地，一头则永远牵绊着记忆深处的故乡。

离开四十年后，华侨程世坤回到家乡，隆重的祭拜，完成了他对家族的回归。在这里，宴请乡邻被称作摆桌，任何事项，只有通过摆桌，才能顺理成章地宣告确立。一顿归乡宴，穷尽乡间名厨的全部手艺，中断几十年的相识和旧情，重新相通，瞬间让一切回到从前。过去几十年，程世坤在美国农场做工，这次老人准备回乡定居，召唤他的，不仅仅是亲情，更有熟悉的味道。在泉州，在福建、台湾，甚至东南亚的华人中，这种味道被称作古早味，少年熬成白发，故乡变了模样，但各种老味道历久弥新。

大厦村海边的沙土地，有一种著名的特产，它们貌不惊人，但几乎全部出口海外——沙土萝卜——含水量接近90%，入口润嫩幼滑，毫无纤维感。猪肉八分肥，两分瘦，带皮最好，切寸断，与香菇、海蛎、虾干同煮，肉的丰腴，萝卜的清香，米粒的饱满，这就是让泉州人欲罢不能的萝卜饭，一种简朴而丰饶的主食。半身闯荡，带来家业丰厚，儿孙满堂，行走一生的脚步，起点，终点，归根到底都是家所在的地方，这是中国人秉持千年的信仰，朴素，但有力量。

## 2015年国庆阅兵（解说词）

这里是中华人民共和国首都北京，一座拥有三千零六十年历史的城市，迎来特别的一天，中国人民抗日战争胜利纪念日。

此时此刻，长安街上，三军列阵，铁甲生辉，万名官兵正等待三军统帅习近平主席的检阅。近代以来，列强入侵，东方古国，屡遭蹂躏，泱泱中华，无战不败。1931，日寇再犯，城乡焦土，遍地狼烟，同胞蒙难，民族危亡。生死关头，中国人民奋起抵抗，揭开了世界反法西斯战争的序幕，危难之际，中国共产党挺身而出，砥柱中流，高举起抗日民族统一战线的旗帜。十四年浴血奋战，中国人民最终打赢了这场战争。这是中国近代以来抗击外敌入侵的第一次完全胜利。经此一战，中华民族，尽雪前耻，古老中国，凤凰涅槃，浴火重生。

现场鸣响礼炮七十响，铭记抗战胜利七十年。回望当年，长城内外，大江南北，共赴国难，浴血坚持。母亲教儿打东洋，妻子送郎上战场，端起土枪洋枪，挥动大刀长矛，陷敌人于汪洋大海，驱日寇于国土之东。十四年间，有多少丈夫永远没有回到家乡，有多少孩儿永远没有回到母亲身旁。上千万的中国军民没有等来胜利的那一天。今天，声声礼炮为先烈鸣响，为胜利鸣响。

在抗击日本侵略的隆隆炮声中，中华民族实现了百年以来最为彻底的民族觉醒，也赢得了百年以来最为宝贵的集体自信，中国抗战的胜利，是在向世界宣示，我们中华民族有同自己的敌人血战到底的气概，有在自力更生的基础上光复旧物的决心，有自立于世界民族之林的能力。诞生于1935年的义勇军进行曲，是中华民族救亡图存的豪迈战歌，也是奏响在盟军胜利日的雄壮凯歌。千千万万为抗战胜利流血牺牲的人民，今天，国歌为他们唱响。

## 2016年感动中国（颁奖词）

郎平——雄心志四海

临危不乱，一锤定音，那是荡气回肠的一站，拦击困难、挫折和病痛，把拼搏精神如钉子般砸进人生。一回回倒地，一次次跃起，一记记扣杀，点染几代青春，唤醒大国梦想。因排球而生，为荣誉而战，一把铁榔头，一个大传奇。

屠呦呦——春草鹿呦呦

青蒿一握，水二升，浸渍了千多年，直到你出现。为了一个使命执着于千百次试验，萃取出古老文化的精华，深深植入当代世界，帮人类渡过一劫。呦呦鹿鸣，食野之蒿，今有嘉宾，德音孔昭。

阎肃——弦歌感人肠

铁马秋风，战地黄花，楼船夜雪，边关冷月，这是一个战士的风花雪月。唱红岩唱蓝天，你一生都在唱，你的心一直和人民相连。是一滴水，你要把自己溶入大海；是一树梅，你要让自己开在悬崖。一个兵，一条路，一颗心，一面旗。

买买提江·吾买尔——盛德表一乡

一碗茶水端得平，两个肩膀闲不住，三十多年的老支书，村民离不开的顶梁柱。你是伊犁河上筑起的拦河坝，是戈壁滩上引来的天山水。给村民温暖，带大家致富，木卡姆唱了再唱，冬不拉弹了再弹，买买提江·吾买尔的故事说不完。

# 第七章　语流要自然

在语流中，由于表情达意的需要，或是在连续的发音过程中，受到相邻音节、音素的影响，一些音节中的声母、韵母或音调等，发生语音的变化，我们称之为语流音变。

## 第一节　为什么要学习语流音变

学习普通话，只练字音还不行，还要了解音变现象，否则即使声母、韵母、声调的发音都很准确，连起来说时，就又不像普通话了。语流音变现象是语音发展变化的结果。这种自然而然的语音变化不仅是语言流动的动态表征，也是播讲诵读表达的基础。

前面章节的学习是对一个音节做孤立的分析，是对仅凭听感可以判断的语音结构基本单位——音节的静态练习。而我们在运用语言进行交际时，总是一个音紧接着另一个音地说，音与音连续不断，形成了长短不等的一段段语流。语流内的一连串音紧密连接，前后相承。而发音条件、发音状态不断改变，不可避免地会相互影响而产生明显的变化，这些变化在每个音单发时一般不会出现，而在连续的语流进程中，为适应发音器官的连续运动就会产生。

言语交际中的语音不是一个个孤立地蹦出，单个语音有序的运动必定会形成长短不一的语流，这才有了真正意义的表达。语流中的语音由于受人类发音的生理特点的制约和社会交际的需要，以及语音的心理因素等方面的影响，会产生许多微小的语音变化。这种变化普遍存在于各种语言之中，只是由于变化前和变化后词的意义大都没有发生变异，因而常常不为人所注意。但是连贯顺畅的语流是艺术语言表达的基础。播音和诵读、宣讲和交流都需要和谐舒服的语调形态以及自然流畅的语言组织。因此，学好语流音变，会让我们的普通话语音更为规范准确，使我们的语言表达更为自然流畅。

## 第二节 怎样认识语流音变

### 一、普通话轻声

轻声是普通话一个重要的语音特点，轻声说不好，普通话就说不好。因此，要学好轻声，首先要掌握轻声的读法，其次要清楚哪些词语读轻声。

#### （一）轻声的含义

在语流中，有些音节失去原有的声调（或字调），变为一种又短又轻的调子，叫作轻声。轻声并不是普通话四声之外的第五种声调，而是四声在一定条件下变得比原来短而轻。可以视为一种特殊的变调，是普通话音节的轻化现象。

#### （二）轻声的作用

1. 区分词性：

花费（huāfèi）：动词，因使用而消耗掉钱财等。

花费（huāfei）：名词，使用消耗掉的钱。

2. 区别词义：

孙子（sūnzǐ）：名词，古代军事家。

孙子（sūnzi）：名词，儿子的儿子。

3. 区别词与短语：

东西（dōngxī）：短语，东方和西方。

东西（dōngxi）：名词，物品。

除此之外，轻声还能使发音更省力，语流更顺畅，要点更突出，收听更轻松。轻声的灵活运用，能让人们在言语活动的过程中得到较多的间隙来稍事休整，使人们在长时间说话时发音器官不会太累。与此同时，语音语流也因轻声音节不时出现而显得更有节奏感，更富有弹性，表现力也更强。

### （三）轻声的读法

轻声音节的音高、音长、音色、音强都发生了变化。但轻声最主要的语音特点体现在两个方面：一是轻声音节的音长一般短于正常重读音节的长度。二是轻声音节的调值（音高形式）已经改变，与原有声调有所不同，形成了独特的轻声调值。

根据轻声的语音特点，在练习轻声词时可以适度拉长前面的重读音节，尽量缩短后面的轻声音节，读出类似于附点音符的前长后短的节拍。如果仅仅只是缩短音节时长，听起来仍然不自然，并不是标准的轻声。在缩短音长的同时，还必须改变原有调值，读出轻声调值。普通话轻声音节的调值是由前一个音节的声调来决定的。主要有以下几种形式：

1. 在阴平后面读半低调（2 度）

包袱 单子 机灵 妈妈 苍蝇 耽搁 提防 挖苦

2. 在阳平后面读中调（3 度）

财主 鼻子 核桃 累赘 篱笆 咳嗽 便宜 糊涂

3. 在上声后读半高调（4 度）

寡妇 尺子 稳当 姐夫 脊梁 比方 打算 养活

4. 在去声后面读低调（1 度）

栅栏 嫁妆 疟疾 帐篷 状元 吓唬 干事 废物

### （四）轻声的位置

1. 语气词“啊、吗、呢、吧、哪、呀、哇”等

我啊 吃完了吗 干什么呢 快走吧 开门哪 是谁呀 好哇

2. 助词“的、地、得、着、了、过”等

我的 悄悄地 摸得着 看着 活了 去过

3. 名词后缀“子、头、巴、们”等

孩子 尺子 舌头 木头 尾巴 嘴巴 工人们 同学们

4. 重叠式动词、名词的后一个音节

嬷嬷　听听　看看　试试　猩猩　宝宝　娃娃　叔叔

5. 用在动词、形容词后，表示趋向的补语“来、去、下、起”等

下来　上去　进来　出去　走开　站起来　跑过来　坐下去

6. 用在名词、代词后，表示方位的语素或词

屋里　窗外　地上　底下　玻璃上　椅子下　桌子里　那边

7. 夹在重叠动词或形容词中间的“一”“不”

瞧一瞧　说一说　尝一尝　同意不同意

忙不忙　坏不坏　美不美　聪明不聪明

8. 口语色彩强的四音节词中的第二个音节

稀里糊涂　啰里啰唆　黑不溜秋　慌里慌张

除以上有规律出现的轻声音节以外，普通话当中还有一部分约定俗成的轻声词，没有规律可言，请参见《普通话水平测试用必读轻声词语表》。

**（五）轻声方面的常见问题**

1. 轻声词语在非轻声使用时的词性、词义的区分

有区别词性、词义作用的轻声必须读为轻声。比如“人家”一词的第二个音节，读本调时指住户和家庭，读轻声则为自己或者某人的意思。因此，在表示“作为称谓的词语”之义时，必须读为轻声。

2. 轻声词语在使用时要符合口语化的特点

体现普通话特征的轻声必须读为轻声，因为这类词虽没有区别词性、词义的作用，即使不读轻声人们也能明白意思，但是听起来就不像普通话。如“打量、耽搁、扁担、和尚、厉害”等。

3. 轻声词语在使用时避免“吃字”的现象

轻声音节有音强、音长、音高和音色的变化，为保证其清晰度，不影响传播效果，发音时不可过于随意，以免出现“吃字”的现象。

4. 减少轻声发音复杂化

有一类词第二个音节的轻重不是很稳定，在这句话里轻读，在那句话里可能就重读；或者这个人重读，另一个人轻读。这些对于词义和感情的表达并没有什么影响的词，应遵循简化原则，不使发音复杂化，能不读轻声的，就尽量使用本调。例如“灵活、人才、门口、质量、艺术、教育”等。

5. 轻声词语在使用时要根据语境和语体进行判断

在庄敬和严肃的语境和语体中，为保证语言的庄重感和权威感，除保留必需的轻声外，可轻可不轻的，不读轻声。相反，在轻松随意的语境和语体中，轻声的使用会有所增加。

### （六）普通话水平测试用必读轻声词语表

**普通话水平测试用必读轻声词语表（新大纲）**

| | |
|---|---|
| a | 爱人 案子 |
| b | 巴掌 把（bǎ）子 把（bà）子 爸爸 白净 班子 板子 帮手 梆子 膀子 棒槌 棒子 包袱 包涵 包子 豹子 杯子 被子 本事 本子 鼻子 比方 鞭子 扁担 辫子 别扭 饼子 拨弄 脖子 簸箕 补丁 步子 部分 不由得 不在乎 |
| c | 裁缝 财主 苍蝇 差事 柴火 肠子 厂子 场子 车子 称呼 池子 尺子 虫子 绸子 除了 锄头 畜生 窗户 窗子 锤子 刺猬 凑合 村子 |
| d | 耷拉 答应 打扮 打点 打发 打量 打算 打听 大方 大爷 大夫 带子 袋子 耽搁 耽误 单子 胆子 担子 刀子 道士 稻子 灯笼 提防 笛子 底子 地道 弟弟 弟兄 点心 调子 钉子 东家 东西 动静 动弹 豆腐 豆子 嘟囔 缎子 对付 肚子 肚（dǔ）子 对头 队伍 多么 |
| e | 蛾子 儿子 耳朵 |
| f | 贩子 房子 份子 风筝 疯子 福气 斧子 |
| g | 盖子 甘蔗 杆子 干事 杠子 高粱 膏药 稿子 告诉 疙瘩 哥哥 胳膊 鸽子 格子 个子 根子 跟头 工夫 弓子 公公 功夫 钩子 姑姑 姑娘 谷子 骨头 故事 寡妇 褂子 怪物 关系 官司 罐头 罐子 规矩 闺女 鬼子 柜子 棍子 锅子 果子 |
| h | 蛤蟆 孩子 含糊 汉子 行当 合同 和尚 核桃 盒子 红火 猴子 后头 厚道 狐狸 胡琴 糊涂 皇上 幌子 活泼 火候 伙计 护士 胡萝卜 |
| j | 机灵 脊梁 记号 记性 夹子 家伙 架势 架子 嫁妆 尖子 茧子 剪子 见识 毽子 将就 交情 饺子 叫唤 轿子 结实 街坊 姐夫 姐姐 戒指 金子 精神 镜子 舅舅 橘子 句子 卷子 |
| k | 咳嗽 客气 空子 口袋 口子 扣子 窟窿 裤子 快活 筷子 框子 困难 阔气 |

续表

| | |
|---|---|
| l | 喇叭 喇嘛 篮子 懒得 浪头 老婆 老实 老爷 老子 姥姥 累赘 篱笆 里头 力气 厉害 利落 利索 例子 栗子 痢疾 连累 帘子 凉快 粮食 料子 林子 翎子 溜达 聋子 笼子 炉子 路子 轮子 萝卜 骡子 骆驼 老太太 老头子 两口子 |
| m | 妈妈 麻烦 麻利 麻子 马虎 码头 买卖 麦子 馒头 忙活 冒失 帽子 眉毛 媒人 妹妹 门道 眯缝 迷糊 面子 苗条 苗头 名堂 名字 明白 蘑菇 模糊 木匠 木头 |
| n | 那么 奶奶 难为 脑袋 脑子 能耐 你们 念叨 念头 娘家 镊子 奴才 女婿 暖和 疟疾 |
| p | 拍子 牌楼 牌子 盘算 盘子 胖子 狍子 盆子 朋友 棚子 脾气 皮子 痞子 屁股 片子 便宜 骗子 票子 漂亮 瓶子 婆家 婆婆 铺盖 |
| q | 欺负 旗子 前头 钳子 茄子 亲戚 勤快 清楚 亲家 曲子 圈子 拳头 裙子 |
| r | 热闹 人家 人们 认识 日子 褥子 |
| s | 塞子 嗓子 嫂子 扫帚 沙子 傻子 扇子 商量 上司 上头 烧饼 勺子 少爷 哨子 舌头 身子 什么 婶子 生意 牲口 绳子 师傅 师父 虱子 狮子 石匠 石榴 石头 时候 实在 拾掇 使唤 世故 似的 事情 柿子 收成 收拾 首饰 叔叔 梳子 舒服 舒坦 疏忽 爽快 思量 算计 岁数 孙子 |
| t | 他们 它们 她们 台子 太太 摊子 坛子 毯子 桃子 特务 梯子 蹄子 挑剔 挑子 条子 跳蚤 铁匠 亭子 头发 头子 兔子 妥当 唾沫 |
| w | 挖苦 娃娃 袜子 晚上 尾巴 委屈 为了 位置 位子 蚊子 稳当 我们 屋子 |
| x | 稀罕 席子 媳妇 喜欢 瞎子 匣子 下巴 吓唬 先生 乡下 箱子 相声 消息 小气 小子 笑话 谢谢 心思 星星 猩猩 行李 性子 兄弟 休息 秀才 秀气 袖子 靴子 学生 学问 小伙子 |
| y | 丫头 鸭子 衙门 哑巴 胭脂 烟筒 眼睛 燕子 秧歌 养活 样子 吆喝 妖精 钥匙 椰子 爷爷 叶子 衣服 衣裳 椅子 意思 银子 影子 应酬 柚子 冤枉 院子 月饼 月亮 云彩 运气 一辈子 |
| z | 在乎 咱们 早上 怎么 扎实 眨巴 栅栏 宅子 寨子 张罗 丈夫 帐篷 丈人 帐子 招呼 招牌 折腾 这个 这么 枕头 镇子 芝麻 知识 侄子 指甲（zhǐjia/zhījia）指头（zhǐtou/zhítou）种子 珠子 竹子 主子 主意（zhǔyi/zhúyi）柱子 爪子 转悠 庄稼 庄子 壮实 状元 锥子 桌子 字号 自在 粽子 祖宗 嘴巴 作坊 琢磨 |

说明：

1. 本表根据《普通话水平测试用普通话词语表》编制。
2. 本表供普通话水平测试第二项——读多音节词语（100个音节）测试使用。
3. 本表共收词545条（其中“子”尾词206条），按汉语拼音字母顺序排列。

## 二、普通话儿化

### （一）普通话儿化的含义

儿化又称“儿化韵”，即后缀“儿”字不自成音节，同前面的音节合在一起，使前一音节的韵母成为卷舌韵母，发音带有卷舌色彩。这样的音节称为儿化音节。儿化是普通话和不少汉语方言中的一种常见语音现象。

### （二）普通话儿化的作用

“儿化”在普通话里起着修辞和表示语法功能的积极作用。

1. 区分词性

画（动词）—— 画儿（名词）

亮（形容词）—— 亮儿（名词）

2. 区别词义

眼（眼睛）—— 眼儿（很小的孔）

信（信件）—— 信儿（消息）

3. 表示一定的感情色彩

表示亲切、喜爱的色彩，如：小刘儿 老头儿

表示细小、轻微的色彩，如：水珠儿 头发丝儿

表示轻蔑、鄙视的色彩，如：小偷儿 扒手儿

### （三）普通话儿化的发音规律

发音过程中，如韵尾发音与儿化动作不冲突，直接加卷舌动作；如有冲突做弱化处理，加卷舌 er。儿化都是发生在音节中口腔开度最大的音素上，儿化是韵母的卷舌化，儿化韵是儿化音节的韵母。

| 原韵母类型 | 儿化方式 | 例词 |
|---|---|---|
| 音节末尾音素是 a、o、e、u | 原韵母基础上加卷舌动作（不变，加卷舌动作） | a 刀把儿 在哪儿<br>ia 豆芽儿 皮夹儿<br>ua 梅花儿 牙刷儿<br>o 山坡儿 粉末儿<br>uo 干活儿 被窝儿<br>e 方格儿 山歌儿<br>u 眼珠儿 没谱儿<br>ao 灯泡儿 口罩儿<br>ou 老头儿 衣兜儿<br>iao 跑调儿 开窍儿<br>iou 顶牛儿 加油儿 |
| 韵母是 i、ü | 原韵母基础上加舌面央 e 再卷舌（不变，加卷舌 er） | i 玩意儿 彩旗儿<br>ü 金鱼儿 毛驴儿 |
| 韵尾是 -i | 韵尾丢失，在主要元音基础上卷舌（丢掉韵尾，加卷舌动作） | ai 小孩儿 名牌儿<br>ei 宝贝儿 刀背儿<br>uai 糖块儿 一块儿<br>uei 香味儿 麦穗儿 |
| 韵母末尾音素 -n | 韵尾丢失，在主要元音基础上卷舌。主要元音是 i、ü 的，加舌面央 e 再卷舌（丢掉韵尾，加卷舌动作） | an 脸蛋儿 伙伴儿<br>en 窍门儿 书本儿<br>ian 小辫儿 牙签儿<br>in 干劲儿 脚印儿<br>uan 好玩儿 拐弯儿<br>uen 冰棍儿 花纹儿<br>üan 烟卷儿 手绢儿<br>ün 合群儿 随群儿 |
| 韵母是 ê、-i（前）、-i（后） | 变 ê、-i（前）、-i（后）为舌面央 e 再卷舌（丢掉它们，加卷舌 er） | ie 台阶儿 树叶儿<br>üe 旦角儿 木橛儿<br>-i（前） 铁丝儿 瓜子儿<br>-i（后） 没事儿 树枝儿 |
| 韵母末尾音素是 -ng | 丢失韵尾，韵腹鼻化，再卷舌。主要元音是 i、ü 的，加鼻化的舌面央 e 再卷舌（丢掉 -ng，韵腹鼻化加卷舌动作） | ang 鞋帮儿 肩膀儿<br>eng 夹缝儿 麻绳儿<br>ing 花瓶儿 人影儿<br>ong 果冻儿 有空儿<br>iong 小熊儿 叫穷儿<br>iang 鼻梁儿 唱腔儿<br>uang 蛋黄儿 竹筐儿<br>ueng 水瓮儿 |

### （四）普通话儿化中的常见问题

1. 把普通话里不该儿化的音节读成儿化音节。例如把“跟斗、苍蝇、熊猫、电灯、麻雀、翅膀、委员”读成“跟斗儿、苍蝇儿、熊猫儿、电灯儿、麻雀儿、翅膀儿、委员儿”。

2.《现代汉语词典》和《普通话水平测试大纲》中注明“儿”尾并注音为儿化的，没有读作儿化韵。

3. 把“儿”尾与前面的音节分割开读，将儿化音节读成两个音节，即有“儿”未“化”的。例如把“抓阄儿、包干儿、旦角儿”等都读成三个音节。

4. 儿化韵毫无卷舌色彩。有些地区受方言影响，卷舌很难，每每遇到儿化韵，即便知道应该儿化，也发不出来，只是将原韵母或原韵母中的韵腹变读为央［ə］，听感上毫无卷舌色彩。例如把“号码儿、玩意儿、花园儿、好玩儿”读成“hào m［ə］、wán yi［ə］、huā yu［ə］、hǎo w［ə］”。

5. 有区别词性、词义作用时，儿化使用不当会引起歧义。

凡是有区别词性、词义作用的儿化必须保留。例如在“盖与盖儿、零碎与零碎儿”这类词当中，儿化改变了词性或词义，如果不儿化就会引起歧义。另外，由于儿化有加强感情色彩的作用，因此在语言表达过程中，表情达意需要的儿化一定要保留。

6. 儿化要根据语境和语体的要求使用。

与轻声的使用相似，儿化的实际使用也受到语境和语体的限制。在庄敬和严肃的语境和语体中，应减少儿化的使用。为保证语言的庄重性，除了必须使用的儿化，可加可不加儿化的，就不儿化。比如“清早儿”“绕口令儿”一类的词都可以不儿化。相反，在轻松随意的语境和语体中，儿化的使用会有所增加，但在使用时应注意把握儿化的度，卷舌太过，或儿化过多，都会使语言显得过于随便。

### （五）普通话水平测试中常见的儿化韵

**普通话水平测试用儿化词语表（新大纲）**

| | |
|---|---|
| a → ar | 刀把儿 号码儿 戏法儿 在哪儿 找碴儿 打杂儿 板擦儿 |
| ai → ar | 名牌儿 鞋带儿 壶盖儿 小孩儿 加塞儿 |
| an → ar | 快板儿 老伴儿 蒜瓣儿 脸盘儿 脸蛋儿 收摊儿 栅栏儿 包干儿 笔杆儿 门槛儿 |
| ang → ar（鼻化） | 药方儿 赶趟儿 香肠儿 瓜瓤儿 |

续表

| | |
|---|---|
| ia → iar | 掉价儿 一下儿 豆芽儿 |
| ian → iar | 小辫儿 照片儿 扇面儿 差点儿 一点儿 雨点儿 聊天儿 拉链儿<br>冒尖儿 坎肩儿 牙签儿 露馅儿 心眼儿 |
| iang → iar(鼻化) | 鼻梁儿 透亮儿 花样儿 |
| ua → uar | 脑瓜儿 大褂儿 麻花儿 笑话儿 牙刷儿 |
| uai → uar | 一块儿 |
| uan → uar | 茶馆儿 饭馆儿 火罐儿 落款儿 打转儿 拐弯儿 好玩儿 大腕儿 |
| uang → uar(鼻化) | 蛋黄儿 打晃儿 天窗儿 |
| üan → üar | 烟卷儿 手绢儿 出圈儿 包圆儿 人缘儿 绕远儿 杂院儿 |
| ei → er | 刀背儿 摸黑儿 |
| en → er | 老本儿 花盆儿 嗓门儿 把门儿 哥们儿 纳闷儿 后跟儿 别针儿<br>一阵儿 走神儿 大婶儿 杏仁儿 刀刃儿 高跟儿鞋 小人儿书 |
| eng → er(鼻化) | 钢镚儿 夹缝儿 脖颈儿 提成儿 |
| ie → ier | 半截儿 小鞋儿 |
| üe → üer | 旦角儿 主角儿 |
| uei → uer | 跑腿儿 一会儿 耳垂儿 墨水儿 围嘴儿 走味儿 |
| uen → uer | 打盹儿 胖墩儿 砂轮儿 冰棍儿 没准儿 开春儿 |
| ueng → uer(鼻化) | *小瓮儿 |
| -i(前) → er | 瓜子儿 石子儿 没词儿 挑刺儿 |
| -i(后) → er | 墨汁儿 锯齿儿 记事儿 |
| i → ier | 针鼻儿 垫底儿 肚脐儿 玩意儿 |
| in → ier | 有劲儿 送信儿 脚印儿 |
| ing → ier(鼻化) | 花瓶儿 打鸣儿 图钉儿 门铃儿 眼镜儿 蛋清儿 火星儿 人影儿 |
| ü → üer | 毛驴儿 小曲儿 痰盂儿 |
| ün → üer | 合群儿 |
| e → er | 模特儿 逗乐儿 唱歌儿 挨个儿 打嗝儿 饭盒儿 在这儿 |
| u → ur | 碎步儿 没谱儿 梨核儿 泪珠儿 有数儿 媳妇儿 |
| ong → or(鼻化) | 果冻儿 门洞儿 胡同儿 抽空儿 酒盅儿 小葱儿 |

续表

| | |
|---|---|
| iong → ior(鼻化) | ⋆小熊儿 |
| ao → aor | 红包儿 灯泡儿 半道儿 手套儿 跳高儿 叫好儿 口罩儿 觉着儿 口哨儿 蜜枣儿 |
| iao → iaor | 鱼漂儿 火苗儿 跑调儿 面条儿 豆角儿 开窍儿 |
| ou → our | 衣兜儿 老头儿 年头儿 小偷儿 门口儿 纽扣儿 线轴儿 小丑儿 加油儿 |
| iou → iour | 顶牛儿 抓阄儿 棉球儿 |
| uo → uor | 火锅儿 做活儿 大伙儿 邮戳儿 小说儿 被窝儿 |
| (o) → or | 耳膜儿 粉末儿 |

说明：

1. 本表参照《普通话水平测试用普通话词语表》及《现代汉语词典》编制。加“⋆”号的是以上二者未收，根据测试需要而酌增的条目。

2. 本表仅供普通话水平测试第二项：读多音节词语（100 个音节）测试使用。本表儿化音节，在书面上一律加“儿”，但并不表明所列词语在任何场合都必须儿化。

3. 本表共收词 189 条，按儿化韵母的汉语拼音字母顺序排列。

## 三、普通话变调

### （一）变调的含义

普通话中每个音节都不是孤立的，音节和音节连续读出，有些音节的声调发生了一定的变化，与单读时调值不同，这种变化就叫作变调。

变调是一种自然的音变现象，对语义的表达没有影响，但会让语音自然和谐，让语言表达更加连贯流畅。例如“演”“讲”连着念，听起来像是“严讲”，但我们知道表达的仍旧是“演讲”的意思。普通话的变调情况很复杂，但有规律，多数是由后一个音节声调引起的。

在普通话中，常见的变调有上声变调、去声变调、“一”“不”的变调和形容词重叠的变调。

### （二）上声的变调

1. 上声 + 非上声→半上（即调值为 211）+ 非上声

上声 + 阴平：乌枪 扭亏 苦瓜 法规 眼圈 水兵

上声 + 阳平：海螺 搞活 改革 考察 产值 体罚

上声 + 去声：野外 老化 审定 有益 典范 彩照

上声 + 轻声：姐夫 比方 老实 补丁 老婆 脑袋

注意：上声后面的轻声，如果它的本调为上声，即“上声 + 轻声（本调为上声）”，则其前面的上声变为阳平，调值为 35。例如：

手里 嘴里 想想 等等 打手 找补 小姐 举起

2. 上声 + 上声→阳平 + 上声

如果两个上声相连，前一个变为阳平，调值为 35。例如：

美好 委婉 冷饮 老板 保险 手表 理想

指导 水果 了解 所有 腐朽 本领 采访

3. 三个上声相连的变调

三个上声音节相连，根据音节之间结合的紧密程度不同，变调分为三种情况。

①（上声 + 上声）+ 上声→阳平 + 阳平 + 上声

如果词语的结构是双音节 + 单音节（双单格），那么前两个音节都变为阳平，调值为 35。例如：

展览馆 草稿纸 打靶场 选举法 演讲稿 管理组

②上声 + 上声 + 上声→阳平 + 阳平 + 上声

如果词语的结构是单音节 + 单音节 + 单音节，那么前两个音节都变为阳平，调值为 35。例如：

软懒散 减免缓 早午晚

③上声 +（上声 + 上声）→半上 + 阳平 + 上声

如果词语的结构是单音节 + 双音节（单双格），那么第一个音节变为半上，调值为 211，第二个音节变为阳平，调值为 35。例如：

好产品 女领导 耍笔杆 买雨伞 纸老虎 老保守

4. 四个以上的上声音节相连

四个或四个以上的上声音节相连，可以根据音节结合的紧密程度将词语分组后按双音节或三音节上声变调规律变调。例如：

彼此 / 友好　买把 / 雨伞　岂有 / 此理

领导 / 很了解　我请 / 老李讲　蒙古语 / 好懂

我请 / 表姐 / 给我讲 / 舞蹈 / 表演
你把 / 美好 / 理想 / 给领导 / 讲讲

## （三）去声的变调

1. 去声音节在非去声音节前不变调。例如：
物资　弹壳　外景　地方

2. 去声音节在去声音节前则由全降变为半降，即调值由 51 变为 53。例如：
记录　摄像　贵重　救护

## （四）“一”和“不”的变调

普通话变调中还包括“一”“七”“八”“不”的变调，由于“七”“八”已趋向于不变调，因此学习普通话只要求掌握“一”“不”的变调。变调规律如下：

1. “一”“不”在去声音节前变阳平。例如：
一半　一律　一旦　一并　一切　一瞬　一袋　一道
不过　不但　不利　不顾　不变　不愧　不必　不断

2. “一”“不”在非去声音节前，都读去声。例如：
一般　一生　一心　一时　一些　一体　一口　一起
不安　不堪　不才　不乏　不然　不苟　不可　不能

3. “一”“不”在下列三种情况中轻读。属于“次轻音”。
①“一”夹在重叠式的动词之间。例如：
看一看　想一想　走一走　算一算　说一说

②“不”夹在动词或形容词之间。例如：
好不好　买不买　去不去　行不行　难不难

③“不”夹在动词和补语之间。例如：
来不及　看不成　走不开　去不了　走不动

注意：由于“次轻音”的声调仍依稀可辨，当“一”和“不”夹在两个音节中间时，要依后一个音节产生变调，变调规律如前。如“听一听、唱一唱、走不走、拿不动”中的“一”“不”的调类分别是去声、阳平、去声、阳平。

### （五）形容词重叠式变调

1. AA 式单音节形容词重叠的变调

AA 式单音节形容词重叠部分，即第二个“A”的读音，有些情况不能变调，如“茫茫、密密、甜甜”等。有些情况可变成阴平，也可不变调，如“慢慢的、远远的”等。如果第二个“A”带儿化有时可变为阴平，显得自然上口，如“慢慢儿的、远远儿的、好好儿的”。

2. ABB 式形容词重叠的变调

ABB 式形容词的重叠部分，根据普通话的语感，有些变为阴平较自然上口，读本调也不算错。比如“孤零零、慢腾腾、湿淋淋、黑乎乎”等。但有些词的重叠部分变为阴平则不合适，如“气鼓鼓、金灿灿、甜蜜蜜、红艳艳”等。

3. AABB 式双音节形容词重叠的变调

AABB 式双音节形容词或动词重叠，后一个音节及其重叠部分根据普通话的语感，有必须变为阴平的情况。比如“马马虎虎”，如果“虎虎”在这里读本调就失去了普通话的特点，因此必须变调。而有些情况不变调也合理，变为阴平则更加自然上口，如“漂漂亮亮、热热闹闹、支支吾吾、老老实实”等，在普通话水平测试当中，这类词变调与否都是正确的。另有一种情况则不适宜变调，如“密密麻麻、鬼鬼祟祟、恩恩爱爱、工工整整、清清楚楚”等。

总之，重叠形容词的变调规则不能一概而论，这也是学习当中的难点，须根据普通话发音的语感仔细斟酌。

## 四、普通话语气词“啊”的音变

“啊”作为语气词用在句首，仍发“ɑ”的本音。如果用在句尾，因受它前面音节收尾音素的影响会发生不同音变。变化的原则是依据前一个字的收尾音素顺势而发。“啊”的音变，现在呈现出较为灵活的使用趋势，只要听起来顺耳，念起来上口，在使用中不必苛求统一。

语气词“啊”的音变规律

| 前一音节收尾音素 | “啊”的发音 | 写法 | 例句 |
| --- | --- | --- | --- |
| a、o（不包括 ao、iao）e、i、ü、ê | a 或 ya | “啊”或“呀” | 原来是他呀（啊）！<br>可真阔呀（啊）！<br>她是你姐姐呀（啊）！<br>可别生气呀（啊）！<br>你去不去呀（啊）！ |
| u（包括 ao、iao） | wa | “啊”或“哇” | 他在哪儿住哇（啊）？<br>你别跑哇（啊）！<br>她的手可真巧哇（啊）！ |
| -n | na | “啊”或“哪” | 仔细看哪（啊）！<br>好好儿练哪（啊）！<br>这道题真难哪（啊）！ |
| -ng | nga | “啊” | 你想不想啊？<br>这事儿到底行不行啊？ |
| -i（后）<br>er（含儿化韵） | ra | “啊” | 怎么回事儿啊？<br>快点儿吃啊！ |
| -i（前） | [za] | “啊” | 练习写字啊！<br>究竟有几次啊？ |

## 五、词的轻重格式

在汉语普通话及各方言中，一句话里双音节词或多音节词中的每个音节都有轻重强弱的不同，我们将短而弱的音节称为“轻”，长而强的音节称为“重”，介于二者之间的音节称为“中”。

造成这种变化的原因，除了音节与音节之间的音调区别外，还因为构成一句话的词或词组的每个音节，在音量上不均衡，也就是说，双音节和多音节词的各个音节有着约定俗成的轻重强弱差别，称为词的轻重格式。除非特别需要，一般不能改变这种固有的格式。当然，轻与重是相对的，读起来要自然而不生硬。同时在语流中这种格式受到语句目的的制约，词语原来的轻重格式被打破，应该是正常和必然的。

### （一）双音节词语的轻重格式分类

1. 中重格式

中重格又叫“标准格”。双音节词语中多数为中重格式，前一个音节读中音，后一个音节读重音。例如：

播音　表达　生产　水平　飞机　海洋

2. 重中格式

重中格式中的第一个音节读重音，第二个音节近似轻声，但其声调调值仍可辨，声母、韵母也没有产生音变。例如：

农民　冬季　责任　支持　作家　解释

3. 重轻格式

重轻格式我们一般叫作“轻声词”。前一个音节读重音，后一个音节读轻声，有些词的韵母、声调有了明显变化。例如：

窗户　口袋　月亮　叔叔　意思　动静

**（二）三音节词语的轻重格式分类**

1. 中中重格式

中中重格式在三音节词语中占多数。它相当于在中重格式中嵌进一个稍弱的中音，即第一个音节读中音，第二个音节相对第一个要轻一些，读次轻音，最后一个音节读重音。例如：

晚自习　计算机　老百姓　展览馆　办公室

2. 中重轻格式

中重轻格式在单音节词语中占少数。它是在“重轻格式”前加上一个中音构成的。即第一个音节读中音，第二个音节读重音，第三个音节读轻音。例如：

没工夫　看清楚　小姑娘　软骨头　没关系

**（三）四音节词语的轻重格式分类**

1. 中重中重格式：

大部分具有联合关系的四字格式成语及少量其他结构关系的四字词格式成语，要读作中重中重格式。例如：

丰衣足食　日积月累　轻歌曼舞　心平气和　无独有偶

2. 中轻中重格式：

大部分四音节的专用名词、叠音形容词和象声词要读作中轻中重格式。其中四音节专用名词的第二音节只比第一音节稍轻，不可失去原声调。例如：

慢慢腾腾　高高兴兴　模模糊糊　亮亮堂堂　跌跌撞撞

3. 重中中重格式：

大部分具有修饰与被修饰、陈述与被陈述和支配与被支配关系的四字格式成语及一三格式组成的成语，要读作重中中重格式。例如：

惨不忍睹　义不容辞　敬而远之　诸如此类　相形之下

## 第三节　自然语流的律动美

### 一、停连

停连是指声音的停顿和连接、中断与延续。停连是与有声语言同时存在的，是有声语言的标点符号，是表情达意的重要方法。恰到好处的停顿是思想感情运动状态的继续和延伸，具有“此时无声胜有声”的作用。处在妙处的连接能创造出语言的气势，令文句扣人心弦。有停有连，停连得当可以使语义清晰，还可以调节气息和节奏，创造出或从容不迫，或紧张急切，或热烈欢快等各种不同的情态。

每个人在语言表达过程中都要有停顿，哪怕是气再足也不能不管不顾地一直说下去。恰当的停连，一方面是生理上呼吸节奏的需要，另一方面则是表情达意的需要，主要是为了将表达同一个意思的字句“抱团儿”处理。换句话说，适当的停顿不仅是表达者的需要，也是接收者的心理需要。从这两方面综合考虑，说清楚一句话一件事，一定要按照意思、按照感情的需要找好停顿和连接的位置，不能完全由文章的标点符号来安排。因为，正确的停顿和连接才是有声语言真正的标点符号。

一般来说，词与词组之间联系紧密的不但不能停顿，还要“抱团儿”来读。对那些关系比较松散、字数较多的句子，才能安排停顿。音意联系紧密的句子，即使有标点符号也要把它们连接起来。例如杏林子《朋友和其他》一文，在标点符号之外增加的处理（符号“︵”表示声停气延）：

就让生命⌒顺其自然，水到渠成吧，犹如窗前的乌桕，自生自落之间，自有一份⌒圆融丰满的喜悦。春雨⌒轻轻落着，没有诗，没有酒，有的⌒只是一分相知相属的⌒自在自得。

夜色⌒在笑语中⌒渐渐沉落，朋友⌒起身告辞，没有挽留，没有送别，甚至⌒也没有问归期。

已经过了大喜大悲的岁月，已经过了伤感流泪的年华，知道了聚散⌒原来是这样的自然⌒和顺理成章，懂得这点，便懂得珍惜⌒每一次相聚的温馨，离别⌒便也欢喜。

停连的主要类型有：

强调性停连　区分性停连　转换性停连　并列性停连　回味性停连

分合性停连　灵活性停连　呼应性停连　判断性停连　生理性停连

## 二、重音

重音是为了表情达意的需要而予以突出强调的词、词组等。重音连着停连，因为停连是表达重音的重要方法，是把文章读好的重要手段。语句重音是语句范围内突显的部分，即信息焦点。语句的重音是表意清楚的关键，必须符合规定情境。语句重音要根据语言的目的、环境、背景的不同而作不同的设计。要有适当的变化。例如：

我去过安仁。（回答：“谁去过安仁？”）

我去过安仁。（回答：“乌镇、安仁等地，你去过哪儿？”）

我去过安仁。（回答：“你去没去过安仁？”）

请试着朗读“以前喜欢一个人，现在喜欢一个人”。

由上可见，重音不是只从表面上就能够确定的，而是要挖掘一个词组甚至整篇文章的内涵后才能找到符合语言目的的重音。换句话说，只有找出重点才能正确落实重音。重点往往是作者下力气最大的部分，也就是该作品中写得最详细、最生动、最深刻的部分。朗读目的的落实主要是依靠重点部分、重点段落、重点层次和重点句子等。重点的分布有时集中，有时分散。找准了、处理对了，才能真正把意思表达清楚。

词的轻重格式是指音节之间的音强比较，多数情况下词的轻重格式在语流中是不变的，即相对稳定，这是受语音规律限定的。例如“到达”是中重格式，而不能读成重中格式，这是约定俗成的。可很多人在初学播音时往往把中重格式错读成重中格式，听起来似乎是重音问题，但实质上是词的“轻重格式”问题。这样一来对语句重音的强调就起了很大的干扰作用。

**（一）语法中的重音把握**

1. 主谓结构，谓语重读。例如：

他的回答实事求是，有理有据。

当达瑞为父亲取报纸的时候，一个主意诞生了。

渐渐地我的眼睛模糊了，我好像看见无数萤火虫在我的周围飞舞。

2. 动宾结构，宾语重读；主谓宾结构，宾语重读。例如：

我们的船渐渐地逼近榕树了。

秋天一定要住北平。天堂是什么样子，我不知道，但是从我的生活经验去判断，北平之秋便是天堂。

花和人都会遇到各种各样的不幸，但是生命的长河是无止境的。

3. 述补结构，主要有三种情况。

（1）情态式，补语重读。例如：

妈妈和我笑容可掬地一起拍的照片，多得不可胜数。

连心也被悠荡得恍恍惚惚了，好像又回到了童年。

雪纷纷扬扬，下得很大。

（2）动趋式、可能式1，述语重读。例如：

看起来，你很高兴。

天空的霞光渐渐地淡下去了，深红的颜色变成了绯红，绯红又变成浅红。

我舍不得你，我又怎么舍得你呢？

（3）动结式、可能式2，如带宾语，述语重读；如不带宾语，补语重读。例如：

推开门一看，嗬！好大的雪啊！

她又不杂些儿尘滓，宛然一块温润的碧玉，只清清的一色——但你却看不透她！

终有一日，村子里来了一个天文学家。他在我家门前路过，突然发现了这块石头，眼光立即就拉直了。

胡适的目光顿时变亮了。

在里约热内卢的一个贫民窟里，有一个男孩子，他非常喜欢足球，可是又买不起，于是就踢塑料盒，踢汽水瓶，踢从垃圾箱里捡来的椰子壳。

（4）如果动宾之间有个较长的停顿，动结式就好像处于句末，因而仍是补语重读。例如：

经他这一番指点，我果然看清楚了那个天上的巨人。

4. 偏正结构，修饰语重读。例如：

胡教授刚讲完，同学们立刻认真地写了起来。

球员们不认国籍，只效力于自己的俱乐部，他们比赛时的激情中完全没有爱国主义的因子。

很久以前，在一个漆黑的秋天的夜晚，我泛舟在西伯利亚一条阴森森的河上。

5. 联合结构，并列成分重读。例如：

我们在田野散步：我，我的母亲，我的妻子和儿子。

而那些冬夏常青的松树和柏树上，则挂满了蓬松松沉甸甸的雪球儿。

6. 同位结构，主名重读。例如：

育才小学校长陶行知在校园看到学生王友用泥块砸自己班上的同学，陶行知当即喝止了他，并令他放学后到校长室去。

三百多年前，建筑设计师莱伊恩受命设计了英国温泽市政府大厅。

7. 疑问句中，疑问代词重读。例如：

可爱的，我将什么来比拟你呢？我怎么比拟得出呢？

小姐，在你们国家有没有小孩患小儿麻痹症？谁给他们医疗费？

“这哪里有药？”张鹗一脸茫然地问。

“什么问题？”“爸，您一小时可以赚多少钱？”

8. 大部分副词重读。例如：

他偶然有一个和非常成功的商人谈话的机会。

外祖母永远不会回来了。

一个个峡谷和悬崖，迎面驶来，又向后移去，仿佛消失在茫茫的远方，而火光却依然停在前头，闪闪发亮，令人神往——依然是这么近，又依然是这么远……

……难道你就不想到它的朴质、严肃、坚强不屈，至少也象征了北方的农民。

小家伙突然叫起来："前面是妈妈和儿子，后面也是妈妈和儿子。"我们都笑了。

## （二）语流中的重音把握

1. 由此及彼，由彼及此，或相提并论，或相继相承，相关部分的词语重读。

两个同龄的年轻人同时受雇于一家店铺，并且拿同样的薪水。

海上的夜，是柔和的，是静寂的，是梦幻的。

人生不能像某些鱼类躺着游，人生也不能像某些兽类爬着走，而应该站着向前行。

揪着草，攀着乱石，小心探身下去，又鞠躬过了一个石穹门，便到了汪汪一碧的潭边了。

其实，友情也好，爱情也好，久而久之都会转化为亲情。

世上有预报台风的，有预报蝗灾的，有预报瘟疫的，有预报地震的，可是没有人预报幸福。

但你依然是这生命的立体诗篇中的一个音节、一个停顿、一个必不可少的组成部分。

世间有诸多的不平等。财富的不平等，权力的不平等，而阅读能力的拥有或丧失却体现为精神的不平等。

2. 相互对比的词语重读。

其余呢，西湖的波太明了，秦淮河的也太暗了。

中国的莲花开在日本，日本的樱花开在中国。

最大的有九层楼那么高，最小的还不如一个手掌大。

可是一段时间后，叫阿诺德的那个小伙子青云直上，而叫布鲁诺的那个小伙子却仍在原地踏步。

雨多它能吞，雨少它能吐。

母亲要走大路，大路平顺。我的儿子要走小路，小路有意思。

3. 表示对事物特征的描写、渲染的喻体重读。

这颗珍珠就是敦煌莫高窟。

这个绿色会像音乐，涤清了心中的万虑。

这一圈小山在冬天特别可爱，好像是把济南放在一个小摇篮里。

经风一吹，发出“嗡嗡”的声响，仿佛是风筝的歌唱。

你是一弯银色的新月，给人间普照光辉；你是一把闪亮的镰刀，割刈着欢笑的花果；你是一根晃悠悠的扁担，挑起了彩色的明天！

森林，是地球生态系统的主体，是大自然的总调度室，是地球的绿色之肺。

4. 重要的或有特定含义的词语，常用引号显示，以引人注意，引号部分重读。

如果美是专指“婆娑”或“横斜逸出”之类而言……

我禁不住想：“因”已转化为“果”。

他的“固执”惹恼了市政官员，险些被送上法庭。

还有教师才能感受到的对“特别”学生的爱。

获此“殊荣”的，就是人们每天大量使用的塑料袋。

从学校出发，我们又经过那“鸟的天堂”。

通常扎得最多的是“老雕”“美人儿”“花蝴蝶”。

5. 表示特殊、非同寻常、出乎意料或准确、明了的语意，具体的数目、次序重读。

3年后，这位17岁的男孩儿在第六届足球锦标赛上独进21球，为巴西第一次捧回了金杯。

我有两个愿望：第一个是，妈妈天天笑眯眯地看着我说：“你真聪明。”第二个是，老师天天笑眯眯地看着我说：“你一点儿也不笨。”

鸣沙山东麓是平均高度为17米的崖壁。在1600多米长的崖壁上，凿有大小洞窟700余个，形成了规模宏伟的石窟群。其中492个洞窟中，共有彩色塑像2100余尊，各种壁画共45000多平方米。

6. 表示同意、确定、坚决等肯定语气，肯定的词语重读。

这就是白杨树，西北极普通的一种树，然而绝不是平凡的树！

生活对于任何人都非易事，我们必须有坚韧不拔的精神。

同伴们都欣喜地说："明天早晨准可以看见日出了。"

苏州园林可绝不讲究对称，好像故意避免似的。

不过，船夫是对的。事实上，火光的确还远着呢。

我相信这一场十分及时的大雪，一定会促进明年春季作物，尤其是小麦的丰收。

7. 表示人、事物、地点的专有名词。在文中首次出现时，通常带有被介绍的意味，这些专有名词重读。

春天，我将要住在杭州。

有一次，苏东坡的朋友张鹗拿着一张宣纸来求他写一幅字。

这天中午，法国著名诗人让・彼浩勒也经过这里。

有一夜，那个在哥伦波上船的英国人指给我看天上的巨人。

有一种称为二噁英的化合物，毒性极大。

## 三、节奏

### （一）节奏的含义及其影响因素

节奏不是速度的同义语，节奏的要素中，包含着速度，但不是仅指声音的时值关系。声音的节奏要素中包含着时间和力的节奏，这种力的节奏不仅指声音的轻重、强弱，还有高低、明暗等多方面的因素。节奏是语势起伏而形成的语流的运动态势。它受内容、语境、目的等因素的制约，随着思想感情的波澜起伏而抑扬顿挫、轻重缓急地往复回环，不仅可以准确形象地反映客观世界，生动细腻地表现人物，还可以使有声语言增强音乐感。

节奏的基本类型有：高亢、低沉、紧张、舒缓、轻快、凝重等。如：

我们曾把青春和热血洒在了祖国的西南边疆，共和国的旗帜上有我们血染的风采，而在我身边倒下的那些无数年轻的战友，却长眠在了祖国的边防线上，永远回不来了……

这段话因为内容基调变化很大，节奏包括了相同音色与不同音色的反复再现，如双声、叠韵、韵脚、韵腹等，造成了语言的某种气氛和情调。节奏要根据感情色彩的不同来决定其形式。原则上说，要加强对比，并在对比中寻求平衡的美。如欲扬先抑、欲抑先扬；欲快先慢、欲慢先快；欲重先轻、欲轻先重等。

| 示例（节选） | 示例分析 |
| --- | --- |
| 乌云越来越暗，越来越低，向海面直压下来，而波浪一边歌唱，一边冲向高空，去迎接那雷声。 | 低沉型，语速偏缓。实际是对社会背景的描写。狂风、乌云、雷电象征丑恶而又虚弱的沙皇反动势力，大海及波涛象征了革命高潮时的广大人民群众的力量。 |
| 雷声轰响。波浪在愤怒的飞沫中呼叫，跟狂风争鸣。看吧，狂风紧紧抱起一层层巨浪，恶狠狠地把它们甩到悬崖上，把这些大块的翡翠摔成尘雾和碎末。 | 紧张型，紧张色彩稍轻。速度略有加快，连用“抱”“甩”“摔”几个动词，还有“恶狠狠”，赋予狂风人的性格和行为，写出了风猖狂的气焰。 |
| 海燕叫喊着，飞翔着，像黑色的闪电，箭一般地穿过乌云，翅膀掠起波浪的飞沫。看吧，它飞舞着，像个精灵，——高傲的、黑色的暴风雨的精灵，——它在大笑，它又在号叫……它笑那些乌云，它因为欢乐而号叫！ | 紧张型，但程度有轻重缓急的变化。第一句紧张色彩变浓，速度加快，分量加重。第二句紧张至极，分量最重。 |
| 这个敏感的精灵，——它从雷声的震怒里，早就听出了困乏，它深信，乌云遮不住太阳，——是的，遮不住的！ | 本段开始阶段渗入低沉型，语句稍舒缓，为最后的结尾的坚定做铺垫。结尾处“是的，遮不住的”带入高亢型。显示出它的勇气来自对无产阶级革命前途的高度的预见性和敏锐的洞察力。 |

### （二）节奏单元的内涵及切分示例①

有学者认为，语言艺术发声吐词分为静态吐词（词库吐词）与动态吐词（语句吐词）两种类型。静态吐词是在脱离交际环境情况下词语的吐送，目的是使词库成员的发音更准确、饱满、圆润、动听，以适应语言艺术表达的需要。动态吐词是指进入语句后的词语的吐送方式，目的是使吐词更加流畅、自然、优美。静态吐词是动态吐词的基础，动态吐词是静态吐词的应用。静态吐词以词为基本单位，动态吐词以节奏单元为基本单位。

节奏单元，是指语言艺术发声过程中根据语句的韵律、意义、结构特点和表达

---

① 杨小锋《语言艺术发声节奏单元论》，四川师范大学学报（社会科学版），2010年9月，第37卷第5期。

需要对语句进行切分所形成的以词或短语为单位的语音片段，是从词库吐词到语句吐词的中介。节奏单元的训练，有利于建构发声者良好的语句语音变化能力和动态的气声匹配能力，有利于在语句动态变化中掌握发声的其他技巧。

用节奏单元切分方式，将胡锦涛在国庆 60 周年庆典上的讲话进行切分：

历史 启示我们，前进道路 从来不是一帆风顺的，但掌握了自己命运、团结起来的人民 必将战胜一切艰难险阻，不断创造历史伟业。展望未来，中国的发展前景 无限美好。全党全军全国各族人民 要更加紧密地团结起来，高举中国特色社会主义伟大旗帜，与时俱进，锐意进取，继续朝着 建设 富强、民主、文明、和谐的社会主义现代化国家、实现 中华民族伟大复兴的宏伟目标 奋勇前进，继续 以自己的辛勤劳动 和不懈奋斗 为人类 做出 新的更大的贡献！

用节奏单元切分方式，体现上海人民广播电台播音员陈醇对余光中《听听那冷雨》文字朗诵的停顿处理：

杏花，春雨，江南。六个方块字，或许那片土就在那里面。而无论赤县也好神州也好中国也好，变来变去，只要仓颉的灵感不灭，美丽的中文不老，那形象，那磁石一般的向心力当必然长在。因为一个方块字是一个天地。太初有字，于是汉族的心灵，他祖先的回忆和希望便有了寄托。譬如凭空写一个“雨”字，点点滴滴，滂滂沱沱，淅淅沥沥，一切云情雨意，就宛然其中了。

中央人民广播电台播音员读《邓小平伟大光辉的一生》，在平均速度大约是 220 字 / 分钟时播音切分出来的基本节奏单元：

邓小平 是 全党 全军 全国各族人民 公认的 享有崇高威望的 卓越领导人，伟大的 马克思主义者，伟大的 无产阶级革命家、政治家、军事家、外交家，久经考验的 共产主义战士，中国 社会主义改革开放 和 现代化建设的总设计师，建设 有中国特色 社会主义理论的 创立者。

汉语的一个语句可以只有一个节奏单元（通常指短句或快语速时），也可以有多个节奏单元。最小的节奏单元只有一个词，较大的节奏单元可以有四五个词。

当然，节奏单元与意群有几分相似，但又不同于意群。意群是词和词结合在一起构成的意义整体，它可大可小，在较大的意群里，还可以分出节拍群。一般而言，最小的意群也应该是两个词的组合。节奏单元也不同于气群，气群是靠呼吸来划分的纯生理单位，并非每一个节奏单元都需要补充气息，在新闻稿件处理中尤其明显。

用节奏单元切分方式，切分2016年7月28日由康辉、海霞播报的《新闻联播》内容提要：

各位观众，晚上好！

晚上好！

今天是7月28日，星期四，农历六月二十五，欢迎收看新闻联播节目。

首先为您介绍今天节目的主要内容：

习近平 在 河北唐山市考察时强调：落实责任、完善体系、整合资源、统筹力量，全面提高 国家综合 防灾、减灾、救灾能力；

习近平 向首届 亚非青年联欢节 致贺信；

习近平 在《庆祝中国共产党 成立95周年 大会上的讲话》少数民族文字单行本出版；

俞正声 主持召开 全国政协 主席会议；

张高丽 会见 苏丹客人；

中共中央办公厅 国务院办公厅 印发《保护司法人员 依法履行 法定职责 规定》；

国务院办公厅 印发《关于深化改革 推进出租汽车行业 健康发展的 指导意见》；

美国民主党 竞选丑闻 细节曝光，特朗普支持率 反超 希拉里；

俄运动员 出征里约，普京斥责禁赛是政治行为，违背体育精神。

接下来 请您收看 详细内容。

用节奏单元切分方式，切分2016年7月30日《新闻联播》中的"海南海口小街巷牵挂大民生"：

海南省海口市 计划用两年时间，投入11亿元 对全市的2300多个背街小巷 进行改造，打造"家门口的便民生活圈"，让城市更宜居。

这两天，海口市龙华区的百年老街巷 居仁坊，让一批回乡省亲的台湾客人眼前一亮。

可就在一年前，居仁坊的12条小巷 却是垃圾多、水不畅，处处杂乱无章。

去年，海口市 拿出4亿多元，升级改造 首批850个背街小巷，居仁坊社区 成为第一个受益者。不过改造之初，这里的一些住户 并不买账。

街道干部与社区居民们一道，围绕升级改造细节 逐一商量，一件一件小事推进。如今，经过改造，路灯多了一倍，雨天不再积水，垃圾也有环卫工定时清理。小街巷变美了，可新问题 又来了：以往占道经营的流动商贩 没了场所，大伙儿买菜 也得跑远路。为此，海口决定“再升级”，围绕这些背街小巷，打造15分钟 便民生活圈。离居仁坊两百多米远的西门外街，现在 就集聚了小吃店、理发店、裁缝铺 等一批商铺。

今年，海口市还将投入7亿元，按照“更方便、更舒心、更美好”的要求，改造剩下的1500多个背街小巷。

切分节奏单元是语言艺术发声动态吐词训练的关键步骤，应该充分依据语义、语音特征、语法和表达技巧。对它的研究不仅具有理论意义，而且还具有重要的实践意义：帮助发声者运用静态吐词的成果，掌握动态吐词的语音规则与气声匹配基本规则。具备良好的吐词能力，有利于掌握语句动态变化中的其他发声技巧。由于语言艺术发声训练是以普通话为载体，所以有关节奏单元的研究对普通话正音和纠正外国人的洋腔洋调具有借鉴意义。

## 第四节 怎样进行语流音变练习

### 一、轻声发音练习

练习提示：在轻声音节发音感受和练习时，注重区分音长和调值变化带来的语音的听觉回馈差异。同时，重视区分不同发音状态视觉回馈的差别。注意比较可轻读词语在语句中的运用。

#### （一）读下面的句子，注意句中相同的词的读音和含义

小王做事很实在，把他调到我们部门来实在太好了。

他办事公道，让他来主持公道吧！

老人用一口地道的山东话，给我们讲了当年地道战的故事。

这酒真霸道，他才喝了一杯，就摆出一副横行霸道的样子。

他并不是一个难处的人，近来脾气不好，肯定是遇到什么难处了。

### （二）词语练习

**阴平＋轻声**

包袱 梆子 苍蝇 差事 灯笼 抽屉 窗户 答应 风筝 甘蔗
高粱 姑娘 功夫 胳臂 规矩 结实 膏药 宽敞 知了 师傅
玻璃 关系 虾米 收拾 衣服 冤枉 先生 知识 舒服 作坊

**阳平＋轻声**

粮食 行当 逻辑 棉花 年纪 朋友 学生 徒弟 题目 铃铛
防备 柴火 和尚 糊涂 活泼 灵便 实在 脾气 什么 头发
行李 学问 琢磨 云彩 勤快 麻烦 眉毛 疲沓 累赘 名堂

**上声＋轻声**

稳当 伙计 使唤 嗓子 买卖 宝贝 斗篷 打算 洒脱 眼睛
比方 恶心 耳朵 讲究 首饰 喜欢 脑袋 养活 马虎 老实
骨头 哑巴 本事 口气 口袋 女婿 尾巴 小气 打扮 喇叭

**去声＋轻声**

漂亮 事情 壮实 志气 帐篷 运气 笑话 疟疾 便当 教训
月饼 应酬 冒失 自在 费用 吓唬 认识 对付 会计 厉害
动静 唾沫 义气 大夫 分量 告诉 奉承 任务 太阳 下巴

### （三）绕口令练习

#### 比包饺子

一个大嫂子，一个大小子，坐在一块儿比包饺子。不知是大嫂子包的饺子不如大小子，还是大小子包的饺子不如大嫂子。

#### 打呼噜的胡迷糊

葫芦胡同胡迷糊，晚上睡觉打呼噜。睡到半夜一糊涂，隔着窗户掉外头。护着屁股不护头，胡噜块砖头当枕头。呼噜呼噜接着睡，一觉糊弄到正晌午。

### 郭伯伯买火锅

郭伯伯，买火锅，带买墨水和馍馍。墨水馍馍装火锅，火锅磨得墨瓶破。伯伯回家交婆婆，婆婆掀锅拿馍馍。墨色馍馍满火锅，婆婆抓着直琢磨：莫非是摩登产品外国货。

### 喇嘛和哑巴

打南边儿来了个喇嘛，手里提拉着五斤鳎目。打北边儿来了个哑巴，腰里别着个喇叭。南边儿提拉鳎目的喇嘛，要拿鳎目换北边儿别喇叭的哑巴的喇叭，哑巴不乐意拿喇叭换提拉鳎目的喇嘛的鳎目，喇嘛非要拿鳎目换别喇叭的哑巴的喇叭。喇嘛抡起鳎目抽了别喇叭的哑巴一鳎目，哑巴摘下喇叭打了提拉鳎目的喇嘛一喇叭。也不知是提拉鳎目的喇嘛抽了别喇叭的哑巴几鳎目，还是别喇叭的哑巴打了提拉鳎目的喇嘛几喇叭。只知道，喇嘛炖鳎目，哑巴嘀嘀嗒嗒吹喇叭。

**（四）朗读下面句子，注意读准轻声音节**

假日到河滩上转转，看见许多孩子在放风筝。一根根长长的引线，一头系在天上，一头系在地上，孩子同风筝都在天与地之间悠荡，连心也被悠荡得恍恍惚惚了，好像又回到了童年。

（李恒瑞《风筝畅想曲》）

我和母亲走在前面，我的妻子和儿子走在后面。小家伙突然叫起来："前面是妈妈和儿子，后面也是妈妈和儿子。"我们都笑了。

（莫怀戚《散步》）

年岁逐增，渐渐挣脱外在的限制与束缚，开始懂得为自己活，照自己的方式做一些自己喜欢的事，不在乎别人的批评意见，不在乎别人的诋毁流言，只在乎那一份随心所欲的舒坦自然。

（杏林子《朋友和其他》）

我们继续拍掌，很快地这个树林就变得很热闹了呢。到处都是鸟声，到处都是鸟影。大的，小的，花的，黑的，有的站在树枝上叫，有的飞起来，有的在扑翅膀。

（巴金《小鸟的天堂》）

每当一排排波浪涌起的时候，那映照在浪峰上的霞光，又红又亮，简直就像一片片霍霍燃烧着的火焰，闪烁着，消失了。而后面的一排，又闪烁着，滚动着，涌了过来。

（峻青《海滨仲夏夜》）

盼望着，盼望着，东风来了，春天的脚步近了。一切都像刚睡醒的样子，欣欣然张开了眼。山，朗润起来了；水，涨起来了；太阳的脸，红起来了。

（朱自清《春》）

### （五）找出下面文字中的轻声音节，并注意读准字音

## 一个漂亮姑娘的故事

有一个姑娘，长得漂亮。皮肤娇嫩，身材苗条，出落得像牡丹。她聪明又活泼，漂亮又乖巧。

一个有月亮的晚上，姑娘到亲戚家玩，认识了一位洒脱、有出息的男人。他眼睛近视，戴着一副眼镜，长得白净，看上去斯文、有学问。姑娘喜欢上了他，眯缝着眼睛，上下打量了一番，还扭捏着卖弄脸蛋儿。谁知那男的很不自在，也不搭理她。姑娘着急了，想了个主意，等那男的走后，打听了他的名字和他的情况，才知道他是个正经的男人，说话随和，经济宽绰，但有点儿做作，喜欢穿花哨的衣服，姑娘还知道这男的有个要好的朋友，正好是自己的街坊。

过了几天，她拉拢了那个熟识的街坊，央告他："我了解他的底细，想请你耍点儿名堂，让他糊涂点儿，带他到一间雅致、宽敞，有精美摆设的房间。我们估摸着时辰到了，看准火候，摆开架势，好好摆布他。"这个街坊向来老实、厚道、实在，他耷拉着脑袋，有点结巴地说："快别难为我了，我和他是有交情的。最近他得了疟疾，病得实在厉害，在家歇

息，不能挪动身子，横竖我都不会约他的。”姑娘不高兴了，说：“哼，有什么稀罕！反正我和他熟悉，不答应就算了，你真没能耐。”说完，就打发那人走了。

姑娘盘算了一番，决定亲自去找那男的。她披上斗篷，戴上戒指等首饰，涂上一点胭脂，精心打扮了一番，又带上几块月饼，几张煎饼，拿上一把胡琴。张罗完了，拉扯上好的女友，一起去找那男人。边走边琢磨着是否可以上他家找份差事，伺候他，帮他拾掇房间。女友告诫他：“你千万不能疏忽大意，那样弄不好会得罪他的。”姑娘答应了。她们一块找到那男的，谁知那男人支吾着不同意，还数落了她一顿，姑娘白费了心思，受了这么多委屈、折磨，却落得个这样的下场，真是没有造化！

## 二、儿化发音练习

练习提示：在儿化音节发音感受和练习过程中，注重区分体会儿化后由原韵母变化所带来的语音的听觉回馈差异。同时，重视区分不同发音状态视觉回馈的差别。熟练掌握儿化的变化规律，不断加强训练，提高儿化发音的自然熟练度。

### （一）儿化音节感受练习，注意加点字的读音和意义

火星上是找不到一点火星儿的。

这只钢笔的尖儿太尖了，很容易把纸划破。

这间屋子很破烂，里面装的都是不值钱的破烂儿。

把猪肉片成片儿再放到锅里煮，会更入味儿。

他问得我没词儿回答了，只好词不达意地搪塞几句。

### （二）词语练习

个儿　人儿　沿儿　圈儿　玩儿　馅儿　球儿

兜儿　画儿　空儿　爪儿　准儿　音儿　哪儿

那儿　活儿　包干儿　冰棍儿　差点儿　大伙儿　干活儿

光棍儿　好玩儿　金鱼儿　老头儿　聊天儿　没事儿　面条儿

墨水儿　纳闷儿　年头儿　纽扣儿　玩意儿　小孩儿　心眼儿

烟卷儿　一会儿　白干儿　摆摊儿　板擦儿　饱嗝儿　爆肚儿

## （三）绕口令练习

### 小哥俩儿

小哥俩儿，红脸蛋儿，手拉手儿，一块儿玩儿。小哥俩儿，一个班儿，一路上学唱着歌儿。学造句，一串串儿。唱新歌儿，一段段儿。学画画儿，不贪玩儿。画小猫儿，钻圆圈儿。画小狗儿，蹲庙台儿。画只小鸡儿吃小米儿。画条小鱼儿吐水泡儿。小哥俩，对脾气儿，上学念书不费劲儿，真是父母的好宝贝儿。

### 小门脸儿

你别看就那么两间小门脸儿，你别看屋子不大一小点儿，你别看设备不起眼儿，可售货员的服务贴心坎儿。有火柴，有烟卷儿，有背心儿，有手绢儿，有蜡烛、盘子、小瓷碗儿，还有刀子、勺子、小铁铲儿。

### 学画画儿

小小子儿，不贪玩儿。画小猫儿，钻圆圈儿。画小狗儿，蹲小庙儿。画小鸡儿，吃小米儿。画个小虫儿，顶火星儿。

## （四）朗读下面的文字，注意读准儿化音节

### 济南的冬天（节选）

**老　舍**

最妙的是下点小雪呀。看吧，山上的矮松越发得青黑，树尖儿上顶着一髻儿白花，好像日本看护妇。山尖儿全白了，给蓝天镶上一道儿银边儿。山坡上，有的地方雪厚点儿，有的地方草色还露着。这样，一道儿白，一道儿暗黄，给山们穿上一件带水纹儿的花衣。看着看着，这件花衣好像被风儿吹动，叫你希望看见一点儿更美的山的肌肤。等到快日落的时候，微黄的阳光斜射在山腰上，那点儿薄雪好像忽然害了羞，微微露出点儿粉色。就是下小雪吧，济南是受不住大雪的，那些小山太秀气！

### 第一场雪（节选）

**峻　青**

落光叶子的柳树上，挂满了毛茸茸、亮晶晶的银条儿；而那些冬夏常青的松树和柏树上，则挂满了蓬松松、沉甸甸的雪球儿。一阵风吹来，树枝轻轻地摇晃，美丽的银条儿和雪球儿簌簌地落下来，玉屑似的雪末儿随风飘扬，映着清晨的阳光，显出一道道五光十色的彩虹。

## 三、变调练习

### （一）上声变调练习

1. 词语练习

省心　产生　纺织　海关　领先　取消　贬低　短期
解答　朗读　美元　考察　导航　场合　乞求　改革
可爱　反映　感冒　鼓励　美丽　宝贵　产量　礼貌
奶奶　讲究　马虎　打扮　枕头　伙计　喇叭　比方
水彩笔　敏感点　考古所　厂党委　小组长　小拇指

2. 句子练习

请你早点儿买保险。
只有我想了解你。
请你给我买把小雨伞。
郝厂长管理很保守。

3. 请朗读下面的文字，注意上声变调

### 和时间赛跑（节选）

**林清玄**

读小学的时候，我的外祖母去世了。外祖母生前最疼爱我，我无法排除自己的忧伤，每天在学校的操场上一圈儿又一圈儿地跑着，跑得累倒在地下，扑在草坪上痛哭。

那哀痛的日子，断断续续地持续了很久。爸爸妈妈也不知道如何安慰我，他们知道与其骗我说外祖母睡着了，还不如对我说实话：外祖母永远不会回来了。

### （二）“一”和“不”的变调练习

1. 词语练习

一问一答　一丝一毫　一板一眼　一朝一夕　一前一后

不管不顾　不卑不亢　不伦不类　不折不扣　不干不净

一丝不苟　一尘不染　一成不变　一毛不拔　一窍不通

2. 请朗读下面的文字，注意“一”和“不”的变调。

#### 城南旧事（代序）

林海音

我记得写上面这段小文的时候，便曾想：为了回忆童年，使之永恒，我何不写些故事，以我的童年为背景呢？于是这几年来，我陆续地完成了本书的这几篇。它们的故事不一定是真的，但写着它们的时候，人物却不断地涌现在我的眼前，斜着嘴笑的兰姨娘，骑着小驴回老家的宋妈，不理我们小孩子的德先叔叔，椿树胡同的疯女人，井边的小伴侣，藏在草堆里的小偷儿。读者有没有注意，每一段故事的结尾，里面的主角都是离我而去，一直到最后的一篇《爸爸的花儿落了》，亲爱的爸爸也去了，我的童年结束了。那时我十三岁，开始负起了不是小孩子所该负的责任。如果说一个人一生要分几个段落的话，父亲的死，是我生命中一个重要的段落，我写过一篇《我父》，仍是值得存录在这里的。

### （三）重叠式形容词变调练习

1. 下列重叠式形容词的叠音后缀单字，调都不是阴平，变调后必须变成阴平，调值是 55。用汉语拼音拼写时，要标变调后的阴平调 55。

白晃晃　沉甸甸　骨碌碌　汗淋淋　黑洞洞　白蒙蒙

黑蒙蒙　红彤彤　黑油油　黑黝黝　黄澄澄　金晃晃

乱腾腾　闹嚷嚷　乱蓬蓬　慢腾腾　毛茸茸　明晃晃

蓝莹莹　文绉绉　懒洋洋　亮堂堂　热辣辣　热腾腾

软绵绵　乌油油　羞答答　笑吟吟　湿淋淋　湿漉漉

水淋淋　雾茫茫　直瞪瞪　碧油油　绿油油　血淋淋

绿茸茸　绿莹莹

2. 下列 ABB 式形容词的后缀一般不变调，用汉语拼音拼写要标原调。

白茫茫　白皑皑　赤裸裸　赤条条　红艳艳　灰沉沉
金灿灿　空洞洞　金闪闪　空荡荡　平展展　暖洋洋
明闪闪　乐陶陶　气昂昂　喜洋洋　香馥馥　圆滚滚
阴沉沉　黑沉沉

3. 下列 AABB 式形容词是书面语的，不变调，用汉语拼音拼写要标原调。

沸沸扬扬　轰轰烈烈　浑浑噩噩　堂堂正正　兢兢业业
洋洋洒洒　林林总总　唯唯诺诺　形形色色　躲躲闪闪
风风火火　期期艾艾　吞吞吐吐　歪歪扭扭　影影绰绰

4. 请朗读下面的文字，注意形容词重叠的变调。

## 第一场雪（节选）

**峻　青**

大雪整整下了一夜。今天早晨，天放晴了，太阳出来了。推开门一看，嗬！好大的雪啊！山川、河流 、树木、房屋，全都罩上了一层厚厚的雪，万里江山，变成了粉妆玉砌的世界。落光了叶子的柳树上挂满了毛茸茸亮晶晶的银条儿；而那些冬夏常青的松树和柏树上，则挂满了蓬松松、沉甸甸的雪球儿。一阵风吹来，树枝轻轻地摇晃，美丽的银条儿和雪球儿簌簌地落下来，玉屑似的雪末儿随风飘扬，映着清晨的阳光，显出一道道五光十色的彩虹。

## 达瑞的故事

**〔德〕博多·舍费尔**

一天，吃早饭时父亲让达瑞去取报纸。美国的送报员总是把报纸从花园篱笆的一个特制的管子里塞进来。假如你想穿着睡衣舒舒服服地吃早饭和看报的话，就必须离开温暖的房间，冒着寒风到房子的入口处去取，即使在天气不好的时候也是如此。

## 四、语气词“啊”的音变练习

### （一）句子练习

余妈，你倒是先给我弄碗水喝啊！

今天晚上吃烧茄子啊！

好新潮的大衣啊！

啊！多美丽的早晨啊！

这件事儿可不简单啊！

这是危险的标志啊！

什么了不起的事啊！

他是王小二啊！

雪大路滑，当心啊！

他普通话说得真好啊！

嗬！好大的雪啊！

我怎么这么不安啊。

太阳它有脚啊。

为什么白白走这一遭啊？

可真是一方水土养一方人啊！

大家快来吃菠萝啊！

唱啊唱啊！

小心水烫啊！

是啊，我们有自己的祖国，小鸟也有它的归宿，人和动物都是一样啊！

人生会有多少个第一次啊！

### （二）绕口令练习

啪！啪！啪！谁啊？张果老啊！怎么不进来啊？怕狗咬啊！衣兜里装得什么啊？大酸枣啊！怎么不吃啊？怕牙倒啊！胳肢窝里夹着什么啊！破棉袄啊！怎么不穿啊？怕虱子咬啊！怎么不叫你老伴给挠挠啊？老伴死得早啊！得了，我把狗打死了，下酒正好啊！

## 五、词的轻重格式练习

### (一)词语练习

1. 中重格式

日常 大同 交通 领域 当代 小诗 出路 黄金 碧绿 时代
容颜 假如 晶莹 自然 减色 宝贵 人生 本身 阅读 当时
信奉 理论 飞沙 麦浪 波纹 演化 妥协 演变 词汇 烟火
仿佛 国际 货币 咕咚 轰隆 蝴蝶 沙发 尼龙 雷锋 草鞋

2. 重中格式

经验 视觉 听觉 界限 颜色 温度 气氛 艺术 重量 气味
性质 美好 情感 感官 价值 风气 背景 作品 标准 要求
思想 声响 柔和 突然 责任 古典 西式 记者 风险 春天
保养 代理 含蓄 凄凉 人类 恬静 况且 工人 质量 动作

3. 重轻格式

清楚 老婆 头发 刺猬 扁担 困难 风筝 窗户 朋友 唠叨
力气 喉咙 脊梁 萝卜 功夫 模糊 扫帚 活泼 核桃 作坊
亲家 包涵 灯笼 暖和 戒指 芝麻 尾巴 祖宗 石榴 累赘

4. 中中重格式

播音员 收音机 呼吸道 东方红 天安门 展览馆 居委会
共产党 共青团 常委会 党支部 国际歌 科学院 招待会
唯物论 井冈山 辩证法 法西斯 护身符 滑翔机 芭蕾舞
尼古丁 五一节 话务员 坏血病 黄梅节 回旋曲 火力点

5. 中重轻格式

枪杆子 命根子 过日子 拿架子 吊嗓子 臭架子 卖关子
半拉子 打底子 抽冷子 洋鬼子 刀把子 两口子 老头子
搭架子 鼻梁子 打冷战 打摆子 硬骨头 小姑娘 拉关系
抽工夫 不由得 撑门面 背地里 山核桃 牛脾气 胡萝卜

6. 中轻重格式

保不齐 备不住 吃不消 大不了 动不动 对不起 过不来

说得来 生意经 冷不防 数得着 小不点（儿）

7. 中重中重格式

五光十色 天灾人祸 年富力强 耳濡目染 枪林弹雨

奇装异服 花好月圆 赴汤蹈火 移风易俗 独断专行

根深蒂固 心猿意马 龙飞凤舞 鹤发童颜 翻江倒海

8. 中轻中重格式

整整齐齐 清清楚楚 大大方方 和和美美 叮叮咚咚

嘻嘻哈哈 劈劈啪啪 稀里哗啦 拉拉扯扯 集体主义

9. 重中中重格式

一扫而空 美不胜收 妙不可言 相形见绌 信口雌黄

**（二）请朗读下面的文章，注意词的轻重格式**

## 挤 油

刘宗礼

我上小学的时候，日子过得很苦。学校是一座小土庙，破破烂烂的，冬天里四面进风，学生们就常常冻了手脚。寒冷的早晨我们读着书，窗外亮亮的阳光一照，我们就急切地盼着下课了。铃声一响，学生们蜂拥而出，跑进干冷的阳光里，站在教室前，跺跺脚，脚暖了，就沿墙根一字排开，中间站个大个，两边人数相等，一齐往中间挤，咬牙，弓腿，喊号子，挤掉了帽子是顾不及捡的，绷断了线做的腰带，也只能硬撑着，一来二去，身体就暖和起来，甚至冒出汗来。这种游戏，我们叫挤油，天天要做的。

那时做老师的并不反对我们这一活动。记得教我们数学的老师，年龄不大，个头不小，冬天戴一顶油乎乎的破军帽，帽檐皱皱巴巴，他教我们学小数时，把0.24读成“零点二十四”，是过了一天又让我们读作0.24的。他常靠墙根儿一站，两手向自己一挥，“来”，学生们便一拥而上，好像总是挤不动他，上课铃一响，他猛地抽身而去，学生们便倒成一片。

语文老师是上了年纪的，姓余，面黑，不苟言笑，据说私塾底子厚实。他当然不挤油了，总是提前走进教室，写一些成语要我们抄背，诸如“爱屋及乌”“入木三分”之类。开课前总先提问题，我们最怕的就是头十分钟，回答不出来，他就会拿眼瞪着你，半天说一句：“挤油的劲呢？站着！”

那时学生穿的小袄都是自家纺的棉布，粗糙，易坏，在凹凸不平的黄土墙上磨不多久，就会露出黑黄的棉絮，回家总少不了挨骂：“又在墙上磨痒痒了。”呵斥好像并没有减少挤油的次数，孩子快乐起来的时候，什么都敢忘记。

这是我童年时代最有趣的游戏。

## 六、节奏单元切分练习

1. 他想起来了，不想睡了。

2. 他想起来了，真有意思，他最近老是忘事儿。

3. 李白乘舟将欲行，忽闻岸上踏歌声。桃花潭水深千尺，不及汪伦送我情。

——李白《赠汪伦》

4. 庆历四年春，滕子京谪守巴陵郡。越明年，政通人和，百废俱兴，乃重修岳阳楼，增其旧制，刻唐贤今人诗赋于其上。属予作文以记之。

——范仲淹《岳阳楼记》

5. 我是你河边上破旧的老水车，数百年来纺着疲惫的歌。我是你额上熏黑的矿灯，照你在历史的隧洞里蜗行摸索。

——舒婷《祖国啊，我亲爱的祖国》

6. 如果晨雾是众仙子的化身，我会选择那婀娜的岚烟，因为我畏惧浓得化不开的晓雾，她叫我不得不摸索着前进。我也拒绝那刚愎的断云，因为她切割了我的视野，强迫我接受她剪贴的画面。只有那不浓不淡、似静又动的岚烟，既有“凌波微步”的飘逸，又复“衩袜步香阶”的轻巧与如亲似枕的亲切，使我在迷惑与明晰、梦寐与清醒、陶醉与理性之间品尝爱的滋味。

——刘墉《晨雾》

7. 它的水流不像万里长城那样突兀在外，而是细细浸润、节节延伸，延伸的距离并不比长城短。长城的文明是一种僵硬的雕塑，它的文明是一种灵动的生活。

——余秋雨《都江堰》

8. 公元1500年前后的地理大发现，拉开了不同国家相互对话和相互竞争的历史大幕，由此，大国崛起的道路有了全球坐标。五百年来，在人类现代化进程的大舞台上，相继出现了九个世界性大国，它们是葡萄牙、西班牙、荷兰、英国、法国、德国、日本、俄罗斯和美国。大国兴衰更替的故事，留下了各具特色的发展道路和经验教训，启迪着今天，也影响着未来……绝大多数历史学家认为：公元1500年前后是人类历史的一个重要分水岭，从那个时候开始，人类的历史才称得上是真正意义上的世界史。在此之前，人类生活在相互隔绝而又各自独立的几块陆地上，没有哪一块大陆上的人能确切地知道地球究竟是方的还是圆的，而几乎每一块陆地上的人都认为自己生活在世界的中心。公元1500年前后，中国正处在明朝统治之下。郑和的船队七下西洋，但不是为了开拓贸易，而是为了宣扬皇帝的德威。郑和死后，中国人的身影就在海洋上消失了。

——纪录片《大国崛起》解说词

9. 新闻稿件

7月22日，人力资源和社会保障部召开2016年二季度新闻发布会。新闻发言人李忠介绍，基于人口老龄化的大背景提出的延迟退休政策，将分三步走：一是在实施上会小步慢行、逐步到位。比如每年往上调几个月。二是区分对待，分步实施。比如会选取现在退休年龄相对较低的部分岗位开始。三是会在之前做及时的公告，也会在方案出台前广泛地听取和征集意见。

8月1日，成都市《关于推进海绵城市建设的指导意见》正式对外公布。根据计划，成都将按照分区、分类的方式全面推进海绵城市建设，逐步实现“小雨不积水、大雨不内涝、水体不黑臭、热岛有缓解”，将70%的降雨就地消纳和利用。到2030年，成都建成区80%以上都将变身“海绵”。成都将按照“自然积存、自然渗透、自然净化”的原则，充分发挥“山、水、林、园、田”生态本底对城市的生态支撑功能，把海绵城市建设与其他各类建设项目同步规划、同步施工和同步移交管理，或是因地制宜采取微地形处理、屋顶绿化、透水铺装、柔性防水基础、雨水调蓄与收集利用等措施，推进区域整体治理。

# 第八章　嗓音要健康

播音员主持人是以有声语言为表达手段的广播电视新闻工作者。有声语言是播音员主持人为传情达意，依据提纲、稿件或腹稿进行再创作的主要手段。所以，播音员主持人应该注意锻炼自己的声音，保持健康科学的用嗓发声习惯，并学会驾驭自己的声音，使之成为得心应手的创作手段。

## 第一节　发声要科学

### 一、什么是播音主持的发声特点

#### （一）播音主持的发声特点

播音主持的发声特点主要体现在声音的音高、音强、音长和音色上，这四个要素是语音所具有的基本要素，并且都与喉的活动有关。其具体发声特点是：以实声为主的虚实结合，声音清晰圆润；声音变化幅度不大但层次丰富，表情达意准确；接近口语用声，状态自如，声音流畅。

我们这里所说的播音主持的发声特点，是指播音员主持人在进行文稿播读或即兴表达时的一般发声，即多数播音主持都具有的发声共性特征。

#### （二）播音主持的发声要求

由于播音员主持人的特殊身份，在播音主持工作中的发声也要满足较高的要求，即亲切自如、优美动听、感染力表现力强并具有鲜明特色。具体可以归纳为以下几个方面：准确规范，清晰流畅；圆润集中，朴实明朗；刚柔并济，虚实结合；色彩丰富，变化自如。达到气息下沉、喉部放松、不僵不挤、声音贯通、字音轻弹、如珠如流、气随情动、声随情走的感觉。

## 二、怎样认识常见发声类型

人们在发声时，由于气息等作用，声门会产生不同的形态变化，进而产生不同的声音音色，形成不同的声音类型。由特定声门形态产生的声音类型称为发声类型。[①]

### （一）正常嗓音

这种声音通常出现在我们的日常口语对话中。正常嗓音是发音中最自然的一种发声方式：声门关闭，声带呈周期性振动，控制发声的肌肉不过分用力，都处在适当调节的程度。声音的音高和音量都处于中间区域，听起来是明亮放松的，给人一种舒适的感觉。

### （二）气声

气声是一种具有混合音色的声音类型，是由气流摩擦声和声带振动混合而成的。气声在发声时由于声门关闭不紧，在发声时会不断泄露气流，因此气声的发声效率较低。同时，气流在泄露时会形成摩擦噪声，与声带振动的声音混合，形成伴有气流声的音色。

这种声音在日常生活的口语中也经常使用，如较为亲切的话语常伴有气声色彩。

### （三）耳语声

耳语声是喉中产生的气流摩擦声，声带本身并不发生振动。耳语声的声门形态比较特殊：声带后三分之一处的软骨部分呈现一个可以通过气流的三角形开口，而声带的前三分之二处紧闭。发出的声音暗哑、紧张，带有神秘色彩。

这种声音很少用于正常语言表达，只在某些特殊环境和表达特殊感情色彩时才会使用。

### （四）喉音

喉音音色听起来低沉、粗糙。在发音时声带强烈并拢并用力收缩，这两个因素造成声带边缘挤压变厚，产生粗糙的声音。有时，声带过分用力还会使声带边缘与喉室上端的假声带挤压，构成一种特殊的加厚结构，使声音变得更加粗糙。喉音的产生与声音过低有密切关系，过低的声音使声带容易受到挤压，声带振动不好，产生粗糙音色。发音时过分压低声音，语流中声调、语调较低的声音都容易产生喉音。

---

① 中国传媒大学播音主持艺术学院《播音主持语音与发声》，中国传媒大学出版社2014年版。

### （五）挤压嗓音

挤压嗓音是发声时强烈挤压声带造成的。声带关闭过紧，造成两侧声带相互挤压，容易产生挤压嗓音。高音的挤压会使音色尖利刺耳，中低音的挤压会造成声音的粗糙，过低的挤压会形成喉音。这样获取的声音具有强烈的紧张感，令人感到不适。这种声音往往与紧张的情绪状态有关，生活语言中表达紧张、强烈的感情色彩时常用这种发声方式。

### （六）假声

假声的声音高而轻飘，音高要高于正常嗓音。假声在发声时声带被纵向拉长，声带边缘变薄，振动方式为声带部分振动，声音比声带整体振动的真声高。发音时音高如果过高容易出现假声，尤其是发音过程中声调和语调较高的个别部分，容易使用假声。这种声音出现在口语交谈中，会给人一种反常和做作的感觉。

通过对以上这些发声类型的划分，我们可以看到喉是一个具有多样发声能力的器官，喉的形态变化可以产生多种不同的声音。如何正确使用我们的喉，延长嗓音的寿命，就需要我们从科学的角度出发，了解喉部的构造，探究喉部的控制，健康用嗓、科学发声。

# 第二节　喉部要控制

## 一、怎样认识喉部

人体中，介于咽和气管之间的部分称为喉，它是发声系统中最具代表性的器官，是声音的源发地。喉位于颈的中前部，由软骨作支架，肌肉、韧带和纤维组织膜连接在一起，由喉部肌肉负责运动。声带是喉的一部分，喉部构造决定了一个人的声音特质。但是发声方法不同，声音的质量会有很大差异。因此播音员主持人只有了解它，并且通过一系列的方法和手段对喉部发声状态进行调整和控制，才能使声音更为健康、持久、圆润、动听。

### （一）喉部软骨

喉的软骨支架由 11 块软骨借助于韧带肌肉组织连接而成，在这 11 块软骨中有 5 块软骨对发声有直接意义（图 1—图 3）。

| 环状软骨 | 基础软骨，是呼吸道唯一呈环形闭合的软骨，对确保喉的畅通有重要作用。 |
|---|---|
| 甲状软骨 | 即我们常说的喉结。它是喉软骨中最大的一块，位于喉支架的中部，呈遁甲状，两侧对称。甲状软骨正前方是一个骨角，其倾角度男女有别：成年男性为50度~90度，交角最高处为我们能看见的“喉结”；而女性为120度左右，过渡平滑。 |
| 杓状软骨 | 有2块，左右对称各一块，又称为披裂软骨，位于喉的后部。 |
| 会厌软骨 | 呈树叶状，有弹性，位于甲状软骨上部，主要功能是吞咽食物时关闭喉的通道，防止食物进入气管。 |

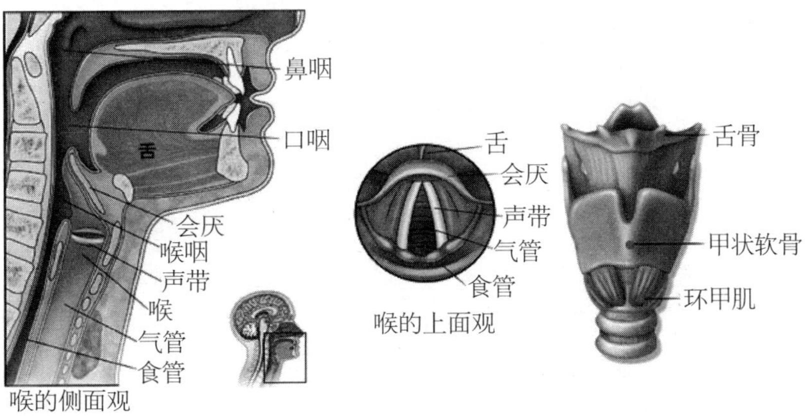


**图1　头颈侧面图**

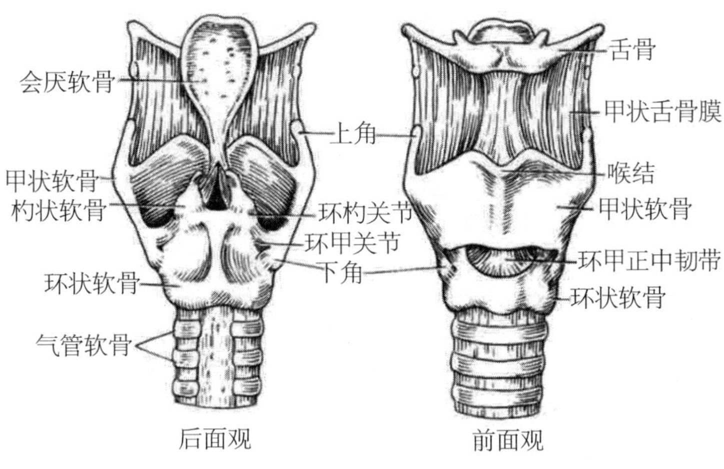


**图2　喉的整体示意图**

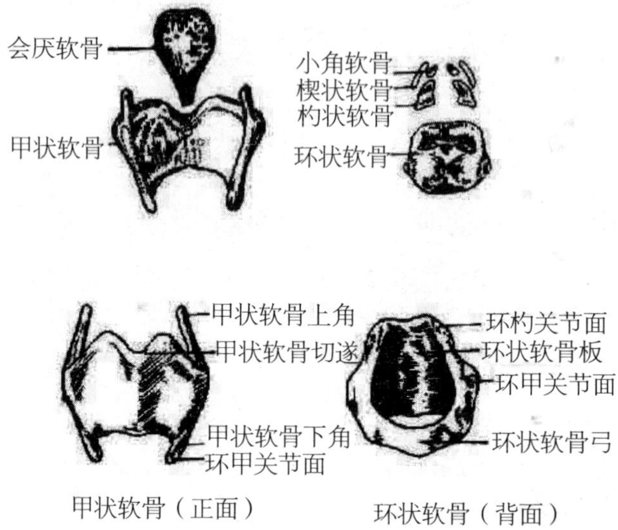


**图 3　喉的软骨**

### （二）喉部关节

喉软骨间有两对关节，使之互相连接、活动。

环甲关节——甲状软骨下角内侧面和环状软骨外侧共同形成的关节。以此关节为轴的回转运动，可改变环状软骨和甲状软骨间的距离，从而使喉部内的声带可能拉长、变紧。

环杓关节——环状软骨后上面和杓状软骨突起下面共同形成的关节。以此关节为轴的内翻转运动使声门关闭，声带拉紧；外反转运动则使声门开启，声带放松。

### （三）喉部肌肉

两条声带中间的区域叫作声门，负责声门的开合与松紧的是喉部肌肉。从对声带的作用看，喉部肌肉可以分三组。

| 肌组 | 包括的肌肉 | 功能 |
|---|---|---|
| 声门闭合肌 | 环杓侧肌、杓肌 | 收缩时声门闭合 |
| 声门外展肌 | 环杓后肌 | 收缩时声门开启 |
| 声带张肌 | 甲杓肌、环甲肌 | 负责声带的长短、松紧 |

由此可见，喉内肌负责声门的启闭，声带的张力；喉外肌控制声带的长短与松紧。

### （四）声带

声带位于喉室中央，前端在甲状软骨的内下方，后端在杓状软骨的软骨突上。正常的声带呈瓷白色，由黏膜、肌纤维及声韧带组成，共有两片，前端起于甲状软骨交角的内面，后端分别联结于左右两侧杓状软骨的声带突，呼吸时，两声带间呈规则的等腰三角形，发声时两声带闭合，前后均不见裂隙（图 4）。

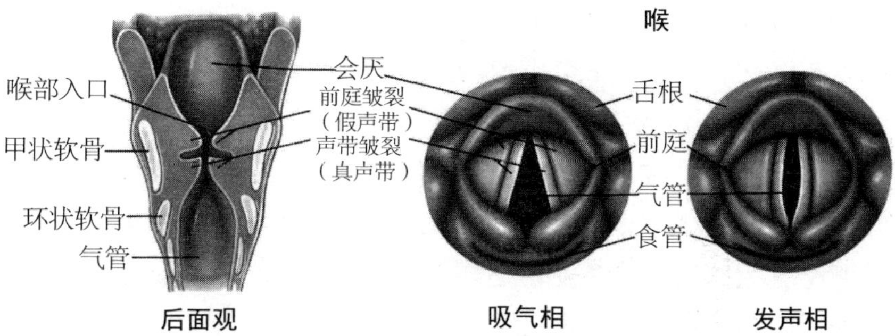


图 4

声带是人体发声的声源，它的振动情况直接影响发出的声音。声带的松紧和气流冲击所产生的振动频率使声门的大小发声变化，决定声音的音色。

## 二、声音的产生和变化

### （一）声音的产生

如果把人的发声系统比作是一件乐器，那么喉就是乐器的振动体，而声带就是乐器的琴弦和簧片。由于声带有节制地冲开和闭合，这一系列的振动会通过声门，形成气喷，造成空气的稠量和稀量。相同动荡状态形成声门波，声门波通过声道共鸣的放大、美化与节制，就形成了我们的声音。我们的声音与音高、音量、音色和音长都有着密切的关系。

### （二）声音的变化

人声和自然界其他声音一样，也具有音高、音量、音色、音长等几种声学特性。人声的声音特征，声音的变化和声带振动的状态有着密切的关系。

1. 音高的变化

音高变化是喉的基本功能，影响音高的主要机制是声带的长度和声带的厚度。当声带本身收缩，声带长度就会变短，与此同时，声带的边缘会变厚，声音则随之降低。当声带被拉长，声带边缘变薄，声音便会随之升高。如果声带处于没有明显收缩或明显拉长的相对放松状态，发出的声音就是宽松的中音。如果声带采取部分振动的发声方式，会产生比正常嗓音高得多的假声。

2. 音量的变化

在发声过程中，声门下压力大，声带振动的幅度就大，声音音量也会随之增大。声门下压力增大的直接动力是气流。音量加大时，气流强度也会增加，对呼吸的要求便随之提高。

3. 音色的变化

除了音高的变化，喉的另一个重要的发声功能就是产生音色变化。这种音色变化是由声门开闭程度的不同形成的。

在提到音色这个概念时，通常指以下两种情况：一是与语言意义相关的声音色彩，又称音质；另一种则是指与意义无关的声音色彩。我们这里说的是后一种音色，即不影响语言意义的声音色彩。这种音色就是我们平常所说的声音的虚实或明暗，它的形成需要依靠喉的动作来完成。

4. 音长的变化

我们所说的音长通常可以从三方面来理解：一是指语流中音节的发音长度；二是指与肺活量有关，由呼气时间决定的发音长度；三是指由话语量构成的连续发音的时间长度。音长的形成与音量相似，气流是决定因素。

声音的变化与声带振动的状态密切相关，与人们的思维运动、语言表达密切相关。喉部控制得当才能使有声语言准确地表达出心声，也才能在提高发声质量的同时保护自己的嗓音。

## 三、怎样注意嗓音保护

喉是人体发声器官，其内部构造十分精细，使用不当，很容易造成损伤及各种嗓音疾病。因此，职业嗓音使用者应当了解嗓音保护知识，避免嗓音疾病的发生。

### （一）克服不良发声习惯

不良的发声习惯往往源于不良的发声心理。例如，超过自身发音器官负荷能力地追求某种音色，使喉部长时间在极限状态下工作。像有些男生为了追求浑厚的声音，压着喉头发声，就是典型的表现。还有些人在发声时不考虑具体的语言环境，以不变应万变，凡此种种造成声音的表现形式往往是过紧、过实、过重；或是过散、过虚、过轻；或是僵滞、呆板、欠运动、少变化。克服不良发声习惯需要调整发声心理，提高审美素养，同时还要多向生活语言学习，从生活语言中汲取营养。

除了这些情况，还有些人发音时不注意形体动作，仰头、低头、偏头或脖子前伸发声，都会对喉室造成压迫感，影响声音。

### （二）嗓音的日常保健

积极的日常嗓音保护方式主要是根据自己的具体情况，不断纠正错误的用声方式，养成科学的发声习惯。除此之外，生活中也应当从饮食和生活起居方面注意嗓音保护。

1. 在使用中保护

嗓音的使用和保护是矛盾的，但如果处理得当，二者可以统一起来，使其既有益于使用又不至于受到损伤。得当的处理方法就是科学用声，科学用声的基本原则是用声适度和循序渐进，这一用声原则适用于播音和发声练习的各种场合。发声能力的提高不可避免地要打破旧的平衡，在这一过程中一定要考虑发声器官的承受能力，不可急于求成，否则发声能力不仅得不到提高，嗓音还会受到不应有的损伤。

2. 在生活中保护

除了科学用声之外，培养有助于嗓音保护的良好生活习惯，也是嗓音保护的重要措施。平时应该积极锻炼身体，增强体质。保证必要的休息和充足的睡眠。养成良好的饮食习惯，尽可能做到定时定量，不暴饮暴食，少吃过冷过热或富有刺激性的食物或饮料，选择适当的练习时间等，都能对嗓音起到良好的保护作用。

科学用声和良好的生活习惯是嗓音保护的两根支柱。实践表明，发声方法正确并注意良好生活习惯的播音员很少患嗓音疾病，嗓音可以几十年不变。而有些人自认为嗓子好，经常不加限制地滥用嗓音，不重视保护，声音会在很短时间内变坏，不得不过早地离开播音岗位。

### （三）常见发声器官疾病的防治

咽喉不仅是发声的器官，而且是人体的重要关口。它不仅是饮食和呼吸的门户，也是发音的关键部位。虽然是方寸之地，却是生命运动的枢纽。与咽喉有关的发声器官疾病，不可不重视。

发声器官疾病的种类很多，对播音员发声影响较大的有以下几种：

1. 咽炎

常见症状有咽部红肿充血，咽部发干并有疼痛感。急性咽炎大多是上呼吸道感染引起的，也有一些是由于发声过度引起。吸烟和用声不当可造成慢性咽炎。咽炎会造成喉部不适，使发声易于疲劳。急性咽炎在发作期间要少用声或不用声，以免由于过度刺激使病程加长或转为慢性咽炎。有慢性咽炎的人应注意是否有发声问题，如有问题应及时纠正，从根本上消灭致病根源。此外，吸烟者应当戒烟。

2. 喉炎

常见症状为喉部常常发痒或有灼痛感，用声不多，嗓音就会显得十分疲劳。患有喉炎者发音时音色粗糙，发不出高音。严重时声带红肿会使声音嘶哑，甚至失音。喉炎往往由咽炎引起，炎症发展不断扩大并最终形成。急性喉炎多由感冒受凉引起，并伴有全身症状。开始时咽部和喉口发炎，以后引起下行性感染。由于喉部感觉不明显，为了克服声哑，会用力发声，造成声音挤压，对嗓音形成伤害。以后炎症消失，声哑仍会持续。由于喉肌处于紧张之中，声带在炎症消失后仍会呈充血状态。因为喉炎主要由上呼吸道感染引起，发病期间要停止用声。

喉炎发作时如伴随咳嗽，应服用止咳药消除咳嗽。因为咳嗽会使声带剧烈碰撞，刺激声带。喉内滴药可以减轻喉炎症状，但多有副作用，发声急需时可以使用，但不可形成依赖。喉炎发病时应当戒烟，不能饮酒，忌用辛辣，不要大声说话或唱歌，避免刺激性气体和灰尘，饮食不要过冷过热。更重要的是避免用声过度，可噤声一至两周，以节制发声。存在发声问题的应从根本上改变发声方法，用气息支持发声。

有些人患有慢性咽炎，喉部略有不适，症状不明显，所以没有引起重视。慢性喉炎会使播音员的嗓音逐渐发生变化，造成音色变暗或沙哑，声音变低，音量变化困难及用声不能持久。下列疾病会引发喉炎：

（1）变态反应症

有些喉炎是由身体反应引起的，如花粉反应等。对于水肿性慢性喉炎，应当检查是否为变态反应性喉病。

（2）慢性扁桃腺炎和急性鼻窦炎

慢性扁桃腺炎可以引发喉炎，但比例不高，而急性鼻窦炎最容易引起喉炎。对于喉炎患者，可以将拍鼻窦 X 线片作为常规检查，以免忽略病因。

（3）气管炎

气管炎的病变在气管黏膜，但是可以累及喉头，喉部会产生慢性炎症，而且多痰。喉炎急性发作时，可以热敷喉部，治疗全身症状。慢性喉炎应消除致病原因。

3. 声带小结

声带小结是声带边缘长出米粒大小的突起，常常左右对称。小结位置常位于声带前三分之一处。患小结时说话声嘶哑，无亮音，发声易倦。高音发不出，音高变低。成人和儿童都可产生此病。儿童好高声喊叫，患声带小结较多，以 13 至 15 岁男孩多见。但成人声带小结以女性较常见，发病高峰为 21 至 25 岁，50 岁以上少见。

声带小结对嗓音危害大，它与发声方法不当，特别是发声过度有密切关系。很多人在小结产生之前已有慢性喉炎，由于没有及时治疗或坚持错误的发声方法，最终会造成声带小结。声带小结会使发音不畅，重度小结使音色变暗、声音嘶哑。声带小结应采用药物或手术方法治疗，同时应克服用声问题（图 5）。

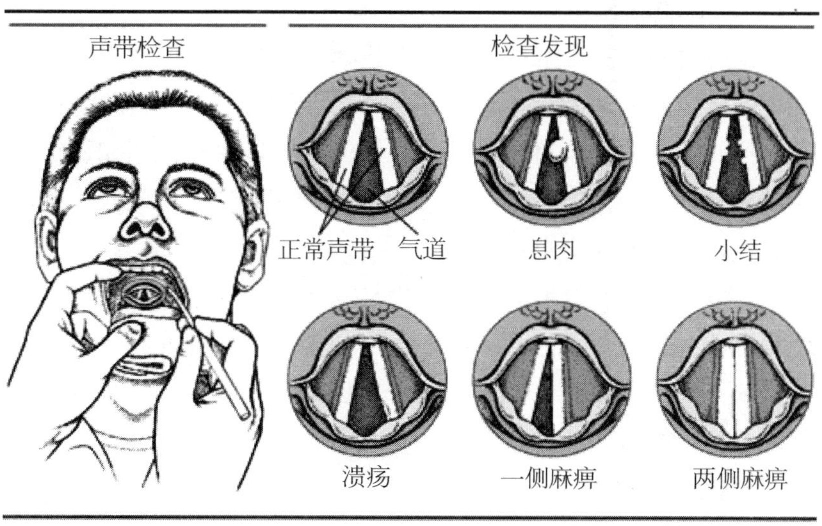


图 5

4. 声带囊肿

声带囊肿的主要症状是声哑。检查会发现声带一侧有囊肿，看上去有点像声带小结，但声带小结两侧对称，囊肿则为一侧，小结可以在囊肿的基础上产生。发声时囊肿会冲击对侧的声带，使对面声带部位上皮变厚。声带囊肿的治疗可以采用手术疗法。

5. 声带息肉

多见于成年男性。息肉与小结不同，它的体积比小结大，介于米粒与黄豆之间，产生于声带前部或声门下。除了声哑之外，常在喉前部有压迫感。声带息肉不可用保守治疗法，需用手术治疗。手术后应当避免用声。

常见发声器官疾病，治疗及时都能治愈，一般不会影响发声。对于嗓音疾病应采取预防为主的方针，只要从日常做起，养成好的用声和生活习惯，就可预防各种发声器官疾病的产生，并能不断提高自己的发声能力，使嗓音更动听和富于表现力。

## 四、怎样实现喉部控制

有人认为嗓子的好坏是天生的，这话也对也不对，喉部构造确实是天生的，比如声带的长短、厚薄等，它决定了一个人发声的特征。但是，即使是同一个人，由于发声时使用的方法不同，发出的声音质量都有很大差异。而使用方法是后天可以通过训练改善的。

### （一）喉部控制的原因

在“放松也是控制”的理念引导下，发音体声带轻松靠拢随用开闭，喉部其他肌肉也自如灵活地协同运动，与肺部呼出的气流协调配合，可以顺畅完成发声。

通过喉部控制，获得健康持久、圆润动听的声音是喉部控制和训练的目的，也是播音员主持人艺术发声的基本要求，合理控制喉部的同时可以保护声带，尽量避免声带的病变，延长声带的使用寿命。

播音人员在发声过程中对喉的支配能力和支配技巧，不仅决定音色特征和声音质量，影响语言表达技巧，而且也影响着这一重要发声器官的艺术寿命。因此，作为一名专业人员必须在了解喉部构造和喉部功能的基础上，运用系统科学的练声方法调整自己的嗓音，将这部分的潜力尽可能地挖掘出来。

### （二）喉部控制的方式

#### 1. 喉位相对稳定

喉位的相对稳定是通过调整喉头垂直位移的幅度来实现的，喉位的稳定是获得变化自然、和谐通畅、润泽丰满的声音的有效方法之一。

如果喉头上下移动的范围增大，使得喉部过于紧张，导致声带负担加重，不仅音色难听，还会使声带疲劳，容易产生病变。因此，我们应该让喉部肌肉保持吸气时的放松状态。发高音时，要尽量控制喉头过多地往上走，当然也要尽量控制喉头过多地往下走，让喉头保持在一个相对稳定的位置，才能保证声音的畅通。

喉头位置的调整要通过对喉外肌的控制来实现，可采用如下步骤和方法：

（1）有意提起、降下喉头，反复进行，使其灵活自如。

（2）用手指弹击甲状软骨板，可发现喉头上移时，弹击声由“空”变“实”，下降时由“实”变“空”。可将“空”“实”适度时的位置暂定为基准位，而后发元音 ɑ 或 i 的延长音，如果音色自然，无挤压造作，便可将此基准位确认下来，喉头垂直位移的训练均以此为中心点。

（3）发音时，舌位的高低、前后及口腔的开合都会连带喉头上下移动，比如在发舌位偏高（开口度小）或偏前的元音时，喉头往往自然上提，相反情况下则自然下降。在了解这一连动关系后，我们可以利用不同的元音来锻炼对喉头运动的相反控制力。比如利用高舌位，开口度小的元音 i 和舌高点偏前的元音 ü 的延长音，锻炼喉头向下的控制力；利用低舌位、开口度大的元音 ɑ 和舌高点偏后的元音 u 的延长音，锻炼喉头向上的控制力。

2. 喉头相对放松

我们所说的“喉头放松”是指在发声时喉头相对放松，这项训练和控制的要领是为避免因对音色的追求而使声带闭合力和气息压力都过分加大而提出的。

我们在发音时，两条声带不是紧密地结合，而是轻松地靠拢。从感觉上讲，喉部是放松的，在这种情况下，喉部肌肉能自如灵活地运用才能较好地和肺部呼出的气流协调配合完成发音。放松也是一种控制，不是紧张才算是控制。

需要说明的是，我们要求喉头相对放松，绝不是提倡越松越好，因为过松会使气息压力过小，致使声带运动迟滞、松懈，发出的声音极易散、沙、暗，给人以有气无力的感觉。可采用以下方法调节两力关系，使之在声音运动时保持最佳状态。

（1）利用发“气泡连音”，在缓慢地渐变过程中，体会把握喉放松的基本状态：气泡音是在声带最为松弛的情况下发出的。练习时可先发出清晰的气泡音 ɑ，而后逐渐加大密度，在气泡音 ɑ 串连成线的时候，将 ɑ 渐转 ei，继而慢慢提高音调，加大音量送出口腔。

（2）利用弹发元音，在瞬间的爆发中，体会把握喉放松的基本状态；交替弹发出 i 音和 ɑ 音，并不时地变化音高、音量和虚实度。

在以上练习达到明显省力的情况下，自由变换音高、音量、音色时，就可以自然通向使用了。

3. 整体两紧一松

口腔控制，气息控制与喉部控制相互配合，即所谓的“两紧一松”，也就是说把握好口腔控制和气息控制，放松喉部。在这种情况下，喉部肌肉能自如灵活地运动，才能较好地与呼出的气流协调配合，完成发音过程，使声音明亮通畅。

具体的做法如下：

（1）首先在发声前做好心理准备，利用呼吸控制相关技巧在发声前吸气，吸气最后一刻的感觉可以用九个字形容，即“两肋开、横膈降、小腹收”。在发声的同时依然保持两肋和小腹的紧张感，这是“两紧”中的“一紧”。

（2）发声时，利用口腔控制相关技巧，如提颧肌、打开牙关等，让口腔内壁有紧张感，这样有利于字音的清晰有力，而这也就是“两紧”中的另外“一紧”。

（3）所谓的“一松”指在发声同时，喉部通过控制放松不紧绷。

# 第三节 怎样进行喉部控制练习

练习提示：在发音发声和语言表达过程中，重视喉部控制的动作和感受，体会喉部控制意识指导下声音的变化，以及由其带来的听觉和视觉状态回馈的不同，逐渐熟练掌握喉部控制的相关技巧，强化声音的调控能力。

## 一、喉部放松练习

### （一）气泡音练习

气泡音是喉部声带在最为松弛的情况下发出的，通过发气泡音来体会声带基本的振动状态，可以用于发声前的准备活动和发声后的声带恢复。

首先吸气，口腔打开，准备好发单元音 ɑ 的状态，两条声带微闭，感觉一股气流到达喉部振动声带，发出一连串较低的、连续的、像气泡一样的声音 ɑ。要求气息稳定，气泡大小一致、均匀，颗粒感越明显越好。

### （二）气泡连音

气泡连音是在气泡音的基础上发出的声音。练习的时候，可先发出清晰的气泡 ɑ 音，然后逐渐加大密集的程度，在气泡 ɑ 音连成线的时候将 ɑ 逐渐过渡为一个正常的音节 ei，即“ɑɑɑɑɑ……ei……”。要求重点把握住 ei 音的发音状态，它有效地保持了声带放松发音的基本感觉。好好体会并记住这种感觉，接下来就可以用发 ei 音的状态去进行其他的发音训练。

### （三）弹发音

交替弹发 i 音和 ɑ 音，音量适中，可以体会喉部放松的基本状态。

## 二、音高变化练习

### （一）螺旋式上绕、下绕练习

螺旋音的练习，可有助于提高音量，扩展音域。

用 i 或 ɑ 音，从说话的自然音高中的某一个音开始，持续发音，逐渐“环行上绕”，向高音扩展，气息要拉住，小腹逐渐收紧。而后再由刚达到的、力所能及的高音逐渐“环行下绕”，气息要托起，小腹依然要有支撑。练习时，音量、音色要注意保持一致，不要忽大忽小、忽明忽暗。训练要讲究循序渐进。

### （二）阶梯式升高、降低练习

通过向声音的高低两个方向扩展，可以加大音域范围。

1. 可用单元音 i 或 ɑ，由低音起音，一个音阶一个音阶地逐渐加强，再逐渐降低减弱，反复进行。

2. 发单元音 ɑ、i、u、ü 做音阶高低练习，由中音起音，发延长音，然后将声音逐渐升高再逐渐降低。

3. 喊口号练习

气息与声音结合，分别用低音、中音和高音喊出口令，声音由弱渐强，反复进行，扩展音域。喊出口号：

一二一，一二一，加强锻炼，增强体质！

一二一，一二一，友谊第一，比赛第二！

### （三）音高变化综合练习

音高由声带的长度变化控制。音高练习的目的，是增强声带伸缩的肌肉力量和对声带长度变化的控制能力，在扩展音域的同时，能灵活地运用音高变化加强语言的表现力。对有不良用声习惯，发声偏高或偏低的学生，通过这些练习，应能找到适合播音的常用音高。

1. 确定适当音高

由高到低，分几个高度播读下面各个段子。然后进行比较，找出自己满意的、适合于播音的音高，把这一高度与自己习惯使用的音高比较，看看是否存在习惯性发声偏高或偏低的问题。

黄河远上白云间，一片孤城万仞山。羌笛何须怨杨柳，春风不度玉门关。

坚持与毅力，这两者是连在一起的。

要想成功，必须战胜自己。

人生的意义在于奉献，而不是索取。

由于现代科技的日新月异，生产设备的不断更新，生产工艺变动是非常迅速的。

2. 请运用音高变化朗读下面几个作品，注意音高的起伏变化

#### 易水歌

荆　轲

风萧萧兮易水寒，壮士一去兮不复还。
探虎穴兮入蛟宫，仰天呼气兮成白虹。

## 行路难·其一

**李 白**

金樽清酒斗十千，玉盘珍羞直万钱。
停杯投箸不能食，拔剑四顾心茫然。
欲渡黄河冰塞川，将登太行雪满山。
闲来垂钓碧溪上，忽复乘舟梦日边。
行路难！行路难！多歧路，今安在？
长风破浪会有时，直挂云帆济沧海。

## 纸船——寄母亲

**冰 心**

我从不肯妄弃了一张纸，
总是留着——留着，
叠成一只一只很小的船儿，
从舟上抛下在海里。

有的被天风吹卷到舟中的窗里，
有的被海浪打湿，沾在船头上。
我仍是不灰心的每天地叠着，
总希望有一只能流到我要它到的地方去。

母亲，倘若你梦中看见一只很小的白船儿，
不要惊讶它无端入梦。
这是你至爱的女儿含着泪叠的，
万水千山，求它载着她的爱和悲哀归来。

## 祖国啊，我亲爱的祖国

**舒 婷**

我是你河边上破旧的老水车，
数百年来纺着疲惫的歌；
我是你额上熏黑的矿灯，
照你在历史的隧洞里蜗行摸索；
我是干瘪的稻穗，
是失修的路基；
是淤滩上的驳船
把纤绳深深勒进你的肩膊，
——祖国啊！
我是贫困，
我是悲哀，
我是你祖祖辈辈痛苦的希望啊，
是“飞天”袖间千百年来未落在地面的花朵，
——祖国啊！
我是你簇新的理想，
刚从神话的蛛网里挣脱；
我是你雪被下古莲的胚芽；
我是你挂着眼泪的笑涡；
我是新刷出的雪白的起跑线；
是绯红的黎明正在喷薄；
——祖国啊！
我是你的十亿分之一，
是你九百六十万平方的总和；
你以伤痕累累的乳房喂养了
迷惘的我、深思的我、沸腾的我；
那就从我的血肉之躯上去取得
你的富饶、你的荣光、你的自由；
——祖国啊，
我亲爱的祖国！

## 三、音色变化练习

播音创作中所要表达的思想感情是千变万化的，作为可感材料的声音，理应有与之相适应的色彩变化。声音色彩变化最主要的表现为虚实变化。就生理机制而言，实声是声带紧密靠拢时发出的声音，虚声是声带较为松弛、声门适度开启时发出的声音。丰富的虚实变化与多层次的音高、音量、音长的变化配合，便形成了多姿多彩的声音样式。

“以实为主，虚实结合”的音色可以通过如下方法获得：

第一步，在音高、音量比较自然和宽窄适度的情况下，发出实声的 i 或 ɑ 的长音。第二步，基本状态不变，只稍稍放松气力，在带有少许回音感的情况下，再次发音。此时，便是“以实为主，虚实结合”的音色。

在取得基本音色的明确感觉后，再进行多层次虚实变化对比练习。

### （一）音色对比练习

下列练习每个音都是用相同音高，通过声音变化体会声带的不同状态。

1. 两层次音色对比练习

（1）单元音对比

每个单元音要有两种音色变化，体会喉部在发柔和的虚声和明亮的实声等两种状态时的不同感觉。

ɑ（实）——ɑ（虚）　　i（实）——i（虚）

ɑ（虚）——ɑ（实）　　i（虚）——i（实）

ɑ（实）——i（虚）　　i（实）——ɑ（虚）

（2）语词对比

啊（实）——啊（虚）　　啊（虚）——啊（实）

大海（实）——大海（虚）　　大海（虚）——大海（实）

大海啊（实）——大海啊（虚）　　大海啊（虚）——大海啊（实）

2. 多层次音色对比练习

要求每个音都有两层以上的变化，开始时每个音可用虚的、柔和的和明亮的三种音色。随着能力的提高，每个音可分成由最虚到最亮的多种不同音色。通过这一练习，可以锻炼自己对于音色的精细识别和控制。

ɑ（实）——ɑ（虚实声）——ɑ（虚）

o（实）——o（虚实声）——o（虚）

e（实）——e（虚实声）——e（虚）

i（实）——i（虚实声）——i（虚）

u（实）——u（虚实声）——u（虚）

ü（实）——ü（虚实声）——ü（虚）

### （二）音色连续变化练习

下列练习每个音使用相同音高。声音在不间断的状态下产生从虚到实的音色变化。通过练习，可以增强声带对音色的控制能力。注意体会声门由闭合到开启或由开启到闭合的感觉。

1. 音色由虚到实

吸一口气，保持吸气时喉的状态（此时声门打开），开始发音，然后是声音逐渐产生由柔和到明亮的变化，声门由打开逐渐关闭。体会喉的感觉。

ɑ（虚）——ɑ（实）

o（虚）——o（实）

e（虚）——e（实）

i（虚）——i（实）

u（虚）——u（实）

ü（虚）——ü（实）

2. 音色由实到虚

吸一口气，然后屏住气，让声门保持在闭合状态，开始发音。此时声音是响亮的实声，然后逐渐打开声门，声音由明亮到柔和的音色变化，体会喉的感觉。

ɑ（实）——ɑ（虚）

o（实）——o（虚）

e（实）——e（虚）

i（实）——i（虚）

u（实）——u（虚）

ü（实）——ü（虚）

### （三）韵母和词语音色变化练习

在掌握单元音音色变化后，向连贯音色变化过渡，使音色变化更适用于表达。

1. 韵母音色变化练习

这一练习包括汉语普通话中部分复韵母和鼻韵母，要求每个韵母都有不同的音色变化，一般应该能有三个层次的变化。

ia （虚声） ia （虚实声） ia （实声）
ua （虚声） ua （虚实声） ua （实声）
ai （虚声） ai （虚实声） ai （实声）
uai （虚声） uai （虚实声） uai （实声）
an （虚声） an （虚实声） an （实声）
uan （虚声） uan （虚实声） uan （实声）
ian （虚声） ian （虚实声） ian （实声）
üan （虚声） üan （虚实声） üan （实声）
ao （虚声） ao （虚实声） ao （实声）
iao （虚声） iao （虚实声） iao （实声）
ang （虚声） ang （虚实声） ang （实声）
iang （虚声） iang （虚实声） iang （实声）
uang （虚声） uang （虚实声） uang （实声）
ei （虚声） ei （虚实声） ei （实声）
uei （虚声） uei （虚实声） uei （实声）
en （虚声） en （虚实声） en （实声）
uen （虚声） uen （虚实声） uen （实声）
ou （虚声） ou （虚实声） ou （实声）
iou （虚声） iou （虚实声） iou （实声）
eng （虚声） eng （虚实声） eng （实声）
ueng （虚声） ueng （虚实声） ueng （实声）

2. 词语音色变化练习

下列词语中包括了汉语普通话音节中的39个韵母，分别用虚声、虚实声和实声进行练习。注意韵母与声母结合时整个音节的音色变化，体会喉和发音器官的感觉。特别注意把握播音中常见的兼有虚实音色的柔和声音色彩。

把关 跋涉 播种 薄弱 讹诈 恶霸 职业 芝麻 子弟 自由 而且 尔后
煎熬 傲慢 欧洲 偶然 安插 繁华 恩赐 门户 昂扬 帮忙 比赛 衣裳
压制 下乡 挑衅 飘扬 跌打 歇息 秋季 休息 编造 填写 新鲜 亲切

良好 江涛 聆听 星空 沐浴 杜绝 花絮 挖掘 夺取 作战 乖巧 衰败
威胁 追随 钻石 篡夺 温暖 敦厚 押中 双手 老翁 交通 迂回 旅行
鞋子 决策 蜷缩 劝说 功勋 询问 窘迫 穷尽 给力 丁克

3. 综合运用练习

以思想感情运动幅度较大的文学作品，如诗歌、散文为练习材料较为适宜。根据内容及思想情感表达的需要，具体设计运用虚实音色的变化。如：

日照　　香炉　　生　　紫烟，
（实虚）→（虚）→（实）→（虚）
遥看　　瀑布　　挂　　前川，
（虚实）→（实）→（虚）→（实）
飞流　　直下　　三　　千尺，
（实虚）→（虚）→（实）→（虚）
疑是　　银河　　落　　九天。
（虚实）→（实）→（虚）→（实）

**（四）音色变化宣传语练习**

可以模仿原声，在练习过程中时刻关注喉部的控制，体会喉部放松的状态，运用喉部控制的相关技巧灵活改变自己的音色。

送出一份爱心，收获明媚阳光。关爱他人，送出你的温暖！（声音偏虚，柔和）

——“关爱他人”公益广告

可口可乐：享受清新一刻！（实声）

——可口可乐广告

雀巢咖啡：味道好极了！（前实后虚）

——雀巢咖啡广告

极小的能量足以创造极大的动力，速度和优雅也能完美平衡，以创新开拓未来，这就是我们一起前行的道路：车之道，唯大众。（声音偏实）

——大众汽车广告

强生相信，在我们的身边，存在着一些巨人。他们以巨大的爱，做细小的事，让心灵获得慰藉，让创伤得到安抚，让人们得到关爱。强生，以医疗卫生和个人护理的经验和智慧，与这些巨人并肩。用爱，推动人与人的关爱。因爱而生，强生。（前虚后实）

——强生广告

养生堂天然维生素E，滋养内在，美颜祛斑，让女人更爱自己。美丽自己爱施家人，养生堂天然维生素E。（虚声为主，偏柔和）

——养生堂广告

是先有鸟还是先有蛋，你不知道，我不知道，只有鸟知道；是鸟先消失还是蛋先消失，你知道，我知道，只有鸟不知道。（实声为主，偏硬实）

——保护动物公益广告

就是这么多，七只完整大虾制成滋滋美味的整块虾排，再搭配瑶柱海鲜酱，哇哦，肯德基“至珍七虾堡”来啦！原价15元，限时尝鲜价12.5元，还有“至Q虾球”哦。（实声为主，虚实结合）

——肯德基广告

你知道吗？宝宝的爬行能力很厉害，一个半小时就能爬行一千米，所以轻薄服帖的纸尿裤对宝宝很重要。吸收力超强的全新“帮宝适超薄干爽”，超轻、超薄、超服帖，感觉就像没穿一样，宝宝轻松无负担，冠军当然非她莫属。帮宝适超薄干爽，灵感源自宝宝，创新来自帮宝适。（实声为主，虚实结合）

——帮宝适广告

离开纷乱的都市，来到这里停下脚步，宁静可以让伤感隔离，时间真的不曾改变什么。放开手送走烦恼，光影里的小桥流水人家，满载的是生活里的饱满的笑容，时间改变了许多事物，却不曾改变过这里。那个笑得像花一样的孩子，一个轻快跳舞的女子，还有我的赤子之心，生活在梦里的乌镇。（实声为主，虚实结合）

——乌镇宣传片

### （五）音色变化诗文练习

1. 古诗练习

练习提示：分别用虚声、虚实声和实声三种音色播读下面两首诗。然后同一首诗内交替变换三种音色播读，实现音色变化能够随心所欲。在练习时，特别注意音色变化引起的感情、意境的微妙变化。

#### 浪淘沙

**刘禹锡**

九曲黄河万里沙，浪淘风簸自天涯。
如今直上银河去，同到牵牛织女家。

#### 黄鹤楼送孟浩然之广陵

**李　白**

故人西辞黄鹤楼，烟花三月下扬州。
孤帆远影碧空尽，唯见长江天际流。

2. 文段练习

练习提示：根据要求，用不同的音色播读下面各段。注意音色要与要求的一致，有单一音色发声习惯的同学尤其要注意不同音色控制的持久性。通过练习来矫正不良发声习惯，形成能自如变化的发声能力。

（1）运用偏实、稍明亮音色

有人习惯把豆腐和菠菜一起炖着吃，这种吃法不科学，因为豆腐中含有氯化镁、硫酸钙两种成分，当它们遇到菠菜中的草酸时，可产生化学反应，生成草酸镁和草酸钙，而这两种白色沉淀物是不能被人体吸收的，如果长期这样食用，就会使人缺钙。

（2）运用偏虚、稍暗音色

将圆未圆的明月，渐渐升到高空。一片透明的灰云，淡淡地遮住月光。田野上面，仿佛笼起一片轻烟，朦朦胧胧，如同进入梦境。晚云飘过之后，田野上烟消雾散，火一样的清光，冲洗着柔和的秋夜。

（3）运用偏实、明亮音色

一个六七岁的小姑娘，活灵活现地站在我眼前了。（偏虚柔和音色）她疏眉细眼，故意眯缝着瞧我。小鼻子微微的朝上翘着，薄薄的两片小嘴唇因为忍住笑而紧闭着，两颗小酒窝儿，在那又红又结实的腮上陷得很深。

（4）根据感情和意境变化，用不同音色播读

（偏虚音色）一阵风把蜡烛吹灭了，月光照进窗子来，茅屋里的一切好像披上了银沙，显得格外清幽。（偏实音色）贝多芬望了望站在他身旁的兄妹俩，借着清幽的月光，按起了琴键。

（偏实音色）皮鞋匠静静地听着。（偏虚音色）他好像面对着大海，月亮正从水天相接的地平线上升起来。微波浩渺的海面上，霎时间洒遍了银光。（偏实音色）月亮越升越高，穿过一缕一缕轻纱似的微云。（偏虚音色）忽然，海面上刮起了大风，卷起了巨浪。被月光照得雪亮的浪花，一个连一个朝着岸边涌过来。

（偏实音色）皮鞋匠看着他妹妹，月光正照在她那洁净的脸上，照着她睁得大大的眼睛。（偏虚音色）她仿佛也看到了，看到了她从来没有看到过的景象：在月光照耀下的波涛汹涌的大海。

## 四、篇章综合练习

练习提示：在文章中，根据表达的需要，灵活控制喉部，找到喉部放松发音的感觉，然后充分运用虚实结合等声音变化，将文章的情感表达出来。

### 垂　柳

佚　名

春种一颗籽，秋收万粒粮。春是希望的象征，春是收获的渴望。人们在寒意尚未消失之前，就寻找春的足迹了。宋代诗人曾这样吟道：“终日寻春入醉乡，不知何处见春光。风条舞绿水杨柳，雨点飞鸿山海棠。”在这以前，唐代诗人杜甫也咏道：“侵陵雪色还萱草，漏泄春光有柳条。”

的确，在北方广大地区，感受春意最早的乔木是垂柳。你看，在那“侵陵雪色还萱草”的腊冻初消之际，首先将春光“泄露”人间的，不正是暗暗泛青的柳芽？你再看，大多数树木还在久睡乍醒时，垂柳已将粒粒

柳芽抽成万缕烟丝。它那轻盈婆娑的树姿，那迎风摇曳的枝条，那青翠欲滴的细叶，不仅为绽苞吐蕊的桃杏增艳添丽，还给人以意态欣欣的青春气息。所以，有人吟道："春色先从柳荫归""春风杨柳万千条"！

柳树不仅是最早的报春使者，还是经济价值较高的树木。柳树枝干坚韧，耐水湿，不怕风吹浪打，即使洪水淹没树顶数月，也能安然无恙，是一种十分理想的防浪护岸的树种。柳树木质轻柔，色泽褐红，纹理顺直，是农具、家具和农家小型建筑的优良用材。柳树还有其他用途。它的枝条虽然纤细，但很有韧性。在农村老人或妇女手中，又会变出柳篮、柳盔、柳箱、簸箕、抬筐等日用工艺品。我还清晰地记得，那是在上个世纪七十年代初期，全国开展"农业学大寨"运动，大搞农田水利基本建设时期，家乡农村实行挖"大眼井"，井下干活人每人头戴一顶"安全帽"，那安全帽就是用柳条编的，一旦有土石块砸下来，也不要紧，安全帽会"嘭"的一下给弹回去。

柳芽、柳絮、柳叶、柳根和柳皮的用途也很广泛。柳芽含有丰富的蛋白质，可凉拌、炒食、做汤、做馅，也可泡茶。我小的时候，一到春天就经常跑到河套岸边，去捋嫩嫩的柳芽，回来让母亲用开水焯一遍，做凉拌菜吃，很是香甜。柳芽茶色如碧泉，饮之清香。长期饮用，有防治黄肿病和筋骨酸痛的功效，还有护肝明目的作用。柳絮可做枕芯，也可做鞋袜毡褥。因它柔软性凉，做枕芯对于不易入睡的失眠者，有催眠功效。柳叶、柳根、柳皮均可入药，能祛痰、明目、消热、防风，还可做浴场洗涤疮疖。

柳树喜潮湿环境，适应力强。在我国的大江南北，无论是塘边河岸，还是丘陵山地，一经扦插，都能扎根生长。在一般情况下，用不了十几年工夫，就能长成十几米高的浓荫大树。所以，人们说"无心插柳柳成荫"。倘若有意栽培它，那它生长更快，报效于人的也就更多。

## 春夜听雨

**张蜀君**

春夜好静。

春风又春雨，我独坐在书斋里听雨。听雨好情致。

春雨好稠。绵绵细雨飘洒在窗前悬铃树上，树枝上凝聚成水滴，"嘀嗒，嘀嗒"，宛如音乐的节拍，动听悦耳；雨丝穿过窗外的夹竹桃，沙沙轻吟，像似吟唱细雨的情怀。窗外那长长的雨丝，牵动我的情思，我不禁低吟昔人的一首听雨词来：

“少年听雨歌楼上，红烛昏罗帐。

中年听雨客舟中，江阔云低，断雁叫西风。

而今听雨僧庐下，鬓已星星也，

悲欢离合总无情，一任阶前点滴到天明。”

雨中人生，含蕴丰富。的确，读着这首词，你会感到词中对人生的诠释颇有深意。春夜听雨，牵来细长的情丝。

“夜窗疏雨不堪听，独坐寒斋万感生。

今夜故人江上宿，如何禁得打篷声。”

项世安的《雨夜》诗对离别故人的思念真是写得绝妙。夜雨中思绪翩翻，春的寒，雨的湿，容易牵动人们对亲友的情思。听春夜潇潇细雨，思自己人生苦旅，会顿感怅然，感慨系之。

张来的《雨中题壁》写道：

“去年此日泊瓜洲，衰柳萧萧客系舟。

白发天涯叹流落，今宵听雨古宣州。”

这种对雨思忆，感叹人生境遇，是人生体验最好的回味。

夜雨读书，也是人生的乐趣。古人常有夜雨读书的习惯：“风声，雨声，读书声，声声入耳。”雨夜静谧，雨声和谐，引人夜读。读着读着，你可以想见现在正在春耕时节，万物生机，农人忙着抢抓春种：

“绿满山原白满洲，子规声里雨如烟。

乡村四月闲人少，才了蚕桑又插田。”

可以想见春雨给农人带来的喜悦。由此你也会觉得自己也应像农人一样，在这宁静的雨夜，犹雨滋物，静静地读书，静静地思索……

春夜听雨，是休闲的好方法，这时你会觉着雨的韵律，雨的情致，自己也仿佛融进自然的怀抱之中。

## 海　燕

**高尔基**

在苍茫的大海上，狂风卷集着乌云。在乌云和大海之间，海燕像黑色的闪电，在高傲地飞翔。

一会儿翅膀碰着波浪，一会儿箭一般地直冲向乌云，它叫喊着，——就在这鸟儿勇敢的叫喊声里，乌云听出了欢乐。

在这叫喊声里——充满着对暴风雨的渴望！在这叫喊声里，乌云听出了愤怒的力量、热情的火焰和胜利的信心。

海鸥在暴风雨来临之前呻吟着，——呻吟着，它们在大海上飞窜，想把自己对暴风雨的恐惧，掩藏到大海深处。

海鸭也在呻吟着，——它们这些海鸭啊，享受不了生活的战斗的欢乐：轰隆隆的雷声就把它们吓坏了。

蠢笨的企鹅，胆怯地把肥胖的身体躲藏在悬崖底下……只有那高傲的海燕，勇敢地，自由自在地，在泛起白沫的大海上飞翔！

乌云越来越暗，越来越低，向海面直压下来，而波浪一边歌唱，一边冲向高空，去迎接那雷声。

雷声轰响。波浪在愤怒的飞沫中呼叫，跟狂风争鸣。看吧，狂风紧紧抱起一层层巨浪。恶狠狠地把它们甩到悬崖上，把这些大块的翡翠摔成尘雾和碎末。

海燕叫喊着，飞翔着，像黑色的闪电，箭一般地穿过乌云，翅膀掠起波浪的飞沫。

看吧，它飞舞着，像个精灵，——高傲的、黑色的暴风雨的精灵，——它在大笑，它又在号叫……它笑那些乌云，它因为欢乐而嚎叫！

这个敏感的精灵，——它从雷声的震怒里，早就听出了困乏，它深信，乌云遮不住太阳，——是的，遮不住的！

狂风吼叫……雷声轰响……

一堆堆乌云，像青色的火焰，在无底的大海上燃烧。大海抓住闪电的箭光，把它们熄灭在自己的深渊里。这些闪电的影子，活像一条条火蛇，在大海里蜿蜒游动，一晃就消失了。

——暴风雨！暴风雨就要来啦！

这是勇敢的海燕，在怒吼的大海上，在闪电中间，高傲地飞翔；这是胜利的预言家在叫喊：

——让暴风雨来得更猛烈些吧！

# 谈生命

**冰　心**

我不敢说生命是什么，我只能说生命像什么。

生命像向东流的一江春水，他从生命最高处发源，冰雪是他的前生。他聚集起许多细流，合成一股有力的洪涛，向下奔注，他曲折地穿过了悬崖峭壁，冲倒了层沙积土，挟卷着滚滚的沙石，快乐勇敢地流走，一路上他享受着他所遭遇的一切：有时候他遇到巉岩前阻，他愤激地奔腾了起来，怒吼着，回旋着，前波后浪地起伏催逼，直到冲倒了这危崖，他才心平气和地一泻千里。有时候他经过了细细的平沙，斜阳芳草里，看见了夹岸红艳的桃花，他快乐而又羞怯，静静地流着，低低地吟唱着，轻轻地度过这一段浪漫的行程。有时候他遇到暴风雨，这激电，这迅雷，使他的心魂惊骇，疾风吹卷起他，大雨击打着他，他暂时浑浊了，扰乱了，而雨过天晴，只加给他许多新生的力量。有时候他遇到了晚霞和新月，向他照耀，向他投影，清冷中带些幽幽的温暖：这时他只想休憩，只想睡眠，而那股前进的力量，仍催逼着他向前走……终于有一天，他远远地望见了大海，啊！他已经到了行程的终结，这大海，使他屏息，使他低头，她多么辽阔，多么伟大！多么光明，又多么黑暗！大海庄严地伸出臂儿来接引他，他一声不响地流入她的怀里。他消融了，归化了，说不上快乐，也没有悲哀！也许有一天，他再从海上蓬蓬的雨点中升起，飞向西来，再形成一道江流，再冲倒两旁的石壁，再来寻夹岸的桃花。

然而我不敢说来生，也不敢信来生！

生命像一棵小树，他从地底聚集起许多生力，在冰雪下欠伸，在早春润湿的泥土中，勇敢快乐地破壳出来。他也许长在平原上、岩石上、城墙上，只要他抬头看见了天，呵！看见了天！他便伸出嫩叶来吸收空气，承受日光，在雨中吟唱，在风中跳舞。他也许受着大树的荫遮，也许受着大树的覆压，而他青春生长的力量，终使他穿枝拂叶地挣脱了出来，在烈日下挺立抬头！他遇着骄奢的春天，他也许开出满树的繁花，蜂蝶围绕着他飘翔喧闹，小鸟在他枝头欣赏唱歌，他会听见黄莺轻吟，杜鹃啼血，也许还听见枭鸟的怪鸣。他长到最茂盛的中年，他伸展出他如盖的浓荫，来荫庇树下的幽花芳草，他结出累累的果实，来呈现大地无尽的甜美与芳馨。秋风起了，将他叶子，由浓绿吹到绯红，秋阳下他再有一番的庄严灿烂，不是开花的骄傲，也不是结果的快乐，而是成功后的宁静和怡悦！终于有一天，冬天的朔风，把他的黄叶干枝，卷落吹抖，他无力地在空中旋舞，在根下呻吟，大地庄严地伸出臂儿来接引他，他一声不响地落在她的怀里。他消融了，归化了，他说不上快乐，也没有悲哀！也许有一天，他再从地下的果仁中，破裂了出来，又长成一棵小树，再穿过丛莽的严遮，再来听黄莺的歌唱。

然而我不敢说来生，也不敢信来生。

宇宙是一个大生命，我们是宇宙大气风吹草动之一息。江流入海，叶落归根，我们是大生命中之一叶，大生命中之一滴。在宇宙的大生命中，我们是多么卑微，多么渺小，而一滴一叶的活动生长合成了整个宇宙的进化运行。要记住：不是每一道江流都能入海，不流动的便成了死湖；不是每一粒种子都能成树，不生长的便成了空壳！生命中不是永远快乐，也不是永远痛苦，快乐和痛苦是相生相成的。等于水道要经过不同的两岸，树木要经过常变的四时。在快乐中我们要感谢生命，在痛苦中我们也要感谢生命。快乐固然兴奋，苦痛又何尝不美丽？我曾读到一个警句，是“愿你生命中有够多的云翳，来造成一个美丽的黄昏。”世界、国家和个人的生命中的云翳没有比今天再多的了。

## 卖火柴的小女孩（节选）

**安徒生**

她的一双小手几乎冻僵了。啊，哪怕一根小小的火柴，对她也是有好处的！她敢从成把的火柴里抽出一根，在墙上擦燃了，来暖和暖和自己的小手吗？她终于抽出了一根。哧！火柴燃起来了，冒出火焰来了！她把小手拢在火焰上。多么温暖多么明亮的火焰啊，简直像一支小小的蜡烛。这是一道奇异的火光！小女孩觉得自己好像坐在一个大火炉前面，火炉装着闪亮的铜脚和铜把手，烧得旺旺的，暖烘烘的，多么舒服啊！哎，这是怎么回事呢？她刚把脚伸出去，想让脚也暖和一下，火柴灭了，火炉不见了。她坐在那儿，手里只有一根烧过了的火柴梗。

她又擦了一根。火柴燃起来了，发出亮光来了。亮光落在墙上，那儿忽然变得像薄纱那么透明，她可以一直看到屋里。桌上铺着雪白的台布，摆着精致的盘子和碗，肚子里填满了苹果和梅子的烤鹅正冒着香气。更妙的是这只鹅从盘子里跳下来，背上插着刀和叉，摇摇摆摆地在地板上走着，一直向这个穷苦的小女孩走来。这时候，火柴又灭了，她面前只有一堵又厚又冷的墙。

## 最后一只藏羚羊（节选）

**彭　波**

夕阳西下，晚霞轻柔地洒在可可西里的土地上，宁静而贫瘠的土地仿佛又多了几分生机。我矗立在寒风中，影子拉得很远很远，我的脚下就是我刚刚死去的丈夫和女儿，他们已经被蹂躏得面目全非。四周满是我部族的尸体，他们的皮全部被扒光。空气中弥漫着血腥气，地上血流成河，在夕阳的照耀下，显得愈加惨烈。

我，这场大屠杀中唯一的幸存者，便成了可可西里最后的一只藏羚羊。

就在几年前，我们藏羚羊还是个有着二十万之多的种族，那时候啊，我们几个部族一起在荒无人烟的草原上驰骋，烟尘蔽日，黄土满天，情景极为壮观！每逢产子季节，身为妻子的我们便要跟丈夫告别，成群结队地去到北方。当几千只小藏羚同时出世时，整个大地都泛起了血光！我们带着孩子重返南方，我们的部族便又充满了生机与希望。我曾经无比自豪于自己是一只藏羚羊，我们生活在遥远的可可西里，那里气候恶劣，土地贫瘠，可我们却有着惊人的耐力。什么水草丰茂地方，对我们没有任何吸引力，我们常常悠然地卧在雪中，或是在猛烈的冰雹中嬉戏。那时的可可西里只有我们，无异于世外桃源。那梦一般的世界曾经是多么美丽……

然而，一声枪响穿透了可可西里的黎明，我的梦被击得粉碎！当一辆辆吉普在高原上奔驰的时候，我的无数同伴却一起要和他比个高低，追逐嘛，那是我们常玩的游戏，然而这一次我们却只猜对了开头，却猜不着这结局，一只只黑洞洞的枪口正悄悄举起……

从那一刻起我的种族的大屠杀便开始了，静谧的可可西里被枪声毁掉了。我清楚地记得，就在那个夏天，在我们产子的北方，人类早已准备好了一杆杆猎枪，使产子的圣地变成了血腥的屠宰场，我同伴的尸体几百只几百只地铺在地上，他们的皮被全部剥光，有的甚至是被活生生地剥光。

我开始后悔自己是一只藏羚羊，其实我们长得并不美丽，我们只不过是有了一身价值连城的皮毛而已。可就是因这一身皮毛，几年来，不知多少兄弟姐妹惨遭杀戮，而且所有的尸体都被剥了皮啊！粉红色的肉上鲜血淋漓！现在的可可西里不再是美丽的少女，而成为恐怖的墓地。十几万只藏羚羊长眠在这里……

为了活命，我们这个在几次大屠杀中唯一幸存的部族，开始迁徙，几千只藏羚羊浩浩荡荡地向北方前进。途中我由于身体不适掉了队，落在后面休息，可就在这个时候，就在这个时候我听远处响起了密集的枪声，我绝望地闭上了眼睛……

我俯下身体舔着我的丈夫，他的眼睛还是那么大，那么明亮，只是充满了恐惧；我又去亲吻我的小女儿，她的眼中只有惊诧与好奇。女儿啊！你还太小，妈妈知道你是至死也不明白发生了什么事情。其实，其实妈妈也不明白，为什么？为什么人类在自己的亲人死去时，悲痛欲绝，却能够坦然地去杀掉别人的亲人？难道他们在开枪时就没有一丝犹豫吗？难道他们动手时没有一丝怜悯吗？难道当他们的亲人惨遭杀害，他们却无能为力反击时，他们又会怎么样？

这时，一丝声响在我背后响起，我慢慢地转过身，眼前是乌黑的枪口，在惨烈的夕阳下，在同伴的尸体中，我竟露出了一丝惨淡的笑容，无知的人类啊！你们究竟还要愚昧到几时啊？你们毁灭了我们，其实正是在毁灭你们自己啊！你们今天践踏在我们的尸体上，可总有一天你们的尸体将会被自己践踏。

尽管开枪啊，开枪啊！你们唯一的贡献就在灭绝动物的名单上又添了一笔，把自己灭绝的日期又提前了一天。

枪响了，我大睁着双眼倒在地上，嘴角仍挂着微笑，而眼角却流下一颗浑浊的泪滴。

今晚的星星啊，真美，望着它，我仿佛又看到了我的丈夫和女儿，还有那梦中的可可西里，几万只藏羚羊在草原上奔驰着，尘土飞扬，阳光洒在他们的皮毛上，泛着金光……

# 第九章　声音要变化

有声语言艺术表达非常看重声音魅力的表现，而声音魅力源自声音的变化力，它是声音生动性和吸引力的基础。丰富的声音变化基于声音四要素音高、音强、音长、音色等单一或综合的变化与调整，更有赖于声道共鸣调度、声音弹性调节等部分或整体的把控。

## 第一节　为什么要进行共鸣调度

### 一、共鸣调度的目的

发音体之间的共振现象叫作共鸣。微弱的喉原音，通过声道联通的各共鸣腔体的谐振放大，经过调节和控制，变得响亮、圆润、通达，这就是共鸣调度。

共鸣调度的目的，是运用控制方法，调节共鸣腔体，丰富声音色彩。没有共鸣的声音干涩无变化，具有随意性和自由性，不能很好地传情达意。运用好个人的不同共鸣腔体，能够让声音扩大和变化，有不同色彩、不同表达。本身不具艺术魅力的口语用声得到共鸣腔体的调节和控制，可使声音传送较远，避免声音的单一化，发声器官也能得到科学的训练，避免发声疾病的出现。

### 二、共鸣调度的作用

#### （一）保护声带，产生语音

科学调节共鸣器官可以丰富或改善声音，同时起到保护声带的作用，延长声带的青春周期。俗话说“会用嗓子的人使利息”，是说充分调动共鸣后的效果；“不会使嗓子的使本钱”，捏挤紧张，声嘶力竭，声带过度疲劳，甚至可能诱发病变。保护好声带这个发音体，积极调度口腔这个“语音制造场”与其他声腔配合，使语义传递清晰有韵，声音形态变化有味。

**（二）扩大音量，美化音色**

共鸣器官把来自声带的原声在音色上进行润饰，扩大声音的音量，同时调节或者改变声音音色，在嘈杂的环境下也能够使声音清楚明亮、圆润优美。

**（三）清晰语音，丰富音色**

共鸣腔体共同作用时，声音就圆润悦耳，音色也就饱满。不同的共鸣腔体参与发声所带来的发声效果会不一样，从而使得单一的声音变得色彩多变、情感丰富。

## 第二节 如何认识共鸣调度

### 一、共鸣器官的构成

人们发音过程中利用的共鸣腔体，主要有头腔、鼻腔、口腔、咽腔、喉腔、胸腔。（见图一）

1. 头腔：我们所提到的头腔共鸣，实际上是鼻腔共鸣的深化。是指发音位置升至两眉中间，也就是额窦的位置，另外上额窦、筛窦都同时共振。（见图二）

2. 鼻腔：鼻腔是容积较大的、固定而不可调节的共鸣腔体，是呼吸的主要通道。前方由鼻孔与外界相通，后方通向鼻咽腔，另由蝶窦、额窦组成。（见图三）

3. 口腔：口腔是指唇、腭、面颊和口腔底之间的空间。是构造复杂、动作却很灵活的腔体，恰当地使用口腔共鸣能使声音明亮结实，字音圆润清晰。

4. 咽腔：咽腔位于口腔后面，与喉腔、鼻腔相通，形状是个前后略扁的漏斗状肌管。

5. 喉腔：喉腔是指介于声带与假声带之间的喉室。放松喉部是获得喉腔共鸣的关键。

6. 胸腔：胸腔由胸廓与膈围成，胸腔共鸣也叫“低音共鸣”或“下部共鸣”。（见图四）

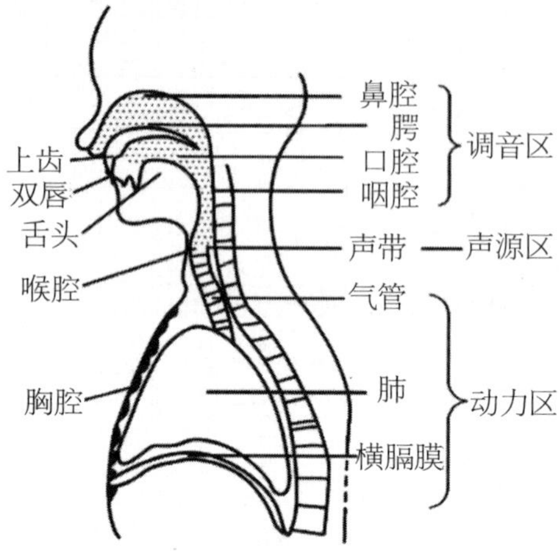


（图一）

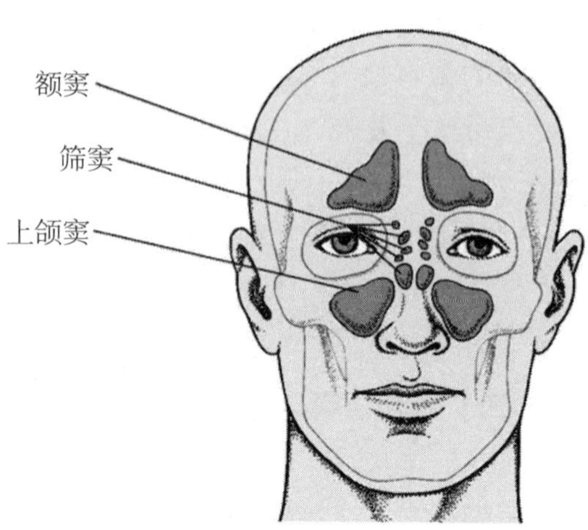


（图二）

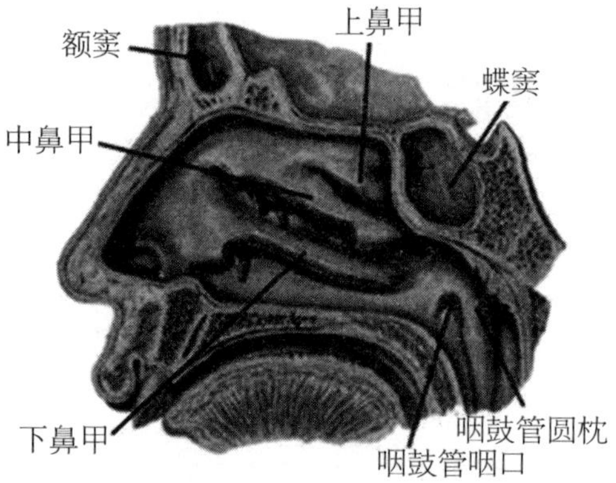


鼻腔外侧壁（内侧面观）

（图三）

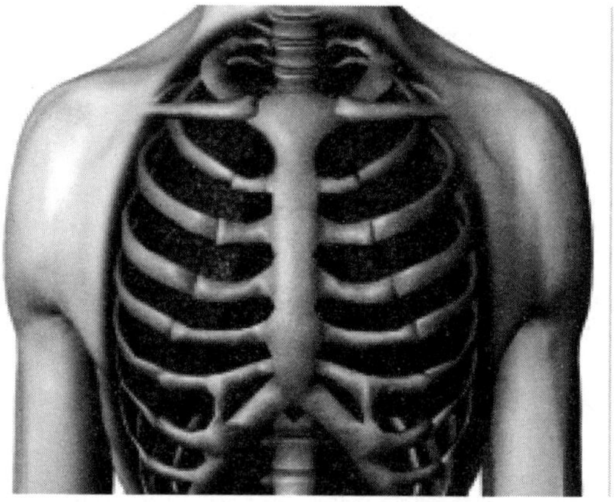

（图四）

## 二、共鸣腔体的特点

| 腔体 | 特点 | | | |
|---|---|---|---|---|
| | 是否可调节 | 共鸣分量 | 声音特点 | 音区分布 |
| 鼻腔 | 否 | 共鸣不大 | 清亮窄细 | 高音 |
| 口腔 | 是 | 共鸣丰富 | 明亮结实 | 中音 |
| 咽腔 | 是 | 共鸣不大 | 扩大美化 | 通高连低 |
| 喉腔 | 是 | 共鸣均衡 | 泛音形成 | 承中启低 |
| 胸腔 | 是 | 共鸣较强 | 洪亮宽厚 | 低音 |

## 三、共鸣的方式与特点

我们在播音发声时，采取以口腔共鸣为主导、以胸腔共鸣为基础、以微量的鼻腔共鸣为辅助的声道共鸣方式。

1. 声道以及声道共鸣

声道是我们发音的共鸣器官，由各个共鸣腔体组成，呈现直角状。大部分腔体是可以变形的，声道的形态决定了声音不同成分的加强和减弱，从而形成不同的共鸣。

2. 以口腔共鸣为主导的共鸣特点

口腔是人类语言构成的重要场所，是形成语声最主要的共鸣腔。

3. 以胸腔共鸣为基础的共鸣特点

胸腔共鸣也叫“低音共鸣”，其特点为浑厚、结实、有力。

共鸣调度总体感觉：如同有一根弹性声音柱，从小腹拉出来经胸部垂直向上，又经口咽部转而向前，沿着上腭的中纵线流动，“挂”于硬腭前部，透出口外。

## 四、共鸣注意事项及要求

### （一）注意事项

1. 艺术语言要求使用适合本音的共鸣腔——“怎么舒服怎么发声”。

2. 口腔开合的大小与声带松紧的配合要恰当——“音高、音色、音强、音长要均衡”。

3. 舌头的不同位置带来不同的共鸣感觉——“不同舌位前后、高低发出不同声音”。

4. 面部表情习惯在共鸣中的作用——“喜、怒、哀、乐，为声音锦上添花”。

### （二）要求

1. 通过调节、控制取得较丰富的口腔共鸣，善于运用胸腔共鸣。

2. 各个共鸣器官是一个整体，任何声音的发出都少不了高、中、低三种共鸣效应。

3. 播音发声的声音要求朴实、自然、大方。

4. 保持积极的精神状态，使共鸣通畅，口腔腔壁舒展。

5. 脊背挺直，两肩自然下垂。胸部自然放松，吸气不要过满。下颌放松，打开口腔。

# 第三节 怎样进行共鸣调度

练习提示：在共鸣调度的练习中，学会感受和运用不同共鸣腔体，通过对各腔体的调节和控制，体会不同声音位置的身体感受和音色变化，以及由此带来的听觉和视觉状态回馈的不同。同时，体会喜怒哀乐等不同色彩声音的表达，在扩展声音音域的同时，不断提升声音的可塑性、变化力，强化和完善艺术语言表达的基础。

## 一、鼻腔共鸣练习

### （一）哼鸣练习

关闭口腔通路，软腭下降，气流自然流向鼻腔，发出“m—m”音，并由小及大做阶梯练习。

### （二）词汇语句练习

妈妈——奶奶——馍馍

妈妈和奶奶一起去买馍馍。

### （三）段落练习

和暖的阳光照耀着大地，小鸟欢快地歌唱，花儿尽情地开放，美丽的春天已经到来！小鸭子不甘落后，扑腾扑腾地跳入河水里嬉戏，岸边的人儿也多了起来，他们呀，都是来踏春的！

## 二、口腔共鸣练习

### （一）开口练习

保持良好的口腔积极状态，发出“掰开、开卖、买卖、犒劳”等开口音，帮助口腔的打开。

### （二）古诗练习

朗读不同的古诗，并延长拖开发音状态。如：

飒飒——西风——满院栽，蕊寒——香冷——蝶难来。

他年——我若——为青帝，报与——桃花——一处开。

## 三、胸腔共鸣练习

1. 用手轻轻地按住胸腔，感受胸腔的震动，喉头下降，发出低沉而延长的“威——武”音，反复感受。

2. 歌曲感受。可以用歌曲《一丝不挂》的前半部分，或者《演员》《明月几时有》等较为低沉的部分来体会胸腔共鸣。

## 四、三腔共鸣练习

蓝蓝的天上（口腔）白云飘（口腔进鼻腔），白云下面（口腔）马儿跑（口腔进胸腔）。

云中的神啊（口腔），雾中的仙（口腔带胸腔），神姿仙态桂林的山（口腔进鼻腔）！情一样深啊（口腔），梦一样美（口腔带鼻腔），如情似梦漓江的水（口腔）！

## 五、综合共鸣练习

### （一）以鼻腔为主的练习

#### 猜猜我有多爱你

练习要点：加大鼻腔共鸣来模仿小兔子的声音，加大咽喉腔共鸣模仿大兔子的声音，用口腔共鸣练习旁白的声音。

小兔子要上床睡觉了，他紧紧抓着大兔子的长耳朵。他要大兔子好好地听他说。

“猜猜我有多爱你。”

“噢，我大概猜不出来。”大兔子说。

“我爱你这么多。”

小兔子把手臂张开，开得不能再开。

大兔子有一双更长的手臂，他张开来一比，说：“可是，我爱你这么多。”

小兔子想：嗯，这真的很多。

“我爱你，像我举的这么高，高得不能再高。”小兔子说。

“我爱你，像我举的这么高，高得不能再高。”大兔子说。

这真的很高，小兔子想。希望我的手臂可以像他一样。

小兔子又有一个好主意。他把脚顶在树干上，倒立起来了。他说：“我爱你到我的脚趾头这么多。”

大兔子把小兔子抛起来，飞得比他的头还高，说：“我爱你到你的脚趾头那么多。”

小兔子笑起来了，说：“我爱你，像我跳的这么高，高得不能再高。”他跳过来又跳过去。

大兔子笑着说：“可是，我爱你，像我跳的这么高，高得不能再高。”他往上一跳，耳朵都跳到树枝了。

跳得真高，小兔子想。真希望我也可以跳得像他一样高。

小兔子大叫：“我爱你，一直到过了小路，在远远的河那边。”

大兔子说：“我爱你，一直到过了小河，越过山的那一边。”

小兔子想，那真的好远。他开始困了，想不出来了。

他看着树丛后面那一大片的黑夜。没有任何东西比天空更远的了。小兔子闭上了眼睛说：“我爱你，从这里一直到月亮。”

“噢！那么远，”大兔子说，“真的非常远、非常远。”

大兔子轻轻地把小兔子放在叶子铺成的床上，低下头来亲亲他，祝他晚安。然后，大兔子躺在小兔子的旁边，小声地微笑着说：“我爱你从这里一直到月亮，再绕回来。”

当你很爱、很爱一个人的时候，也许，你会想把这种感觉描述出来。

但，就像小兔子和大兔子发现到的：爱，不是一件容易衡量的东西。

## 蓝精灵（儿歌）

练习要点：儿歌的感觉是清亮柔和的，小朋友的声音是明亮偏高的，所以在朗读儿歌歌词的时候要朗读出纯真、可爱的感觉。运用鼻腔的共鸣调节，使得声音变得柔和。运用口腔共鸣，使声音清脆干净。

在那山的那边海的那边有一群蓝精灵。
他们活泼又聪明，他们调皮又灵敏。
他们自由自在生活在那绿色的大森林，他们善良勇敢相互关心。
哦，可爱的蓝精灵，哦，可爱的蓝精灵。

他们齐心协力开动脑筋斗败了格格巫，他们唱歌跳舞快乐又欢欣。

在那山的那边海的那边有一群蓝精灵。

他们活泼又聪明，他们调皮又灵敏。

他们自由自在生活在那绿色的大森林，他们善良勇敢相互关心。

哦，可爱的蓝精灵，哦，可爱的蓝精灵。

他们齐心协力开动脑筋斗败了格格巫，他们唱歌跳舞快乐又欢欣。

## 少儿主持词

练习要点：少儿主持词能够很好地练习我们高而亮的声音，清脆而不刺耳，柔和而不做作。朗读时加入鼻腔共鸣的色彩，强化口腔运用度，以丰富其他腔体共鸣的运用。

A：尊敬的家长，各位来宾。

B：亲爱的小朋友们，亲爱的大朋友们。

AB：大家上午好！

A：踏着五月的鲜花，迎着初生的朝阳，我们欢聚一堂，共度这美好时光。

B：让我们带着期望和节日的问候，共同迎接孩子们的节日：

AB：“六一”国际儿童节！

A：六月，是童年的摇篮，

B：六月，是童年的梦乡。

A：“六一”的鲜花绚丽多彩，

B：“六一”的阳光灿烂夺目。

A：六月，是我们大家的节日。

B：我们要尽情地欢唱，我们要为它增添光彩。

A：你们的快乐不仅是老师的期望，同时也是爸爸妈妈的期望。现在就请小朋友们用最美的歌舞给自己送上最真心的祝福。下面，我宣布：金色阳光幼儿园庆“六一”文艺演出，

AB：现在开始，瞧！我看到宝宝们已经跃跃欲试了！

### （二）以口腔为主的练习

## 荔枝蜜

**杨　朔**

练习要点：当代散文名家杨朔的《荔枝蜜》，首先作者写自己曾被蜜蜂蜇了一下，因而看到蜜蜂心里就不舒服。继而描写了荔枝蜜的甜香，不觉动了情，由蜜想到酿蜜的蜜蜂，便到蜂场去参观。在朗读时，要保持积极的口腔状态，运用良好的口腔共鸣来表达作者情绪，声音明亮纯净。

花鸟草虫，凡是上得画的，那原物往往也叫人喜爱。蜜蜂是画家的爱物，我却总不大喜欢。说起来可笑。孩子时候，有一回上树掐海棠花，不想叫蜜蜂蜇了一下，痛得我差点儿跌下来。大人告诉我说：蜜蜂轻易不蜇人，准是误以为你要伤害它，才蜇；一蜇，它自己耗尽生命，也活不久了。我听了，觉得那蜜蜂可怜，原谅它了。可是从此以后，每逢看见蜜蜂，感情上疙疙瘩瘩的，总不怎么舒服。今年四月，我到广东从化温泉小住了几天。四围是山，怀里抱着一潭春水，那又浓又翠的景色，简直是一幅青绿山水画。刚去的当晚，是个阴天，偶尔倚着楼窗一望，奇怪啊，怎么楼前凭空涌起那么多黑黝黝的小山，一重一重的，起伏不断？记得楼前是一片比较平坦的园林，不是山。这到底是什么幻景呢？赶到天明一看，忍不住笑了。原来是满野的荔枝树，一棵连一棵，每棵的叶子都密得不透缝，黑夜看去，可不就像小山似的！

荔枝也许是世上最鲜最美的水果。苏东坡写过这样的诗句："日啖荔枝三百颗，不辞长作岭南人。"可见荔枝的妙处。偏偏我来得不是时候，满树刚开着浅黄色的小花，并不出众。新发的嫩叶，颜色淡红，比花倒还中看些。从开花到果子成熟，大约得三个月，看来我是等不及吃鲜荔枝了。

吃鲜荔枝蜜，倒是时候。有人也许没听说这稀罕物儿吧？从化的荔枝树多得像汪洋大海，开花时节，那蜜蜂满野嘤嘤嗡嗡，忙得忘记早晚，有时还趁着月色采花酿蜜。荔枝蜜的特点是成色纯，养分多。住在温泉的人多半喜欢吃这种蜜，滋养精神。热心肠的同志为我也弄到两瓶。一开瓶子塞儿，就是那么一股甜香；调上半杯一喝，甜香里带着股清气，很有点鲜荔枝味儿。喝着这样的好蜜，你会觉得生活都是甜的呢。

我不觉动了情，想去看看自己一向不大喜欢的蜜蜂。

荔枝林深处，隐隐露出一角白屋，那是温泉公社的养蜂场，却起了个有趣的名儿，叫“养蜂大厦”。正当十分春色，花开得正闹。一走近“大厦”，只见成群结队的蜜蜂出出进进，飞去飞来，那沸沸扬扬的情景，会使你想：说不定蜜蜂也在赶着建设什么新生活呢。

养蜂员老梁领我走进“大厦”。叫他老梁，其实是个青年人，举动很精细。大概是老梁想叫我深入一下蜜蜂的生活，小小心心揭开一个木头蜂箱，箱里隔着一排板，每块板上满是蜜蜂，蠕蠕地爬着。蜂王是黑褐色的，身量特别细长，每只蜜蜂都愿意用采来的花精供养它。

老梁叹息似的轻轻说：“你瞧这群小东西，多听话。”

我就问道：“像这样一窝蜂，一年能割多少蜜？”

老梁说：“能割几十斤。蜜蜂这物件，最爱劳动。广东天气好，花又多，蜜蜂一年四季都不闲着。酿的蜜多，自己吃的可有限。每回割蜜，给它们留一点点糖，够它们吃的就行了。它们从来不争，也不计较什么，还是继续劳动、继续酿蜜，整日整月不辞辛苦……”

我又问道：“这样好蜜，不怕什么东西来糟害么？”

老梁说：“怎么不怕？你得提防虫子爬进来，还得提防大黄蜂。大黄蜂这贼最恶，常常落在蜜蜂窝洞口，专干坏事。”

我不觉笑道：“噢！自然界也有侵略者。该怎么对付大黄蜂呢？”

老梁说：“赶！赶不走就打死它。要让它待在那儿，会咬死蜜蜂的。”

我想起一个问题，就问：“可是呢，一只蜜蜂能活多久？”

老梁回答说：“蜂王可以活三年，一只工蜂最多能活六个月。”

我说：“原来寿命这样短。你不是总得往蜂房外边打扫死蜜蜂么？”

老梁摇一摇头说：“从来不用。蜜蜂是很懂事的，活到限数，自己就悄悄死在外边，再也不回来了。”

我的心不禁一颤：多可爱的小生灵啊！对人无所求，给人的却是极好的东西。蜜蜂是在酿蜜，又是在酿造生活；不是为自己，而是在为人类酿造最甜的生活。蜜蜂是渺小的，蜜蜂却又多么高尚啊！

透过荔枝树林，我沉吟地望着远远的田野，那儿正有农民立在水田里，辛辛勤勤地分秧插秧。他们正用劳力建设自己的生活，实际也是在酿蜜，为自己，为别人，也为后世子孙酿造着生活的蜜。

这黑夜，我做了个奇怪的梦，梦见自己变成一只小蜜蜂……酿造着未来……

# 想北平

**老　舍**

练习要点：《想北平》是老舍的作品。作者身处异地，在战乱的岁月中，思念他挚爱的北平。通过北平与巴黎的对比，深深地表达了对故乡的眷恋之情。朗读时，加入口腔的共鸣调度及胸腔共鸣，才能更好地表达作者心中的眷恋。

设若让我写一本小说，以北平作背景，我不至于害怕，因为我可以拣着我知道的写，而躲开我所不知道的。让我单摆浮搁地讲一套北平，我没办法。北平的地方那么大，事情那么多，我知道的真觉太少了，虽然我生在那里，一直到廿七岁才离开。以名胜说，我没到过陶然亭，这多可笑！以此类推，我所知道的那点只是“我的北平”，而我的北平大概等于牛的一毛。

可是，我真爱北平。这个爱几乎是要说而说不出的。我爱我的母亲。怎样爱？我说不出。在我想做一件讨她老人家喜欢的时候，我独自微微地笑着；在我想到她的健康而不放心的时候，我欲落泪。语言是不够表现我的心情的，只有独自微笑或落泪才足以把内心揭露在外面一些来。我之爱北平也近乎这个。夸奖这个古城的某一点是容易的，可是那就把北平看得太小了。我所爱的北平不是枝枝节节的一些什么，而是整个儿与我的心灵相契合的一段历史，一大块地方，多少风景名胜，从雨后什刹海的蜻蜓一直到我梦里的玉泉山的塔影，都积凑到一块，每一小的事件中有个我，我的每一思念中有个北平，这只有说不出而已。

真愿成为诗人，把一切好听好看的字都浸在自己的心血里，像杜鹃似的啼出北平的俊伟。啊！我不是诗人！我将永远道不出我的爱，一种像由音乐与图画所引起的爱。这不但是辜负了北平，也对不住我自己，因为我的最初的知识与印象都得自北平，它是在我的血里，我的性格与脾气里有许多地方是这古城所赐给的。我不能爱上海与天津，因为我心中有个北平。可是我说不出来！

伦敦，巴黎，罗马与堪司坦丁堡，曾被称为欧洲的四大“历史的都城”。我知道一些伦敦的情形；巴黎与罗马只是到过而已；堪司坦丁堡根本没有去过。就伦敦，巴黎，罗马来说，巴黎更近似北平——虽然“近似”两字要拉扯得很远——不过，假使让我“家住巴黎”，我一定会和没有家一样地感到寂苦。巴黎，据我看，还太热闹。自然，那里也有空旷静寂的地方，可是又未免太旷；不像北平那样既复杂又有个边际，使我能摸着那长着红酸枣的老城墙！面向着积水潭，背后是城墙，坐在石上看水中的小蝌蚪或苇叶上的嫩蜻蜓，我可以快乐地坐一天，心中完全安适，无所求也无可怕，像小儿安睡在摇篮里。是的，北平也有热闹的地方，但是它和太极拳相似，动中有静。巴黎有许多地方使人疲乏，所以咖啡与酒是必要的，以便刺激；在北平，有温和的香片茶就够了。

论说巴黎的布置已比伦敦罗马匀调得多了，可是比上北平还差点事儿。北平在人为之中显出自然，几乎是什么地方既不挤得慌，又不太僻静：最小的胡同里的房子也有院子与树；最空旷的地方也离买卖街与住宅区不远。这种分配法可以算——在我的经验中——天下第一了。北平的好处不在处处设备得完全，而在它处处有空儿，可以使人自由地喘气；不在有好些美丽的建筑，而在建筑的四围都有空闲的地方，使它们成为美景。每一个城楼，每一个牌楼，都可以从老远就看见。况且在街上还可以看见北山与西山呢！

好学的、爱古物的人们自然喜欢北平，因为这里书多古物多。我不好学，也没钱买古物。对于物质上，我却喜爱北平的花多菜多果子多。花草是种费钱的玩意，可是此地的“草花儿”很便宜，而且家家有院子，可以花不多的钱而种一院子花，即使算不了什么，可是到底可爱呀。墙上的牵牛，墙根的靠山竹与草茉莉，是多么省钱省事而也足以招来蝴蝶呀！至于青菜，白菜，扁豆，毛豆角，黄瓜，菠菜等，大多数是直接由城外担来而送到家门口的。雨后，韭菜叶上还往往带着雨时溅起的泥点。青菜摊上的红红绿绿几乎有诗似的美丽。果子有不少是由西山与北山来的，西山的沙果，海棠，北山的黑枣，柿子，进了城还带着一层白霜儿呀！哼，美国的橘子包着纸；遇到北平的带霜儿的玉李，还不愧杀！

是的，北平是个都城，而能有好多自己产生的花，菜，水果，这就使人更接近了自然。从它里面说，它没有像伦敦的那些成天冒烟的工厂；从外面说，它紧连着园林，菜圃与农村。采菊东篱下，在这里，确是可以悠然见南山的；大概把“南”字变个“西”或“北”，也没有多少了不得的吧。像我这样一个贫寒的人，或者只有在北平能享受一点清福了。

好，不再说了吧；要落泪了，真想念北平呀！

## 麦琪的礼物

〔美国〕欧·亨利

练习要点：《麦琪的礼物》是美国作家欧·亨利创作的短篇小说。讲述一对穷困的年轻夫妇互赠圣诞礼物的故事，反映了美国下层人民生活的艰难，赞美了主人公善良的心地和纯真的爱情。朗读时，共鸣调度要综合使用，转换得当，全面地诠释文章的主旨。

吉姆一贯准时回家。德拉将表链对叠握在手心，坐在离他一贯进门最近的桌子角上。接着，她听见下面楼梯上响起了他的脚步声，她紧张得脸色失去了一会儿血色。她习惯于为了最简单的事物而默默祈祷，此刻，她悄声道："求求上帝，让他觉得我还是漂亮的吧。"

门开了，吉姆步入，随手关上了门。他显得瘦削而又非常严肃。可怜的人儿，他才二十二岁，就挑起了家庭重担！他需要买件新大衣，连手套也没有呀。吉姆站在屋里的门口边，纹丝不动地好像猎犬嗅到了鹌鹑的气味似的。他的两眼固定在德拉身上，其神情使她无法理解，令她毛骨悚然。既不是愤怒，也不是惊讶，又不是不满，更不是嫌恶，根本不是她所预料的任何一种神情。他仅仅是面带这种神情死死地盯着德拉。

德拉一扭腰，从桌上跳了下来，向他走过去。"吉姆，亲爱的，"她喊道，"别那样盯着我。我把头发剪掉卖了，因为不送你一件礼物，我无法过圣诞节。头发会再长起来——你不会介意，是吗？我非这么做不可。我的头发长得快极了。说'恭贺圣诞'吧！吉姆，让我们快快乐乐的。你肯定猜不着我给你买了一件多么好的，多么美丽精致的礼物啊！"

"你已经把头发剪掉了？"吉姆吃力地问道，似乎他绞尽脑汁也没弄明白这明摆着的事实。

"剪掉卖了，"德拉说。"不管怎么说，你不也同样喜欢我吗？没了长发，我还是我嘛，对吗？"

吉姆古怪地四下望望这房间。

"你说你的头发没有了吗？"他差不多是白痴似地问道。

"别找啦，"德拉说。"告诉你，我已经卖了……卖掉了，没有啦。这是圣诞前夜，好人儿。好好待我，这是为了你呀。也许我的头发数得清，"突然她特别温柔地接下去，"可谁也数不清我对你的恩爱啊。我做肉排吗，吉姆？"

吉姆好像从恍惚之中醒来，把德拉紧紧地搂在怀里。现在，别着急，先让我们花个十秒钟从另一角度审慎地思索一下某些无关紧要的事。房租每周八美元，或者一百万美元，那有什么差别呢？数学家或才子会给你错误的答案。麦琪带来了宝贵的礼物，但就是缺少了那件东西。这句晦涩的话，下文将有所交代。

吉姆从大衣口袋里掏出一个小包，扔在桌上。

“别对我产生误会，德尔，”他说道，“无论剪发、修面，还是洗头，我以为世上没有什么东西能减低一点点对我妻子的爱情。不过，你只要打开那包东西，就会明白刚才为什么使我愣头愣脑了。”白皙的手指灵巧地解开绳子，打开纸包。紧接着是欣喜若狂的尖叫，哎呀！突然变成了女性神经质的泪水和哭泣，急需男主人千方百计的慰藉。还是因为摆在桌上的梳子——全套梳子，包括两鬓用的，后面的，样样俱全。那是很久以前德拉在百老汇的一个橱窗里见过并羡慕得要死的东西。这些美妙的发梳，纯玳瑁做的，边上镶着珠宝，其色彩正好同她失去的美发相匹配。她明白，这套梳子实在太昂贵，对此，她仅仅是羡慕渴望，但从未想到过据为己有。现在，这一切居然属于她了，可惜那有资格佩戴这垂涎已久的装饰品的美丽长发已无影无踪了。

不过，她依然把发梳搂在胸前，过了好一阵子才抬起泪水迷蒙的双眼，微笑着说：“我的头发长得飞快，吉姆！”

随后，德拉活像一只被烫伤的小猫跳了起来，叫道，“喔！喔！”

吉姆还没有瞧见他的美丽的礼物哩。她急不可耐地把手掌摊开，伸到他面前，那没有知觉的贵重金属似乎闪现着她的欢快和热忱。

“漂亮吗，吉姆？我搜遍了全城才找到了它。现在，你每天可以看一百次时间了。把表给我，我要看看它配在表上的样子。”

吉姆非但不按她的吩咐行事，反而倒在睡椅上，两手枕在头下，微微发笑。

“德尔，”他说，“让我们把圣诞礼物放在一边，保存一会儿吧。它们实在太好了，目前尚不宜用。我卖掉金表，换钱为你买了发梳。现在，你做肉排吧。”

### （三）以胸腔为主的练习

## 不　满

**骆耕野**

练习要点：骆耕野的《不满》，是一种昂首挺胸的呐喊和高歌。文章篇幅较长，可以进行男女分段朗读，或者全班进行分句合诵。朗读时，根据每一段情感的递进，或高亢，或悲壮，应该充分使用各个共鸣腔体调度，明亮与低沉结合，用较好的共鸣作用帮助情感的升华。

像鲜花憧憬着甘美的果实，像煤核怀抱着燃烧的意愿；
我心中孕育着一个“可怕”的思想。
对现状我要大声地喊叫出：
——“我不满”！
谁说不满就是异端？
谁说不满就是背叛？
是涌浪，怎能容忍山涧的狭窄？
是雏鹰，岂肯安于卵壁的黑暗？
不满激扬着对海洋的神往哟！
不满苏生着对蓝天的渴念！
生命的创造多么痛楚而伟大哟！
请赐给母亲以满足的甘甜：
“不！还是祝福孩子尽快成长吧。”
婴儿问世已叩响了母亲不满的心弦。
呵，谁能说不满就是不爱？
呵，谁敢说不满就是抱怨？
哥伦布不满铅印的海图，才发现了大洋的彼岸；
哥白尼不满神圣的《圣经》，才揭开了宇宙的奇观；
刻卜勒不满“日心说”才去发展真理；
亚里士多德不满柏拉图才能“青出于蓝”。
呵，谁说不满是背弃出类拔萃的先人？
呵，谁说不满是亵渎德高望重的圣贤？
不满：茹毛饮血的人猿才去寻觅火种，

不满：胼手胝足的祖先才去摸索种田；
不满：雄丽的赵州桥才取代了简陋的木桥，
不满：“精巧”的石斧才让位于青铜的冶炼；
不满：才产生了妙手回春的华佗，
不满：才造就了巧夺天工的鲁班。
呵，不满正是对变革的希冀，
呵，不满乃是那创造的发端。
我是电流，我不满江河的浪费，
你白白流逝的，乃是我生存的乳泉；
我是高炉，我不满地球的吝啬，
你深深藏匿的，正是我生命的火焰；
我是庄稼，我害怕自然保姆的任性，
变幻莫测的风雨使我忐忑不安；
我是市场，我向往琳琅满目的富有，
陈列单调的橱窗叫我满面羞惭；
我是年迈的城镇，我的服饰多么古旧，
请为我披上高速公路的飘带，
请为我戴上摩天大厦的皇冠；
我是拘谨的生活，陈腐的习俗多么恼人，
请不要过多地责难服装和跳舞，
请不要过多地干涉青年的爱恋；
我是低产的田地，我不满蹒跚的耕牛哟，
我是发紫的肩头，我不满拉船的绳纤；
我不满步枪，不满水车，不满帆船，
我不满泥泞，不满噪音，不满污染。
不满像舰队告别港湾的头一阵笛鸣哟，
不满像雄鸡向往黎明的第一声啼唤。
我是规划，锁在保险柜里多么窒闷，
我要走下蓝图，我要和新兴的工地团圆；
我是革新，躺在功劳簿上多么可耻，
我要摸索新路，我要攀登纪录的峰巅；
我是政策，我不满踌躇的“伯乐”，

为什么不立刻启用朝野的遗贤？！
我是创造，我不满夜郎自大，
快为我打开与世隔绝的门闩；
我抗议马拉松会议，以时间的名义，
你随意糟践的，乃是我生命的内涵；
我控诉宗教式的软禁，以真理的呼喊，
我是花，我要生长，要献蜜，
我要求助于实践园丁殷勤的刀剪。
啊，不满像胎儿在母腹里的阵阵躁动哟，
不满像母性的痛楚而伟大的分娩！
我不满官僚主义，轻浮地荡尽了先烈的遗产；
我不满文化水平，至今还托不起四化的航船；
我不满软弱的法制，英雄碑前有民主的泪浸血染；
我不满大话和空想，睡在海市蜃楼上描绘缥缈的明天；
我不满抱怨和牢骚，躲在时代的堤岸上指责涌进的波澜；
……
呵，不满就是一个绝妙的议事日程，
不满就是一部崭新的行动提案；
不满已催生出伟大的战略转移哟！
不满已催挂起新长征的战斗风帆！
噢，河床在不满中伸直了脊梁，
石油在不满中涌出了海面；
科学在不满中冲破了禁区，
指标在不满中跨上了火箭；
思想在不满中睁开了慧眼，
真理在不满中延伸了路线；
贫穷在不满中紧追着富强哟，
现状在不满中疾速地登攀！
啊，不满像两个矛盾间过渡的桥梁哟，
不满像一粒细胞中产生的裂变；
不满便有所发明，有所创造，有所前进哟！
不满将通向繁荣、通向幸福、通向完善！

像鲜花憧憬着甘美的果实。
像煤核怀抱着燃烧的意愿；
我心中溢满了深挚的爱哟，
对现状我要大声地叫喊出：
——“我不满”！

## 长江在我窗前流过

严　阵

练习要点：这段材料有着特殊的历史背景，有着饱满的情感。声音的共鸣也应该逐渐加强，高低起伏交替。试运用共鸣所学的知识，加上自己的理解进行诠释。

长江在我窗前流过，翻腾着金黄色的油波。
啊，这热情澎湃的河流，横贯了我的祖国。

每天黎明时分，她总以潮声把我频催。
每当夜晚降临，她总以涛音抚我入睡。

晴空万里啊，她的水面上鸽群纷飞。
乌云翻涌啊，她的波涛里藏着惊雷。

啊，她浩浩荡荡，每天把红日托上。
宽阔的胸襟，容得下万船齐放。

啊，她滔滔不息，后浪推着前浪。
她从历史的群峰中穿过，谁能把她阻挡？！

啊，她从月夜里流过，她从红霞里流过，
她从雷雨里流过，她从阳光里流过。

这滚滚的河流日夜都激动着我，
我这小小的窗口，震响她强壮的脉搏。

长江在我窗前流过，翻腾着金黄色的浊波。

啊，这热情澎湃的河流，横贯了我的祖国！

## 最后一课

〔法〕阿尔丰斯·都德

练习要点：阿尔丰斯·都德的短篇小说《最后一课》，写的是普法战争后法国战败，割让了阿尔萨斯和洛林两地。普鲁士占领当地后禁教法语，改教德语，爱国的法国师生上了最后一堂法语课，表现了法兰西人民的爱国情怀。朗读时要保持咽喉腔的通畅，运用丰富的口腔共鸣进行诠释。

那天早晨上学，我去得很晚，心里很怕韩麦尔先生骂我，况且他说过要问我们分词。可是我连一个字也说不上来。我想就别上学了，到野外去玩玩吧。天气那么暖和，那么晴朗！

画眉在树林边婉转地唱歌，锯木厂后边草地上，普鲁士兵正在操练。这些景象，比分词用法有趣多了，可是我还能管住自己，急忙向学校跑去。

我走过镇公所的时候，看见许多人站在布告牌前边。最近两年来，我们的一切坏消息都是从那里传出来的：败仗啦，征发啦，司令部的各种命令啦——我也不停步，只在心里思量："又出了什么事啦？"

铁匠华希特带着他的徒弟也挤在那里看布告，他看见我在广场上跑过，就向我喊："用不着那么快呀，孩子，你反正是来得及赶到学校的！"

我想他在拿我开玩笑，就上气不接下气地赶到韩麦尔先生的小院子里。

平常日子，学校开始上课的时候，总有一阵喧闹，就是在街上也能听到。开课桌啦，关课桌啦，大家怕吵捂着耳朵大声背书啦……还有老师拿着大铁戒尺在桌子上紧敲着，"静一点，静一点……"

我本来打算趁那一阵喧闹偷偷地溜到我的座位上去，可是那一天，一切偏安安静静的，跟星期日的早晨一样。我从开着的窗子望进去，看见同学们都在自己的座位上了。韩麦尔先生呢，踱来踱去，胳膊底下夹着那怕人的铁戒尺。我只好推开门，当着大家的面走过静悄悄的教室。你们可以想象，我那时脸多么红，心多么慌！

可是一点儿也没有什么。韩麦尔先生见了我，很温和地说："快坐好，小弗郎士，我们就要开始上课，不等你了。”

我一纵身跨过板凳就坐下。我的心稍微平静了一点儿，我才注意到，我们的老师今天穿上了他那件挺漂亮的绿色礼服，打着皱边的领结，戴着那顶绣边的小黑丝帽。这套衣帽，他只有督学来视察或者发奖的日子才穿戴。而且整个教室有一种不平常的严肃的气氛。最使我吃惊的是，后边几排一向空着的板凳上坐着好些镇上的人，他们也跟我们一样肃静。其中有郝叟老头儿，戴着他那顶三角帽，有从前的镇长，从前的邮递员，还有些别的人，个个看来都很忧愁。郝叟还带着一本书边破了的初级读本，他把书翻开，摊在膝头上，书上横放着他那副大眼镜。

我看见这些情形，正在诧异，韩麦尔先生已经坐上椅子，像刚才对我说话那样，又柔和又严肃地对我们说：“我的孩子们，这是我最后一次给你们上课了。柏林已经来了命令，阿尔萨斯和洛林的学校只许教德语了。新老师明天就到。今天是你们最后一堂法语课，我希望你们多多用心学习。”

我听了这几句话，心里万分难过。啊，那些坏家伙，他们贴在镇公所布告牌上的，原来就是这么一回事！

我的最后一堂法语课！

### （四）综合练习材料

## 杜十娘（女生独白）

**佚　名**

练习要点：这是一篇女生独白。杜十娘怒沉百宝箱后当众自尽，这种用生命的代价去抗争的复仇方式是一种震撼人心的力量。朗读时内心情绪要把握好，声音要尽量贴合角色特点。

杜十娘：（无限痛苦的）啊！夜深了……我杜十娘的命好苦啊……想当初，我在行院之中，有多少王孙公子要赎我出去，是我执意不肯相从。可叹我无知瞎了双眼，错把李甲认作诚实的君子，轻信了他的甜言蜜语、山盟海誓。实指望，跟随他从此脱离苦海、重归良门、夫妻恩爱、同心偕老。……谁料想，他却是个薄情无义、人面兽心之徒。竟然为了一千两银子，就把我转卖给他人！啊，可怜我一片痴心，竟遭如此绝情！……到如今，满目凄凉，举目无亲，反复思量没有生路，只有一死，了此残生吧！

（痛不欲生，疾步外走，忽然止步）不，我不能不明不白地死去。我要等到天明，当着众人之面，说明此事，再怀抱宝箱，投江一死，叫他落个人财两空。（稍停）可是……我这样一死，又有何人替我申冤，哪个为我报仇？！（略思）有了，我这宝箱乃是能人所造，滴水不进，我不免写下申冤大状，放在箱内，待我死后，若有人把我的尸体打捞起来，宝箱权当谢礼，就请他为我杜十娘申冤诉苦！（取纸笔，边写边说）唉！杜薇啊，杜薇！想不到这滚滚长江就是你葬身之地了！（写好后边读边哭）“家住绍兴府卢家村，自幼父母双亡孤苦伶仃，被人拐带进京卖入娼门，学习弹唱。我名杜薇排行十娘。今与李甲结为夫妻同转家乡。来到这瓜州遇到盐商孙富，李甲贪图银两，变了心肠把我卖掉。我满腹辛酸事无处诉说！天哪！天哪！叫天天不应，我只得怀抱宝箱，同葬长江。若有人把我的尸首打捞上岸，这宝箱当谢礼，敬请义士为我申冤报仇啊！”（叠好放入箱内）啊！……天就要亮了，待我梳妆起来。

## 日出（男声独白）

**曹　禺**

练习要点：《日出》是以二十世纪三十年代初期处于半殖民地半封建社会的中国大都市生活为背景，作者借用被逼疯了的黄省三的疯言疯语来控诉像潘月亭这类有余者，控诉这“损不足以奉有余”的社会丑态，揭露社会的黑暗面。朗读时要用声音展示悲剧色彩。

好，我起来，我起来，你们不用打我！（慢慢立起来）那么，你们是不让我活了！（疯狂似地又哭又笑地抽咽起来）哦，我太冤了。你们好狠的心哪！你们给我一个月不过十三块来钱，可是你们左扣右扣的，一个月我实在领下的才十块二毛五。我为着这可怜的十块二毛五，我整天写。整天给你们伏在书桌上写；我抬不起头，喘不出一口气地写；我从早到晚地写；我背上出着冷汗，眼睛发着花，还在写；刮风下雨，我也跑到银行来写！五年哪！我的潘经理！五年的功夫，你看看，这是我！（两手捶着胸）几根骨头，一个快死的人！我告诉你们，我的左肺已经坏了，哦，医生说都烂了！（尖锐的声音，不顾一切地）我跟你说，我是快死的人，我为着我的可怜的孩子，跪着来求你们。叫我还能够给你们写，写，写——再给我一碗饭吃。把我这个不值钱的命再换几个十块二毛五。可是你们不答应我！你们不答应我！你们自己要弄钱，你们要裁员，你们一定要裁我！（更沉痛地）可是你们要这十块二毛五干什么呀！我不是白拿你们的钱，我是拿命跟你们换哪！并且我也拿不了你们几个十块二毛五，我就会死的。(愤恨地)你们真是没有良心哪，你们这样对待我，是贼，是强盗，是鬼呀！你们的心简直比禽兽还不如！你说我疯了，(哭着)你才疯了！我现在不怕你们啦，我不怕你们啦！我太冤了，我非要杀了……(突然咳嗽不止……躺倒在地)。

## 情　思

**白　桦**

练习要点：这段材料情感细腻，层次丰富，诠释时应使用丰富的声音色彩、不同的强度和音高来进行朗读。不能单独运用某一个共鸣腔体，而是应该运用良好的泛音和通畅的共鸣来朗读。

历史上有多少哲人都是为爱而生，
为爱而一世凄凉……
他们本来就不是为了得到爱，
爱，就够了，就如愿以偿。
屈原和汨罗江水的拥抱，
在故国的江河溅起两千多年欢乐的波浪。
两千多年鼓乐齐鸣的龙舟竞渡，
两千多年中华民族的沉思默想。
李白扔掉了官锦袍和唐明皇，
纵饮在酒旗儿飘荡的路上。
他把爱沉浸在酒泉和泪泉之中，
生命的最后瞬间是在水里捕捉月光……
贫困潦倒的杜子美，
却在破碎的国土上终生栽种着希望，
在颠沛流离的人群中的叹息和歌吟，
成为传颂千古的绝唱。
辛弃疾拍遍栏杆无人领会他的衷情，
满腹韬略的将军不能血染沙场，
头枕宝剑在春江花月夜里做厮杀的梦，

至死都听见幻觉中的铁矛金戈铮铮响。
壮怀激烈的岳武穆，正气浩然的文天祥，
并不因为国破而有丝毫的退缩，
他们的爱正如他们的死一般坚强。
正因为中国在受辱、受难，
方志敏才自动地投入情网。
他深情地喊着“可爱的中国”，
走上阵地——法庭——刑场。
我还能举出一长串光辉的名字，
我还能把无数爱的故事写成诗来歌唱。
但是，我能像他们那样勇敢地爱吗？
把生命当作保卫爱的权利的投枪？
我要回答，这就回答，
在回答之前说话还会红脸的少年，
眼神里充满了美好的幻想。
断然自己身后的一切退路，
走上血与火的战场。
由于战友们的英勇我才能幸存，
三十多年以后我还能沐浴着阳光。
在弹雨中冲锋会流血，
在阳光下前进也可能会伤亡。
生命的价值是爱的深与浅，
绝不是时间的短和长。
有些人为了几分钟的苟延残喘，
恨不能一把火把全世界烧光。
让中国的未来和他们同归于尽，
就像拉着美丽的少女为死人去殉葬。
我们只不过请他们睁一睁眼睛，
看一看今天中国和世界的现状。
我们只不过请他们挪动一下地位，
别躺在我们前进的路上。
我们只不过请他们松一松手，
别死死地抓住历史的车轮不放。

我们能容忍他们这些恶劣的嗜好吗？
牺牲中国的未来去怜惜他们垂死的渴望？！
为了适应黑暗，蒙上八亿人民的眼睛？！
为了迁就落后，剪掉伟大中国的翅膀？！
不！我们迫切需要的是一条宽阔的跑道，
伟大的中华民族要展翅飞翔！
我坚决站在捍卫未来的行列里，
用我的脊骨去加固通往未来的桥梁。
只要我的生命之火不熄，
我就要去点燃千万次失望中的希望。
爱恋着的人总是那样如醉如痴，
爱恋着的心总是那样单纯善良。
我们非常容易被欺骗，
又不善于防备暗箭冷枪。
我伸开双臂去拥抱我的祖国和人民，
多么好的靶子呀！为爱而敞开的胸膛！
我只不过是个正在爱着的普通的中国人，
而且已经爱了很久、很久，两鬓如霜。
有人会说：你太悲观了！
不！悲观和我从来不交往。
我天天收获着前人连同生命一起播种的爱，
难道不该歌唱着丢一颗种子在亲爱的故土上？
历史上有多少哲人都是为爱而生，
为爱而一世凄凉……
他们本来就不是为了得到爱，
爱，就够了，就如愿以偿。

## 第四节 为什么要进行声音弹性的调节

声音弹性是指声音对于人们变化着的思想感情的适应能力。简单说，就是声音随感情变化而产生的伸缩性、可变性。

## 一、声音弹性调节的目的

1. 提升传播效度

口语表达中，声音控制力对于信息传播效度有一定影响。通过科学、系统的训练，可以有效地提升从业人员的声音控制力，提高传播效度。做到心有所想，声有所指，念发声动，心动声随。

2. 丰富发声表现

弹性训练的目的就是扩展以声音色彩为主的声音变化能力。播讲时思想感情的运动状态比日常生活中的感情变化更集中、鲜明，因而要求更丰富的声音色彩变化。对于感情色彩的适应性越强，表现力也就越强。

## 二、声音弹性调节的作用

1. 思想感情的运动状态是播讲创作的内在动力。

2. 提高声音控制力，使声音能根据文稿或话题要求，准确地将内在含义通过声音表现出来。

3. 气息、声音随之运动变化，以体现出所感受到的一切，这就是播音主持表达的过程。

# 第五节 如何认识声音弹性调节

## 一、声音弹性特点

1. 依据稿件内容

声音只是情感表达的手段，艺术语言的表达过程就是理解稿件内容，产生具体的感受，并外化成相应的声音形式的过程。

2. 基本属性为可变

反映的声音变化主要体现在音强、音高、音长、音色这四个物理要素上。节目内容、语言传播目的、语言环境的不同，导致表达的方式、声音物理性的运用、弹性的实现都会有所不同。

3. 变化呈现有层次

声音弹性的可变性总是在高低、虚实、明暗、快慢对比中得以表现。而这种对比并非简单的非此即彼的二元对立，对比形式内部经常有着诸多过渡和细微的层次分化。

4. 声音运用要丰富

声音的变化并不是单一的，节目内容的丰富性决定了外化稿件内容的声音形式会体现出多层次、多变化的细腻的声音弹性来。它是气息控制、口腔控制以及用声状况综合运用的结果。

## 二、声音弹性的生成

1. 生成的基础——感情

人的任何社会实践活动都离不开感情的驱使，在情感的支配下通过活动反映自己各种复杂多变的情绪，表达自己的态度。

2. 生成的动力——气息

气息是变化声音色彩的基础。没有气息，则无从谈声音，所谓以气托声。气息是连接内部情感变化与外部声音形式的桥梁。

3. 生成的保证——情、气、声协调

情、气、声协调是变化声音色彩的基本要求。三者相互依存、互为制约，气随情动，声随情变。

4. 要提高声音弹性，须在发声的各环节留有余地

通过科学的训练，适度拓展音域，提升发声能力也是我们在表达过程中游刃有余使用声音的保证。弹性是控制的必然，是柔韧的表现，也是发声者情感支配的结果。

# 第六节　怎样进行声音弹性的调节

练习提示：声音弹性的表征为声音的伸缩可变。没有变化，声音弹性则无从谈起。在练习过程中，注意体会内部情感运动与外部声音变化之间的关联，以及由此带来的听觉和视觉状态回馈的不同。强化对单一及复合声音要素的把控调整，充分调动身体记忆，多方联通心理经验，积极激活情感状态，准确揣摩语气意图。让声音富于变化、保有磁性、魅力四射。

## 一、声音弹性的获取（附表一、附表二）

### （一）感知声音要素对比

1. 高与低。（对比要领：声音高时有上台阶的感觉，音量偏大；低时如同下台阶，音量较小。）

（1）有层次地爬高、降低。

“中国的土地，一点都不能少！”

（2）一句高，一句低，高低交替进行。

“对于无理的要求，我们不接受、不理会、不承认！”

（3）根据诗文内容的情感变化，让音高低变化错落有致、起伏得当。

两只黄鹂鸣翠柳，一行白鹭上青天。
窗含西岭千秋雪，门泊东吴万里船。

2. 强与弱。（对比要领：声音强则发音时长较长，语音比较清晰；声音弱时则可表达模糊的情感。）

（1）由弱声开始，一遍比一遍略强、略高，但到最强最高时不可喊。

伟大人物最明显的标志，就是坚强的意志。

（2）根据文字前不同的强弱提示，来区分朗读句子。

（弱）思念是一首诗，让你在普通的日子里读出韵律来；思念是一片阳光，让你的阴郁的日子里明朗起来。

（强）君不见，黄河之水天上来，奔流到海不复回。

（弱）他暗自下决心:（强）我绝不能那样做！

（3）用较少的音量，字音保持清晰度，不压不挤声音，不吃字。

央视网消息：本报北京7月13日电（记者倪光辉）经习近平主席和中央军委批准，中国军队派出工作组于13日下午6时许乘空军飞机赶赴南苏丹朱巴地区。据悉，工作组将传达习主席和军委领导指示，看望慰问中国维和部队官兵，现地指导部队加强安全防卫，协调处理伤亡人员善后工作，接回牺牲人员遗体和伤员。工作组由国防部维和事务办公室主任苏广辉少将带队，成员由外交部、军委机关、维和任务部队有关人员及医疗专家组成。南苏丹当地时间7月10日，中国赴南苏丹维和步兵营一辆装甲车在南苏丹联合国营地执行难民营警戒任务时被一发炮弹击中，中国维和人员有2人牺牲、2人重伤、3人轻伤。

3. 明与暗。（对比要领：明是明朗的声音，可表达客观的思想；暗的声音缺乏亮度，可表达不明确的情感。）

（1）明朗的音色练习。

## 三潭印月

**佚　名**

三潭印月又名小瀛洲，与湖心亭，阮公墩合称为湖上三岛。全岛连水面在内面积约七公顷，南北有曲桥相通，东西以土堤相连，桥堤呈“十”字形交叉，将岛上水面一分为四，水面外围是环形堤埂。从空中俯瞰，岛上陆地形如一个特大的“田”字，呈现出湖中有岛，岛中有湖，水景称胜的特色，在西湖十景中独具一格，为我国江南水上园林的经典之作。

明万历三十五年（1607），钱塘县令聂心汤取湖中葑泥在岛周围筑堤坝，初成湖中湖，作为放生之所。后人在岛南湖中建造三座瓶形小石塔，称为“三潭”。清初岛上又加营建，筑曲桥，堂轩，沿内湖环植木芙蓉，复经清光绪间退休将领彭玉麟在此营造别墅，小瀛洲初具风貌。

全岛花木疏密相间，以翠柳，荷花，红枫，木芙蓉为主，四季花开不断，艳丽多彩，春、秋景色尤佳。岛内岛外湖面如镜，楼台花树倒影摇曳生姿，天光云影相映，着实让人恍惚迷离，如入蓬莱。三潭印月美景还从岛上向湖上延伸。岛南湖面，三座瓶形小石塔鼎足而立，造型别致优美。塔顶如葫芦状，塔身呈球形，高出水面二米，中空，环塔身分布五个小圆孔，塔基为扁圆石座。三塔平面呈等边三角形分布，每边长六十二米。每逢中秋时，皓月当空，水天相映，塔中点燃灯烛，与明月上下争辉。赏月游湖者摇桨前来，搅动满湖银辉，天月，水月，塔月，心中之月，融为无限的悠思和寄托，怡然忘归。

（2）选择纪念性文章或讣告等，进行暗声练习。

## 赞美周恩来（节选）

**佚　名**

一月哀思举国悲，八亿神州泪纷飞。十里长街送总理，哭别总理心欲碎。
目送伟人最后行，灵车西去不见归。悲痛欲绝愿已死，以换周公人间回。

大有大无一身清，九州天地撒骨灰。人民爱戴对手敬，楷模夫妻人中最。
四五清明再回首，百万之众又聚会。纪念碑下宣豪言，誓与豺狼永相对。

理想信念最坚定，终生奋斗无怨悔。病魔缠身仍工作，日理万机您最累。
改造到老学到老，自我批评身先垂。无私奉献不表功，人格形象更完美。

忍辱负重顾大局，为使国家不倒退。鞠躬尽瘁振中华，死而后已为人类。
历史长街人为证，心中永远一丰碑。今生今世谁能比，何年何日还有谁？

（3）结合或明朗或暗沉的声音，根据稿件感情进行诠释。

## 呵，母亲

**舒　婷**

你苍白的指尖理着我的双鬓，我禁不住像儿时一样，紧紧拉住你的衣襟。
呵，母亲，为了留住你渐渐隐去的身影，
虽然晨曦已把梦剪成烟缕，我还是久久不敢睁开眼睛。
我依旧珍藏着那鲜红的围巾，生怕浣洗会使它失去你特有的温馨。
呵，母亲，岁月的流水不也同样无情，
生怕记忆也一样褪色呵，我怎敢轻易打开它的画屏。
为了一根刺我曾向你哭喊，如今带着荆冠，我不敢，一声也不敢呻吟。
呵，母亲，我常悲哀地仰望你的照片，
纵然呼唤能够穿透黄土，我怎敢惊动你的安眠。
我还不敢这样陈列爱的祭品，虽然我写了许多支歌，给花、给海、给黎明。
呵，母亲，我的甜柔深谧的怀念，
不是激流，不是瀑布，是花木掩映中唱不出歌声的枯井。

4. 实与虚。（对比要领：实声比较实在，虚声气息比较分散，用来表达不同内心情感。）

（1）词汇练习

冷漠（虚） 渴望（实） 凝聚（实） 伤神（虚） 期盼（实）

热烈（实） 透露（虚） 灭绝（实） 双人（实） 热情（实）

寒冷（虚） 火热（实） 亲切（虚） 美好（实） 大海（实）

（2）句子练习

（实）代表们发言热烈，普遍赞扬这个讲话实实在在、诚恳坦率，抓住了要害，观点鲜明，针对性强，听了很受鼓舞。

（实）他哗地坐了下来:（虚）“女儿啊！你在哪里？”

（3）朗诵注意：一句话，一遍实声，一遍虚声。体会声门、气息的控制。

## 刻在北大荒的土地上

**郭小川**

继承下去吧，我们后代的子孙！
这是一笔永恒的财产——千秋万古长新；
耕耘下去吧，未来世界的主人！
这是一片神奇的土地——人间天上难寻。
这片土地哟，头枕边山、面向国门，
风急路又远啊，连古代的旅行家都难以问津；
这片土地哟，背靠林海，脚踏湖心，
水深雪又厚啊，连驿站的千里马都不便扬尘。
这片土地哟，一直如大梦沉沉！
几百里没有人声，但听狼嚎、熊吼、猛虎长吟；
这片土地哟，一直是荒草森森！
几十年没有人影，但见蓝天、绿水、红日如轮。
这片土地哟，过去好似被遗忘的母亲！
那清澈的湖水啊，像她的眼睛一样望尽黄昏；
这片土地哟，过去犹如被放逐的黎民！

那空静的山谷啊，像他的耳朵一样听候足音。
……
我们后代的子孙啊，共产主义时代的新人！
埋在这片土地里的祖先，怀着对你们最深的信任；
你们的道路，纵然每分钟都是那么一帆风顺，
也不会有一秒钟——遗失了革命的灵魂……
未来世界的主人啊，社会主义祖国的公民！
埋在这片土地里的祖先，对你们抱有无穷的信心；
你们的生活，纵然千百倍地胜过当今，
也不会有一个早上——忘记了这一代人的困苦艰辛。
是的，一切有出息的后代，历来珍视革命先辈的遗训，
而不是虚设他们的灵牌——用三炷高香侍奉晨昏；
是的，一切有出息的后代，历来尊重开拓者的苦心，
而不是只从他们的身上——挑剔微不足道的灰尘。
……继承下去吧，我们后代的子孙！
这是一笔永恒的财产——千秋万古长新；
……耕耘下去吧，未来世界的主人！
这是一片神奇的土地——人间天上难寻。

5. 虚实对比。（实的声音，自然明亮，听上去清晰；虚的声音，相对绵细，给人以亲切感。）

## 闻香结花缘（节选）

**佚　名**

每天晚饭后，我都会习惯性地出去走走，基本上风雨不改。今晚也不例外，尽管外面一直下着雨……我打着雨伞，漫步在清凉寂静的路上，昏黄的街灯透过婆娑的树影，把我的影子拉得很长，很长，长得那么单薄且落寞……忽一阵悠悠夜风，徐徐地送来了一阵幽幽的奇异花香，这香我从未闻过，那么的清灵妙曼，那么的淡雅柔婉……我仿佛看到了一位超尘脱俗、遗世独立的女子，在夜空中缓缓向我飘来……我忘记脚下水坑四伏，竟趋步向前，循香寻去……

## 逍遥游（节选）

**庄　子**

北冥有鱼，其名为鲲。鲲之大，不知其几千里也。化而为鸟，其名为鹏。鹏之背，不知其几千里也。怒而飞，其翼若垂天之云。是鸟也，海运则将徙于南冥。南冥者，天池也。《齐谐》者，志怪者也。《谐》之言曰："鹏之徙于南冥也，水击三千里，抟扶摇而上者九万里，去以六月息者也。"野马也，尘埃也，生物之以息相吹也。天之苍苍，其正色邪？其远而无所至极邪？其视下也，亦若是则已矣。且夫水之积也不厚，则其负大舟也无力。覆杯水于坳堂之上，则芥为之舟。置杯焉则胶，水浅而舟大也。风之积也不厚，则其负大翼也无力。故九万里则风斯在下矣，而后乃今培风；背负青天而莫之夭阏者，而后乃今将图南。

6. 厚与薄。（对比要领：厚的声音低沉宽厚，听上去庄重；薄的声音相对细腻，听上去较为柔和。）

## 长恨歌（节选）

**白居易**

行宫见月伤心色，夜雨闻铃肠断声。天旋地转回龙驭，到此踌躇不能去。
马嵬坡下泥土中，不见玉颜空死处。君臣相顾尽沾衣，东望都门信马归。
归来池苑皆依旧，太液芙蓉未央柳。芙蓉如面柳如眉，对此如何不泪垂。
春风桃李花开日，秋雨梧桐叶落时。西宫南内多秋草，落叶满阶红不扫。
梨园弟子白发新，椒房阿监青娥老。夕殿萤飞思悄然，孤灯挑尽未成眠。
迟迟钟鼓初长夜，耿耿星河欲曙天。鸳鸯瓦冷霜华重，翡翠衾寒谁与共。

## 鼻子和嘴

**佚　名**

因为鼻子看不惯嘴，所以他们经常吵架。这不，今天，他们又为了谁的功能最大而吵了起来。

鼻子："你看看你，整天就知道吃，别的什么也不会，你看我。"说完"哼"了一声。

嘴："别看我只会吃，我的作用很大呢？"

鼻子："你除了会吃，还会什么？"

嘴:“当主人感冒时，你不透气，我还可以呼吸呢！”

鼻子:“可主人不感冒时，就没看见你有多大的用处了！”

两人就这样一直冷战。他们冷战不要紧，主人可受罪了，因为鼻子不干了，主人就辨别不了饭菜是否变坏，这样一来，肚子又不干了。

主人偏偏又感冒了，晚上鼻子不透气，可嘴巴又不张开，主人没法呼吸，差一点让憋死。

眼睛终于看不下去了，对鼻子和嘴说:“你们消停一点吧，你们既然是一个主人，你们就都是有用处的，只不过每个人的用处不一样，你们各有各的用处。”

鼻子和嘴听了以后，都不好意思地低下了头，并给对方道了歉。从此，嘴和鼻子，再也没吵过架。

7. 刚与柔。（对比要领：刚的声音张力较大，有冲击力；柔的声音气息流畅，比较含蓄。）

（刚）孔子说：博学而笃志，切问而近思，仁在其中矣。今天的我们，应谨记他的话，放飞自己的青春，用勤劳的汗水铺就未来的成功之路。

也许我们已经输在起跑线上，但是决不能再让自己输在终点。后天的勤奋可以弥补先天的不足，珍惜现在的每一刻，努力获取知识，使自己拥有亮丽的人生。每个人都有自己鲜活的梦想，相信梦有多远，我们就能走多远。

（柔）冬天的乡村，该有点小雪才对，好让人们的心绪得到调整，真正进入冬天的意境。雪总是喜欢在夜里给人一个大大的惊喜。几只无名的小鸟无意中撞落了一枝雪花，纷纷扬扬俨然激活了一簇动词。巨大的“白锦缎”上，留下“画匠”的杰作，一会儿被雪花覆盖得无痕迹了。这就是艺术的最高境界，就是从这里开始，打开我们向春天瞩望的门扉，使我们常常记不住具体的日子，小雪在我们的指间随同一片日历滑过冬夜。站在窗前眺望着冬天里的季节，侧耳倾听着冬天里风的吟唱，那景色，那声韵，谁说冬天是苍凉的季节？其实，冬天正在寒冷的风霜中，积蓄着力量，在萧萧的寒风里吟唱着洁白的亮丽和冬天的坚毅。冬天的乡村有着让人不适应的萧条，春天的垂柳是一种情窦初开，夏天的荷塘是一种热恋，秋天金黄的丰收是一种成熟，而这些在冬天看来是不可思议的期待。在冬天里却很难展现出它们的生机，但它却不因受严寒的侵蚀而消沉，那是生命与万物空灵，在更高的境界里最默契的结合。

8. 松与紧。（对比要领：松不是完全放松，而是声音状态比较松弛；紧不是紧张，而是表达紧迫的情感。）

（松）听众朋友，今天我们来探讨一个生活小妙招。进口的柠檬或者葡萄柚等水果的外皮看着非常光亮，那是由于这些水果的表面涂有一层果蜡，但是这些东西又不能食用，该如何去除柠檬表面的蜡呢？生活小妙招就给您支几个招：一、用盐清除。在进口柠檬或葡萄柚等水果的外皮上撒一些盐，用手搓揉后再水洗，就能去除表面的蜡，也能排出果皮的水分，提升水果的香味及色泽。二、用温水。把柠檬或者葡萄柚放在四十度左右的温水（凉水可不行哦）中，用百洁布或者毛巾轻轻擦洗即可去除果蜡。三、用丝瓜瓤。用丝瓜瓤擦拭，然后再用水清洗即可清除掉水果表面的果蜡。四、用牙膏。挤一点牙膏，然后将牙膏溶解在水中，然后再用牙膏水清洗水果，即可清除水果表面的果蜡。五、淘米水。淘米水是最干净的清洁剂，将水果放在淘米水中清洗，即可轻松去除果蜡。

（紧）各位听众，下面播送一条紧急消息。湖南省高警局发布紧急消息，继京港澳高速“井喷”之后，沪昆高速怀化段也告急了。数据显示，1 月 30 日起，从广东方向由二广高速进入湖南的车流量猛增，其中大部分车辆在邵阳地区的桤木山互通转沪昆高速前往怀化、贵州、重庆等地，因此沪昆高速邵怀段（邵阳至怀化）往西方向的车流量一直处于饱和状态，加上雨雪恶劣天气等因素，导致交通事故频发。

9. 纵与收。（对比要领：纵的声音有悠远感，可表达气势磅礴之意；收的声音气息稳定，有结束感。）

### 登黄鹤楼

**崔　颢**

昔人已乘黄鹤去，此地空余黄鹤楼。
黄鹤一去不复返，白云千载空悠悠。
晴川历历汉阳树，芳草萋萋鹦鹉洲。
日暮乡关何处是？烟波江上使人愁。

## 戏李白

**余光中**

你曾是黄河之水天上来，阴山动，龙门开。
而今反从你的句中来，惊涛与豪笑，万里涛涛入海。
那轰动匡卢的大瀑布，无中生有，不止不休。
黄河西来，大江东去，此外五千年都已沉寂。
有一条黄河，你已够热闹的了，大江，就让给苏家那乡弟吧。
天下二分，都归了蜀人，你踞龙门，他领赤壁。

**附表一：单一声音要素对比**

| 形式 | 声音表现 | 表现特点 | |
|---|---|---|---|
| 高与低 | 音高的变化 | 高而激动 | 低而安静 |
| 强与弱 | 气流和强度变化 | 强而明亮 | 弱而低沉 |
| 实与虚 | 音色的变化 | 实声扎实 | 虚声柔和 |
| 快与慢 | 发音速度的变化 | 快而匆忙 | 慢而松弛 |
| 松与紧 | 吐字力度对比变化 | 松而平稳 | 紧而急迫 |

**附表二：多声音要素对比**

| 形式 | 声音表现 | 表现特点 | |
|---|---|---|---|
| 刚与柔 | 过刚则直，过柔则靡 | 刚而坚定 | 柔而亲切 |
| 纵与收 | 纵时气通畅，收时气约束 | 纵而兴奋 | 收则谨慎 |
| 厚与薄 | 共鸣丰富声厚重，反之细薄 | 厚而庄重 | 薄而轻巧 |
| 明与暗 | 偏前则明，偏后则暗 | 明而开朗 | 暗而萎靡 |

### （二）感知身体记忆唤回

1. 视觉

①看见了：波澜的海面……五彩斑斓的花海……飘落的花瓣……摇动的风扇……

②这是位十分秀丽的江南姑娘：二十三四岁的模样，中等个儿，长圆形丰

腴白皙的脸蛋上长着一对乌亮乌亮的大眼睛，晶莹剔透得宛如两潭秋水。她的睫毛长长密密，柔软地覆盖在眼睑上，不时随着眼睑的启合微微眨动。

2. 听觉

①听见了：小孩的哭声……咳嗽声……键盘敲击……盆碗碎落……下雨滴答……

②冬天还没有到，可是天气已经冷得不行了。狂风吹得树木东摇西摆，最低温度已经降到零下了。晚上我睡在床上，听见外面的风呼呼地吹，好像老虎在怒吼。狂风吹得我家的窗户发出了“砰砰砰”的响声，害得那些老年人睡觉都成了问题。那响声把熟睡的人都能够吵醒。我也久久不能够入睡，静静地听着那老虎怒吼一样的风声……过了很久很久，我才迷迷糊糊地睡着了。

3. 嗅觉

①闻到了：馊掉饭菜的酸味……刚出笼馒头的香味……烟味儿……被子的霉味……

②忽然，一股清香萦绕在鼻间，不似玫瑰的浓郁，也不似雏菊的淡香，却使人感到舒畅、惬意。抬头一看，原来是傲骨凌寒的梅花，在寒风呼啸的冬天增添了一份生机，摘一朵梅花放在鼻边，香味更加浓郁，即使离得很远，也可以感受到它独有的芬芳花香。

4. 味觉

①尝到了：葡萄的甜……中药的苦……火锅的辣……李子的涩……

②酸酸的葡萄、甜甜的西瓜、苦苦的中药、辣辣的火锅、咸咸的腌肉、涩涩的柿子、鲜鲜的鱼汤、香香的芝麻、腥腥的绿藻……看着这些词语，各种味道就在舌尖、舌侧、舌根、舌面间游荡。

5. 触觉

①摸到了：玻璃的光滑……冰碴的凉……茶壶的烫……丝绸的柔软……

②当温热的肉体一接触冰冷的水时，它的感觉并不是冷，恰恰相反，倒像被火燎一下，或是感到一把烧热的刀子在全身狠狠一刮，这个感觉倏地一过，那种透骨的凉意才唰地一下浸过来。紧接着像有千万支冰针穿皮肉而进，在骨头上啮着、锯着、钻着。

6. 动觉

①做到了：使劲揉面……折千纸鹤……运送快递……做拿手菜……

②她把一叠馄饨皮儿都拿在左手心里，右手用筷子头挑一点馅儿，往皮儿里一裹，然后左一捏，右一捏，一只馄饨在她手中“诞生”了。

③接着，她左手从腰间冲拳而出，转马步为弓步，紧接着，顺势一个照面直踢，身轻如燕，腾空再踢，落下时竖岔着地，双臂侧平举立掌。台下被她的动作引爆了，人们禁不住拍手叫好，欢呼着。我清楚地看到她的脸上，豆大的汗珠往下直落，嘴角却轻轻地上扬，自信地笑了起来。

7. 画面

夕阳照在小湖上，没有什么风，平静的湖面像一面镜子。岸边有几棵垂柳，垂柳那边是一望无垠的稻田。几只又窄又长的渔船浮在湖面上。近处的那只船上，有个渔人正坐在船尾悠然地吸着烟。十来只灰黑色的鸬鹚站在船舷上，好像列队的士兵在等待命令。

渔人站起来，拿竹篙向船舷一抹，鸬鹚就都扑着翅膀钻进水里去了。湖面立刻失去了平静，荡起一圈圈粼粼的波纹，无数浪花在夕阳的柔光中跳跃。不多一会儿，就有鸬鹚钻出水面，扑着翅膀跳上渔船，喉囊鼓鼓的。渔人一把抓住它的脖子，把吞进喉囊的鱼挤了出来，又把它甩进水里。鸬鹚不断地跳上渔船，渔人都要忙不过来了。

等到岸上炊烟四起，渔人就不再赶鸬鹚下水了，让它们停在船舷上。他从舱里拣些小鱼，一条条抛给鸬鹚吃。鸬鹚张开长长的嘴巴，接住抛来的鱼，一口吞了下去。鸬鹚吃饱了，又像士兵似的，整齐地站在船舷上。渔人就荡起桨，划着小船回去了。天色逐渐暗下去，湖面恢复了平静，只留下一条闪闪的水痕。

### （三）感知情感状态激活

1. 喜

①在我十八岁生日那天，我终于收到了梦寐已久的礼物，是一部留声机。我的内心欢喜得不得了，总想着带在身边，恨不得抱着入睡。

②我高举起双手，张大嘴巴，狠狠地吸了一口春天里新鲜而又芳香的空气。我觉得自己飘起来了，飘上了蔚蓝色的天空。心里那股子乐劲哟，真不知该怎么形容了！

③“春来草自青”，阐释着春天自然会来，草儿自然会青，一切都是那么顺其自然，那么豁达。世间三千事，淡然一笑间，“得之我幸，不得我命”，我们都应该用一种宠辱不惊，闲看庭前花开花落的心态去面对挫折和不如意，得意时要看淡，失意时要看开，学会用一份豁达去对待人生。豁达处事，才能给自己的心留有一份宁静。

2. 怒

①张小姐见了小王，朝小王白了一眼，别过身子去，微嗔道:“人家都等你半天了，你怎么才来呀？”

②老板顿时破口大骂:“你这个笨手笨脚的小兔崽子！没有父亲的野种！还不快赶紧给我收拾咯，信不信我明天就将你赶出我的商铺！”然后骂骂咧咧地继续往里屋走去，可怜的小伊万眼中蓄满了泪水，走出了房间。

③圆明园是世界上最大的博物馆、艺术馆。这项伟大的工程用了一百多年才完成，是现代人遥不可及甚至是想也不敢想的事情。但是1860年英法联军向圆明园发起洗劫。洗劫后毫不留情地把圆明园烧毁。一把大火，连烧了三天三夜。圆明园，这座世界园林艺术的绝作，轰然倒塌，变成一片废墟，只剩下一些可怜的断壁。据一个英军目击者称，在整个法军营帐内堆满了异常华丽的各色钟表，在士兵的帐篷周围，到处都是绸缎和刺绣品。这是我们中国人的东西，这些强盗还理直气壮地分配，真是可耻！这些强盗们的罪行与行为是我们永远不可抹去的。如今的圆明园已被一洗而空，但我们仍然不能忘记我们中华民族曾经受过的耻辱和欺凌。同学们：少年强则国强。我们要时刻记住振兴中华、不忘国耻，为中华之崛起而读书！

3. 哀

①总是认为时光漫漫，陪伴的日子还很漫长，可是当您躺在那冰冷的灵柩中时，我才痛恨我的不珍惜。您走了，或许是那样的安详，可是，我却无法平静，因为，您是我最挚爱的亲人。

②他说不下去了，一种又苦、又辣、又像火一样的烫人气体郁结了他的喉头，他的声音呜咽了，泪水哗哗地涌流到他的脸上。他觉得自己掉下了一个万丈深渊里，黑暗像高山压着他，像大海淹没他，话也说不出来，气也透不过来，世界上没有任何一种痛苦能够和他此刻所感觉的痛苦相比。这种痛苦是那样锐利、那样深刻，又是那样复杂、那样沉重。

③空气里是轻描淡写的哀伤，记忆蒙上灰尘无从想念，一川烟雨涤荡不了满怀的思绪，终于还是被淋湿。一个人，上线 、隐身，看着屏幕上斑斓的光，在那么多人路过的生命中，我还是没能够攥住哪怕一点点的温暖，终于还是要习惯着一个人。渐渐不再反抗。渐渐感觉到，只有依附着孤独才能平静呼吸。原来生命中注定没有可以留守的人，一切都只是岁月的一场呓语而已。想要的越多，快乐就会变得奢侈。我们是否，别无选择，再也没有无端的梦想。渐渐发现有一种幸福，徒有其表。是不是一切注定要被时光染指，然后缓慢地褪色、丢弃。假装前方是希望的盛宴，假装不再有迷惑的旅途。如果失聪，便不会听见有些什么。身后大片坍塌的声音，华丽绚烂的过往，在谁的泪水中氤氲融化。

4. 惧

①怎么办？老张在屋子里来回踱步，如果老婆回来知道这事儿，那还不得闹翻天？老张又默默点燃一支烟，这时的他心中如同扎了一根刺，既忧虑又害怕。

②张小帅惊怒地瞪着那些高年级的学生，身体因为害怕而微微有些发抖，但是却又不能任他们施为，心中涌出的正义感迫使张小帅站了出来，略带颤音地吼道：“你们在干什么？！”

③宁最近总是梦见同一个梦，梦里一个男人对她说：“你来嘛，你来找我嘛，我等你……”终于，宁忍不住了，于是问他：“你是谁？我怎么才能找到你呢？”男人说：“明天中午 12 点在东区公园门口的站台上来找我，我这里有一颗痣。”男人用手指着自己的下巴。醒来，宁匆匆找到自己的好友并把一切告诉好友，好友答应陪同她一起前往。中午 11 点 55 分两人在约定的地方等，却不见男人来，天气炎热，宁对好友说：“太热了，我到对面买两支雪糕 ，你在这里等我。”说完宁过街去了。就在这时，一辆车子冲了过来，一声惨叫……好友跑过来一看宁，已倒在血泊中。当打开车门准备把宁送到医院时，才发现这是一辆灵车，而车上的玻璃棺材中躺着个男人，男人的下巴有一颗痣……好友恍然，看看自己的手表，现在的时间是 12 点整。再探探宁的呼吸 ，已经停止了。

5. 爱

①我望着四周美丽的环境，心都要醉了。此刻的我，就想抛开一切，在这世外桃源结庐而居，因为我实在是太喜爱这里了，这里的一山，一水，一花，

一木都让我深深迷恋。

②有一位十九岁的女学生曾写过这样一首诗："不管母亲多么贫穷困苦，儿女对她的爱也不含糊，我只喊一声'祖国万岁'，更强烈的爱便涌现在那感情深处。因为，我爱我的祖国！"

③我要用全身心的爱来迎接今天。因为，这是一切成功的最大秘密。强力能够劈开一块盾牌，甚至毁灭生命，但是只有爱才具有无与伦比的力量，使人们敞开心扉。在掌握了爱的艺术之前，我只算商场上的无名小卒。我要让爱成为我最大的武器，没有人能抵挡它的威力。我的理论，他们也许反对；我的言谈，他们也许怀疑；我的穿着，他们也许不赞成；我的长相，他们也许不喜欢；甚至我廉价出售的商品都可能使他们将信将疑。然而我的爱心一定能温暖他们，就像太阳的光芒能融化冰冷的冻土。我要用全身心的爱来迎接今天。我该怎样做呢？从今往后，我对一切都要满怀爱心，这样才能获得新生。我爱太阳，它温暖我的身体；我爱雨水，它洗净我的灵魂；我爱光明，它为我指引道路；我也爱黑夜，它让我看到星辰；我迎接快乐，它使我心胸开阔；我忍受悲伤，它升华我的灵魂；我接受报酬，因为我为此付出汗水；我不怕困难，因为它们给我挑战。

6. 恨

①芝芳真是恨蔡建恨得牙痒痒，白了蔡建一眼说道："你以为这事儿就算完啦？我告诉你，没门儿！害我损失了一天的生意，还倒贴了八十两银子，我明儿个得找你老板好好儿谈谈，哼！"

②张大爷悲痛地对郭明里说道："你父亲，你母亲，还有你三岁的妹妹，都是死在日本人手里的！就在昨天，鬼子突然就进了你们村子，一路烧杀抢掠，不留活口，幸好你出去打猎了，不然……"郭明里听了之后两眼含泪，双目赤红，充满了血丝，一口牙齿几乎都快被咬碎了，双拳紧握，手指关节都泛白了。

③即使是这样一遍一遍又一遍地声讨着！一遍一遍又一遍地诉说着！一遍一遍又一遍地翻开那还在滴血的历史陈述！城墙上的弹洞依然清晰可见，万人坑的尸骨还在，慰安妇的人证还在，受害者的记忆犹新啊！我们的后辈们就已经淡忘了国破家亡的屈辱！不能够理解日本侵略者带给中国、中华民族的伤害有多痛！不知道侵略者的罪恶有多深！三千五百万同胞的生命你可以漠视？！日本人的一句虚伪的道歉却能够打动你！不能不说是我们民族的悲哀啊！没有

谁强迫去仇视日本，只希望能够牢记历史，牢记不堪回首的悲痛教训！宽容侵略者的罪行就是亵渎那些为民族独立而流血牺牲的仁人志士和烈士！亵渎国家、民族、祖先的尊严！

7. 怜

①小流浪猫黯淡无光的双目怔怔地望着大雨，不知道何去何从，转过身来，舔了舔腿上被划伤的伤口，孤独而又无依无助。

②还记得上个月遇到的一个老年乞者，他的身上只有一件可以遮挡身体的破衣裳，手里拿着一个破碗，头上有个破帽子，苍白而稀疏的白发从缝隙间隐约地漏出来。他浑身颤抖着，蜷缩在墙角，与这深冬的蓝色天空极为不符。

③婉丽出生在泰国一个不幸的家庭，爸爸因没有工作，出家当了和尚。体弱善良的妈妈支撑着一家人的生活。为了让婉丽上学，找不到工作的妈妈四处奔波，卖冰棍、卖水果，甚至卖血。她妈妈的身体越来越差，有一天昏倒在路旁，从此一病不起。婉丽爱妈妈，心疼妈妈。每天一大早，她就早早地起床，洗衣做饭，给妈妈煎药，把家里的一切安顿好。生活虽苦，婉丽却从不因此而苦恼，只要有妈妈，只要能跟妈妈在一起，她什么样的困难都不怕。然而事与愿违，村里一些愚昧的人硬说婉丽的妈妈是鬼魂附体，他们为了赶鬼避邪，竟将一大捆荆棘铺在婉丽妈妈的睡席下，把婉丽妈妈刺得浑身是血。放学回家的婉丽用自己瘦弱的身体，努力地保护着妈妈。但大人们仍不善罢甘休，朝着缩成一团的母女使劲地扔瓶子、砖块。婉丽的额头被砸破了，鲜血和着泪水满脸流淌，可她仍然紧紧地保护着妈妈，用自己单薄的身体为妈妈抵挡着纷飞的石块……

### （四）感知语气意图揣摩

1. 陈述

①她在大学毕业后成为一名医生。

我们正忙着为考试做准备。

我不认为你是对的。

读书使人充实。

马克·吐温是一位著名的美国作家。

②曾经在某一瞬间，我们都以为自己长大了。但是有一天，我们终于发现，长大的含义除了欲望，还有勇气、责任、坚强以及某种必须的牺牲。在生

活面前我们还都是孩子，其实我们从未长大，还不懂爱与被爱。

③很多时候，爱上一部电影不是因为镜头里的俊男靓女，不是因为情节的跌宕起伏，只是有那么一句话，在主人公说出口的那一刻，击中了心底最柔软的部分……

2. 疑问

（1）有疑而问

A 是非问

由陈述句加疑问语调或兼用语气词“吗”“吧”等构成，一般是对整个命题的疑问。

①你的绕口令背了吗？

②这件事你知道吧，你真的不管？

③敢问长老在吗？晚生可以进来吗？

B 特指问

用疑问代词（如“谁、什么、怎样”等）和由它组成的短语（“为什么、什么事、做什么、怎么做”等）来表明疑问。

①你为什么不来晨练？

②谁的笔记本掉了？我应该把捡到的这个本子交给谁？

③我老想，你要是没离开我吧，我还真不知道自己这么想你，你又是第一个离开我的人。你为什么会离开我呢？

④我们去哪儿？管他去哪儿！前面是什么地方？管他什么地方！我们去干什么啊？这些都不重要！那什么重要啊？和你在一起，就是和你在一起。

C 选择问

用两个或两个以上分句提出不止一种看法供对方选择，用“是、还是”连接分句。常用语气词“呢、啊”，不用“吗”。

①诶，你们说，是早上锻炼好，还是下午锻炼好？

②“人生本就是苦还是只有童年苦？”

③喝什么呢，可乐还是橙汁儿？

④什么时候“月评”？这周星期三还是星期四，还是下周的星期三或是星期四啊？

D 正反问

由谓语动词的肯定形式和否定形式并列构成。常用语气词“呢、啊”。

①校门口的炒饭好吃吗？

②镇上的馆子多不多？

③我不再要那一击即碎的自尊，我的自信也全部是空穴来风，我能让你看到我现在有多卑微，你能不能原谅我？

（2）无疑而问

无疑而问也叫反问句（反诘问句），不要求回答，也分是非问、特指问、选择问、正反问四种形式。

①宫中那么多的美人，可结果没一个好下场，都是开头美好，结局潦倒。旧人总是被新人代替，男人因为美貌爱你，就会因为美貌爱别人。美女是一茬又一茬，你总不能像割韭菜一样把她们都割掉吧？

②朋友说：“我如果对美女不感兴趣，那不是有病吗？”丁元英反问道：“你对美女感兴趣，难道就不是有病吗？”朋友说：“那我就控制自己不接近美女。”丁元英又说：“你用一个念头压制另一个念头，就又多了一个念头。而多了一个念头，就多一个烦恼，不是吗？”

（3）猜度而问

猜度而问常是带语气词“吧”，表示猜测的疑问。

①你今天没吃饭吧？

②刚才是你找我吧？

③“莫不是步摇得宝髻玲珑，莫不是裙拖得环佩叮咚，莫不是风吹铁马檐前动，莫不是那梵王宫殿夜鸣钟？”

④这隆隆的轰鸣，是风雪中的雷声么？余新江暗自猜想着：在这隆冬季节，不该出现雷鸣啊！难道是敌人爆破工厂，毁灭山城么？

3. 感叹

①我闭着眼睛，深吸了一口气，已经沉醉在了庐山的山光水色之间，由衷感叹道：“庐山，你可真美呀！”

②你以为我穷，不漂亮，就没有感情吗？如果上帝赐予我美貌和财富，我

也会让你难以离开我！就像我现在难以离开你一样！

③不行！说的是一辈子！差一年、一个月、一天、一个时辰，都不算一辈子！

4. 祈使

（1）一般祈使句

①放开她！嘛那！嘛那！上班路上拦，下班门口堵。不接你电话，你就改写信，你丫的够古典呀。就算你不懂法，她旁边还站着一喘气儿的，你瞎啊！

②老王深吸了一口烟，吐出一个烟圈。这时，工作人员快步走到老王面前，严肃地说道："先生，请不要在这里吸烟！"

③这时大火已经蔓延到了四楼，冒出滚滚黑烟，消防队员小吴第一次执行任务，站在楼下已经看傻了眼。跑过身边的消防队队长见了，扯了一把小吴，吼道："快！快去救火啊！"

（2）疑问祈使句

①这么晚了，你怎么还在这里？

②她不来了，你还站在这里等什么？

③病人在休息，你们是不是安静些？

④窗户就这么开着，没有蚊子进来吗？

（3）否定祈使句

①不要关门。

②这是他的行李，不要随便乱动。

5. 弦外之音

①英国作家萧伯纳长得很瘦。在一次酒会上，有位肥胖的富翁想取笑萧伯纳，说："啊！亲爱的萧伯纳先生，当人们一看到你，就知道世界上正在闹粮荒。"

②鲁侍萍（大哭）："哦，这真是一群强盗！（走至周萍面前）你是萍……凭——凭什么打我的儿子？"

③晴天带雨伞，耳朵塞棉花，把脸也躲藏在竖起的大衣领里。他要把一切

都装进“套子”里，他本身也是一个“套中人”。

④有个调皮的小男孩，学着大人的模样，走进了理发店，对理发师说：“理发师先生，请给我刮一下胡子吧。”理发师打量了一下这位小男孩，就让他坐在椅子上，而且还郑重其事地在他的脸上涂上了肥皂水，然后，就走到一旁与人闲聊去了。小男孩等了许久许久，见理发师毫无动静，就很不耐烦地大叫起来：“理发师先生，您什么时候才来给我刮胡子呀？”理发师答道：“我在等你的胡子长出来呢！”

## 二、声音弹性综合练习

练习要点：以下这两篇小短文是对人物形象的描写，细节处理非常到位。朗读时，要充分调动自己的视觉感和形象感，将人物的形象用声音表达出来，符合角色特点。

### 英　雄

在丁原身后站着一人。见此人身高七尺开外，细腰窄背膀，双肩抱拢，面似敷粉，宝剑眉斜入天仓，插额入鬓，一双俊目皂白分明，鼻如玉柱，口似丹朱，大耳朝怀；头戴一顶亮银冠二龙斗宝，顶梁嵌珍珠，光华四射，雉鸡尾，脑后飘洒；身穿粉绫色百花战袍，掐金边走金线团花朵朵，腰扎宝蓝色丝鸾大带镶珍珠嵌玉宝，粉绫色兜裆滚裤，足下蹬着一双，粉绫色飞云战靴，肋下佩剑。站着那儿合儿，是威风凛凛气宇轩昂。正在看着董卓呢，他虎视眈眈，是怒目而视。

### 姑　娘

但见这位姑娘：水剪双眸，花生丹脸；云鬓轻梳蝉翼，蛾眉淡拂春山；朱唇缀一颗夭桃，皓齿排两行碎玉。意态自然，迥出伦辈，有如织女下瑶台，浑似嫦娥离月殿。看那从嫁锦儿时：眸清可爱，鬓耸堪观，新月笼眉，春桃拂脸。意态幽花未艳，肌肤嫩玉生香。金莲着弓弓扣绣鞋儿，螺鬓插短短紫金钗子。如捻青梅窥小俊，似骑红杏出墙头。自从当日插了钗，离不得下财纳礼，奠雁传书。不则一日，吴教授娶过那妇女来，夫妻两个好说得着：云淡淡天边鸾凤，水沉沉交颈鸳鸯，写成今世不休书，结下来生双绾带。

## 美的探索

**佚　名**

练习要点：诗歌以文字的典雅、思想的纯洁率真、感情的纤细幽深打动读者。朗读时，要运用声音弹性的特点，把其中纤柔的情感、浑然天成的韵律，以及优美清丽的意境表达出来。

哲学家说：美是生活。

从我懂得美，就开始这种本能地探索。

我曾在窗前种过一盆茉莉，我曾在墙上画过几只白鹅，我还在辫梢上结过一对蝴蝶，枕着小草，唱起欢乐的歌。

只允许一种最美的模式，红的墙壁，蓝的人流，声音只能是口号的节奏，

我不能理解：美？生活？

我苦苦地探索着——

终于，禁锢不了的美冲破了假和恶的封锁，生活中有了欢声笑语，

世界上有了色彩，音乐，

可是我，惯于长夜的黑暗，一旦见到阳光反倒双眼迷蒙。

第一次看到维纳斯，我曾心跳脸红；

第一次听到《天鹅湖》，我竟摇头疑惑。

我苦苦，苦苦地探索着，

我终于发现，美就是生活。

母亲深沉的催眠曲，雨后绚丽的七彩虹，

田野醉人的芬芳，工矿炽热的炉火，开拓者飞奔的祝贺——

这一切，是多么的美好，这一切，又是那样的协和。

我终于懂了，爱美，才是珍惜人生，爱美，就是热爱生活。

没有停留，我在探索：

美——生活，我找到了，

美——创造与奋进的标志，

美——外表与灵魂的结合，

像春蚕，吐丝到死丝方尽，

像冬梅，零落依然香如故，

一个爱美的人，一切为了人民和祖国。

我还在探索，美，生活？

# 祖国啊

**赵丽宏**

练习要点：这篇诗歌表达了作者对祖国的深深眷恋，时而高亢，时而感慨。朗读时声音高低、虚实的变化要随诗歌内容而变化，也可以分男女进行朗读，感受文章中心思想。

我是一只小鸟，飞翔在你浩茫的天廓。
你时而阴时而雨，阳光，却从没有消失。
我是一尾小鱼，穿梭在你连天的碧波。
你时而平静时而翻腾，最终，还是还给我清澈。
祖国啊……
这是一个多么动人的字眼，亲切如慈母的微笑，缠绵如恋人的诉说。
你是我春天葱茏的绿荫，你是我秋天金黄的收获，
你是我夏天清凉的微风，你是我冬天温暖的篝火。
祖国啊……
想起你，我的心弦就忍不住颤动，歌声弦上流淌，淌成汩汩江河。
想起你，我的情怀便无法静止，思绪羽化成轻云，飞上高天，飘向大地，俯瞰辽阔的山河。
祖国啊……
你是我童年的梦幻，是飘忽的油灯下，老祖母神奇迷离的故事。
是生离死别的码头上，父亲含泪的叮嘱。
你是故乡的泥土，那么浑厚那么朴素。
你是祖先镌刻的碑林，凝结智慧也凝结血泪。
你是三峡绝壁的栈道，中断而又开凿。
你是黄河岸边的堤坝，倒塌而又垒筑。
你是远航的风帆，从古到今，高扬不落，穿越千滩万壑。
祖国啊……
我曾为你悲哀，也曾为你骄傲。
我曾为你痛苦，也曾为你欢乐。
你是一颗种子，在我心中发芽抽叶，成一棵绿荫婆娑的大树。
你永不会枯萎，永不会倒伏，
因为你的根，已经深扎进我的灵魂，融入我的血液我的骨骼。

祖国啊……

忧伤迷茫的时候，我一遍一遍呼喊着你。

你是海潮荡涤污浊，把澎湃的激情，注满我的肺腑。

你教我爱，教我真，哪怕面对绞索，也不能把赤诚的良心，拱手交出。

活一天，就要全心全意爱你一天，直到我化成飞灰尘土。

祖国啊……

## 松树的风格

**陶　铸**

练习要点：作者通过对松树的赞美，歌颂了松树所求甚少的品德和自我牺牲的精神。朗读时，声音实声较多，比较明亮，表达坚定的感情。

我对松树怀有敬佩之心不自今日始。自古以来，多少人就歌颂过它，赞美过它，把它作为崇高的品质的象征。

你看它不管是在悬崖的缝隙间也好，不管是在贫瘠的土地上也好，只要有一粒种子——这粒种子也不管是你有意种植的，还是随意丢落的，也不管是风吹来的，还是从飞鸟的嘴里跌落的。总之，只要有一粒种子，它就不择地势，不畏严寒酷热，随处茁壮地生长起来了。它既不需要谁来施肥，也不需要谁来灌溉。狂风吹不倒它，洪水淹不没它，严寒冻不死它，干旱旱不坏它。它只是一味地无忧无虑地生长。松树的生命力可谓强矣！松树要求于人的可谓少矣！这是我每看到松树油然而生敬意的原因之一。

我对松树怀有敬意的更重要的原因却是它那种自我牺牲的精神。你看，松树是用途极广的木材，并且是很好的造纸原料：松树的叶子可以提制挥发油；松树的脂液可制松香、松节油，是很重要的工业原料；松树的根和枝又是很好的燃料。

更不用说在夏天，它用自己的枝叶挡住炎炎烈日，叫人们在如盖的绿荫下休憩；在黑夜，它可以劈成碎片做成火把，照亮人们前进的路。总之一句话，为了人类，它的确是做到了“粉身碎骨”的地步了。

要求于人的甚少，给予人的甚多，这就是松树的风格。

## 海中救援

**佚　名**

练习要点：主人公汉斯是一个无私无畏、一心为他人着想的有责任感的人。作者希望通过作品告诉大家，遇到危险人人都要有无私奉献的精神。朗读时，声音要富于变化，有层次地进行朗读。

几年前，在荷兰一个小渔村里，一个年轻男孩教会全世界懂得无私奉献的报偿。

由于整个村庄都靠渔业维生，自愿紧急救援队就成为重要的设置。在一个月黑风高的晚上，海上的暴风吹翻了一条渔船，在紧要关头，船员们发出了“SOS”的信号。救援队的船长听到了警讯，村民们也都聚集在小镇广场中望着海港。当救援的划艇与汹涌的海浪搏斗时，村民们也毫不懈怠地在海边举起灯笼，照亮他们回家的路。

过了一个小时，救援船通过云雾再次出现，欢欣鼓舞的村民们跑上前去迎接。当他们筋疲力尽地抵达沙滩后，自愿救援队的队长宣布，救援船无法装载所有的人，只得留下其中一个，再多装一个乘客，救援船就会翻覆，所有的人都活不了。

在忙乱中，队长要另一队自愿救援者去搭救最后留下的人。十六岁的汉斯也应声而出。他的母亲抓着他的手臂说：“求求你不要去，你的父亲十年前在船难中丧生，你的哥哥保罗三个礼拜前才出海，现在音讯全无。汉斯，你是我唯一的依靠呀！”

汉斯回答：“妈，我必须去。如果每个人都说：我不能去，总有别人去！那会怎么样？妈，这是我的责任。当有人要求救援，我们就得轮流扮演我们的角色。”汉斯吻了他的母亲，加入队友，消失在黑暗中。

又过了一个小时，对汉斯的母亲来说，比永久还久。最后，救援船驶过迷雾，汉斯正站在船头。船长把手围成筒状，向汉斯叫道：“你找到留下来的那个人吗？”汉斯高兴得大声回答：“有，我们找到他了。告诉我妈，他是我哥保罗！”

## 画像（节选）

**老　舍**

练习要点：老舍先生喜欢书画，描写书法国画的文字也不少。这篇《画像》就是用诙谐幽默的方式描写事件，让人忍俊不禁。朗读时，要尽量揣摩人物的内心世界，用不同的声音形式去表现这种幽默。

前些日子，方二哥在公园开过“个展”，有字，有画，画又分中画、西画两部。第一天到会参观的有三千多人，气晕了多一半，当时死了四五十位。

据我看，方二哥的字确是不坏，因为墨色很黑，而且缺着笔画的字也还不算多。可是方二哥自己偏说他的画好。在“个展”中，中画的杰作——他自己规定的——是一张人物。松树底下坐着俩老头儿。确是松树，因为他题的是“松声琴韵”。他提的是松，我要是说像榆树，不是找着打架吗？所以我一看见标题就承认了那是松树：为朋友的面子，有时候也得叫良心藏起一会儿去。对于那俩老头儿，我可是没法不言语了。方二哥的俩老头儿是一顺边坐着，大小一样，衣装一样，方向一样，活像是先画了一个，然后又照描了一个。“这是怎么个讲究？”我问他。

“这？俩老头儿鼓琴！”他毫不迟疑地回答。

“为什么一模一样？我问的是。”

“怎么？不许一模一样吗？”他的眼里已然冒着点火。

“那么你不会画成一个向左，一个向右？”

“讲究画成一样！这是艺术！”他冷笑着。我不敢再问了，他这是艺术。

又去看西画。他还跟着我。虽然他不很满意我刚才的质问，可究竟是老朋友，不好登时大发脾气。再说，我已承认了他这是艺术。

西画的杰作，他指给我，是油画的几颗鸡冠花，花下有几个黑球。不知为什么标签上只写了鸡冠花，而没管那些黑球。要不是先看了标签，要命我也想不起鸡冠花来——一些红道子夹着蓝道子，我最初以为是阴丹士林布衫上洒了狗血。后来才悟过来那是我永不能承认的鸡冠花。那些黑球是什么呢？不能也是鸡冠花吧？我不能不问了，不问太憋得慌。“那些黑玩意是什么？”

“黑玩意？！！！”他气得直瞪眼，“那是鸡！你站远点看！”

我退着十几步，歪着头来回地端详，还是黑球。可是为保全我的性命，我改了嘴：“可不是鸡！一边儿大，一样的黑。这是艺术！”

方二哥天真地笑了：“这是艺术。好了，这张送给你了！”

我可怪不好意思接受，他这张标价是一千五百元呢。送点小礼物，我们俩的交情确是过得着，一千五，这可不敢当！况且拿回家去，再把老人们气死一两位，也不合算。我不敢要。

## 杨子荣舌战小炉匠

曲　波

练习要点：这个故事选自《林海雪原》中“智取威虎山”的一段。该段动作描写比较到位，朗读时要运用想象力，调动自己的声音动态，了解故事的背景。也可以观看原电影帮助理解。

杨子荣来到匪巢威虎山已经十天了。在大年三十这天晚上，老匪座山雕委了他个司宴官的职位，让他大摆百鸡宴。杨子荣一看布置得差不多了，来到外面又检查了一遍，看看有没有什么漏洞。心里说，剑波同志，我已按着你的计划布置就绪了，就等您来了。想到这儿看了看表，瞧时间差不多了，嗯，这时候小分队的同志正在路上往这儿走呢。突然，打东边的小山坡转过这三个人来，两个匪徒端枪押着一个人，被押的这个人呀，眼睛上蒙着块青布。他是谁呀，越来越近了。子荣看着眼熟，他是谁呀？203 首长又派人来了，不能啊！他刚想到这儿的时候，这几个人已经走到他的面前，他仔细一看被押的这个人，啊，是他！自己险些叫了出来，原来被押的这个人正是自己在九江抓过的小炉匠——匪徒栾警卫。哎呀，他怎么来了。怪呀，难道他被宽大释放了，还是越狱逃跑了呢。哎呀，糟了，我认识他，可他也认识我呀。容他见了面，说出我的来历，我的全盘计划就都完了。这工夫，三个人已经走进了威虎厅。怎么办，怎么才能完成党交给我的任务呢？这时，听见身后跑过一个匪徒，“九爷，三爷有请。”子荣一转身，“嗯，你回禀一声，就说我随后就到。”小匪徒走了。首长曾经指示过，越碰到大的变故，越应该镇静，想到这儿，把双肩一抖，大踏步奔威虎厅来了。

……

杨子荣不慌不忙地掏出烟袋，装了一袋，点着，抽着。抽了一口，又吐了出来。“嗯，好哇，最低你也把脚印给共军留下了，我们这铁筒一样的威虎山可不能叫你给冲破了。八连长，你马上派五个流动哨查下去，没有我的命令不许回来。”“是。”座山雕捏着他的山羊胡子说：“嗯，老九啊，你做得对！”座山雕两只凶眼转过来，逼向小炉匠。小炉匠往前抢了两步，“三爷，三爷，他确实是个共军啊。”“姓栾的，你真狠毒，你想借三爷的刀杀我，我悔不该在白松弯喝酒时没一刀宰了你。三爷，我胡彪一向不受小人欺，今儿个为了您才得罪了这条疯狗，他才这样穷凶极恶。

您要是把我当共军，就立刻把我给处置了。您要是拿我当胡彪，就放我下山。今儿个是有他没我，有我没他。留他留我，三爷，您随便吧。”说到这儿，一伸手掏出镜面匣子，啪，往桌子一摔，一转身就走了。

## 胆剑篇（男生独白）

**曹　禺**

练习要点：《胆剑篇》取材于两千四百多年前越王勾践“卧薪尝胆”的历史故事，但作者真正的用意却不在演绎历史故事。二十世纪六十年代初期，由于天灾人祸，我国国民经济处于暂时困难时期。为了鼓舞人民的斗志，曹禺执笔创作了这部五幕历史剧。

千古的胜负在于理。然而要多少今天这样的日子，才能赢得这个胜负啊！

二更天了，这一天哪，抢牛，搜剑，拆城，民受苦，君受辱，还不知道，兵库如何呢？漫说人非木石，就是一块石头也会气得喷出火来。大禹啊，我的祖先！

你为了百姓的疾苦，披荆斩棘，劳神焦思，奔走七年，过门不入。草鞋掉了，你顾不得回头去拾，树枝挂住你的王冠，你顾不得回头去摘啊！

大禹啊，我的祖先，你形容枯槁，面目黧黑，你奔走四海，研究山川脉理，你疏江导河，凿石决流，你终于制服了天下滔滔的洪水。

你说，一个男子不耕田，就有人因而受到饥饿；一个女子不采桑，就有人因而受到冻寒。你威德通神明，连一群群飞鸟都为你耕耘。

会稽，就是你得天下的地方，是你叫四海九州，都知道会稽这个光灿灿的名字。

而我，你的子孙，一个鱼虾都不如的东西，竟然辱没了你，也辱没了会稽呀。

我继位的时候，只知道酗酒打猎，流连荒亡；略略知事的时候，又骄傲盈满，不知养民。我把会稽这个名字变成了粪土败絮，会稽在我的手里，成了最耻辱、最见不得人的地方啊。

这是什么声音？王孙雄就在我的京城会稽，盖起歌台，夜夜唱着夫差的吴歌。可羞啊，可羞！我卑鄙，我怯弱，像一只惊弓之鸟，一见猎人的影子就钻入天去，我只知道退缩，退缩。

抢牛，我不敢回手；搜剑，我不敢回手；就连拆城，我都不敢回手啊。这一鞭一道血痕，打在我的心上。我就是脸皮厚，就是不知痛。在群臣面前，在范蠡、文种这样难驾驭、不能长居人下的大夫面前，站着我这样一个不成器的君王！

我是什么人哪！哦，我恨——我恨哪！

义士啊，苦成！你死得其所，你死得比泰山还重。怪不得你送给我这个东西——胆！

胆哪，你颜色墨而绿，你不美，你不香，你苦而涩，一看见你，就知道你的气味是多么难以入口。然而你像苦成，苦成又多么的像你啊。

你苦啊，胆！然而你是退热的，定神的，使人镇定，叫我不焦躁，不慌张。在敌人面前，深思熟虑，知机观变，要沉静。

胆！你是多么苦啊。但你能教人胆壮，叫人勇敢，敢于面对一切残暴和不平。

胆，你苦啊，但你是驱毒的，除不洁的，你教我们把一切懒惰、苟安的毛病都一起抛却，教我们敢于把这肮脏的世界洗得干干净净。

胆哪，你不巧言令色，你外面是那样的不动人，你心中却藏了这么多的治国治人的道理呀！苦成，这一个胆就顶替了你的千言万语。这一个胆就说出了多少死去的壮士百姓深深的心意。

我要天天尝它，夜夜尝它，日夜不离它。见了胆，就如同苦成在我的身边，见了胆，就如同见到多少被杀戮的黎民百姓。见了胆，就会想起“千古的胜负在于理”。

而这理要多少劳心苦行才能争取到的啊。

——胆哪！

## 无辜的罪人（男生独白）

**〔俄〕亚·奥斯特洛夫斯基**

练习要点：《无辜的罪人》是一部情感非常浓烈的剧作，很多场面都充满着激情。作为男生练习篇目，声音要打开，内心情感要丰富，刚柔、强弱对比可以明显一些，来体现人物特点。

先生们，我已经得到允许了，因此，请不要打断我的话。先生们，我提议，为抛弃亲生孩子的母亲干杯吧！让她们在欢欣愉快里活下去吧，在她们的道路上撒满蔷薇和百合花吧。希望她们的快乐生活，不受任何人、任何东西的搅扰，希望任何人、任何东西也不使她们想起那些不幸的苦命的孤儿。为什么要去破坏她们的平静呢？她们为了自己的娇儿，已经做了她们所能做所会做的一切了。她们有的为她们的孩子痛苦，或多或少柔情地吻过她们的孩子，而且临别赠言："我的宝贝，分别了，自己去找你的生路吧！最好还是死去。"所谓真理，这就是真理：死是头等美事。它能叫这位新入人间的旅客满意的。然而这样的幸运还不是每个孤儿都能享受得到的。（低头沉思片刻）还有一些多情的母亲，她们不只常流眼泪、常吻她们的孩子，而且还给孩子戴一个黄金做的小玩意儿，还说："戴着吧，记住我吧！"可是，可怜的孩子能记得什么呢？而且何必要记着呢？何必给他们留下这个不幸的耻辱的永久的纪念品呢？就是没有这个，也让每个不嫌麻烦的人，都要指着他，说他是被抛弃的私生子，是道旁的野种！可是他们的母亲是否知道这个不幸的、无缘无故被人辱骂的孩子。有的时候把眼泪洒在她妈妈留下的纪念品上呢？妈妈，你现在在哪里快乐逍遥呢？回答我一声吧！哪怕你的一滴眼泪落在我的头上，我再去忍受我的痛苦和失望，我将会觉得轻松一些，要知道这纪念品挂在身上，真像火一样烧着我的心呀！

## 原野（女生独白）

**曹　禺**

练习要点：这段独白讲述的是看似简单，却蕴涵着丰富人物情感的复仇故事，并展现出复杂鲜明的人物性格。不仅揭露了封建社会的黑暗，还表现出被压迫、被摧残者对于美好生活的向往，更显示出人性的复杂性和多面性。

你们不用叫！（立刻冷冷地）用不着你们母子喊，我来了。

（两面望望，恨恶地）哼，（冷笑）你们逼我吧，逼我吧！（忽然高声）我做了！我做了！我偷了人！养了汉！我不愿在你们焦家吃这碗厌气饭，我要找死，你们把我怎么样吧？你妈说的，句句对，没冤枉我，我是偷了人，我从进你们家的门，我就没想好好过。你爸爸把我押来做儿媳妇，你妈从我一进门就恨上我，骂我、羞我、糟蹋我，没有把我当人看。

我告诉你，大星，你是个没有用的好人。可是，为着你这个妈，我死也不跟这样的好人过。我是偷了人，你待我再好，早晚我也要跟你散。我跟你讲吧，我不喜欢你，你是个“窝囊废”“受气包”。你只配叫你妈妈哄，你还不配要金子这样的媳妇。你们打我吧，你们打死我吧！我认了。可是要说到你妈呀。天底下没有比你妈再毒的妇人，再不是人的婆婆，你看她——焦花氏，（跑到香案前，掀开红包袱，拿起扎穿钢针的木人）大星，你看！这是她做的事。

你看，她要害死我！想出这么个绝子绝孙的法子来害我。你看，你们看吧！今天咱们就来个鱼死网破吧！（把木人扔在地上）

## 囚徒（女生独白）

**佚　名**

练习要点：这段独白主要讲的是英国电视连续剧《囚徒》中，维基在监狱门口等待丈夫冯·塞克莱出狱的情景。女生在练习时要了解这段文字的背景，声音的高低、纵收要随情感变化而调整，把自己想象成主人公，去揣摩情感，然后用声音表达出来。

亲爱的电视观众，听说你们非常想知道有关非洲的情形。那里种族之间的摩擦的确是越来越深了。黑人不满，他们是有充分理由的。黑人们进一步觉察到他们长期以来在受白人剥削。他们觉得他们的发展因为我们的榨取受到阻碍，所以这种不满和猜忌很自然地上升为仇恨和暴力。不过，我一定要指出，抢劫和杀害当地白人的罪恶行为，大部分不是黑人干的。听起来好像是讽刺，其实是很可恶的……事实上，当地白人犯下的罪恶都是白人雇佣军干的。他们都是杀人成性、什么事都干得出来的禽兽。我家在非洲住了十二年。家里人不少，除了我，我妈妈，爸爸，还有两个哥哥。为了使你们更好地了解我家发生的情况，我尽可能把当时的情形从头讲起。我们爱那个地方，爱那儿的人。有人说，黑人在暴动，可是我们不相信。事情发生得突然极了。有一天，周围的村子都敲起鼓来了，听了叫人毛骨悚然。妈妈劝爸爸让我们一家人离开，可爸爸就是不同意。一天晚上，我们听到机关枪的枪声越来越近，到处都有人尖声怪叫。我哥哥从楼上窗口大喊了一声：“爸爸，他们放火烧工厂了，都着了！”爸爸冲了出去，两个哥哥紧跟在后面。到处是一片火海，也挡不住他们。外面机关枪也响起来了。突然，他们停了下来，我跟妈妈跑出去，看见他们三人躺在路边上，浑身是血，遍体鳞伤，像牲口一样给宰了……在火光下我突然看见他们在丛林里，杀人的不少黑人，是白人雇佣军！我感觉到他们在树后注意外面的动静。我说：“妈妈，快跑吧，再不跑他们会抓住我们的！……妈妈，站住，妈妈——”她倒下了，她叫我别管她，只管自己跑。那些魔鬼又开枪了，打中了妈妈，她死在了我的怀里。我想：“我往前跑，也许可能逃走。”可他们不放过我，很快就把我抓住了。他们围着我推来推去，逼我在他们面前脱光了，他们笑啊，跳啊……他们还尖声怪气地说：“别害怕，我们是白人，你的朋友，我们就想乐一乐。别犟了，跳吧！”啊……他们把我推来推去……啊！放开我！啊，对不起，各位观众，我太激动了，就讲到这儿吧。

## 关汉卿

**田　汉**

练习要点：这是节选的话剧第八场的台词，写的是至元十九年（1282 年）三月末的大都狱中。深夜，狱吏设案问供。关汉卿从狱吏口中得知，他的案情因王著案的牵连越扯越大了。叶和甫诱劝关汉卿按他的意思招供，被关汉卿重重一记耳光，打倒在地。关汉卿与朱帘秀在狱中重逢，坚贞不屈。关汉卿写成曲子《蝶双飞》，朱帘秀半诵半唱，表达了他们坚强的意志和对爱情的忠贞。

朱帘秀：咱们总算又见面了，汉卿。

关汉卿：（沉重地）恐怕也就是这一面吧。

朱帘秀：（受感染的）是吗？

关汉卿：你还记得那位王千户吗？

朱帘秀：玉仙楼后台见过的那位王著？

关汉卿：就是他。

朱帘秀：我只跟他说过两句话，就觉得他是个挺爽快的人，可没想到他能做出这样感天动地的大事，他真不愧是我们《感天动地窦娥冤》的好看客啊。

关汉卿：你还说得这样带劲儿，他杀了阿合马你知道了？

朱帘秀：知道了。昨天来了个同号子的，是王千户住在大都的婶娘。她告诉我王千户临刑的时候还喊着说：“我王著与万民除害，我现在死了，将来一定有人把我的事写上一笔的。”他真了不起！

关汉卿：是啊，就有人把这和我们的戏词儿“与一人分忧，万民除害”附会在一起，说我们教唆王著杀害朝廷大臣，所以我们的案情就加重了。

朱帘秀：可不是“与万民除害”吗？阿合马好狠的心，把我徒弟的眼睛都给挖了。

关汉卿：没想到王著给她报了仇，也给我们报了仇。我真想写他一笔，咳，可惜没有时候了。

朱帘秀：没有时候了？

关汉卿：刚才狱官给我送信来了。一两天之内我就完了，你只怕也跟我一样。他要我们趁早把该料理的事、该嘱咐人家的话告诉他，他可以给我们转达。你有什么要他转达的吗？还有，想吃些什么他也可以代买。（见她紧张）哎呀，四姐，你不害怕吗？

朱帘秀：（变色，但力自镇定）不害怕。

关汉卿：四姐，真是对不起，为了我的著作，竟然把你连累到这个地步。

朱帘秀：什么话？我不说过你敢写我就敢演吗？说这话的时候，我就打算有今天的。

关汉卿：可是哪知道这一天来得这么快。

朱帘秀：迟早反正一样。我从没有像这些日子这样活得有意思，我觉得我越来越跟大伙儿在一块了。不是吗？老百姓恨阿合马，我们也恨阿合马，而且敢于跟他们斗！王著替大伙儿除害，他死了，我们也站在王著这一边，跟坏人一直斗到死。窦娥不正是这样的女人吗，她至死也不向坏人低头。我喜欢这样的女人，我也愿意像她一样地死去。瞧我还穿着窦娥的行头，跟窦娥一样的打扮，回头还要跟窦娥一样地倒下去。我一定也不会轻易倒下去的，汉卿，在倒下去以前我一定像窦娥一样地喊着，不，也许像王著一样地喊着：“与万民除害呀！”你看行吗？我现在真不知道是在过日子，还是在台上。我要像在台上一样，对着成千上万的看的人一点也不胆怯。说真的，你刚才告诉我我们快要死的消息，我心里还有点乱。这会儿好多了，我会像窦娥那样坚强的，你放心。

关汉卿：你也放心，四姐。我姓关，现在虽算是大都人了，我原籍却是蒲州解良，我也会像我祖宗那样英雄地死去的。“玉可碎而不可改其白，竹可焚而不可毁其节”，这也正是我今天的心胸。

## 三块钱国币（节选）

**丁西林**

练习要点：丁西林先生创作于抗战时期的《三块钱国币》是一部独幕喜剧。它取材于生活小事，但以小见大，围绕花瓶事件反映出当时社会恃强凌弱、无法无理等令人难以容忍的不公平、不合理现象，揭露了阔太太自私刻薄庸俗的小市民习气，称赞了大学生的正义感和同情心，也一定程度地讽刺了警察唯唯诺诺的丑态。

杨长雄：吴太太，你还要多讲吗？

吴太太：我为甚不能多讲？难道我连在我自己家里说话的权利都没有了吗？

杨长雄：（放弃了纸上谈兵）好吧，你既要讲，我就再和你讲好了，你刚才要我讲道理，我为省事起见，没有理会。现在我把这个道理就来讲给你听听。我们都是穷人，不错，不过穷人也有穷人的等级。一个用得起娘姨服侍的太太，如果穷的话，是一个高级的穷人；一个服侍太太的娘姨，是一个低级的穷人；像我这样一个扫地抹桌子要自己动手的穷学生，是一个中级的穷人。如果今天是我这样一个中级穷人，打破了像你这样高级穷人的一只花瓶，也许还可以勉强赔得起。现在不幸得很，打破花瓶的是李嫂，她是你雇佣的一个娘姨，她是一个低级穷人，她赔不起。三块钱在你可以不在乎，在她……

吴太太：你这话不通，什么叫作不在乎？……

杨长雄：好好好，就说是我说错了，你说对了。……现在我要说的是一个理，事理之理。我们争的是：一个娘姨打破了主人的一件东西，应该不应该赔偿的问题，我的意见是：一个娘姨打破了主人的东西，不应当赔，主人不应该要她赔。完了。

吴太太：喔！不应该赔？

杨长雄：不应该。

吴太太：花瓶是不是我的东西？

杨长雄：是的。

吴太太：是不是李嫂打破的？

杨长雄：是的。

吴太太：一个人毁坏了别人的东西，应该不应该赔偿？

杨长雄：应该赔偿。

吴太太：好了，还要说什么？

杨长雄：啊，别忙，别忙，你说的是毁坏了别人的东西，可是你不是别人啊！我问你，李嫂是不是你的佣人？

吴太太：是的。

扬长雄：佣人应该不应该替主人做事？

吴太太：当然。

杨长雄：你的花瓶脏了，你要不要她替你擦擦？

吴太太：要她擦擦，是的，可是我没有叫她打破啊。

杨长雄：当然你没有叫她打破。如果是你叫她打破，那就变成主人的命令，替主人打破花瓶，那就只有做得快不快，打得好不好的问题，而没有赔偿的问题了。我现在再请问你：从古到今，瓷窑里烧出来的花瓶，少说，也有几十万几百万。这些花瓶，现在到哪里去了？一个花瓶是不是有打破的可能？

吴太太：是呀，谁可以把它打破，该有花瓶的人可以把它打破。

杨长雄：你这就错了，该有花瓶的人，不会把花瓶打破，因为她没有打破的机会。动花瓶的人，擦花瓶的人，才会把它打破。擦花瓶是娘姨的职务，娘姨是代替主人做事。所以娘姨有打破花瓶的机会，有打破花瓶的权利，而没有赔偿花瓶的义务。好了，还要说什么？

吴太太：胡说八道！

杨长雄：胡说八道？我还有话要说，你要听不要听？

吴太太：我不要听！

# 第十章　情感要真醇

这里所指的情感，是说在有声语言艺术表达过程中，播讲人员服务于播讲目的，由具体稿件或话题引开，并由有声语言表达出来的，始终运动着的真切鲜活的情感。情感是我们进行有声语言艺术表达创作的根本和依据。

## 第一节　什么是情感的分类

### 一、态度的不同

态度，不能简单理解为抽象的、简单的数学公式，而是应当从历史和现实的社会实践及日常生活中分辨不同的状况。

为了便于理解和练习，根据感情的不同，我们把态度分为以下四类：

1. 肯定和否定

对不同的稿件，我们必须要明确地辨别是非、曲直、好坏，属于“对的、好的”，我们要给予肯定的态度；“非的、坏的”，我们要持有否定的态度。

2. 严肃和亲切

严肃的态度主要是指：郑重、重视、严厉、冷峻、轻蔑等；亲切的态度主要是指：和蔼、亲密、活泼、顽皮、幽默、嬉戏等。

3. 祈求和命令

祈求是一种对他人的态度，主要是指：哀求、请示、劝告等；命令是对他人的要求，主要是指：号召、宣告、法令、规定等。

4. 坚定和犹豫

坚定的态度主要是指：坚决、稳定、自信、顽强等；犹豫的态度主要是指：彷徨、茫然、忐忑、恍惚等。

## 二、情感色彩的不同

情感色彩是播音员主持人在感受作品文字内容的基础上进行再体验的产物，并非直接从实际生活中来。作品中人物的情感或情绪是作品特定环境里的必然产物，播音员主持人进行二次创作时是对作品中人物内心的再体验，有时还会加入自己的主观态度。

根据情感色彩的不同，我们把情感分为以下四类：

1. 挚爱和憎恨

挚爱的感情主要是指：敬爱、热爱、亲爱、厚爱等；憎恨的感情主要是指：痛恨、怨恨、憎恶、嫉恨等。

2. 悲哀和喜悦

悲哀的感情主要是指：沉痛、悲恸、哀婉、凄切等；喜悦的感情主要是指：兴奋、欣喜、欢快、愉悦等。

3. 惊惧和欲求

惊惧的感情主要是指：吃惊、恐惧、担心、忧虑等；欲求的感情主要是指：盼望、思念、憧憬、期待等。

4. 焦急和疑惑

焦急的感情主要是指类似“燃眉之急”“心急如焚”“像热锅上的蚂蚁”等；疑惑的感情主要是指类似“莫名其妙”“将信将疑”等。

# 第二节 怎样认识真醇的情感

## 一、播音表达中真醇情感的重要性

### （一）情感是有声语言艺术表达的生命和灵魂

播音表达中如果没有情感，就像空气里没有氧气，鱼儿离开了水一样。稿件在反映波澜壮阔生活的同时，也反映人的错综复杂、丰富多彩、不断变化的思想感情，作者的喜怒哀乐、善恶美丑都表现在文字里，稿件中有情感，才能沁人心脾、慰藉人心。所以我们在进行有声语言表达时不能忽略稿件中原有的情感，同时根据自己对稿件的理解进行二次创作。

**（二）情感是有声语言艺术创作的根本和依据**

有声语言艺术审美意蕴的基础就是情感，情感在作品中就像血液在人体内流淌，水分在草木中存在，是生命力之所在。进行有声语言创作时仅停留在字句表面的推敲是不够的，还要深刻体会作者描述的情境和人物内心复杂的情感，稿件表现的文字力量和有声语言表达者的声音表现要一致，达到和谐统一。

### 二、播音表达对真醇情感的要求

感情在播音表达的语言表现过程中是服务于播讲目的的，是根据文字稿件或者播讲素材、话题而引发出的情感，是随时变化着的、始终运动着的。所以要求：丰富、准确、调动迅速。

要把有声语言艺术化地表达好，不只是强调“情感”问题，更多的是需要我们在实践中不断地去积累和摸索各种经验。特别是有声语言的各种技巧、各种表达手段与各种情感、感受、态度等内心体验的适切结合，灵活调动，它们都是融会贯通的，是你中有我，我中有你的。

## 第三节 如何获取真醇的情感

### 一、加强修养，敏于感受

情感来自播讲人员对生活的体会和感知，播讲人员应该不断拓展提升自己，努力沉淀丰满自己。在生活里，播讲人员应该养成多倾听、多发现、多思考的习惯，从别人的感受中寻找情感基点，继而升华成自己的感受。还要聆听和观摩名家的作品，从他们的经典作品中感悟和把握真醇的情感。播音表达专业创作是一种综合素质的体现，包括文化素养、声音技巧、表达技巧等。只有方方面面都获得了提高，才能更好地找到情感的“气场”。

## 二、积极融入，乐于调整

在有声语言表达时，情感体验和情感色彩变化无限丰富细致，可以说没有一个瞬间相同。播讲人员要根据栏目、节目、稿件、话题内容、情境语境等，深切地体会情感运动中的细微变化，以觉察者的身份积极融入，适时调整。

## 三、注意情、气、声的结合

有声语言艺术表达要“神形兼备”。“神”就是情感，“形”就是由气息支撑的声音形态的变化。片面强调“神”必然导致“魂不附体”，片面追求“形”，必然导致“体不纳魂”。所以，声音创作离不开情、气、声三者的结合，虽然这三者各有要求，但重点应该是它们的内在联系，只有重视它们的内在联系才能更好地处理好它们之间的关系，从而使三者结合，有效地提高声音创作的质量。

情、气、声结合的综合要求是“情取其高，声取其中，气取其深”，以期达到字正腔圆、清晰持久、刚柔并济、声情并茂的境地。

“情取其高”的“情”，指最为丰富、并能随时调动起来的思想感情。具体到播音表达创作来说，情来自于对具体播讲稿件或具体话题的体会和把握，通过对稿件中人物、场景、环境、语言以及所发生事情的文字阅读，理解体会稿件中的感受和态度。熟悉掌握之后，便于驾驭整个稿件的感情基调，见字生情，以真实的情感呼之于口，行之于声。

“声取其中”，即在播音表达创作中多取中声区，以达到不挤不捏、清晰持久的目的。声音要通透且具有感染力，并能够充分表达不同稿件中各类题材所具有的不同层次、不同色彩的情感，清晰明确地传递稿件的所有信息，又富有声音形象特点。

“气取其深”，即要有“稳劲、持久、自如”气息的有力支撑，能符合播音员主持人等进行播音表达创作的要求，气息有一定力度，呼吸控制自如，完美地配合发声。

<table>
<tr><th>情</th><th>气</th><th>声</th></tr>
<tr><td>内涵、依托</td><td>基础、动力</td><td>形式、载体</td></tr>
<tr><td>内在</td><td>桥梁、纽带</td><td>外在</td></tr>
<tr><td>神</td><td colspan="2">形</td></tr>
<tr><td colspan="3">情是主导，是由思想感情指导着气息的运动，并且组织发声器官的协同动作，发出表情达意的声音。气随情动，声随情走，气生于情而融于声。</td></tr>
</table>

# 第四节 怎样进行情感表现的练习

练习提示：在情感表现的练习中，注意仔细体会不同情感所带动的气息状态与声音形态的协同关系、整体关联，以及由其所带来的听觉和视觉状态回馈的不同。注意情感真醇饱满，气息稳定自如，声音张弛有度。做到以情运气，以气托声，以声传情，声情并茂。

## 一、态度和情感色彩练习

### （一）清新舒展

1. 哗啦啦的春幡吹卷声中，大地上一切都惊醒了。昆仑山，连绵不断的万丈高峰，载着峨峨的冰雪，插入青天。热海般的春气围绕着它，温暖着它，它微笑地欠身了，身上的雪衣抖开了，融化了。亿万粒的冰珠融解成万丈的洪流，大声地欢笑着，跳下高耸的危崖，奔涌而下。它流入黄河，流入长江，流入银网般的大大小小的江河。在那里，早有亿万个等得不耐烦的、包着头或是穿着工作服的男女老幼，揎拳撸袖、满面春风地在迎接着，把它带到清浅的水库里、水渠里，带到干渴的无边的大地里。

2. 清晨，清脆的鸟叫，醉人的花香唤醒了我，遂起床，来到阳台。这阳台是我的私人空间，摆放着一些普通得不能再普通的绿色植物，什么文竹、吊兰、榕树之类的。我是个懒人，不懂什么养花之道，养不了什么名贵的花草，只有让这些绿色植物与我为伴。我将其视为珍宝，倍加呵护。盛夏时节，窗外烈日炎炎，屋内绿意盎然。这些小生命，绿得鲜活，绿得发亮，绿得丰沛，一种清新，一种生机，直入眼帘，沁入肺腑。在这里，我看到了绿的色彩，嗅到了绿的味道，荡起了绿的涟漪，升起一丝绿的清凉。

3. 清风吹过记忆的风铃，发出阵阵翠吟，灵动的乐曲柔柔地奏着。湖畔有一倩影，只见清风轻拂她纤细的长发，青丝在风中飘扬，落在手心的那一抹娇花，散出淡淡的清香，随风舞动。最后不情愿地落在湖面，激荡起层层涟漪，缓缓地游向远方。水与花相携，没有相约，只是相遇；没有言传，只是相惜。花的妩媚和水的柔情，在这个季节美到极致，遥看花瓣渐行渐远，竟有些许的陶醉。

### （二）明亮高亢

1. 百年奥运梦，今夜终成真。2008 年 8 月 8 日晚，举世瞩目的北京第29届奥林匹克运动会开幕式在国家体育场隆重举行。国家主席胡锦涛出席开幕式并宣布本届奥运会开幕。具有两千多年历史的奥林匹克运动与五千多年传承的灿烂中华文化交相辉映，共同谱写人类文明气势恢宏的新篇章。

2. 同志们，从十九世纪二十年代起，几十年来，中国共产主义的先驱者们，中国数以百万的光荣革命烈士和革命战士，流血牺牲，英勇奋斗，奠定了中国今天的局面。在新的时期中，让我们继承先烈的遗志，在辽阔的祖国大地上，干出一番前人没有做过的伟大事业吧！

3. 体育力量角逐，体育智慧较量，体育美丽展示，体育理想飞扬。在紧张激烈的赛场上希望全校师生要以我国体育健儿为榜样，以饱满的激情、昂扬的斗志、勇于拼搏的信念、团结向上的精神投入到本次运动会中，赛出成绩、赛出水平、赛出风格！用我们行动去追求更高、更快、更强！

### （三）热情赞美

1. 爱中国，可以有一千一万种理由，选一个最浪漫的理由来爱她吧——唐诗生于唐朝，唐朝生于中国，中国拥有世界上独一无二的唐诗。我爱唐诗，更爱中国。

翻开《唐诗三百首》，读一首唐诗，便如拔出了一支锈迹斑驳的古剑。寒光黯黯中，闪烁着一尊尊成败英雄不灭的精魂。死生无畏，气吞山河，金戈铁马梦一场，仰天长啸归去来……都在滚滚大浪中灰飞烟灭。多么豪迈的唐诗啊！

2. 每天在喧闹的车流和人流中，我们都会看到环卫工人忙碌的身影。一年365天，是你们风里来雨里去，用汗水换来城区面貌的干净整洁。年复一年，是你们冒着严寒和酷暑，用辛勤的劳动维护着城市的容颜。你们总是默默无闻、无私奉献，你们是最可爱的人，我们赞美环卫工人——可亲可敬的“城市美容师”。

3. 说起胡同来，就不得不提及分属两地的成都和北京。碧瓦红墙的成都胡同总给人感觉有几分妖媚俗气，少了些清新淡雅，貌似她天生就生了副与众不同的媚骨吧！然而北京的胡同与它却是大相径庭。北京的胡同幽深而方正，它那么幽邃，幽邃到透人心骨；它刚正，刚正到令人肃然起敬。它是那么令人觉得舒适自然，仿佛它原本就该如此似的。

北京胡同是中华文明的一个纽带。它仿佛是一个传播文明的使者，向大家细细诉说着北京城的古往今来。它在人们心中活了这么久，以至于跟大家伙感情愈发深厚了，更加分不开了。它是悠远的历史，是北京人引以为傲的文化精品。它是中国人精神的脊梁，默默无闻地托起了人文底蕴深厚的中华民族。它俨然已成为北京城一个不言而喻的象征。

## （四）义正词严

1. 而今，钓鱼岛问题，很明显的不是简单的岛屿之争，而是日本妄图复活军国主义的一条途径，更是日本百年来的一项重大战略企图。随着钓鱼岛“国有化”的进程，日本政府无赖流氓和强盗的嘴脸暴露无遗，曾经深受其害的中华民族必须保持清醒的头脑，认识到问题的根源。强盗们不得到教训是不会罢手的。作为曾经不可一世的“日本帝国”，何曾会放弃其扩张的野心，为了达到其不可告人的目的，任何卑劣的手段他们都会用上。

警告日本，你们的狼子野心中国早已认清，你们的残暴行径中国永远不会忘记！中国曾经历经磨难，中国人的尊严曾经被你们无情践踏。但如今正在崛起的中华，已经不是十九世纪三十年代的中国，我们有强大的军队，足以维护和保障自身的发展，任何企图破坏和侵略中国的行为都将遭到强烈的反对和毁灭性的打击！不仅是中国的主权不受侵犯，中国人的尊严更不容许侵犯！

然而，看如今，日本的军国主义阴魂不散，右翼分子极力否认这段历史，他们编造伪料，捏造事实，篡改教科书，歪曲历史，美化侵略。最近，又出现了名古屋市长否认南京大屠杀，日本东京都知事石原慎太郎抛出“购买”钓鱼岛的言论，甚至出现日本政府宣布对钓鱼岛实施所谓的“收归国有”的闹剧等一系列事件，这无疑是部分日本人不正视历史的很不负责任的无耻表现。他们这群人无视我三十万同胞的在天之魂，无视我三十万同胞的呐喊之声，对历史的轻亵和忘却，留给自己的将会是下一场灾难，愚昧无耻的人注定要被历史唾弃。

2. 我想请大家一起考虑这个问题：法律是什么？法律的作用又是什么？经过两年多的 817 次漫长的庭审，我们终于认定了他们有罪。可是我们，却一直在讨论文明和宗教！先生们，这不是大学的教室，这也不是寺庙，这里是法律的殿堂。我们需要讨论的，是怎么惩罚这些罪犯。我认为，宗教是告诉世人怎样做才能到达天堂。另一方面，法律明确规定了什么事情我们不能做，否则就要受惩罚，就要上断头台，就要上绞刑架，这就是法律。这也是我一直坚持对战犯们使用死刑的原因，除了掠夺别国的资源，扩张自己的领土，日本还杀害了无数无辜的平民。日本军队，抢劫、强奸、放火、杀戮……杀害了无数中国、菲律宾、英国、美国以及其他国家人民的生命！这还不足以被判处死刑吗？如果法律不给日本、不给这些战犯以最严厉的惩罚，谁敢保证日本有一天不会再次挑起战争？谁敢保证日本不会再侵略别的国家？谁敢保证日本军国主义的幽灵不会再次复活？在座的哪位先生敢作这样的保证？想说的，该说的，我都说完了。我们可以投票了。为了那些在战争中死难的人，为了让他们瞑目，请各位慎重。因为，他们在看着我们。

### （五）低沉悲痛

1. 中国共产党中央委员会、中华人民共和国全国人民代表大会常务委员会、中华人民共和国国务院、中国人民政治协商会议全国委员会、中国共产党和中华人民共和国中央军事委员会，极其悲痛地向全党全军全国各族人民通告：我们敬爱的邓小平同志，患帕金森病晚期并发肺部感染，因呼吸循环功能衰竭，抢救无效，于1997年2月19日21时8分在北京逝世，享年九十三岁。

2. 当生命通过一双双手传递流动的时候，我们理解什么叫生命的珍贵。当总理向遗体深深鞠躬的时候，当搜救队员应家属的要求历经十几个小时将遇难者挖出废墟并向遇难者默哀的时候，当身边的朋友不仅捐款、还纷纷申请认养地震遗孤的时候，我们真切地感受到，任何一条生命，无论贵贱穷通，无论穷乡僻壤，都是值得尊重的。

国务院决定，2008年5月19日至21日为全国哀悼日。在此期间，全国和各驻外机构降半旗致哀，停止公共娱乐活动，外交部和我国驻外使领馆设立吊唁簿。5月19日14时28分起，全国人民默哀3分钟，届时汽车、火车、舰船鸣笛，防空警报鸣响。

3. 总理的灵车徐徐地开来。灵车四周挂着黑色和黄色的挽幛，上面装饰着大白花，庄严，肃穆。人们怀着沉痛的心情，尾随着灵车移动。灵车所到之处，像是一个无声的指挥。老人、孩子、青年都不约而同地站直了身体，摘下了帽子，向灵车致敬，哭泣着，顾不上擦去腮边的泪水，舍不得眨一眨眼睛。人们心里都在深深地默念着："敬爱的周总理，我们想念你啊，想念您！您永远在我们心里，永远活在人们心中！”

### （六）轻松活泼

1. 一位友人牵着一条哈巴狗从我们对面慢慢走来，那狗长着一双小小的眼睛，眼神中透着机灵和顽皮，让你不禁一下子喜欢上它。还有脖子上挂着那银色的小铃铛。在它的晃动下，发出一阵阵悦耳的声音，让你真想把它抱在怀里，把脸轻轻地贴在那毛茸茸的身体上。我和儿子逗着它，笑着看它跟着友人的叫唤下，做着各种有趣的动作。

2. 起先，这小家伙只在笼子四周活动，随后就在屋里飞来飞去，一会儿落在柜顶上，一会儿神气十足地站在书架上，啄着书背上那些大文豪的名字，一会儿把灯绳撞得来回摇动，跟着逃到画框上去了。只要大鸟儿在笼里生气地叫一声，它就立即飞回笼里去。我不管它。这样久了，打开窗子，它最多只在窗框上站一会儿，决不飞出去。

3. 柳条儿青，柳条儿长，柳条儿随风在摇荡，摇来了春天，摇来了小鸟，摇得那湖水闪闪亮。柳条儿青，柳条儿长，柳条儿随风在摇荡，我做支柳笛吹起来，滴哩哩像小鸟儿在歌唱。柳条儿青，柳条儿长，柳条儿随风在摇荡，请来春姑娘荡秋千，秋千挂在柳条儿上。

### （七）低沉压抑

1. 认识生命的同时，我也认识了死亡。当我头一次看见出丧的队伍时，那些身穿白麻袍的人们扛着红色木漆的棺材，棺材四周都是白色素洁的纸花。有人扛着金箔做的小人和小车，还有纸做的房子和一些也是用纸做的精致玲珑的电器。不时传来女人的哭声和悲怆的乐声，还有惊天动地的鞭炮声，风吹来，把他们一路扔的黄纸片刮得很远。走在最后的是披麻戴孝、一步一叩首的子子孙孙们。死亡是一个没有知觉的人无知无觉地对待一切，没有爱，没有恨，更没有欢乐。但就是由于这些，才标志着生命的存在，那乐声中生命的凄凉和秘密让我们难忘。

2. 父亲是一个胖子，走过去自然要费事些。我本来要去的，他不肯，只好让他去。我看见他戴着黑布小帽，穿着黑布大马褂，深青布棉袍，蹒跚地走到铁道边，慢慢探身下去，尚不大难。可是他穿过铁道，要爬上那边月台，就不容易了。他用两手攀着上面，两脚再向上缩。他肥胖的身子向左微倾，显出努力的样子。这时我看见他的背影，我的泪很快地流下来了。我赶紧拭干了泪，怕他看见，也怕别人看见。我再向外看时，他已抱了朱红的橘子往回走了。过铁道时，他先将橘子散放在地上，自己慢慢爬下，再抱起橘子走。到这边时，我赶紧去搀他。

3. 一支闪烁的烛光，一杯混浊的老酒，一首痛彻心扉的伤感情歌。一些在感情城堡里遍体鳞伤的人，在这恶魔般的漫漫长夜里，啤酒声此起彼伏相撞的氛围中，在酒与歌缠绵交错的搅拌下，在歇斯底里的狂笑下，成了穿越时空毫不留情的冷笑。心房久久地回荡，淹没了他们心中对繁华的奢望，万般无奈，千般不愿，只恨自己太悲凉。

### （八）骄傲自豪

1. 飞扬的青春，吟唱难忘的岁月，熟悉的旋律，回荡不悔的真情。青春是一座金字塔，只有锐意攀登，才能焕发巨大的魔力。青春是一面旗帜，是奔跑在风中的旗帜，旗帜上大写着两个字："理想！"青春是一股气，横贯长空，雄驰八方。青春是一团火，燃烧生命，迸发光芒。爱我旬邑，爱我家园。让我们的青春在大地上写满忠诚，让我们的青春装点祖国的繁荣。

2. 我朝觐过祖国的四时美景，我拜谒过祖国的名山大川。每当扎进祖国母亲的怀抱，我的这颗心啊！就同祖国的脉搏一起跳动。我怀着无比崇敬的心情，登上泰山的顶峰，看到了一轮红日喷薄而出……我游览了白山黑水，看到了祖国的繁荣和富足。

登上南沙群岛的珊瑚礁啊！我感受到了祖国幅员的广袤。在八百里秦川，我听到了祖国儿女气势奔雷的心声。那一阵阵响入云天的威风锣鼓，那一声声惊天动地的浑厚呐喊，那一队队铿锵有力的整齐步伐，表达了我兄弟姐妹们的一腔豪情。

3. 有一个民族，承载着五千年的文明与梦想；有一个民族，拥有蜿蜒万里的城墙和皮肤一样颜色的河流；有一个民族，曾经自诩为中，傲视列国。这个民族，既然能走过五千年，什么风浪没见过；这个民族，以龙为图腾，以黄色为神圣的颜色，和土地连在一起；这个民族，无论如何被摧毁，都会坚韧地挺起脊梁，在危难与生死关头，紧紧凝聚在一起，万众一心，众志成城。这是一个命运坎坷的民族，也是一个自强不息的民族。正因坎坷，所以自强！这就是中—华—民—族！

### （九）深沉宁静

1. 窗外，月色皎洁。月光穿过玻璃窗投射进屋来，轻轻地在地上涂上一层淡淡的色彩。我站在窗前，顺着斜辉朝外眺望，月光在对面幽幽的山峦间搭起一座水晶般的桥梁，我那悠悠的思绪也被牵向了远方……

2. 一阵风把蜡烛吹灭了。月光照进窗子，茅屋里的一切好像都披上了银纱，显得格外清幽。贝多芬望了望站在他身旁的兄妹俩，借着清幽的月光，按起了琴键。

3. 将圆未圆的明月，渐渐升到高空，一片透明的灰云，淡淡地遮住月光。田野上面，仿佛笼起一片青烟，朦朦胧胧，如同坠入梦境。晚云飘过之后，田野上烟雾消散，火一样的清光，冲洗着柔和的秋夜。

4. 我将淡淡的玫瑰色梦境交给心会的知音，你是否和我一样感觉到清纯的琴韵。我用满怀柔情的心，将那一缕缕梦之光、梦之色渲染着咫尺天涯的美丽。当姹紫嫣红漫山遍野开放的时候，你是否和我一样听见了那朵花开的声音。

### （十）精神振奋

1. 中华体育健儿近日连连为祖国争光，他们在一系列国际比赛中所表现的精神风貌和高超技艺多么激动人心啊！“我们中华民族‘有自立于世界民族之林的能力’”“团结起来，振兴中华”。这是十几亿人民的共同心声。

2.“守卫祖国的大门一刻也不能忘，除夕之夜我要为祖国站岗”。一曲听罢，余音袅袅，宽广如海的音域，纯正完美的唱功，炉火纯青的演唱技巧让歌迷流连。那种豪迈真挚的情怀，那种心胸壮志的纯美和质朴，给亿万华夏儿女带来启迪之余，又增添了使人振奋精神、斗志昂扬、充满向上的无穷力量。

3. 青春的拼搏是人生一道洒满阳光的风景，是一道转瞬即逝的彩虹，是一首用热情奏响的乐章。青春既是一个极具诱惑力的话题，又是一种感觉。于是，诗情画意的梦，天真纯洁的幻想，无忧无虑的日子，构成了一幅美丽的青春画卷。蓦然回首，你发现在天蓝风轻的春光中，一切都像是透明的，从而感到一种超然的力量在心底爆发，时刻提醒着我们要永远向前。生命易老，时光飞逝，无论失败或是成功，青春的痕迹告诉我们永远努力奋斗。我们拥有青春，就如朝阳蓬勃向上；我们拥有青春，就如山溪不羁奔流；我们拥有青春，就如幼蚕破茧而出。

### （十一）深切缅怀

1. 双腿瘫痪后，我的脾气变得暴怒无常：望着窗外天上北归的雁群，我会突然把面前的玻璃砸碎；听着李谷一甜美的歌声，我会猛地把手边的东西摔向四周的墙壁。母亲这时候就悄悄地躲出去，在我看不见的地方偷偷地听着我的动静。当一切恢复沉寂时，她又悄悄地进来，眼圈红红地看着我。“听说北海的花儿都开了，我推着你去走走。”她总是这么说。母亲喜欢花，可自从我瘫痪以后，她侍弄的那些花都死了。“不，我不去！”我狠命地捶打这两条可恨的腿，喊着：“我活着还有什么劲！”母亲扑过来抓住我的手，忍住哭声说：“咱娘儿俩在一块儿，好好儿活，好好儿活……”

2. 1976年9月9日，一颗硕大的星斗陨落了。纵然用“群山肃立”“江河挥泪”这样的词汇，也已经无法表达当时中国人悲痛欲绝的感情。一切归为静默，举国都在悲恸。悲恸和担忧组成了一块巨石，沉重地压在国人心头，老百姓说，天塌了……那时候，我刚入高中不到一个月，我听到学生们在痛哭，老师们在痛哭，学校周围的群众也在痛哭。我看到人人胸前别着白花，胳膊上戴着黑纱，面容里流露出不尽的哀思。我家乡的一位享誉全国的劳动模范，一路呼天抢地奔向设在公社大院里的灵堂。灵堂前人山人海，泪雨滂沱，公社的院子里已盛不下这太多的悲愁。

3. 我拉着行李箱站在校门外，身边匆匆走过的人群，依然有着青春洋溢的面庞。多年前我带着无数期待站在这里，多年后我带着我的得到和失去从这里离开。我知道我该和青春道别，我知道那个懵懂纯真的自己依然留在象牙塔里与我挥手说再见。感谢青春无悔，感谢青春永恒。

### （十二）热情风趣

1. 开了两天会，终于谈到了文学。上个月，我因为胃出血住进了医院，出院以后身体虚弱，本来想跟有关方面打个招呼，在家养病，不来参加这个会议。但我妻子说：既然已经答应了别人，就应该信守承诺，尽管你一爬楼梯就冒虚汗，但我建议你还是要去。你若不去，对会议主办方很不尊重。听妻子话，我来了。我临出门的时候，妻子对我说：听说德国的高压锅特别好，你买一个带回来。我这才明白她让我来的真正目的是让我来买锅。我前天上午已经完成了任务，买了个高压锅在床头放着。

这次来呢，我还知道德国某些媒体给我身上背了一个黑锅——非常抱歉，可能给同传翻译的女士增加了困难，中国人将强加于自己的不实之词称为“背黑锅”——中国有一些小报经常这样干，经常造我的谣言。我没想到像德国这样号称严谨的国家的媒体也会这么干。由此我也明白，全世界的新闻媒体都差不多。

这次我来法兰克福，收获很大，买回了一个银光闪闪的高压锅，同时卸下了一个黑锅。我是山东人，山东人大男子主义，如果一个男人听老婆的话会被人瞧不起的，我这次来才体会到老婆的话一定要听。我如果不来，第一买不回高压锅，第二我的黑锅就要背到底了。我老婆的话体现了两个很宝贵的原则：一个是要履行承诺，答应了别人一定要做到；第二个就是别人好的东西我们要拿过来。德国的锅好，我们就买德国的锅。我老婆的这两点宝贵品质值得很多人学习。

前天晚上我给她发了个短信，把我这次的行动做了汇报。她给我回短信：再买一个高压锅。两个高压锅太沉了！我就给她撒了一个谎：德国海关规定每个人只能买一个高压锅。假如我们的德国朋友不反对，不怕中国人把德国的高压锅买得涨价的话，我回去会利用我在中国的影响，写文章宣传德国锅的好处，让全中国的家庭主妇都让她们的丈夫来买锅。

2. 亲爱的同学们，有首歌唱的是“明天会更好”，是为了给人信心与鼓励。其实现实生活里明天会不会更好不知道，但明天会更老是确定的。岁月要走过，才知道它的凌厉。到了某个年纪不得不承认地心引力的厉害，器官样样俱在，只是都下垂，所谓的“万般皆下垂，唯有血压高”。

中年后的身体起了很大的变化，苹果变成梨子型，坐着打瞌睡，躺着睡不着。想记的记不起来，想忘的忘不掉。更糟的是哭的时候没眼泪，笑的时候一直擦泪。头上是“白发拔不尽，春风吹又生”，男士们的发型也个个如小说家莫言所说的“地方支持中央”——两边往中央梳，遮住稀疏的部分。记忆力明显衰退，从一个房间走到另一个房间，就是想不起到这儿来要做什么？忘了刚刚说过的话，变得一再重复碎碎念。一位老先生甚至说他有一次竟然笑到一半忘记为何而笑。

少年夫妻老来伴，中年夫妻怎么办？有人形容食之无味，弃之可惜，彼此的坏习惯改不了，有的夫妻是什么项目都可以吵，从来没有妥协过，想想婚前是“好有话说”，婚后变成“有话好说”。每个来到世间的生命，像“整存零付”一样，一点一滴地离去，刚刚才是意气风发的少年，一转眼变成中年，还有人要讥笑一些老年人说是“知识退化，器官老化，思想僵化，等待火化”。

所以心理建设靠自己，要人老心不老，皱纹长在脸上，不长在心上。再想想许多人没有老的权利，年纪轻轻的就归天了。生活态度也要调整，以前用健康换金钱，现在要用金钱换健康。有所谓的人生三历：少年争取的是好学历，中年成功与否看经历，年纪越来越大就要留意病历。

无论如何，祝亲爱的各位兄弟姐妹们健健康康，快快乐乐，心如顽童，笑口常开，向天再借五十年！好吗？

3. 阿凡提最痛恨那些不劳而获的阿訇、财主和官老爷们，尽想着法儿作弄他们，为穷人出气。有一天阿訇要阿凡提给他理发。这个阿訇无论走到哪里，吃喝玩乐从不掏钱，每次叫人理发自然也是如此。今天，阿凡提决定好好整治整治他。阿凡提把阿訇的头剃得光光的，然后笑嘻嘻地说:“请问尊敬的阿訇，你要眉毛吗？”阿訇说:“当然要！”“好，你要眉毛，我这就给你。”阿凡提说着，“嗖嗖嗖”几下子，就把阿訇的两道眉毛刮了下来，递到他手里。“你，你……”阿訇跺着脚叫了起来。阿凡提却不管，又笑道:“阿訇，胡子你要吗？”阿訇连连摆手说:“不要，不要！”“好吧，你不要就不要！”阿凡提又挥刀，把阿訇的胡子统统刮了下来，甩在地上。阿訇对着镜子一照：啊呀！这还像什么样呢？自己的脸蛋和下巴都刮得精光，活像个光溜溜的大青鸭蛋啦！“好个阿凡提，你敢这么侮辱我！叫我怎么还走得出去！”阿凡提说:“咦？难道我不都是按照你的吩咐去做的吗？要是依我的话，别说你的眉毛、胡子，就连你的头发，我都不愿意剃下来呢！”阿訇辩不过阿凡提，只好捧着那颗世界上最最光亮的脑瓜儿，灰溜溜地走了。

### （十三）启发诱导

1. 有人说，人的一生有三天：昨天、今天和明天，这三天组成了人生的三部曲。但我说，人的一生只是由无数的今天构成的，因为不会珍惜今天的人，既不会感怀昨天，也不会憧憬明天。乐观的人，喜欢描述明天的美好前景；悲观的人，总担心明天会发生什么不测。但生命的内涵只在于今天，生命是宝贵的，它是由一分一秒的时间堆积而成的，珍惜今天就是珍惜生命，荒废了今天就是荒废了生命。我们不应该在昨天寻觅什么，也不应该向明天祈求什么，最重要的是怎样对待今天。在这有限的时间里努力学习，抓紧今天的分分秒秒，用今天的努力去弥补昨天的空隙，去实现明天的崇高理想。

2. 一个人，不要把太多的心思花在取悦别人身上，所谓的圈子和资源，其实都只是衍生品。生活中，最重要的是提高自己的内功，自己修炼好了，自然会有人来亲附你。你是梧桐，凤凰来栖；你是大海，百川汇集。当你达到那个层次了，才会有相应的圈子，而不是倒过来。特别是女人就该多见世面。旅行，读书，但凡使内心更丰富的事情，即便强迫自己也要多去尝试。人的狭隘，纠结，怯弱，全都是因为世面见得少。岁月会把你变成妇女，经历却让你成为富女。我们必须很努力，才会成为自己喜欢的人。

3. 我们纪念五四运动，目的在于弘扬五四精神，肩负历史使命。就是要树立理想，立志报国。要勤奋学习，勇于实践。要在实践中锻炼品格，磨炼意志。在学习文化知识的同时学习做人。要守时守信，做文明的公民。既有理想，又要着眼于现实，从身边小事、力所能及的事做起。要勇于奉献。尽管在知识经济时代，我们不再需要为追求光明和自由而抛头颅、洒热血，但“我为人人”的奉献精神，仍应得到弘扬。因为新时代下我们有着我们新的“中国梦”，中国梦的实现需要我们的励精图治，需要我们每一位中国人贡献自己的力量，因为“中国梦”是我们十三亿国民共同的梦！

## （十四）坚定昂扬

1. 任脚下响着沉重的脚镣，任你把皮鞭举得高高，我不需要什么自白，哪怕胸口对着带血的刺刀！人，不能低下高贵的头，只有怕死鬼才乞求“自由”！毒刑拷打算得了什么？死亡也无法叫我开口！对着死亡我放声大笑，魔鬼的宫殿在笑声中动摇。这就是我——一个共产党员的自白，高唱凯歌埋葬蒋家王朝！

2. 在这个世界上，什么样的人最高贵呢？我的回答是：劳工最高贵。我们吃的粮，我们穿的衣，我们住的房，哪一个不是劳动者所创造的呢？大家拼命干活，却吃不饱、穿不暖、住不踏实，你说！这合理吗？不合理。对，不合理！所以，我们应该团结起来，发动罢工！在厂主、资本家面前，展示我们的力量，夺回我们应有的权利。工友们，未来，劳工所拥有的，将是整个世界，劳工万岁！

3. 风，呼呼地刮着。雨，哗哗地下着。黑暗笼罩着大地。“要记住革命！”——我想起他牺牲前说的话。对，要记住革命！我抬起头来，透过天边的风雨，透过无边的黑暗，我仿佛看见了一条光明的大路，这条大路一直通向遥远的陕北。我鼓起勇气，迈开大步，向着部队前进的方向走去。

### （十五）亲切自然

1. 园林建筑的艺术处理，是处理空间的艺术。中国的园林是很发达的。北京故宫三大殿的旁边，就有三海，郊外还有圆明园、颐和园等，这是皇帝的园林。民间的老式房子，也总有天井、院子，这也可以算作一种小小的园林。宋代郭熙论山水画，说“山水有可行者，有可望者，有可游者，有可居者”。可行、可望、可游、可居，这也是园林艺术的基本思想。园林中也有建筑，要能够居人，使人获得休息，但它不只是为了居人，它还必须可游、可行、可望。“望”最重要。一切美术都是“望”，都是欣赏。不但“游”可以发生“望”的作用（颐和园的长廊不但引导我们“游”，而且引导我们“望”），就是“住”，也同样要“望”。窗子并不单为了透空气，也是为了能够望出去，望到一个新的境界，使我们获得美的感受。

2. 只要有什么细小的东西落入眼里就会引起流泪，甚至葱的气味，也会催人泪下。一般情况下，每分钟人眼眨13次左右。眨眼，就是让眼皮压迫泪水，把落入眼里的小异体冲洗到眼角，然后，再流到鼻腔内排除。泪水的成分包括油质、黏蛋白、水状液以及盐、糖、蛋白质，人体每天约产生一克左右的泪水，大部分都是眨眼时蒸发了。泪水既可使人的眼皮能够自由地在眼球上活动，又可杀死细菌。

流泪最多的情况是哭。哭，是一种安全、健康地发泄自己的强烈感情的方法。否则，强压于体内，它终究要以其他带有危险性的方式表现出来。某医生见过一起病例，一个内向的女人，遇到感情大波动时常常会全身起疙瘩，而有一次，她大哭了一场则没有这事了。医生还发现，由于父母不让婴孩啼哭，孩子就经常用哮喘的方式来引起父母的注意。实际上，啼哭是婴孩发育的一个组成成分。哭，不仅可以扩大婴孩的肺活量，而且还可以增强将来用以说、唱的肌肉组织，并且也是学会说话以前，婴孩向大人表达思想的一种方式。

3. 在某些个时刻，我会轻轻打开记忆之门，让那些躲在微风中浮动的思绪，陶醉在有大朵大朵白云的蓝天下，然后我驾驶一些想象，穿过云雾抵达一个理想的境地。用心去体会平凡生活里的感动，去感受平淡生活中的幸福。原来感动无处不在，仿佛泉水是滋养生命的，但是，我们却匆匆走过，忍受着干渴。在这个世界上有时心累，有时身累，有时候，人生仿佛就是天涯苦旅。但是，头顶的雄鹰突然掠过，让人顿感一丝惊喜，一种生命的力量，这就是感动不期然地来临。感动，仿佛纯棉呵护我们的身心，让我们常住在体贴入微的幸福家园之中。无论是柳树的自然之美，一个幼儿长大成人的细枝末节，还是人间辛酸唤起的良知援助，都是感动之花开放的枝丫，都为我们结出幸福的果实。

## （十六）庄重严肃

1. 据新华社 4 月 12 日电：外交部发言人洪磊 12 日说，中方已就日本内阁总务大臣新藤义孝参拜靖国神社向日方提出严正交涉和抗议。日本内阁成员参拜供奉有二战甲级战犯的靖国神社，再次反映出日本现内阁对待历史问题的错误态度。中方已向日方提出严正交涉和抗议。他说，日本切实正视和深刻反省过去那段侵略历史，同军国主义划清界限，是战后中日关系重建和发展的重要政治基础。我们敦促日方在历史问题上端正态度。

2. 新华社消息：外交部新闻发言人今天下午发表谈话说，中国政府和人民对南非军队 6 月 14 日入侵博茨瓦纳首都哈博罗内表示极大的愤怒和强烈的谴责。发言人指出，南非当局对博茨瓦纳的袭击不是一个孤立事件。事实一再证明，南非当局顽固地坚持破坏邻国稳定和种族主义政策是南部非洲局势动荡不安的根源。他说，南非当局种种倒行逆施，只会激起非洲国家和人民更加强烈的反抗和更大的义愤。博茨瓦纳、安哥拉和莫桑比克等非洲前线国家反对种族主义、维护国家主权和领土完整、支持纳米比亚人民争取独立的斗争，得到全世界所有主持正义的国家和人民的同情和支持。中国政府和人民将一如既往，坚定地站在非洲国家和人民一边，坚决支持他们的正义斗争。

3. 新华网北京 5 月 15 日电：最高人民检察院检察长曹建明 15 日在最高检党组会议上强调，检察机关作为反腐败的重要职能部门，必须保持对自身腐败问题的零容忍。对办关系案、人情案、金钱案和索贿受贿、徇私枉法等执法犯法问题，坚决严肃查处，决不能出现“灯下黑”。曹建明强调，检察机关要始终坚持把强化自身监督放在与强化法律监督同等重要的位置来抓，敢于用比监督别人更严的要求来监督自己。要紧紧围绕领导干部的用人权、决策权、财经权和管理权，针对容易发生执法不严、司法不公问题的重点领域和关键岗位，继续狠抓《检察人员八小时外行为禁令》《关于规范检察官与律师交往行为的暂行规定》等制度的执行和落实，强化对检察权运行的监督制约，严密制度的笼子。

### （十七）批评教育

1. 中国的学生从小就被强迫着去学习很多东西，其中的很大一部分是不知道为什么而学的。努力地学，盲目地学，仅仅是为了考出个好成绩，以得到父母和老师的表扬，还有同学的羡慕。就这样，慢慢地在学生的意识中就形成了这样一种错误的学习意识——为了考试而学习，为了虚荣而努力。直接导致了中国的学生动手和实践能力的下降。这到底是谁的错？父母？老师？中国的父母望子成龙望女成凤的观念，使得他们对自己的儿女要求非常苛刻！过度的强求而不是理智的引导给自己的儿女造成了巨大的压力！可怜天下父母心，有时候是赞美有时候却是讽刺。

2. 说到传销，大家并不陌生，甚至会有恐惧之感，那到底什么是传销呢？传销是指组织者或者经营者发展人员，通过对被发展人员以其直接或间接再发展的人员数量或者销售业绩为依据，计算和付给报酬，或者要求被发展人员以交纳一定费用为条件取得加入资格的方式，牟取非法利益。这种行为扰乱经济秩序，影响社会稳定，坑害了家人、朋友，然而利益却让传销屡禁不止。

传销组织中，发展下线被称作邀约“新朋友”。什么人最容易成为对象呢？往往“怀才不遇”者、下岗者、负债人、毕业生、推销员和待业者是最佳发展对象。这些人多数对现状不满，对金钱的渴望比一般人高。此外，还有“五同四友”（同学、同宗、同事、同乡、同好；朋友、酒友、战友、室友）也是最易受骗对象。这是因为大家彼此熟悉，防范心理较弱，最容易成为被欺骗的对象。

3. 齐鲁网济南 4 月 11 日讯：山东质检部门日前发布第一季度塑料购物袋产品质量监督抽查结果。全省接受抽查的 24 家企业生产的 30 批次塑料购物袋产品中，济南丰稳塑胶有限公司、潍坊中百实业发展有限公司、济南聚能塑料制品厂等五家企业登上黑榜，六批次产品不符合相关标准的要求，不合格率高达两成。

本次抽查，山东省质量技术监督局依据《塑料购物袋的环保、安全和标识通用技术要求》和《塑料购物袋》等标准的要求，对塑料购物袋产品的标识、提吊试验、跌落试验、漏水性、封合强度、落镖冲击、感官、蒸发残渣（4%乙酸、65%乙醇、正己烷）、高锰酸钾消耗量、重金属、脱色试验共计11个项目进行了检验。

### （十八）悲愤激昂

1. 且忆岳飞，更揾一把英雄泪。忘不了，这一天，公元1142年元月的除夕之夜，临安上空彤云密布，朔风阵阵，凄凉森人，鬼哭神惊，一代名将岳飞被赵构、秦桧冤杀在风波亭。临刑前，岳飞满腔悲愤，仰天长啸，恨报国无门、忠君无路，蒙受这千古奇冤，“天日昭昭，大日昭昭”！

且忆岳飞，更揾一把英雄泪。忘不了，“三十功名尘与土，八千里路云和月”。十余年间，在抗金保国、收复中原的征程上，他率领岳家军纵横驰骋，所向披靡，收复襄阳六郡，鏖战洞庭湖，接连取得郾城、颍昌、朱仙镇大捷。忘不了，岳家军威震中原，打破金兵的“铁浮屠”“拐子马”，打败金兀术，令金兵谈之色变，哀叹“撼山易，憾岳家军难”！

2. 这几天，大家晓得，在昆明出现了历史上最卑劣最无耻的事情！李先生究竟犯了什么罪，竟遭此毒手？他只不过用笔写写文章，用嘴说说话，而他所写的，所说的，无非是一个没有失掉良心的中国人的话！大家都有一支笔，有一张嘴，有什么理由拿出来讲啊！有事实拿出来说啊！为什么要打要杀，而且又不敢光明正大地来打来杀，而偷偷摸摸地来暗杀！这成什么话？

今天，这里有没有特务？你站出来！是好汉的站出来！你出来讲！凭什么要杀死李先生？杀死了人，又不敢承认，还要诬蔑人，说什么“桃色事件”，说什么共产党杀共产党，无耻啊！无耻啊！这是某集团的无耻，恰是李先生的光荣！李先生在昆明被暗杀，是李先生留给昆明的光荣！也是昆明人的光荣！

3. 战斗很惨，鬼子的进攻也越来越猛烈。每一次的枪声过后，我都会看到我的弟兄们一个个掉下马去。他们有的身首异处，有的甚至被砍得血肉模糊，但是他们没有一个放弃，更没有一个当逃兵。我们这些弟兄，有的还只有十几岁，但是他们却像他们的父辈一样，拿着马刀去砍杀敌人。

日本鬼子！你们抢光我们的粮食，烧光我们的房屋，杀光我们的父老乡亲，你们甚至不放过一个孩子、一个年迈的老人。你们这帮畜生，有种我们在战场上拼刺刀，这才是真正的军人！

## （十九）热情歌颂

1. 感动中国颁奖词——刘盛兰

推选委员评价：“走过古稀，走过耄耋，老人没有更多的言语，独以无声的行动有力诠释着一个伟大民族对教育的深刻理解。”“感动中国”推选委员吴孟超说：“正是这份爱心，这份执着感动着身边的人。”

颁奖词：风烛残年，发出微弱的光，苍老的手，在人间写下大爱。病弱的身躯，高贵的心灵，他在九旬的高龄俯视生命。一叠叠汇款，是寄给我们的问卷，所有人都应该思考答案。

2. 感动中国颁奖词——陈俊贵

推选委员评价：“感动中国”推选委员说，义薄云天是对陈俊贵最好的评价。黄宏：一句嘱托守护了一生。

颁奖词：只为风雪之夜一次生死相托，你守住誓言，为我们守住心灵的最后阵地。洒一碗酒，那碗里是岁月峥嵘；敬一个礼，那是士兵最真的情义。雪下了又融，草黄了又青，你种在山顶的松，岿然不动。

3. 每一个患者在病魔的折磨中，都会感到护士的亲切温暖，她为你的痛苦而焦虑，为你的痊愈而欢欣。接你进来的时候，和你一样愁眉不展；送你出去的时候，和你一样笑容满面。她，为了生命的安全，为了别人的欢乐，走遍了各个房间，踏破了一道道门槛，日夜不眠，汗水成串；她，不为名不图利，用自己的生命和热情，协助大夫使无数垂危的生命，起死回生，转危为安；她，默默无闻地为患者贡献出自己的青春、智慧和心血。护士的这种高尚品德，我们各行各业的人无不肃然起敬。

4. 师恩浓浓，师恩难忘。人生从幼到老，从无知到有识，会经历很多事，结识许多的人，扮演许多不同的角色。相信你不会忘记在你的一生中曾经有一些人，一度成为你生活中非常重要的，而最终成为你永生难忘的人。他们曾经教我们描绘第一笔人生的蓝图；他们曾经把我们从无知的荒漠引领到知识的绿洲；他们批评过，表扬过，也鼓励过我们；他们伴我们走过一段容易跌倒、彷徨、迷途的道路；他们是我们成长岁月里最可信赖的朋友；他们做过我们迷茫时的灯，引导我们通向理想彼岸；他们给过我们慈母般的爱和严父般的教导……

### （二十）热烈欢呼

1.“孙杨！孙杨！”“孙杨，加油！”全场热情的欢呼声，宣告着大牌来了！9月4日上午，第十二届全运会游泳项目正式拉开战幕。比赛首日便迎来了最耀眼明星、伦敦奥运会双冠王孙杨。在男子四百米自由泳预赛上，他毫无悬念地以第一的名次晋级，为了及时回应大家的支持，上岸后向看台上观众示意的他，还一时大意“跌入”水中。

2. 随着暴风雨般的掌声，陈镜开踏上了举重台。他在杠铃面前又做了一次深深的呼吸，全场安静得只听见电影摄影机卷动胶片的“吱、吱”声，三千多人都能清楚听见自己的心在猛烈地跳动。一瞬间，他把杠铃提起来了，翻在胸前锁骨的前面，他猛然一举，只听见一声吼叫，151.5公斤，几乎是陈镜开的体重三倍的杠铃被高高地举在头顶。新的世界纪录又诞生了……

3. 甲：观众朋友们，还有两分钟我们将迎来新的一年。我相信在即将过去的龙年里，我们每个人心里都有许许多多点点滴滴堆积起来的幸福、快乐和美好，当然也许也会有些许的遗憾和不如意，不要紧，让我们抓住这美好的除夕之际，整理心情放飞梦想。让我们一同祈福，国泰民安、风调雨顺、事业顺达、家庭和睦、身体健康！让我们一起带着一颗阳光而又灿烂的心去拥抱一个崭新而明媚的春天！

乙：亲爱的观众朋友们，新年的钟声马上就要敲响了，此时此刻在我们眼前仿佛出现了一个大大的“梦”字，这梦里有强国有富民，有期盼更有实干，在新的一年里让我们共同在通往建成小康社会的圆梦之路上，昂首阔步，勇往直前，去构筑一个更加结实、更加美丽的中国梦。朋友们，举起手上的灯笼吧，点亮灯笼也点亮希望，祝福新春中国幸福启航。亲爱的朋友们，准备好迎接新年的到来吧！倒计时：五——四——三——二——一。

## 二、情感表现文体篇章练习

### （一）现代诗歌

要把握思想内容，确定情感基调。首先，应当分析作品，了解其时代背景、作者生平，然后再根据主题确定感情基调。其次，根据情感需要，确定朗诵的节奏。现代诗歌朗诵的节奏也有一定的规律，若内容上是欢快、激动或紧张的，语速则快一些，语调以上扬为主。若是悲伤的则反之。还要根据诗歌特点，体现诗歌的音乐美。现代诗歌朗诵，一定要打破诗行与标点符号的限制，正确地处理好停顿，节奏自然，诗歌才富有音韵美。最后，要根据诗歌意境，确定重音和长音。诗歌朗诵，语音有轻有重，有音长音短，不仅要加强诗歌情感，而且要能将诗歌的韵味体现出来。

## 别一样的，乡愁

佚　名

练习要点：诗歌的作者在异地独自一人，十分孤独，与潮为伴，与鹅为伴。南飞的雁更反衬出作者的孤独。朗读时应突出对家乡的思念以及伤感、无奈的感情。整体感情基调应是低沉、伤感的。

为了接近一个秋天，
我穿上了长长的灰色外套。
像一个沉默的老人，
坐在岸边看着潮落。
一群在岸边嬉戏的鹅，
沉寂下来的时候，
南飞的雁阵从头顶掠过。
那些鹅，一起抬头目送大雁远去。
从此，我也拒绝了春草和北风。

## 两千年前的闪击（节选）

王开岭

练习要点：这是一篇写荆轲刺秦王的诗，反映了荆轲不得不去的无奈之情和必须去的使命感。诗歌的上半段写荆轲的心理活动，下半段写荆轲的死。诗歌的感情基调前半段应是沉重、紧张的，后半段则有感动、钦佩以及赞扬的感情。

从易水河到咸阳宫，每一寸都写满了孤独和忧郁。
那横空出世的孤独，那种我不去谁去的剑客的自豪。
是的，没有谁比你的剑更快，
你是一条比蛇还疾的闪电。
闪电正一步步逼近黑夜，逼向黑暗中硕大的首级。
风萧萧兮易水寒，壮士一去兮不复还。

一声轰响，石破天惊的一声轰响。
接着，便是身体重重摔地的沉闷。
死士，他的荣誉就是死。
没有不死的死士，除了死亡还有世人对他的感动和钦佩。
一个凭失败而成功的人，你是第一个。
一个以承诺换生命的人，你是第一个。
你让荆轲这两个普通的汉字成为一个万世流芳的美学碑名。
我将穿越，但永远不能抵达。

## 第八碗罪恶

**邹　勇**

练习要点：作品借助启示录的典故，抒写出一篇神人共泣的爱情故事，表达了对爱情的绝望。把握诗歌的基调，体现悲伤愤怒的心境，节奏松弛有度。

当尘世染指了妃子，
当忧伤浸没了灵魂，
沉重的夜幕下，
便安静了些许欢笑，
安静了深情的悲伤。
惊醒于噩梦中的空虚，
勾勒出凄凉的繁华，
载着末日爱情的灵车，
驶向天堂。
带着一把残破钥匙，
打开阴间的大门搜寻，
编织着夕阳的落魄，
——
烟雾模糊了泪花。
叹息释放了罪恶，
末日的审判如期到来。
撕不裂的第四印，
触碰不到的第八碗，

演绎着末日的恐惧。

——

血红色墓碑，
埋葬了青春的浮华。
飞舞在坟地上的梧桐叶，
哀婉着绝望的诗歌。
演绎出第八只号筒的旋律，
嘲笑那被末日湮灭的爱情。

——

上帝的审判中，
黄昏战胜了激昂。
拼凑出死亡的前奏，
灾难伴随着第一印的开启而到来。
第七只金碗的倒下象征着灾难的结束。
未知的第八碗，
仿佛在等待着爱情的碎片，
填满它罪恶的内心，
最后撒向人间。

## 歌颂母亲

**佚　名**

练习要点：下面这首歌颂母爱的诗歌，感情深沉。要求吐字清晰饱满、颗粒性强。运用音长，气息要深匀，朗读时缓缓吐气，弱控制力较强。

母亲啊，
你能否用枯树皮的手，
拂去自己早已两鬓斑白的沉霜？
我知道，
红丝带的蝴蝶结漂白那记忆中的黑发，
已经久远了。
母亲啊，
你若无其事，

还是轻轻蠕动一嘴松动的齿牙，
不紧不慢，
和着泪帘里的笑，
吟唱童年犹新的曲曲歌谣。
回忆是思念的蛇，划出一个字，
蜿蜒行进在，
我今生余痛的残墨。
母亲啊，
你仍不惜用这干裂的舌芯，
舔尽我高傲的毒。
我在你的面前，
永远是长不大的孩子。
所以，隐约一种叫作母爱的话题，
无疑是游子们，最愚蠢的伤。
母亲啊，
曾经芳名如菊的人儿，你老了。
白色瓷瓶的边缘有你剩余的药香。
素绢深旧年华，操持中，
拭透慈爱的心扉。
至今却依然，掩映不住你关怀的疯长。
秋风已起，即使孤影里，
母亲啊，
你也别着凉。
无论何时何地，
夕阳要紧依一种叫作儿女的拐杖。
而你，所孕育的沃土上，
植被覆盖的种子都在发芽，茁壮成长。
而我，此刻，
只想听你呼唤一声，我的乳名。
恍惚中，
母亲啊，
我好像回到院落，那幼时汲水的井旁。

## 在大风暴来临的时候

**顾　城**

练习要点：下面这首诗歌表达了作者对梦想的坚定不移，对光明的执着追求及信念。要求用声吐字，刚中有柔，柔中带刚，坚定有力，充满信心。前半部分用声时偏弱，吐字力度可由偏弱逐渐加强，气息可由偏小气量逐渐扎实有力，沉稳托底；后半部分可使声音结实有力，富有热烈的情感。

在大风暴来临的时候，
请把我们的梦，一个个，
安排在靠近海洋的洞窟里。
那里有熄灭的灯和石像，
由玉带海雕留下的，
白绒毛，在风中舞动。
是呵，我们的梦，
也需要一个窝了。
一个被太阳光烘干的，
小小的，安全的角落。
该准备了，现在，
就让我们像企鹅一样，
出发，去风中寻找卵石。
让我们带着收获归来吧，
用血液使她们温暖，
用灵魂的烛光把他照耀。
这样，我们才能睡去，
——永远安睡，
再不用，
害怕危险的雨，
和大海变黑的时刻。
这样，才能醒来，
他们，
才能用喙啄破湿润的地壳，
我们的梦想，才能升起，

才能变成一大片洁白。
年轻的生命，继续飞舞，
他们，
将飞过黑夜的壁板，
飞过玻璃纸一样薄薄的早晨，
飞过珍珠贝和吞食珍珠的海星，
在一片湛蓝中，
为信念燃烧！

### （二）小说

小说是通过完整的故事情节和具体的环境描写，塑造典型、鲜明而又丰富多样的人物形象，多方面反映社会生活的一种文学样式。因为小说有人物、环境、情节等要素，而且大多篇幅较长，故事发展过程复杂多变，在朗读时就需要综合运用多种技巧。具体包括（1）通读全篇，把握整体；（2）选取小说中的精彩片段作为朗诵材料；（3）根据结构特点，采用多种表现方式；（4）通过动作语言，变换人物形象；（5）根据人物性格特点，使用个性化语言；（6）根据小说文体特点，把握朗诵分寸。

#### 狼图腾（节选）

姜　戎

练习要点：故事通过写人的心理和马的活动来凸显狼的特点。激烈的人、马和狼的对抗环节充满紧张与恐怖气氛，节奏很快。

在惨白模糊的电筒光柱下，两个马倌又一次目击了几乎年年都有的草原屠杀。但这一次令人更加不能接受，因为这是一群马上就要参军入伍，代表额仑草原骄傲和荣誉的名马，是一次一次草原屠杀中从狼口脱险的运气好马，也是马倌这么多年拼死拼活、提心提命养大的心肝宝贝。就这样眼睁睁地看着狼群连杀带糟蹋，巴图和沙茨楞连哭都哭不出来，他俩全身憋满的都是愤怒和紧张，但他们必须忍住、压住、镇住，竭力保住剩下的马群。巴图越来越揪心，以他多年的经验，他感到这群狼绝不是一般的狼群，它们是由一条老谋深算、特别熟悉额仑草场的狼王率领的狼群。那些怀恨肉食被盗的公狼疯了，丧子的母狼们更是疯得不要命了，可是，狼王却没有疯。从狼群一次又一次押着马群往南跑，就可以猜出狼王到底想干什么，它就是铆着劲，不惜一切代价想把马群撵到南边的大泡子里去，这是草原狼王的惯招。巴图越想越恐惧，他过去见过狼群把黄羊圈进泥泡子，也见过狼群把牛和马赶进泡子，但数量都不算大。狼把一整群马圈进泡子的事，他只听老人们说过，难道他今晚真是撞见了这么一群狼？难道它们真要把整个马群都一口吞下？巴图不敢往下想。

巴图用电筒招呼了沙茨楞，两个马倌豁出命从马群的西侧面绕冲到马群的东侧面，直接挡住狼群，用套马杆、用电筒光向狼群猛挥、猛打、猛晃。狼怕光，怕贼亮刺眼的光。两个人和两匹马，在微弱无力的手电筒光下前前后后奔上跑下，总算挡住了马群东侧一大半的防线。马群从巨大的惊恐中稍稍喘了口气，迅速调整慌乱的步伐，抓紧最后的机会，向大泡子的东边冲去。马群明白，只要绕过泡子，就可以顺风疾奔，跑到主人们的接羔营盘，那里有很多蒙古包，有很多它们认识的人，有很多人的叫喊声，有很多刺眼的光，还有马群的好朋友——凶猛的大狗们，它们一见到狼就会死掐，主人和朋友们都会来救它们的。

## 穆斯林的葬礼（节选）

**霍　达**

练习要点：选段主要以悲伤的感情为主，从对爱情的感悟出发，悲痛、遗憾、自责等多种情愫复杂交织，悲壮感人。稿件创作以实声为主，辅以虚声。

“奥立佛！”一声撕裂肺腑的惨叫，亨特太太昏倒在儿子的胸膛上！

奥立佛再也听不到妈妈的呼唤，再也不能解释他为什么昨夜未归，这个世界上，谁也不知道他生命的最后时刻是怎么度过的。但是，他的双手仿佛在诉说着这一切：他死了，手里还紧紧地握着带给家里的圣诞树，握着一束含苞待放的玫瑰，鲜红鲜红的，像玛瑙，像热血！他的臂弯里，一个倾倒的纸袋撒落了一片栗子，那栗子不是糖炒的，比北平的差多了……也许，他正是为了采购这一切才误了那顿丰盛的晚餐？也许，他相信一定能抢在警报拉响之前赶回家里？在匆匆回家的路上，他一定是充满了欢乐，充满了幸福，充满了爱，而没有痛苦。如果再早一步，他将给全家带来皆大欢喜。然而没有。为什么警报拉响的时候不躲一躲呢？也许他那时刚刚在“大棚子”果品店买了最后一样礼物——栗子，突然的危险信号使他有过片刻的犹豫：是退回地铁呢，还是赶快跑回家？很显然，他选择了后者，他也许像某些人一样对警报这玩意儿已经“疲”了，不大相信德国人的炸弹一定会落到自己身上，他太相信自己的那一双长腿了，想抢在轰炸之前见到他急于要见的人，把一切都忘了！他的身边没有弹坑，密集的炸弹并没有不偏不倚地朝他当头落下，那样他就粉身碎骨了，结束他的生命的也许只是一块小小的弹片，对血和肉的肌体来说，这就足够了！

## 弃婴（节选）

**莫　言**

练习要点：选段内容通篇都是绝望无奈的色彩。前两段带着仇恨的色彩，含有对无法养活弃婴所产生的无奈及对自身产生的质疑；后几段则带有纠结之情，充满对弃婴的不舍以及人性的挣扎。

女婴胃口极好，哭声洪大有力，简直不像个初生的婴儿。我蹲在筛子旁为她喂奶时，看着她吞没了整个乳头的小嘴，看着她因疯狂进食脸上出现的凶残表情，心里泛起灰白的寒冷。这个女婴令我害怕，她无疑已经成为我的灾星。有时我想，我为什么要捡她呢？正像妻子训导的一样：她的亲生父母都不管她了，你充什么善人？你“扫帚捂鳖算哪一枝子”？我蹲在盛女婴的竹筛子旁边时，经常想到那片黄光灿烂的葵花地，那些碗口大的头颅沉重地低垂着，机械地、笨拙地围着自己的茎秆转动，黄色的花粉泪珠般落在地上，连蚂蚁的巢穴都淹没了……

我嗅到腿上被狗咬出的伤口已经开始散发腐败的气息，苍蝇围绕着它盘旋。苍蝇装着满肚子的蛆虫，像挂满了炸弹的轰炸机。我想这条腿可能要烂掉，烂得像个冻僵了的冬瓜。当我施行了截肢手术，架着木拐，像挂钟般悠来荡去的时候，这个女婴会怎么想呢？我还能指望她对我感恩戴德吗？不可能，绝对不可能。我每次为别人付出重大牺牲后，得到的总是别人对我刻骨的仇恨和恶毒的詈骂，最恶毒的詈骂。我的心已经被伤透了，被戳穿了。当我把被酱油腌透的心献给别人时，人家却往我的心上撒尿。我恨透了丑恶的人类，当然包括这个食量颇大的女婴。我为什么要救她？我听到她在愤怒地质问我：你为什么要救我？你以为我会感谢你吗？没有你我早就离开了这个肮脏的人世，你这个执迷不悟的糊涂虫！应该让那条狗再咬你一口。

我胡思乱想着，突然发现饱食后的婴儿脸上绽开一个成熟的微笑。她笑得那么甜，像暗红色的甜菜糖浆。她的腮上有一个豆粒那么大的酒窝，她的印堂正中正在蜕皮，她的扁长的头颅正在收缩，变圆。一切都说明，这是个漂亮的、健康的女孩。面对着这样热诚的、像葵花一样辉煌的生命——我又一次想到金黄的葵花地——我否定自己的不经之想。恨人也许是不对的，那么，让我好好地爱人吧！哲学教师提醒我：纯粹的恨和纯粹的爱都是短命的，应该既恨又爱。好吧，我命令自己痛恨人类又挚爱人类。

## 大漠谣（节选）

**桐 华**

练习要点：选段叙述平实，具有讲述感。朗读时要吐字清晰、颗粒性强，选文节奏偏慢，要运用音长，气息深匀，弱控制力较强。

日子轻快一如沙漠中的夜风，瞬间已是千里，不过是一次受伤后的休息，草原上的草儿已经枯萎了三次，胡杨林的叶子黄了三次。三年多时间，一千多个日日夜夜，随着狼群，从漠北流浪到漠南，又从漠南回到漠北。打闹嬉戏中，我似乎从未离开过狼群，与阿爹在一起的六年似乎已湮没在黄沙下，可惜……只是似乎。沉沉黑夜，万籁俱静。篝火旁，我和狼兄一坐一卧，他已酣睡，我却无半丝睡意。白日我再次看到匈奴军队，三年中的第一次，措手不及间隆隆马蹄声惊醒了尘封多年的过去。

九年前，西域。一个人躺在沙漠中，我盯着他的眼睛，他也盯着我。有蜥蜴从他脸上爬过，他一动不动。我好奇地用爪子轻拍了拍他的脸颊，他依旧没有动，但微不可见地扯了下嘴角，好像在笑。我从太阳正中研究到太阳西落，终于明白他为什么躺着不动，他快要渴死了。

直到现在我依旧不明白我为什么要救他，为什么把自己很费力很费力捉住的小悬羊给了他，为什么莫名其妙地给自己找了个阿爹！难道只因为他的眼睛里有一些我似乎熟悉、又不熟悉的感觉？饮过鲜血的他，恢复体力的他，做了据说人类常做的事情——恩将仇报。他用绳子套住了我，把我带离了狼群生活的戈壁荒漠，带进了人群居住的帐篷。

他喝了小悬羊的鲜血，可是他却不准我再饮鲜血、吃生肉。他强迫我学他直立行走，强迫我学他说话，还非要我叫他“阿爹”，为此我没少和他打架，他却一无畏惧。每一次的打架都是我落荒而逃，他又把我捉回去。折磨、苦难、煎熬，我不明白他为什么要如此对我，他为什么非要我做人？做狼不好吗？他对我说，我本就是人，不是狼，所以只能做人。当我开始学写字时，我想明白了几分自己的身世：我是一个被人抛弃或者遗失的孩子，狼群收养了我，把我变成了小狼，可他又要把我变回人。

## 喂——出来（节选）

〔日〕星新一

练习要点：该选段内容平实，故事性强。朗读时应注意角色对话的变换，把握人物性格特色，注重实声的把握，在内容转变时注意情感转换。

一场台风过后，晴空万里。

在离城市不远的近郊，有一个村庄遭到了台风的破坏。不过，损失还不太严重，仅仅是村外山脚下那座小小的庙被台风连根卷跑了，并没有伤什么人。

第二天早晨，村里人知道了这件事以后便纷纷议论起来。“那座庙是哪个朝代留下来的呀？”“谁知道呀，反正是年代很久了。”“必须赶快重新建造一座新的庙。”

正当大家你一言我一语说着的时候，有几个人神色慌张地跑了过来。“不得了，闯大祸啦！”“什么事？就在附近吗？”“不，还要过去一点，就在那边。”

这时候，有一个人忽然失色惊叫起来：“喂，快来看呀。这个洞究竟是怎么回事呀？”大家跑过去一看，地面上果真有一个洞，直径大约在一米左右。人们探着头向里面瞧了瞧，可是洞里黑咕隆咚的什么也看不见。然而，人们却有一种深不可测的感觉，这个洞似乎是一直通向地球中心的。

有一个人怀疑地说：“该不是狐狸洞吧？”一个年轻人对着洞里使劲地大叫了一声。

“喂——出来！”

可是，并没有任何回声从洞底下传上来。于是，他就在附近捡了一块小石头准备要扔进洞里去。一位胆小怕事的老年人颤巍巍地摆着双手，要想劝阻年轻人别这么干。“这可千万不能扔下去呀，说不定会受到什么可怕的惩罚的。”

但是，年轻人早就抢先一步，把石头扔进了洞里。然而，洞底下仍然没有任何回声传上来。村里人砍来了许多树枝，用绳子一道一道地缠绕着做成了栅栏，把这个洞围了起来。然后，他们就暂时先回到村庄里去了。

“接下来该怎么办呢？”“还是在这个洞上面按照原来的样子建造一座庙吧。”大家七嘴八舌地商量着，众说纷纭，莫衷一是。一天就这样过去了。消息灵通的报社记者们很快就打听到了这件事，争先恐后地开着小汽车赶来了。不一会儿，科学家和学者也都闻风而来了。并且，每个人都显示出一副极其渊博、无所不知的神色，镇定自若地朝洞里张望着。随后，陆陆续续地又来了一大群看热闹的人。有的人反反复复地打量着这个洞，眼睛里露出贪婪的目光，心里不住地盘算着：是否可以从中牟取什么利润，要不要趁早出高价买下这个洞的专利权？派出所的警察们寸步不离地守卫在洞口周围，以防有人不慎跌落下去。

一位新闻记者拿来一根很长的细绳子，把只秤砣缚在一端，小心翼翼地往下放，渐渐地，绳子一尺一尺地放了下去。可是，等到绳子全部放完之后却拉不上来了。他叫了两三个人过来帮忙。大家齐心协力地使劲一拉，绳子居然在洞里的什么地方断掉了。

### （三）散文

散文有广义和狭义之分。广义的散文，在古代是指一切不押韵的文章。狭义的散文，指不讲究韵律的散体文章，包括杂文、随笔、游记等，是自由的文体，不讲究音韵和排比，没有任何的束缚及限制，也是中国出现较早的行文体例。通常一篇散文具有一个或多个中心思想，以抒情、记叙、议论等方式表达。

## 一别一辈子

**佚　名**

练习要点：这篇文章是献给那些曾经要好而如今却没再联系的朋友，献给那些曾经年少轻狂如今却一去不复返的流光岁月。愿那些失去联系的朋友在遥远的地方一切都好。本文偏感伤情绪，读的时候声音应该低沉一些。

有些人分别后就没有机会再见面，等有机会了，却又犹豫了，相见不如不见。有些事搁下了就一直没有时间去做，等有时间了，却又不想做了，已没有了当初的那份激情。

有些人本来是有很多机会见面的，却总是找借口推脱，想见的时候已经没有机会了。有些事本来是有很多时间去做的，却总是一天天地推迟，等想做的时候却发现时间真的不在了。

人总是这样，至少大多数人总是这样，很讽刺却很现实的存在。事情也总是这样，一转身很可能就是下一世。

有些人，说好永远的，可不知怎么的，走着走着就散了。当你回头看你们走过的路时，竟自己都找不到回去的路了，想着想着也就哭了……

有些人，说好不见不散的，可从分别的那天起就再也没有见过了。最近我时常地想起我们的过去，也时常地问我自己，我们这是怎么了？当初的欢声笑语还停留在耳际，可如今却为何再也听不到了？当初的理想还铮铮地写在纸上，可如今为何却再也找不当初的那份激情了？曾经无话不谈的朋友，如今似乎已变得陌生了！到底是什么改变了我们？是时间？是现实？还是我们自己！？偶尔我也会想起，想起当初的我们。

有时候或许一个很小的物品，一句不经意的话，一首老歌，一个熟悉的场景也会让我们想起很多，很多的过去。关于你，关于他，关于我们……但终究还是回不去了。我知道，不是不想，是我们已经没有了当初的共同话题！电话少了，联系少了，见面的次数更加少了。渐渐地，渐渐地……便不再联系。就这样，一辈子！

## 岁月静好，人生安暖（节选）

**佚　名**

练习要点：这是一篇比较闲适、柔情的散文。是对生命的一种理想状态的表述，所以朗读时前奏应该是清新舒展、积极向上的，中间讲述了人生的苦难时语气需要自然、坚定。

这个世界上从来都不缺少美丽，缺乏的是发现美丽的眼睛，缺乏的是那将美丽转化为思索和感悟的心灵。你做到了这些，你的生活就会比常人美好很多。

拨开尘世的污浊，用虔诚的辞章，洗尽生命的铅华，让心灵的美玉始终散发出温润恬淡的光芒。总期望从世俗的心里，开出一朵别样的洁美的花朵。每每用脱尘的笔尖摇落心底所有的尘烟，只为自己的心灵能够更纯粹。

人，只有做自己最喜欢做的事情，才会体会到生命里最纯粹的一份快乐。那份快乐，是任何东西无法比拟的、无法代替的。人需要一些纯粹的东西来丰富和充实自己，只有这样，我们的心灵才不会空虚和匮乏，才会感觉到一种真正的高雅和精彩。

人生的脚步是无法停止的。人生如白驹过隙，一切流逝得飞快，由不得我们犹豫阻拦。生命的来与去，朴素得无须修饰。生命是上苍洒落在大自然里的一粒种子，让苦短的生命，抽出丝丝缕缕的绿意清香，让心灵的温度伴着这一路的行走。

每个人的人生，不过是世界沧海中的一朵小小的浪花，沸腾和激越过后，注定将会隐没在深海的平静里。走过的是时间，走不过的是记忆。时间里没有永远，心灵里却有永远。时间里没有珍惜，爱的心扉却有珍惜。无论花开花落，其实都是人生的风景。

人生与季节一样，一半明媚，一半忧伤。成长的道路上，谁的身体上没有留下过几道疤痕？谁的心底没有潜藏过几道创伤？人生中最艰难的时刻，行走的不是步履，而是心灵。脆弱往往使人举步不前，彷徨不定，而坚强却可以行走更远的路途。有时候不是我们执意坚强，而是除了坚强，我们别无选择。不曾付出过成长的痛的代价，就无法收获一份人生的懂得与成熟。尽管有些痛当时是那么的不堪。多年后蓦然回首时，一切已是云淡风轻……

## 你不懂我，我不怪你

**佚 名**

练习要点：作者所表达的是你没有读懂我现在的行为，你没有了解真实的我，但“我不怪你”。体现出作者用心良苦，且具有包容之心，并期待有一天能够被了解。

每个人都有一个死角，自己走不出来，别人也闯不进去。我把最深沉的秘密放在那里。你不懂我，我不怪你。

每个人都有一道伤口，或深或浅，盖上布，以为不存在。我把最殷红的鲜血涂在那里。你不懂我，我不怪你。

每个人都有一场爱恋，用心、用情、用力，感动也感伤。我把最炙热的心情藏在那里。你不懂我，我不怪你。

每个人都有一行眼泪，喝下的冰冷的水，酝酿成的热泪。我把最心酸的委屈汇在那里。你不懂我，我不怪你。

每个人都有一段告白，忐忑、不安，却饱含真心和勇气。我把最抒情的语言用在那里。你不懂我，我不怪你。

你永远也看不见我最爱你的时候，因为我只有在看不见你的时候，才最爱你。同样，你永远也看不见我最寂寞的时候，因为我只有在你看不见我的时候，我才最寂寞。

也许，我太会隐藏自己的悲伤。也许，我太会安慰自己的伤痕。也许，你眼中的我，太会照顾自己。所以，你从不考虑我的感受。

你以为，我可以很迅速地恢复过来，有些自私的以为。从阴雨走到艳阳，我路过泥泞、路过风。一路走来，你不曾懂我，我亦不曾怪你。我不是为了显示自己的大度，也不是为了体现自己的大方。只想让你知道，感情不在，责备也不存在。

## 爱怕什么（节选）

**毕淑敏**

练习要点：散文的朗诵较诗歌更为轻松直白，给人以讲述的感觉，朗读排比句时要注意语势变化，不可显得冗长无味，声音虚实结合，以讲述感表达。

爱挺娇气挺笨挺糊涂的，有很多怕的东西。

爱怕撒谎。当我们不爱的时候，假装爱，是一件痛苦而倒霉的事情。假如别人识破，我们就成了虚伪的坏蛋。你骗了别人的钱，可以退赔，你骗了别人的爱，就成了无赦的罪人。假如别人不曾识破，那就更惨。除非你已良心丧尽，否则便要承诺爱的假象，那心灵深处的绞杀，永无宁日。

爱怕沉默。太多的人，以为爱到深处是无言。其实，爱是很难描述的一种情感，需要详尽地表达和传递。爱需要行动，但爱绝不仅仅是行动，或者说语言和温情的流露，也是行动不可或缺的部分。我曾经和朋友们做过一个测验，让一个人心中充满一种独特的感觉，然后用表情和手势做出来，让其他不知底细的人猜测他的内心活动。出谜和解谜的人都欣然答应，自以为百无一失。结果，能正确解码的人少得可怜。当你自觉满脸爱意的时候，他人误读的结论千奇百怪。比如认为那是——矜持、发呆、忧郁……

一位妈妈，胸有成竹地低下头，做出一个表情。我和另一位女士愣愣地看着她，相互对视了一下，异口同声地说：你要自杀！她愤怒地瞪着我们说：岂有此理！你们怎么那么笨？！我此刻心头正充盈着温情！愚笨的我俩挺惭愧的，但没等我们道歉的话出口，那妈妈恍然大悟道：原来是这样！怪不得我每次这样看着儿子的时候，他会不安地说：妈妈，我又做错了什么？你又在发什么愁？

爱是那样地需要表达，就像耗竭太快的电器，每日都得充电。重复而新鲜地描述爱意吧，它是一种勇敢和智慧的艺术。

## 夏塔的风（节选）

**郭文涟**

练习要点：这篇散文给人的灵感以火花闪烁，给人的心灵世界注入清澈之泉水。通过朗诵此文，希望可以使读者找到自己的灵魂，找到能给自己的心灵世界注入清澈泉水的地方。

夏塔的风，向我叙说着一种千年往事。她从白雪皑皑的木扎特雪峰上悄然走来，轻柔而温存，带着一种温馨，带着一种凉爽，带着天山雪莲特有的一种芳香。

那一天恰好是春天的一个早晨，山雾缭绕，松林睁开了惺忪的眼睛，太阳的光芒照着我的毡房。

一只洁白的小羊在我的身边酣睡不醒，一群鸽子从我的毡房顶上飞起，一股山泉溪水潺潺地流过我毡房的门前，像是姑娘深情的眸子，碧波清澈，悠悠情深。

我撩起被那晨风吹乱了的头发，放开喉咙唱着深情的牧歌。

这个时候，遍地的野花开了，一股清新而温柔的风吹来。

风中夹着野花和酥油茶的清香，它告诉我，在这个爱情的季节，夏塔正展开清亮的歌喉述说着上千年往事。

看到那个名叫细君的姑娘了吗？

她是江南王刘健的女儿，十八岁的那年卷着一路风尘，承担着一个国家的命运来到西域，西域的阳光和空气里从此揉进了她温馨而优雅的名字。从此，西域的风席卷着草原上所有寂寞和欢乐的日子，牧歌声声里飘逸着她的蔚蓝她的清丽的身影。

那个身影多少年来一直让记得她的中原男人汗颜羞涩，无语面对……

如今，她就站立在夏塔的风口处，炊烟袅袅，遍地牧歌。

如今，她就站在那高高的山峦上，目送着夕阳，看清凉的风吹抚摸着遍野的山花。

### （四）演讲稿

演讲稿也叫演讲词，它是在较为隆重的仪式上和某些公众场所发表的讲话文稿。演讲稿是进行演讲的依据，是对演讲内容和形式的规范和提示，它体现着演讲的目的和手段、内容和形式。演讲稿是人们在工作和社会生活中经常使用的一种文体。它可以用来交流思想、感情，表达主张、见解；也可以用来介绍自己的学习、工作情况和经验，等等。演讲稿具有宣传、鼓动、教育和欣赏等作用，它可以把演讲者的观点、主张与思想感情传达给听众以及读者，使他们信服并在思想感情上产生共鸣。

#### 信念的力量（节选）

佚　名

练习要点：此篇演讲词是说理性的文章，其感情的基调是对生活的激励，放飞希望、坚持信仰。结合情、气、声运用表达，声音的高低起伏要控制好，有理有力。

有这样一种力量，它可以使人在黑暗中不停止摸索，在失败中不放弃奋斗，在挫折中不忘却追求。在它面前，天大的困难微不足道，无边的艰险不足为奇。这种力量，就叫信念。

俄国的列宾曾经说过：没有原则的人是无用的人，没有信念的人是空虚的废物。就从我们古代说起吧：两千多年前的汉朝著名史学家司马迁，因“李陵事件”下狱，受了宫刑。应该说，人世间没有比这更大的耻辱了。可是他没有消沉，而是忍辱含垢，披肝沥胆，专心著述整整十一年，终于写成了《史记》那部五十二万字的鸿篇巨制。这需要多么大的毅力啊！假如他不是为了“究天下之际，通古今之变，成一家之言”，恐怕早就自尽身亡了。这就是信念的力量。

再来说说近代，我们敬爱的周恩来总理。他是真正称得上为所信仰的共产主义事业奋斗一生的人。在他生命的最后时刻，他还要求身边的工作人员为他播放《国际歌》。当那磅礴的旋律盈满一室时，总理的嘴唇分明还在翕动、在吟唱！在连放三遍后，总理对守在身边的邓颖超同志说：“我坚信全世界共产主义一定能实现。”虽然，讲这个话的声音很细微，却给身边的人震动很大。已近弥留阶段的他，最后唱这支歌，显示了真正不移的信念。人生尽可信念不同，能够为信念奋斗终生，奉献一切，那么，就连他的敌人也会为他的人格肃然起敬。

## 认识的人，了解的事（节选）

**柴　静**

练习要点：这篇演讲节选自柴静在首都女记协演讲大赛中获特等奖的演讲稿。柴静用她十年采访经历中遇到的人和事为例，鼓励青年人独立思考、追求真理、记录真实。演讲稿中看似平淡的一个个案例却深入人心、引人深思。练习时，前两个自然段注重体现感情的细腻，最后一个自然段注重体现坚定客观的感情色彩。

五年前，我采访了一个人，这个人在火车上买了一瓶一块五毛钱的水，然后他问列车员要发票，列车员乐了，说："我们火车上自古就没有发票。"然后这个人把铁道部告上了法庭，他说："人们在强大的力量面前，总是选择服从。但是，今天如果我们放弃了一块五毛钱的发票，明天我们就有可能被迫放弃我们的土地权、财产权和生命的安全。权利如果不用来争取的话，权利就只是一张纸。"他后来赢了这场官司，我以为他会和铁道部结下梁子，结果他上了火车之后，在餐车要了一份饭，列车长亲自把这份饭菜端到他的面前说，你是现在要发票呢？还是吃完之后我再给您送过来。我问他你靠什么赢得尊重，他说我靠为我的权利所做的斗争。这个人叫郝劲松，三十四岁的律师。

……

七年前，我问过一个老人，我说你的一生也经历了很多的挫折，你靠什么来保持你年轻时候的情怀。他跟我讲有一年他去河北视察，没有走当地安排的路线，然后他在路边发现了一个老农民，旁边放了一副棺材，他就下车去看。那个老农民因为太穷了，没钱治病，就把自己的棺材板拿出来卖。这个老人就给了他五百块钱让他回家。他说我讲这个故事给你听是想告诉你，中国大地上的事情是无穷无尽的，不要在乎一城一池的得失，要执着。这个人叫温家宝，中华人民共和国总理。

一个国家是由一个个具体的人构成的，她由这些人创造，并且决定。只有一个国家拥有那些能够寻求真理的人，能够独立思考的人，能够记录真实的人，能够不计利害为这片土地付出的人，能够去捍卫自己宪法权利的人，能够知道世界并不完美但仍然不言乏力、不言放弃的人，只有一个国家拥有这样的头脑和灵魂，我们才能说我们为祖国骄傲。只有一个国家能够尊重这样的头脑和灵魂，我们才能说我们有信心让明天更好。

## 我有一个梦想（节选）

**〔美〕马丁·路德·金**

练习要点：马丁·路德·金是位黑人运动的领袖，对解放黑奴作出了贡献。曾发动了美国的民权运动为黑人谋求平等，功绩卓著，闻名于世。以下就是他最著名的一篇演讲稿节选。朗读时应有慷慨激昂的情绪，音调高亢，有号召力。

朋友们，今天我要对你们说，尽管眼下困难重重，但我依然怀有一个梦。这个梦深深植根于美国梦之中。我梦想有一天，这个国家将会奋起，实现其立国信条的真谛："我们认为这些真理不言而喻，人人生而平等。"我梦想有一天，在佐治亚州的红色山岗上，昔日奴隶的儿子能够同昔日奴隶主的儿子同席而坐，亲如手足。我梦想有一天，甚至连密西西比州——一个非正义和压迫的热浪逼人的荒漠之洲，也会改造成为自由和公正的青青绿洲。我梦想有一天，我的四个小女儿将生活在一个不是以皮肤的颜色，而是以品格的优劣作为评判标准的国家里。

一个梦。

梦想有一天，亚拉巴马州会有所改变——尽管该州州长现在仍滔滔不绝地说什么要对联邦法令提出异议和拒绝执行——在那里，黑人儿童能够和白人儿童兄弟姐妹般地携手并行。

我今天怀有一个梦。

我梦想有一天，深谷弥合，高山夷平，歧路化坦途，曲径成通衢，上帝的光华再现，普天下生灵共谒。这是我们的希望，这是我将带回南方去的信念。有了这个信念，我们就能从绝望之山开采出希望之石。有了这个信念，我们就能把这个国家的嘈杂刺耳的争吵声，变为充满手足之情的悦耳交响曲。有了这个信念，我们就能一同工作，一同祈祷，一同斗争，一同入狱，一同维护自由。因为我们知道，我们终有一天会获得自由。到了这一天，上帝的所有孩子都能以新的含义高唱这首歌：

我的祖国，可爱的自由之邦，我为您歌唱。这是我祖先终老的地方，这是早期移民自豪的地方，让自由之声，响彻每一座山岗。如果美国要成为伟大的国家，这一点必须实现。因此，让自由之声响彻新罕布什尔州的巍峨高峰！让自由之声响彻纽约州的崇山峻岭！让自由之声响彻宾夕法尼亚州的阿勒格尼高峰！让自由之声响彻科罗拉多州冰雪皑皑的洛基山！让自由之声响彻加利福尼亚州的婀娜群峰！不，不仅如此，让自由之声响彻佐治亚州的石山！让自由之声响彻田纳西州的望山！让自由之声响彻密西西比州的一座座山峰，一个个土丘！让自由之声响彻每一个山岗！当我们让自由之声轰响，当我们让自由之声响彻每一个大村小庄，每一个州府城镇，我们就能加速这一天的到来。那时，上帝的所有孩子，黑人和白人，犹太教徒和非犹太教徒，耶稣教徒和天主教徒，将能携手同唱那首古老的黑人灵歌："终于自由了！终于自由了！感谢全能的上帝，我们终于自由了！"

## 无畏的希望

〔美〕奥巴马

练习要点：这篇演讲稿是奥巴马的成名演讲，他从自己小时候的所见所闻一直谈到了现在的理想。演讲稿前半部分以叙事为主，后半部分以抒情为主，基调高昂。

伟大的伊利诺伊州既是全国的交通枢纽，也是林肯的故乡，作为州代表，今天我将在大会致辞，并为自己能有幸获此殊荣而倍感骄傲和自豪。今晚对我而言颇不寻常，我们得承认，我能站在这里本身就已意义非凡。我父亲是一个外国留学生，他原本生于肯尼亚的一个小村庄，并在那里长大成人。他小的时候还放过羊，上的学校简陋不堪，屋顶上仅有块铁皮来遮风挡雨。而他的父亲，也就是我的祖父，不过是个普通的厨子，还做过家佣。

但祖父对父亲抱以厚望。凭借不懈的努力和坚忍不拔的毅力，父亲荣获赴美留学的机会，而且还拿到奖学金。美国这片神奇的土地，对于很多踏上这片国土的人而言，意味着自由和机遇。还在留学期间，父亲与母亲不期而遇。母亲来自完全不同的另一个世界，她生于堪萨斯的一个小镇。大萧条时期，外祖父为谋生计，曾在石油钻井打工，还曾在农场务农。日军偷袭珍珠港后的第二天，他就自愿应征入伍，在巴顿将军麾下，转战南北，横扫欧洲。在后方的家中，外祖母含辛茹苦，抚养子女，并在轰炸机装配线上找了份活计。战后，依据士兵福利法案，他们通过联邦住宅管理局购置了一套房子，并举家西迁，谋求更大发展。

他们对自己的女儿也寄予厚望，两家人虽然身在不同的非洲和美洲大陆，却有着共同的梦想。我的父母不仅不可思议地彼此相爱，而且还对这个国家有了不移的信念。他们赐予我一个非洲名字，巴拉克，意为"上天福佑”，因为他们相信，在如此包容的国度中，这样的名字不应成为成功的羁绊。尽管他们生活并不宽裕，还是想方设法让我接受当地最好的教育，因为在这样一个富足的国度中，无论贫富贵贱，都同样有机会发展个人的潜力。现在他们都已不在人世，不过，我知道，他们的在天之灵，此时此刻正在骄傲地关注着我。

今天，我站在这里，对自己身上这种特殊的血统而心怀感激，而且我知道父母的梦想将在我的宝贝女儿身上继续延续。我站在这里，深知自己的经历只是千百万美国故事中的沧海一粟，更深知自己无法忘却那些更早踏上这片土地的先人，因为若不是在美国，我的故事无论如何都不可能发生。今夜，我们聚集一堂，再次证明这个国度的伟大之处，而这一切并不在于鳞次栉比的摩天大厦，也不在于傲视群雄的军备实力，更不在于稳健雄厚的经济实力。我们的自豪与荣耀来自一个非常简单的前提，两百多年前，它在一个著名的宣言中得以高度地概括：“我们认为以下真理不言而喻，人生来平等，造物主赐予他们以下不可剥夺的权利：生命、自由和对幸福的追求。”

### （五）台词

台词是构成一个剧本的基石，是剧本不可或缺的因素。没有台词，就没有剧本，没有人物的冲突，更没有剧情的发生、发展、高潮和结局。剧中的人物，或称之为角色，必须通过台词才能表达各自的身份、地位和性格、特点等。由此可见台词在剧本中的重要性。由于戏剧不像小说等文学样式那样由作者出面向读者叙述，只能依靠人物自身的语言与动作来表达一切，因此台词是戏剧舞台上唯一可以运用的语言手段，台词的写作与安排成为剧作技巧的重要组成部分。

#### 恋爱的犀牛（节选）

**廖一梅　编剧**

练习要点：以下台词内容富有感染力，以抒情为主，注意体会用声音变化表现人物内心的细微感受。

马路：黄昏是我一天中视力最差的时候，一眼望去满街都是美女，高楼和街道也变幻了通常的形状，像在电影里……你就站在楼梯的拐角，带着某种清香的味道，有点湿乎乎的、奇怪的气息，擦身而过的时候，才知道你在哭。事情就在那时候发生了。我有个朋友牙刷，他要我相信我只是处在发情期，像图拉在非洲草原时那样，但我知道不是。你是不同的，唯一的，柔软的，干净的，天空一样的，我的明明，我怎么样才能让你明白？你是我温暖的手套，冰冷的啤酒，带着阳光味道的衬衫，日复一日的梦想。你是甜蜜的，忧伤的，嘴唇上涂抹着新鲜的欲望，你的新鲜和你的欲望把你变得像动物一样得不可捉摸，像阳光一样无法逃避，像戏子一般得毫无廉耻，像饥饿一样冷酷无情。我想给你一个家，做你孩子的父亲，给你所有你想要的东西，我想让你醒来时看见阳光，我想抚摸你的后背，让你在天空里的翅膀重新长出。你感觉不到我的渴望是怎样地向你涌来，爬上你的脚背，淹没你的双腿，要把你彻底地吞没吗？我在想你呢，我在张着大嘴，厚颜无耻地渴望你。渴望你的头发，渴望你的眼睛，渴望你的下巴，你的双乳，你美妙的腰和肚子，你毛孔散发的气息，你伤心时绞动的双手。你有一张天使的脸和婊子的心肠。我爱你，我真心爱你，我疯狂地爱你，我向你献媚，我向你许诺，我海誓山盟，我能怎么办。我怎样才能让你明白我是如何爱你？我默默忍受，饮泣而眠？我高声喊叫，声嘶力竭？我对着镜子痛骂自己？我冲进你的办公室把你推倒在地？我上大学，我读博士，当一个作家？我为你自暴自弃，从此被人怜悯？我走入精神病院，我爱你爱崩溃了？爱疯了？还是我在你窗下自杀？明明，告诉我该怎么办？你是聪明的，灵巧的，伶牙俐齿的，愚不可及的，我心爱的，我的明明……

（马路家大仙手里玩着一副牌，黑子、马路坐在一边。）

黑子：他还来不来？ 马路：我怎么知道？ 黑子：呼他！重色轻友！

大仙：（一手拿一张牌）看着看着，这边是红的吧，这边是黑的，我吹一口气，红的能变成黑的。看着呀！（大仙变戏法，马路和黑子看着，兴趣不大）

大仙：怎么样？

黑子：小石到底怎么说的？

大仙：他说一会儿就过来。

黑子：以后不带他玩了。

大仙：行。（又变戏法）看着看着！

黑子：（对马路）你们旁边新搬来的那姑娘是干嘛的？

大仙：瞎打听什么？

黑子：我也想变成有事干的人！问你呢，马路。

马路：我想是办公室的秘书。

黑子：她告诉你的？

（马路摇摇头。）

黑子：那你怎么知道？

马路：因为她身上有股复印机的味道。

黑子：开玩笑。

马路：我能从一个人散发的气味判断他的身份、职业，和他刚刚干了些什么。不相信？闻闻大仙，闻到那股医院的味了吗？那是多少柠檬香洗衣粉和力士香皂也洗不掉的，它已经浸到了你的骨缝里，无时无刻不在往外散发。那些带着空调和复印机气味的职员，满身烟味的小商人，刚刚从厨房出来，打扮一新逛商场的主妇，尽管喷了香水，还是遮不住头发里的油烟。我甚至能从呼吸里分辨出每个人中午的菜谱——鱼香肉丝、麻辣肚片、香菇菜心……

黑子：就你那蒜头鼻子。

大仙：鼻子的好坏不在于它的外观，在于它的功能。

马路：对呀！人们对于眼睛和耳朵都有统一的检验标准，没有过到这个标准，就会被视为某种残疾，影响你的工作、升学，甚至人生态度。关于这个有许多带有歧视的色彩的形容词——眼瞎、耳聋、色盲，而对鼻子却完全没有要求。鼻塞，这仅仅被作为一种感冒的症状，几粒康泰克就可以解决问题。一个称职的优秀的鼻子，从来无人理睬。

大仙：马路和他养的犀牛们一样，眼睛不好，不过鼻子特灵。

黑子：快赶上狗了。

大仙：真的？让我闻闻。

## 甄嬛传（节选）

**吴雪岚　编剧**

练习要点：此段台词为电视剧《甄嬛传》选段。其背景是华妃被贬入冷宫，甄嬛与华妃的唇枪舌战。此时华妃大势已去，华妃的语气是不甘心且绝望的。甄嬛的语气更多是扬眉吐气，甚至带着一丝咄咄逼人的味道。

华妃：胆子还挺大的，冷宫也敢这样进来。

甄嬛：这个地方我来得比你多，当初我就是在这里看着丽嫔在我面前疯癫无状。

华妃：你不要做梦了，你把我害到如此地步，我做鬼都不会放过你！

甄嬛：没有人要害你，是你自作自受。淳贵人溺水是你做的吧？在温宜公主食物里下木薯粉也是你做的，指使余氏在我药中下毒，推眉庄入水，冤枉眉庄假孕争宠，可样样都是你做的吧？

华妃：我就知道，曹琴默那个贱妇敢反咬我一口，必定是你在背后指使，凭她哪有那个狗胆！

甄嬛：你还真是知人不明，你几次三番利用温宜来争宠，甚至不惜拿她的性命来开玩笑，襄嫔（曹贵人）是她的生母，哪有不恨的道理，你以为她恨你的心思是从今日才有的吗？冰冻三尺非一日之寒，你早该知道她对你有异心了。

华妃：以我当年的盛势，连皇后那个老妇都要让我三分，曹琴默不过是我身边的一条狗，我怎么会把她放在眼里。

甄嬛：可惜她是人，人要比狗复杂多了。

华妃：贱人，你跟你父亲一样狡诈，若不是你父亲设下诡计，我们年氏一族不至于一败涂地。你们宫里宫外联手，不就是为了置我于死地吗！

甄嬛：若不是年氏一族居功自傲，任意妄为，何至于此呢。你别忘了，你的夫君是皇帝，君王枕畔怎容他人酣睡！

华妃：我哥哥是有功之臣，为大清平定西北，战功赫赫。

甄嬛：再怎么战功赫赫也是皇上的臣子，怎可凌驾皇上之上，岂非谋逆？

华妃：皇上从来都没有厌恶过我，皇上从前很宠爱我，就算我犯了再大的过错，他再生气，也不舍得不理我太久。

甄嬛：皇上为什么喜欢你，你知道吗？就因为你的美貌？宫中可从来不缺美貌的女人。

华妃：你是说，皇上因我是年羹尧的妹妹才加以宠爱，端妃也是将门之女。

甄嬛：其实你自己心里面都清楚，又何必要自欺欺人呢？

华妃：你胡说，皇上怎么会对我没有真心！

甄嬛：或许有吧，可即使有，你和年羹尧跋扈多年，这点真心，恐怕也耗得一点都不剩了……

## 钢铁（节选）

**佚　名**

练习要点：此段台词改编自《钢铁是怎样炼成的》，讲述了男女主人公初遇、相恋、诀别的场景。起初的基调应当是哀伤、耐人寻味的。回忆的基调则是甜蜜、活泼的，态度积极的。诀别的一段则要带着对离别不舍的感伤。

冬：那是个夏日的午后，我走在美丽温柔的湖畔，突然岸边扬起一根钓竿儿——“这能钓着鱼吗？”

保：我生气地回过头，看到一双好蓝好蓝的眼睛！——“鱼都让您吓跑了！您还是让开吧！”

冬：我碍您事了吗？那……我走了……

保：别！——要不，您就坐下吧

冬：我注视着眼前这个有点粗野的男孩子，他好像故意不看我……

保：我不能看她。可是，从那光滑如镜的水面，我怎么还是能看见她呀！她，居然还对着我笑……

冬：就在这时，两个阔少爷来了，当着我的面欺负这个小伙子。

保：欺负我？想得美。我左腿立住，右腿微弯，用尽全身力气使劲打了出去。

冬：那一拳打得真漂亮。

保：正中他的下巴，他倒在水里活像一只大花活河蛤蟆。

冬：哈哈哈！你叫什么名字。

保：保尔·柯察金。

冬：我叫冬妮娅。我们可以做朋友吗？

保：我该警惕她吗？一个资产阶级的阔小姐？　可不知不觉的……

冬：不知不觉的，他一点一点回答着我。

保：我怎么一点一点都告诉她了……

冬：他知道多少有意思的事呀？

保：坏了，我得走了，小姐，哦不，冬妮娅。

冬：嗯……一起走好吗？

保：我是要快跑的，您追不上我……

冬：敢不敢比赛？

保：你跟我？

冬：预备—— 一……二……三！哈哈，来追啊……

保：真快啊。你就是小鸟，我也能追上你！

冬：从来就没有人能追上我，来追呀，

保：小心，冬妮娅！她下意识地倒在我怀里。——就是这列不偏不倚的火车，挡住了资产阶级的阔小姐——冬妮娅。

冬：成全了无产阶级的穷小子——保尔。

保：两只冰冷的手，紧紧地握在一起。

冬：两颗炽热的心，荡漾在瓦蓝的天空下。

保：飞奔吧，这激情涌动的狂野的车轮。

冬：歌唱吧，我们美好的青春和爱情！

## 越王勾践（节选）

**张　敬**

练习要点：此段稿件节选自《越王勾践》。描写的是勾践面对列祖列宗的自白，其中勾践的内心是惭愧的，也是愤慨的。朗读此稿件时，注意情、气、声的运用与结合，实声偏多，以气托声。

列祖列宗，勾践来看望你们了。面对列祖列宗，勾践有四大罪状：

罪其一，不自量力，以弱国之兵力抗击强国，造成了黎民百姓的生灵涂炭。

罪其二，国有良士却不听劝告，一意孤行，把越国送上了覆亡之路。

这罪其三，面对吴国，竟然屈膝投降啊，藏辱纳耻呀！

罪其四，也是最不可赦之处，居然沦为吴国之奴啊！

列祖列宗啊，是你们流血流汗，开辟了这片蛮荒之地。你们刀耕火种，经历了百年的沧桑，经历了礼乐的教化才形成了当今之越国。

我们越国之弱小啊，是你们让它仍然挺立于诸强的环伺之地，这是何等得不易。是勾践，是勾践，是勾践不应该呀，葬送了列祖列宗的千秋伟业。

列祖列宗在上，越国的王位是勾践夺来的，因为勾践以为，只有勾践才能富国强兵，只有勾践才能够拯救黎民百姓于水火之中。但是，列祖列宗容许勾践说一句不敬之语吧：他们留给勾践的是怎样的一个越国？

越国的光辉早已黯淡无光，先民死地求生的欲望早已荡然无存。剩下的是什么？剩下的是朝中的奢靡，剩下的是后宫无耻的浪笑，更可怕的是：面对强势，举国上下推诿以退让，面对这一切，勾践该如何是好啊！勾践选择了抗拒，虽然结果拼死一活，但是最终还是把越国送到了覆亡之路啊。面对这一切，勾践应该粉身碎骨，以死来谢罪列祖列宗，谢罪国人。但是勾践不想死，勾践也不能死，不是勾践怕死，也不是勾践贪生啊。因为勾践心存不服，难道我就应该被强势所欺凌吗？小国就一定被大国吞并吗？仁德一定要输给暴政，天理一定要输给强权吗？勾践……勾践……不服！

今天对列祖列宗，勾践发下誓言：只要勾践一息尚存，一定要强兵富国，拯救黎民百姓于水火之中，逆转乾坤之倒转，还天理之公平！如若勾践不能实现此诺言，再让勾践黄沙遮面，尸骨不全吧……

勾践在此别过了。

## 裸婚时代（节选）

**周　涌**

练习要点：此段台词选自电视剧《裸婚时代》，内容是刘易阳对童佳倩的表白。感情较为真挚，所以在朗读时语气也是温暖的，情绪饱满的，带着幸福感。朗读时可适当加入虚声，但不宜过多。

我们俩上学那会儿，我就觉得佳倩长得好看，别的男生多看她一眼，我这心里就特不高兴。有点什么吃的喝的用的，我第一时间就想到是童佳倩。我每天骑车子多骑五六公里，就是为了能绕到你们家楼下，看一眼童佳倩。

后来上了大学，我就把每个星期的生活费，全部攒下来。就等到周末带佳倩去吃顿必胜客，看场电影。我上学那会儿，找各种办法让自己不饿。后来人家说，抽烟能让我不饿，我就开始学抽烟，抽不起好的我就抽次的，次的抽不了，我就捡烟屁股，烟屁股抽没了我没辙，我就只能睡觉，躺在床上一觉睡下去，也就忘了饿了。后来大学毕业找工作，我是削尖了脑袋想找那些挣得多的，能让我买得起房，买得起车，能让我堂堂正正地把童佳倩娶进门，可是就算我拼了命，我也赶不上这房价涨的速度。阿姨，我爸妈都是工人，我们家没什么钱，条件也不如你们家，但是我爸妈都是好人。我妈说了，只要佳倩嫁到我们家，她就把佳倩当成亲闺女一样对待。但是阿姨您要是觉得，我们小家小户的，您怕佳倩嫁到我们家受委屈，那我就给您表个态：我是非常非常爱佳倩的，我就是要跟佳倩结婚，您要是同意，我就住到您这儿来。有童佳倩的地方，才是我刘易阳的家。

### （六）寓言故事

“寓”是“寄托”的意思，即把作者的思想寄托在一个故事里，让人从中领悟到一定的道理。寓言的篇幅一般比较短小，语言精辟简练，结构简单却极富表现力。具有鲜明的讽刺性和教育性。多用借喻手法，借此喻彼，借远喻近，借古喻今，借小喻大，使富有教育意义的主题或深刻的道理在简单的故事中体现出来。故事情节具有虚构性，主人公可以是人也可以是物。常用手法有：比喻，夸张，象征，拟人等。

## 少年雄鸡

**佚　名**

练习要点：寓言作品的朗诵要注意语境语态的自如转换，不同的角色要表现出不同的声音，需要足够的张力和表现力。朗读的时候注意音高音调的转换以及虚实声的自然结合。

一只少年雄鸡，守候在他那垂危的父亲身旁。“孩子，我的时间已经不多了。”老雄鸡说：“从今以后，每天早晨呼唤太阳的重任，要由你来承担了。”

少年雄鸡很伤心，第二天一早，少年雄鸡飞上谷仓的屋顶。它高高地站在那儿，脸朝着东方。“我必须设法发出最大的声音。”他说着，就抬头啼叫。但是，从他喉咙里发出来的，是一种缺乏力量的、时断时续的嘎嘎声。

太阳没有升起，阴云铺满了天空。湿漉漉的毛毛细雨整天下着，畜牧场上的所有动物，都一齐来责怪小雄鸡。

“这真是倒霉透了！”猪叫道。

“我们需要阳光！”羊叫道。

“雄鸡，你必须大声啼叫！”公牛说，“太阳离我们有九千三百万英里远，你的叫声那么细小，他能听见吗？”

第二天清晨，少年雄鸡又一早就飞上了谷仓的屋顶。他深深地吸了一口气，伸长脖子，放开喉咙大声啼叫。他这次发出的声音，非常洪亮，非常有力，是他开始学习啼叫以来从来没有过的。畜牧场上，那些正在睡梦中的动物，一个个都被唤醒了。

“这是一种什么声音？”猪说。

“我的耳朵怕被震聋了！”羊叫道。

“我的脑袋都听得快要炸开了！”公牛说。

“我很抱歉，”少年雄鸡说，“但是，这是我应尽的职责。”

他的自尊心受到了很大的打击，感到十分委屈。但他终于看见在遥远的东方，一轮红日正从丛林后面冉冉地升起来。开头的失败，为后来的成功准备了条件。

## 云雀明白了

**佚　名**

练习要点：此篇寓言要注意分清几种鸟的语气差别：云雀，公鸡，麻雀，鹌鹑还有雄鹰。如云雀的语气应该是好奇、活泼、充满朝气的。把握好不同语境下语气的差别。

云雀见麻雀整天在树枝上跳来跳去，就问：“麻雀阿姨，你为什么不飞得高一点呢？”

麻雀斜着眼睛瞄了他一眼，说：“难道我还飞得不高吗？你瞧瞧公鸡！”

“公鸡伯伯，你为什么不飞得高一点呢？”

公鸡骄傲地在房顶上迈着八字步，反问：“难道我飞得还不高吗？你瞧瞧鹌鹑！”

“你为什么不能飞得高一点呢？鹌鹑姐姐。”

鹌鹑奋力从草尖上飞过，得意地对云雀说：“难道我飞得还不高吗？你瞧瞧癞蛤蟆！”

后来，云雀遇见雄鹰，便向雄鹰请教：“雄鹰叔叔，你为什么飞得那么高呢？”

“不，不，”鹰谦虚地说，“离蓝天，我还差得远呢！”

“啊，我明白了，”云雀眨巴眨巴眼睛想，“如果想展翅高飞，就不能把目标定得太低；如果眼睛只盯在树冠以下，那就永远不可能在蓝天白云间翱翔。”

## 十二生肖的故事

佚　名

练习要点：读这篇文章时一定要注意角色的转换和声音的变化。开头要有讲述感，注意老鼠的特征是聪明机灵的，而牛的性格则是老实憨厚的。要通过语言将它们的性格特点诠释出来。在讲寓言时，要注意交流感和对象感。

很久很久以前，人们过着幸福快乐的生活。有一天，人们说："我们要选十二种动物作为人的生肖，一年一种动物。"可是天下的动物有多少呀？怎么个选法呢？有个聪明的人想出了个好主意，这样吧，我们定好一个日子，这一天，让动物们都来报名，就选先到的十二种动物吧。

比赛那天，老鼠起得很早，牛也起得很早。它们在路上碰到了。牛个头大，迈的步子也大，老鼠个头小，迈的步子也小，老鼠跑得上气不接下气，才刚刚跟上牛。老鼠心里想：路还远着呢，我快跑不动了，这可怎么办？它脑子一动，想出个主意来，就对牛说："牛哥哥，牛哥哥，我来给你唱个歌。"牛说："好啊，你唱吧——咦，你怎么不唱呀？"老鼠说："我在唱哩，你怎么没听见？哦，我的嗓门太细了，你没听见。这样吧，让我骑在你的脖子上，唱起歌来，你就听见了。"牛说："行啰，行啰！"老鼠就沿着牛腿子一直爬上了牛脖子，让牛驮着它走，可舒服了。它摇头晃脑的，真的唱起歌来：牛哥哥，牛哥哥，过小河，爬山坡，驾，驾，快点儿啰！牛一听，乐了，撒开四条腿使劲跑，跑到报名的地方一看，谁也没来，高兴地叫起来："我是第一名，我是第一名！"牛还没把话说完，老鼠从牛脖子上一蹦，蹦到地上，吱溜一蹿，蹿到牛前面去了。结果是老鼠得了第一名，牛得了第二名。

所以，在十二生肖里，小小的老鼠给排在最前面了。

## 狐狸和鸭子

佚　名

练习要点：注意掌握此篇寓言里，伴随狐狸和鸭子声音表现的不同，展现不同的心理特点变化。不仅是声音大小和起伏的变化，还有语气色彩和分量的变化。寓言故事有情节、有高潮、有矛盾。朗读时，声音与形式要相匹配，把寓言故事的角色特征、故事冲突表现出来。

有一年，狐狸和鸭子成了好朋友。狐狸想："我饿的时候，鸭子可以作为我的食物；我饱的时候，鸭子是我的朋友。"鸭子呢，却另有一番打算："狐狸聪明过人，在他身上我可以学到很多东西；如果有朝一日狐狸骗了我，我就与他断交。"

一天，狐狸到处找吃的，实在饿极了，他一把抓住鸭子。鸭子质问狐狸道："我是你朋友，对朋友下手，难道你不怕别人笑话吗？"

"是的，鸭子老弟，过去你是我的朋友，现在我有的是朋友，是他们建议我吃你的，因为你有三大罪状！"

"什么！三大罪状？"鸭子一时不解。

"第一，你的叫声太难听，嘎——嘎——嘎——！终日吵得大家不得安宁；第二，作为朋友，你立场不坚定，连走路都左右摇摆；第三，我们的脚趾都是分开的，而你的脚趾却都是连着的……"狐狸滔滔不绝。

听了狐狸的"判决"，鸭子说："那好吧，我的朋友，我承认自己有罪。但我有一个要求，看在我们曾经是朋友的份上，请允许我临死前为自己祷告。"

狐狸答应了鸭子的请求，爪子一松，鸭子趁机张开双翅，两脚用力一蹬，"嘎——嘎——嘎——"飞进了池塘里。

# 参考文献

[1] 白龙．播音发声技巧［M］．北京：中国广播电视出版社，2002.
[2] 彼得・赖福吉，张维佳译．语音学教程（第五版）［M］．北京：北京大学出版社，2011.
[3] 国家语言文字工作委员会普通话培训测试中心．普通话水平测试实施纲要［M］．北京：商务印书馆，2004.
[4] 胡黎娜．播音主持艺术发声［M］．北京：中国广播电视出版社，2006.
[5] 教育部语言文字应用管理司．国家中长期语言文字事业改革和发展规划纲要（2012—2020年）［M］．北京：语文出版社，2013.
[6] 金晓达，刘广徽．汉语普通话语音图解课本［M］．北京：北京语言大学出版社，2006.
[7] 金有景．普通话语音［M］．北京：商务印书馆，2007.
[8] 孔江平．论语言发声［M］．北京：中央民族大学出版社，2001.
[9] 林鸿．普通话语音与发声［M］．杭州：浙江大学出版社，2005.
[10] 林焘，王理嘉．语音学教程（增订版）［M］．北京：北京大学出版社，2013.
[11] 林焘．中国语音学史［M］．北京：语文出版社，2010.
[12] 罗常培，王均．普通语音学纲要（修订本）［M］．北京：商务印书馆，2002.
[13] 马静．播音发声教程［M］．济南：山东人民出版社，2011.
[14] 马欣．播音主持艺术语音及发声［M］．重庆：重庆大学出版社，2010.
[15] 邵新芬．修炼普通话好声音：普通话教程［M］．北京：中国传媒大学出版社，2013.
[16] 宋怀强．普通话简明轻重格式词典［M］．上海：上海音乐出版社，2009.
[17] 宋欣桥．普通话水平测试员实用手册（增订本）［M］．北京：商务印书馆，2004.
[18] 宋欣桥．普通话语音训练教程［M］．北京：商务印书馆，2004.
[19] 唐作藩．汉语语音史教程［M］．北京：北京大学出版社，2011.
[20] 王克瑞，杜丽华．播音员主持人训练手册［M］．北京：中国传媒大学出版社，2001.

[ 21 ] 王璐，吴洁茹 . 语音发声（第二版）[ M ] . 北京：中国传媒大学出版社，2009.
[ 22 ] 王若江 . 汉语正音教程 [ M ] . 北京：北京大学出版社，2005.
[ 23 ] 王韦皓 . 语音发声基础训练教程 [ M ] . 重庆：重庆大学出版社，2014.
[ 24 ] 王铮 . 语音发声科学训练 [ M ] . 北京：中国传媒大学出版社，2009.
[ 25 ] 闻闸 . 播音主持训练 280 法 [ M ] . 北京：北京广播学院出版社，1999.
[ 26 ] 闻闸 . 播音主持话语技巧训练 [ M ] . 北京：中国广播电视出版社，2009.
[ 27 ] 吴弘毅 . 播音主持艺术语音发声 [ M ] . 北京：中国广播电视出版社，2001.
[ 28 ] 吴弘毅 . 实用播音教程：普通话语音和播音发声 [ M ] . 北京：中国传媒大学出版社，2002.
[ 29 ] 伍振国，关瀛 . 朗诵训练指导 [ M ] . 北京：中国广播电视出版社，2012.
[ 30 ]《现代汉语常用词表》课题组 . 现代汉语常用词表 [ M ] . 北京：商务印书馆，2008.
[ 31 ] 邢捍国 . 普通话培训测试教程 [ M ] . 北京：北京大学出版社，2005.
[ 32 ] 徐恒 . 播音发声学 [ M ] . 北京：中国传媒大学出版社，2006.
[ 33 ] 徐世荣 . 普通话语音常识 [ M ] . 北京：语文出版社，1999.
[ 34 ] 杨绍林等 . 普通话水平测试训练教程（修订本）[ M ] . 北京：电子科技大学出版社，2006.
[ 35 ] 杨小锋，等 . 普通话水平测试实用教程 [ M ] . 成都：四川大学出版社，2012.
[ 36 ] 杨小锋 . 语言艺术发声研究 [ M ] . 北京：科学出版社，2013.
[ 37 ] 袁家骅等 . 汉语方言概要（第二版）[ M ] . 北京：语文出版社，2001.
[ 38 ] 曾致 . 朗诵艺术指要 [ M ] . 北京：中国传媒大学出版社，2007.
[ 39 ] 张斌 . 新编现代汉语（第二版）[ M ] . 上海：复旦大学出版社，2008.
[ 40 ] 张涵 . 播音主持语音发声训练教程 [ M ] . 北京：中国传媒大学出版社，2011.
[ 41 ] 张颂 . 中国播音学 [ M ] . 北京：中国传媒大学出版社，2003.
[ 42 ] 赵秀环 . 播音主持艺术语言基本功训练教程 [ M ] . 北京：中国传媒大学出版社，2008.
[ 43 ] 中国传媒大学播音主持艺术学院 . 播音主持语音与发声 [ M ] . 北京：中国传媒大学出版社，2014.
[ 44 ] 中国社会科学院语言研究所词典编辑室 . 现代汉语词典（第七版）[ M ] . 北京：商务印书馆，2016.
[ 45 ] 周殿富 . 艺术语言发声基础 [ M ] . 北京：社会科学出版社，1980.
[ 46 ] 朱晓农 . 语音学 [ M ] . 北京：商务印书馆，2010.

# 附　录

## 汉语普通话声韵配合表（一）

| 韵母<br>声母 | | 开口呼 | | | | | | | | | | | | | | 齐齿呼 | | | | |
|---|---|---|---|---|---|---|---|---|---|---|---|---|---|---|---|---|---|---|---|---|
| | | -i | a | o | e | ê | er | ai | ei | ao | ou | an | en | ang | eng | i | ia | ie | iao | iou |
| 双唇音 | b | | bā<br>巴 | bō<br>拨 | | | | bāi<br>掰 | bēi<br>杯 | bāo<br>包 | | bān<br>班 | bēn<br>奔 | bāng<br>帮 | bēng<br>崩 | bī<br>逼 | biā<br>（　） | biē<br>憋 | biāo<br>标 | |
| | p | | pā<br>趴 | pō<br>坡 | | | | pāi<br>拍 | pēi<br>胚 | pāo<br>抛 | pōu<br>剖 | pān<br>潘 | pēn<br>喷 | pāng<br>滂 | pēng<br>烹 | pī<br>批 | piǎ<br>（䏢） | piē<br>瞥 | piāo<br>飘 | |
| | m | | mā<br>妈 | mō<br>摸 | me<br>么 | | | mái<br>埋 | méi<br>煤 | māo<br>猫 | mōu<br>哞 | mān<br>嫚 | mēn<br>闷 | māng<br>牤 | mēng<br>懵 | mī<br>眯 | | miē<br>咩 | miāo<br>喵 | miù<br>谬 |
| 唇齿音 | f | | fā<br>发 | fó<br>佛 | | | | | fēi<br>飞 | | fǒu<br>否 | fān<br>帆 | fēn<br>分 | fāng<br>方 | fēng<br>风 | | | | fiāo<br>（覅） | |
| 舌尖中音 | d | | dā<br>搭 | | dē<br>嘚 | | | dāi<br>呆 | děi<br>得 | dāo<br>刀 | dōu<br>兜 | dān<br>丹 | dèn<br>扽 | dāng<br>当 | dēng<br>灯 | dī<br>低 | diǎ<br>嗲 | diē<br>跌 | diāo<br>碉 | diū<br>丢 |
| | t | | tā<br>他 | | tè<br>特 | | | tāi<br>胎 | tēi<br>（忒） | tāo<br>掏 | tōu<br>偷 | tān<br>滩 | | tāng<br>汤 | tēng<br>熥 | tī<br>踢 | | tiē<br>贴 | tiāo<br>挑 | |
| | n | | nā<br>那 | | nè<br>讷 | | | nǎi<br>乃 | něi<br>馁 | náo<br>挠 | nòu<br>（耨） | nān<br>囡 | nèn<br>嫩 | nāng<br>囊 | néng<br>能 | nī<br>妮 | niā<br>（嘘） | niē<br>捏 | niǎo<br>鸟 | niū<br>妞 |
| | l | | lā<br>拉 | lo<br>（咯） | lē<br>嘞 | | | lái<br>来 | lēi<br>勒 | lāo<br>捞 | lōu<br>搂 | lán<br>兰 | | lāng<br>啷 | lēng<br>棱 | lī<br>沥 | liǎ<br>俩 | liè<br>列 | liáo<br>疗 | liū<br>溜 |
| 舌根音 | g | | gā<br>嘎 | | gē<br>哥 | | | gāi<br>该 | gěi<br>给 | gāo<br>高 | gōu<br>勾 | gān<br>甘 | gēn<br>根 | gāng<br>刚 | gēng<br>耕 | | | | | |
| | k | | kā<br>咖 | | kē<br>颗 | | | kāi<br>开 | kēi<br>（剋） | kāo<br>尻 | kōu<br>扣 | kān<br>刊 | kěn<br>肯 | kāng<br>康 | kēng<br>坑 | | | | | |
| | h | | hā<br>哈 | | hē<br>喝 | | | hāi<br>嗨 | hēi<br>黑 | hāo<br>蒿 | hōu<br>齁 | hān<br>酣 | hén<br>痕 | hāng<br>夯 | hēng<br>亨 | | | | | |
| 舌面音 | j | | | | | | | | | | | | | | | jī<br>机 | jiā<br>家 | jiē<br>接 | jiāo<br>交 | jiū<br>究 |
| | q | | | | | | | | | | | | | | | qī<br>七 | qiā<br>掐 | qiē<br>切 | qiāo<br>敲 | qiū<br>秋 |
| | x | | | | | | | | | | | | | | | xī<br>西 | xiā<br>虾 | xiē<br>些 | xiāo<br>消 | xiū<br>修 |
| 舌尖后音 | zh | zhī<br>之 | zhā<br>扎 | | zhē<br>遮 | | | zhāi<br>摘 | zhèi<br>这 | zhāo<br>招 | zhōu<br>周 | zhān<br>粘 | zhēn<br>真 | zhāng<br>张 | zhēng<br>争 | | | | | |
| | ch | chī<br>吃 | chā<br>插 | | chē<br>车 | | | chāi<br>拆 | | chāo<br>抄 | chōu<br>抽 | chān<br>掺 | chēn<br>嗔 | chāng<br>昌 | chēng<br>撑 | | | | | |
| | sh | shī<br>诗 | shā<br>沙 | | shē<br>奢 | | | shāi<br>筛 | shéi<br>谁 | shāo<br>梢 | shōu<br>收 | shān<br>山 | shēn<br>身 | shāng<br>商 | shēng<br>声 | | | | | |
| | r | rì<br>日 | | | rě<br>惹 | | | | | ráo<br>饶 | róu<br>柔 | rán<br>然 | rén<br>人 | rāng<br>嚷 | rēng<br>扔 | | | | | |
| 舌尖前音 | z | zī<br>兹 | zā<br>匝 | | zé<br>则 | | | zāi<br>灾 | zéi<br>贼 | zāo<br>遭 | zōu<br>邹 | zān<br>簪 | zěn<br>怎 | zāng<br>脏 | zēng<br>增 | | | | | |
| | c | cī<br>疵 | cā<br>擦 | | cè<br>册 | | | cāi<br>猜 | cèi<br>（瓻） | cāo<br>操 | | cān<br>参 | cēn<br>参 | cāng<br>仓 | cēng<br>噌 | | | | | |
| | s | sī<br>丝 | sā<br>仨 | | sè<br>色 | | | sāi<br>塞 | | sāo<br>骚 | sōu<br>搜 | sān<br>叁 | sēn<br>森 | sāng<br>桑 | sēng<br>僧 | | | | | |
| 零声母 | ø | | ā<br>啊 | ō<br>喔 | é<br>鹅 | ê<br>欸 | ér<br>儿 | āi<br>哀 | ēi<br>诶 | āo<br>凹 | ōu<br>欧 | ān<br>安 | ēn<br>恩 | āng<br>肮 | ēng<br>鞥 | yī<br>衣 | yā<br>呀 | yē<br>椰 | yāo<br>腰 | yōu<br>优 |

说明：1. 有些音节结构特殊，或有音无字有字难写，或方言色彩浓重，或仅限于书面语，或属不常用语气词等，在表中用括号标注，其他特殊音节在此列出：yo 哟、唷、育；m 姆、呒、呣；n 嗯、唔、咹、哏；ng 嗯、唔；hm 噷；hng 哼。

2. 此表共有 424 个音节（含表内音节 418 个，补充“其他特殊音节”6 个），去掉所有特殊音节（20 个）后，常规音节有 404 个。

| 齐齿呼 | | | | 合口呼 | | | | | | | | | | 撮口呼 | | | | |
|---|---|---|---|---|---|---|---|---|---|---|---|---|---|---|---|---|---|---|
| ian | in | iang | ing | u | ua | uo | uai | uei | uan | uen | uang | ueng | ong | ü | üe | üan | ün | iong |
| biān<br>边 | bīn<br>宾 | biáng<br>(　) | bīng<br>兵 | bū<br>晡 | | | | | | | | | | | | | | |
| piān<br>偏 | pīn<br>拼 | | pīng<br>乒 | pū<br>扑 | | | | | | | | | | | | | | |
| mián<br>棉 | mín<br>民 | | míng<br>名 | mū<br>姆 | | | | | | | | | | | | | | |
| | | | | fū<br>夫 | | | | | | | | | | | | | | |
| diān<br>颠 | | | dīng<br>盯 | dū<br>督 | | duō<br>多 | | duī<br>堆 | duān<br>端 | dūn<br>敦 | | | dōng<br>东 | | | | | |
| tiān<br>天 | | | tīng<br>听 | tū<br>突 | | tuō<br>托 | | tuī<br>推 | tuān<br>湍 | tūn<br>吞 | | | tōng<br>通 | | | | | |
| niān<br>拈 | nín<br>您 | niáng<br>娘 | níng<br>宁 | nú<br>奴 | | nuó<br>挪 | | | nuǎn<br>暖 | nún<br>(黁) | | | nóng<br>农 | nǚ<br>女 | nüè<br>虐 | | | |
| lián<br>连 | lín<br>林 | liáng<br>良 | líng<br>灵 | lū<br>撸 | | luō<br>捋 | | | luán<br>峦 | lūn<br>抡 | | | lōng<br>隆 | lǘ<br>驴 | lüè<br>略 | | | |
| | | | | gū<br>姑 | guā<br>刮 | guō<br>锅 | guāi<br>乖 | guī<br>归 | guān<br>关 | gǔn<br>滚 | guāng<br>光 | | gōng<br>工 | | | | | |
| | | | | kū<br>枯 | kuā<br>夸 | kuò<br>阔 | kuǎi<br>㧟 | kuī<br>亏 | kuān<br>宽 | kūn<br>昆 | kuāng<br>匡 | | kōng<br>空 | | | | | |
| | | | | hū<br>呼 | huā<br>花 | huō<br>豁 | huái<br>淮 | huī<br>挥 | huān<br>欢 | hūn<br>昏 | huāng<br>荒 | | hōng<br>哄 | | | | | |
| jiān<br>尖 | jīn<br>今 | jiāng<br>将 | jīng<br>惊 | | | | | | | | | | | jū<br>居 | juē<br>撅 | juān<br>捐 | jūn<br>军 | jiōng<br>坰 |
| qiān<br>千 | qīn<br>亲 | qiāng<br>腔 | qīng<br>青 | | | | | | | | | | | qū<br>区 | quē<br>缺 | quān<br>圈 | qūn<br>逡 | qióng<br>穷 |
| xiān<br>先 | xīn<br>新 | xiāng<br>香 | xīng<br>星 | | | | | | | | | | | xū<br>虚 | xuē<br>削 | xuān<br>宣 | xūn<br>熏 | xiōng<br>兄 |
| | | | | zhū<br>猪 | zhuā<br>抓 | zhuō<br>捉 | zhuāi<br>拽 | zhuī<br>追 | zhuān<br>专 | zhūn<br>谆 | zhuāng<br>装 | | zhōng<br>中 | | | | | |
| | | | | chū<br>出 | chuā<br>(欻) | chuō<br>戳 | chuāi<br>揣 | chuī<br>吹 | chuān<br>穿 | chūn<br>春 | chuāng<br>窗 | | chōng<br>冲 | | | | | |
| | | | | shū<br>书 | shuā<br>刷 | shuō<br>说 | shuāi<br>摔 | shuí<br>谁 | shuān<br>闩 | shǔn<br>吮 | shuāng<br>双 | | | | | | | |
| | | | | rú<br>如 | ruá<br>(挼) | ruó<br>(挼) | | ruí<br>蕤 | ruán<br>堧 | rún<br>瞤 | | | róng<br>容 | | | | | |
| | | | | zū<br>租 | | zuō<br>嘬 | | zuī<br>朘 | zuān<br>钻 | zūn<br>尊 | | | zōng<br>综 | | | | | |
| | | | | cū<br>粗 | | cuō<br>搓 | | cuī<br>催 | cuān<br>蹿 | cūn<br>村 | | | cōng<br>匆 | | | | | |
| | | | | sū<br>苏 | | suō<br>梭 | | suī<br>虽 | suān<br>酸 | sūn<br>孙 | | | sōng<br>松 | | | | | |
| yān<br>烟 | yīn<br>因 | yāng<br>央 | yīng<br>应 | wū<br>屋 | wā<br>挖 | wō<br>窝 | wāi<br>歪 | wēi<br>微 | wān<br>弯 | wēn<br>温 | wāng<br>汪 | wēng<br>翁 | | yū<br>迂 | yuē<br>约 | yuān<br>冤 | yūn<br>晕 | yōng<br>拥 |

## 汉语普通话声韵配合表（二）

| 声母＼韵母 | | a 音核心 | | | | | | | | | | | | | | e 音核心 | | |
|---|---|---|---|---|---|---|---|---|---|---|---|---|---|---|---|---|---|---|
| | | a | ia | ua | ai | uai | an | uan | ian | üan | ao | iao | ang | iang | uang | e | ê | ie |
| 双唇音 | b | bā 巴 | biā （ ） | | bāi 掰 | | bān 班 | | biān 边 | | bāo 包 | biāo 标 | bāng 帮 | biáng （ ） | | | | biē 憋 |
| | p | pā 趴 | piǎ （咟） | | pāi 拍 | | pān 潘 | | piān 偏 | | pāo 抛 | piāo 飘 | pāng 滂 | | | | | piē 瞥 |
| | m | mā 妈 | | | mái 埋 | | mān 嫚 | | mián 棉 | | māo 猫 | miāo 喵 | māng 牤 | | | me 么 | | miē 咩 |
| 唇齿音 | f | fā 发 | | | | | fān 帆 | | | | | fiāo （覅） | fāng 方 | | | | | |
| 舌尖中音 | d | dā 搭 | diǎ 嗲 | | dāi 呆 | | dān 丹 | duān 端 | diān 颠 | | dāo 刀 | diāo 碉 | dāng 当 | | | dē 嘚 | | diē 跌 |
| | t | tā 他 | | | tāi 胎 | | tān 滩 | tuān 湍 | tiān 天 | | tāo 掏 | tiāo 挑 | tāng 汤 | | | tè 特 | | tiē 贴 |
| | n | nā 那 | niā （嗱） | | nǎi 乃 | | nān 囡 | nuǎn 暖 | niān 拈 | | náo 挠 | niǎo 鸟 | nāng 囊 | niáng 娘 | | nè 讷 | | niē 捏 |
| | l | lā 拉 | liǎ 俩 | | lái 来 | | lán 兰 | luán 峦 | lián 连 | | lāo 捞 | liáo 疗 | lāng 啷 | liáng 良 | | lē 嘞 | | liè 列 |
| 舌根音 | g | gā 嘎 | | guā 刮 | gāi 该 | guāi 乖 | gān 甘 | guān 关 | | | gāo 高 | | gāng 刚 | | guāng 光 | gē 哥 | | |
| | k | kā 咖 | | kuā 夸 | kāi 开 | kuǎi 㧟 | kān 刊 | kuān 宽 | | | kāo 尻 | | kāng 康 | | kuāng 匡 | kē 颗 | | |
| | h | hā 哈 | | huā 花 | hāi 嗨 | huái 淮 | hān 酣 | huān 欢 | | | hāo 蒿 | | hāng 夯 | | huāng 荒 | hē 喝 | | |
| 舌面音 | j | | jiā 家 | | | | | | jiān 尖 | juān 捐 | | jiāo 交 | | jiāng 将 | | | | jiē 接 |
| | q | | qiā 掐 | | | | | | qiān 千 | quān 圈 | | qiāo 敲 | | qiāng 腔 | | | | qiē 切 |
| | x | | xiā 虾 | | | | | | xiān 先 | xuān 宣 | | xiāo 消 | | xiāng 香 | | | | xiē 些 |
| 舌尖后音 | zh | zhā 扎 | | zhuā 抓 | zhāi 摘 | zhuāi 拽 | zhān 粘 | zhuān 专 | | | zhāo 招 | | zhāng 张 | | zhuāng 装 | zhē 遮 | | |
| | ch | chā 插 | | chuā （欻） | chāi 拆 | chuāi 揣 | chān 掺 | chuān 穿 | | | chāo 抄 | | chāng 昌 | | chuāng 窗 | chē 车 | | |
| | sh | shā 沙 | | shuā 刷 | shāi 筛 | shuāi 摔 | shān 山 | shuān 闩 | | | shāo 梢 | | shāng 商 | | shuāng 双 | shē 奢 | | |
| | r | | | ruá （挼） | | | rán 然 | ruán 堧 | | | ráo 饶 | | rāng 嚷 | | | rě 惹 | | |
| 舌尖前音 | z | zā 匝 | | | zāi 灾 | | zān 簪 | zuān 钻 | | | zāo 遭 | | zāng 脏 | | | zé 则 | | |
| | c | cā 擦 | | | cāi 猜 | | cān 参 | cuān 蹿 | | | cāo 操 | | cāng 仓 | | | cè 册 | | |
| | s | sā 仨 | | | sāi 塞 | | sān 叁 | suān 酸 | | | sāo 骚 | | sāng 桑 | | | sè 色 | | |
| 零声母 | ø | ā 啊 | yā 呀 | wā 挖 | āi 哀 | wāi 歪 | ān 安 | wān 弯 | yān 烟 | yuān 冤 | āo 凹 | yāo 腰 | āng 肮 | yāng 央 | wāng 汪 | é 鹅 | ê 欸 | yē 椰 |

说明：1. 有些音节结构特殊，或有音无字、有字难写，或方言色彩浓重，或仅限于书面语，或属不常用语气词等，在表中用括号标注，其他特殊音节在此列出：yo 哟、唷、育；m 姆、呒、呣；n 嗯、唔、咹、哏；ng 嗯、唔；hm 噷；hng 哼。

2. 此表共有 424 个音节（含表内音节 418 个，补充“其他特殊音节”6 个），去掉所有特殊音节（20 个）后，常规音节有 404 个。

3. 除去特殊音节，a 音核心音节 164 个，占常规音节总数 41%；e 音核心音节 156 个，占常规音节总数 39%。两部分相加，占常规音节总数 80%。a 音核心韵母 14 个，e 音核心韵母 15 个。两者相加，占韵母总数（39 个）的 74%。

| e音核心 | | | | | | | | | | | | i音核心 | | | | | | | u<br>音核心 | |
|---|---|---|---|---|---|---|---|---|---|---|---|---|---|---|---|---|---|---|---|---|
| üe | er | ei | uei | en | uen | ou | iou | eng | ueng | o | uo | -i | i | in | ing | ü | ün | iong | u | ong |
| | | bēi<br>杯 | | bēn<br>奔 | | | | bēng<br>崩 | | bō<br>拨 | | | bī<br>逼 | bīn<br>宾 | bīng<br>兵 | | | | bū<br>晡 | |
| | | pēi<br>胚 | | pēn<br>喷 | | pōu<br>剖 | | pēng<br>烹 | | pō<br>坡 | | | pī<br>批 | pīn<br>拼 | pīng<br>乒 | | | | pū<br>扑 | |
| | | méi<br>煤 | | mēn<br>闷 | | mōu<br>哞 | miù<br>谬 | mēng<br>懵 | | mō<br>摸 | | | mī<br>眯 | mín<br>民 | míng<br>名 | | | | mū<br>姆 | |
| | | fēi<br>飞 | | fēn<br>分 | | fǒu<br>否 | | fēng<br>风 | | fó<br>佛 | | | | | | | | | fū<br>夫 | |
| | | děi<br>得 | duī<br>堆 | dèn<br>扽 | dūn<br>敦 | dōu<br>兜 | diū<br>丢 | dēng<br>灯 | | | duō<br>多 | | dī<br>低 | | dīng<br>盯 | | | | dū<br>督 | dōng<br>东 |
| | | tēi<br>（忒） | tuī<br>推 | | tūn<br>吞 | tōu<br>偷 | | tēng<br>熥 | | | tuō<br>托 | | tī<br>踢 | | tīng<br>听 | | | | tū<br>突 | tōng<br>通 |
| nüè<br>虐 | | něi<br>馁 | | nèn<br>嫩 | nún<br>（黁） | nòu<br>（耨） | niū<br>妞 | néng<br>能 | | | nuó<br>挪 | | nī<br>妮 | nín<br>您 | níng<br>宁 | nǚ<br>女 | | | nú<br>奴 | nóng<br>农 |
| lüè<br>略 | | lēi<br>勒 | | | lūn<br>抡 | lōu<br>搂 | liū<br>溜 | lēng<br>棱 | | lo<br>（咯） | luō<br>捋 | | lī<br>沥 | lín<br>林 | líng<br>灵 | lǘ<br>驴 | | | lū<br>撸 | lōng<br>隆 |
| | | gěi<br>给 | guī<br>归 | gēn<br>根 | gǔn<br>滚 | gōu<br>勾 | | gēng<br>耕 | | | guō<br>锅 | | | | | | | | gū<br>姑 | gōng<br>工 |
| | | kēi<br>（剋） | kuī<br>亏 | kěn<br>肯 | kūn<br>昆 | kōu<br>扣 | | kēng<br>坑 | | | kuò<br>阔 | | | | | | | | kū<br>枯 | kōng<br>空 |
| | | hēi<br>黑 | huī<br>挥 | hén<br>痕 | hūn<br>昏 | hōu<br>齁 | | hēng<br>亨 | | | huō<br>豁 | | | | | | | | hū<br>呼 | hōng<br>哄 |
| juē<br>撅 | | | | | | | jiū<br>究 | | | | | | jī<br>机 | jīn<br>今 | jīng<br>惊 | jū<br>居 | jūn<br>军 | jiōng<br>坰 | | |
| quē<br>缺 | | | | | | | qiū<br>秋 | | | | | | qī<br>七 | qīn<br>亲 | qīng<br>青 | qū<br>区 | qūn<br>逡 | qióng<br>穷 | | |
| xuē<br>削 | | | | | | | xiū<br>修 | | | | | | xī<br>西 | xīn<br>新 | xīng<br>星 | xū<br>虚 | xūn<br>熏 | xiōng<br>兄 | | |
| | | zhèi<br>这 | zhuī<br>追 | zhēn<br>真 | zhūn<br>谆 | zhōu<br>周 | | zhēng<br>争 | | | zhuō<br>捉 | zhī<br>之 | | | | | | | zhū<br>猪 | zhōng<br>中 |
| | | | chuī<br>吹 | chēn<br>嗔 | chūn<br>春 | chōu<br>抽 | | chēng<br>撑 | | | chuō<br>戳 | chī<br>吃 | | | | | | | chū<br>出 | chōng<br>冲 |
| | | shéi<br>谁 | shuí<br>谁 | shēn<br>身 | shǔn<br>吮 | shōu<br>收 | | shēng<br>声 | | | shuō<br>说 | shī<br>诗 | | | | | | | shū<br>书 | |
| | | | ruí<br>蕤 | rén<br>人 | rún<br>瞤 | róu<br>柔 | | rēng<br>扔 | | | ruó<br>（挼） | rì<br>日 | | | | | | | rú<br>如 | róng<br>容 |
| | | zéi<br>贼 | zuī<br>脧 | zěn<br>怎 | zūn<br>尊 | zōu<br>邹 | | zēng<br>增 | | | zuō<br>嘬 | zī<br>兹 | | | | | | | zū<br>租 | zōng<br>综 |
| | | cèi<br>（𤭢） | cuī<br>催 | cēn<br>参 | cūn<br>村 | | | cēng<br>噌 | | | cuō<br>搓 | cī<br>疵 | | | | | | | cū<br>粗 | cōng<br>匆 |
| | | | suī<br>虽 | sēn<br>森 | sūn<br>孙 | sōu<br>搜 | | sēng<br>僧 | | | suō<br>梭 | sī<br>丝 | | | | | | | sū<br>苏 | sōng<br>松 |
| yuē<br>约 | ér<br>儿 | ēi<br>诶 | wēi<br>微 | ēn<br>恩 | wēn<br>温 | ōu<br>欧 | yōu<br>优 | ēng<br>鞥 | wēng<br>翁 | ō<br>喔 | wō<br>窝 | | yī<br>衣 | yīn<br>因 | yīng<br>应 | yū<br>迂 | yūn<br>晕 | yōng<br>拥 | wū<br>屋 | |

# 普通话异读词审音表

## 说　明

一、本表所审，主要是普通话有异读的词和有异读的作为“语素”的字。不列出多音多义字的全部读音和全部义项，与字典、词典形式不同。例如：“和”字有多种义项和读音，而本表仅列出原有异读的八条词语，分列于 hè 和 huo 两种读音之下（有多种读音，较常见的在前。下同）；其余无异读的音、义均不涉及。

二、在字后注明“统读”的，表示此字不论用于任何词语中只读一音（轻声变读不受此限），本表不再举出词例。例如：“阀”字注明“fá（统读）”，原表“军阀”“学阀”“财阀”条和原表所无的“阀门”等词均不再举。

三、在字后不注“统读”的，表示此字有几种读音，本表只审订其中有异读的词语的读音。例如“艾”字本有 ài 和 yì 两音，本表只举“自怨自艾”一词，注明此处读 yì 音；至于 ài 音及其义项，并无异读，不再赘列。

四、有些字有文白二读，本表以“文”和“语”作注。前者一般用于书面语言，用于复音词和文言成语中；后者多用于口语中的单音词及少数日常生活事物的复音词中。这种情况在必要时各举词语为例。例如：“杉”字下注“（一）shān（文）：紫～、红～、水～；（二）shā（语）：～篙、～木”。

五、有些字除附举词例之外，酌加简单说明，以便读者分辨。说明或按具体字义，或按“动作义”“名物义”等区分，例如：“畜”字下注“（一）chù（名物义）：～力、家～、牲～、幼～；（二）xù（动作义）：～产、～牧、～养”。

六、有些字的几种读音中某音用处较窄，另音用处甚宽，则注“除 ×× （较少的词）念乙音外，其他都念甲音”，以避免列举词条繁而未尽、挂一漏万的缺点。例如：“结”字下注“除‘～了个果子’‘开花～果’‘～巴’‘～实’念 jiē 之外，其他都念 jié”。

七、由于轻声问题比较复杂，除《初稿》涉及的部分轻声词之外，本表一般不予审订，并删去部分原审的轻声词，例如“麻刀（dao）”“容易（yi）”等。

八、本表酌增少量有异读的字或词，作了审订。

九、除因第二、六、七各条说明中所举原因而删略的词条之外，本表又删汰了部分词条。主要原因是：1. 现已无异读（如“队伍”“理会”）；2. 罕用词语（如“俵分”“仔密”）；3. 方言土音（如“归里包堆［zuī］”“告送［song］”）；4. 不常用的文言词语（如“刍荛”“氍毹”）；5. 音变现象（如“胡里八涂［tū］”“毛毛腾腾［tēngtēng］）”；6. 重复累赘（如原表“色”字的有关词语分列达 23 条之多）。删汰条目不再编入。

十、人名、地名的异读审订，除原表已涉及的少量词条外，留待以后再审。

## A

阿
（一）ā ~訇 | ~罗汉 | ~木林 | ~姨
（二）ē ~谀 | ~附 | ~胶 | ~弥陀佛
挨
（一）āi ~个 | ~近
（二）ái ~打 | ~说
癌 ái（统读）
霭 ǎi（统读）
蔼 ǎi（统读）
隘 ài（统读）
谙 ān（统读）
埯 ǎn（统读）
昂 áng（统读）
凹 āo（统读）
拗
（一）ào ~口
（二）niù 执~ | 脾气很~
坳 ào（统读）

## B

拔 bá（统读）
把 bà 印~子
白 bái（统读）
膀 bǎng 翅~
蚌
（一）bàng 蛤~
（二）bèng ~埠
傍 bàng（统读）
磅 bàng 过~
龅 bāo（统读）
胞 bāo（统读）
薄
（一）báo（语）常单用，如“纸很~”。
（二）bó（文）多用于复音词。~弱 | 稀~ | 淡~ | 尖嘴~舌 | 单~ | 厚~
堡
（一）bǎo 碉~ | ~垒
（二）bǔ ~子 | 吴~ | 瓦窑~ | 柴沟~
（三）pù 十里~
暴
（一）bào ~露
（二）pù 一~（曝）十寒
爆 bào（统读）
焙 bèi（统读）
惫 bèi（统读）
背 bèi ~脊 | ~静
鄙 bǐ（统读）
俾 bǐ（统读）
笔 bǐ（统读）
比 bǐ（统读）
臂
（一）bì 手~ | ~膀
（二）bei 胳~
庇 bì（统读）
髀 bì（统读）
避 bì（统读）
辟 bì 复~
裨 bì ~补 | ~益
婢 bì（统读）
痹 bì（统读）
壁 bì（统读）
蝙 biān（统读）
遍 biàn（统读）
骠
（一）biāo 黄~马
（二）piào ~骑 | ~勇
傧 bīn（统读）
缤 bīn（统读）
濒 bīn（统读）
髌 bìn（统读）
屏
（一）bǐng ~除 | ~弃 | ~气 | ~息
（二）píng ~藩 | ~风
柄 bǐng（统读）

波 bō（统读）
播 bō（统读）
菠 bō（统读）
剥
（一）bō（文）～削
（二）bāo（语）
泊
（一）bó 淡～|飘～|停～
（二）pō 湖～|血～
帛 bó（统读）
勃 bó（统读）
钹 bó（统读）
伯
（一）bó ～～（bo）|老～
（二）bāi 大～子（丈夫的哥哥）
箔 bó（统读）
簸
（一）bǒ 颠～
（二）bò ～箕
膊 bo 胳～
卜 bo 萝～
醭 bú（统读）
哺 bǔ（统读）
捕 bǔ（统读）
鵏 bǔ（统读）
埠 bù（统读）

## C

残 cán（统读）
惭 cán（统读）
灿 càn（统读）
藏
（一）cáng 矿～
（二）zàng 宝～
糙 cāo（统读）
嘈 cáo（统读）
螬 cáo（统读）
厕 cè（统读）
岑 cén（统读）
差
（一）chā（文）不～累黍|不～什么|偏～|色～|～别|视～|误～|电势～|一念之～|～池|～错|言～语错|一～二错|阴错阳～|～等|～额|～价|～强人意|～数|～异
（二）chà（语）～不多|～不离|～点儿
（三）cī 参～
猹 chá（统读）
搽 chá（统读）
阐 chǎn（统读）
羼 chàn（统读）
颤 chàn
（一）chàn ～动|发～
（二）zhàn ～栗（战栗）|打～（打战）
韂 chàn（统读）
伥 chāng（统读）
场
（一）chǎng ～合|～所|冷～|捧～
（二）cháng 外～|圩～|～院|一～雨
（三）chang 排～
钞 chāo（统读）
巢 cháo（统读）
嘲 cháo ～讽|～骂|～笑
耖 chào（统读）
车
（一）chē 安步当～|杯水～薪|闭门造～|螳臂当～
（二）jū（象棋棋子名称）
晨 chén（统读）
称 chèn ～心|～意|～职|对～|相～
撑 chēng（统读）
乘（动作义，念 chéng）包～制|～便|～风破浪|～客|～势|～兴
橙 chéng（统读）
惩 chéng（统读）
澄
（一）chéng(文)～清（如“～清混乱”“～清问题”）

（二）dèng（语）单用，如“把水～清了”。
痴 chī（统读）
吃 chī（统读）
弛 chí（统读）
褫 chǐ（统读）
尺 chǐ ～寸 | ～头
豉 chǐ（统读）
侈 chǐ（统读）
炽 chì（统读）
舂 chōng（统读）
冲 chòng ～床 | ～模
臭
（一）chòu 遗～万年
（二）xiù 乳～ | 铜～
储 chǔ（统读）
处 chǔ(动作义)～罚 | ～分 | ～决 | ～理 | ～女 | ～置
畜
（一）chù（名物义）～力 | 家～ | 牲～ | 幼～
（二）xù（动作义）～产 | ～牧 | ～养
触 chù（统读）
搐 chù（统读）
绌 chù（统读）
黜 chù（统读）
闯 chuǎng（统读）
创
（一）chuàng 草～ | ～举 | 首～ | ～造 | ～作
（二）chuāng ～伤 | 重～
绰
（一）chuò ～～有余
（二）chuo 宽～
疵 cī（统读）
雌 cí（统读）
赐 cì（统读）
伺 cì ～候
枞
（一）cōng ～树
（二）zōng ～阳〔地名〕
从 cóng（统读）
丛 cóng（统读）
攒 cuán 万头～动 | 万箭～心
脆 cuì（统读）
撮
（一）cuō ～儿 | 一～儿盐 | 一～儿匪帮
（二）zuǒ 一～儿毛
措 cuò（统读）

# D

搭 dā（统读）
答
（一）dá 报～ | ～复
（二）dā ～理 | ～应
打 dá 苏～ | 一～（十二个）
大
（一）dà ～夫（古官名）| ～王（如“爆破～王”“钢铁～王”）|
（二）dài ～夫（医生）| ～黄 | ～王（如“山～王”）| ～城〔地名〕
呆 dāi（统读）
傣 dǎi（统读）
逮
（一）dài（文）如“～捕”。
（二）dǎi（语）单用，如“～蚊子”“～特务”。
当
（一）dāng ～地 | ～间儿 | ～年（指过去）| ～日（指过去）| ～天（指过去）| ～时（指过去）| 螳臂～车
（二）dàng 一个～俩 | 安步～车 | 适～ | ～年（同一年）| ～日（同一时候）| ～天（同一天）
档 dàng（统读）
蹈 dǎo（统读）
导 dǎo（统读）
倒
（一）dǎo 颠～ | 颠～是非 | 颠～黑白 | 颠三～四 | 倾箱～箧 | 排山～海 | ～板 | ～嚼 | ～仓 | ～嗓 | ～戈 | 潦～
（二）dào ～粪（把粪弄碎）
悼 dào（统读）
纛 dào（统读）
凳 dèng（统读）

瓶 dī（统读）
氐 dī〔古民族名〕
堤 dī（统读）
提 dī ~防
的 dí ~当 | ~确
抵 dǐ（统读）
蒂 dì（统读）
缔 dì（统读）
谛 dì（统读）
点 dian 打~（收拾、贿赂）
跌 diē（统读）
蝶 dié（统读）
订 dìng（统读）
都
（一）dōu ~来了
（二）dū ~市 | 首~ | 大~（大多）
堆 duī（统读）
吨 dūn（统读）
盾 dùn（统读）
多 duō（统读）
咄 duō（统读）
掇
（一）duō（"拾取、采取"义）
（二）duo 撺~ | 掂~
裰 duō（统读）
踱 duó（统读）
度 duó 忖~ | ~德量力

## E

婀 ē（统读）

## F

伐 fá（统读）
阀 fá（统读）
砝 fǎ（统读）
法 fǎ（统读）
发 fà 理~ | 脱 ~ | 结~
帆 fān（统读）
藩 fān（统读）
梵 fàn（统读）
坊
（一）fāng 牌~ | ~巷
（二）fáng 粉~ | 磨~ | 碾~ | 染~ | 油~ | 谷~
妨 fáng（统读）
防 fáng（统读）
肪 fáng（统读）
沸 fèi（统读）
汾 fén（统读）
讽 fěng（统读）
肤 fū（统读）
敷 fū（统读）
俘 fú（统读）
浮 fú（统读）
服 fú ~毒 | ~药
拂 fú（统读）
辐 fú（统读）
幅 fú（统读）
甫 fǔ（统读）
复 fù（统读）
缚 fù（统读）

## G

噶 gá（统读）
冈 gāng（统读）
刚 gāng（统读）
岗 gǎng ~楼 | ~哨 | ~子 | 门~ | 站~ | 山~子
港 gǎng（统读）
葛
（一）gé ~藤 | ~布 | 瓜~
（二）gě〔姓〕（包括单、复数）
隔 gé（统读）
革 gé ~命 | ~新 | 改~
合 gě（一升的十分之一）
给
（一）gěi（语）单用。
（二）jǐ（文）补~ | 供~ | 供~制 | ~予 | 配~ | 自~自足

亘 gèn（统读）
更 gēng 五～｜～生
颈 gěng 脖～子
供
（一）gōng ～给｜提～｜～销
（二）gòng 口～｜翻～｜上～
佝 gōu（统读）
枸 gǒu ～杞
勾 gòu ～当
估（除“～衣”读 gù 外，都读 gū）
骨（除“～碌”“～朵”读 gū 外，都读 gǔ）
谷 gǔ ～雨
锢 gù（统读）
冠
（一）guān（名物义）～心病
（二）guàn（动作义）沐猴而～｜～军
犷 guǎng（统读）
庋 guǐ（统读）
桧
（一）guì[ 树名 ]
（二）huì[ 人名 ] 秦～
刽 guì（统读）
聒 guō（统读）
蝈 guō（统读）
过（除姓氏读 guō 外，都读 guò）

## H

虾 há ～蟆
哈
（一）hǎ ～达
（二）hà ～什蚂
汗 hán 可～
巷 hàng ～道
号 háo 寒～虫
和
（一）hè 唱～｜附～｜曲高～寡
（二）huo 搀～｜搅～｜暖～｜热～｜软～
貉
（一）hé（文）一丘之～
（二）háo（语）～绒｜～子
壑 hè（统读）
褐 hè（统读）
喝 hè ～彩｜～道｜～令｜～止｜呼幺～六
鹤 hè（统读）
黑 hēi（统读）
亨 hēng（统读）
横
（一）héng ～肉｜～行霸道
（二）hèng 蛮～｜～财
訇 hōng（统读）
虹
（一）hóng（文）～彩｜ ～吸
（二）jiàng（语）单说。
讧 hòng（统读）
囫 hú（统读）
瑚 hú（统读）
蝴 hú（统读）
桦 huà（统读）
徊 huái（统读）
踝 huái（统读）
浣 huàn（统读）
黄 huáng（统读）
荒 huang 饥～（指经济困难）
诲 huì（统读）
贿 huì（统读）
会 huì 一～儿｜多～儿｜～厌（生理名词）
混 hùn ～合｜～乱｜～凝土｜～淆｜～血儿｜～杂
蠖 huò（统读）
霍 huò（统读）
豁 huò ～亮
获 huò（统读）

## J

羁 jī（统读）
击 jī（统读）
奇 jī ～数
芨 jī（统读）

缉
（一）jī 通～|侦～
（二）qī ～鞋口
几 jī 茶～|条～
圾 jī（统读）
戢 jí（统读）
疾 jí（统读）
汲 jí（统续）
棘 jí（统读）
藉 jí 狼～（籍）
嫉 jí（统读）
脊 jǐ（统读）
纪 jì
（一）jǐ〔姓〕
（二）jì ～念|～律|纲～|～元
偈 jì ～语
绩 jì（统读）
迹 jì（统读）
寂 jì（统读）
箕 ji 簸～
辑 ji 逻～
茄 jiā 雪～
夹 jiā ～带藏掖|～道儿|～攻|～棍|～生|～杂|～竹桃|～注
浃 jiā（统读）
甲 jiǎ（统读）
歼 jiān（统读）
鞯 jiān（统读）
间
（一）jiān ～不容发|中～
（二）jiàn 中～儿|～道|～谍|～断|～或|～接|～距|～隙|～续|～阻|～作|挑拨离～
趼 jiǎn（统读）
俭 jiǎn（统读）
缰 jiāng（统读）
膙 jiǎng（统读）
嚼
（一）jiáo（语）味同～蜡|咬文～字
（二）jué（文）咀～|过屠门而大～
（三）jiào 倒～（倒嚼）
侥 jiǎo ～幸

角
（一）jiǎo 八～（大茴香）|～落|独～戏|～膜|～度|～儿（犄～）|～楼|勾心斗～|号～|口～（嘴～）|鹿～菜|头～
（二）jué ～斗|～儿（角色）|口～（吵嘴）|主～儿|配～儿|～力|捧～儿
脚
（一）jiǎo 根～
（二）jué ～儿（也作“角儿”，脚色）
剿
（一）jiǎo 围～
（二）chāo ～说|～袭
校 jiào ～勘|～样|～正
较 jiào（统读）
酵 jiào（统读）
嗟 jiē（统读）
疖 jiē（统读）
结（除“～了个果子”“开花～果”“～巴”“～实”念 jiē 之外，其他都念 jié）
睫 jié（统读）
芥 jiè
（一）jiè ～菜（一般的芥菜）|～末
（二）gài ～菜（也作“盖菜”）|～蓝菜
矜 jīn ～持|自～|～怜
仅 jǐn ～～|绝无～有
馑 jǐn（统读）
觐 jìn（统读）
浸 jìn（统读）
斤 jin 千～（起重的工具）
茎 jīng（统读）
粳 jīng（统读）
鲸 jīng（统读）
境 jìng（统读）
痉 jìng（统读）
劲 jìng 刚～
窘 jiǒng（统读）
究 jiū（统读）
纠 jiū（统读）
鞠 jū（统读）
鞫 jū（统读）
掬 jū（统读）
苴 jū（统读）

咀 jǔ ～嚼
矩
（一）jǔ ～形
（二）ju 规～
俱 jù（统读）
龟 jūn ～裂（也作“皲裂”）
菌
（一）jūn 细～ |病～ |杆～ |霉～
（二）jùn 香～ | ～子
俊 jùn（统读）

## K

卡
（一）kǎ ～宾枪 | ～车 | ～介苗 | ～片 | ～通
（二）qiǎ ～子 |关～
揩 kāi（统读）
慨 kǎi（统读）
忾 kài（统读）
勘 kān（统读）
看 kān ～管 | ～护 | ～守
慷 kāng（统读）
拷 kǎo（统读）
坷 kē ～拉（垃）
疴 kē（统读）
壳
（一）ké（语）～儿 |贝～儿 |脑～ |驳～枪
（二）qiào（文）地～ |甲～ |躯～
可
（一）kě ～～儿的
（二）kè ～汗
恪 kè（统读）
刻 kè（统读）
克 kè ～扣
空
（一）kōng ～心砖 | ～城计
（二）kòng ～心吃药
眍 kōu（统读）
矻 kū（统读）
酷 kù（统读）
框 kuàng（统读）
矿 kuàng（统读）
傀 kuǐ（统读）
溃
（一）kuì ～烂
（二）huì ～脓
篑 kuì（统读）
括 kuò（统读）

## L

垃 lā（统读）
邋 lā（统读）
罱 lǎn（统读）
缆 lǎn（统读）
蓝 lan 苤～
琅 láng（统读）
捞 lāo（统读）
劳 láo（统读）
醪 láo（统读）
烙
（一）lào ～印 | ～铁 | ～饼
（二）luò 炮～（古酷刑）
勒
（一）lè（文）～逼 | ～令 | ～派 | ～索 |悬崖～马
（二）lēi（语）多单用。
擂（除“～台”“打～”读 lèi 外，都读 léi）
礌 léi（统读）
羸 léi（统读）
蕾 lěi（统读）
累
（一）lèi（辛劳义，如“受～”〔受劳～〕）
（二）léi ～赘
（三）lěi（牵连义，如“带～”“～及”“连～”“赔～”“牵～”“受～”〔受牵～〕）
蠡
（一）lí 管窥～测
（二）lǐ ～县 |范～
喱 lí（统读）
连 lián（统读）

敛 liǎn（统读）
恋 liàn（统读）
量
（一）liàng ~入为出|忖~
（二）liang 打~|掂~
踉 liàng ~跄
潦 liáo ~草|~倒
劣 liè（统读）
捩 liè（统读）
趔 liè（统读）
拎 līn（统读）
遴 lín（统读）
淋
（一）lín ~浴|~漓|~巴
（二）lìn ~硝|~盐|~病
蛉 líng（统读）
榴 liú（统读）
馏
（一）liú（文）如"干~""蒸~"。
（二）liù（语）如"~馒头"。
镏 liú ~金
碌 liù ~碡
笼
（一）lóng（名物义）~子|牢~
（二）lǒng（动作义）~络|~括|~统|~罩
偻
（一）lóu 佝~
（二）lǚ 伛~
瞜 lou 眍~
虏 lǔ（统读）
掳 lǔ（统读）
露
（一）lù（文）赤身~体|~天|~骨|~头角|藏头~尾|抛头~面|~头（矿）
（二）lòu（语）~富|~苗|~光|~相|~马脚|~头
榈 lǘ（统读）
捋
（一）lǚ ~胡子
（二）luō ~袖子
绿
（一）lǜ（语）
（二）lù（文）~林|鸭~江
孪 luán（统读）
挛 luán（统读）
掠 lüè（统读）
囵 lún（统读）
络 luò ~腮胡子
落
（一）luò（文）~膘|~花生|~魄|涨~|~槽|着~
（二）lào（语）~架|~色|~炕|~枕|~儿|~子（一种曲艺）
（三）là（语）遗落义。丢三~四|~在后面

## M

脉（除"~~"念 mòmò 外，一律念 mài）
漫 màn（统读）
蔓
（一）màn（文）~延|不~不支
（二）wàn（语）瓜~|压~
牤 māng（统读）
氓 máng 流~
芒 máng（统读）
铆 mǎo（统读）
瑁 mào（统读）
虻 méng（统读）
盟 méng（统读）
祢 mí（统读）
眯
（一）mí ~了眼（灰尘等入目，也作"迷"）
（二）mī ~了一会儿（小睡）|~缝着眼（微微合目）
靡 mí
（一）mí ~费
（二）mǐ 风~|委~|披~
秘 mì（除"~鲁"读 bì 外，都读 mì）

泌
（一）mì（语）分～
（二）bì（文）～阳〔地名〕
娩 miǎn（统读）
缈 miǎo（统读）
皿 mǐn（统读）
闽 mǐn（统读）
茗 míng（统读）
酩 mǐng（统读）
谬 miù（统读）
摸 mō（统读）
模
（一）mó ～范｜～式｜～型｜～糊｜～特儿｜～棱两可
（二）mú ～子｜～具｜～样
膜 mó（统读）
摩 mó 按～｜抚～
嬷 mó（统读）
墨 mò（统读）
耱 mò（统读）
沫 mò（统读）
缪 móu 绸～

## N

难
（一）nán 困～（或变轻声）｜～兄～弟（难得的兄弟，现多用作贬义）
（二）nàn 排～解纷｜发～｜刁～｜责～｜～兄～弟（共患难或同受苦难的人）
蝻 nǎn（统读）
蛲 náo（统读）
讷 nè（统读）
馁 něi（统读）
嫩 nèn（统读）
恁 nèn（统读）
妮 nī（统读）
拈 niān（统读）
鲇 nián（统读）
酿 niàng（统读）
尿
（一）niào 糖～病
（二）suī（只用于口语名词）尿（niào）～｜～脬
嗫 niè（统读）
宁
（一）níng 安～
（二）nìng ～可｜无～〔姓〕
忸 niǔ（统读）
脓 nóng（统读）
弄
（一）nòng 玩～
（二）lòng ～堂
暖 nuǎn（统读）
衄 nù（统读）
疟
（一）nüè（文）～疾
（二）yào（语）发～子
娜
（一）nuó 婀～｜袅～
（二）nà（人名）

## O

殴 ōu（统读）
呕 ǒu（统读）

## P

杷 pá（统读）
琶 pá（统读）
牌 pái（统读）
排 pǎi ～子车
迫 pǎi ～击炮
湃 pài（统读）
爿 pán（统读）
胖 pán 心广体～（～为安舒貌）

蹒 pán（统读）
畔 pàn（统读）
乓 pāng（统读）
滂 pāng（统读）
脬 pāo（统读）
胚 pēi（统读）
喷
（一）pēn ~嚏
（二）pèn ~香
（三）pen 嚏~
澎 péng（统读）
坯 pī（统读）
披 pī（统读）
匹 pǐ（统读）
僻 pì（统读）
譬 pì（统读）
片
（一）piàn ~子 | 唱~ | 画~ | 相~ | 影~ | ~儿会
（二）piān（口语一部分词）~子 | ~儿 | 唱~儿 | 画~儿 | 相~儿 | 影~儿
剽 piāo（统读）
缥 piāo ~缈（飘渺）
撇 piē ~弃
聘 pìn（统读）
乒 pīng（统读）
颇 pō（统读）
剖 pōu（统读）
仆
（一）pū 前~后继
（二）pú ~从
扑 pū（统读）
朴
（一）pǔ 俭~ | ~素 | ~质
（二）pō ~刀
（三）pò ~硝 | 厚~
蹼 pǔ（统读）
瀑 pù ~布
曝
（一）pù 一~十寒
（二）bào ~光（摄影术语）

# Q

栖 qī 两~
戚 qī（统读）
漆 qī（统读）
期 qī（统读）
蹊 qī ~跷
蛴 qí（统读）
畦 qí（统读）
萁 qí（统读）
骑 qí（统读）
企 qǐ（统读）
绮 qǐ（统读）
杞 qǐ（统读）
槭 qì（统读）
洽 qià（统读）
签 qiān（统读）
潜 qián（统读）
荨
（一）qián（文）~麻
（二）xún（语）~麻疹
嵌 qiàn（统读）
欠 qian 打哈~
戕 qiāng（统读）
镪 qiāng ~水
强
（一）qiáng ~渡 | ~取豪夺 | 博闻~识 | ~制
（二）qiǎng 勉~ | 牵~ | ~词夺理 | ~颜为笑 | ~迫
（三）jiàng 倔~
襁 qiǎng（统读）
跄 qiàng（统读）
悄
（一）qiāo ~~儿的
（二）qiǎo ~默声儿的
橇 qiāo（统读）
翘
（一）qiào（语）~尾巴
（二）qiáo（文）~首 | ~楚 | 连~
怯 qiè（统读）
挈 qiè（统读）

趄 qie 趔～
侵 qīn（统读）
衾 qīn（统读）
噙 qín（统读）
倾 qīng（统读）
亲 qìng ～家
穹 qióng（统读）
黢 qū（统读）
曲（麯）qū 大～ | 红～ | 神～
渠 qú（统读）
瞿 qú（统读）
蠼 qú（统读）
苣 qǔ ～荬菜
龋 qǔ（统读）
趣 qù（统读）
雀 què ～斑 | ～盲症

## R

髯 rán（统读）
攘 rǎng（统读）
桡 ráo（统读）
绕 rào（统读）
任 rén〔姓，地名〕
妊 rèn（统读）
扔 rēng（统读）
容 róng（统读）
糅 róu（统读）
茹 rú（统读）
孺 rú（统读）
蠕 rú（统读）
辱 rǔ（统读）
挼 ruó（统读）

## S

靸 sǎ（统读）
噻 sāi（统读）
散
（一）sǎn 懒～ | 零零～～ | ～漫
（二）san 零～
丧 sang 哭～着脸
扫
（一）sǎo ～兴
（二）sào ～帚
埽 sào（统读）
色
（一）sè（文）
（二）shǎi（语）
塞
（一）sè（文）动作义。
（二）sāi（语）名物义，如“活～”“瓶～”；动作义，如“把洞～住”。
森 sēn（统读）
煞
（一）shā ～尾 | 收～
（二）shà ～白
啥 shá（统读）
厦
（一）shà（语）
（二）xià（文）～门 | 噶～
杉 shān
（一）shān（文）紫～ | 红～ | 水～
（二）shā（语）～篙 | ～木
衫 shān（统读）
姗 shān（统读）
苫
（一）shàn（动作义，如“～布”）
（二）shān（名物义，如“草～子”）
墒 shāng（统读）
猞 shē（统读）
舍 shè 宿～
慑 shè（统读）
摄 shè（统读）
射 shè（统读）
谁 shéi，又音 shuí
娠 shēn（统读）
什（甚）shén ～么
蜃 shèn（统读）
葚 shèn
（一）shèn（文）桑～
（二）rèn（语）桑～儿

胜 shèng（统读）
识 shí 常～|～货|～字
似 shì ～的
室 shì（统读）
螫 shì
（一）shì（文）
（二）zhē（语）
匙 shi 钥～
殊 shū（统读）
蔬 shū（统读）
疏 shū（统读）
叔 shū（统读）
淑 shū（统读）
菽 shū（统读）
熟
（一）shú（文）
（二）shóu（语）
署 shǔ（统读）
曙 shǔ（统读）
漱 shù（统读）
戍 shù（统读）
蟀 shuài（统读）
孀 shuāng（统读）
说 shuì 游～
数 shuò ～见不鲜
硕 shuò（统读）
蒴 shuò（统读）
艘 sōu（统读）
嗾 sǒu（统读）
速 sù（统读）
塑 sù（统读）
虽 suī（统读）
绥 suí（统读）
髓 suǐ（统读）
遂
（一）suì 不～|毛～自荐
（二）suí 半身不～
隧 suì（统读）
隼 sǔn（统读）
莎 suō ～草
缩
（一）suō 收～
（二）sù ～砂密（一种植物）
嗍 suō（统读）
索 suǒ（统读）

## T

趿 tā（统读）
鳎 tǎ（统读）
獭 tǎ（统读）
沓
（一）tà 重～
（二）ta 疲～
（三）dá 一～纸
苔
（一）tái（文）
（二）tāi（语）
探 tàn（统读）
涛 tāo（统读）
悌 tì（统读）
佻 tiāo（统读）
调 tiáo ～皮
帖
（一）tiē 妥～|伏伏～～|俯首～耳
（二）tiě 请～|字～儿
（三）tiè 字～|碑～
听 tīng（统读）
庭 tíng（统读）
骰 tóu（统读）
凸 tū（统读）
突 tū（统读）
颓 tuí（统读）
蜕 tuì（统读）
臀 tún（统读）
唾 tuò（统读）

## W

娲 wā（统读）
挖 wā（统读）
瓦 wà ～刀

呙 wāi（统读）
蜿 wān（统读）
玩 wán（统读）
惋 wǎn（统读）
脘 wǎn（统读）
往 wǎng（统读）
忘 wàng（统读）
微 wēi（统读）
巍 wēi（统读）
薇 wēi（统读）
危 wēi（统读）
韦 wéi（统读）
违 wéi（统读）
唯 wéi（统读）
圩
（一）wéi ～子
（二）xū ～（墟）场
纬 wěi（统读）
委 wěi ～靡
伪 wěi（统读）
萎 wěi（统读）
尾
（一）wěi ～巴
（二）yǐ 马～儿
尉 wèi ～官
文 wén（统读）
闻 wén（统读）
紊 wěn（统读）
喔 wō（统读）
蜗 wō（统读）
硪 wò（统读）
诬 wū（统读）
梧 wú（统读）
牾 wǔ（统读）
乌 wù ～拉（也作“靰鞡”）～拉草
杌 wù（统读）
骛 wù（统读）

# X

夕 xī（统读）
汐 xī（统读）
晰 xī（统读）
析 xī（统读）
皙 xī（统读）
昔 xī（统读）
溪 xī（统读）
悉 xī（统读）
熄 xī（统读）
蜥 xī（统读）
螅 xī（统读）
惜 xī（统读）
锡 xī（统读）
樨 xī（统读）
袭 xí（统读）
檄 xí（统读）
峡 xiá（统读）
暇 xiá（统读）
吓 xià 杀鸡～猴
鲜 xiān 屡见不～ | 数见不～
锨 xiān（统读）
纤 xiān ～维
涎 xián（统读）
弦 xián（统读）
陷 xiàn（统读）
霰 xiàn（统读）
向 xiàng（统读）
相 xiàng ～机行事
淆 xiáo（统读）
哮 xiào（统读）
些 xiē（统读）
颉 xié ～颃
携 xié（统读）
偕 xié（统读）
挟 xié（统读）
械 xiè（统读）
馨 xīn（统读）
囟 xìn（统读）
行 xíng 操～ | 德～ | 发～ | 品～
省 xǐng 内～ | 反～ | ～亲 | 不～人事
芎 xiōng（统读）
朽 xiǔ（统读）

宿 xiù 星～|二十八～
煦 xù（统读）
蓿 xu 苜～
癣 xuǎn（统读）
削
（一）xuē（文）剥～|～减|瘦～
（二）xiāo（语）切～|～铅笔|～球
穴 xué（统读）
学 xué（统读）
雪 xuě（统读）
血
（一）xuè（文）用于复音词及成语，如“贫～”“心～”“呕心沥～”“～泪史”“狗～喷头”等。
（二）xiě（语）口语多单用，如“流了点儿～”及几个口语常用词，如“鸡～”“～晕”“～块子”等。
谑 xuè（统读）
寻 xún（统读）
驯 xùn（统读）
逊 xùn（统读）
熏 xùn 煤气～着了
徇 xùn（统读）
殉 xùn（统读）
蕈 xùn（统读）

## Y

押 yā（统读）
崖 yá（统读）
哑 yǎ ～然失笑
亚 yà（统读）
殷 yān ～红
芫 yán ～荽
筵 yán（统读）
沿 yán（统读）
焰 yàn（统读）
夭 yāo（统读）
肴 yáo（统读）
杳 yǎo（统读）
舀 yǎo（统读）
钥
（一）yào（语）～匙
（二）yuè（文）锁～
曜 yào（统读）
耀 yào（统读）
椰 yē（统读）
噎 yē（统读）
叶 yè ～公好龙
曳 yè 弃甲～兵|摇～|～光弹
屹 yì（统读）
轶 yì（统读）
谊 yì（统读）
懿 yì（统读）
诣 yì（统读）
艾 yì 自怨自～
荫 yìn（统读）（“树～”“林～道”应作“树阴”“林阴道”）
应
（一）yīng ～届|～名儿|～许|提出的条件他都～了|是我～下来的任务
（二）yìng ～承|～付|～声|～时|～验|～邀|～用|～运|～征|里～外合
萦 yíng（统读）
映 yìng（统读）
佣 yōng ～工
庸 yōng（统读）
臃 yōng（统读）
壅 yōng（统读）
拥 yōng（统读）
踊 yǒng（统读）
咏 yǒng（统读）
泳 yǒng（统读）
莠 yǒu（统读）
愚 yú（统读）
娱 yú（统读）
愉 yú（统读）
伛 yǔ（统读）
屿 yǔ（统读）
吁 yù 呼～
跃 yuè（统读）

晕

（一）yūn ～倒 | 头～

（二）yùn 月～ | 血～ | ～车

酝 yùn（统读）

## Z

匝 zā（统读）

杂 zá（统读）

载

（一）zǎi 登～ | 记～

（二）zài 搭～ | 怨声～道 | 重～ | 装～ | ～歌 ～舞

簪 zān（统读）

咱 zán（统读）

暂 zàn（统读）

凿 záo（统读）

择

（一）zé 选～

（二）zhái ～不开 | ～菜 | ～席

贼 zéi（统读）

憎 zēng（统读）

甑 zèng（统读）

喳 zhā 唧唧～～

轧（除“～钢”“～辊”念 zhá 外，其他都念 yà）（gá 为方言，不审）

摘 zhāi（统读）

粘 zhān ～贴

涨 zhǎng ～落 | 高～

着

（一）zháo ～慌 | ～急 | ～家 | ～凉 | ～忙 | ～迷 | ～水 | ～雨

（二）zhuó ～落 | ～手 | ～眼 | ～意 | ～重 | 不～边际

（三）zhāo 失～

沼 zhǎo（统读）

召 zhào（统读）

遮 zhē（统读）

蛰 zhé（统读）

辙 zhé（统读）

贞 zhēn（统读）

侦 zhēn（统读）

帧 zhēn（统读）

胗 zhēn（统读）

枕 zhěn（统读）

诊 zhěn（统读）

振 zhèn（统读）

知 zhī（统读）

织 zhī（统读）

脂 zhī（统读）

植 zhí（统读）

殖 zhí

（一）zhí 繁～ | 生～ | ～民

（二）shi 骨～

指 zhǐ（统读）

掷 zhì（统读）

质 zhì（统读）

蛭 zhì（统读）

秩 zhì（统读）

栉 zhì（统读）

炙 zhì（统读）

中 zhōng 人～（人口上唇当中处）

种 zhòng 点～（义同“点播”。动宾结构念 diǎnzhǒng，义为点播种子）

诌 zhōu（统读）

骤 zhòu（统读）

轴 zhòu 大～子戏 | 压～子

碡 zhou 碌～

烛 zhú（统读）

逐 zhú（统读）

属 zhǔ ～望

筑 zhù（统读）

著 zhù 土～

转 zhuǎn 运～

撞 zhuàng（统读）

幢

（一）zhuàng 一～楼房

（二）chuáng 经～（佛教所设刻有经咒的石柱）

拙 zhuō（统读）

茁 zhuó（统读）

灼 zhuó（统读）
卓 zhuó（统读）
综 zōng ～合
纵 zòng（统读）
粽 zòng（统读）
镞 zú（统读）
组 zǔ（统读）
钻
（一）zuān ～探 | ～孔
（二）zuàn ～床 | ～杆 | ～具
佐 zuǒ（统读）
唑 zuò（统读）
柞
（一）zuò ～蚕 | ～绸
（二）zhà ～水（在陕西）
做 zuò（统读）
作（除“～坊”读 zuō 外，其余都读 zuò）

# 普通话水平测试等级标准

## 一、普通话水平测试等级标准

一级：标准级、高级

一级甲等 97 分及其以上（由国家语委审定）；

一级乙等 92 分及其以上（由省语委审定）；

二级：比较标准级、中级

二级甲等 87 分及其以上；

二级乙等 80 分 ~87 分；

三级：不太标准级、初级、基础级

三级甲等 70 分 ~80 分；

三级乙等 60 分 ~70 分。

## 二、普通话水平测试等级标准描述

### 一级

甲等：朗读和自由交谈时，语音标准，词汇、语法正确无误，语调自然，表达流畅。测试总失分率在 3% 以内。

乙等：朗读和自由交谈时，语音标准，词汇、语法正确无误，语调自然，表达流畅。偶然有字音、字调失误。测试总失分率在 8% 以内。

### 二级

甲等：朗读和自由交谈时，声韵调发音基本标准，语调自然，表达流畅。少数难点音（平翘舌音、前后鼻尾音、边鼻音等）有时出现失误。词汇、语法极少有误。测试总失分率在 13% 以内。

乙等：朗读和自由交谈时，个别调值不准，声韵母发音有不到位现象。难点音（平翘舌音、前后鼻尾音、边鼻音、fu-hu、z-zh-j、送气不送气、i-ü 不分、保留浊塞音和浊塞擦音、丢失介音、复韵母单音化等）失误较多。方言语调不明显。有使用方言词、方言语法的情况。测试总失分率在 20% 以内。

### 三级

甲等：朗读和自由交谈时，声韵母发音失误较多，难点音超出常见范围，声调调值多不准，方言语调较明显，词汇、语法有失误。测试总失分率在 30% 以内。

乙等：朗读和自由交谈时，声韵调发音失误多，方音特征突出，方言语调明显，词汇、语法失误较多，外地人听其谈话有听不懂情况。测试总失分率在 40% 以内。

## 三、普通话水平测试等级标准分解

**语音：**

一级甲等：语音标准；

一级乙等：语音标准，偶然有字音、字调失误；

二级甲等：声韵调发音基本标准，少数难点音（平翘舌音、前后鼻尾音、边鼻音等）有时出现失误；

二级乙等：个别调值不准，声韵母发音有不到位现象。难点音（平翘舌音、前后鼻尾音、边鼻音、fu–hu、z–zh–j、送气不送气、i–ü 不分、保留浊塞音和浊塞擦音、丢失介音、复韵母单音化等）失误较多；

三级甲等：声韵母发音失误较多，难点音超出常见范围，声调调值多不准；

三级乙等：声韵母发音失误多，方音特征突出。

**词汇、语法：**

一级甲等：词汇、语法正确无误；

一级乙等：词汇、语法正确无误；

二级甲等：词汇、语法极少有误；

二级乙等：有使用方言词、方言语法的情况；

三级甲等：词汇、语法有失误；

三级乙等：词汇、语法失误较多。

**语调：**

一级甲等：语调自然；

一级乙等：语调自然；

二级甲等：语调自然；

二级乙等：方言语调不明显；

三级甲等：方言语调较明显；

三级乙等：方言语调明显。

**流畅程度：**

一级甲等：表达流畅；

一级乙等：表达流畅；

二级甲等：表达流畅；

二级乙等：表达较流畅；

三级甲等：表达不太流畅；

三级乙等：表达不流畅。

## 普通话水平测试评分细则

### 一、读单音节字词

#### （一）要求和目的

读单音节字词100个，限时3.5分钟，共10分。一个字词允许应试人改读一次，以改读后的读音为准，隔字改读无效。

测查应试人声母、韵母、声调读音的标准程度。

#### （二）评分

1. 语音错误，每个音节扣0.1分。

语音错误指音节读音中有一个或一个以上的音节成分读错。原则上是指普通话语音系统中把一个音（音位）误读成另一个音（音位），如把zh读成z，把eng读成en，把上声的曲折调读成阳平调等。还包括单字的漏读、误读。

2. 声母韵母缺陷，每个音节扣0.05分。

3. 声调缺陷，每个音节扣0.05分。

语音缺陷指音节读音中有一个或一个以上的音节成分发音没有完全达到标准程度，听感性质明显不符。

4. 超时1分钟以内扣0.5分，超时1分钟以上（含1分钟），扣1分。

#### （三）声韵调语音错误和语音缺陷的判断

1. 声母错误的基本类型

（1）把舌尖后音zh、ch、sh读成舌尖前音z、c、s，把zh、ch、sh、z、c、s读成舌面音j、q、x，或舌尖后音与舌尖前音相混。

（2）把舌尖后浊擦音r声母读成舌尖前浊擦音z、舌尖浊边音l或半元音j。

（3）把舌面音j、q、x读成舌尖前音z、c、s或舌根音g、k、h。

（4）把送气音p、t、k、q、ch、c读成不送气音b、d、g、j、zh、z，或送气音与不送气音相混。

（5）把塞擦音zh、ch，z、c，j、q读成擦音sh、s、x，或塞擦音与擦音相混。

（6）鼻音n与边音l相混。

（7）唇齿擦音f与舌根擦音h相混。

（8）把零声母读成舌根鼻音声母ng，例如把wo读成ngo，或把有辅音声母的音节读成零声母音节，例如把hu读成w。

（9）遗留方言声母。

2. 声母缺陷的基本类型

（1）舌尖后音 zh、ch、sh、r 发音部位明显偏前或偏后。舌尖前音 z、c、s 发音部位明显偏后或读成齿间音。

（2）舌面音 j、q、x 发音部位明显偏前，但还不到舌尖前 z、c、s，或读成舌叶音。

（3）舌根擦音 h [ x ] 读成喉擦音 [ h ]。

（4）合口呼 u、uo 的零声母读成唇齿通音 [ ʋ ]（wa、wai、wei、wan、wen、wang、weng 等唇齿有轻微摩擦不算错误或缺陷）。

（5）清声母带有浊音成分（轻声音节除外）。

3. 韵母错误的基本类型

（1）混淆 o 与 e，或把 e 读成 uo 或 [ ɛ ]。

（2）把撮口呼韵母读成齐齿呼韵母。

（3）把舌尖韵母 -i 读成舌面韵母 i。

（4）卷舌韵母 er 无卷舌色彩。

（5）把有韵头的韵母读成无韵头的韵母，例如 ia、iou、iong、uo、uei、uen 等。

（6）韵腹读错，例如 ao 读成 ou，iao 读成 iou，uai 读成 uei，ian 读成 in，eng 读成 ang 或 ong，weng 读成 wong。

（7）把二合元音复韵母读成单元音韵母，例如 ai 读成 [ æ ]，ei 读成 [ ɛ ]，ao 读成 [ ɔ ]，uo 读成 [ o ] 等，或把三合元音韵母读成二合元音韵母。

（8）把鼻韵母读成鼻化韵母，例如 an 读成 [ ã ]，ian 读成 [ iã ]，uan 读成 [ uã ]，üan 读成 [ yã ]。

（9）把后鼻音韵母读成前鼻音韵母，例如 ang、eng、ing 读成 an、en、in 等，或前后鼻韵母相混。

（10）鼻韵母没有鼻辅音（包括半鼻化音）收尾，变成开尾韵。

（11）遗留入声双唇塞音韵尾以及明显遗留舌尖中塞音韵尾、明显遗留舌面后塞音韵尾。

（12）把与唇音声母相拼的舌面前高不圆唇元音读作舌尖前元音。

4. 韵母缺陷的基本类型

（1）把后元音 e [ ɣ ] 读成央元音 [ ə ]，即读得偏前偏松。

（2）把舌面前高元音 i 读成次高元音 [ ɪ ]，即把前 i 读得偏后偏松。

（3）圆唇元音圆唇程度明显不够。

（4）er 韵母有卷舌色彩，但较生硬或舌位明显有误差。

（5）韵腹舌位偏误，ian、üan 中的 a 开口度过大，ai、an 中 a 的舌位明显偏后，

ao、ou、ang、uang 中的韵腹舌位明显偏前。

（6）复韵母鼻韵母的动程明显不够，ie、uo 以及音节 bo、po、mo、fo 韵头含混。an、ian 等韵母归音不太到位。

（7）复元音韵母 ie、üe 有鼻化色彩。

(8) in、ing 的韵腹 i 与韵尾间明显地嵌了一个央元音［ə］。in 有后鼻音色彩，但与 ing 能区别。

（9）元音韵尾 -i、-u(o) 过于强调或突出。

（10）遗留轻微的入声喉塞音韵尾。

（11）过分强调鼻音韵尾，使韵尾延长。

5. 声调错误和缺陷的基本类型

（1）错误：调值不对，调型不对。

（2）缺陷：调值明显偏低或偏高，或时值过短而调值不到位，例如把阴平 55 读成 33，阳平 35 读成 325，上声 214 读成 21、2143，去声 51 读成 53 或 42 等。

## 二、读多音节词语

### （一）要求和目的

读多音节词语 100 个音节，限时 2.5 分钟，共 20 分。测查应试人声母、韵母、声调和变调、轻声、儿化读音的标准程度。

### （二）评分

1. 语音错误：每个音节扣 0.2 分。

语音错误指：

（1）与第一测试项“读单音节字词”相同。

（2）变调、轻声、儿化的读音错误。

对变调的评判是，未按变调规律变调的，该音节判为错误；一个词语内部因一个音节声调错误而导致其他音节声调错误的，有关音节均判为错误。

轻声词以《普通话水平测试用必读轻声词语表》为准。该表中有而未读作轻声的，判为错误；该表中没有而《现代汉语词典》标注为轻声的，是否读作轻声，均不算错误。

2. 声母、韵母缺陷：每个音节扣 0.1 分。

3. 声调缺陷：每个音节扣 0.1 分。

4. 语音缺陷：词语轻重格式明显不对，或一字一顿，该词语整体算一个语音缺陷，扣 0.1 分。

语音缺陷指：

（1）与第一测试项“读单音节字词”相同。

（2）变调、轻声、儿化的读音缺陷。

（3）轻重格式不当。

5. 超时：1 分钟以内扣 0.5 分，超时 1 分钟以上（含 1 分钟），扣 1 分。

## 三、朗读短文

### （一）要求和目的

朗读短文 1 篇，400 个音节，限时 4 分钟，共 30 分。

短文从《普通话水平测试实施纲要》中选取，评分以朗读作品的前 400 个音节为限，不包括标点符号和括注的音节。

测查应试人用普通话朗读书面作品的水平，在测查声母、韵母、声调读音标准程度的同时，重点测查连读音变、语调以及流畅程度。

### （二）评分

1. 语音错误：声母、韵母、声调、上声变调、“一、不”变调、“啊”音变、轻声、儿化等错误，以及错、漏、添音节，每个音节扣 0.1 分。

2. 声韵缺陷：声母或韵母系统性语音缺陷，视程度扣 0.5 分~1 分。

3. 语调偏误：略有显露扣 0.5 分~1 分，偏误明显扣 1.5 分~2 分，偏误严重扣 2.5 分~3 分。

（1）声调缺陷。

（2）句调不当：语流音变生硬不自然，有方言语调痕迹，因句调失误而导致的语气表达错误、唱读、怪调、固定腔调，或每句句末都有一个机械的调子。

（3）轻重不当：词的轻重格式不当，语句重音不当。

（4）停连不当：语义停连不当，停顿过多，机械地停顿，字化，词化。

4. 回读及朗读不流畅：视程度扣 0.5 分~2 分。

5. 超时：1 分钟以内扣 0.5 分，超时 1 分钟以上（含 1 分钟），扣 1 分。

## 四、命题说话（计算机辅助普通话水平测试命题说话项）

### （一）要求和目的

命题说话，限时 3 分钟，共 40 分。

1. 目的

测查应试人员在无文字凭借的情况下说讲普通话的水平，重点测查语音标准程度、词汇、语法规范程度和表达自然流畅程度。

2. 要求

应试人员从试卷给定的两个话题中任意选择一个，围绕话题用日常口语方式，说满 3 分钟，其间所说的所有音节均为评分依据。

**（二）评分**

1. 语音标准程度，共 25 分。分六档：

主要根据语音错误数量和方音[①]遗留程度归档。

一档：语音标准，或极少有失误[②]（无方音，语音错误在 3 次以下）。扣 1 分或 2 分。

二档：语音错误在 10 次以下[③]，有方音但不明显（有 1 类或 2 类涵盖量少的语音缺陷，略有语调偏误）。扣 3 分 ~4 分。

三档：语音错误在 10 次以下，方音比较明显（有 1~3 类语音缺陷，语调偏误比较明显）。或语音错误在 11 次 ~15 次，有方音但不明显。扣 5 分 ~6 分。

四档：语音错误在 11 次 ~20 次，方音比较明显。扣 7 分 ~8 分。

五档：语音错误超过 20 次，方音明显。扣 9 分 ~11 分。

六档：语音错误很多，方音重。扣 12 分 ~14 分。

2. 词汇语法规范程度，共 10 分。分三档：

一档：词汇、语法规范。不扣分。

二档：词汇、语法出现 1 次 ~3 次不规范[④]情况。扣 0.5 分 ~2 分。

三档：词汇、语法出现 4 次以上不规范情况。扣 3 分 ~4 分。

3. 自然流畅程度，共 5 分。分三档：

一档：语言自然流畅。不扣分。

二档：语言基本流畅，口语比较差，类似背稿子或备稿痕迹明显。有所表现，扣 0.5 分；明显，扣 1 分。

三档：语言不连贯，语调生硬，或全程文本背诵式说话。扣 2 分 ~3 分。

4. 其他情况扣分：

（1）缺时

说话时间不足 3 分钟，视程度扣 1 分 ~6 分。说话时间不足 30 秒（含 30 秒），本测试项成绩记为 0 分。

---

① 方音，这里指声母、韵母缺陷和语调偏误等。

② 失误，这里指错别字、异读词和多音字使用错误等。

③ 如遇同一个音节重复出现多次错误，累计记数，但定级时可酌情放宽。

④ 词汇、语法不规范，指出现了典型的方言词语、方言语法用法以及明显的病句，不包括偶尔出现的口误。

| 缺时 | 16″~30″ | 31″~45″ | 46″~1′ | 1′01″~1′30″ | 1′31″~2′ | 2′01″~2′30″ | 不足 30″ |
|---|---|---|---|---|---|---|---|
| 扣分 | 1 | 2 | 3 | 4 | 5 | 6 | 40 |

（2）离题，内容雷同，视程度扣 4 分~6 分。

离题指应试人员所说内容完全不符合或基本不符合规定的话题。完全离题，扣 6 分；基本离题，视程度扣 4 分~5 分。

内容雷同指直接或变相使用《普通话水平测试纲要》中的 60 篇朗读短文，扣 6 分。其他内容雷同情况，包括：与前面考生内容一样；与《指导用书》范例一样；与著名文学作品或艺考篇目一样；与网络下载内容一样；时间未到，又说一遍或几遍等情况。视程度扣 4 分~5 分。本测试项可以重复扣分，但最多扣 6 分。

（3）无效话语，酌情扣 1 分~6 分。

无效话语指测试员无法据此做出评分的内容。包括：经常重复相同或大体相同的内容；支支吾吾或咳嗽拖延时间；口头禅密集频繁；数数或胡说等。

无效话语在三分之一以内，视程度扣 1 分~3 分；无效话语在三分之一以上，视程度扣 4 分~6 分；有效话语不足 30 秒（含 30 秒），本测试项记为 0 分。

# 普通话水平测试模拟试卷

## 模拟试卷（1）

**一、读单音节字词**（100个音节，共10分，限时3.5分钟）

拿 祛 考 瘸 梵 喘 农 拉 欲 谋
约 惨 眷 松 帛 词 否 鳔 奋 蜷
酿 摸 寺 厚 苗 垦 癣 襄 佛 治
家 蛟 阵 敦 扬 渴 日 瞎 丢 临
顺 擦 褐 耳 憋 绺 晋 忖 凭 讹
胎 切 留 均 饶 鼎 皮 奶 跨 归
群 狼 晴 密 豺 滑 诡 篇 涨 熊
剔 碑 锅 税 惦 伤 人 扑 猬 钵
掀 灯 幌 讣 贼 座 摔 暖 耕 王
呼 涛 缩 班 焕 吭 翁 蕨 栋 穷

**二、读多音节词语**（100个音节，共20分，限时2.5分钟）

八成 蜜蜂 投降 摆摊儿 瓜子
苍老 墨水儿 挂号 三角 公文
女性 强盗 规律 穷苦 决定性
会计 松懈 出圈儿 准确 综合
代表 窜犯 梅雨 品名 皮肤
耳朵 球场 次数 偏差 得病
困难 巡逻 杂碎 纠正 太阳能
翠绿 瑞雪 家园 改进 针对
下课 厚实 电车 日光 聊天儿
藕粉 坏处 走神儿 因地制宜

**三、朗读短文**（400个音节，共30分，限时4分钟）

**四、说话**（共40分，限时3分钟）

# 模拟试卷（2）

## 一、读单音节字词（100个音节，共10分，限时3.5分钟）

冰 膜 肺 端 腿 泥 面 刮 扭 蹲
流 壶 拐 霞 乘 烤 撕 遇 临 滑
穷 睁 绕 湿 错 而 绿 黄 洒 印
略 织 用 许 鬼 灾 换 雄 全 松
拨 鸣 法 捅 垒 颊 颇 掐 振 瓷
否 岭 掘 审 捐 若 槽 乙 赴 熏
总 截 疮 坟 两 贼 毋 讹 军 蚕
崩 俏 裆 钠 妾 笙 南 秦 腮 彭
囊 棵 幂 哲 凝 槛 纫 邹 虐 搋
邹 犁 舜 蔫 胎 沤 浊 瞟 伪 闩

## 二、读多音节词语（100个音节，共20分，限时2.5分钟）

战略 亏算 也许 赞成 应酬
骚扰 风格 拥有 卫生 配偶
主人翁 公司 整修 头发 内在
地下水 情怀 面条儿 群众 觉悟
聋子 状况 玩耍 打盹儿 摧残
窘迫 被窝儿 婢女 夸张 从而
厌倦 活塞 时光 佛经 客观
强烈 难怪 细菌 柔软 妥当
香肠儿 来宾 门票 全体 恶化
恰好 排斥 民族 老虎

## 三、朗读短文（400个音节，共30分，限时4分钟）

## 四、说话（共40分，限时3分钟）

# 模拟试卷（3）

**一、读单音节字词**（100 个音节，共 10 分，限时 3.5 分钟）

蟒　贪　癖　敷　描　堕　羔　腻　绫　脂
驶　兹　仄　祠　凑　慎　丞　裘　寝　窟
倦　谎　撮　玄　瓮　允　涡　芯　锉　编
苯　配　风　道　它　铁　外　儿　论　蕊
娘　快　感　改　喝　海　菌　下　中　抓
雄　源　床　抽　少　池　仍　嘴　色　钾
孙　杯　饱　迫　免　美　否　盯　添　徙
脓　流　咧　蜡　纲　跪　狂　婚　捐　克
差　遮　眨　血　臣　想　筛　晌　嗜　燃
咱　访　僧　笼　表　鸣　供　碘　调　娶

**二、读多音节词语**（100 个音节，共 20 分，限时 2.5 分钟）

暖和　拼命　如果　一会儿　森林
开会　人民　恐怕　裙子　衬衫
田野　保存　抓紧　描写　纠正
锦标赛　否则　凶横　方针　重叠
云彩　混乱　偶尔　零碎　佩服
玩意儿　赠送　飞快　测量　年头儿
扩张　停留　雕塑　发誓　内在
卷尺　疟疾　卡壳　兵力　小曲儿
迥然　喧闹　枪决　短语　装甲
广博　研究生　天经地义

**三、朗读短文**（400 个音节，共 30 分，限时 4 分钟）

**四、说话**（共 40 分，限时 3 分钟）

# 模拟试卷（4）

## 一、读单音节字词（100个音节，共10分，限时3.5分钟）

憋 瓮 冤 贴 悦 钧 膘 渺 禹 裙
丢 匾 润 癣 强 用 税 圈 扭 拧
雀 闽 素 甩 追 响 锤 念 嘴 磷
剧 滚 平 抓 罗 暖 氟 粗 诀 光
您 过 要 缺 矿 禀 端 族 胸 跨
团 趣 混 卵 活 黄 拐 怀 捆 辖
拨 尔 奏 仓 坡 帽 统 仁 塔 闷
痹 艘 袋 伐 邕 冷 掐 熔 自 态
仿 棚 笼 值 辞 啃 贼 巢 讽 帆
坯 浙 判 妃 死 弥 充 英 德 吃

## 二、读多音节词语（100个音节，共20分，限时2.5分钟）

否则 广场 寻求 聊天儿 窗户
旅行 举重 角色 儿童 小孩儿
演讲 藕粉 棉被 英语 绿豆
烟嘴儿 甘苦 南宁 青蛙 磁铁
北京 女兵 体力 讨论 发动机
改良 了解 粉笔 玻璃 处理
一直 黑暗 司机 烹调 月夜
飘扬 声音 聪明 小组 紫花
汹涌 三轮儿 善良 尺寸 当事人
内脏 容易 血液 脉搏 迥然

## 三、朗读短文（400个音节，共30分，限时4分钟）

## 四、说话（共40分，限时3分钟）

# 模拟试卷（5）

**一、读单音节字词**（100个音节，共10分，限时3.5分钟）

咄 推 肿 狂 缺 选 灭 评 托 绿
兄 民 扑 而 伞 内 桃 家 色 词
翁 高 记 学 侵 开 寺 烟 资 合
爸 坡 飞 投 缸 列 讲 请 瓜 甩
从 云 拨 盘 粉 地 用 娘 乖 困
弘 倦 取 寻 雍 杯 盆 凤 丢 棉
漆 虾 戳 体 恰 团 瓦 绕 志 插
手 粗 且 屯 球 山 周 完 视 肉
赞 伤 寒 章 扔 走 岁 如 胜 先
若 钱 戏 喘 拆 潦 银 组 让 鸟

**二、读多音节词语**（100个音节，共20分，限时2.5分钟）

能源 风俗 私自 爱人 只有
面前 海军 针对 伺候 来龙去脉
决战 铁路 奖品 好玩儿 称呼
巴结 破旧 怎么 口袋 美术
老头儿 倒霉 儿童 被子 厕所
放大 难得 包干儿 批发 模型
暖和 在于 询问 旷工 水果
轻快 春季 抓紧 聊天儿 胸怀
捐款 常用 安心 空虚 大自然
纲要 融洽 抢救 刷洗 光明

**三、朗读短文**（400个音节，共30分，限时4分钟）

**四、说话**（共40分，限时3分钟）

## 模拟试卷（6）

**一、读单音节字词**（100 个音节，共 10 分，限时 3.5 分钟）

让　江　舜　款　丢　册　池　播　荫　菌
骗　防　箫　榻　俩　扎　避　叨　迷　鬼
怪　肯　胀　炒　闩　虐　否　平　触　杨
光　次　翁　面　笙　窜　撇　寻　近　听
嘣　建　根　总　卧　欧　妄　揣　秦　话
司　订　来　凶　罪　浊　涩　石　捆　副
鳃　自　海　贰　垮　旺　鲵　叶　黑　涌
润　秋　女　战　掐　宋　少　那　燃　标
劝　鹅　醋　捐　旅　痣　相　得　烘　饶
暗　流　骂　荒　末　砣　约　褪　嘭　绉

**二、读多音节词语**（100 个音节，共 20 分，限时 2.5 分钟）

迫害　非法　咳嗽　马车　拍摄
自然　抉择　思维　吃饭　聊天儿
甲板　血肉　摧残　荒唐　表层
响声　调整　进口　熏陶　灯泡儿
北方　滚动　耳朵　恰好　摸索
女工　兄弟　扭转　坠落　手绢儿
灌输　困苦　犬齿　农村　裙子
用品　缓解　网点　强化　人影儿
夸张　外面　率领　躯体　智慧
乒乓球　国务院　新陈代谢

**三、朗读短文**（400 个音节，共 30 分，限时 4 分钟）

**四、说话**（共 40 分，限时 3 分钟）

# 普通话水平测试用朗读作品及话题

## 测试用朗读作品说明

一、60 篇朗读作品供普通话水平测试第三项——朗读短文测试使用。也可供学生语音发声训练时进行篇目练习。

二、60 篇作品全部从国家《普通话水平测试实施纲要》中的“普通话水平测试用朗读作品”照录，作品顺序也保持一致。

三、每篇作品采用汉字文稿和例词注音对照的方式编排。

四、加注的汉语拼音原则依据《汉语拼音正词法基本规则》拼写。

五、每篇作品在第 400 个音节后用“//”标注。测试时读到有“//”处即可。

六、“一”“不”“上声”的注音按照本调标注，不标变调，例如“一天 yītiān”“不去 bùqù”“美好 měihǎo”。

七、作品中的必读轻声音节，注音不标调号，比如“怎么 zěnme”。一般轻读，偶尔（间或）重读的音节，标注调号，并在拼音前面加一个圆点提示，比如“父亲 fù · qīn”“已经 yǐ · jīng”。此类音节如重读则语感生硬、不自然，影响普通话的语音面貌，所以一般也要读轻声。

八、作品中儿化音节分两种情况。一是书面上有“儿”，注音时在基本形式后加 r，如“小孩儿”，拼音为“xiǎoháir”；二是书面上没有“儿”，但口语中一般儿化的音节，注音时也在基本形式后加 r，如“胡同”，拼音为“hútòngr”。

## 作品 1 号

那是力争上游的一种树，笔直的干，笔直的枝。它的干呢，通常是丈把高，像是加以人工似的[①]，一丈以内，绝无旁枝；它所有的丫枝[②]呢，一律向上，而且紧紧靠拢，也像是加以人工似的，成为一束，绝无横斜逸出[③]；它的宽大的叶子也是片片向上，几乎没有斜生的，更不用说倒垂了；它的皮，光滑而有银色的晕圈[④]，微微泛出淡青色。这是虽在北方的风雪的压迫下却保持着倔强[⑤]挺立的一种树！哪怕只有碗来粗细罢，它却努力向上发展，高到丈许，两丈，参天耸立，不折不挠，对抗着西北风。

这就是白杨树，西北极普通的一种树，然而绝不是平凡的树！

它没有婆娑[⑥]的姿态，没有屈曲盘旋的虬枝[⑦]，也许你要说它不美丽，——如果美是专指"婆娑"或"横斜逸出"之类而言，那么，白杨树算不得[⑧]树中的好女子；但是它却是伟岸，正直，朴质，严肃，也不缺乏温和，更不用提它的坚强不屈与挺拔，它是树中的伟丈夫[⑨]！当你在积雪初融的高原上走过，看见平坦的大地上傲然挺立这么一株或一排白杨树，难道你就只觉得树只是树，难道你就不想到它的朴质，严肃，坚强不屈，至少也象征了北方的农民；难道你竟一点儿也不联想到，在敌后的广大 // 土地上，到处有坚强不屈，就像这白杨树一样傲然挺立的守卫他们家乡的哨兵！难道你又不更远一点想到这样枝枝叶叶靠紧团结，力求上进的白杨树，宛然象征了今天在华北平原纵横决荡[⑩]，用血写出新中国历史的那种精神和意志。

（节选自茅盾《白杨礼赞》）

## 注音

| | | |
|---|---|---|
| ① 似的 shìde | ② 丫枝 yāzhī | ③ 横斜逸出 héngxiéyìchū |
| ④ 晕圈 yùnquān | ⑤ 倔强 juéjiàng | ⑥ 婆娑 pósuō |
| ⑦ 虬枝 qiúzhī | ⑧ 算不得 suàn · bù · dé | ⑨ 伟丈夫 wěizhàngfū |
| ⑩ 纵横决荡 zònghéng juédàng | | |

## 作品 2 号

两个同龄的年轻人同时受雇于一家店铺，并且拿同样的薪水[①]。

可是一段时间后，叫阿诺德的那个小伙子青云直上，而那个叫布鲁诺的小伙子却仍在原地踏步。布鲁诺很不满意老板的不公正待遇。终于有一天他到老板那儿发牢骚[②]了。老板一边耐心地听着他的抱怨[③]，一边在心里盘算着怎样向他解释清楚他和阿诺德之间的差别。

“布鲁诺先生，”老板开口说话了，“您现在到集市上去一下，看看今天早上有什么卖的。”

布鲁诺从集市上回来向老板汇报说，今早集市上只有一个农民拉了一车土豆在卖。

“有多少？”老板问。

布鲁诺赶快戴上帽子又跑到集上，然后回来告诉老板一共四十袋土豆。

“价格是多少？”

布鲁诺又第三次跑到集上问来了价格。

“好吧，”老板对他说，“现在请您坐到这把椅子上一句话也不要说，看看阿诺德怎么说。”

阿诺德很快就从集市上回来了。向老板汇报说到现在为止只有一个农民在卖土豆，一共四十口袋，价格是多少多少。土豆质量很不错，他带回来一个让老板看看。这个农民一个钟头以后还会弄来几箱西红柿，据他看价格非常公道。昨天他们铺子的西红柿卖得很快，库存已经[④]不∥多了。他想这么便宜[⑤]的西红柿，老板肯定会要进一些的，所以他不仅带回了一个西红柿做样品，而且把那个农民也带来了，他现在正在外面等回话呢。

此时老板转向了布鲁诺，说：“现在您肯定知道为什么阿诺德的薪水比您高了吧！”

（节选自张健鹏、胡足青主编《故事时代》中《差别》）

## 注音

① 薪水 xīn · shuǐ　② 牢骚 láo · sāo　③ 抱怨 bào · yuàn

④ 已经 yǐ · jīng　⑤ 便宜 piányi

## 作品 3 号

我常常遗憾我家门前那块丑石：它黑黝黝[①]地卧在那里，牛似的[②]模样[③]。谁也不知道是什么时候[④]留在这里的，谁也不去理会它。只是麦收时节，门前摊了麦子，奶奶总是说：这块丑石，多占地面呀，抽空[⑤]把它搬走吧。

它不像汉白玉那样的细腻，可以刻字雕花，也不像大青石那样的光滑，可以供[⑥]来浣纱[⑦]捶布。它静静地卧在那里，院边的槐荫没有庇覆[⑧]

它，花儿[⑨]也不再在它身边生长。荒草便繁衍出来，枝蔓[⑩]上下，慢慢地，它竟锈上了绿苔、黑斑。我们这些做孩子的，也讨厌起它来，曾合伙要搬走它，但力气[⑪]又不足。虽时时咒骂它，嫌弃它，也无可奈何，只好任它留在那里了。

终有一日，村子里来了一个天文学家。他在我家门前路过，突然发现了这块石头，眼光立即就拉直了。他再没有离开，就住了下来。以后又来了好些人，都说这是一块陨石[⑫]，从天上落下来已经有二三百年了，是一件了不起[⑬]的东西。不久便来了车，小心翼翼地将它运走了。

这使我们都很惊奇，这又怪又丑的石头，原来是天上[⑭]的啊！它补过[⑮]天，在天上发过热、闪过光，我们的先祖或许仰望过它，它给了他们光明、向往、憧憬[⑯]；而它落下来了，在污土里，荒草里，一躺就 // 是几百年了！

我感到自己的无知，也感到了丑石的伟大，我甚至怨恨它这么多年竟会默默地忍受着这一切！而我又立即深深地感到它那种不屈于误解、寂寞的生存的伟大。

（节选自贾平凹《丑石》）

## 注音

① 黑黝黝 hēiyǒuyǒu（口语一般读 hēiyōuyōu） ② 似的 shìde
③ 模样 múyàng ④ 时候 shíhou ⑤ 抽空 chōukòng
⑥ 供 gōng ⑦ 浣纱 huànshā ⑧ 庇覆 bìfù
⑨ 花儿 huā' · ér ⑩ 枝蔓 zhīmàn ⑪ 力气 lìqi
⑫ 陨石 yǔnshí ⑬ 了不起 liǎo · bùqǐ ⑭ 天上 tiān · shàng
⑮ 补过 bǔguo ⑯ 憧憬 chōngjǐng

## 作品 4 号

在达瑞八岁的时候[①]，有一天他想去看电影。因为[②]没有钱，他想是向爸妈要钱，还是自己挣钱。最后他选择了后者。他自己调制了一种汽水[③]，向过路的行人出售。可那时正是寒冷的冬天，没有人买，只有两个人例外——他的爸爸和妈妈。

他偶然有一个和非常成功的商人谈话的机会[④]。当他对商人讲述了自己的“破产史”后，商人给了他两个重要的建议：一是尝试为别人解决一个难题；二是把精力集中在你知道的、你会的和你拥有的东西上[⑤]。

这两个建议很关键。因为对于一个八岁的孩子而言，他不会做的事情[6]很多。于是他穿过[7]大街小巷，不停地思考：人们会有什么难题，他又如何利用这个机会？

一天，吃早饭时父亲让达瑞去取报纸。美国的送报员总是把报纸从花园篱笆[8]的一个特制的管子里塞进来。假如你想穿着睡衣舒舒服服[9]地吃早饭和看报纸，就必须离开温暖的房间，冒着寒风，到花园去取。虽然路短，但十分麻烦[10]。

当达瑞为父亲取报纸的时候，一个主意[11]诞生了。当天[12]他就按响邻居的门铃，对他们说，每个月只需付给他一美元，他就每天早上[13]把报纸塞到他们的房门底下。大多数人都同意了，很快他有 // 了七十多个顾客。一个月后，当他拿到自己赚的钱时，觉得[14]自己简直是飞上了天。

很快他又有了新的机会，他让他的顾客每天把垃圾袋放在门前，然后由他早上运到垃圾桶里，每个月加一美元。之后他还想出了许多孩子赚钱的办法，并把它集结成书，书名为《儿童挣钱的二百五十个主意》。为此，达瑞十二岁时就成了畅销书作家，十五岁有了自己的谈话节目，十七岁就拥有了几百万美元。

（节选自〔德〕博多·舍费尔《达瑞的故事》，刘志明译）

## 注音

①时候 shíhou　②因为 yīn · wèi　③汽水 qìshuǐr
④机会 jī · huì　⑤东西上 dōngxi · shàng　⑥事情 shìqing
⑦穿过 chuāngguo　⑧篱笆 líba　⑨舒舒服服 shūshū · fúfú
⑩麻烦 máfan　⑪主意 zhǔ · yi(zhú · yi)　⑫当天 dàngtiān
⑬早上 zǎoshang　⑭觉得 jué · dé

## 作品 5 号

这是入冬以来，胶东半岛上第一场[1]雪。

雪纷纷扬扬，下得很大。开始还伴着一阵儿小雨，不久就只见大片大片的雪花，从彤云密布[2]的天空中飘落下来。地面上一会儿[3]就白了。冬天的山村，到了夜里就万籁俱寂[4]，只听得雪花簌簌[5]地不断往下落，树木的枯枝被雪压断了，偶尔咯吱[6]一声响。

大雪整整下了一夜。今天早晨，天放晴了，太阳[7]出来了。推开门一看，嗬！好大的雪啊！山川、河流、树木、房屋，全都罩上了一层厚厚的雪，万里江山，变成了粉妆玉砌[8]的世界。落光了叶子的柳树上挂满了毛茸茸[9]亮晶晶的银条儿[10]；而那些冬夏常青的松树和柏树上，则挂满了蓬松松沉甸甸[11]的雪球儿。一阵风吹来，树枝轻轻地摇晃，美丽的银条儿和雪球儿簌簌地落下来，玉屑似的雪末儿随风飘扬，映着清晨的阳光，显出一道道五光十色的彩虹。

大街上的积雪足有一尺多深，人踩上去，脚底下发出咯吱咯吱的响声。一群群孩子在雪地里堆雪人，掷[12]雪球儿。那欢乐的叫喊声，把树枝上的雪都震落下来了。

俗话说，“瑞雪兆丰年”。这个话有充分的科学根据，并不是一句迷信的成语。寒冬大雪，可以冻死一部分越冬的害虫；融化了的水渗[13]进土层深处，又能供应[14]// 庄稼[15]生长的需要。我相信这一场十分及时的大雪，一定会促进明年春季作物，尤其是小麦的丰收。有经验的老农把雪比作是“麦子的棉被”。冬天“棉被”盖得越厚，明春麦子就长得越好，所以又有这样一句谚语：“冬天麦盖三层被，来年枕着馒头[16]睡。”

我想，这就是人们为什么[17]把及时的大雪称为“瑞雪”的道理吧。

（节选自峻青《第一场雪》）

## 注音

① 场 cháng　② 彤云密布 tóngyún · mìbù　③ 一会儿 yīhuìr

④ 万籁俱寂 wànlài · jùjì　⑤ 簌簌 sùsù　⑥ 咯吱 gēzhī

⑦ 太阳 tài · yáng　⑧ 粉妆玉砌 fěnzhuāng-yùqì

⑨ 毛茸茸 máoróngróng　⑩ 银条 yíntiáor

⑪ 沉甸甸 chéndiàndiàn　⑫ 掷 zhì　⑬ 渗 shèn

⑭ 供应 gōngyìng　⑮ 庄稼 zhuāngjia　⑯ 馒头 mántou

⑰ 为什么 wèishénme

## 作品 6 号

我常想读书人是世间幸福人，因为[1]他除了拥有现实的世界之外，还拥有另一个更为浩瀚[2]也更为丰富的世界。现实的世界是人人都有的，而后一个世界却为读书人所独有。由此我想，那些失去或不能阅读的人是多么[3]得不幸，他们的丧失是不可补偿[4]的。世间有诸多的不平等，财富的不平等，权力的不平等，而阅读能力的拥有或丧失却体现为精神的不平等。

一个人的一生，只能经历自己拥有的那一份欣悦，那一份苦难，也许再加上他亲自闻知的那一些关于自身以外的经历和经验。然而，人们通过阅读，却能进入不同时空的诸多他人的世界。这样，具有阅读能力的人，无形间获得了超越有限生命的无限可能性。阅读不仅使他多识了草木虫鱼之名，而且可以上溯[5]远古下及未来，饱览存在的与非存在的奇风异俗[6]。

更为重要的是，读书加惠于人们的不仅是知识的增广，而且还在于精神的感化与陶冶。人们从读书学做人，从那些往哲先贤[7]以及当代才俊[8]的著述中学得他们的人格。人们从《论语》中学得智慧的思考，从《史记》中学得严肃的历史精神，从《正气歌》中学得人格的刚烈，从马克思学得人世 // 的激情，从鲁迅学得批判精神，从托尔斯泰学得道德的执着。歌德的诗句刻写着睿智[9]的人生，拜伦的诗句呼唤着奋斗的热情。一个读书人，一个有机会拥有超乎个人生命体验的幸运人。

（节选自谢冕《读书人是幸福人》）

## 注音

① 因为 yīn · wèi　② 浩瀚 hàohàn　③ 多么 duōme
④ 补偿 bǔcháng　⑤ 上溯 shàngsù
⑥ 奇风异俗 qífēng-yìsú　⑦ 往哲先贤 wǎngzhé xiānxián
⑧ 才俊 cáijùn　⑨ 睿智 ruìzhì

## 作品 7 号

一天，爸爸[1]下班回到家已经很晚了，他很累也有点儿烦，他发现五岁的儿子靠在门旁正等着他。

“爸，我可以问您一个问题吗？”

“什么[2]问题？”“爸，您一小时可以赚多少钱？”“这与你无关，你为什么问这个[3]问题？”父亲生气地说。

“我只是想知道[4]，请告诉[5]我，您一小时赚多少钱？”小孩儿哀求道。“假如你一定要知道的话，我一小时赚二十美金。”

“哦，”小孩儿低下了头，接着又说，“爸，可以借我十美金吗？”父亲发怒了：“如果你只是要借钱去买毫无意义的玩具的话，给我回到你的房间睡觉去。好好想想[6]为什么你会那么[7]自私。我每天辛苦工作，没时间和你玩儿小孩子的游戏。”

小孩儿默默地回到自己的房间关上门。

父亲坐下来还在生气。后来，他平静下来了。心想他可能对孩子太凶了——或许孩子真的很想买什么东西[8]，再说他平时很少要过[9]钱。

父亲走进孩子的房间："你睡了吗？""爸，还没有，我还醒着。"孩子回答。

"我刚才可能对你太凶了，"父亲说，"我不应该发那么大的火儿——这是你要的十美金。""爸，谢谢[10]您。"孩子高兴地从枕头[11]下拿出一些被弄皱[12]的钞票，慢慢地数着。

"为什么你已经有钱了还要？"父亲不解地问。

"因为[13]原来不够，但现在凑够了。"孩子回答："爸，我现在有//二十美金了，我可以向您买一个小时的时间吗？明天请早一点儿回家——我想和您一起吃晚餐。"

（节选自唐继柳编译《二十美金的价值》）

## 注音

| | | |
|---|---|---|
| ①爸爸 bàba | ②什么 shénme | ③这个 zhège |
| ④知道 zhī·dào | ⑤告诉 gàosu | ⑥想想 xiǎngxiang |
| ⑦那么 nàme | ⑧东西 dōngxi | ⑨要过 yàoguo |
| ⑩谢谢 xièxie | ⑪枕头下 zhěntou·xià | ⑫皱 zhòu |
| ⑬因为 yīn·wèi | | |

## 作品 8 号

我爱月夜，但我也爱星天。从前在家乡，七八月的夜晚在庭院里纳凉的时候，我最爱看天上密密麻麻[1]的繁星。望着星天，我就会忘记一切，仿佛回到了母亲的怀里似的。

三年前在南京我住的地方有一道后门，每晚我打开后门，便看见一个静寂的夜。下面是一片菜园，上面是星群密布[2]的蓝天。星光在我们的肉眼里虽然微小，然而它使我们觉得光明无处不在。那时候我正在读一些天文学的书，也认得一些星星，好像它们就是我的朋友[3]，它们常常在和我谈话一样。

如今在海上，每晚和繁星相对，我把它们认得很熟了。我躺在舱面上，仰望天空。深蓝色的天空里悬着无数半明半昧[4]的星。船在动，星也在动，它们是这样低，真是摇摇欲坠[5]呢！渐渐地我的眼睛[6]模糊[7]了，我好像看见无数萤火虫[8]在我的周围飞舞。海上的夜是柔和的，是静寂的，是梦幻的。我望着许多认识的星，我仿佛[9]看见它们在对我眨眼，我仿佛听见它们在小声说话。这时我忘记了一切。在星的怀抱中我微笑着，我沉睡着。我觉得自己是一个小孩子，现在睡在母亲的怀里了。

有一夜，那个在哥伦波上船的英国人指给我看天上的巨人。他用手指着：// 那四颗明亮的星是头，下面的几颗是身子，这几颗是手，那几颗是腿和脚，还有三颗星算是腰带。经他这一番指点，我果然看清楚了那个天上的巨人。看，那个巨人还在跑呢！

（节选自巴金《繁星》）

## 注音

① 密密麻麻 mìmì-mámá　② 星群密布 xīngqún mìbù
③ 朋友 péngyou　④ 半明半昧 bànmíng-bànmèi
⑤ 摇摇欲坠 yáoyáo-yùzhùi　⑥ 眼睛 yǎnjing　⑦ 模糊 móhu
⑧ 萤火虫 yínghuǒchóng　⑨ 仿佛 fǎngfú

## 作品 9 号

假日到河滩上转转①，看见②许多孩子在放风筝③。一根根长长的引线，一头系④在天上，一头系在地上，孩子同风筝都在天与地之间悠荡⑤，连心也被悠荡得恍恍惚惚⑥了，好像又回到了童年。

儿时放的风筝，大多是自己的长辈或家人编扎⑦的，几根削⑧得很薄⑨的篾⑩，用细纱线扎成各种鸟兽的造型，糊上雪白的纸片，再用彩笔勾勒出面孔与翅膀的图案。通常扎得最多的是“老雕”“美人儿”“花蝴蝶”等。

我们家前院就有位叔叔，擅扎风筝，远近闻名。他扎的风筝不只体型好看，色彩艳丽，放飞得高远，还在风筝上绷⑪一叶用蒲苇削成的膜片，经风一吹，发出“嗡嗡”的声响，仿佛是风筝的歌唱，在蓝天下播扬，给开阔的天地增添了无尽的韵味，给驰荡的童心带来几分疯狂。

我们那条胡同⑫的左邻右舍的孩子们放的风筝几乎都是叔叔编扎的。他的风筝不卖钱，谁上门去要，就给谁，他乐意自己贴钱买材料。

后来，这位叔叔去了海外，放风筝也渐与孩子们远离了。不过年年叔叔给家乡写信，总不忘提起儿时的放风筝。香港回归之后，他的家信中说道，他这只被故乡放飞到海外的风筝，尽管⑬飘荡游弋⑭，经沐风雨，可那线头儿一直在故乡和亲人手中牵着，如今飘得太累了，也该要回归到家乡和 // 亲人身边来了。

是的。我想，不光是叔叔，我们每个人都是风筝，在妈妈手中牵着，从小放到大，再从家乡放到祖国最需要的地方去啊！

（节选自李恒瑞《风筝畅想曲》）

## 注音

① 转转 zhuànzhuan ② 看见 kàn · jiàn ③ 风筝 fēngzheng
④ 系 jì ⑤ 悠荡 yōudàng ⑥ 恍恍惚惚 huǎnghuǎng · hūhū
⑦ 编扎 biānzā ⑧ 削 xiāo ⑨ 薄 báo
⑩ 篾 miè ⑪ 绷 bēng ⑫ 胡同 hútòngr
⑬ 尽管 jǐnguǎn ⑭ 漂荡游弋 piāodàng yóuyì

## 作品 10 号

爸不懂得[①]怎样表达爱，使我们一家人融洽相处的是我妈。他只是每天上班下班，而妈则把我们做过的错事开列清单，然后由他来责骂我们。

有一次我偷了一块糖果，他要我把它送回去，告诉卖糖的说是我偷来的，说我愿意替他拆箱卸货作为赔偿。但妈妈却明白我只是个孩子。

我在运动场荡秋千跌断了腿，在前往医院途中一直抱着我的，是我妈。爸把汽车停在急诊室门口，他们叫他驶开，说那空位是留给紧急车辆停放的。爸听了便叫嚷道："你以为这是什么车？旅游车？"

在我生日会上，爸总是显得有些不大相称[②]。他只是忙于吹气球，布置餐桌，做杂务。把插着蜡烛的蛋糕推过来让我吹的，是我妈。

我翻阅照相册时，人们总是问："你爸爸是什么样子的？"天晓得[③]！他老是忙着替别人拍照。妈和我笑容可掬[④]的一起拍的照片[⑤]，多得不可胜数[⑥]。

我记得[⑦]妈有一次叫他教我骑自行车。我叫他别放手，但他却说是应该放手的时候了。我摔倒之后，妈跑过来扶我，爸却挥手要她走开。我当时生气极了，决心要给他点儿颜色看。于是我马上爬上自行车，而且自己骑给他看。他只是微笑。

我念大学时，所有的家信都是妈写的。他 // 除了寄支票外，还寄过一封短柬[⑧]给我，说因为我不在草坪上踢足球了，所以他的草坪长得很美。

每次我打电话回家，他似乎都想跟我说话，但结果总是说："我叫你妈来接。"

我结婚时，掉眼泪的是我妈。他只是大声擤[⑨]了一下鼻子，便走出房间。

我从小到大都听他说："你到哪里去？什么时候回家？汽车有没有汽油？不，不准去。"爸完全不知道怎样表达爱。除非……

会不会是他已经表达了，而我却未能察觉？

（节选自〔美〕艾尔玛·邦贝克《父亲的爱》）

## 注音

① 懂得 dǒng · dé　② 相称 xiāngchèn

③ 晓得 xiǎo · dé　④ 笑容可掬 xiàoróng-kějū

⑤ 照片 zhàopiàn　⑥ 不可胜数 bùkě-shèngshǔ

⑦ 记得 jì · dé　⑧ 柬 jiǎn

⑨ 擤 xǐng

## 作品 11 号

一个大问题一直盘踞[①]在我脑袋里[②]：

世界杯怎么会有如此巨大的吸引力？除去足球本身的魅力之外，还有什么[③]超乎其上而更伟大的东西[④]？

近来观看世界杯，忽然从中得到了答案：是由于一种无上崇高的精神情感——国家荣誉感！

地球上的人都会有国家的概念[⑤]，但未必时时都有国家的感情。往往人到异国，思念家乡，心怀故国，这国家概念就变得有血有肉[⑥]，爱国之情来得非常具体。而现代社会，科技昌达[⑦]，信息快捷，事事上网，世界真是太小太小，国家的界限似乎也不那么清晰了。再说足球正在快速世界化[⑧]，平日里各国球员频繁转会[⑨]，往来随意，致使越来越多的国家联赛都具有国际的因素。球员们不论国籍，只效力于自己的俱乐部[⑩]，他们比赛时的激情中完全没有爱国主义的因子[⑪]。

然而，到了世界杯大赛，天下大变。各国球员都回国效力，穿上与光荣的国旗同样色彩的服装。在每一场比赛前，还高唱国歌以宣誓对自己祖国的挚爱与忠诚。一种血缘[⑫]情感开始在全身的血管[⑬]里燃烧起来，而且立刻热血沸腾[⑭]。

在历史时代，国家间经常发生对抗，好男儿[⑮]戎装[⑯]卫国。国家的荣誉往往需要以自己的生命去换 // 取。但在和平时代，唯有这种国家之间大规模对抗性的大赛，才可以唤起那种遥远而神圣的情感，那就是：为祖国而战！

（节选自冯骥才《国家荣誉感》）

## 注音

① 盘踞 pánjù　② 脑袋里 nǎodai · lǐ　③ 什么 shénme
④ 东西 dōngxi　⑤ 概念 gàiniàn　⑥ 有血有肉 yǒuxǐeyǒuròu
⑦ 昌达 chāngdá　⑧ 世界化 shìjièhuà　⑨ 转会 zhuǎnhuì
⑩ 俱乐部 jùlèbù　⑪ 因子 yīnzǐ　⑫ 血缘 xuèyuán
⑬ 血管 xuèguǎn　⑭ 热血沸腾 rèxuè fèiténg
⑮ 好男儿 hǎonán'er　⑯ 戎装 róngzhuāng

## 作品 12 号

夕阳落山不久，西方的天空，还燃烧着一片橘红色的晚霞。大海，也被这霞光染成了红色，而且比天空的景色更要壮观。因为[①]它是活动的，每当一排排波浪涌起的时候，那映照在浪峰上的霞光，又红又亮，简直就像一片片霍霍[②]燃烧着的火焰，闪烁着，消失了。而后面的一排，又闪烁着，滚动着，涌了过来。

天空的霞光渐渐地淡下去了，深红的颜色变成了绯红[③]，绯红又变为浅红。最后，当这一切红光都消失了的时候，那突然显得高而远了的天空，则呈现出一片肃穆的神色。最早出现的启明星，在这蓝色的天幕上闪烁起来了。它是那么大，那么亮，整个广漠[④]的天幕上只有它在那里放射着令人注目[⑤]的光辉，活像一盏悬挂在高空的明灯。

夜色加浓，苍空中的“明灯”越来越多了。而城市各处的真的灯火也次第亮了起来，尤其是围绕在海港周围山坡上的那一片灯光，从半空倒映在乌蓝的海面上，随着波浪，晃动着，闪烁着，像一串流动着的珍珠，和那一片片密布在苍穹里的星斗互相辉映，煞是[⑥]好看。

在这幽美的夜色中，我踏着软绵绵的沙滩，沿着海边，慢慢地向前走去。海水，轻轻地抚摸着细软的沙滩，发出温柔的 // 唰唰声。晚来的海风，清新而又凉爽。我的心里，有着说不出的兴奋和愉快。

夜风轻飘飘地吹拂着，空气中飘荡着一种大海和田禾相混合的香味儿，柔软的沙滩上还残留着白天太阳炙晒[⑦]的余温。那些在各个工作岗位上劳动了一天的人们，三三两两地来到这软绵绵的沙滩上，他们浴着凉爽的海风，望着那缀满了星星的夜空，尽情地说笑，尽情地休憩[⑧]。

（节选自峻青《海滨仲夏夜》）

## 注音

① 因为 yīn · wèi ② 霍霍 huòhuò ③ 绯红 fēihóng
④ 广漠 guǎngmò ⑤ 注目 zhùmù ⑥ 煞是 shàshì
⑦ 炙晒 zhìshài ⑧ 休憩 xiūqì

## 作品 13 号

生命在海洋里诞生绝不是偶然的，海洋的物理和化学性质，使它成为孕育原始生命的摇篮。

我们知道①，水是生物的重要组成部分，许多动物组织的含水量在百分之八十以上，而一些海洋生物的含水量高达百分之九十五。水是新陈代谢②的重要媒介③，没有它，体内的一系列生理和生物化学反应就无法进行，生命也就停止。因此，在短时期内动物缺水要比缺少食物更加危险。水对今天的生命是如此重要，它对脆弱的原始生命，更是举足轻重④了。生命在海洋里诞生，就不会有缺水之忧。

水是一种良好的溶剂。海洋中含有许多生命所必需的无机盐⑤，如氯化钠、氯化钾、碳酸盐、磷酸盐，还有溶解氧⑥，原始生命可以毫不费力地从中吸取它所需要的元素。

水具有很高的热容量⑦，加之海洋浩大，任凭夏季烈日曝晒⑧，冬季寒风扫荡，它的温度变化却比较小。因此，巨大的海洋就像是天然的“温箱”，是孕育原始生命的温床。

阳光虽然为⑨生命所必需，但是阳光中的紫外线却有扼杀⑩原始生命的危险。水能有效地吸收紫外线，因而又为原始生命提供了天然的“屏障”。

这一切都是原始生命得以产生和发展的必要条件。//

（节选自童裳亮《海洋与生命》）

## 注音

① 知道 zhī · dào ② 新陈代谢 xīnchén-dàixiè
③ 媒介 méijiè ④ 举足轻重 jǔzú-qīngzhòng
⑤ 无机盐 wújīyán ⑥ 溶解氧 róngjiěyǎng
⑦ 热容量 rè róngliàng ⑧ 曝晒 pùshài
⑨ 为 wéi ⑩ 扼杀 èshā

## 作品 14 号

读小学的时候[①]，我的外祖母去世了。外祖母生前最疼爱我，我无法排除自己的忧伤，每天在学校的操场上一圈儿又一圈儿地跑着，跑得累倒在地上，扑在草坪上痛哭。

那哀痛的日子，断断续续地持续了很久，爸爸妈妈也不知道如何安慰我。他们知道与其骗我说外祖母睡着了，还不如对我说实话：外祖母永远不会回来了。

“什么是永远不会回来呢？”我问着。

“所有时间里的事物，都永远不会回来。你的昨天过去，它就永远变成昨天，你不能再回到昨天。爸爸以前也和你一样小，现在也不能回到你这么小的童年了；有一天你会长大，你会像外祖母一样老；有一天你度过了你的时间，就永远不会回来了。”爸爸说。

爸爸等于给我一个谜语，这谜语比课本上的“日历挂在墙壁，一天撕去一页，使我心里着急[②]”和“一寸光阴一寸金，寸金难买寸光阴”还让我感到可怕；也比作文本上的“光阴似箭，日月如梭[③]”更让我觉得有一种说不出的滋味。

时间过得那么飞快，使我的小心眼儿里不只是着急，还有悲伤。有一天我放学回家，看到太阳[④]快落山了，就下决心说：“我要比太阳更快地回家。”我狂奔回去站在庭院前喘气的时候，看到太阳 // 还露着半边脸，我高兴地跳跃起来，那一天我跑赢了太阳。以后我就时常做那样的游戏，有时和太阳 // 赛跑，有时和西北风比快，有时一个暑假才能做完的作业，我十天就做完了。那时我三年级，常常把哥哥五年级的作业拿来做。每一次比赛胜过时间，我就快乐[⑤]得不知道怎么形容。

如果将来我有什么要教给我的孩子，我会告诉他：假若你一直和时间比赛，你就可以成功！

（节选自（台湾）林清玄《和时间赛跑》）

## 注音

① 时候 shíhou　② 着急 zháojí　③ 梭 suō

④ 太阳 tài · yáng　⑤ 快乐 kuàilè

## 作品 15 号

三十年代初，胡适在北京大学任教授。讲课时他常常对白话文大加称赞，引起一些只喜欢[①]文言文而不喜欢白话文的学生的不满。

一次，胡适正讲得得意的时候，一位姓魏的学生突然站了起来，生气地问："胡先生[②]，难道说白话文就毫无缺点吗？"胡适微笑着回答说："没有。"那位学生更加激动了："肯定有！白话文废话太多，打电报用字多，花钱多。"胡适的目光顿时变亮了。轻声地解释说："不一定吧！前几天有位朋友给我打来电报，请我去政府部门工作，我决定不去，就回电拒绝了。复电是用白话写的，看来也很省字。请同学们根据我这个意思[③]，用文言文写一个回电，看看究竟是白话文省字，还是文言文省字？"胡教授刚说完，同学们立刻认真地写了起来。

十五分钟过去，胡适让同学举手，报告用字的数目，然后挑了一份用字最少的文言电报稿，电文是这样写的：

"才疏学浅[④]，恐难胜任，不堪[⑤]从命。"白话文的意思是：学问不深，恐怕很难担任这个工作，不能服从安排[⑥]。

胡适说，这份写得确实不错，仅用了十二个字。但我的白话电报却只用了五个字：

"干不了，谢谢！"

胡适又解释说："干不了"就有才疏学浅、恐难胜任的意思；"谢谢"既//对朋友的介绍表示感谢，又有拒绝的意思。所以，废话多不多，并不看它是文言文还是白话文，只要注意选用字词，白话文是可以比文言文更省字的。

（节选自陈灼主编《实用汉语中级教程》（上）中《胡适的白话电报》）

## 注音

| | | |
|---|---|---|
| ① 喜欢 xǐhuan | ② 先生 xiānsheng | ③ 意思 yìsi |
| ④ 才疏学浅 cáishū-xuéqiǎn | ⑤ 不堪 bùkān | ⑥ 安排 ānpái |

## 作品 16 号

很久以前，在一个漆黑的秋天的夜晚，我泛舟[①]在西伯利亚一条阴森森的河上。船到一个转弯处，只见前面黑黢黢[②]的山峰下面一星火光蓦地[③]一闪。

火光又明又亮，好像就在眼前……

"好啦，谢天谢地！"我高兴地说，"马上就到过夜的地方啦！"

船夫扭头朝身后的火光望了一眼，又不以为然④地划起桨来。

“远着呢！”

我不相信他的话，因为火光冲破朦胧⑤的夜色，明明在那儿闪烁。不过船夫是对的，事实上，火光的确还远着呢。

这些黑夜的火光的特点是：驱散黑暗，闪闪发亮，近在眼前，令人神往⑥。乍一看⑦，再划几下就到了……其实却还远着呢！……

我们在漆黑如墨的河上又划了很久。一个个峡谷和悬崖，迎面驶来，又向后移去，仿佛消失在茫茫的远方，而火光却依然停在前头，闪闪发亮，令人神往——依然是这么近，又依然是那么远……

现在，无论是这条被悬崖峭壁的阴影笼罩的漆黑的河流，还是那一星明亮的火光，都经常浮现在我的脑际，在这以前和在这以后，曾有许多火光，似乎近在咫尺⑧，不止使我一人心驰神往⑨。可是生活之河却仍然在那阴森森的两岸之间流着，而火光也依旧非常遥远。因此，必须加劲划桨……

然而，火光啊……毕竟……毕竟就 // 在前头！……

（节选自〔俄〕柯罗连科《火光》，张铁夫译）

## 注音

① 泛舟 fàn zhōu　② 黑黢黢 hēiqūqū　③ 蓦地 mò · dì
④ 不以为然 bùyǐwéirán　⑤ 朦胧 ménglóng　⑥ 神往 shénwǎng
⑦ 乍一看 zhà yīkàn　⑧ 咫尺 zhǐchǐ
⑨ 心驰神往 xīnchí-shénwǎng

## 作品 17 号

对于一个在北平住惯的人，像我，冬天要是不刮风，便觉得是奇迹；济南的冬天是没有风声的。对于一个刚由伦敦回来①的人，像我，冬天要能看得见日光，便觉得②是怪事；济南的冬天是响晴③的。自然，在热带的地方，日光是永远那么毒，响亮的天气，反有点儿叫人害怕。可是，在北方的冬天，而能有温晴的天气，济南真得算个宝地。

设若④单单是有阳光，那也算不了出奇。请闭上眼睛想：一个老城，有山有水，全在天底下⑤晒着阳光，暖和⑥安适地睡着，只等春风来把它们唤醒，这是不是理想的境界？小山整把济南围了个圈儿，只有北边缺着点口儿。这一圈小山在冬天特别可爱，好像是把济南放在一个小摇篮里，它们安静不动地低声地说：“你们放心吧，这儿准保暖和。”真的，济南的人们在冬天是面上含笑的。他们一看那些小山，心中便觉得有了着落，有了依靠。他们由天上[7]看到山上，便不知不觉地想起：明天也许就是春天了吧？这样的温暖，今天夜里山草也许就绿起来了吧？就是这点儿幻想不能一时实现，他们也并不着急，因为这样慈善的冬天，干什么还希望别的呢！

最妙的是下点小雪呀。看吧，山上的矮松越发的青黑，树尖儿上 // 顶着一髻儿[8]白花，好像日本看护妇[9]。山尖儿全白了，给蓝天镶上一道银边[10]。山坡上，有的地方雪厚点儿，有的地方草色还露着，这样，一道儿白，一道儿暗黄，给山们穿上一件带水纹儿的花衣。看着看着，这件花衣好像被风儿吹动，叫你希望看见[11]一点儿更美的山的肌肤。等到快日落的时候，微黄的阳光斜射在山腰上，那点儿薄雪[12]好像忽然害羞，微微露出点儿粉色。就是下小雪吧，济南是受不住大雪的，那些小山太秀气。

（节选自老舍《济南的冬天》）

## 注音

| | | |
|---|---|---|
| ① 回来 huí · lái | ② 觉得 jué · dé | ③ 响晴 xiǎngqíng |
| ④ 设若 shèruò | ⑤ 底下 dǐ · xià | ⑥ 暖和 nuǎnhuo |
| ⑦ 天上 tiān · shàng | ⑧ 髻儿 jìr | ⑨ 看护妇 kānhùfù |
| ⑩ 银边 yínbiānr | ⑪ 看见 kàn · jiàn | ⑫ 薄雪 báoxuě |

## 作品 18 号

纯朴的家乡村边有一条河，曲曲弯弯，河中架一弯石桥，弓样的小桥横跨两岸。

每天，不管是鸡鸣晓月，日丽中天[1]，还是月华泻地[2]，小桥都印下串串足迹，洒落串串汗珠。那是乡亲为了追求多棱[3]的希望，兑现美好的遐想。弯弯小桥，不时荡过轻吟低唱，不时露出[4]舒心的笑容。

因而，我稚小的心灵，曾将心声献给小桥：你是一弯银色的新月，给人间普照光辉；你是一把闪亮的镰刀，割刈[5]着欢笑的花果；你是一根晃悠悠的扁担，挑起了彩色的明天！哦，小桥走进我的梦中。

我飘泊在他乡的岁月，心中总涌动着故乡的河水，梦中总看到弓样的小桥。当我访南疆探北国，眼帘闯进座座雄伟的长桥时，我的梦变得丰满了，增添了赤橙黄绿青蓝紫。

三十多年过去，我带着满头霜花回到故乡，第一紧要的便是去看望小桥。

啊！小桥呢？它躲起来了？河中一道长虹，浴着朝霞熠熠[⑥]闪光。哦，雄浑的大桥敞开胸怀，汽车的呼啸、摩托的笛音、自行车的叮铃，合奏着进行交响乐；南来的钢筋、花布，北往的柑橙、家禽，绘出交流欢悦图……

啊！蜕变的桥，传递了家乡进步的消息，透露了[⑦]家乡富裕的声音。时代的春风，美好的追求，我蓦地[⑧]记起儿时唱//给小桥的歌，哦，明艳艳的太阳照耀了，芳香甜蜜的花果捧来了，五彩斑斓的岁月拉开了！

我心中涌动的河水，激荡起甜美的浪花。我仰望一碧蓝天，心底轻声呼喊：家乡的桥啊，我梦中的桥！

（节选自郑莹《家乡的桥》）

## 注音

① 日丽中天 rì lì zhōng tiān　② 月华泻地 yuè huá xiè dì
③ 多棱 duō léng　④ 露出 lùchū　⑤ 割刈 gēyì
⑥ 熠熠 yìyì　⑦ 透露了 tòulùle　⑧ 蓦地 mòdì

## 作品 19 号

三百多年前，建筑设计师莱伊恩受命设计了英国温泽市政府大厅。他运用工程力学的知识[①]，依据自己多年的实践，巧妙地设计了只用一根柱子支撑[②]的大厅天花板。一年以后，市政府权威人士进行工程验收时，却说只用一根柱子支撑天花板太危险，要求莱伊恩再多加几根柱子。

莱伊恩自信只要一根坚固的柱子足以保证大厅安全，他的“固执[③]”惹恼了市政官员，险些被送上法庭。他非常苦恼，坚持自己原先的主张吧，市政官员肯定会另找人修改设计；不坚持吧，又有悖[④]自己为人[⑤]的准则。矛盾了很长一段时间，莱伊恩终于想出了一条妙计，他在大厅里增加了四根柱子，不过这些柱子并未与天花板接触，只不过是装装样子。

三百多年过去了，这个秘密始终没有被人发现。直到前两年，市政府准备修缮[⑥]大厅的天花板，才发现莱伊恩当年的“弄虚作假”。消息传出后，世界各国的建筑专家和游客云集，当地政府对此也不加掩饰，在新世纪到来之际，特意将大厅作为一个旅游景点对外开放，旨在引导人们崇尚和相信科学。

作为一名建筑师，莱伊恩并不是最出色的。但作为一个人，他无疑非常伟大，这种//伟大表现在他始终恪守[⑦]着自己的原则，给高贵的心灵一个美丽的住所，哪怕是遭遇到最大的阻力，也要想办法抵达胜利。

（节选自游宇明《坚守你的高贵》）

## 注音

① 知识 zhīshi　② 支撑 zhīchēng　③ 固执 gù · zhí　④ 悖 bèi
⑤ 为人 wéirén　⑥ 修缮 xiūshàn　⑦ 恪守 kèshǒu

## 作品 20 号

自从传言有人在萨文河畔散步时无意发现了金子后，这里[①]便常有来自四面八方的淘金者。他们都想成为富翁，于是寻遍了整个河床，还在河床上挖出很多大坑，希望借助它们找到更多的金子。的确，有一些人找到了，但另外一些人因为一无所得而只好扫兴归去。

也有不甘心落空的，便驻扎[②]在这里，继续寻找。彼得 · 弗雷特就是其中一员。他在河床附近买了一块没人要的土地，一个人默默地工作。他为了找金子，已把所有的钱都押在这块土地上。他埋头苦干了几个月，直到土地全变成了坑坑洼洼，他失望了——他翻遍了整块土地，但连一丁点儿金子都没看见。

六个月后，他连买面包的钱都没有了。于是他准备离开这儿到别处去谋生。

就在他即将离去的前一个晚上，天下起了倾盆大雨，并且一下就是三天三夜。雨终于停了，彼得走出小木屋，发现眼前的土地看上去好像和以前不一样：坑坑洼洼已被大水冲刷平整，松软的土地上长出一层绿茸茸[③]的小草。

“这里没找到金子，”彼得忽有所悟地说，“但 // 这土地很肥沃，我可以用来种花，并且拿到镇上[④]去卖给那些富人，他们一定会买些花装扮他们华丽的客厅。如果真是这样的话，那么我一定会赚许多钱，有朝一日我也会成为富人……”

于是他留了下来。彼得花了不少精力培育花苗，不久田地里长满了美丽娇艳的各色鲜花。

五年以后，彼得终于实现了他的梦想——成了一个富翁。“我是唯一的一个找到真金的人！”他时常不无骄傲地告诉别人[⑤]，“别人在这儿找不到金子后便远远地离开，而我的‘金子’是在这块土地里，只有诚实的人用勤劳才能采集到。”

（节选自陶猛译《金子》）

## 注音

① 这里 zhè · lǐ ② 驻扎 zhùzhā ③ 绿茸茸 lǜróngróng
④ 镇上 zhèn · shàng ⑤ 别人 bié · rén

## 作品 21 号

我在加拿大学习期间遇到过[①]两次募捐，那情景至今使我难以忘怀。

一天，我在渥太华[②]的街上被两个男孩子拦住去路。他们十来岁，穿得整整齐齐，每人头上戴着个做工精巧、色彩鲜艳的纸帽，上面写着“为帮助患小儿麻痹[③]的伙伴募捐”。其中的一个，不由分说就坐在小凳上给我擦起皮鞋来，另一个则彬彬有礼地发问：“小姐，您是哪国人？喜欢[④]渥太华吗？”“小姐，在你们国家有没有小孩儿患小儿麻痹？谁给他们医疗费？”一连串的问题，使我这个有生以来头一次在众目睽睽[⑤]之下让别人擦鞋的异乡人，从近乎狼狈的窘态[⑥]中解脱出来。我们像朋友[⑦]一样聊起天儿来……

几个月之后，也是在街上。一些十字路口处或车站坐着几位老人。他们满头银发，身穿各种老式军装，上面布满了大大小小形形色色的徽章、奖章，每人手捧一大束鲜花，有水仙、石竹、玫瑰[⑧]及叫不出名字[⑨]的，一色雪白。匆匆过往的行人纷纷止步，把钱投进这些老人身旁的白色木箱内，然后向他们微微鞠躬，从他们手中接 // 过[⑩]一朵花。我看了一会儿，有人投一两元，有人投几百元，还有人掏出支票填好后投进木箱。那些老军人毫不注意人们捐多少钱，一直不停地向人们低声道谢。同行的朋友告诉[⑪]我，这是为纪念二次大战中参战的勇士，募捐救济残废军人和烈士遗孀[⑫]，每年一次。认捐的人可谓踊跃，而且秩序井然，气氛庄严。有些地方，人们还耐心地排着队。我想，这是因为他们都知道：正是这些老人们的流血牺牲换来了包括他们信仰自由在内的许许多多。

我两次把那微不足道的一点儿钱捧给他们，只想对他们说声“谢谢[⑬]”。

（节选自青白《捐诚》）

## 注音

① 遇到过 yùdàoguo ② 渥太华 wòtàihuá
③ 小儿麻痹 xiǎo’ér mábì ④ 喜欢 xǐhuan
⑤ 众目睽睽 zhòngmù-kuíkuí ⑥ 窘态 jiǒngtài ⑦ 朋友 péngyou
⑧ 玫瑰 méi · guī ⑨ 名字 míngzi ⑩ 接过 jiēguo

⑪ 告诉 gàosu　　⑫ 遗孀 yíshuāng　　⑬ 谢谢 xièxie

## 作品 22 号

没有一片绿叶，没有一缕炊烟[①]，没有一粒泥土，没有一丝花香，只有水的世界，云的海洋。

一阵台风袭过，一只孤单的小鸟无家可归，落到被卷到洋里的木板上，乘流而下，姗姗而来，近了，近了！……

忽然，小鸟张开翅膀，在人们头顶盘旋了几圈儿，"噗啦[②]"一声落到了船上。许是累了？还是发现了"新大陆"？水手撵它，它不走，抓它，它乖乖地落在掌心。可爱的小鸟和善良的水手结成了朋友。

瞧，它多美丽，娇巧的小嘴，啄理着绿色的羽毛，鸭子样的扁脚，呈现出春草的鹅黄。水手们把它带到舱里，给它"搭铺"，让它在船上安家落户，每天，把分到的一塑料筒淡水匀给它喝，把从祖国带来的鲜美的鱼肉分给它吃，天长日久，小鸟和水手的感情日趋笃厚[③]。清晨，当第一束阳光射进舷窗[④]时，它便敞开美丽的歌喉，唱啊唱，嘤嘤有韵[⑤]，宛如春水淙淙[⑥]。人类给它以生命，它毫不悭吝[⑦]地把自己的艺术青春奉献给了哺育[⑧]它的人。可能都是这样？艺术家们的青春只会献给尊敬他们的人。

小鸟给远航生活蒙上了一层浪漫色调。返航时，人们爱不释手，恋恋不舍地想把它带到异乡。可小鸟憔悴了，给水，不喝！喂肉，不吃！油亮的羽毛失去了光泽。是啊，我 // 们有自己的祖国，小鸟也有它的归宿，人和动物都是一样啊，哪儿也不如故乡好！

慈爱的水手们决定放开它，让它回到大海的摇篮去，回到蓝色的故乡去。离别前，这个大自然的朋友与水手们留影纪念。它站在许多人的头上，肩上，掌上，胳膊上，与喂养过它的人们，一起融进那蓝色的画面……

（节选自王文杰《可爱的小鸟》）

## 注音

① 炊烟 chuīyān　　② 噗啦 pūlā　　③ 笃厚 dǔhòu

④ 舷窗 xiánchuāng　　⑤ 嘤嘤有韵 yīngyīng-yǒuyùn

⑥ 春水淙淙 chūnshuǐ cóngcóng　　⑦ 毫不悭吝 háobù qiānlìn

⑧ 哺育 bǔyù

## 作品 23 号

纽约的冬天常有大风雪，扑面的雪花不但令人难以睁开眼睛，甚至呼吸都会吸入冰冷的雪花。有时前一天晚上还是一片晴朗，第二天拉开窗帘，却已经积雪盈尺①，连门都推不开了。

遇到这样的情况，公司、商店常会停止上班，学校也通过广播，宣布停课。但令人不解的是，唯有公立小学，仍然开放。只见黄色的校车，艰难地在路边接孩子，老师则一大早就口中喷着热气，铲去车子前后的积雪，小心翼翼②地开车去学校。

据统计，十年来纽约的公立小学只因为超级暴风雪停过七次课。这是多么令人惊讶的事。犯得着在大人都无须上班的时候让孩子去学校吗？小学的老师也太倒霉了吧？

于是，每逢大雪而小学不停课时，都有家长打电话去骂。妙的是，每个打电话的人，反应全一样——先是怒气冲冲③地责问，然后满口道歉，最后笑容满面地挂上电话。原因是，学校告诉家长：

在纽约有许多百万富翁，但也有不少贫困的家庭。后者白天开不起暖气，供不起④午餐，孩子的营养全靠学校里免费的中饭，甚至可以多拿些回家当⑤晚餐。学校停课一天，穷孩子就受一天冻，挨一天饿，所以老师们宁愿自己苦一点儿，也不能停 // 课。

或许有家长会说：何不让富裕的孩子在家里，让贫穷的孩子去学校享受暖气和营养午餐呢？

学校的答复是：我们不愿让那些穷苦的孩子感到他们是在接受救济，因为施舍的最高原则是保持受施者的尊严。

（节选自（台湾）刘墉《课不能停》）

## 注音

① 积雪盈尺 jīxuě yíngchǐ　　② 小心翼翼 xiǎoxīn-yìyì

③ 怒气冲冲 nùqì-chōngchōng　　④ 供不起 gōng · bùqǐ　　⑤ 当 dàng

## 作品 24 号

十年，在历史上不过是一瞬间。只要稍加注意，人们就会发现：在这一瞬间里，各种事物都悄悄经历了自己的千变万化。

这次重新访日，我处处感到亲切和熟悉，也在许多方面发觉了日本的变化。就拿奈良的一个角落来说吧，我重游了为之感受很深的唐招提寺，在寺内各处匆匆走了一遍，庭院依旧，但意想不到还看到了一些新的东西。其中之一，就是近几年从中国移植来的“友谊[①]之莲”。

在存放鉴真遗像的那个院子里，几株中国莲昂然挺立[②]，翠绿的宽大荷叶正迎风而舞，显得十分愉快。开花的季节已过，荷花朵朵已变为莲蓬累累[③]。莲子的颜色正在由青转紫，看来已经成熟了。

我禁不住想:“因”已转化为“果”。

中国的莲花开在日本，日本的樱花开在中国，这不是偶然。我希望这样一种盛况延续不衰。可能有人不欣赏花，但决不会有人欣赏落在自己面前的炮弹。

在这些日子里，我看到了不少多年不见的老朋友，又结识了一些新朋友。大家喜欢涉及的话题之一，就是古长安和古奈良。那还用得着问吗，朋友们缅怀[④]过去，正是瞩望[⑤]未来。瞩目于未来的人们必将获得未来。

我不例外，也希望一个美好的未来。

为 // 了中日人民之间的友谊，我将不浪费今后生命的每一瞬间。

（节选自严文井《莲花和樱花》）

## 注音

① 友谊 yoǔyì　　② 昂然挺立 ángrán tǐnglì

③ 莲蓬累累 liánpeng léiléi　　④ 缅怀 miǎnhuái　　⑤ 瞩望 zhǔwàng

## 作品 25 号

梅雨潭闪闪的绿色招引着我们，我们开始追捉她那离合的神光了。揪[①]着草，攀着乱石，小心探身下去，又鞠躬过了一个石穹门，便到了汪汪一碧的潭边了。

瀑布在襟袖[②]之间，但是我的心中已没有瀑布了。我的心随潭水的绿而摇荡。那醉人的绿呀！仿佛一张极大极大的荷叶铺着，满是奇异的绿呀。我想张开两臂抱住她，但这是怎样一个妄想啊。

站在水边，望到那面，居然觉着有些远呢！这平铺着、厚积着的绿，着实可爱。她松松地皱缬[③]着，像少妇拖着的裙幅；她滑滑的明亮着，像涂了“明油”一般，有鸡蛋清那样软，那样嫩；她又不杂些尘滓[④]，宛然一块温润的碧玉，只清清的一色——但你却看不透她！

我曾见过北京什刹海[⑤]拂地[⑥]的绿杨，脱不了鹅黄的底子，似乎太淡了。我又曾见过杭州虎跑寺近旁高峻而深密的“绿壁”，重叠着无穷的碧草与绿叶的，那又似乎[⑦]太浓了。其余呢，西湖的波太明了，秦淮河的也太暗了。可爱的，我将什么来比拟[⑧]你呢？我怎么比拟得出呢？大约潭是很深的，故能蕴蓄着这样奇异的绿；仿佛蔚蓝的天融了一块在里面似的，这才这般得鲜润啊。

那醉人的绿呀！我若能裁你以为带，我将赠给那轻盈的 // 舞女，她必能临风飘举[⑨]了。我若能挹[⑩]你以为眼，我将赠给那善歌的盲妹，她必明眸善睐[⑪]了。我舍不得你，我怎舍得你呢？我用手拍着你，抚摩着你，如同一个十二三岁的小姑娘。我又掬你入口，便是吻着她了。我送你一个名字，我从此叫你“女儿绿”，好吗？

第二次到仙岩的时候，我不禁惊诧于梅雨潭的绿了。

（节选自朱自清《绿》）

## 注音

① 揪 jiū　② 襟袖 jīnxiù　③ 皱缬 zhòuxié
④ 尘滓 chénzǐ　⑤ 什刹海 shíchàhǎi　⑥ 拂地 fúdì
⑦ 似乎 sìhū　⑧ 比拟 bǐnǐ　⑨ 临风飘举 línfēng piāojǔ
⑩ 挹 yì　⑪ 明眸善睐 míngmóu-shànlài

## 作品 26 号

我们家的后园有半亩空地，母亲说：“让它荒着怪可惜的，你们那么爱吃花生，就开辟出来种花生吧。”我们姐弟几个都很高兴，买种[①]，翻地，播种[②]，浇水，没过几个月，居然收获了。

母亲说：“今晚我们过一个收获节，请你们父亲也来尝尝我们的新花生，好不好？”我们都说好。母亲把花生做成了好几样食品，还吩咐就在后园的茅亭里过这个节。

晚上天色不太好，可是父亲也来了，实在很难得。

父亲说：“你们爱吃花生吗？”

我们争着答应：“爱！”

“谁能把花生的好处说出来？”

姐姐说：“花生的味[③]美。”

哥哥说：“花生可以榨油。”

我说：“花生的价钱便宜[④]，谁都可以买来吃，都喜欢吃。这就是它的好处。”

父亲说："花生的好处很多，有一样最可贵：它的果实埋在地里，不像桃子、石榴、苹果那样，把鲜红嫩绿的果实高高地挂在枝头上，使人一见就生爱慕之心[5]。你们看它矮矮地长在地上，等到成熟了，也不能立刻分辨出来它有没有果实，必须挖出来才知道。"

我们都说是，母亲也点点头。

父亲接下去说："所以你们要像花生，它虽然不好看，可是很有用，不是外表好看而没有实用的东西。"

我说："那么，人要做有用的人，不要做只讲体面，而对别人没有好处的人了。" //

父亲说："对。这是我对你们的希望。"

我们谈到夜深才散。花生做的食品都吃完了，父亲的话却深深地印在我的心上。

（节选自许地山《落花生》）

## 注音

① 买种 mǎizhǒng　② 播种 bōzhǒng　③ 味 wèir
④ 便宜 piányi　⑤ 爱慕之心 àimùzhīxīn

## 作品 27 号

我打猎归来，沿着花园的林荫路走着。狗跑在我前边。

突然，狗放慢脚步，蹑足潜行[1]，好像嗅到了前边有什么野物。

我顺着林荫路望去，看见了一只嘴边还带黄色、头上生着柔毛的小麻雀。风猛烈地吹打着林荫路上的白桦树，麻雀从巢里跌落下来，呆呆地伏在地上，孤立无援地张开两只羽毛还未丰满的小翅膀。

我的狗慢慢向它靠近。忽然，从附近一棵树上飞下一只黑胸脯[2]的老麻雀，像一颗石子似的[3]落到狗的跟前。老麻雀全身倒竖着羽毛，惊恐万状，发出绝望、凄惨的叫声，接着向露出牙齿、大张着的狗嘴扑去。

老麻雀是猛扑下来救护幼雀的。它用身体掩护着自己的幼儿……但它整个小小的身体因恐怖而战栗[4]着，它小小的声音也变得粗暴嘶哑，它在牺牲自己！

在它看来，狗该是多么庞大的怪物[5]啊！然而，它还是不能站在自己高高的、安全的树枝上……一种比它的理智更强烈的力量，使它从那儿扑下身来。

我的狗站住了，向后退了退……看来，它也感到了这种力量。

我赶紧唤住惊慌失措的狗，然后我怀着崇敬的心情，走开了。

是啊，请不要见笑。我崇敬那只小小的、英勇的鸟儿，我崇敬它那种爱的冲动和力量。

爱，我 // 想，比死和死的恐惧更强大。只有依靠它，依靠这种爱，生命才能维持下去，发展下去。

（节选自〔俄〕屠格涅夫《麻雀》，巴金译）

## 注音

① 蹑足潜行 nièzú-qiánxíng　② 胸脯 xiōngpú　③ 似的 shìde

④ 战栗 zhànlì　⑤ 怪物 guàiwu

## 作品 28 号

那年我六岁。离我家仅一箭之遥的小山坡旁，有一个早已被废弃的采石场，双亲从来不准我去那儿，其实那儿风景十分迷人。

一个夏季的下午，我随着一群小伙伴[①]偷偷上那儿去了。就在我们穿越了一条孤寂的小路后，他们却把我一个人留在原地，然后奔向“更危险的地带”了。

等他们走后，我惊慌失措地发现，再也找不到要回家的那条孤寂的小道了。像只无头的苍蝇[②]，我到处乱钻，衣裤上挂满了芒刺。太阳已经落山，而此时此刻，家里一定开始吃晚餐了，双亲正盼着我回家……想着想着，我不由得背靠着一棵树，伤心地呜呜大哭起来……

突然，不远处传来了声声柳笛。我像找到了救星，急忙循声走去。一条小道边的树桩上坐着一位吹笛人，手里还正削着什么。走近细看，他不就是被大家称为“乡巴佬儿[③]”的卡廷吗？

“你好，小家伙儿，”卡廷说，“看天气多美，你是出来散步的吧？”

我怯生生地点点头，答道：“我要回家了。”

“请耐心等上几分钟，”卡廷说，“瞧，我正在削一支柳笛，差不多就要做好了，完工后就送给你吧！”

卡廷边削边不时把尚未成形的柳笛放在嘴里试吹一下。没过多久，一支柳笛便递到我手中。我俩在一阵阵清脆悦耳的笛音 // 中，踏上了归途……

当时，我心中只充满感激，而今天，当我自己也成了祖父时，却突然领悟到他用心之良苦！那天当他听到我的哭声时，便判定我一定迷了路，但他并不想在孩子面前扮演“救星”的角色，于是吹响柳笛以便让我能发现他，并跟着他走出困境！就这样，卡廷先生以乡下人的纯朴，保护了一个小男孩儿强烈的自尊。

（节选自唐若水译《迷途笛音》）

## 注音

① 小伙伴 xiǎohuǒbànr　② 苍蝇 cāngying
③ 乡巴佬儿 xiāngbalǎor

## 作品 29 号

在浩瀚无垠的沙漠里，有一片美丽的绿洲，绿洲里藏着一颗闪光的珍珠。这颗珍珠就是敦煌莫高窟。它坐落在我国甘肃省敦煌市三危山和鸣沙山的怀抱中。

鸣沙山东麓[①]是平均高度为十七米的崖壁[②]。在一千六百多米长的崖壁上，凿有大小洞窟七百余个，形成了规模宏伟的石窟群。其中四百九十二个洞窟中，共有彩色塑像两千一百余尊，各种壁画共四万五千多平方米。莫高窟是我国古代无数艺术匠师留给人类的珍贵文化遗产。

莫高窟的彩塑，每一尊都是一件精美的艺术品。最大的有九层楼那么高，最小的还不如一个手掌大。这些彩塑个性鲜明，神态各异。有慈眉善目的菩萨，有威风凛凛[③]的天王，还有强壮勇猛的力士……

莫高窟壁画的内容丰富多彩，有的是描绘古代劳动人民打猎、捕鱼、耕田、收割的情景；有的是描绘人们奏乐、舞蹈、演杂技的场面；还有的是描绘大自然的美丽风光。其中最引人注目的是飞天。壁画上的飞天，有的臂挎花篮，采摘鲜花；有的反弹琵琶[④]，轻拨银弦[⑤]；有的倒悬身子，自天而降；有的彩带飘拂，漫天遨游[⑥]；有的舒展着双臂，翩翩起舞[⑦]。看着这些精美动人的壁画，就像走进了 // 灿烂辉煌的艺术殿堂。

莫高窟里还有一个面积不大的洞窟——藏经洞。洞里曾藏有我国古代的各种经卷、文书、帛画[⑧]、刺绣、铜像等共六万多件。由于清朝政府腐败无能，大量珍贵的文物被外国强盗掠走[⑨]。仅存的部分经卷，现在陈列于北京故宫等处。

莫高窟是举世闻名的艺术宝库。这里的每一尊彩塑、每一幅壁画、每一件文物，都是中国古代人民智慧的结晶。

（节选自小学《语文》第六册中《莫高窟》）

## 注音

① 麓 lù　② 崖壁 yábì　③ 威风凛凛 wēifēng-lǐnlǐn
④ 琵琶 pí · pá　⑤ 轻拨银弦 qīngbō yínxián
⑥ 漫天遨游 màntiān áoyóu　⑦ 翩翩起舞 piānpiān-qǐwǔ
⑧ 帛画 bóhuà　⑨ 掠走 lüèzǒu

## 作品 30 号

其实你在很久以前并不喜欢牡丹①，因为它总被人作为富贵膜拜②。后来你目睹了一次牡丹的落花，你相信所有的人都会为之③感动：一阵清风徐来，娇艳鲜嫩的盛期牡丹忽然整朵整朵地坠落，铺撒一地绚丽的花瓣。那花瓣落地时依然鲜艳夺目，如同一只奉上祭坛④的大鸟脱落的羽毛，低吟着壮烈的悲歌离去。

牡丹没有花谢花败之时，要么烁于⑤枝头，要么归于泥土，它跨越萎顿⑥和衰老，由青春而死亡，由美丽而消遁⑦。它虽美却不吝惜生命，即使告别也要展示给人最后一次的惊心动魄。

所以在这阴冷的四月里，奇迹不会发生。任凭游人扫兴和诅咒，牡丹依然安之若素⑧。它不苟且、不俯就、不妥协、不媚俗，甘愿自己冷落自己。它遵循自己的花期自己的规律，它有权利为自己选择每年一度的盛大节日。它为什么⑨不拒绝寒冷?

天南海北的看花人，依然络绎不绝⑩地涌入洛阳城。人们不会因牡丹的拒绝而拒绝它的美。如果它再被贬谪⑪十次，也许它就会繁衍⑫出十个洛阳牡丹城。

于是你在无言的遗憾中感悟到，富贵与高贵只是一字之差。同人一样，花儿也是有灵性的，更有品位之高低。品位这东西为气为魂为 // 筋骨为神韵，只可意会。你叹服牡丹卓尔不群之姿，方知品位是多么容易被世人忽略或是漠视的美。

（节选自张抗抗《牡丹的拒绝》）

## 注音

① 牡丹 mǔ · dān　② 膜拜 móbài　③ 为之 wéizhī
④ 祭坛 jìtán　⑤ 烁于 shuòyú　⑥ 萎顿 wěidùn
⑦ 消遁 xiāodùn　⑧ 安之若素 ānzhī-ruòsù
⑨ 为什么 wèishénme　⑩ 络绎不绝 luòyì-bùjué

⑪ 贬谪 biǎnzhé　　⑫ 繁衍 fányǎn

## 作品 31 号

森林涵养水源、保持水土、防止水旱灾害的作用非常大。据专家测算，一片十万亩①面积的森林，相当于一个两百万立方米的水库，这正如农谚所说的："山上多栽树，等于修水库。雨多它能吞，雨少它能吐②。"

说起森林的功劳③，那还多得很。它除了为人类提供木材及许多种生产、生活的原料之外，在维护生态环境方面也是功劳卓著④，它用另一种"能吞能吐"的特殊功能孕育了人类。因为⑤地球在形成之初，大气中的二氧化碳含量很高，氧气很少，气温也高，生物是难以生存的。大约在四亿年之前，陆地才产生了森林。森林慢慢⑥将大气中的二氧化碳吸收，同时吐出新鲜氧气，调节气温，这才具备了人类生存的条件，地球上才最终有了人类。

森林，是地球生态系统的主体，是大自然的总调度⑦室，是地球的绿色之肺。森林维护地球生态环境的这种"能吞能吐"的特殊功能是其他任何物体都不能取代的。然而，由于地球上的燃烧物增多，二氧化碳的排放量急剧增加，使得地球生态环境急剧恶化，主要表现为全球气候变暖，水分蒸发加快，改变了气流的循环，使气候变化加剧，从而引发热浪、飓风⑧、暴雨、洪涝⑨及干旱。

为了//使地球的这个"能吞能吐"的绿色之肺恢复健壮，以改善生态环境，抑制全球变暖，减少水旱等自然灾害，我们应该大力造林、护林，使每一座荒山都绿起来。

（节选自《中考语文课外阅读试题精选》中《"能吞能吐"的森林》）

## 注音

① 亩 mǔ　　② 吐 tǔ　　③ 功劳 gōng · láo
④ 卓著 zhuózhù　　⑤ 因为 yīn · wèi　　⑥ 慢慢 mànmàn
⑦ 调度 diàodù　　⑧ 飓风 jùfēng　　⑨ 洪涝 hónglào

## 作品 32 号

朋友①即将远行。

暮春②时节，又邀了几位朋友在家小聚。虽然都是极熟③的朋友，却是终年难得一见，偶尔电话里相遇，也无非是几句寻常话。一锅小米稀饭，一碟大头菜，一盘自家酿制的泡菜，一只巷口买回的烤鸭，简简单单，不像请客，倒像家人团聚。

其实，友情也好，爱情也好，久而久之都会转化为亲情。

说也奇怪，和新朋友会谈文学、谈哲学、谈人生道理等，和老朋友却只话家常，柴米油盐，细细碎碎，种种琐事。很多时候，心灵的契合④已经不需要太多的言语来表达。

朋友新烫了个头，不敢回家见母亲，恐怕惊骇了老人家⑤，却欢天喜地来见我们⑥，老朋友颇能以一种趣味性的眼光欣赏这个改变。

年少的时候⑦，我们差不多⑧都在为别人而活，为苦口婆心的父母活，为循循善诱⑨的师长活，为许多观念、许多传统的约束力而活。年岁逐增，渐渐挣脱⑩外在的限制与束缚⑪，开始懂得为自己活，照自己的方式做一些自己喜欢的事，不在乎⑫别人的批评意见，不在乎别人的诋毁流言，只在乎那一份随心所欲的舒坦⑬自然。偶尔，也能够纵容自己放浪一下，并且有一种恶作剧的窃喜。

就让生命顺其自然，水到渠成吧，犹如窗前的 // 乌桕⑭，自生自落之间，自有一份圆融丰满的喜悦。春雨轻轻落着，没有诗，没有酒，有的只是一份相知相属⑮的自在自得。

夜色在笑语中渐渐沉落，朋友起身告辞，没有挽留，没有送别，甚至也没有问归期。

已经过了大喜大悲的岁月，已经过了伤感流泪的年华，知道了聚散原来是这样的自然和顺理成章，懂得这点，便懂得珍惜每一次相聚的温馨，离别便也欢喜。

（节选自（台湾）杏林子《朋友和其他》）

## 注音

| | | |
|---|---|---|
| ① 朋友 péngyou | ② 暮春 mùchūn | ③ 极熟 jíshú |
| ④ 契合 qìhé | ⑤ 老人家 lǎo · rén · jiā | ⑥ 我们 wǒmen |
| ⑦ 时候 shíhou | ⑧ 差不多 chà · bùduō | |
| ⑨ 循循善诱 xúnxún-shànyòu | | ⑩ 挣脱 zhèngtuō |
| ⑪ 束缚 shùfù | ⑫ 在乎 zàihu | ⑬ 舒坦 shūtan |
| ⑭ 乌桕 wūjiù | ⑮ 属 zhǔ | |

## 作品 33 号

我们[①]在田野散步：我，我的母亲，我的妻子和儿子[②]。

母亲本不愿出来的。她老了，身体不好，走远一点儿就觉得很累。我说，正因为[③]如此，才应该多走走。母亲信服地点点头，便去拿外套。她现在很听我的话，就像我小时候[④]很听她的话一样。

这南方初春的田野，大块小块的新绿随意地铺着，有的浓，有的淡，树上的嫩芽也密了，田里的冬水也咕咕地起着水泡。这一切都使人想着一样东西——生命。

我和母亲走在前面，我的妻子和儿子走在后面。小家伙[⑤]突然叫起来："前面是妈妈[⑥]和儿子，后面也是妈妈和儿子。"我们都笑了。

后来发生了分歧：母亲要走大路，大路平顺；我的儿子要走小路，小路有意思。不过，一切都取决于我。我的母亲老了，她早已习惯听从她强壮的儿子；我的儿子还小，他还习惯听从他高大的父亲；妻子呢，在外面，她总是听我的。一霎时我感到了责任的重大。我想找一个两全的办法，找不出；我想拆散一家人，分成两路，各得其所，终不愿意。我决定委屈儿子，因为我伴同他的时日还长。我说："走大路。"

但是母亲摸摸孙儿的小脑瓜儿[⑦]，变了主意："还是走小路吧。"她的眼随小路望去：那里有金色的菜花，两行整齐的桑树，// 尽头一口水波粼粼的鱼塘。"我走不过去的地方，你就背着我。"母亲对我说。

这样，我们在阳光下，向着那菜花、桑树和鱼塘走去。到了一处，我蹲下来，背起了母亲；妻子也蹲下来，背起了儿子。我和妻子都是慢慢地，稳稳地，走得很仔细，好像我背上的同她背上的加起来，就是整个世界。

（节选自莫怀戚《散步》）

## 注音

① 我们 wǒmen　② 儿子 érzi　③ 因为 yīn · wèi
④ 时候 shíhou　⑤ 小家伙 xiǎojiāhuo　⑥ 妈妈 māma
⑦ 脑瓜儿 nǎoguār

## 作品 34 号

地球上是否真的存在"无底洞"？按说地球是圆的，由地壳[①]、地幔[②]和地核三层组成，真正的"无底洞"是不应存在的，我们所看到的各种山洞、裂口、裂缝，甚至火山口也都只是地壳浅部的一种现象。然而中国一些古籍却多次提到海外有个深奥莫测[③]的无底洞。事实上地球上确实有这样一个“无底洞”。

它位于希腊亚各斯古城的海滨。由于濒临大海，大涨潮时，汹涌的海水便会排山倒海[④]般地涌入洞中，形成一股湍湍[⑤]的急流。据测，每天流入洞内的海水量达三万多吨。奇怪的是，如此大量的海水灌入洞中，却从来没有把洞灌满。曾有人怀疑，这个“无底洞”，会不会就像石灰岩地区的漏斗、竖井、落水洞一类的地形。然而从二十世纪三十年代以来，人们[⑥]就做了多种努力企图寻找它的出口，却都是枉费心机[⑦]。

为了揭开这个秘密，一九五八年美国地理学会派出一支考察队，他们把一种经久不变[⑧]的带色染料溶解在海水中，观察染料是如何随着海水一起沉下去。接着又察看了附近海面以及岛上的各条河、湖，满怀希望地寻找这种带颜色的水，结果令人失望。难道是海水量太大把有色水稀释得太淡，以致无法发现？//

至今谁也不知道为什么这里的海水会没完没了[⑨]地“漏”下去，这个“无底洞”的出口又在哪里，每天大量的海水究竟都流到哪里去了？

（节选自〔美〕罗伯特·罗威尔《神秘的“无底洞”》）

## 注音

① 地壳 dìqiào　② 地幔 dìmàn　③ 深奥莫测 shēn'ào-mòcè
④ 排山倒海 páishān-dǎohǎi　⑤ 湍 tuān
⑥ 人们 rén · men　⑦ 枉费心机 wǎngfèi-xīnjī
⑧ 经久不变 jīngjiǔ-búbiàn　⑨ 没完没了 méiwán-méiliǎo

## 作品 35 号

我在俄国见到的景物再没有比托尔斯泰墓更宏伟、更感人的。

完全按照托尔斯泰的愿望，他的坟墓成了世间最美的，给人印象最深刻的坟墓。它只是树林中的一个小小的长方形土丘，上面开满鲜花——没有十字架，没有墓碑，没有墓志铭[①]，连托尔斯泰这个名字也没有。

这位比谁都感到受自己的声名所累的伟人，却像偶尔被发现的流浪汉，不为人知的士兵，不留名姓地被人埋葬了。谁都可以踏进他最后的安息地，围在四周稀疏的木栅栏[②]是不关闭的——保护列夫·托尔斯泰得以安息的没有任何别的东西，唯有人们[③]的敬意；而通常，人们却总是怀着好奇，去破坏伟人墓地的宁静。

这里，逼人的朴素禁锢[④]住任何一种观赏的闲情，并且不容许你大声说话。风儿[⑤]俯临，在这座无名者之墓的树木之间飒飒[⑥]响着，和暖的阳光在坟头嬉戏；冬天，白雪温柔地覆盖这片幽暗的土地。无论你在夏天或冬天经过这儿，你都想象不到，这个小小的、隆起的长方体里安放着一位当代最伟大的人物。

然而，恰恰是这座不留姓名的坟墓，比所有挖空心思用大理石和奢华装饰建造的坟墓更扣人心弦[⑦]。在今天这个特殊的日子里，// 到他的安息地来的成百上千人中间，没有一个有勇气，哪怕仅仅从这幽暗的土丘上摘下一朵花留作纪念。人们重新感到，世界上再没有比托尔斯泰最后留下的这座纪念碑式的朴素坟墓，更打动人心的了。

（节选自〔奥〕茨威格《世间最美的坟墓》，张厚仁译）

## 注音

①墓志铭 mùzhìmíng　②栅栏 zhàlan　③人们 rénmen
④禁锢 jìngù　⑤风儿 fēng'·ér　⑥飒飒 sàsà
⑦扣人心弦 kòurénxīnxián

## 作品 36 号

我国的建筑，从古代的宫殿到近代的一般住房，绝大部分是对称的，左边怎么样，右边怎么样。苏州园林可绝不讲究对称，好像故意避免似的。东边有了一个亭子或者一道回廊，西边决不会来一个同样的亭子或者一道同样的回廊。这是为什么？我想，用图画来比方，对称的建筑是图案画，不是美术画，而园林是美术画，美术画要求自然之趣，是不讲究对称的。

苏州园林里都有假山和池沼[①]。

假山的堆叠，可以说是一项艺术而不仅是技术。或者是重峦叠嶂[②]，或者是几座小山配合着竹子花木，全在乎设计者和匠师们生平多阅历，胸中有丘壑[③]，才能使游览者攀登的时候忘却苏州城市，只觉得身在山间。

至于池沼，大多引用活水。有些园林池沼宽敞，就把池沼作为全园的中心，其他景物配合着布置。水面假如成河道模样，往往安排桥梁。假如安排两座以上的桥梁，那就一座一个样，决不雷同。

池沼或河道的边沿很少砌[④]齐整的石岸，总是高低屈曲任其自然。还在那儿布置几块玲珑的石头，或者种些花草。这也是为了取得从各个角度看都成一幅画的效果。池沼里养着金鱼或各色鲤鱼，夏秋季节荷花或睡莲开∥放，游览者看“鱼戏莲叶间”，又是入画的一景。

（节选自叶圣陶《苏州园林》）

## 注音

①池沼 chízhǎo　②重峦叠嶂 chóngluán-diézhàng
③丘壑 qiūhè　④砌 qì

## 作品37号

一位访美中国女作家，在纽约遇到一位卖花的老太太①。老太太穿着②破旧，身体虚弱，但脸上的神情却是那样祥和兴奋。女作家挑了一朵花说：“看起来，你很高兴。”老太太面带微笑地说：“是的，一切都这么③美好，我为什么不高兴呢？”“对烦恼，你倒真能看得开。”女作家又说了一句。没料到，老太太的回答更令女作家大吃一惊：“耶稣在星期五被钉上④十字架时，是全世界最糟糕的一天，可三天后就是复活节。所以，当我遇到不幸时，就会等待三天，这样一切就恢复正常了。”

“等待三天”，多么⑤富于哲理的话语，多么乐观的生活方式。它把烦恼和痛苦抛下，全力去收获快乐。

沈从文在“文革”期间，陷入了非人的境地。可他毫不在意，他在咸宁⑥时给他的表侄、画家黄永玉写信说：“这里的荷花真好，你若来……”身陷苦难却仍为荷花的盛开欣喜赞叹不已，这是一种趋于澄明⑦的境界，一种旷达洒脱⑧的胸襟，一种面临磨难坦荡从容⑨的气度，一种对生活童子般的热爱和对美好事物无限向往的生命情感。

由此可见，影响一个人快乐的，有时并不是困境及磨难，而是一个人的心态。如果把自己浸泡⑩在积极、乐观、向上的心态中，快乐必然会∥占据你的每一天。

（节选自《态度创造快乐》）

## 注音

①老太太 lǎotàitai　②穿着 chuānzhuó　③这么 zhème
④钉上 dìng·shàng　⑤多么 duōme　⑥咸宁 xiánníng
⑦澄明 chéngmíng　⑧旷达洒脱 kuàngdá sǎ·tuō
⑨坦荡从容 tǎndàng cóngróng　⑩浸泡 jìnpào

## 作品 38 号

泰山极顶看日出，历来被描绘成十分壮观的奇景。有人说：登泰山而看不到日出，就像一出大戏没有戏眼，味儿[①]终究有点[②]寡淡[③]。

我去爬山那天，正赶上[④]个难得的好天，万里长空，云彩丝儿[⑤]都不见。素常，烟雾腾腾[⑥]的山头，显得眉目分明。同伴们都欣喜地说："明天早晨准可以看见日出了。"我也是抱着这种想头，爬上山去。

一路从山脚往上爬，细看山景，我觉得挂在眼前的不是五岳独尊的泰山，却像一幅规模惊人的青绿山水画，从下面倒展开来。在画卷中最先露出的是山根底那座明朝建筑岱宗坊[⑦]，慢慢地便现出王母池、斗母宫[⑧]、经石峪[⑨]。山是一层比一层深，一叠比一叠奇，层层叠叠，不知还会有多深多奇。万山丛中，时而点染着极其工细的人物。王母池旁的吕祖殿里有不少尊明塑，塑着吕洞宾等一些人，姿态神情是那样有生气，你看了，不禁会脱口赞叹说："活啦。"

画卷继续展开，绿荫[⑩]森森的柏洞露面[⑪]不太久，便来到对松山。两面奇峰对峙[⑫]着，满山峰都是奇形怪状的老松，年纪怕都有上千岁了，颜色竟那么浓，浓得好像要流下来似的。来到这儿，你不妨权当一次画里的写意人物，坐在路旁的对松亭里，看看山色，听听流 // 水和松涛。

一时间，我又觉得自己不仅是在看画卷，却又像是在零零乱乱翻着一卷历史稿本。

（节选自杨朔《泰山极顶》）

## 注音

① 味儿 wèir　② 有点 yǒu diǎnr　③ 寡淡 guǎdàn
④ 赶上 gǎn · shàng　⑤ 云彩丝儿 yúncaisīr
⑥ 烟雾腾腾 yānwù téngténg　⑦ 岱宗坊 dàizōngfāng
⑧ 斗母宫 dǒumǔgōng　⑨ 经石峪 jīngshíyù　⑩ 绿荫 lǜyīn
⑪ 露面 lòumiàn　⑫ 对峙 duìzhì

## 作品 39 号

育才小学校长陶行知[①]在校园看到学生[②]王友用泥块砸自己班上的同学，陶行知当即[③]喝止[④]了他，并令他放学后到校长室去。无疑，陶行知是要好好教育这个"顽皮"的学生。那么他是如何教育的呢？

放学后，陶行知来到校长室，王友已经等在门口准备挨训[⑤]了。可一见面，陶行知却掏出一块糖果送给王友，并说："这是奖给你的，因为你按时来到这里，而我却迟到了。"王友惊疑地接过糖果。

随后，陶行知又掏出一块糖果放到他手里，说："这第二块糖果也是奖给你的，因为当我不让你再打人时，你立即就住手了，这说明你很尊重我，我应该奖你。"王友更惊疑了，他眼睛睁得大大的。

陶行知又掏出第三块糖果塞⑥到王友手里，说："我调查过了，你用泥块砸那些男生，是因为他们不守游戏规则，欺负女生；你砸他们，说明你很正直善良⑦，且有批评不良行为的勇气，应该奖励你啊！"王友感动极了，他流着眼泪后悔地喊道："陶……陶校长你打我两下吧！我砸的不是坏人，而是自己的同学啊……"

陶行知满意地笑了，他随即掏出第四块糖果递给王友，说："为你正确地认识错误，我再奖给你一块糖果，只可惜我只有这一块糖果了。我的糖果//没有了，我看我们的谈话也该结束了吧！"说完，就走出了校长室。

（节选自《教师博览·百期精华》中《陶行知的"四块糖果"》）

## 注音

① 陶行知 táo xíngzhī　② 学生 xuésheng　③ 当即 dāngjí
④ 喝止 hèzhǐ　⑤ 挨训 ái xùn　⑥ 塞 sāi
⑦ 正直善良 zhèngzhí shànliáng

## 作品 40 号

享受幸福是需要学习的，当它即将来临的时刻需要提醒。人可以自然而然地学会感官的享乐，却无法天生地掌握幸福的韵律①。灵魂的快意同器官的舒适像一对孪生②兄弟，时而相傍相依③，时而南辕北辙④。

幸福是一种心灵的震颤。它像会倾听音乐的耳朵⑤一样，需要不断地训练。

简而言之，幸福就是没有痛苦的时刻。它出现的频率并不像我们想象得那样少。人们常常只是在幸福的金马车已经驶过去很远时，才捡起地上的金鬃毛说，原来我见过它。

人们喜爱回味幸福的标本，却忽略它披着露水散发清香的时刻。那时候我们往往步履匆匆⑥，瞻前顾后⑦不知在忙着什么。

世上有预报台风的，有预报蝗灾的，有预报瘟疫⑧的，有预报地震的。没有人预报幸福。

其实幸福和世界万物一样，有它的征兆[9]。

幸福常常是朦胧[10]的，很有节制地向我们喷洒甘霖[11]。你不要总希望轰轰烈烈的幸福，它多半只是悄悄地扑面而来。你也不要企图把水龙头拧得[12]更大，那样它会很快地流失。你需要静静地以平和之心，体验它的真谛。

幸福绝大多数是朴素的。它不会像信号弹似的，在很高的天际闪烁红色的光芒。它披着本色的外//衣，亲切温暖地包裹起我们。

幸福不喜欢喧嚣浮华[13]，它常常在暗淡中降临。贫困中相濡以沫的一块糕饼，患难中心心相印的一个眼神，父亲一次粗糙的抚摸，女友一张温馨的字条……这都是千金难买的幸福啊。像一粒粒缀在旧绸子上的红宝石，在凄凉中愈发熠熠夺目[14]。

（节选自毕淑敏《提醒幸福》）

## 注音

① 韵律 yùnlǜ
② 孪生 luánshēng
③ 相傍相依 xiāngbàng-xiāngyī
④ 南辕北辙 nányuán-běizhé
⑤ 耳朵 ěrduo
⑥ 步履匆匆 bùlǚ cōngcōng
⑦ 瞻前顾后 zhānqián-gùhòu
⑧ 瘟疫 wēnyì
⑨ 征兆 zhēngzhào
⑩ 朦胧 ménglóng
⑪ 喷洒甘霖 pēnsǎgānlín
⑫ 拧得 nǐng de
⑬ 喧嚣浮华 xuānxiāo fúhuá
⑭ 熠熠夺目 yìyì duómù

## 作品 41 号

在里约热内卢的一个贫民窟里，有一个男孩子，他非常喜欢[1]足球，可是又买不起[2]，于是就踢塑料盒[3]，踢汽水瓶，踢从垃圾箱里拣来的椰子壳[4]。他在胡同[5]里踢，在能找到的任何一片空地上踢。

有一天，当他在一处干涸[6]的水塘里猛踢一个猪膀胱时，被一位足球教练看见了。他发现这个男孩儿[7]踢得很像是那么[8]回事，就主动提出要送给他一个足球。小男孩儿得到足球后踢得更卖劲[9]了。不久，他就能准确地把球踢进远处随意摆放的一个水桶里。

圣诞节到了，孩子的妈妈[10]说："我们没有钱买圣诞礼物送给我们的恩人，就让我们为他祈祷吧。"

小男孩儿跟随妈妈祈祷完毕，向妈妈要了一把铲子便跑了出去。他来到一座别墅前的花园里，开始挖坑。

就在他快要挖好坑的时候⑪，从别墅里走出一个人来，问小孩儿在干什么⑫，孩子抬起满是汗珠的脸蛋儿，说："教练，圣诞节到了，我没有礼物送给您，我愿给您的圣诞树挖一个树坑。"

教练把小男孩儿从树坑里拉上来，说，我今天得到了世界上最好的礼物。明天你就到我的训练场去吧。

三年后，这位十七岁的男孩儿在第六届足球锦标赛上独进二十一球，为巴西第一次捧回了金杯。一个原 // 来不为世人所知的名字⑬——贝利，随之传遍世界。

（节选自刘燕敏《天才的造就》）

## 注音

① 喜欢 xǐhuan　② 买不起 mǎi · bùqǐ　③ 塑料盒 sùliàohér
④ 椰子壳 yēzikér　⑤ 胡同 hútòngr　⑥ 干涸 gānhé
⑦ 男孩儿 nánháir　⑧ 那么 nàme　⑨ 卖劲 màijìnr
⑩ 妈妈 māma　⑪ 时候 shíhou　⑫ 什么 shénme
⑬ 名字 míngzi

## 作品 42 号

记得我十三岁时，和母亲住在法国东南部的耐斯城。母亲没有丈夫①，也没有亲戚②，够清苦的，但她经常能拿出令人吃惊的东西③，摆在我面前。她从来不吃肉，一再说自己是素食者。然而有一天，我发现母亲正仔细地用一小块④碎面包擦那给我煎牛排用的油锅。我明白⑤了她称自己为素食者的真正原因。

我十六岁时，母亲成了耐斯市美蒙旅馆的女经理。这时，她更忙碌了。一天，她瘫在椅子上，脸色苍白，嘴唇发灰。我马上找来医生，做出诊断：她摄取了过多的胰岛素。直到这时我才知道母亲多年一直对我隐瞒的疾痛——糖尿病。

她的头歪向枕头⑥一边，痛苦地用手抓挠⑦胸口。床架上方，则挂着一枚我一九三二年赢得耐斯市少年乒乓球冠军的银质奖章。

啊，是对我的美好前途的憧憬⑧支撑着她活下去，为了给她那荒唐的梦至少加一点真实的色彩，我只能继续努力，与时间竞争，直至一九三八年我被征入空军。巴黎很快失陷，我辗转调到英国皇家空军。刚到英国就接到了母亲的来信。这些信是由在瑞士的一个朋友[9]秘密地转到伦敦，送到我手中的。

现在我要回家了，胸前佩戴着醒目的绿黑两色的解放十字绶//带[10]，上面挂着五六枚我终生难忘的勋章，肩上还佩戴着军官肩章。到达旅馆时，没有一个人跟我打招呼[11]。原来，我母亲在三年半以前就已经离开人间了。

在她死前的几天中，她写了近二百五十封信，把这些信交给她在瑞士的朋友，请这个朋友定时寄给我。就这样，在母亲死后的三年半的时间里，我一直从她身上吸取着力量和勇气——这使我能够继续战斗到胜利那一天。

（节选自〔法〕罗曼·加里《我的母亲独一无二》）

## 注音

| | | |
|---|---|---|
| ① 丈夫 zhàngfu | ② 亲戚 qīnqi | ③ 东西 dōngxi |
| ④ 一小块 yīxiǎokuàir | ⑤ 明白 míngbai | ⑥ 枕头 zhěntou |
| ⑦ 抓挠 zhuānao | ⑧ 憧憬 chōngjǐng | ⑨ 朋友 péngyou |
| ⑩ 绶带 shòudài | ⑪ 招呼 zhāohu | |

## 作品 43 号

生活对于任何人都非易事，我们必须有坚韧不拔[1]的精神。最要紧的，还是我们自己要有信心。我们必须相信，我们对每一件事情[2]都具有天赋的才能，并且，无论付出任何代价，都要把这件事完成。当事情结束[3]的时候[4]，你要能问心无愧[5]地说："我已经尽我所能了。"

有一年的春天，我因病被迫在家里休息[6]数周。我注视着我的女儿们所养的蚕正在结茧，这使我很感兴趣。望着这些蚕执着地、勤奋地工作，我感到我和它们非常相似。像它们一样，我总是耐心地把自己的努力集中在一个目标上。我之所以如此，或许是因为[7]有某种力量在鞭策[8]着我——正如蚕被鞭策着去结茧一般。

近五十年来，我致力于科学研究，而研究，就是对真理的探讨。我有许多美好快乐的记忆。少女时期我在巴黎大学，孤独地过着求学的岁月；在后来献身科学的整个时期，我丈夫[9]和我专心致志，像在梦幻中一般，坐在简陋的书房里艰辛地研究，后来我们就在那里发现了镭[10]。

我永远追求安静的工作和简单的家庭生活。为了实现这个理想，我竭力保持宁静的环境，以免受人事的干扰和盛名的拖累。

我深信，在科学方面我们有对事业而不 // 是对财富的兴趣。我的唯一奢望是在一个自由国家中，以一个自由学者的身份从事研究工作。

我一直沉醉于世界的优美之中，我所热爱的科学也不断增加它崭新的远景。我认定科学本身就具有伟大的美。

（节选自〔波兰〕玛丽·居里《我的信念》，剑捷译）

## 注音

① 坚韧不拔 jiānrèn-bùbá ② 事情 shìqing ③ 结束 jiéshù
④ 时候 shíhou ⑤ 问心无愧 wènxīn-wúkuì ⑥ 休息 xiūxi
⑦ 因为 yīn · wèi ⑧ 鞭策 biāncè ⑨ 丈夫 zhàngfu
⑩ 镭 léi

## 作品 44 号

我为什么[①]非要教书不可？是因为[②]我喜欢[③]当教师的时间安排表和生活节奏。七、八、九三个月给我提供[④]了进行回顾、研究、写作的良机，并将三者有机融合，而善于回顾、研究和总结正是优秀教师素质[⑤]中不可缺少的成分。

干这行给了我多种多样的“甘泉”去品尝，找优秀的书籍去研读，到“象牙塔[⑥]”和实际世界里去发现。教学工作给我提供了继续学习的时间保证，以及多种途径、机遇和挑战。

然而，我爱这一行的真正原因，是爱我的学生[⑦]。学生们在我的眼前成长、变化。当教师意味着亲历“创造”过程的发生——恰似亲手赋予一团泥土以生命，没有什么比目睹它开始呼吸更激动人心的了。

权利我也有了：我有权利去启发诱导，去激发智慧的火花，去问费心思考的问题，去赞扬回答的尝试，去推荐书籍，去指点迷津[⑧]。还有什么别的权利能与之相比呢？

而且，教书还给我金钱和权利之外的东西，那就是爱心。不仅有对学生的爱，对书籍的爱，对知识[⑨]的爱，还有教师才能感受到的对“特别”学生的爱。这些学生，有如冥顽不灵[⑩]的泥块，由于接受了老师的炽爱才勃发了生机。

所以，我爱教书，还因为，在那些勃发生机的“特别”学 // 生身上，我有时发现自己和他们呼吸相通，忧乐与共。

（节选自〔美〕彼得·基·贝得勒《我为什么当教师》）

## 注音

① 什么 shénme　② 因为 yīn · wèi　③ 喜欢 xǐhuan
④ 提供 tígōng　⑤ 素质 sùzhì　⑥ 象牙塔 xiàngyátǎ
⑦ 学生 xuésheng　⑧ 指点迷津 zhǐ diǎn míjīn　⑨ 知识 zhīshi
⑩ 冥顽不灵 míngwán-bùlíng

## 作品 45 号

中国西部通常是指黄河与秦岭相连一线以西，包括西北和西南的十二个省、市、自治区。这块广袤①的土地面积为五百四十六万平方公里，占国土总面积②的百分之五十七，人口二点八亿，占全国总人口的百分之二十三。

西部是华夏文明的源头。华夏祖先的脚步是顺着水边走的：长江上游出土过元谋③人牙齿化石，距今约一百七十万年；黄河中游出土过④蓝田人头盖骨，距今约七十万年。这两处古人类都比距今约五十万年的北京猿人资格更老。

西部地区是华夏文明的重要发源地。秦皇汉武以后，东西方文化在这里交汇融合，从而有了丝绸之路的驼铃声声，佛院深寺的暮鼓晨钟⑤。敦煌莫高窟是世界文化史上的一个奇迹，它在继承汉晋艺术传统的基础上，形成了自己兼收并蓄⑥的恢宏气度⑦，展现出精美绝伦的艺术形式和博大精深⑧的文化内涵。秦始皇兵马俑、西夏王陵、楼兰古国、布达拉宫、三星堆、大足石刻等历史文化遗产，同样为⑨世界所瞩目⑩，成为中华文化重要的象征。

西部地区又是少数民族及其文化的集萃地⑪，几乎包括了我国所有的少数民族。在一些偏远的少数民族地区，仍⑫保留 // 了一些久远时代的艺术品种，成为珍贵的“活化石”，如纳西古乐、戏曲、剪纸、刺绣、岩画等民间艺术和宗教艺术。特色鲜明、丰富多彩，犹如一个巨大的民族民间文化艺术宝库。

我们要充分⑬重视和利用这些得天独厚的资源优势，建立良好的民族民间文化生态环境，为西部大开发做出贡献。

（节选自《中考语文课外阅读试题精选》中《西部文化和西部开发》）

## 注音

① 广袤 guǎngmào ② 面积 miànjī ③ 元谋 yuánmóu
④ 出土过 chūtǔguo ⑤ 暮鼓晨钟 mùgǔ-chénzhōng
⑥ 兼收并蓄 jiānshōu-bìngxù ⑦ 恢宏气度 huīhóng qìdù
⑧ 博大精深 bódà-jīngshēn ⑨ 为 wéi ⑩ 瞩目 zhǔmù
⑪ 集萃地 jícuìdì ⑫ 仍 réng ⑬ 充分 chōngfèn

## 作品 46 号

高兴，这是一种具体的被看得到摸得着[①]的事物所唤起的情绪。它是心理的，更是生理的。它容易来也容易去，谁也不应该对它视而不见失之交臂[②]，谁也不应该总是做那些使自己不高兴也使旁人不高兴的事。让我们说一件最容易做也最令人高兴的事吧，尊重你自己，也尊重别人，这是每一个人的权利，我还要说这是每一个人的义务。

快乐，它是一种富有概括性的生存状态、工作状态。它几乎是先验的，它来自生命本身的活力，来自宇宙、地球和人间的吸引，它是世界的丰富、绚丽[③]、阔大、悠久的体现。快乐还是一种力量，是埋在地下的根脉[④]。消灭一个人的快乐比挖掘掉一棵大树的根要难得多。

欢欣，这是一种青春的、诗意的情感。它来自面向着未来伸开双臂奔跑的冲力，它来自一种轻松而又神秘、朦胧而又隐秘的激动，它是激情即将[⑤]到来的预兆，它又是大雨过后的比下雨还要美妙得多也久远得多的回味……

喜悦，它是一种带有形而上色彩的修养和境界。与其说它是一种情绪，不如说它是一种智慧、一种超拔、一种悲天悯人[⑥]的宽容和理解，一种饱经沧桑[⑦]的充实和自信，一种光明的理性，一种坚定 // 的成熟，一种战胜了烦恼和庸俗的清明澄澈[⑧]。它是一潭清水，它是一抹朝霞，它是无边的平原，它是沉默的地平线。多一点儿、再多一点儿喜悦吧，它是翅膀，也是归巢。它是一杯美酒，也是一朵永远开不败的莲花。

（节选自王蒙《喜悦》）

## 注音

① 摸得着 mōdezháo ② 失之交臂 shīzhījiāobì
③ 绚丽 xuànlì ④ 根脉 gēnmài
⑤ 即将 jíjiāng ⑥ 悲天悯人 bēitiān-mǐnrén

⑦ 饱经沧桑 bǎo jīng-cāngsāng　　⑧ 清明澄澈 qīngmíng chéngchè

## 作品 47 号

在湾仔，香港最热闹[①]的地方[②]，有一棵榕树，它是最贵的一棵树，不光在香港，在全世界，都是最贵的。

树，活的树，又不卖，何言其贵？只因它老，它粗，是香港百年沧桑的活见证，香港人不忍看着它被砍伐，或者被移走，便跟要占用这片山坡的建筑者谈条件：可以在这儿[③]建大楼盖商厦，但一不准砍树，二不准挪树，必须把它原地精心养起来，成为香港闹市中的一景。太古大厦的建设者最后签了合同[④]，占用这个大山坡建豪华商厦的先决条件是同意保护这棵老树。

树长在半山坡上，计划将树下面的成千上万吨山石全部掏空取走，腾出地方来盖楼，把树架在大楼上面，仿佛它原本是长在楼顶上似的[⑤]。建设者就地造了一个直径十八米、深十米的大花盆，先固定好这棵老树，再在大花盆底下盖楼。光这一项就花了两千三百八十九万港币，堪称是最昂贵的保护措施了。

太古大厦落成之后，人们可以乘滚动扶梯一次到位，来到太古大厦的顶层，出后门，那儿[⑥]是一片自然景色。一棵大树出现在人们面前，树干有一米半粗，树冠[⑦]直径足有二十多米，独木成林，非常壮观，形成一座以它为中心的小公园，取名叫"榕圃[⑧]"。树前面 // 插着铜牌，说明缘由。此情此景，如不看铜牌的说明，绝对想不到巨树根底下还有一座宏伟的现代大楼。

（节选自舒乙《香港：最贵的一棵树》）

## 注音

① 热闹 rènao　　② 地方 dìfang　　③ 这儿 zhèr　　④ 合同 hétong
⑤ 似的 shìde　　⑥ 那儿 nàr　　⑦ 树冠 shùguān　　⑧ 圃 pǔ

## 作品 48 号

我们的船渐渐地逼近榕树了。我有机会看清它的真面目：是一棵大树，有数不清的丫枝[①]，枝上又生根，有许多根一直垂到地上，伸进泥土里。一部分树枝垂到水面，从远处看，就像一棵大树斜躺在水面上一样。

现在正是枝繁叶茂的时节。这棵榕树好像在把它的全部生命力展示给我们看。那么[②]多的绿叶，一簇[③]堆在另一簇的上面，不留一点儿[④]缝隙[⑤]。翠绿的颜色明亮地在我们的眼前闪耀，似乎[⑥]每一片树叶上都有一个新的生命在颤动，这美丽的南国的树！

船在树下泊[⑦]了片刻，岸上很湿，我们没有上去。朋友[⑧]说这里是"鸟的天堂"，有许多鸟在这棵树上做窝，农民不许人去捉它们。我仿佛听见几只鸟扑翅的声音，但是等到我的眼睛[⑨]注意地看那里时，我却看不见一只鸟的影子。只有无数的树根立在地上，像许多根木桩。地是湿的，大概涨潮时河水常常冲上岸去。"鸟的天堂"里没有一只鸟，我这样想到。船开了，一个朋友拨着船，缓缓地流到河中间去。

第二天，我们划着船到一个朋友的家乡去，就是那个有山有塔的地方[⑩]。从学校出发，我们又经过那"鸟的天堂"。

这一次是在早晨，阳光照在水面上，也照在树梢上。一切都 // 显得非常光明。我们的船也在树下泊了片刻。

起初四周围非常清静。后来忽然起了一声鸟叫。我们把手一拍，便看见一只大鸟飞了起来，接着又看见第二只，第三只。我们继续拍掌，很快的这个树林就变得很热闹了。到处都是鸟声，到处都是鸟影。大的，小的，花的，黑的，有的站在枝上叫，有的飞起来，在扑翅膀。

（节选自巴金《小鸟的天堂》）

## 注音

| | | | |
|---|---|---|---|
| ① 丫枝 yāzhī | ② 那么 nàme | ③ 簇 cù | ④ 一点儿 yìdiǎnr |
| ⑤ 缝隙 fèngxì | ⑥ 似乎 sìhū | ⑦ 泊 bó | ⑧ 朋友 péngyou |
| ⑨ 眼睛 yǎnjing | ⑩ 地方 dìfang | | |

## 作品 49 号

有这样一个故事[①]。

有人问：世界上什么[②]东西[③]的气力最大？回答纷纭得很，有的说"象"，有的说"狮"，有人开玩笑似的[④]说：是"金刚"，金刚有多少气力，当然大家全不知道。

结果，这一切答案完全不对，世界上气力最大的，是植物的种子。一粒种子所可以显现出来的力，简直是超越一切。

人的头盖骨，结合得非常致密与坚固，生理学家和解剖[⑤]学者用尽了一切的方法，要把它完整地分出来，都没有这种力气[⑥]。后来忽然有人发明了一个方法，就是把一些植物的种子放在要剖析的头盖骨里，给它以温度与湿度，使它发芽。一发芽，这些种子便以可怕的力量，将一切机械力所不能分开的骨骼，完整地分开了。植物种子的力量之大，如此如此。

这，也许特殊了一点儿[⑦]，常人不容易理解。那么[⑧]，你看见过[⑨]笋的成长吗？你看见过被压在瓦砾[⑩]和石块下面的一棵小草的生长吗？它为着向往阳光，为着达成它的生之意志，不管上面的石块如何重，石与石之间如何狭，它必定要曲曲折折[⑪]地，但是顽强不屈地透到地面上来。它的根往土壤钻，它的芽往地面挺，这是一种不可抗拒的力，阻止它的石块，结果也被它掀翻，一粒种子的力量之大，如 // 此如此。

没有一个人将小草叫作“大力士”，但是它的力量之大，的确是世界无比。这种力是一般人看不见的生命力。只要生命存在，这种力就要显现。上面的石块，丝毫不足以阻挡。因为它是一种“长期抗战”的力；有弹性，能屈能伸的力；有韧性，不达目的不止的力。

（节选自夏衍《野草》）

### 注音

①故事 gùshi　②什么 shénme　③东西 dōngxi　④似的 shìde
⑤解剖 jiěpōu　⑥力气 lìqi　⑦一点儿 yìdiǎnr　⑧那么 nàme
⑨看见过 kàn · jiànguo　⑩瓦砾 wǎlì
⑪曲曲折折 qūqū-zhézhé

### 作品 50 号

著名教育家班杰明曾经接到一个青年人的求救电话，并与那个向往成功、渴望指点的青年人约好了见面的时间和地点。

待那个青年如约而至时，班杰明的房门敞开着，眼前的景象却令青年人颇感意外——班杰明的房间里乱七八糟、狼藉[①]一片。

没等青年人开口，班杰明就招呼[②]道：“你看我这房间，太不整洁了，请你在门外等候一分钟，我收拾[③]一下，你再进来吧。”一边说着，班杰明就轻轻地关上了房门。

不到一分钟的时间，班杰明就又打开了房门并热情地把青年人让进客厅。这时，青年人的眼前展现出另一番景象——房间内的一切已变得井然有序，而且有两杯刚刚倒好的红酒，在淡淡的香水气息里还漾着[④]微波。

可是，没等青年人把满腹的有关人生和事业的疑难问题向班杰明讲出来，班杰明就非常客气[⑤]地说道：“干杯。你可以走了。”

青年人手持酒杯一下子愣住了，既尴尬[⑥]又非常遗憾地说：“可是，我……我还没向您请教呢……”

“这些……难道还不够吗？”班杰明一边微笑着，一边扫视着自己的房间，轻言细语地说，“你进来又有一分钟了。”

“一分钟……一分钟……”青年人若有所思地说：“我懂了，您让我明白[⑦]了一分钟的时间可以做许多事情，可以改变许 // 多事情的深刻道理。”

班杰明舒心地笑了。青年人把杯里的红酒一饮而尽，向班杰明连连道谢后，开心地走了。

其实，只要把握好生命的每一分钟，也就把握了理想的人生。

（节选自纪广洋《一分钟》）

## 注音

① 狼藉 lángjí　② 招呼 zhāohu　③ 收拾 shōushi
④ 漾着 yàngzhe　⑤ 客气 kèqi　⑥ 尴尬 gāngà　⑦ 明白 míngbai

## 作品 51 号

有个塌鼻子的小男孩儿[①]，因为[②]两岁时得过[③]脑炎，智力受损，学习起来很吃力。打个比方[④]，别人写作文能写二三百字，他却只能写三五行。但即便[⑤]这样的作文，他同样能写得很动人。

那是一次作文课，题目是《愿望》。他极其认真地想了半天，然后极认真地写，那作文极短。只有三句话：我有两个愿望，第一个，是妈妈天天笑眯眯地看着我说：“你真聪明[⑥]。”第二个，是老师天天笑眯眯地看着我说：“你一点儿[⑦]也不笨。”

于是，就是这篇作文，深深地打动了他的老师，那位妈妈式的老师不仅给了他最高分，在班上带感情地朗读了这篇作文，还一笔一画地批道：你很聪明，你的作文写得非常感人，请放心，妈妈肯定会格外喜欢[⑧]你的，老师肯定会格外喜欢你的，大家肯定会格外喜欢你的。

捧着作文本，他笑了，蹦蹦跳跳地回家了，像只喜鹊。但他并没有把作文本拿给妈妈看，他是在等待，等待着一个美好的时刻。

那个时刻终于到了，是妈妈的生日——一个阳光灿烂的星期天。那天，他起得特别早，把作文本装在一个亲手做的美丽的大信封里，等着妈妈醒来。妈妈刚刚睁眼醒来，他就笑眯眯地走到妈妈跟前说：“妈妈，今天是您的生日，我要 // 送给您一件礼物。”

果然，看着这篇作文，妈妈甜甜地涌出了两行热泪，一把搂住小男孩儿，搂得很紧很紧。

是的，智力可以受损，但爱永远不会。

（节选自张玉庭《一个美丽的故事》）

## 注音

① 小男孩儿 xiǎonánháir　② 因为 yīn · wèi　③ 得过 déguo
④ 比方 bǐfang　⑤ 即便 jíbiàn　⑥ 聪明 cōng · míng
⑦ 一点儿 yìdiǎnr　⑧ 喜欢 xǐhuan

## 作品 52 号

小学的时候①，有一次我们去海边远足，妈妈②没有做便饭，给了我十块钱买午餐。好像走了很久，很久，终于到海边了，大家坐下来便吃饭，荒凉的海边没有商店，我一个人跑到防风林外面去，任课老师要大家把吃剩的饭菜分给我一点儿③。有两三个男生留下一点儿给我，还有一个女生，她的米饭拌了酱油，很香。我吃完的时候，她笑眯眯地看着我，短头发，脸圆圆的。

她的名字④叫翁香玉。

每天放学的时候，她走的是经过我们家的一条小路，带着一位比她小的男孩儿⑤，可能是弟弟⑥。小路边是一条清澈见底的小溪，两旁竹荫覆盖，我总是远远地跟在她后面，夏日的午后特别炎热，走到半路她会停下来，拿手帕在溪水里浸湿⑦，为小男孩儿擦脸。我也在后面停下来，把肮脏的手帕弄⑧湿了擦脸，再一路远远跟着她回家。

后来我们家搬到镇上去了，过几年我也上了中学。有一天放学回家，在火车上，看见斜对面一位短头发⑨、圆圆脸的女孩儿⑩，一身素净⑪的白衣黑裙。我想她一定不认识⑫我了。火车很快到站了，我随着人群挤向门口，她也走近了，叫我的名字。这是她第一次和我说话。

她笑眯眯的，和我一起走过月台。以后就没有再见过⑬// 她了。

这篇文章收在我出版的《少年心事》这本书里。

书出版后半年，有一天我忽然收到出版社转来的一封信，信封上是陌生的字迹，但清楚地写着我的本名。

信里面说她看到了这篇文章心里非常激动，没想到在离开家乡，漂泊异地这么久之后，会看见自己仍然在一个人的记忆里，她自己也深深记得这其中的每一幕，只是没想到越过遥远的时空，竟然另一个人也深深记得。

（节选自苦伶《永远的记忆》）

## 注音

①时候 shíhou　②妈妈 māma　③一点儿 yìdiǎnr
④名字 míngzi　⑤男孩儿 nánháir　⑥弟弟 dìdi
⑦浸湿 jìnshī　⑧弄 nòng　⑨头发 tóufa
⑩女孩儿 nǚháir　⑪素净 sùjing　⑫认识 rènshi
⑬见过 jiànguo

## 作品 53 号

在繁华的巴黎大街的路旁，站着一个衣衫褴褛①、头发②斑白、双目失明的老人。他不像其他乞丐那样伸手向过路行人乞讨，而是在身旁立一块木牌，上面写着："我什么③也看不见！"街上过往的行人很多，看了木牌上的字都无动于衷，有的还淡淡一笑，便姗姗④而去了。

这天中午，法国著名诗人让•彼浩勒也经过这里。他看看⑤木牌上的字，问盲老人："老人家，今天上午有人给你钱吗？"

盲老人叹息着回答："我，我什么也没有得到。"说着，脸上的神情非常悲伤。

让•彼浩勒听了，拿起笔悄悄地在那行字的前面添上了"春天到了，可是"几个字，就匆匆地离开了。

晚上⑥，让•彼浩勒又经过这里，问那个盲老人下午的情况。盲老人笑着回答说："先生⑦，不知为什么，下午给我钱的人多极了！"让•彼浩勒听了，摸着胡子满意地笑了。

"春天到了，可是我什么也看不见！"这富有诗意的语言，产生这么⑧大的作用，就在于它有非常浓厚的感情色彩。是的，春天是美好的，那蓝天白云，那绿树红花，那莺歌燕舞，那流水人家，怎么⑨不叫人陶醉呢？但这良辰美景，对于一个双目失明的人来说，只是一片漆黑。当人们想到这个盲老人，一生中竟⑩连万紫千红的春天//都不曾看到，怎能不对他产生同情之心呢？

（节选自北师大版《语文》四年级下册《语言的魅力》）

## 注音

① 褴褛 lánlǚ　② 头发 tóufa　③ 什么 shénme
④ 姗姗 shānshān　⑤ 看看 kànkan　⑥ 晚上 wǎnshang
⑦ 先生 xiānsheng　⑧ 这么 zhème　⑨ 怎么 zěnme　⑩ 竟 jìng

## 作品 54 号

有一次，苏东坡的朋友[①]张鹗[②]拿着一张宣纸来求他写一幅字，而且希望他写一点儿[③]关于养生方面的内容。苏东坡思索了一会儿[④]，点点头说："我得到了一个养生长寿古方，药只有四味，今天就赠给你吧。"于是，东坡的狼毫在纸上挥洒起来，上面写着："一曰无事以当[⑤]贵，二曰早寝以当富，三曰安步以当车，四曰晚食以当肉。"

这哪里有药？张鹗一脸茫然地问。苏东坡笑着解释说，养生长寿的要诀，全在这四句里面。

所谓"无事以当贵"，是指人不要把功名利禄、荣辱过失考虑得太多，如能在情志上潇洒大度，随遇而安，无事以求，这比富贵更能使人终其天年。

"早寝以当富"，指吃好穿好、财货充足，并非就能使你长寿。对老年人来说，养成良好的起居习惯，尤其是早睡早起，比获得任何财富更加宝贵。

"安步以当车"，指不要过于讲求安逸、肢体不劳，而应多以步行来替代骑马乘车，多运动才可以强健体魄，通畅气血[⑥]。

"晚食以当肉"，意思是人应该用已饥方食、未饱先止代替对美味佳肴[⑦]的贪吃无厌。他进一步解释，饿了以后才进食，虽然是粗茶淡饭，但其香甜可口会胜过山珍；如果饱了还要勉强[⑧]吃，即使[⑨]美味佳肴摆在眼前也难以 // 下咽。

苏东坡的四味"长寿药"，实际上是强调了情志、睡眠、运动、饮食四个方面对养生长寿的重要性，这种养生观点即使在今天仍然[⑩]值得借鉴。

（节选自蒲绍和《赠你四味长寿药》）

## 注音

① 朋友 péngyou　② 鹗 è　③ 一点儿 yīdiǎnr　④ 一会儿 yīhuìr
⑤ 当 dàng　⑥ 气血 qìxuè　⑦ 佳肴 jiāyáo　⑧ 勉强 miǎnqiǎng

⑨ 即使 jíshǐ　　⑩ 仍然 réngrán

## 作品 55 号

人活着，最要紧的是寻觅到那片代表着生命绿色和人类希望的丛林，然后选一高高的枝头站在那里观览人生，消化痛苦，孕育歌声，愉悦世界！

这可真是一种潇洒的人生态度，这可真是一种心境爽朗的情感风貌。

站在历史的枝头微笑，可以减免许多烦恼。在那里，你可以从众生相所包含的甜酸苦辣、百味人生中寻找你自己；你境遇中的那点儿[①]苦痛，也许相比之下，再也难以占据一席之地；你会较[②]容易地获得从不悦中解脱灵魂的力量，使之不致变得灰色。

人站得高些，不但能有幸早些领略到希望的曙光，还能有幸发现生命的立体的诗篇。每一个人的人生，都是这诗篇中的一个词、一个句子或者一个标点。你可能没有成为一个美丽的词，一个引人注目的句子，一个惊叹号，但你依然是这生命的立体诗篇中的一个音节、一个停顿、一个必不可少的组成部分[③]。这足以使你放弃前嫌，萌生为人类孕育新的歌声的兴致，为世界带来更多的诗意。

最可怕的人生见解，是把多维的生存图景看成平面。因为[④]那平面上刻下的大多是凝固了的历史——过去的遗迹。但活着的人们，活得却是充满着新生智慧的，由 // 不断逝去的“现在”组成的未来。人生不能像某些鱼类躺着游，人生也不能像某些兽类爬着走，而应该站着向前行，这才是人类应有的生存姿态。

（节选自〔美〕本杰明·拉什《站在历史的枝头微笑》）

## 注音

① 点儿 diǎnr　② 较 jiào　③ 部分 bùfen　④ 因为 yīn · wèi

## 作品 56 号

中国的第一大岛、台湾省的主岛台湾，位于中国大陆架的东南方，地处东海和南海之间，隔着台湾海峡和大陆相望。天气晴朗的时候[①]，站在福建沿海较[②]高的地方[③]，就可以隐隐约约地望见岛上的高山和云朵。

台湾岛形状狭长，从东到西，最宽处只有一百四十多公里；由南至北，最长的地方约有三百九十多公里。地形像一个纺织用的梭子[④]。

台湾岛上的山脉纵贯南北，中间的中央山脉犹如全岛的脊梁[⑤]。西部为[⑥]海拔近四千米的玉山山脉，是中国东部的最高峰。全岛约有三分之一的地方是平地，其余为山地。岛内有缎带般的瀑布，蓝宝石似的[⑦]湖泊，四季常青的森林和果园，自然景色十分优美。西南部的阿里山和日月潭，台北市郊的大屯山风景区，都是闻名世界的游览胜地。

台湾岛地处热带和温带之间，四面环海，雨水充足，气温受到海洋的调剂[⑧]，冬暖夏凉，四季如春，这给水稻和果木生长提供[⑨]了优越的条件。水稻、甘蔗[⑩]、樟脑是台湾的“三宝”。岛上还盛产鲜果和鱼虾。

台湾岛还是一个闻名世界的“蝴蝶王国”。岛上的蝴蝶共有四百多个品种，其中有不少是世界稀有的珍贵品种。岛上还有不少鸟语花香的蝴//蝶谷，岛上居民利用蝴蝶制作的标本和艺术品，远销许多国家。

（节选自《中国的宝岛——台湾》）

## 注音

| | | | |
|---|---|---|---|
| ① 时候 shíhou | ② 较 jiào | ③ 地方 dìfang | ④ 梭子 suōzi |
| ⑤ 脊梁 jǐliang | ⑥ 为 wéi | ⑦ 似的 shìde | ⑧ 调剂 tiáojì |
| ⑨ 提供 tígōng | ⑩ 甘蔗 gānzhe | | |

## 作品 57 号

对于中国的牛，我有着一种特别尊敬的感情。

留给我印象最深的，要算在田垄上的一次“相遇”。

一群朋友[①]郊游，我领头在狭窄的阡陌[②]上走，怎料迎面来了几头耕牛，狭道容不下人和牛，终有一方要让路。它们还没有走近，我们已经预计斗不过畜生[③]，恐怕难免踩到田地泥水里，弄[④]得鞋袜又泥又湿了。正踟蹰[⑤]的时候[⑥]，带头的一头牛，在离我们不远的地方[⑦]停下来，抬起头看看[⑧]，稍迟疑一下，就自动走下田去。一队耕牛，全跟着它离开阡陌，从我们身边经过。

我们都呆了，回过头来，看着深褐色的牛队，在路的尽头消失，忽然觉得自己受了很大的恩惠。

中国的牛，永远沉默地为人做着沉重的工作。在大地上，在晨光或烈日下，它拖着沉重的犁，低头一步又一步，拖出了身后一列又一列松土，好让人们下种[⑨]。等到满地金黄或农闲时候，它可能还得担当搬运负重的工作；或终日绕着石磨，朝同一方向，走不计程的路。

在它沉默的劳动中，人便得到应得的收成[10]。

那时候，也许，它可以松一肩重担，站在树下，吃几口嫩草。偶尔摇摇[11]尾巴，摆摆[12]耳朵[13]，赶走飞附身上的苍蝇[14]，已经算是它最闲适的生活了。

中国的牛，没有成群奔跑的习 // 惯，永远沉沉实实的。

默默地工作，平心静气。这就是中国的牛！

（节选自小思《中国的牛》）

## 注音

①朋友 péngyou　②阡陌 qiānmò　③畜生 chùsheng
④弄 nòng　⑤踟蹰 chíchú　⑥时候 shíhou
⑦地方 dìfang　⑧看看 kànkan　⑨下种 xiàzhǒng
⑩收成 shōucheng　⑪摇摇 yáoyao　⑫摆摆 bǎibai
⑬耳朵 ěrduo　⑭苍蝇 cāngying

## 作品 58 号

不管我的梦想能否成为事实，说出来总是好玩儿[1]的：

春天，我将要住在杭州。二十年前，旧历的二月初，在西湖我看见了嫩柳与菜花，碧浪与翠竹。由我看到的那点儿[2]春光，已经可以断定，杭州的春天必定会教[3]人整天生活在诗与图画之中。所以，春天我的家应当是在杭州。

夏天，我想青城山应当算作最理想的地方[4]。在那里，我虽然只住过十天，可是它的幽静已拴住了我的心灵。在我所看见过[5]的山水中，只有这里没有使我失望。到处都是绿，目之所及，那片淡而光润的绿色都在轻轻地颤动，仿佛要流入空中与心中似的[6]。这个绿色会像音乐，涤[7]清了心中的万虑。

秋天一定要住北平。天堂是什么样子，我不知道，但是从我的生活经验去判断，北平之秋便是天堂。论天气，不冷不热。论吃的，苹果、梨、柿子、枣儿[8]、葡萄，每样都有若干种。论花草，菊花种类之多，花式之奇，可以甲天下。西山有红叶可见，北海可以划船——虽然荷花已残，荷叶可还有一片清香。衣食住行，在北平的秋天，是没有一项不使人满意的。

冬天，我还没有打好主意[9]，成都或者相当合适，虽然并不怎样暖和，可是为了水仙，素心蜡梅，各色的茶花，仿佛就受一点儿寒 // 冷，也颇值得去了。昆明的花也多，而且天气比成都好，可是旧书铺与精美而便宜[10]的小吃远不及成都那么多。好吧，就暂这么[11]规定：冬天不住成都便住昆明吧。

在抗战中，我没能发国难财。我想，抗战胜利以后，我必能阔起来。那时候[12]，假若飞机减价，一二百元就能买一架的话，我就自备一架，择黄道吉日慢慢地飞行。

（节选自老舍《住的梦》）

## 注音

① 好玩儿 hǎowánr　② 点儿 diǎnr　③ 教 jiào
④ 地方 dìfang　⑤ 看见过 kàn · jiànguo　⑥ 似的 shìde
⑦ 涤 dí　⑧ 枣儿 zǎor　⑨ 主意 zhǔyi
⑩ 便宜 piányi　⑪ 这么 zhème　⑫ 时候 shíhou

## 作品 59 号

我不由得停住了脚步。

从未见过[1]开得这样盛的藤萝，只见一片辉煌的淡紫色，像一条瀑布，从空中垂下，不见其发端，也不见其终极，只是深深浅浅的紫，仿佛[2]在流动，在欢笑，在不停地生长。紫色的大条幅[3]上，泛着点点银光，就像迸溅[4]的水花。仔细看时，才知那是每一朵紫花中的最浅淡的部分[5]，在和阳光互相挑逗。

这里除了光彩，还有淡淡的芳香。香气似乎[6]也是浅紫色的，梦幻一般轻轻地笼罩着我。忽然记起十多年前，家门外也曾有过[7]一大株紫藤萝，它依傍[8]一株枯槐爬得很高，但花朵从来都稀落，东一穗西一串伶仃[9]地挂在树梢，好像在察言观色，试探什么[10]。后来索性连那稀零的花串也没有了。园中别的紫藤花架也都拆掉，改种了果树。那时的说法是，花和生活腐化有什么必然关系[11]。我曾遗憾地想：这里再看不见藤萝花了。

过了这么[12]多年，藤萝又开花了，而且开得这样盛，这样密，紫色的瀑布遮住了粗壮的盘虬[13]卧龙般的枝干，不断地流着，流着，流向人的心底。

花和人都会遇到各种各样的不幸，但是生命的长河是无止境的。我抚摸了一下那小小的紫色的花舱，那里满装了生命的酒酿，它张满了帆，在

这 // 闪光的花的河流上航行。它是万花中的一朵，也正是由每一个一朵，组成了万花灿烂的流动的瀑布。

在这浅紫色的光辉和浅紫色的芳香中，我不觉加快了脚步。

（节选自宗璞《紫藤萝瀑布》）

## 注音

| | | |
|---|---|---|
| ① 见过 jiànguo | ② 仿佛 fǎngfú | ③ 条幅 tiáofú |
| ④ 迸溅 bèngjiàn | ⑤ 部分 bùfen | ⑥ 似乎 sìhū |
| ⑦ 有过 yǒuguo | ⑧ 依傍 yībàng | ⑨ 伶仃 língdīng |
| ⑩ 什么 shénme | ⑪ 关系 guānxi | ⑫ 这么 zhème |
| ⑬ 盘虬 pánqiú | | |

## 作品 60 号

在一次名人访问中，被问及上个世纪最重要的发明是什么[①]时，有人说是电脑，有人说是汽车，等等。但新加坡的一位知名人士却说是冷气机。他解释，如果没有冷气，热带地区如东南亚国家，就不可能有很高的生产力，就不可能达到今天的生活水准。他的回答实事求是，有理有据。

看了上述报道，我突发奇想，为什么没有记者问："二十世纪最糟糕的发明是什么？"其实二〇〇二年十月中旬，英国的一家报纸就评出了"人类最糟糕的发明"。获此"殊荣"的，就是人们每天大量使用的塑料袋。

诞生于上个世纪三十年代的塑料袋，其家族包括用塑料制成的快餐饭盒、包装纸、餐用杯盘、饮料瓶、酸奶杯、雪糕杯等。这些废弃物形成的垃圾[②]，数量多、体积[③]大、重量轻、不降解[④]，给治理工作带来很多技术难题和社会问题。

比如，散落[⑤]在田间、路边及草丛中的塑料餐盒，一旦被牲畜[⑥]吞食，就会危及健康甚至导致死亡。填埋废弃塑料袋、塑料餐盒的土地，不能生长庄稼[⑦]和树木，造成土地板结，而焚烧[⑧]处理这些塑料垃圾，则会释放出多种化学有毒气体，其中一种称为二噁英[⑨]的化合物，毒性极大。

此外，在生产塑料袋、塑料餐盒的 // 过程中使用的氟利昂[⑩]，对人体免疫系统和生态环境造成的破坏也极为严重。

（节选自林光如《最糟糕的发明》）

## 注音

① 什么 shénme　　② 垃圾 lājī　　③ 体积 tǐjī
④ 降解 jiàngjiě　　⑤ 散落 sànluò　　⑥ 牲畜 shēngchù
⑦ 庄稼 zhuāngjia　　⑧ 焚烧 fénshāo　　⑨ 二噁英 èr'èyīng
⑩ 氟利昂 fúlì'áng

# 测试用话题说明

一、30 则话题供普通话水平测第四项——命题说话测试使用。

二、30 则话题仅是对话题范围的规定，并不规定话题的具体内容。

1. 我的愿望（或理想）
2. 我的学习生活
3. 我尊敬的人
4. 我喜爱的动物（或植物）
5. 童年的记忆
6. 我喜爱的职业
7. 难忘的旅行
8. 我的朋友
9. 我喜爱的文学（或其他）艺术形式
10. 谈谈卫生与健康
11. 我的业余生活
12. 我喜欢的季节（或天气）
13. 学习普通话的体会
14. 谈谈服饰
15. 我的假日生活
16. 我的成长之路
17. 谈谈科技发展与社会生活
18. 我知道的风俗
19. 我和体育
20. 我的家乡（或熟悉的地方）
21. 谈谈美食
22. 我喜欢的节日
23. 我所在的集体（学校、机关、公司等）
24. 谈谈社会公德（或职业道德）
25. 谈谈个人修养
26. 我喜欢的明星（或其他知名人士）
27. 我喜爱的书刊
28. 谈谈对环境保护的认识
29. 我向往的地方
30. 购物（消费）的感受

# 计算机辅助普通话水平测试流程及常见问题

## 计算机辅助普通话水平测试流程

机辅测试（简称：机测）总体流程：提前到达→候测室（准备）→备测室（看题）→测试室（考试）→离开考点。

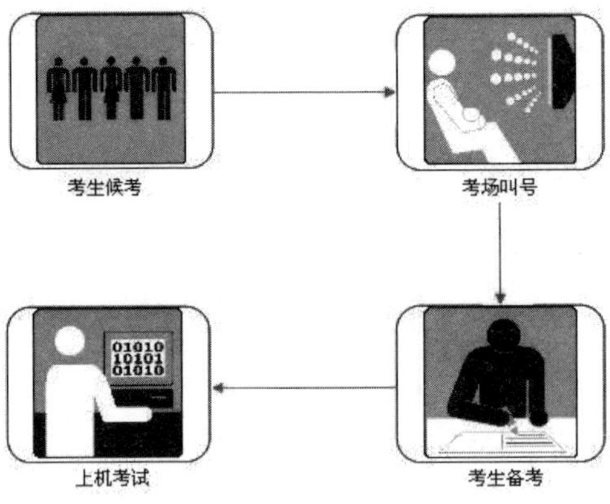


进入测试室后，按照考场老师的统一指令开始考试，具体流程如下：

### 一、佩戴耳机

1. 应试人就座后戴上耳机（麦克风应在脸颊左侧），并将麦克风置于距离嘴唇2厘米~3厘米的位置。

2. 戴好耳机后点击“下一步”按钮。（如图示）

## 二、应试人登录

1. 屏幕出现登录界面后，考生填入自己的准考证号。准考证号的前几位系统会自动显示，考生只需填写最后四位数字。输入后，点击“进入”按钮登录。（如图示）

2. 如果输入有误，单击“修改”按钮重新输入。

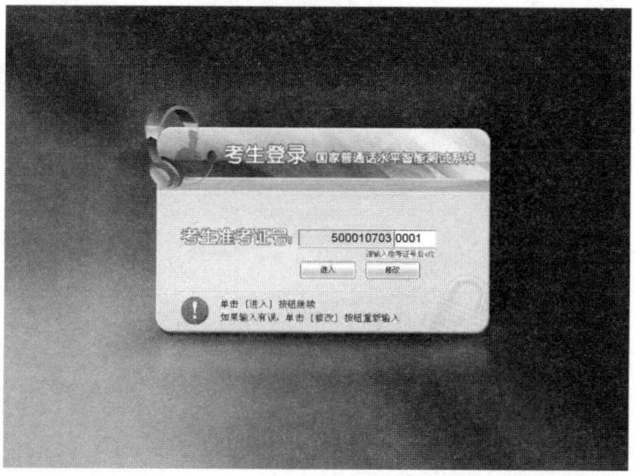


## 三、核对信息

1. 考生登录成功后，考试机屏幕上会显示考生个人信息，请应试人仔细核对所显示信息是否与自己相符。

2. 核对无误后，请单击“确认”按钮继续。（如图示）

3. 核对时若发现错误，请点击“返回”按钮重新登录。

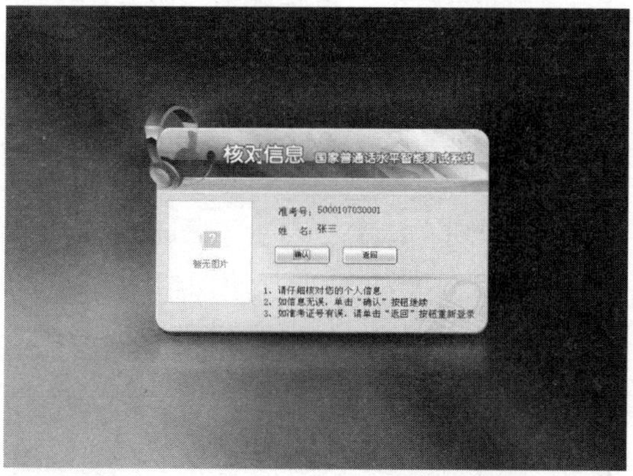

## 四、应试人试音

1. 进入试音页面后，考生会听到系统的提示语。提示语结束后，请以适中的音量和语速朗读页面呈现的句子，进行试音。

2. 如试音顺利，系统会出现“试音结束”的对话框。请点击“确认”按钮，进入下一程序。（如图示）

3. 若试音失败，请提高朗读音量并根据系统提示重新进行试音。

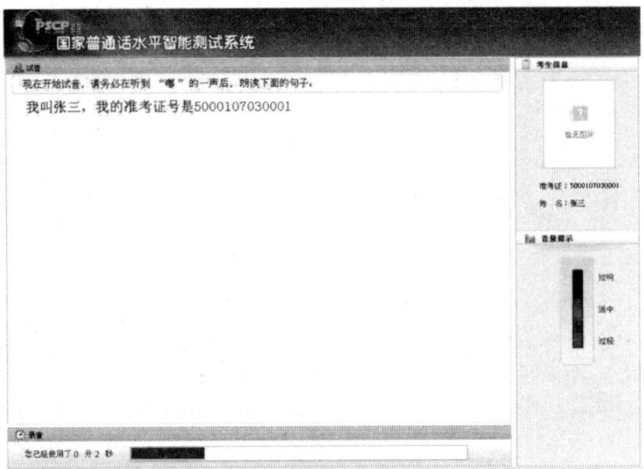

## 五、开始测试

**特别提示：**

1. 普通话水平测试共有四个测试项，每个测试项开始时都有一段语言提示，语言提示结束会发出“嘟”的结束提示音，这时，应试人才可以开始测试。

2. 测试过程中，应试人应做到吐字清晰、语速适中，音量与试音时保持一致。

3. 测试过程中，应试人应根据屏幕下方时间提示条的提示，注意掌握时间。

4. 如某项测试结束，应试人可单击屏幕右下方“下一题”按钮，进入下一项测试。如某项测试规定的时间用完，系统会自动进入下一项试题。

5. 测试过程中，应试人不能说该测试项之外的其他内容，以免影响评分。

6. 测试过程中，如有问题，应试人应举手示意，请工作人员予以解决。

## 第一项　读单音节字词

1. 请应试人横向依次朗读单字。

2.100 个单字以黑色字体和蓝色字体隔行显示，以便于应试人识别，应试人应逐行朗读，避免漏字、漏行。

3. 该项测试结束，应试人可单击屏幕右下方“下一题”按钮，进入下一项测试。（如图示）

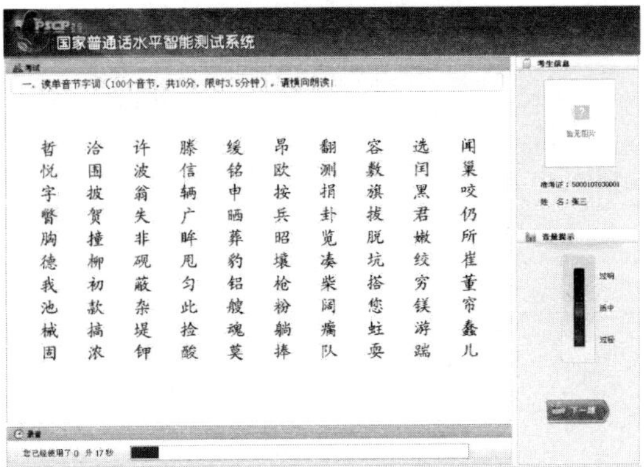


## 第二项　读多音节词语

1. 请应试人横向依次朗读词语，避免漏读。

2. 该项测试结束，应试人可单击屏幕右下方“下一题”按钮，进入下一项测试。（如图示）

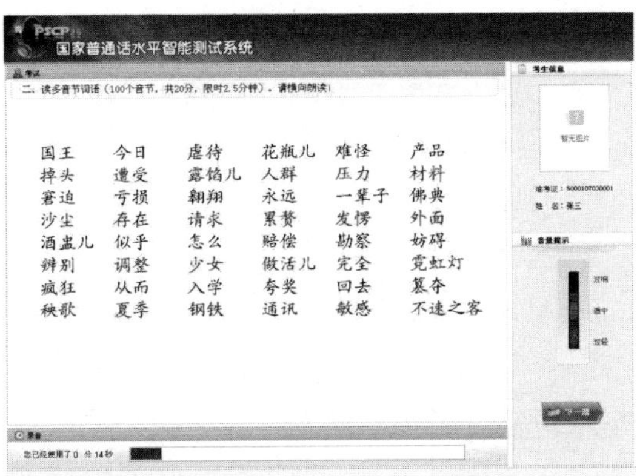

## 第三项　朗读短文

1. 请应试人注意语音清晰、语义连贯，防止添字、漏字、改字。

2. 该项测试结束，应试人可单击屏幕右下方“下一题”按钮，进入下一项测试。（如图示）

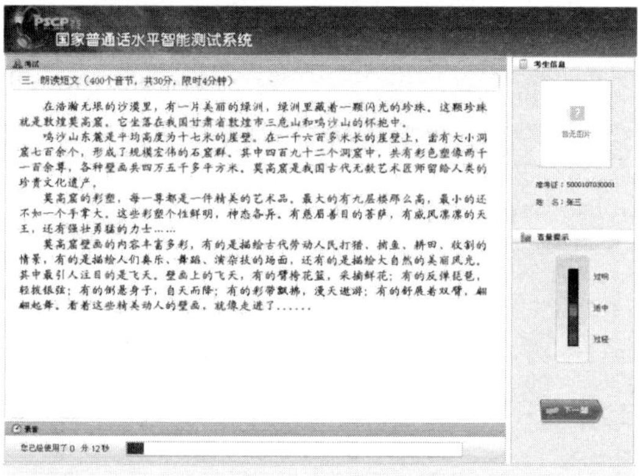


## 第四项　命题说话

1. 该项测试开始后，应试人应先说所选的话题。如：我说的话题是“我喜爱的职业”。应试人的说话内容不得同时包括试卷提供的两个话题。

2. 命题说话必须说满 3 分钟，应试人应根据屏幕下方的时间提示条把握时间。

3. 命题说话部分满 3 分钟后，该项测试自动结束，不需要点击“提交试卷”按钮，系统会自动提交试卷。（如图示）

## 六、结束考试

1. 试卷提交后，请应试人点击屏幕中央的“确定”按钮，结束测试。（如图示）
2. 应试人摘下耳机放在桌上，经工作人员确认后请及时离开测试室。

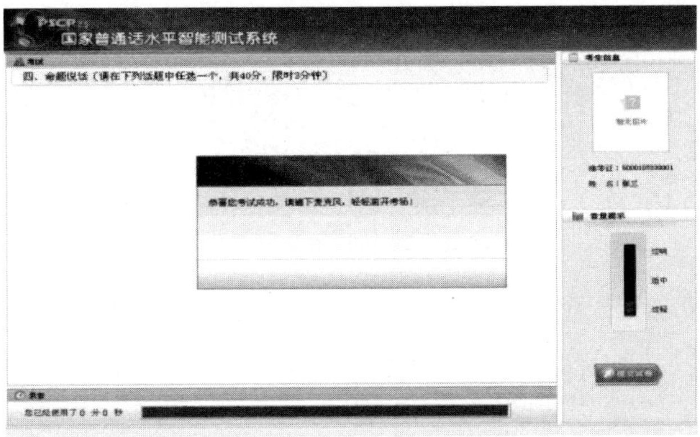

# 计算机辅助普通话水平测试常见问题

1. 问：参加普通话机辅测试需要带哪些证件？

答：考生一定带好准考证、身份证、学生证按时参加考试。（注意：须三证齐全）

若身份证遗失，需持户口所在地公安机关出具的有近期免冠照片并加盖照片骑缝章的户籍证明；凡证件不齐或没有按时参加考试者，以缺考论处，以后要重新报名才能参加考试。如果查实为代考者，按《国家教育考试违规处理办法》严肃处理。

2. 问：考前准备时，我遇到不认识的字怎么办？

答：你可以自己事先准备字典，电子、纸质的字典都行，但如果要想查轻声和儿化音，最好用《现代汉语词典》。

3. 问：参加计算机辅助普通话水平测试与以前的传统人工测试相比，考试结果是否会有不同？

答：不会。计算机的评分标准是建立在大量人工测试数据分析的基础之上的，机测与人测结果基本一致，不会有明显差别。

4. 问：我平时说话声音非常小，这会影响我的成绩吗？

答：肯定会的。因为测试考场内有他人在同时发音，你周围的噪音非常大。但测试软件在设计时，已经考虑到这个问题了。解决的方法是：采用有方向的麦克风，使一定范围内的声音能被有效捕捉，其他声音只能作为背景音。但如果发音人的声音太小，电脑在放大有效音的同时，背景音也被放大了，环境噪音当然就影响了计算机对语音的判断。你目前要做的是：在模拟测试和试音中，反复调整自己的音量，找到准确的感觉。

5. 问：为了保证录音质量，考试时是不是声音越大越好？

答：不是。首先，声音太大会影响其他考生；其次，过大的声音会导致电脑音频数据失真，增加共鸣和气息音，同样影响判断。考前请大家多参加培训试音，找到适中的音量就行了。

6. 问：考试时错、漏、增、回读，是否会影响成绩？

答：跟人工测试一样，肯定会影响成绩。其中错、漏、增读影响大一些，以个数计算；回读影响小一些，以次数计算。第一、二题以第二遍读音为准，但不要过于频繁地使用回读；第三、四题回读都要被计入扣分项。所以考试时尽量不要回读。

7. 问：考到一半时，觉得发挥不好，想重新再来一遍，可以吗？

答：不行。进入考试程序后，只要是录进去的声音就有效，每一题都有时间限制，时间结束时，计算机会强行进入下一题。如果重来，一来时间不够，二则计算机无法判断你读的是什么，严重影响成绩。

8. 问：当前考试项目的考试时间还没有结束，但我已经读完了，我可不可以抓紧剩余的时间准备下一题的内容？

答：不要这样，请你马上点击“下一题”。在你的剩余时间内，其他考生的朗读声音或旁边的噪音会变得相对明显，你不经意发出的声音，都有可能被当作你的语音录入你的电脑，成为电脑判断你下一题发音的依据，这样肯定会影响你的测试成绩。

9. 问：考试时遇到不认识的字可以请教他人或查字典吗？

答：不行。当你停止读音时，与考试无关的语音或翻书声会被录入电脑，计算机将它们判断为增读或错读，你会失去更多的分数。

10. 问：我为了缓解紧张情绪，无意中把手放在嘴边或玩弄麦克风、数据线，或者摆弄手中其他物品，会不会影响录音效果？

答：肯定会。麦克风的位置直接影响录入计算机中语音数据的音质和音量，移动麦克风或麦克风附近有其他振动杂音，会导致录制的语音音量忽大忽小、音质忽好忽坏，严重影响考试成绩。

11. 问：计算机考试时，我在“说话题”考试时采用朗诵现成文章的方式，老师好像无法知道，这是不是一个诀窍？

答：请不要投机取巧。第四项“说话题”是后期人工方式来打分的。测试员需要听完你的全部录音，凭借你在电脑里的录音，照样能听得出你是否在背稿。“说话题”特别要注意避免离题、出现无效语料和背诵等情况。

12. 问：我在进行第四项“说话题”，不小心看错了题目，如把“节日”看成“节目”。这样会影响成绩吗？

答：肯定会。这属于自行更换题目，考试成绩为零分。

13. 问：我的录音结束后，是不是放下耳机就可以离开考场了？

答：不行。系统是批量接收数据的，它要等考场内所有录音完成后，统一收集声音数据。所以全部考生录音都结束后，才能显示出考试是否成功。为了确保你的考试是有效的，请在服务器电脑接收好数据，考场工作人员发出离场指令后，再离开。

# 必背及选背绕口令贯口

## 声母部分

1.(b p)
八百标兵奔北坡，炮兵并排北边跑，炮兵怕把标兵碰，标兵怕碰炮兵炮。

2.(b p)
北边坡上白家婆婆，家里养着八十八只白斑鸠，北边坡下裴家伯伯，门口种着八十八棵枇杷树。白家婆婆八十八只白斑鸠啄了裴家伯伯八十八颗枇杷果，裴家伯伯八十八棵枇杷树怕了白家婆婆八十八只白斑鸠。

3.(b m)
白庙外有一只白猫，白庙里有一顶白帽。白庙外的白猫看见了白帽，叼着白庙里的白帽跑出了白庙。

4.(f h)
粉红墙上画凤凰，凤凰画在粉红墙。红凤凰、粉凤凰，红粉凤凰花凤凰。

5.(f h)
发废话会花费话费，回发废话话费花费，发废话花费话费会后悔，回发废话会费了话费，花费话费回发废话会耗费话费。

6.(b p f)
一座棚傍峭壁旁，峰边喷泻瀑布长。不怕暴雨瓢泼冰雹落，不怕寒风扑面雪飘扬。并排分班翻山攀坡把宝找，聚宝盆里松柏飘香百宝藏。背宝奔跑报矿炮劈山，篇篇捷报飞伴金凤凰。

7.(z c s)
四十四个字和词，组成一首子、词、丝的绕口词。桃子、李子、梨子、栗子、橘子、柿子、槟子、榛子，栽满院子、村子和寨子。名词、动词、数词、量词、代词、副词、助词、连词，组成语词、诗词和唱词。蚕丝、生丝、熟丝、缫丝、染丝、晒丝、纺丝、织丝，自制粗丝、细丝、人造丝。

8.(z c s)
操场前面有三十三棵桑树，操场后面有四十四棵枣树，张三把三十三棵桑树认作枣树，赵四把四十四棵枣树认作桑树。

9.(t d)
谭家谭老汉，挑担到蛋摊，买了半担蛋，挑蛋到炭摊，买了半担炭，满担是蛋炭，老汉忙回赶，回家炒蛋饭。进门跨门槛，脚下绊一绊。跌了谭老汉，破了半担蛋，翻了半担炭，脏了木门槛。老汉看了看，急得满头汗，连说怎么办，蛋炭完了蛋，老汉怎吃蛋炒饭。

10.(d t)
调到敌岛打特盗，特盗太刁投短刀。挡推顶打短刀掉，踏盗得刀盗打倒。

11.(b t d)
白石塔，白石搭，白石搭白塔，白塔白石搭，搭好白石塔，白塔白又大。

12.(d f)
会炖我的炖冻豆腐，来炖我的炖冻豆腐，不会炖我的炖冻豆腐，就别炖我的炖冻豆腐。要是混充会炖我的炖冻豆腐，炖坏了我的炖冻豆腐，那就吃不成我的炖冻豆腐。

13.(n l)
老龙恼怒闹老农，老农恼怒闹老龙，农怒龙恼农更怒，龙恼农怒龙怕农。

14.(n l)
学习就怕满、懒、难，心里有了满、懒、难，不看不钻，就不前。心里丢掉满、懒、难，永不自满边学边干，蚂蚁也能搬泰山。

15.(n l)
新郎和新娘，柳林底下来乘凉。新娘问新郎：你是下湖去挖泥，还是下田去扶犁？新郎问新娘：你坐柳下把书念，还是下湖去采莲？新娘抿嘴乐：我采莲，你挖泥，我拉牛，你扶犁，挖完了泥，采完了莲，扶完了犁，咱俩再来把书念。

16.（n l）
牛奶奶带孙子流流去买榴奶冰，碰到刘奶奶带孙子牛牛也在买榴奶冰。流流要榴奶冰里面多留牛奶，牛牛要榴奶冰里面多留榴莲。牛奶榴莲没拿对，流流牛牛打起来。牛奶奶打了流流，把多榴莲的榴奶冰扭散了。刘奶奶打了牛牛，也把多牛奶的榴奶冰流撒了。

17.（zh）
知之为知之，不知为不知，不以不知为知之，不以知之为不知，唯此才能求真知。

18.（ch）
紫瓷盘，盛鱼翅，一盘熟鱼翅，一盘生鱼翅。迟小池拿了一把瓷汤匙，要吃清蒸美鱼翅。一口鱼翅刚到嘴，鱼刺刺进齿缝里，疼得小池拍腿挠牙齿。

19.（sh）
施氏食狮史：石室诗士施氏，嗜狮，誓食十狮。施氏时时适市视狮。十时，适十狮适市。是时，适施氏适市。氏视是十狮，恃矢势，使是十狮逝世。氏拾是十狮尸，适石室。石室湿，氏使侍拭石室。石室拭，氏始试食是十狮尸。食时，始识是十狮尸，实十石狮尸。试释是事。

20.（r）
夏日无日日亦热，冬日有日日亦寒，春日日出天渐暖，晒衣晒被晒褥单，秋日天高复云淡，遥看红日迫西山。

21.（z c s zh ch sh）
找到不念早到，遭到不念早稻，乱草不念乱吵，制造不念自造。收不念搜，昌不念仓，张不念脏。栽花不念摘花，自力不念智力，暂时不念战时。一层不念一成，草木不念炒木，参加不念掺加。散光不念闪光，撒网不念纱网，三山不念山山。

22.（z zh）
隔着窗户撕字纸，一次撕下横字纸，一次撕下竖字纸，是字纸撕字纸，不是字纸，不要胡乱撕一地纸。

23.（c sh）
山前有个崔粗腿，山后有个崔腿粗，二人山前来比腿，不知是崔粗腿比崔腿粗的腿粗，还是崔腿粗比崔粗腿的腿粗。

24.（s sh）
四是四、十是十、十四是十四、四十是四十。不要把十四说成是“实事”，也不要把四十说成是“细席”。要想说对四，舌头碰牙齿；要想说对十，舌头别伸直。要想说对四和十，多多练习十和四。

25.（j q x）
七巷一个漆匠，西巷一个锡匠，七巷漆匠用了西巷锡匠的锡，西巷锡匠拿了七巷漆匠的漆，七巷漆匠气西巷锡匠用了漆，西巷锡匠讥七巷漆匠拿了锡。请问漆匠和锡匠谁拿谁的锡？谁用谁的漆？

26.（j q x）
贾家有女初出嫁，嫁到夏家学养虾。喂养的对虾个头儿大，卖到市场直加价。贾家爹爹会养鸭，鸭子虽肥伤庄稼。邻里吵架不融洽，贾家也学养对虾。

27.（x）
熙戏犀：西溪犀，喜嬉戏。席熙夕夕携犀徙，席熙细细习洗犀。犀吸溪，戏袭熙。席熙嘻嘻希息戏。惜犀嘶嘶喜袭熙。

28.（g k）
哥挎瓜筐过宽沟，赶快过沟看怪狗。光看怪狗瓜筐扣，瓜滚筐空哥怪狗。

29.（g k h）
哥哥过河捉个鸽，回家割鸽来请客，客人吃鸽夸鸽肉，哥哥请客乐呵呵。

## 韵母部分

30.（ɑ、iɑ、uɑ）
娜娜插花穿花褂，手拿仨瓜仨虾仨蛤蟆。八月爬山看爸爸，巴山高拔难跋爬。雨大路滑树枝扎，瓜砸虾撒蛤蟆跳。跑了蛤蟆砸破瓜，见到爸爸泪哗哗。爸爸手捧仨大虾，连夸娜娜笑哈哈。

31.（ɑn üɑn）
男演员、女演员，同台演戏说方言。男演员说吴方言，女演员说闽南言。男演员演远东旅行飞行员，女演员演鲁迅文学研究员。研究员，飞行员，吴方言，闽南言，你说男女演员演得全不全。

32.（iao）

水上漂着一只表，表上落着一只鸟。鸟看表，表瞪鸟，鸟不认识表来，表也不认识鸟。

33.（ang iang）

千里家书只为墙，让他三尺又何妨。长城万里今犹在，不见当年秦始皇。康熙年间张宰相，撑船肚量树榜样。遇到争执想一想，安徽桐城六尺巷。

34.（ang uang）

希望是心灵的金鸟，拍打着梦幻般的翅膀，它总是追着阳光飞翔，在通往未来的路上歌唱。它不会在风雨前敛翅，但可能在风雨中跌伤，即使跌伤了也会腾空而起，它的生命永远不会死亡。

35.（er）

要说“尔”专说“尔”，马尔代夫，喀布尔，阿尔巴尼亚，扎伊尔，卡塔尔，尼泊尔，贝尔格莱德，安道尔，萨尔瓦多，伯尔尼，利伯维尔，班珠尔，厄瓜多尔，塞舌尔，哈密尔顿，尼日尔，圣彼埃尔，巴斯特尔，塞内加尔，达喀尔，阿尔及利亚，阿尔及尔。

36.（e o）

浙东有条清水河，河岸是个小山坡，哥哥坡上挖红薯，乐乐呵呵爬上坡。忽听河里一声响，河水溅起一丈多，吓得哥哥大声喊：“谁不小心掉下河？”大家一听笑呵呵。有个姑娘这么说：“不是有人掉下河，是个红薯滚下坡。”

37.（o）

老伯伯卖墨老婆婆卖馍，老婆婆卖馍买墨，老伯伯卖墨买馍。墨换馍老伯伯有馍，馍换墨老婆婆有墨。

38.（o uo）

坡上长菠萝，坡下玩陀螺。坡上掉菠萝，菠萝砸陀螺。砸破陀螺补陀螺，顶破菠萝剥菠萝。

39.（iou）

九月十九是中秋，九个酒友喝醉酒。九个酒壶九碗酒，九个酒友喝九口。喝罢九口酒，又倒九碗酒。九个酒友端起酒，“咕咚、咕咚”又九口。九碗酒，酒九口，喝罢九碗九口酒，九个酒友醉了酒。

40.（en uen）

闷娃闷，笨娃笨，闷娃有棍无绳捆，笨娃有绳头发昏。闷娃想借笨娃绳，话到嘴边成闷棍，笨娃无心扽捆绳，搅成一团抻不顺。闷娃说笨娃，我是闷来你蠢笨，笨娃说闷娃，我是笨来你闷棍。

41.（ou iou）

天下云游四大部洲，人心存留江水自流。君子相交淡淡如水，小人交友蜜里调油。淡淡如水常年有，蜜里调油不到头。交朋友学那桃园三结义，莫学那孙膑庞涓结冤仇。

42.（en eng）

陈庄城通郑庄城，郑庄城通陈庄城。陈庄城和郑庄城，两庄城墙都有门。陈庄门进郑庄人，郑庄门进陈庄人，请问陈郑两庄门，各进哪庄人？

43.（en eng）

真冷、真冷、真正冷，冷冰冰，冰冰冷，人人都说冷，猛得一阵风，更冷。说冷也不冷，人能战胜风，更能战胜冷。

44.（ie üe）

谢老爹在街上扫雪，薛大爷在屋里打铁。薛大爷见谢老爹在街上扫雪，就急忙放下手里正在打着的铁，跑到街上帮谢老爹来扫雪。谢老爹扫完了街上的雪，就急忙进屋里帮薛大爷打铁。二人一同扫雪，二人一同打铁。

45.（i ü）

王七上街去买席，清早起来雨稀稀。骑着毛驴跑得急，捎带卖蛋又贩梨。一跑跑到小桥西，毛驴一下跌了蹄。打了蛋，撒了梨，淋了雨，跑了驴，急得王七眼泪滴，又哭鸡蛋又骂驴。

46.（in ing）

生身亲母亲，谨请您就寝，请您心宁静，身心很要紧，新星伴明月，银光澄清清。尽是清静镜，警铃不要惊，您请我进来，进来敬母亲。

47.（in ing ün）

小金学拼音没尽心，小芹练播音没信心。小金小芹是近邻，坐在一起来谈心，小金下定决心辛勤学拼音，小芹走出阴影全心练播音。心心相印齐努力，考上大学去军训。身着军装进军营，训练场上比输赢。

48.（u）

一位叔叔他姓顾，上街打醋又买布。买了布，打了醋，回头看见鹰抓兔。放下布，搁下醋，上前去追鹰和兔。飞了鹰，跑了兔，打翻醋壶弄湿布。

49.（ai ei uai uei）

哎呀呀，黑哇哇，槐树底下搭戏台。演员抹着一脸白，歪着脑袋上戏台。南边来了个秃老美，北边来了个小魔鬼；秃老美打断了小魔鬼的腿，小魔鬼咬破了秃老美的嘴。

50.（ong ing eng）

东洞庭，西洞庭，洞庭山上一条藤，藤条顶上挂铜铃，风吹藤动铜铃响，风停藤定铜铃静。

51.（eng、ing、ong、iong、ueng）

春风送暖水滃滃（wěng），冰层开化冰凌融。水中冰凌碰冰凌，集成冰坝出险情。空军岂是等闲翁，飞来银鹰炸冰凌。银鹰轰鸣冰凌涌，浩浩东去黄河颂。

## 声调部分

52.

当家度日七件事，柴米油盐酱醋茶。走一走，坐一坐，茶馆里面瞧一瞧。春夏秋冬早午晚，喝茶也有大讲究。春天里，花茶茉莉金盏菊，神清气爽心神怡。夏天里，绿茶桑菊薄荷叶，生津止渴还消食。秋天里，青茶乌龙铁观音，润喉生津清积热。冬天里，红茶普洱金骏眉，抗寒除寒又暖胃。常喝茶，身体好，一年四季没病扰。

53.

一个胖娃娃，捉了三个大花活蛤蟆，三个胖娃娃，捉了一个大花活蛤蟆。捉了一个大花活蛤蟆的三个胖娃娃，真不如捉了三个大花活蛤蟆的一个胖娃娃。

54.

兜里装豆，豆装满兜，兜破漏豆，豆撒破兜。倒出豆，补破兜。补好兜，又装豆。装满兜，不漏豆。

55.

鲍保的宝宝爱吃汉堡包，葆豹的宝宝爱吃油爆包，鲍保的宝宝说汉堡包好吃，葆豹的宝宝说油爆包好吃。不知是鲍保的宝宝爱吃的汉堡包比葆豹的宝宝爱吃的油爆包好，还是葆豹的宝宝爱吃的油爆包比鲍保的宝宝爱吃的汉堡包好。

56.

司小四和史小世，四月十四日十四时四十上集市，司小四买了四十四斤四两西红柿，史小世买了十四斤四两细蚕丝。司小四要拿四十四斤四两西红柿换史小世十四斤四两细蚕丝。史小世十四斤四两细蚕丝不换司小四四十四斤四两西红柿。司小四说我四十四斤四两西红柿可以增加营养防近视，史小世说我十四斤四两细蚕丝可以织绸织缎又抽丝。

57.

姥姥喝酪，酪落，姥姥捞酪；舅舅架鸠，鸠飞，舅舅揪鸠；妈妈骑马，马慢，妈妈骂马；妞妞轰牛，牛拧，妞妞拧牛。

58.

李丽买了一斤梨，黎里买了一斤栗。李丽要用梨换栗，黎里要用栗换梨。不知是李丽的梨换了黎里的栗，还是黎里的栗换了李丽的梨。

## 音变部分

59.（儿化）

进了门儿，歇歇脚儿，开水瓶儿里打满水儿。洗个脸儿，换校服儿，贡院教室去点名儿。辅导员儿，要发火儿，怎么老是不懂事儿。听广播，出晨练，吊完了嗓子练嘴皮儿。绕口令儿，古诗词儿，又背又写正字音儿。小快板儿，牌子曲儿，越说越唱越带劲儿。学习忙，活动多，抓紧时间别贪玩儿。艺步楼里选模特儿，标放厅里放电影儿，金厅蓝厅开讲座儿，剧院广场排队形儿。困了累了有水吧，放松心情聊聊天儿。出门就去安仁镇，三五成群各几拨儿，古街庄园博物馆，没法儿一天逛几家儿。

60.（儿化）

圆桌儿方桌儿没有腿儿，墨水儿瓶儿里没墨水儿；花瓶儿里有叶儿没有花儿，走道儿里有框儿没有画儿；甘蔗好吃净是节儿，西瓜挺大没有味儿；坛儿里的小米儿长了虫儿，棍儿上的鸡毛儿剩几根儿；水缸儿沿儿上系围嘴儿，小狗儿打转儿猫打盹儿；新买的小褂儿没钉扣儿，机洗的鞋带儿打了结儿。

61.（儿化、轻声）

大姑娘大，二姑娘二,三姑娘出门子给我个信儿。搭大棚，贴喜字儿，擦红粉，戴耳坠儿，送亲太太联把儿头，娶亲太太耷拉翅儿。八团褂子大开气儿，四轮马车双马队儿，箱子匣子都是我的事儿。

62.（轻声）

天上有个日头，地下有块石头，嘴里有个舌头，手上有五个手指头。不管是天上的热日头，地下的硬石头，嘴里的软舌头，手上的手指头，还是热日头，硬石头，软舌头，手指头，反正都是练舌头。

63.（轻声）

屋子里有箱子，箱子里有匣子，匣子里有盒子，盒子里有镯子。镯子外面有盒子，盒子外面有匣子，匣子外面有箱子，箱子外面有屋子。

64.（轻声）

梁木匠，梁瓦匠，两梁有事常商量，梁木匠天亮晾衣裳，梁瓦匠天亮量高粱。梁木匠晾衣裳受了凉，梁瓦匠量高粱少了粮。梁瓦匠思量梁木匠受了凉，梁木匠体谅梁瓦匠少了粮。

65.（“啊”的音变）

鸡啊，鸭啊，鹅啊，鱼啊，一块儿水里游啊！
牛啊，羊啊，马啊，驴啊，一块儿进草窝啊！
狮啊，熊啊，虎啊，豹啊，一块儿去水潭啊！
兔啊，鹿啊，鼠啊，孩子啊，一块儿奔前门儿啊！

## 综合练习部分

66.《学好声韵辨四声》

学好声韵辨四声，阴阳上去要分明，部位方法须找准，开齐合撮属口形。双唇班抱必百波，舌尖当地斗点丁；舌根高狗工耕故，舌面积结教坚精；翘舌主争真知照，平舌资责早在增；擦音发翻飞分覆，送气查柴产彻称；合口呼午枯胡古，开口河坡哥安争；撮口虚学寻徐剧，齐齿依优摇业英；前鼻恩音烟弯稳，后鼻昂迎中拥生；咬紧字头归字尾，不难达到纯和清。

67.《节气歌》

地球绕着太阳转，绕完一圈是一年。一年分成十二月，二十四节紧相连。按照公历来推算，每月两气不改变。上半年是六、廿（niàn）一，下半年逢八、廿三。这些就是交节日，有差不过一两天。二十四节有先后，下列口诀记心间：一月小寒接大寒，二月立春雨水连；惊蛰春分在三月，清明谷雨四月天；五月立夏和小满，六月芒种夏至连；七月小暑和大暑，立秋处暑八月间；九月白露接秋分，寒露霜降十月全；立冬小雪十一月，大雪冬至迎新年。抓紧季节忙生产，种收及时保丰年。

68.《王昭君》节选　曹禺

臣说到，真正的好马，马头就是“王”，要正要方；眼睛是“丞相”，要神要亮；脊背骨是“将军”，要硬要强；肚子是“城池”，要宽要张；四条腿是“王的命令”，要快要长；两耳像劈开的竹管，尖而刚；皮毛像太阳下的缎子，闪亮光。这样的马，不乱吃，不乱动，骑上去，它不狂奔、不乱跑。但是在宽阔的草原上，它驰骋起来，千里万里，像风也似地飞过。在它眼里，没有不能到的地方。这才真是生死可以相托的好马。

69.《笠翁对韵》节选　李渔

天对地，雨对风。大陆对长空。山花对海树，赤日对苍穹。雷隐隐，雾蒙蒙，日下对天中。风高秋月白，雨霁（jì）晚霞红。牛女二星河左右，参（shēn）商两曜斗西东。十月塞边，飒飒寒霜惊戍（shù）旅；三冬江上，漫漫朔（shuò）雪冷渔翁。

河对汉，绿对红。雨伯对雷公。烟楼对雪洞，月殿对天宫。云叆（ài）叇（dài），日曈曚。腊屐（jī）对渔蓬。过天星似箭，吐魂月如弓。驿旅客逢梅子雨，池亭人挹（yì）藕花风。茅店村前，皓月坠林鸡唱韵；板桥路上，青霜锁道马行踪。

**70.《报花名》**

有君子兰，广玉兰，米兰，剑兰，凤尾兰，白兰花，百合花，茶花，桂花，喇叭花，长寿，芍药，芙蓉花，丁香，扶郎，蔷薇花，桃花，樱花，金钟花，栀子花，海棠花。花中之王牡丹花，花中皇后月季花。凌波仙子水仙花，月下公主是昙花。清新淡雅吊兰花，烂漫多彩杜鹃花。芳香四溢茉莉花，金钟倒挂灯笼花。一花先开金盏花，二度梅，三莲花，四季海棠，四季花，五色梅，五彩花，六月雪开的是白花，七星花是个大瓣花，八宝花是吉祥花，九月菊是仲秋花，十冬腊月腊梅花。月月红，百兰花，千日红本是变色的花，万年青是看青不看花。

**71.《双唱快板》**

什么上山吱扭扭？什么下山乱点头？什么有头无有尾？什么有尾无有头？什么有腿家中坐？什么没腿游九州？赵州桥什么人修？玉石栏杆什么人留？什么人骑驴桥上走？什么人推车轧（yà）道沟儿？什么人扛刀桥上站？什么人勒（lè）马看春秋？什么人白？什么人黑？什么人胡子一大堆？什么开花节节高？什么开花猫着腰？什么开花无人见？什么开花一嘴毛？什么鸟穿青又穿白？什么鸟穿出皂靴来？什么鸟身披十样锦？什么鸟身披麻布袋儿？双扇门，单扇开，我破的闷儿我自己猜。小车上山吱扭扭，金鸡下山乱点头，蛤蟆有头无有尾，蝎子有尾无有头。板登有腿儿家中坐，小船没腿儿游九州。赵州桥，李春修，玉石栏杆儿圣人留。张果老骑驴桥上走，柴王推车轧了道沟儿。周仓扛刀桥上站，关公勒马看春秋。罗成白，敬德黑，张飞胡子一大堆。芝麻开花节节高，棉花开花猫着腰。藤子开花无人见，玉米开花一嘴毛。喜鹊穿青又穿白，乌鸦穿出皂靴来。野鸡身披十样锦，鹦丽儿身披麻布袋儿。

**72.《酒鬼》**

想当初，杜康老祖造传世美酒，刘伶酒醉待三年方醒。屈原饮酒，叹世人皆醉而唯我独醒，济公长老，笑酒肉穿肠而佛祖心留。八仙蓬莱醉酒，大闹东海龙宫。曹操青梅煮酒，论遍天下豪杰。关云长温酒斩华雄，苏东坡把酒问青天。鲁智深醉打山门，倒拔垂杨柳，武二郎拳打猛虎，大闹快活林。唐朝大诗人李白最爱饮酒，玄宗皇帝召进宫中封为太白学士。有渤海国进来蛮书蛮表，要与大唐兵戎相见，满朝文武无人能识，玄宗皇帝大惊失色。多亏李白酒醉上殿，叫高力士脱靴，杨国忠研墨，这才醉草吓蛮书，保定大唐锦绣江山。杜甫有《饮中八仙歌》赞之曰："李白斗酒诗百篇，长安市上酒家眠。天子呼来不上船，自称臣是酒中仙。"几位酒鬼，卿堪敢比哪位啊？

**73.《满天星》**

天上看，满天星，地下看，有个坑，坑里看，有盘冰。坑外长着一老松，松上落（lào）着一只鹰，鹰下坐着一老僧，僧前点着一盏灯，灯前搁着一部经，墙上钉着一根钉，钉上挂着一张弓。说刮风，就刮风，刮的那男女老少难把眼睛睁。刮散了天上的星，刮平了地上的坑，刮化了坑里的冰，刮断了坑外的松，刮飞了松上的鹰，刮走了鹰下的僧，刮灭了僧前的灯，刮乱了灯前的经，刮掉了墙上的钉，刮翻了钉上的弓。只刮得：星散、坑平、冰化、松倒、鹰飞、僧走、灯灭、经乱、钉掉、弓翻的一个绕口令。

**74.《蛐蛐儿说大话》**

墙头儿高，墙头儿低，墙旮旯儿有对儿蛐蛐儿在那儿吹大牛。大蛐蛐儿说："昨儿个我吃了两只花不棱登的大老虎。"小蛐蛐儿说："今儿个我吃了两只灰不溜秋的大毛驴。"大蛐蛐儿说："我在南山爪子一抬，踢倒了十棵大柳树。"小蛐蛐儿说："我在北海大嘴一张，吞了十条大鲸鱼。"这两个蛐蛐儿正在吹大牛，扑棱棱儿打东边飞来一只芦花大公鸡。你看这只公鸡有多愣，它"哆"的一声吃了那只小蛐蛐儿。大蛐蛐儿一看生了气，它龇牙捋须一伸腿，唉！它也喂了鸡！哈哈，看它还吹大牛不吹大牛!

**75.《报菜名》**

蒸羊羔、蒸熊掌、蒸鹿尾儿、烧花鸭、烧雏鸡、烧子鹅、炉猪、炉鸭、酱鸡、腊肉、松花、小肚儿、晾肉、香肠儿。什锦苏盘儿、熏鸡白肚儿、清蒸八宝猪、江米酿鸭子，烩腰丝、烩鸭腰、烩鸭条、清拌鸭丝儿，黄心管儿、焖白鳝、焖黄鳝、豆豉鲶鱼、锅烧鲤鱼、锅烧鲶鱼、清蒸甲鱼。红丸子、白丸子、熘丸子、炸丸子、南煎丸子、苜蓿丸子、三鲜丸子、四喜丸子、鲜虾丸子、鱼脯丸子、饹炸丸子、豆腐丸子、氽丸子。一品肉、樱桃肉、马牙肉、红焖肉、黄焖肉、坛子肉、烀肉、扣肉、松肉、罐儿肉、烧肉、烤肉、大肉、白肉、酱豆腐肉。

**76.《六十六岁刘老六》**

在苏州，有一个六十六条胡同口，那里住着一个六十六岁刘老六。他家有六十六座好高楼，那楼上有六十六篓桂花儿油，篓上蒙着六十六匹绿绉绸，绸上绣着六十六个大绒球，楼底下钉着那六十六根儿檀木轴儿，在那轴上拴着六十六条大青牛，牛旁边蹲着那六十六个大马猴。这个刘老六他坐在门口儿，正把那牛头啃，打南边来了这么两条狗。两条狗抢骨头，抢成仇，碰倒了六十六座好高楼，碰撒了六十六篓桂花油，油了那六十六匹绿绉绸，脏了那六十六个大绒球，拉躺下六十六根檀木轴儿，吓惊了六十六条大青牛，吓跑了六十六个大马猴。这正是，狗啃油篓篓油漏，狗不啃油篓篓不漏油。

**77.《望夜空》**

望夜空，满天星，光闪闪，亮晶晶。好像那，小银灯，大大小小、密密麻麻、闪闪烁烁、数来数去数也数不清。仔细看，看分明，原来那群星星分了星座还起了名。按亮度分了等：一等、二等、三等、四等、五等、六等，一共分六等。谁最亮，是一等。谁最暗，是六等，一等到六等，总共不过六千九百多颗是恒星。星空中，还能看见那大行星和卫星，小行星和彗星，更有那无数无名点点繁星看不清。

**78.《粉红女》**

正月里，正月正，姐妹二人去逛灯，大姐名叫粉红女，二姐名叫女粉红。粉红女身穿一件粉红袄，女粉红身穿一件袄粉红。粉红女怀抱一瓶粉红酒，女粉红怀抱一瓶酒粉红。姐妹找了个无人处，推杯换盏饮刘伶。女粉红喝了粉红女的粉红酒，粉红女喝了女粉红的酒粉红，粉红女喝了一个酩酊醉，女粉红喝了一个醉酩酊。女粉红揪着粉红女就打，粉红女揪着女粉红就拧。女粉红撕了粉红女的粉红袄，粉红女就撕了女粉红的袄粉红。姐妹打罢落下手，自己买线自己缝。粉红女买了一条粉红线，女粉红买了一条线粉红。粉红女是反缝缝缝粉红袄，女粉红是缝反缝缝袄粉红。

**79.《十八愁》**

数九寒天冷风飕，年年春打六九头。正月十五龙灯会，一对狮子滚绣球。三月三王母娘娘蟠桃会，孙悟空大闹天宫把仙桃偷。五月当午端阳节，白蛇许仙不到头。七月初七天河配，牛郎织女泪双流。八月十五云遮月，月里嫦娥犯忧愁。要说愁净说愁，一气儿说上十八愁。虎也愁，狼也愁，象也愁，鹿也愁，羊也愁，牛也愁，骡子也愁马也愁，猪愁，狗愁，鸭愁，鹅愁，蛤蟆愁，螃蟹愁，蛤蜊愁，乌龟愁，鱼愁虾愁各自有分由。虎愁不敢下高山，狼愁野心不改耍滑头，象愁鼻长皮又厚，鹿愁脑袋七杈八杈长犄角，羊愁从小长胡子，牛愁愁的犯牛轴，马愁背鞍行千里，骡愁愁的一世休，狗愁改不了净吃屎，猪愁离不开臭水沟，鸭子愁得扁了嘴，鹅愁脑袋长了一个大锛儿头，蛤蟆愁得一身脓疱疥，蛤蜊愁得闭关自守，乌龟愁不敢出头，鱼愁出水不能走，虾米愁空枪乱扎没准头。

**80.《莽撞人》**

后汉三国，有一莽撞人。自桃园三结义以来，大爷姓刘名备字玄德，家住大树楼桑。二弟姓关名羽字云长，家住蒲州解梁。三弟姓张名飞字翼德，家住涿州范阳郡。后续四弟姓赵名云字子龙，家住常山真定，百战百胜，后称为常胜将军。只皆因，长坂坡前，一场鏖战，赵云单枪匹马，闯入曹宫，砍倒大纛（dào）两杆，夺槊（shuò）三条，马落陷坑，堪堪废命。曹孟德在山头之上见一穿白衣小将，白盔白甲白旗号，坐骑白龙马，手使亮银枪，实乃一员勇将，心中就有爱将之意。暗中有徐庶保护赵云，徐庶进得曹宫一语不发，今日一见赵将军，马落陷坑，堪堪废命，口尊："丞相，莫非有爱将之意？"曹操言道："正是。"徐庶言道："何不收留此将？"曹操急忙传令："令出山摇动，三军听分明，我要活赵云，不要死子龙。若有一兵一将伤损赵将军之性命，八十三万人马，五十一员战将，与他一人抵命。"从将闻听，不敢前进，只有后退。赵云一仗怀揣幼主，二仗常胜将军之骁勇，杀了个七进七出，这才闯出重围。曹操一见，这样勇将，焉能放走，在后面紧紧追赶。追至当阳桥前，张飞赶到，高叫："四弟，不要惊慌，某家在此，料也无妨！"让过赵云的人马，曹操赶到，不见赵云，只见一黑脸大汉，立于桥上，曹操忙问夏侯惇："这黑脸大汉他是何人？"夏侯惇言道："此乃张飞，一莽撞人。"曹操闻听，大吃一惊：想当初，关公在白马坡斩颜良之时，曾对某家言道，他有一结拜三弟，姓张名飞字翼德，在百万军中，能取上将之首级如探囊取物，反观掌纹一般。今日一见，果然英勇："撤去某家青罗伞盖，观一观莽撞人的武艺如何？"青罗伞盖撤下，只见张飞豹头环眼，面如润铁，黑中透亮，亮中透黑，颏（kē）下扎里扎煞的一部黑钢髯（rán），犹如钢针，恰似铁线。头戴镔铁盔，二龙斗宝，朱缨飘洒，上嵌八宝，云罗伞盖，花冠云长。腰系丝鸾带，身披锁子大叶连环甲，内衬皂罗袍，足蹬虎头战靴。胯下马，万里烟云兽，手使丈八蛇矛。站在桥头之上，咬牙切齿，捶胸愤恨，大骂："曹操听真，呔！今有你家张三爷在此，尔等或战或攻或进或退或争或斗，不攻不战不进不退不争不斗，尔等匹夫之辈。"大喊一声，曹军吓退；大喊二声，顺水横流；大喊三声，把当阳桥喝断。后人有诗赞之曰："长坂坡前救赵云，吓退曹操百万军，姓张名飞字翼德，万古流芳莽撞人。"

## 必背及选背十三辙诗词

### 一、发花辙（a ia ua）

**乌衣巷** 刘禹（yǔ）锡

朱雀桥边野草花，乌衣巷口夕阳斜（xiá）。
旧时王谢堂前燕，飞入寻常百姓家。

**登科后** 孟郊

昔日龌龊不足夸，今朝放荡思无涯。
春风得意马蹄疾，一日看尽长安花。

**约客** 赵师秀

黄梅时节家家雨，青草池塘处处蛙。
有约不来过夜半，闲敲棋子落灯花。

**又酬傅处士次韵** 顾炎武

愁听关塞遍吹笳（jiā），不见中原有战车。
三户已亡熊绎国，一成犹启少康家。
苍龙日暮还行雨，老树春深更著（zhuó）花。
待得汉庭明诏近，五湖同觅钓鱼槎（chá）。

**唐多令** 邓剡（yǎn）

雨过水明霞，潮回岸带沙。叶声寒，飞透窗纱。
堪恨西风吹世换，更吹我，落天涯。
寂寞古豪华，乌衣日又斜。说兴亡，燕入谁家？
惟有南来无数雁，和明月，宿芦花。

### 二、梭波辙（e o uo）

**宫词** 顾况

玉楼天半起笙歌，风送宫嫔笑语和。
月殿影开闻夜漏，水晶帘卷近秋河。

**乱后过流沟寺** 白居易

九月徐州新战后，悲风杀气满山河。
唯有流沟山下寺，门前依旧白云多。

**望洞庭** 刘禹锡

湖光秋月两相和，潭面无风镜未磨。
遥望洞庭山水翠，白银盘里一青螺。

**山居杂咏** 黄宗羲

锋镝（dí）牢囚取次过，依然不废我弦（xián）歌。
死犹未肯输心去，贫亦岂能奈我何？
廿（niàn）两棉花装破被，三根松木煮空锅。
一冬也是堂堂地，岂信人间胜著（zhuó）多。

**钗头凤·红酥手** 陆游

红酥手，黄縢酒，满城春色宫墙柳。东风恶，欢情薄。
一怀愁绪，几年离索。错，错，错！
春如旧，人空瘦，泪痕红浥（yì）鲛绡（jiāoxiāo）透。
桃花落，闲池阁。山盟虽在，锦书难托。莫，莫，莫！

### 三、一七辙（i ü -i er）

**劝学** 颜真卿

三更灯火五更鸡，正是男儿读书时。
黑发不知勤学早，白首方悔读书迟。

**寒食** 李馀

玉轮江上雨丝丝，公子游春醉不知。
翦渡归来风正急，水溅鞍帕嫩鹅儿。

**放言** 白居易

赠君一法决狐疑，不用钻（zuàn）龟与祝蓍（shī）。
试玉要烧三日满，辨材需待七年期。

周公恐惧流言日，王莽谦恭未篡时。
向使当初身便死，一生真伪复谁知？

**赠项斯** 杨敬之

几度见诗诗总好，及观标格过于诗。
平生不解藏人善，到处逢人说项斯。

**鹊桥仙** 陆游

华灯纵博，雕鞍驰射，谁记当年豪举？
酒徒一半取封侯，独去作、江边渔父。
轻舟八尺，低篷三扇，占断蘋洲烟雨。
镜湖元自属闲人，又何必、君恩赐与！

## 四、姑苏辙（u）

**元日** 王安石

爆竹声中一岁除，春风送暖入屠苏。
千门万户曈曈日，总把新桃换旧符。

**芙蓉楼送辛渐** 王昌龄

寒雨连江夜入吴，平明送客楚山孤。
洛阳亲友如相问，一片冰心在玉壶。

**初春小雨** 韩愈

天街小雨润如酥，草色遥看近却无。
最是一年春好处，绝胜烟柳满皇都。

**老圃（pǔ）堂** 曹邺（yè）

邵平瓜地接吾庐，谷雨干时手自锄。
昨日春风欺不在，就床吹落读残书。

**蝶恋花** 晏殊

槛菊愁烟兰泣露，罗幕轻寒，燕子双飞去。
明月不谙离恨苦，斜光到晓穿朱户。
昨夜西风凋碧树，独上高楼，望尽天涯路。
欲寄彩笺兼尺素，山长水阔知何处。

## 五、乜斜辙（ie üe）

**村夜** 白居易

霜草苍苍虫切切，村南村北行人绝。
独出前门望野田，月明荞麦花如雪。

**聚星堂雪（节选）** 苏轼

窗前暗响鸣枯叶，龙公试手初行雪。
映空先集疑有无，作态斜飞正愁绝。
众宾起舞风竹乱，老守先醉霜松折。
恨无翠袖点横斜，只有微灯照明灭。

**冬青花** 林景熙

冬青花，花时一日肠九折。
隔江风雨晴影空，五月深山护微雪。
石根云气龙所藏，寻常蝼蚁不敢穴。
移来此种非人间，曾识万年觞底月。
蜀魂飞绕百鸟臣，夜半一声山竹裂。

**玉楼春** 欧阳修

尊前拟把归期说，欲语春容先惨咽。
人生自是有情痴，此恨不关风与月。
离歌且莫翻新阕，一曲能教肠寸结。
直须看尽洛城花，始共春风容易别。

**忆秦娥** 李白

箫声咽，秦娥梦断秦楼月。
秦楼月，年年柳色，灞陵伤别。
乐游原上清秋节，咸阳古道音尘绝。
音尘绝，西风残照，汉家陵阙。

## 六、怀来辙（ai uai）

**题菊花** 黄巢

飒（sà）飒西风满院栽，蕊（ruǐ）寒香冷蝶难来。
他年我若为青帝，报与桃花一处开。

**过华清宫绝句** 杜牧

长安回望绣成堆，山顶千门次第开。
一骑（jì）红尘妃子笑，无人知是荔枝来。

**游园不值** 叶绍翁

应怜屐（jī）齿印苍苔，小扣柴扉（fēi）久不开。
春色满园关不住，一枝红杏出墙来。

**书湖阴先生壁** 王安石

茅檐长扫净无苔，花木成畦（qí）手自栽。
一水护田将绿绕，两山排闼（tà）送青来。

**浣溪沙** 晏殊

一曲新词酒一杯，去年天气旧亭台。夕阳西下几时回？
无可奈何花落去，似曾相识燕归来。小园香径独徘徊。

## 七、灰堆辙（ei uei）

**凉州词** 王翰

葡萄美酒夜光杯，欲饮琵琶（pá）马上催。
醉卧沙场君莫笑，古来征战几人回。

**晚春** 韩愈

草树知春不久归，百般红紫斗芳菲。
杨花榆荚无才思，惟解漫天作雪飞。

**曲江** 杜甫

朝（cháo）回日日典春衣，每日江头尽醉归。
酒债寻常行处有，人生七十古来稀。
穿花蛱（jiá）蝶深深见（xiàn），点水蜻蜓款款飞。
传语风光共流转，暂时相赏莫相违。

**山中留客** 张旭

山光物态弄春晖，莫为轻阴便拟归。
纵使晴明无雨色，入云深处亦沾衣。

**渔歌子** 张志和

西塞山前白鹭飞，桃花流水鳜（guì）鱼肥。
青箬笠，绿蓑衣，斜风细雨不须归。

## 八、遥条辙（ao iao）

**偶书** 刘叉

日出扶桑一丈高，人间万事细如毛。
野夫怒见不平处，磨损胸中万古刀。

**秋词** 刘禹锡

自古逢秋悲寂寥，我言秋日胜春朝（zhāo）。
晴空一鹤排云上，便引诗情到碧霄。

**送隐者一绝** 杜牧

无媒径路草萧萧，自古云林远市朝（cháo）。
公道世间唯白发，贵人头上不曾饶。

**咏绣障** 胡令能

日暮堂前花蕊娇，争拈小笔上床描。
绣成安向春园里，引得黄莺下柳条。

**一剪梅・舟过吴江** 蒋捷

一片春愁待酒浇。江上舟摇，楼上帘招。
秋娘渡与泰娘桥，风又飘飘，雨又萧萧。
何日归家洗客袍？银字笙调，心字香烧。
流光容易把人抛，红了樱桃，绿了芭蕉。

## 九、油求辙（ou iou）

**代赠** 李商隐

楼上黄昏欲望休，玉梯横绝月中钩。
芭蕉不展丁香结，同向春风各自愁。

**小池** 杨万里

泉眼无声惜细流，树阴照水爱晴柔。
小荷才露尖尖角，早有蜻蜓立上头。

**咸阳城西楼晚眺**　许浑

一上高城万里愁，蒹葭杨柳似汀洲。
溪云初起日沉阁，山雨欲来风满楼。
鸟下绿芜秦苑夕，蝉鸣黄叶汉宫秋。
行人莫问当年事，故国东来渭水流。

**秦中杂感（其一）**　袁枚

百战风云一望收，龙蛇白骨几堆愁。
旌旗影没南山在，歌舞楼空渭水流。
天近易回三辅雁，地高先得九州秋。
扶风豪士能怜我，应是当年马少游。

**鹊踏枝（其一）**　冯延巳

谁道闲情抛弃久，每到春来，惆怅还依旧。
日日花前常病酒，不辞镜里朱颜瘦。
河畔青芜堤上柳，为问新愁，何事年年有？
独立小桥风满袖，平林新月人归后。

## 十、言前辙（an ian uan üan ）

**泊船瓜洲**　王安石

京口瓜洲一水间，钟山只隔数重山。
春风又绿江南岸，明月何时照我还。

**枫桥夜泊**　张继

月落乌啼霜满天，江枫渔火对愁眠。
姑苏城外寒山寺，夜半钟声到客船。

**凉州词**　王之涣

黄河远上白云间，一片孤城万仞山。
羌笛何须怨杨柳，春风不度玉门关。

**锦瑟**　李商隐

锦瑟无端五十弦，一弦一柱思华年。
庄生晓梦迷蝴蝶，望帝春心托杜鹃。
沧海月明珠有泪，蓝田日暖玉生烟。
此情可待成追忆，只是当时已惘然。

**浪淘沙**　李煜

帘外雨潺潺，春意阑珊，罗衾（qīn）不耐五更寒。
梦里不知身是客，一晌贪欢。
独自莫凭栏，无限江山，别时容易见时难。
流水落花春去也，天上人间。

## 十一、人辰辙（ en in uen ün ）

**观书**　于谦

书卷多情似故人，晨昏忧乐每相亲。
眼前直下三千字，胸次全无一点尘。
活水源流随处满，东风花柳逐时新。
金鞍玉勒寻芳客，未信我庐别有春。

**清明**　杜牧

清明时节雨纷纷，路上行人欲断魂。
借问酒家何处有，牧童遥指杏花村。

**送元二使安西**　王维

渭城朝雨浥轻尘，客舍（shè）青青柳色新。
劝君更尽一杯酒，西出阳关无故人。

**李白墓**　白居易

采石江边李白坟，绕田无限草连云。
可怜荒垄穷泉骨，曾有惊天动地文。
但是诗人多薄命，就中沦落不过君。

**柳梢青**　戴复古

袖剑飞吟。洞庭青草，秋水深深。
万顷波光，岳阳楼上，一块披襟。
不须携酒登临，问有酒、何人共斟？
变尽人间，君山一点，自古如今。

## 十二、江阳辙（ang iang uang）

**闻官军收河南河北** 杜甫

剑外忽传收蓟北，初闻涕泪满衣裳。
却看妻子愁何在，漫卷诗书喜欲狂。
白日放歌须纵酒，青春作伴好还乡。
即从巴峡穿巫峡，便下襄阳向洛阳。

**记梦回文二首（其一）** 苏轼

空花落尽酒倾缸，日上山融雪涨江。
红焙浅瓯新火活，龙团小碾斗晴窗。

**上堂开示颂** 黄檗（bò）

尘劳迥脱事非常，紧把绳头做一场。
不经一番寒彻骨，怎得梅花扑鼻香。

**论诗五绝（其一）** 赵翼

只（zhī）眼须凭自主张，纷纷艺苑漫雌黄。
矮人看戏何曾见，都是随人说短长。

**一剪梅·余赴广东实之夜饯于风亭** 刘克庄

束缊（yùn）宵行十里强，挑得诗囊，抛了衣囊。
天寒路滑马蹄僵，元是王郎，来送刘郎。
酒酣耳热说文章，惊倒邻墙，推倒胡床。
旁观拍手笑疏狂，疏又何妨，狂又何妨！

## 十三、中东辙（eng ing ong iong ueng）

**画菊** 郑思肖

花开不并百花丛，独立疏篱趣未穷。
宁可枝头抱香死，何曾吹落北风中。

**劝学** 朱熹

少年易老学难成，一寸光阴不可轻。
未觉池塘春草梦，阶前梧叶已秋声。

**题宣州开元寺水阁** 杜牧

六朝文物草连空，天淡云闲今古同。
鸟去鸟来山色里，人歌人哭水声中。
深秋帘幕千家雨，落日楼台一笛风。
惆怅无因见范蠡（lǐ），参差烟树五湖东。

**问古** 秦韬玉

大底荣枯各自行，兼疑阴骘（zhì）也难明。
无门雪向头中出，得路云从脚下生。
深作四溟何浩渺，高为五岳太峥嵘。
都来只向人间看，直到皇天可是平！

**定风波** 苏轼

莫听穿林打叶声，何妨吟啸且徐行。
竹杖芒鞋轻胜马，谁怕，一蓑烟雨任平生。
料峭春风吹酒醒，微冷，山头斜照却相迎。
回首向来萧瑟处，归去，也无风雨也无晴。

## 十四、综合训练

**迢迢牵牛星**

迢迢牵牛星，皎皎河汉女。
纤（xiān）纤擢（zhuó）素手，札札（zhá）弄机杼。
终日不成章，泣涕零如雨。
河汉清且浅，相去复几许？
盈盈一水间，脉（mò）脉不得语。

**长歌行** 乐府诗集

青青园中葵，朝露待日晞。
阳春布德泽，万物生光辉。
常恐秋节至，焜（kūn）黄华（huā）叶衰(cuī)。
百川东到海，何时复西归?
少壮不努力，老大徒伤悲！

**步出夏门行（其一）** 曹操

神龟虽寿，犹有竟时。
螣（téng）蛇乘雾，终为土灰。
老骥伏枥，志在千里；
烈士暮年，壮心不已。

盈缩之期，不但在天；
养怡之福，可得永年。
幸甚至哉，歌以咏志。

**咏怀诗（其一）** 阮籍

夜中不能寐，起坐弹鸣琴。
薄帷鉴明月，清风吹我襟。
孤鸿号外野，翔鸟鸣北林。
徘徊将何见？忧思独伤心。

**咏史（其五）** 左思

皓天舒白日，灵景耀神州。
列宅紫宫里，飞宇若云浮。
峨峨高门内，蔼蔼皆王侯。
自非攀龙客，何为欻（xū）来游。
被（pī）褐出阊阖（chānghé），高步追许由。
振衣千仞冈（gāng），濯（zhuó）足万里流。

**饮酒** 陶渊明

结庐在人境，而无车马喧。
问君何能尔？心远地自偏。
采菊东篱下，悠然见（xiàn）南山。
山气日夕佳，飞鸟相与还。
此中有真意，欲辨已忘言。

**杂诗** 陶渊明

人生无根蒂，飘如陌上尘。
分散逐风转，此已非常身。
落地为兄弟，何必骨肉亲！
得欢当作乐，斗酒聚比邻。
盛年不重来，一日难再晨。
及时当勉励，岁月不待人。

**拟行路难（其六）** 鲍（bào）照

对案不能食，拔剑击柱长叹息。
丈夫生世会几时，安能蹀躞（diéxiè）垂羽翼。
弃置罢官去，还家自休息。
朝出与亲辞，暮还在亲侧。
弄儿床前戏，看妇机中织。
自古圣贤尽贫贱，何况我辈孤且直。

**野望** 王绩

东皋薄暮望，徙倚欲何依！
树树皆秋色，山山唯落晖。
牧人驱犊返，猎马带禽归。
相顾无相识，长歌怀采薇。

**送杜少府之任蜀川** 王勃

城阙辅三秦，风烟望五津。
与君离别意，同是宦游人。
海内存知己，天涯若比邻。
无为在歧路，儿女共沾巾。

**望月怀远** 张九龄

海上生明月，天涯共此时。
情人怨遥夜，竟夕起相思。
灭烛怜光满，披衣觉露滋。
不堪盈手赠，还寝梦佳期。

**过故人庄** 孟浩然

故人具鸡黍，邀我至田家。
绿树村边合，青山郭外斜。
开轩面场圃，把酒话桑麻。
待到重阳日，还来就菊花。

**山居秋暝** 王维

空山新雨后，天气晚来秋。
明月松间照，清泉石上流。
竹喧归浣女，莲动下渔舟。
随意春芳歇，王孙自可留。

**宣州谢朓楼饯别校书叔云** 李白

弃我去者，昨日之日不可留；
乱我心者，今日之日多烦忧。
长风万里送秋雁，对此可以酣高楼。
蓬莱文章建安骨，中间小谢又清发。
俱怀逸兴壮思飞，欲上青天揽明月。
抽刀断水水更流，举杯消愁愁更愁。
人生在世不称意，明朝散发弄扁舟。

**天末怀李白**　杜甫

凉风起天末，君子意如何？
鸿雁几时到？江湖秋水多。
文章憎（zēng）命达，魑（chī）魅（mèi）喜人过。
应共冤魂语，投诗赠汨（mì）罗。

**简卢陟**　韦应物

可怜白雪曲，未遇知音人。
恓惶戎旅下，蹉跎淮海滨。
涧树含朝雨，山鸟哢馀春。
我有一瓢酒，可以慰风尘。

**苔（其一）**　袁枚

白日不到处，青春恰自来。
苔花如米小，也学牡丹开。

**春江花月夜　张若虚**

春江潮水连海平，海上明月共潮生。
滟滟随波千万里，何处春江无月明。
江流宛转绕芳甸，月照花林皆似霰。
空里流霜不觉飞，汀上白沙看不见。
江天一色无纤尘，皎皎空中孤月轮。
江畔何人初见月，江月何年初照人？
人生代代无穷已，江月年年望相似。
不知江月待何人，但见长江送流水。
白云一片去悠悠，青枫浦上不胜愁。
谁家今夜扁舟子，何处相思明月楼？
可怜楼上月徘徊，应照离人妆镜台。
玉户帘中卷不去，捣衣砧上拂还来。
此时相望不相闻，愿逐月华流照君。
鸿雁长飞光不度，鱼龙潜跃水成文。
昨夜闲潭梦落花，可怜春半不还家。
江水流春去欲尽，江潭落月复西斜。
斜月沉沉藏海雾，碣石潇湘无限路。
不知乘月几人归，落月摇情满江树。

**滕王阁　王勃**

滕王高阁临江渚（zhǔ），佩玉鸣鸾罢歌舞。
画栋朝飞南浦云，珠帘暮卷西山雨。
闲云潭影日悠悠，物换星移几度秋。
阁中帝子今何在？槛（jiàn）外长江空自流。

**醉中赠符载**　窦庠（xiáng）

白社会中尝共醉，青云路上未相逢。
时人莫小池中水，浅处无妨有卧龙。

**将（qiāng）进酒**　李白

君不见，黄河之水天上来，奔流到海不复回。
君不见，高堂明镜悲白发，朝如青丝暮成雪！
人生得意须尽欢，莫使金樽空对月。
天生我材必有用，千金散尽还复来。
烹羊宰牛且为乐，会须一饮三百杯。
岑夫子，丹丘生，将进酒，杯莫停。
与君歌一曲，请君为我倾耳听。
钟鼓馔（zhuàn）玉不足贵，但愿长醉不复醒。
古来圣贤皆寂寞，惟有饮者留其名。
陈王昔时宴平乐，斗酒十千恣欢谑。
主人何为言少钱，径须沽取对君酌。
五花马、千金裘，
呼儿将出换美酒，与尔同销万古愁！

**绝句**　志南

古木阴中系短篷，杖藜扶我过桥东。
沾衣欲湿杏花雨，吹面不寒杨柳风。

**金陵晚望**　高蟾

曾伴浮云归晚翠，犹陪落日泛秋声。
世间无限丹青手，一片伤心画不成。

**听筝**　柳中庸

抽弦促柱听秦筝，无限秦人悲怨声。
似逐春风知柳态，如随啼鸟识花情。
谁家独夜愁灯影？何处空楼思月明？
更入几重离别恨，江南歧路洛阳城。

**论诗**　王若虚

文章自得方为贵，衣钵（bō）相传岂是真。
已觉祖师低一箸（zhù），纷纷法嗣（sì）复何人。

### 金缕衣　杜秋娘

劝君莫惜金缕衣，劝君惜取少年时。
花开堪折直须折，莫待无花空折枝。

### 秋日偶成　程颢（hào）

闲来无事不从容，睡觉东窗日已红；
万物静观皆自得，四时佳兴与人同。
道通天地有形外，思入风云变态中；
富贵不淫贫贱乐，男儿到此是豪雄。

### 答章孝标　李绅

假金只用真金镀，若是真金不镀金。
十载长安得一第，何须空腹用高心。

### 出都留别诸公　康有为

天龙作骑万灵从，独立飞来缥缈峰。
怀抱芳馨兰一握，纵横宙合雾千重。
眼中战国成争鹿，海内人才孰卧龙？
抚剑长号归去也，千山万雨啸青锋。

### 渔家傲·秋思　范仲（zhòng）淹

塞下秋来风景异，衡阳雁去无留意。
四面边声连角起，千嶂里，长烟落日孤城闭。
浊酒一杯家万里，燕然未勒归无计。
羌管悠悠霜满地，人不寐，将军白发征夫泪。

### 蝶恋花　柳永

伫倚危楼风细细，望极春愁，黯黯生天际。
草色烟光残照里，无言谁会凭阑意。
拟把疏狂图一醉，对酒当歌，强乐还无味。
衣带渐宽终不悔，为伊消得人憔悴。

### 蝶恋花　欧阳修

庭院深深深几许，杨柳堆烟，帘幕无重数。
玉勒（lè）雕鞍游冶处，楼高不见章台路。
雨横风狂三月暮，门掩黄昏，无计留春住。
泪眼问花花不语，乱红飞过秋千去。

### 鹧鸪天·西都作　朱敦儒

我是清都山水郎，天教分付与疏狂。
曾批给（jǐ）雨支风券，累上流云借月章。
诗万首，酒千觞，几曾着（zhuó）眼看侯王。
玉楼金阙（què）慵归去，且插梅花醉洛阳。

### 一剪梅　李清照

红藕香残玉簟（diàn）秋，轻解罗裳，独上兰舟。
云中谁寄锦书来，雁字回时，月满西楼。
花自飘零水自流，一种相思，两处闲愁。
此情无计可消除，才下眉头，却上心头。

### 念奴娇·赤壁怀古　苏轼

大江东去，浪淘尽，千古风流人物。
故垒西边，人道是、三国周郎赤壁。
乱石穿空，惊涛拍岸，卷起千堆雪。
江山如画，一时多少豪杰。
遥想公瑾当年，小乔初嫁了（liǎo），雄姿英发。
羽扇纶（guān）巾，谈笑间、樯橹灰飞烟灭。
故国神游，多情应笑我，早生华（huā）发，
人生如梦，一樽还酹（lèi）江月。

### 青玉案·元夕　辛弃疾

东风夜放花千树，更吹落，星如雨。宝马雕车香满路，凤箫声动，玉壶光转，一夜鱼龙舞。
蛾儿雪柳黄金缕，笑语盈盈暗香去。众里寻他千百度，蓦然回首，那人却在，灯火阑珊处。

### 卜算子·咏梅　陆游

驿外断桥边，寂寞开无主。已是黄昏独自愁，更著风和雨。
无意苦争春，一任群芳妒。零落成泥碾作尘，只有香如故。

### 满江红·写怀　岳飞

怒发冲冠，凭栏处、潇潇雨歇。抬望眼、仰天长啸，壮怀激烈。三十功名尘与土，八千里路云和月。莫等闲，白了少年头，空悲切。
靖康耻，犹未雪；臣子恨，何时灭。驾长车，踏破贺兰山缺。壮志饥餐胡虏肉，笑谈渴饮匈奴血（xuè）。待从头、收拾旧山河，朝天阙（què）。

**虞美人·听雨**　蒋捷

少年听雨歌楼上，红烛昏罗帐。
壮年听雨客舟中。江阔云低，断雁叫西风。
而今听雨僧庐下，鬓已星星也。
悲欢离合总无情。一任阶前，点滴到天明。

**好了（liǎo）歌解注**　曹雪芹

陋室空堂，当年笏（hù）满床；衰草枯杨，曾为歌舞场。
蛛丝儿结满雕梁，绿纱今又糊在蓬窗上。说什么脂（zhī）正浓，粉正香，如何两鬓又成霜？
昨日黄土陇头送白骨，今宵红灯帐底卧鸳鸯。
金满箱，银满箱，转眼乞丐人皆谤。正叹他人命不长，那知自己归来丧（sāng）！
训有方，保不定日后作强梁；择膏粱，谁承望流落在烟花巷！
因嫌纱帽小，致使锁枷扛；昨怜破袄寒，今嫌紫蟒（mǎng）长。
乱哄哄，你方唱罢我登场，反认他乡是故乡。
甚荒唐，到头来都是为他人作嫁衣裳！

# 后　记

《播音主持：语音发声语言表达基础》是在总结四川电影电视学院（原四川师范大学电影电视学院）播音主持系语音发声教学近20年经验，借鉴其他院校语言基础训练有益方法的基础上结集成稿的。

在内容安排上，本书将语音学与发声学贯通融合，知识梳理相对细致，训练材料较为充实，同时，强调“听”“辨”意识的突出与强化、“听”“评”能力的建构和提升在语音发声语言表达学习训练过程中的积极作用。

本书共十章，由王韦皓主编，罗共和、黄元文主审。

另外，王韦皓负责本书附录部分的编写和全书的统稿工作。张亮、臧蔚、宋皓、曾丽萍、徐伟、陈志杰、张宇楠、杨元、刘方等老师前期后期做了大量的文稿校对和查检工作，江春庆绘制完成了本书的大部分配图，在此向各位表示感谢！

本书的一些章节和一些内容在理论观点和实践方式上有突破常规的新主张新尝试，期待相关专家学者们不吝赐教，我们必当认真钻研。同时，期待着以本书为语言基本功、普通话语音、播音发声、语言表达基础教学和实践训练用书的使用者们积极反馈意见建议，我们将在今后的教学和训练过程中不断完善。

本书编写组

2016年11月